Jordanie et Syrie

guide de voyage

Damien Simonis
Hugh Finlay

Jordanie et Syrie

2e édition française

Publié par

Lonely Planet Publications
71 bis, rue du Cardinal-Lemoine, 75005 Paris, France
Siège social : PO Box 617, Hawthorn, Vic 3122, Australie
Filiales : Oakland (CA), États-Unis – Londres, Grande-Bretagne

Imprimé par

Colorcraft Ltd, Hong Kong

Photographies de

Hugh Finlay, Damien Simonis, Tony Wheeler, Olivier Cirendini, Christine Coste

Photo de couverture : thé à la menthe dans un café d'Amman, Jordanie (Olivier Cirendini)

1re édition en anglais

Octobre 1987

1re édition en français

Décembre 1993
Traduite de l'ouvrage *Jordan & Syria – a travel survival kit* (2th edition) par Claire Desserrey

Dépôt légal

Avril 1996

ISBN : 2-84070-047-6
ISSN : 1242-9244

Damien Simonis

Journaliste australien indépendant, Damien vit à Londres. Sa licence de langues modernes en poche, il a exercé le métier de reporter et de secrétaire de rédaction pour *The Australian*, à Sydney, et *The Age*, à Melbourne. Puis il a enseigné l'anglais en Égypte et en Sicile, et effectué plusieurs voyages en Australie, au Proche-Orient et en Europe. Il a collaboré à de nombreux guides Lonely Planet : *Egypt & Sudan*, *Middle East*, *Africa*, *Mediterranean Europe* et *Morocco* (traduit en français). Damien a également écrit pour *The Guardian*, *The Independent* et *The Sunday Times* à Londres ainsi que pour d'autres publications anglaises, australiennes et américaines

Hugh Finlay

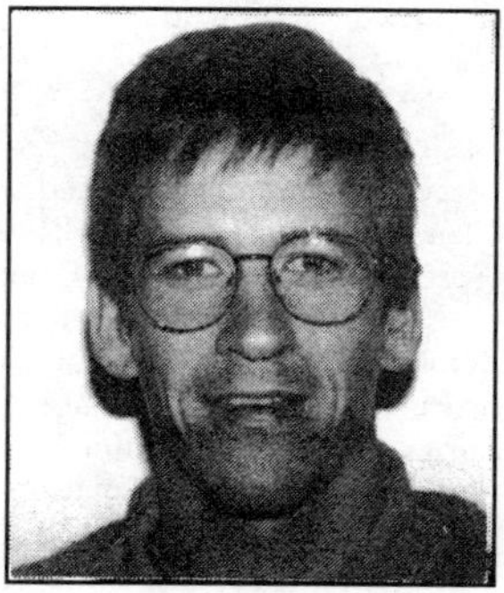

Après avoir décidé que son métier d'ingénieur ne suffisait pas à remplir sa vie, Hugh est parti un jour faire le tour de l'Australie – il a tout fait, de la peinture au pistolet à la recherche de diamants – puis il a pris le large pour d'autres pays. Pendant trois ans, il a voyagé et travaillé sur trois continents. Depuis qu'il a rejoint l'équipe de Lonely Planet en 1985, il a écrit en collaboration les guides sur l'Inde, l'Afrique du Nord et le Kenya. Il vit actuellement en Australie, dans l'État de Victoria, avec sa femme Linda et leurs filles Ella et Vera.

Olivier Cirendini

Malgré un patronyme qui évoque la délicate mais persistante fragance du maquis corse, Olivier est né à Paris. Après des études de journalisme, d'anglais et de communication, il a passé un an à Londres. Son amour de la vérité l'a porté alors naturellement vers la presse, domaine où il s'est illustré, entre autres, dans divers écrits concernant les frites surgelées, les lois anti-tabac et la découpe de viande industrielle. Il a promené son Nikon notamment en Mongolie, en Islande, en Centre-Afrique et à Madagascar. Outre l'andouillette mâconnaise, Olivier aime l'humour noir et le vin rouge.

Christine Coste

Native de Saint-Ouen (les fameuses puces), Christine a toutes ses attaches en Ardèche où elle a fait ses premiers pas et gardé des chèvres, sans être pour autant baba-cool. Des études d'économie internationale et de développement l'ont amenée à se lancer dans la presse, au *Matin de Paris* et à *Jeune Afrique*, en tant que journaliste. Christine a sillonné l'Afrique en allant du Mali au Congo, en passant par la Côte-d'Ivoire, le Niger et le Gabon. Aujourd'hui, elle travaille comme journaliste indépendante et continue à s'intéresser tout particulièrement à l'Ouzbékistan, à la marche à pied, au vent et à la tempête.

Un mot de Damien et de Hugh

Damien tient à remercier Wafa Amr (Amman), Major Jeremy et Liz Dumas (Damas) et Peter à l'intendance pour leur aide et leur hospitalité. Merci également à Michael Blaha, Suzanne Smith, Vince Eichholtz, Scott Smith, Marcelo Granja, Rupert Clayton, Miriam Pinchuk, Chris Haymes et tous ceux qui l'ont aidé en chemin (parfois sans le savoir). Merci enfin à tous les Jordaniens et les Syriens qui n'ont pas hésité à témoigner leur amitié.

Hugh souhaite également remercier Tony Howard, qui l'a autorisé à reproduire sa carte de Wadi Rum.

Un mot d'Olivier

Merci à Anne Gogel, Jacques Seigne et Claude Vibert-Guigue, de l'Institut français d'archéologie du Proche-Orient à Amman pour leur disponibilité et leur patience ; à l'ambassade de France à Amman ; à Brigitte de Luca, de l'Office du tourisme jordanien à Paris, pour sa promptitude à apporter des réponses précises à des questions touchant à une réalité parfois fluctuante ; à Samir Farouqa pour son thé et sa bonne humeur dans la nuit étoilée du Wadi Rum ; à Martin à Pétra ; et à Christian pour les heures passées à regarder les caravanes roses. Merci enfin à Vincent Rebour pour son enthousiasme à se plonger dans d'antiques grimoires géologiques et à Bertrand pour le prêt, involontaire, mais néanmoins sincère, de son projecteur de diapos.

Un mot de Christine

J'aimerais remercier Emnanuelle, Arlette, Irène et Paul pour leurs aides ô combien précieuses. Mille fois merci à Nasser l'ange gardien, le petit frère à jamais. Merci encore à Omar et Taoufik pour leur joie de vivre, à Joseph, Martine et à Osama pour leur merveilleux accueil, à Sylvia la costumière. Sans oublier Mourad, Madame Olga, son fils, l'éleveur de pigeon qui, sans le savoir, ont donné à ce voyage des moments magiques et inoubliables.

A propos de l'ouvrage

Cette édition est une première pour le bureau français de Lonely Planet. Sur le terrain, les recherches ont été réalisées par deux journalistes français, Olivier Cirendini et Christine Coste qui, respectivement, ont remis à jour les chapitres concernant la Jordanie et ceux ayant trait à la Syrie. Caroline Guilleminot à, pour sa part, mené les multiples recherches concernant les chapitres introductifs de l'ouvrage.

Un mot de l'éditeur

Ghislaine Garcin a effectué la mise en page de cet ouvrage avec l'aide de Philippe Maitre. Les illustrations sont l'œuvre de Margaret Jung. Caroline Guilleminot a assuré avec brio la coordination éditoriale de cet ouvrage. Nous remercions Arno Lebonnois et Isabelle Muller pour leur généreuse collaboration au texte ; Tony Khabaz pour sa gentillesse et sa disponibilité. Un merci tout particulier à notre fidèle ami Jacques Richard pour l'adaptation et la création des cartes.

Toute notre gratitude va à Sue Galley, notre bonne fée et à Greg Herriman qui nous ont accompagné tout au long de ce projet. Merci, enfin, à Andy Neilson et à Graham Imeson pour leur soutien constant.

Attention !

Le monde bouge, les prix augmentent, les horaires changent, les bonnes adresses se déprécient et les mauvaises font faillite. Si vous voyez des corrections à apporter, si vous découvrez des endroits ouverts récemment ou fermés depuis longtemps, n'hésitez pas à nous écrire. Vos lettres seront utilisées pour mettre à jour les prochaines éditions et, dans la mesure du possible, les changements importants seront insérés dans un encart spécial lors des réimpressions.

Toute information est la bienvenue. Les auteurs des meilleures lettres se verront offrir un exemplaire de la prochaine édition, ou de tout autre titre Lonely Planet de leur choix. Nous offrons de nombreux guides mais malheureusement nous ne pouvons pas en envoyer à tous ceux qui nous écrivent.

Table des matières

Légendes des cartes

LIMITES ET FRONTIÈRES

- Frontières internationales
- Frontières contestées
- Limites régionales

ROUTES

- Autoroute
- Route nationale
- Route principale
- Route non bitumée ou piste
- Avenue
- Rue
- Ruelle
- Voie de chemin de fer
- Sentier pédestre
- Circuit pédestre
- Itinéraire de ferry
- Téléphérique ou télésiège

TOPOGRAPHIE

- Parc
- Zone construite
- Vieille ville
- Marché
- Cimetière
- Récif
- Plage ou désert
- Rochers

HYDROGRAPHIE

- Bande côtière
- Rivière ou ruisseau
- Rivière intermittente, wadi
- Rapides, chutes
- Lac, lac intermittent
- Canal
- Marais

SYMBOLES

- **CAPITALE** — Capitale nationale
- **Capitale** — Capitale régionale
- **VILLE** — Ville importante
- **Grande ville** — Grande ville
- Ville — Ville
- Village — Village
- Où se loger, où se restaurer
- Café, bar
- Poste, téléphone
- Office du tourisme, banque
- Transport, parking
- Musée, auberge de jeunesse
- Caravaning, camping
- Église, cathédrale
- Mosquée, synagogue
- Temple bouddhiste, temple hindou
- Hôpital, commissariat
- Ambassade, station-service
- Aéroport, aérodrome
- piscine, jardin
- Centre commercial, zoo
- A25 Rue à sens unique, route nationale N°
- Palais, monument
- Château, tombeau
- Grotte, hutte ou chalet
- Montagne ou colline, point de vue
- Phare, épave
- Col, source ou puit
- Plage, plage de surf
- Site archéologique ou ruines
- Mur d´enceinte existant
- Vestige d´enceinte
- Falaise ou escarpement, tunnel
- Gare ferroviaire

Note : tous les symboles ne sont pas utilisés dans cet ouvrage

Introduction

Au cœur d'un Proche-Orient en pleine mutation, la Jordanie et la Syrie sont désormais des destinations tout à fait accessibles aux voyageurs. Si jadis, ces deux pays étaient, à juste titre, sur le banc des régions politiquement instables, le processus de paix en a modifié considérablement les contours. De façon différente, certes, puisque la Jordanie a joué un rôle d'artisan de cette paix tandis que la Syrie évolue plus lentement sur ce chemin devenu, semble-t-il, inéluctable.

Berceaux des trois religions monothéistes, musulmane, juive et chrétienne, le Proche-Orient suscite aujourd'hui un intérêt largement justifié. En effet, la Syrie et la Jordanie sont habitées par des peuples sédentaires depuis quelque 11 000 ans d'où le nombre impressionnant de sites archéologiques et de hauts-lieux historiques.

Terre de toutes les civilisations phénicienne, grecque, romaine et byzantine, cette région fut tour à tour sous l'emprise des croisés, des Turcs ottomans, des Anglais et des Français. Tous ont laissé leur empreinte. A cela s'ajoutent quelques civilisations moins connues tels les Nabatéens, qui édifièrent l'extraordinaire cité de Pétra ou les Palmyréniens qui osèrent défier la puissance de Rome.

Outre les superbes paysages désertiques du Wadi Rum (l'un des lieux de prédilection de Lawrence d'Arabie), la fertile vallée du Jourdain et les châteaux des Omeyyades, la Jordanie recèle, avec le golfe d'Aqaba, un site de plongée idyllique. Les eaux salées de

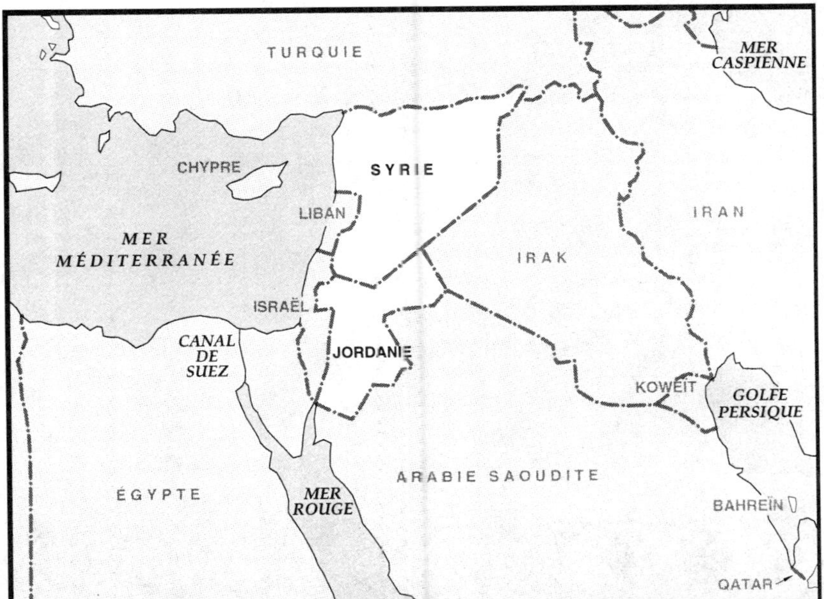

la mer Morte, qui se trouve à l'altitude la plus basse de la planète, sont elles aussi une curiosité à ne pas manquer.

Pour sa part, la Syrie regorge de lieux évocateurs d'un passé glorieux : Palmyre ou l'ancienne Tadmor, le Krak des Chevaliers, la cité antique d'Ebla aux quinze mille tablettes gravées, la vieille ville de Damas et son dédale de ruelles, en sont autant de témoignages.

Où que l'on se trouve, l'hospitalité légendaire des Syriens et des Jordaniens n'est pas un vain mot. De plus, les voyageurs peuvent circuler en toute sécurité dans ces deux pays. Les infrastructures routières sont tout à fait modernes : bus et trains climatisés relient les principales villes.

Par ailleurs, les possibilités d'hébergement et de restauration correspondent à tous les budgets.

AVERTISSEMENT

A l'heure où nous mettons sous presse, la reprise des négociations entre Israël et la Syrie pourrait, semble-t-il, modifier les relations entre les deux pays, voire même entraîner des répercussions importantes dans tout le Proche-Orient. Aussi, Lonely Planet invite ses lecteurs à vérifier les conditions de circulation dans la région avant leur départ. ■

Présentation de la région

HISTOIRE

L'histoire de la Syrie et de la Jordanie est faite d'invasions et de conquêtes. Cette région ne fut jamais assez puissante pour constituer à elle seule un empire et se composa essentiellement de cités-États. En revanche, sa position stratégique attira la convoitise de toutes les grandes civilisations. Égyptiens, Assyriens, Babyloniens, Hittites, Grecs, Romains, Turcs et croisés prirent une part prépondérante dans son histoire. Ils y firent du commerce, construisirent des cités, y livrèrent bataille et laissèrent en héritage un important patrimoine culturel.

Si la Jordanie et la Syrie actuelles sont des États modernes, créés au XXe siècle, la région peut s'enorgueillir d'être le berceau de l'une des plus anciennes civilisations du monde. Les vestiges de Jéricho, en Cisjordanie, ont été datés avec certitude autour de 9000 ans av. J.-C. Les fouilles ont révélé un immense village aux maisons de pierres et de terre séchée, ainsi que des traces d'agriculture et d'élevage. En Syrie, d'importants chantiers archéologiques, à Ras Shamra (Ugarit, environ 6000 ans av. J.-C.) sur le littoral méditerranéen, ainsi qu'à Mari (environ 4500 ans av. J.-C.) sur les rives de l'Euphrate, ont permis de mettre à jour des colonies plus évoluées, qui devinrent par la suite des cités-États.

A partir de 3000 av. J.-C., la région fut habitée par les Amorites, peuple sémitique guerrier, et par les Cananéens, qui s'installèrent principalement dans les plaines côtières. C'est à peu près à cette époque que les villages de Syrie et de Palestine suscitèrent l'intérêt de l'Égypte au sud-ouest, et des empires de la vallée de l'Euphrate, alors en pleine expansion, à l'est.

Sargon d'Akkad, puissant souverain qui régna sur la Mésopotamie de 2334 à 2279 av. J.-C., fit route vers la Méditerranée, assoiffé de conquêtes et cherchant des ressources naturelles pour son nouvel empire. Malgré des origines sociales modestes, il devint le plus grand roi de Mésopotamie. On raconte que nourrisson, il fut recueilli par un jardinier qui le trouva dans un panier, flottant sur l'Euphrate. Destiné à être jardinier, il nourrissait de toute évidence des ambitions plus grandes. Après être devenu échanson du roi de la cité de Kish, au nord de Sumer, il rassembla une armée, et, grâce à son génie militaire et ses talents d'organisateur, partit à la conquête des cités du Sud. Il devint ensuite roi et fut le premier grand bâtisseur d'empire de l'histoire.

Sargon d'Akkad

Son pouvoir dans la région méditerranéenne suscita le développement de nombreuses cités placées sous l'influence de la Mésopotamie. Les relations commerciales étaient florissantes avec l'Égypte, alors en pleine croissance, qui avait elle aussi besoin de bois, de pierre et de métal. Des cités comme Jéricho et Byblos (dans le Liban actuel) s'établirent et devinrent prospères grâce à ce commerce.

Vers 1700 av.J.-C., la Palestine faisait partie du royaume égyptien des Hyksos, envahisseurs asiatiques méprisés par les Égyptiens. Les pharaons, dirigés par Kamosis de Thèbes, se révoltèrent et repoussèrent les

Hyksos à travers la Palestine, ce qui marqua le début de l'expansion de l'empire égyptien. Vers 1520 av. J.-C., Touthmosis Ier proclama qu'il avait atteint les rives de l'Euphrate. En fait, les habitants lui opposèrent une résistance acharnée et il ne put jamais contrôler toute la région.

En 1480 av. J.-C., une rébellion organisée par plus de 300 seigneurs syriens et palestiniens fut facilement réprimée ; l'Égypte s'établit avec fermeté et pour plus d'un siècle en Palestine et dans le sud de la Syrie. Dans le Nord, cependant, les diverses principautés se liguèrent et constituèrent l'empire Mitanni. Elles repoussèrent toutes les tentatives égyptiennes pour reprendre le pouvoir, en partie grâce à l'invention d'une nouvelle arme de guerre : le chariot tiré par des chevaux.

Vers 1365 av. J.-C., les multiples incursions des Hittites venus du Nord, menés par le jeune et ambitieux souverain Souppiloulioума, provoquèrent la chute de l'empire Mitanni. Malgré quelques timides tentatives du nouveau pharaon Toutankhamon pour reprendre le contrôle de la région, vers 1330 av. J.-C., toute la Syrie tomba aux mains des Hittites.

Les deux puissances s'affrontèrent au bord de l'Oronte lors de la sanglante bataille de Kadesh, en Syrie, vers 1300 av. J.-C. Quoique militairement indécis, ce combat porta cependant un coup à l'Égypte sur le plan stratégique, et l'obligea à se retirer en Palestine. Les deux armées ennemies signèrent finalement un traité d'amitié en 1284 av. J.-C. Il mettait un terme à une longue période d'affrontements entre ces deux empires soucieux de contrôler la Syrie. Les Égyptiens héritaient de la turbulente Palestine et les Hittites de la Syrie, ainsi que de la menace d'une puissance grandissante : l'Assyrie.

Ce traité sonnait le glas de trois siècles de prospérité dans cette partie du Levant. La région était bien située pour faire du commerce avec l'Égypte au sud, la Mésopotamie à l'est et l'Anatolie au nord. Bien qu'elle fût parfaitement adaptée à la culture des oliviers, de la vigne, de l'orge et du blé, ainsi qu'à l'élevage, c'était le contrôle des ressources naturelles qui intéressait surtout les puissances étrangères. La richesse des différentes cités était en grande partie fondée sur le contrôle des itinéraires des caravanes de mulets.

A cette époque eut lieu un événement décisif dans l'histoire de l'humanité : l'apparition de l'écriture. C'est sur le site d'Ugarit, en Syrie, qu'a été découvert le plus ancien alphabet connu. Jusqu'alors, les modes de communication écrite étaient les hiéroglyphes égyptiens et l'écriture cunéiforme mésopotamienne. Tous deux comportaient des centaines de symboles, que seuls les scribes savaient utiliser. Dès l'an 1000 av. J.-C., l'usage d'une écriture plus linéaire que picturale se généralisa. Ces alphabets, qui évoluèrent par la suite en Palestine, sont à l'origine de l'écriture moderne.

Vers le XIIIe siècle av. J.-C., la Palestine fut menacée d'invasion par les "Peuples de la Mer", qui étaient probablement des Philistins. L'Empire égyptien était sur le déclin. Trop étendu, il se trouvait menacé à l'ouest par les tribus libyennes. Cette situation permit aux pillards de la mer Égée de renforcer leur position et de prendre le pouvoir dans la région. L'influence égyptienne faiblit rapidement, de même que l'Empire hittite, qui s'écroula vers 1200 av. J.-C. Les Philistins colonisèrent la plaine côtière de Canaan, qui fut baptisée plaine de Philistie et qui donna son nom à la Palestine ("Filastîn"en arabe).

La domination des Philistins tenait en grande partie au fait qu'ils utilisaient déjà le fer pour fabriquer armes et armures, ce qui leur donnait un avantage certain sur les Cananéens et les Égyptiens. En fait, on considère généralement que l'âge du fer remonte au XIIe siècle av. J.-C.

A la même époque, la rive orientale du Jourdain fut colonisée par trois peuples : les Édomites au sud, les Moabites à l'est de la mer Morte et les Ammonites aux confins du désert arabique, dont la capitale était Rabbath Ammon, aujourd'hui Amman.

L'arrivée des Israélites

Pour l'essentiel, ce que nous savons sur l'histoire de cette région du monde est tiré de la lecture de l'Ancien et du Nouveau Testament, qui ont naturellement placé l'histoire des Juifs au premier plan.

Les Philistins ne se trouvèrent menacés qu'à la fin du XIe siècle av. J.-C. Conduits par Moïse, les Israélites avaient quitté l'Égypte vers 1270 av. J.-C. et connu l'Exode. Après quarante années passées dans le désert, ils renversèrent les souverains locaux et s'installèrent dans les collines de Transjordanie (situées à l'est du Jourdain).

Le successeur de Moïse, Josué, conduisit les douze tribus de l'autre côté du Jourdain et s'empara de Jéricho. Les Israélites subirent ensuite une sévère défaite à la bataille d'Ebenezer en 1050 av. J.-C., qui vit les Philistins s'emparer de l'Arche d'Alliance, symbole de l'unité des douze tribus d'Israël. Le sort les frappa de nouveau lorsque Saül, qui avait été fait roi d'Israël en 1020 av. J.-C., se donna la mort, laissant les Israélites sans dirigeant et à la merci des Philistins.

Le destin d'Israël prit un tournant plus favorable lorsque David, le successeur de Saül, fut proclamé roi en 1000 av. J.-C. Après avoir vaincu les Philistins près de Jérusalem, il partit à la reconquête du territoire de ses voisins, à l'est du Jourdain. A la fin de son règne, en 960 av. J.-C., il gouvernait les principautés d'Édom, de Moab et d'Ammon (les cités-États du sud de la Syrie) et recevait un tribut des princes philistins ainsi que des tribus de l'est jusqu'à l'Euphrate.

Après la mort de David et l'accession de son fils Salomon au trône, Israël entra dans un âge d'or. Le commerce se développa jusqu'aux côtes de l'Afrique et de la mer Rouge, et en Asie Mineure. La visite à Jérusalem de la reine de Saba (royaume situé au Yémen actuel) prouve que le commerce se faisait aussi par les terres, jusque dans la péninsule arabe.

La réussite de Salomon était due en grande partie à ses talents d'administrateur. Il prélevait pourtant de lourds impôts et avait institué des travaux forcés. Mécontent de ces dures conditions de vie, le peuple se révolta contre son autorité. Après sa mort, en 922 av. J.-C., le royaume fut divisé en deux : le royaume de Juda au sud et Israël au nord.

La principale menace qui planait sur Israël était l'État araméen de Damas, car tous deux convoitaient le commerce lucratif de Syrie et de Transjordanie. Cette rivalité fut à l'origine d'une alliance entre Israël et les Phéniciens : le sixième roi d'Israël, Omri, maria son fils Achab à la princesse phénicienne Jézabel. La défaite que Mesha, roi de Moab, fit subir à Achab est décrite sur la célèbre stèle de Mesha, découverte à Dhiban, au nord de l'actuel Kerak, en Jordanie. La courte période de paix relative qui suivit prit fin en 722 av. J.-C., lorsque les Assyriens, menés par Sargon II, dévastèrent Israël et sa capitale Samarie, déportèrent ses habitants et les remplacèrent par des colons syriens et babyloniens. Le royaume d'Israël avait cessé d'exister.

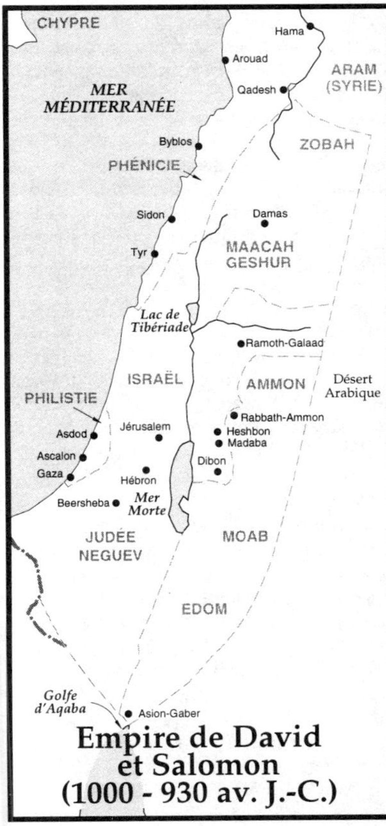

Empire de David et Salomon (1000 - 930 av. J.-C.)

Au sud, le royaume de Juda survécut encore un siècle sous domination assyrienne, jusqu'à ce que le roi babylonien Nabuchodonosor vienne chasser les Assyriens et prendre le pouvoir. Les soulèvements survenus sous les derniers rois de Juda furent réprimés, mais il provoquèrent la destruction de nombreuses cités et la prise de Jérusalem en 597 av. J.-C. Après la rébellion du roi fantoche imposé par les Babyloniens, Jérusalem fut reprise en 587 av. J.-C. Les Juifs furent exilés en masse à Babylone. Le royaume de Juda n'existait plus.

En 539 av. J.-C., Cyrus II arriva au pouvoir en Perse et autorisa les Juifs à retourner en Palestine. Sous Néhémie, ils reconstruisirent les murs de Jérusalem. Les deux siècles suivants furent relativement paisibles et les Juifs purent mettre en œuvre diverses réformes sociales.

Les Grecs et les Romains

En 333 av. J.-C., Alexandre le Grand, en route pour l'Égypte, envahit la Syrie et la Palestine. A sa mort, l'empire qu'il avait constitué fut partagé entre ses généraux. Ptolémée Ier héritait de l'Égypte et d'une partie de la Syrie, et Séleucos Ier s'installait en Babylonie.

Au cours du siècle suivant, les Séleucides disputèrent la Palestine à Ptolémée et cherchèrent sans succès à l'en expulser. Ils devaient finalement y parvenir en 198 av. J.-C., menés par Antiochos III. Celui-ci voulut ensuite étendre son influence vers l'ouest mais se heurta à la nouvelle puissance de Rome. Son armée fut vaincue par les Romains et en 188 av. J.-C., il fut contraint d'abandonner tous ses territoires d'Asie Mineure.

Après s'être attaqués à l'Égypte, les Séleucides, sous Antiochos IV, mirent à sac Jérusalem. En consacrant au culte de Zeus le Temple de Jérusalem, ils suscitèrent une violente réaction des Juifs qui prirent les armes, à l'instigation des frères Maccabées.

Menés par Judas Maccabée, de la famille des Asmonéens, les Juifs se réinstallèrent peu à peu. En 141 av. J.-C., leur territoire, qui occupait une vaste région à l'est du Jourdain, fut déclaré indépendant. Pendant les règnes de Jean Hyrcan et de ses successeurs, ils repoussèrent leurs frontières. Leurs terres couvraient alors la plus grande partie de la Palestine et de la Transjordanie. A la mort d'Hyrcan, une querelle entre ses fils Aristobule et Hyrcan II provoqua l'intervention des Romains, conduits par Pompée, qui prirent Damas en 64 av. J.-C. et la Palestine l'année suivante. Le royaume juif se trouvait désormais sous contrôle romain. Hyrcan II fut nommé grand prêtre.

L'ouest de la Syrie et de la Palestine devint la nouvelle province romaine de Syrie. Les villes les plus importantes à l'est du Jourdain furent regroupées en une ligue, la Décapole (pour plus de détails, voir en page précédente l'encadré correspondant).

Les rois parthes de Perse et de Mésopotamie envahirent et occupèrent une grande partie de la province en 40 av. J.-C., mais Marc Antoine rétablit l'ordre, avec quelques

La Décapole

Bien que cette ligne commerciale trouve ses origines un siècle avant et son déclin un siècle plus tard, les villes romaines du Proche-Orient n'apparaissent sous le nom de Décapole qu'à partir du 1er siècle ap. J.-C. En fait, et malgré l'étymologie même du mot, la Décapole comptait semble-t-il plus de dix villes. Philadelphia (Amman), Capitolias (Irbid), Gerasa (Jerash), Gadara (Umm Qais), Pella, Bosra, Abila – entre autres – furent du nombre. Nul ne saurait affirmer avec précision la raison d'être d'un tel groupement. Vraisemblablement, sa fonction était double : unifier les possessions romaines et favoriser le commerce. Les villes étaient en effet reliées entre elles par des routes pavées permettant des liaisons rapides par chars dont on peut voir des restes à Umm Qais. Cette "toile" commerciale, bordée de tours de défense, s'étendait du golfe d'Aqaba à la Syrie. Florissantes durant tout l'Empire romain d'Orient, les villes de la Décapole déclinèrent à partir de l'époque omeyyade. Par la suite, le choix de Bagdad comme centre du monde musulman leur porta un coup fatal. ■

difficultés. Antipatros, ministre d'Hyrcan II fut nommé gouverneur de Judée et ses fils Hérode et Phaesal devinrent respectivement gouverneurs de Jérusalem et de Galilée. Profitant de l'invasion parthe, la famille des Asmonéens menée par le fils d'Aristobule, Antigonos, prit le pouvoir. Phaesal et Hyrcan II furent capturés. Hérode prit la fuite pour Rome où, par ordre du sénat, il fut nommé roi d'Israël et revint en Palestine. Avec l'aide des Romains, il expulsa les Parthes et s'empara de Jérusalem en 37 av. J.-C. après un affrontement sanglant. Marc Antoine fit exécuter Antigonos.

Le règne d'Hérode Ier, de 37 av. J.-C. à 4 av. J.-C., fut une période de paix et de prospérité relatives pour la Palestine. Après sa mort, en revanche, la région connut une série de troubles qui provoquèrent une révolte des Juifs en 66. Vespasien reçut de Néron le commandement militaire et la mission de rétablir l'ordre. Il soumit la Galilée et la Judée. Son fils Titus conquit Jérusalem et la détruisit presque entièrement.

Les souverains de la dynastie d'Hérode étaient pour le moins assez pervers. A la fin de sa vie, Hérode Ier le Grand, atteint de troubles mentaux, devint de plus en plus tyrannique. Il fit exécuter sa femme Marianne, ainsi qu'une partie de sa belle-famille (sa belle-mère, son beau-frère, le grand-père et les deux fils de sa femme). Par crainte des complots contre sa vie, il se débarrassa également de trois de ses propres fils. Il tenta au moins une fois de se suicider mais mourut finalement de causes naturelles. Son fils, Hérode Antipas, fit décapiter saint Jean-Baptiste. Le petit-fils de sa sœur, Hérode Agrippa Ier, fit exécuter saint Jacques le Majeur et emprisonner saint Pierre. Le dernier de la lignée, Hérode Agrippa II, fils d'Hérode Agrippa Ier, eut des relations incestueuses avec sa sœur Bérénice.

Juif de Palestine et fondateur de la religion chrétienne pour laquelle il est le Christ, Jésus naquit à Bethléem. On s'accorde généralement à faire correspondre la date de sa naissance en 4-5 avant l'ère qui porte son nom. Pour les chrétiens, il est le Messie, fils de Dieu envoyé pour le rachat de l'humanité. La religion du Christ, le christianisme, fut propagée par ses disciples, les Apôtres. Sa vie est connue essentiellement à travers les Évangiles. Pour plus de renseignements, voir plus loin la rubrique sur *Le christianisme*.

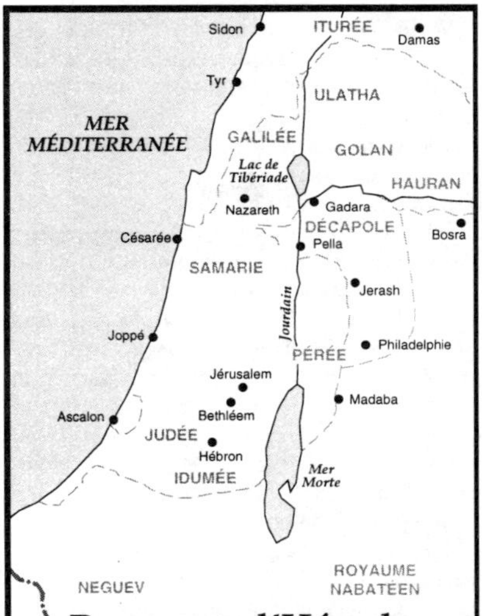

Royaume d'Hérode le Grand (37 av. J.-C. - 4 av. J.-C.

Hormis le fait qu'ils avaient fait de la nation juive une de leurs colonies, les Romains intervenaient assez peu dans le mode de vie des Juifs. Cet esprit de tolérance provoqua en 132 une seconde insurrection. Elle fut réprimée par Hadrien, qui donna à Jérusalem le nom d'Aelia Capitolina. Les Juifs faits prisonniers furent vendus comme esclaves et les pratiques religieuses des survivants furent sévèrement réprimées.

Environ vingt ans plus tôt, en 106, les Romains avaient annexé le royaume des Nabatéens, dont la capitale était Pétra. Ce peuple de commerçants était resté en grande partie nomade au lieu de s'installer pour développer l'agriculture. Au cours des trois siècles précédents, ils avaient établi un contrôle souple sur la région qui s'étendait de Damas à Wejh (sur la côte de l'Arabie Saoudite actuelle) et de l'emplacement actuel de Suez jusqu'à Wadi Sirhan dans le désert, à l'est de la Jordanie.

La force des Nabatéens reposait sur ce contrôle des itinéraires commerciaux et sur le fait qu'ils étaient pratiquement les seuls à connaître les points d'eau et les lieux de repli dans le désert. Leur principal atout économique était le monopole du commerce sur la route difficile qui menait en *Arabia felix*, dans laquelle les Romains essayèrent vainement de pénétrer peu avant la naissance du Christ. Leur richesse provenait essentiellement des droits de douane élevés qu'ils imposaient sur les biens transportés sur ces routes, et de l'argent qu'ils exigeaient en échange d'une protection contre les pillards.

Les Nabatéens ne possédèrent jamais un royaume dans le sens militaire et administratif habituel du terme, mais plutôt une "zone d'influence". Après 106, ils perdirent une grande partie de leur pouvoir commercial et tombèrent dans l'oubli.

Au IIIe siècle, les Sassanides, qui succédèrent aux Parthes, envahirent le nord de la Syrie mais furent repoussés par Odenath de Palmyre. En récompense, ce prince syrien reçut de ses suzerains romains le titre de *dux orientalis* (commandant de l'Orient) mais mourut peu après. Sa veuve, l'ambitieuse Zénobie, qui avait peut-être joué un rôle dans cette mort, prit le titre d'Augusta et, les yeux fixés sur Rome, envahit l'ouest de la Syrie, la Palestine et l'Égypte. Mais en 272, Aurélien détruisit Palmyre, captura Zénobie et l'envoya à Rome.

Grâce à la conversion de l'empereur Constantin au début du IVe siècle, le christianisme s'imposa comme la religion dominante et les sanctuaires chrétiens de Jérusalem devinrent lieux de pèlerinage. Le pays connut la prospérité. Au cours du règne de Justinien, de 527 à 565, de nombreuses églises furent construites dans les villes de Palestine et de Syrie.

Cet état de grâce fut brusquement anéanti au VIIe siècle lorsqu'une fois de plus, les Perses venus du nord prirent Damas et Jérusalem en 615, puis l'Égypte en 616. La chance sourit de nouveau aux Byzantins lorsque l'empereur Heraclius envahit la Perse et obligea les Perses à signer un traité de paix. Au sud, cependant, les frontières du royaume subissaient les assauts des envahisseurs arabes. Ce n'était pas la première fois, mais ces Arabes ambitieux étaient des musulmans disciples de Mahomet.

L'avènement de l'islam

L'empire byzantin étant très affaibli par l'invasion perse et le peuple araméen soumis à la domination byzantine, les musulmans ne rencontrèrent qu'une faible résistance. Parfois même, ils furent accueillis à bras ouverts.

En 636, les armées musulmanes remportèrent une célèbre victoire à la bataille de Yarmouk, à la frontière actuelle de la Jordanie et de la Syrie. Au même moment, Ctésiphon, capitale perse située sur le Tigre, tombait également. En quinze ans, l'empire des Sassanides disparut, et les Arabes musulmans avaient atteint l'Oxus, qui marque aujourd'hui la frontière nord de l'Afghanistan.

A l'ouest, les armées byzantines, très éprouvées par la bataille de Yarmouk, durent se retirer en Anatolie. Jérusalem tomba en 638. Peu après, toute la Syrie était aux mains des musulmans, puis ce fut le tour de l'Égypte.

Étant donné son emplacement sur la route des pèlerins vers la Mecque, la Syrie devint le centre du nouvel Empire musulman qui, au début du VIIIe siècle, couvrait l'Espagne, l'Afrique du Nord, le Proche-Orient, la Perse (l'Iran actuel) jusqu'à l'Inde. Mu'awiya, gouverneur de Damas, se proclama en 658, cinquième calife, ou successeur de Mahomet. Il fonda la dynastie des Omeyyades, qui allait durer environ un siècle. Damas devint la nouvelle capitale politique, en remplacement de Médine (aujourd'hui en Arabie Saoudite).

Ce fut une époque de grandes réalisations. De nombreux monuments furent érigés, tels que la mosquée des Omeyyades à Damas, la mosquée d'Omar et le dôme du Rocher à Jérusalem. Les Omeyyades étaient très attachés au désert, et ils y firent construire des palais – les célèbres châteaux du désert, situés à l'est d'Amman – où les califes renouaient avec leurs origines bédouines. Ce fut également une période de luttes intestines presque ininterrompue. Damas dut réprimer de nombreuses révoltes en Irak et en Arabie.

En 750, les Abbassides renversèrent les Omeyyades, prirent le pouvoir et transférèrent le califat à Bagdad. La Syrie et la Palestine connurent un rapide déclin. Sur le plan administratif, elles n'étaient plus qu'une bande côtière s'étendant vers l'intérieur jusqu'à Damas et Jérusalem.

Les Abbassides rencontrèrent également des difficultés et perdirent le pouvoir dès 900. Ils furent remplacés par d'autres familles. Bagdad perdit de plus en plus le contrôle de l'empire, et en 980, toute la Palestine et une partie de la Syrie (dont Damas) tombèrent sous le joug des Fatimides. Alep, le nord de la Syrie et de l'Irak étaient sous le contrôle des Hamdanides, une dynastie chiite.

Ainsi, les croisés arrivèrent dans une région où le pouvoir central était inexistant. Il est vraisemblable qu'ils y seraient restés beaucoup moins longtemps si les territoires musulmans n'avaient pas été aussi divisés. En 1099, ils fondèrent quatre États, dont le plus important était le royaume de Jérusalem. Ils construisirent des forteresses à Kerak, Shobah, Wadi Musa et dans l'île de Far'aon au large d'Aqaba. En Syrie, une série de châteaux – dont le Krak des Chevaliers, préservé

La sauvagerie des croisades

L'histoire des croisades commença à Clermont-Ferrand, le 27 novembre 1095, lors d'un concile consacré à la discipline et placé sous l'égide du pape Urbain II. Pourtant, rien ne laissait présager que ces journées s'achèveraient par un fervent plaidoyer du pape qui enverrait, quelques mois plus tard, des centaines de milliers de chevaliers et des gens du peuple, seuls ou en famille, sur la route pour défendre les Lieux saints. Ce combat contre les infidèles visait à porter secours aux chrétiens d'Orient, notamment en Syrie et en Palestine. Pendant deux siècles, de 1096 à 1291, l'Orient fut le théâtre de pillages, de carnages, de destructions et de massacres au nom du Christ. Ébranlées par tant de sauvageries, Nicée (aujourd'hui Iznik), Antioche, Beyrouth, Tripoli, Jérusalem, Apamée, Damas, Alep, Kerak, Habis Jaidak... plongèrent dans l'horreur, impuissantes à dépasser leurs rivalités et leurs divisions.

Lorsque l'envahisseur installa, en octobre 1097, son siège devant les murailles d'Antioche, la liste de ses exactions était déjà longue. Le massacre de juifs de Rhénanie, les pillages et les tueries en Hongrie et dans l'Empire byzantin n'étaient plus un secret pour personne alors que les Francs parvenaient en Syrie du Nord. Les différentes tentatives menées pour lui barrer la route furent vaines.

La bravoure des Turcs et des Sarrasins ne put contrer cette horde de Francs aux hommes et aux chevaux protégés par d'épaisses armures sur lesquelles leurs flèches restaient impuissantes. Leurs qualités guerrières semèrent rapidement la panique parmi les états-majors des différentes armées d'Orient. Lorsqu'Antioche tomba le 3 juin 1098, rien ne sembla alors plus arrêter les croisés. La route de Jérusalem était ouverte.

Les atrocités infligées, en décembre 1098, à la population de Maarat An Noman, en Syrie intérieure, marquèrent ainsi les esprits pendant des siècles. La ville ne possédait pas d'armée, seulement une milice urbaine, certes téméraire, mais bien fragile pour tenir le siège que dressa les Francs. La bravoure de ses habitants et les ruches remplies d'abeilles qu'ils lançaient du haut des murailles ne purent freiner le déploiement des forces de l'adversaire dont les tours de bois construites à hauteur des remparts s'élevaient contre les remparts de la ville. La reddition fut la seule issue. Mais la promesse de Bohémond, le nouveau maître d'Antioche de laisser la vie sauve à la population retranchée dans les maisons, ne tint que le temps pour ses troupes d'envahir la ville, de passer au fil de l'épée plus de cent mille personnes et de les faire bouillir, puis griller avant de les manger, comme l'avouera Raoul de Caen dans ses chroniques. L'Orient découvrit avec horreur le cannibalisme.

La prise de Jérusalem par les croisés, le 15 juillet 1099, fut de même marquée par une tuerie à laquelle n'échappèrent qu'une poignée d'habitants musulmans et juifs. Le sac de Jérusalem et ses atrocités laissèrent l'Orient sous le choc. Il lui faudra attendre la fin du XIIIe siècle et le passage de sept croisades pour se libérer totalement du joug des croisés. ■

jusqu'à nos jours – furent édifiés le long des massifs montagneux côtiers. Le pouvoir des croisés resta toujours précaire car ils étaient minoritaires et ne pouvaient survivre que si les États musulmans demeuraient faibles et divisés, ce qui fut le cas jusqu'au XIIe siècle.

Nur al-Din ("lumière de la foi"), fils d'un émir turc, réunifia la partie de la Syrie qui n'était pas aux mains des Francs et vainquit les croisés en Égypte. Sa campagne fut terminée par le Kurde Saladin (Salah al-Din, ce qui signifie en arabe "droiture de la foi"), qui renversa les souverains fatimides d'Égypte en 1171 et reprit la Palestine et la plupart des forteresses croisées à l'intérieur des terres. L'hégémonie des Européens fut cependant restaurée sur le littoral pour un siècle encore grâce à la troisième croisade.

La Syrie connut une nouvelle prospérité sous la domination des Ayyoubides, les descendants de Saladin, qui, à sa mort, morcelèrent son empire. Les Mamelouks leur succédèrent. Il s'agissait au départ d'une milice d'esclaves blancs affranchis, d'origine turque, qui avaient pris le pouvoir au Caire en 1250 et repoussé l'attaque des tribus mongoles venues d'Asie centrale en 1260. Leur sultan, Baybars Ier, régna sur la Syrie et l'Égypte réunifiées jusqu'à sa mort en 1277. Au début du XIVe siècle, les Mamelouks réussirent enfin à chasser les croisés du Levant en prenant leur dernière forteresse – l'île fortifiée d'Arouad – au large de Tartous en Syrie.

Pourtant, les combats meurtriers et les destructions n'étaient pas terminés : en 1401, l'envahisseur mongol Tamerlan mit à sac Alep et Damas, tuant des milliers d'hommes et déportant de nombreux artisans en Asie centrale. Son règne fut de courte durée mais ce pillage provoqua le déclin de la Syrie mamelouke au cours du siècle suivant.

Les Turcs ottomans

A partir de 1516, la Palestine et la Syrie furent occupées par les Turcs ottomans et le restèrent pendant quatre siècles. Cependant, la plus grande partie des régions désertiques de la Syrie et de la Jordanie actuelles restèrent aux mains des tribus bédouines. Jusqu'au début du XIXe siècle, la Syrie prospéra sous l'autorité turque. Damas et Alep étaient d'importantes villes de négoce pour le désert environnant et des étapes sur les axes commerciaux qui traversaient le désert en direction de la Perse. Elles constituaient aussi un lieu de rassemblement pour les caravanes de pèlerins faisant route pour les villes saintes d'Arabie. Alep devint également un important centre de commerce avec l'Europe, et des marchands vénitiens, anglais et français s'y établirent.

La fin du XIXe siècle marqua un tournant décisif avec la campagne de Bonaparte en Égype. La Palestine résista à l'assaut de l'armée de Bonaparte qui gagna la Syrie centrale. L'expédition française ouvrit le pas à une série d'interventions militaires européennes. Cette pénétration militaire, économique et culturelle s'intensifia notamment avec la construction de routes, de voies de chemin de fer, l'implantation de missions catholiques et protestantes, et la création d'établissements d'enseignement supérieur. Elle suscitera aussi des réactions de défense au sein de la population et favorisera l'éveil de la conscience arabe.

Dans les années 1830, les Égyptiens, dirigés par Ibrahim Pasha, fils du souverain égyptien Mohammed Ali, reprirent le contrôle de cette région. Pourtant, les lourdes taxes et la conscription imposées par Ibrahim furent impopulaires, et les Européens, craignant que le déclin du pouvoir ottoman ne provoque une crise en Occident, intervinrent en 1840 pour obliger les Égyptiens à se retirer.

Les Arabes musulmans avaient accepté l'autorité turque et l'Empire ottoman comme l'incarnation politique de l'islam. Pourtant, dès le XIXe siècle, des groupes d'intellectuels arabes (souvent influencés par les études qu'ils avaient faites en Europe) ranimèrent en Syrie et en Palestine le sentiment d'identité arabe. Ainsi, en dépit des massacres de chrétiens maronites à Damas qui provoqua l'intervention française en 1860, cette aspiration à l'unité se développa tant chez les musulmans que chez les chrétiens. Après le Mouvement des Jeunes Turcs en 1909, le pouvoir passa aux mains d'un groupe militaire dont la politique intransigeante encourageait l'opposition et l'essor du nationalisme arabe.

Les Orientalistes

Dès le début du 18e siècle, les contes fascinants des *Mille et une Nuits* connurent un succès considérable en Occident, entretenu par les récits des découvertes grisantes rapportés par nombre de voyageurs et de diplomates en poste dans l'Empire ottoman. La vogue du costume oriental fit fureur et l'on vit même, quelques années plus tard, la reine Marie-Antoinette, imitées par ses dames d'honneur, porter des robes "à la sultane" et des "pelisses à la levantine". Beaucoup d'artistes français – tels François Boucher, Jean-Baptiste Leprince et Nicolas Lancret – firent des portraits d'Européennes habillées à l'orientale, sans même jamais avoir mis les pieds en Orient.

Attisé par la passion de l'égyptologie à la fin du XVIIIe siècle et par l'expédition de Bonaparte en Egypte en 1798, cet engouement se poursuivit durant le XIXe tant en France qu'en Angleterre. Il dépassa les frontières du Levant pour englober l'Afrique du Nord – avec l'Algérie, la Tunisie et le Maroc –, l'Égypte, la Terre Sainte, la Syrie, le Liban et la Perse. Ce succès aboutit, en France, à la création du salon des Peintres orientalistes français en 1893. Scènes de rues et de la vie quotidienne, festivités et cérémonies, hammams et bains publics, souks et bazars, mosquées, jeunes femmes en turban, costumes, campements et caravanes de chameaux composèrent quelques-uns des thèmes favoris de cette peinture.

Le peintre français Horace Vernet se rendit en Syrie et en Palestine. Il composa des scènes bibliques et orientales se caractérisant par un souci de l'exactitude ethnographique. Dans son sillage, Antoine-Alphonse Montfort, son élève, visita en 1837 et 1838 la Syrie, d'Alep à Gaza, de Beyrouth à Damas, et parcourut la Transjordanie, l'Arabie Pétrée jusqu'à Aqaba sur la mer Rouge. Il en rapporta des aquarelles et des croquis à la mine de plomb, notamment sur l'archéologie. Eugène Flandin fut envoyé, en 1840, en mission officielle avec l'architecte peintre Pascal Coste en Perse et regagna la France en passant par Alep. Ses dessins furent consignés dans un merveilleux journal de voyage de 1851. En 1854, Jean-Léon Gérôme visita la Palestine et la Syrie. Comme beaucoup d'artistes, il finissait ses œuvres en atelier à son retour de voyage. D'autres, comme Narcisse Berchère, Adrien Dauzats, Théodore Frère, Eugène Girardet, Prosper Marilhat, Émile Vernet-Lecomte, Félix Ziem, le belge Jan-Baptist Huysmans, l'italien Alberto Pasini et les anglais David Roberts et Charles Robertson, contribuèrent au mouvement orientaliste en peignant Damas, les ruines de Palmyre ou des scènes religieuses en Terre Sainte. Les centaines de dessins, de croquis et d'études, qu'ils élaborèrent souvent dans des conditions difficiles, constituèrent de précieux documents tant sur l'architecture que sur les peuples.

La littérature ne fut pas en reste avec le récit de Volney, intitulé *Le Voyage en Syrie et en Égypte* qui, se déroulant de 1783 à 1785, fut plusieurs fois réédité. Les poèmes turcs de lord Byron, l'*Itinéraire de Paris à Jérusalem* (1827) de Chateaubriand (qui fait une description des ruines de Palmyre), *Les Orientales* de Victor Hugo, *Le Voyage en Orient* (1851) de Gérard de Nerval, *Le Roman de la Momie* (1858) de Théophile Gautier, le *Salammbô* (1862) de Gustave Flaubert et les écrits de Lamartine, d'Alexandre Dumas père, de Baudelaire et de Pierre Loti contribuèrent également à entretenir l'attrait de l'Orient, certains n'hésitant pas à le parer de leur romantisme voire de leur exaltation d'auteur toute personnelle.

Pour en savoir plus sur le sujet, vous pouvez lire l'excellent ouvrage de Lynne Thornton *Les Orientalistes, Peintres voyageurs* (ACR Édition, Poche couleur, 1993) ■

La Première Guerre mondiale

Pendant la Première Guerre mondiale, la Syrie et la Jordanie furent le théâtre de combats acharnés entre les Turcs, soutenus par les Allemands, et les Britanniques, basés à Suez. Fin 1917, les troupes de l'Empire britannique occupaient Jérusalem et, un an plus tard, le reste de la Syrie. Leur succès aurait été impossible sans l'aide des Arabes, regroupés en une armée par l'émir Faysal, fils du *cherif* (souverain) Hussein de la Mecque, et qui avait pris les rênes du mouvement nationaliste arabe en 1914. Le mystérieux colonel britannique T.E. Lawrence, plus connu sous le nom de Lawrence d'Arabie, favorisa le rapprochement entre les Arabes révoltés et les Alliés, placés sous le commandement du général Allenby.

Rappelons que conformément au partage prévu par l'accord franco-anglais Sykes-Picot de 1916, la Syrie et le Liban furent placés par la SDN (Société des nations) sous mandat français, et la Palestine et la Jordanie sous mandat britannique, après la guerre et la dispartition de l'Empire ottoman. Lors de la déclaration Balfour, en 1917, l'Angleterre s'engageait à soutenir ce qu'elle appelait, non sans une certaine ambiguïté, le *Jewish Homeland* ("foyer national juif").

En mars 1920, l'émir Faysal fut proclamé roi de Syrie mais les puissances alliées refusèrent de le reconnaître. A la conférence de San Remo, le Conseil suprême des Alliés confirma le mandat français pour la Syrie et le Liban, et les Britanniques furent chargés de la Transjordanie, de la Palestine et de l'Irak.

C'est de cette confusion qu'émergèrent les États modernes de Syrie, du Liban, de Jordanie et plus tard d'Israël. L'histoire contemporaine de la Syrie et de la Jordanie depuis 1920 est traitée dans les chapitres de présentation de ces deux pays.

ARTS

Peinture

Contrairement à une idée fréquemment répandue, le Coran n'interdit pas explicitement les représentations du corps. Dans la pratique, l'islam les a néanmoins prohibées et, si l'on peut parfois rencontrer dans l'art pictural musulman des représentations du corps humain dans des scènes d'ordre privé ou domestique, elles sont totalement exclues des mosquées. Il en va de même du Prophète, jamais figuré. L'art des pays arabes est dominé par ces préceptes.

Cela dit, des artistes syriens et jordaniens ont réalisé au cours des cent dernières années des toiles figuratives et des portraits à la manière occidentale. Il s'agit le plus souvent de motifs géométriques complexes, à l'image de la calligraphie arabe, qui impressionne les visiteurs européens par son élégance et son raffinement.

Artisanat bédouin

Les Bédouins fabriquent des textiles colorés. Les femmes en particulier portent des vêtements aux teintes et motifs ravissants, qui varient selon les régions et les tribus.

La fabrication de couteaux est une autre spécialité des Bédouins et, dans certains endroits du pays, ils en produisent en quantité – pour les touristes bien entendu.

Archéologie

Le Proche-Orient, et notamment la zone Syrie-Jordanie-Palestine a fait l'objet d'une pérennité d'occupation durant des millénaires. D'où son intérêt pour les archéologues. Bâtisseurs d'empires, les peuples qui la traversèrent n'en étaient pas moins bâtisseurs tout court et la zone – outre ses grandes périodes nabatéenne, romaine, byzantine, ottomane et islamiste – subit des influences méditerranéennes, persanes et en provenance de la Péninsule arabique. Cette terre de conquérants successifs est néanmoins marquée par une étonnante continuité : en Jordanie, les Romains ajoutèrent leurs pierres à l'édification de Pétra, bâtie près de six siècles plus tôt par les Nabatéens, créèrent la Décapole, puis firent s'élever des clochers d'églises lorsque l'Empire devint chrétien. On doit à l'invasion musulmane, qui leur succéda, les châteaux du désert de l'époque omeyyade. Quant aux forteresses d'Ajlun, de Kerak ou de Machéronte, elles furent occupées tour à tour par les croisés et les musulmans. Salt, près d'Amman, eut les faveurs des Ottomans...

Conséquence de cette superposition d'influences, le Proche-Orient est un inépuisable – ou du moins pas encore épuisé – champ de fouille. On y découvre encore des sites et nombre de ceux existants ont à peine été effleurés par la main de l'archéologue. Si les périodes romaine et islamique sont maintenant bien connues, beaucoup de sites sont encore non exploités. Abila, au nord d'Irbid en Jordanie, qui faisait partie de la Décapole et présente d'intéressantes peintures de tombeaux, en est un exemple, tout comme les nombreux tells dans le nord est de la Syrie.

Placées sous la responsabilité du département des antiquités du ministère du Tourisme, les fouilles sont réparties entre des instituts d'archéologie jordaniens (université de Jordanie à Amman et surtout du Yarmouk à Irbid) et des programmes étrangers (européens, américains et, depuis peu, japonais). En Syrie, c'est aussi au département des antiquités qu'incombe la responsabilité des fouilles et des travaux de restauration. Depuis deux ans, les missions mixtes se sont multipliées à la faveur, d'une part, du fabuleux patrimoine archéologique du pays encore inexploré et, d'autre part, de la difficulté des équipes étrangères à travailler en Égypte et surtout en Irak. Par ailleurs, les autorités syriennes se sont engagées dans une politique visant non seulement à élargir leurs partenaires (aux côtés des Français, des Britanniques et des Allemands, on trouve d'autres ressortissants de l'Union européenne, des Australiens et des Japonais), mais aussi à s'impliquer davantage dans les fouilles et la restauration des sites. Pour ce faire, l'université de Damas s'est dotée en 1993 d'un département d'archéologie. La coopération jordano-syrienne, quant à elle, n'est pas encore née.

Si l'archéologie en Jordanie vous intéresse et que vous souhaitez en savoir plus, la *Jordan Friends of Archeology Society* (PO Box 2440, Amman, 11181 Jordan) édite une lettre mensuelle baptisée "Ancient Jordan" et organise régulièrement des visites de sites en compagnie des archéologues qui les fouillent. L'IFAPO (Institut français d'archéologie du Proche-Orient) participe à de nombreux programmes archéologiques en Jordanie et en Syrie. Ce centre de recherche dépendant du ministère français des Affaires Étrangères n'a pas pour vocation d'informer le public. Vous pouvez néanmoins les contacter à Amman (☎ 611872 ; fax 643840) et à Damas (☎ 3327993) afin qu'ils orientent vos recherches ou besoins d'informations.

Musique

La musique arabe et ses instruments reflètent parfaitement l'harmonie et le goût de cette région, avec quelques emprunts aux formes musicales et aux instruments occidentaux. En fait, la musique que vous entendrez le plus souvent est celle des stars contemporaines du monde arabe, égyptiennes et libanaises notamment.

Créée au IXe siècle, sous l'influence de Zyriab, musicien kurde installé à Grenade, la musique arabo-andalouse est fondée sur un système de suites appelé *nouba*. Elle a donné naissance à des genres nouveaux tel que le *muwachchah*, dont la ville syrienne d'Alep est dépositaire.

En Syrie, Sabri Moudallal, premier muezzin d'Alep, est considéré comme l'un des chanteurs les plus populaires de son pays. Ses qualités musicales et vocales le font exceller dans les chants sacrés et l'interprétation des *mûwachah* (album CD *Chants sacrés et profanes de Syrie* chez Musicales).

Autre grand artiste syrien, Adib Dayikh est tenu pour l'un des meilleurs interprètes du *ghazal*, poésie chantée magnifiant l'amour (album *L'art sublime de ghazal*, volumes I et II, Al sur, 1994).

Les amateurs de musique traditionnelle pourront également se procurer les chants religieux de l'Église syrienne orthodoxe, selon la liturgie d'Antioche (Auvidis-Unesco, 1992) et, dans un autre registre, les *Chants soufis de Damas* de Hamza Shakkar (Long Distance, 1993).

Littérature

Les genres littéraires modernes, comme le roman, sont un domaine relativement nouveau – ils ne sont apparus qu'à la fin du siècle dernier – et encore peu développé dans le monde arabe. Influencés par une poésie très structurée et complexe et par la beauté indéniable du Coran, les auteurs arabes modernes sont les héritiers d'une tradition d'écriture très différente de leurs homologues occidentaux.

La scène littéraire semble dominée par les Égyptiens (comme par exemple le lauréat du prix Nobel Naguib Mahfouz), les Libanais et, dans une moindre mesure, les Palestiniens. De plus en plus d'œuvres arabes sont traduites, et de nombreux auteurs arabes écrivent en français ou en anglais plutôt que dans leur langue natale.

En Syrie, la répression a limité la production littéraire de qualité qui se réduit à un cercle d'auteurs, parmi lesquels l'écrivain kurde Salim Barakat et l'autodidacte Zakariya Tamir qui vit en exil à Londres depuis 1978. Les œuvres de ce dernier décrivent la vie quotidienne dans les villes, marquée par une frustration et un désespoir nés de l'oppression sociale.

En Jordanie, la guerre et ses répercussions sur les Palestiniens ont fourni les thèmes de nombreux mélodrames. Il est d'ailleurs parfois difficile de déceler la nationalité de certains auteurs tant les partages géographique de leur terre d'origine les ont contraints à se déplacer. Ainsi, Ghalib Halasa, qui vit en Égypte, s'est imposé à partir de 1970 comme un grand nom du roman jordanien avec une œuvre onirique, très personnelle.

RELIGION

Nulle autre région du monde ne vit autant à l'heure des textes saints, écrits il y a des millénaires, que celle évoquée dans cet ouvrage. Et pour cause : elle est le berceau des trois principales religions monothéistes : l'islam, le judaïsme et le christianisme.

L'islam

L'islam est la religion dominante en Jordanie et en Syrie. Les musulmans sont appelés à la prière cinq fois par jour et, où que l'on soit, il semble qu'il y ait une mosquée à proximité.

L'islam puise aux mêmes racines que les grandes religions monothéistes nées sur les terres arides du Moyen-Orient, le judaïsme et le christianisme. Toutefois, il est apparu beaucoup plus tard. Son livre saint, le Coran (Qur'an), comporte de nombreuses références à des personnages de la Bible et de la Torah : Adam, Abraham (Ibrahim), Noé, Moïse, etc. Tous sont considérés comme des prophètes ayant reçu une révélation divine. Les ressemblances s'arrêtent là. Pour l'islam, Jésus est lui aussi un prophète faisant partie de cette longue lignée, s'achevant définitivement avec Mahomet (Mohammed), le plus grand et le dernier des prophètes. La succession de révélations qu'il a reçues de Dieu, rassemblées dans le Coran, renouvellent, complètent et remplacent toutes les révélations antérieures. Les musulmans accordent un grand respect aux chrétiens et aux juifs en tant qu'ahl al-kitab, Peuple du Livre. Mais pour eux, le christianisme est une version améliorée des enseignements de la Torah et l'islam lui est encore "supérieur", puisqu'il constitue l'apogée des religions monothéistes.

Mahomet naquit vers 570 dans une famille de marchands de La Mecque, petite cité d'Arabie (située en Arabie Saoudite actuelle). Il avait près de quarante ans quand l'archange Gabriel lui apparut et lui dicta les premières paroles du Coran. Peu après, il transmit le message d'Allah aux dirigeants de la Mecque. Il invita les hommes à abandonner leurs croyances idolâtres et à se soumettre à la volonté de Dieu ("islam" signifie soumission).

Ses prêches séduisirent les classes sociales les plus défavorisées, mais provoquèrent la colère de la classe commerçante aisée. Obligé de s'enfuir, Mahomet se réfugia en 622 avec ses fidèles à Médine (deuxième ville sainte de l'islam après la Mecque, située en Arabie saoudite). Cette migration – le *hijra* ou hégire – marque le début du calendrier musulman : l'an I de l'hégire correspond à l'année 622 de l'ère chrétienne. Poursuivant à Médine la propagation de la nouvelle religion, Mahomet étendit rapidement son influence et organisa la nouvelle communauté musulmane.

En 632, Mahomet avait rallié suffisamment de fidèles pour revenir triomphant à la Mecque. Il réussit à obtenir la conversion et l'alliance de nombreuses tribus des environs. La Mecque, où se trouvait la Kaaba – abritant la pierre noire donnée à Abraham par l'archange Gabriel – devint le centre symbolique de l'islam, vers lequel les musulmans devraient se tourner pour prier.

Quand le Prophète mourut en 632, les musulmans se répandirent à travers le désert et conquirent en peu de temps les territoires qui forment aujourd'hui la Syrie, l'Irak, le Liban, Israël et la Palestine. A leur tête se succédèrent quatre Compagnons de Mahomet, élus califes (*khalifa* signifiant successeur ou délégué). Ces derniers firent place à leur tour à la dynastie des Omeyyades à Damas (661-750) et à celle des Abbassides (749-1258) dans la ville nouvellement construite de Bagdad.

L'islam s'étendit alors rapidement vers l'ouest, gagnant d'abord l'Égypte puis rayonnant dans toute l'Afrique du Nord. En quelques décennies, son influence allait s'étendre de l'Atlantique à l'océan Indien.

Islam signifie soumission en arabe ; il souligne le devoir de chaque musulman de se soumettre à Allah. Cette profession de foi (le *shahada*) est le premier des Cinq Piliers de l'islam, principes du Coran qui guident les musulmans dans leur vie quotidienne :

shahada – la profession de foi. "Il n'est d'autre Dieu qu'Allah et Mahomet est son prophète", est le principe fondamental de l'islam. Il est à l'islam ce que le Credo est au christianisme et est souvent exprimé lors des appels à la prière et à l'occasion d'autres événements, tels les naissances et les morts. Le premier corps de la phrase est devenu une sorte d'exclamation utilisable à tout moment et dans toute situation.

sala – Parfois écrit "salat". Cette obligation de prier se décline rituellement cinq fois par jour (à l'aube, à midi, au milieu de l'après-midi, au coucher du soleil et à la tombée de la nuit), à l'appel du muezzin. Les musulmans peuvent prier n'importe où, pourvu qu'ils se tournent vers la Mecque. Mais la prière en commun à la mosquée (*masjid* ou *jami'*) a encore plus de prix.

zakat – l'aumône aux pauvres était à l'origine un des grands enseignements sociaux de l'islam. Ce principe a été institutionnalisé dans certaines régions du monde musulman sous la forme d'impôts redistribués aux nécessiteux. Donner à ses voisins plus défavorisés reste une obligation morale pour chacun, comme le rappellent les exhortations à la charité souvent visibles à l'entrée des mosquées.

sawn – le jeûne. Le ramadan, le neuvième mois du calendrier islamique, commémore la révélation du Coran à Mahomet. Pour marquer sa foi renouvelée, le musulman doit durant ce mois s'abstenir de toute relation sexuelle et de toute nourriture ou boisson du lever au coucher du soleil. Il s'interdit également de fumer. Pour plus de renseignements sur le mois du jeûne, consultez la rubrique *Jours fériés islamiques* du chapitre *Renseignements pratiques*.

hajj – L'apogée d'une vie pieuse pour un musulman est le pèlerinage qu'il doit accomplir, au moins une fois dans sa vie, aux lieux saints de la Mecque et des environs. En principe, le pèlerin doit se rendre à la Mecque durant le dernier mois de l'année, *dhul al hijjah*, afin d'y retrouver des musulmans du monde entier pour le pèlerinage et la fête qui suit. Les pèlerins, vêtus d'une robe blanche sans coutures, tournent sept fois autour de la *kaaba*, la pierre noire située au centre de la mosquée, et reçoivent le titre de *hajj*.

Sunnites et chiites. L'islam connut à ses débuts un schisme majeur qui divisa les croyants en deux courants : les sunnites et les chiites. Cette rupture résulta de la lutte de pouvoir menée par Ali, le quatrième calife, cousin et gendre de Mahomet, contre la dynastie montante à Damas, les Omeyyades.

Après bien des intrigues et de sang versé, Ali, père des seuls héritiers mâles de Mahomet, fut finalement vaincu en 661 tandis que le chef des Omeyyades, Mu'awiya, gouverneur de Syrie, était reconnu pour légitime successeur du califat. Les partisans du califat omeyyade reçurent le nom de sunnites (de Sunna, la "tradition"). Ils constituent aujourd'hui la majorité des musulmans et se considèrent comme le courant orthodoxe de l'islam. Les chiites, quant à eux, ne reconnaissent que les descendants d'Ali.

La plupart des chiites, appelés duodécimains, révèrent douze imams (chefs religieux), dont le dernier a disparu et doit revenir un jour rétablir la vraie foi. Les autres sont appelés septimaniens car ils reconnaissent sept imams pour successeurs d'Ali.

Les sunnites se partagent en quatre écoles de pensée qui accordent plus ou moins d'importance à certains points de doctrine. En Jordanie et en Syrie, la population est composée essentiellement de musulmans sunnites.

Coutumes islamiques. Lorsque naît un enfant, les premiers mots qu'on lui adresse sont ceux de l'appel à la prière. Une semaine plus tard se tient une cérémonie au cours de laquelle on rase la tête du bébé et l'on sacrifie un animal. Le moment le plus important de l'enfance d'un garçon est la circoncision, pratiquée généralement entre sept et douze ans.

Le mariage donne lieu à des fêtes animées qui se produisent généralement en été. L'une des coutumes veut que tous les hommes prennent leurs voitures (du moins en ville) et parcourent les rues en cortège en faisant le plus de bruit possible. La cérémonie elle-même se déroule à la mosquée ou dans la maison de l'un des deux fiancés. Puis, la fête se poursuit tardivement dans la nuit, souvent jusqu'à l'aube.

La cérémonie mortuaire est simple : après un service funéraire à la mosquée, le mort est mis en terre, les pieds dirigés vers la Mecque. Pour la prière, les musulmans doivent se conformer à certains rituels. Tout d'abord, ils doivent faire des ablutions en se lavant les mains, les bras, les pieds, la tête et le cou avec de l'eau courante. Toutes les mosquées comportent un endroit destiné à cet usage. S'ils ne se trouvent pas dans une mos-

L'islam et l'Occident

La religion islamique a été très mal comprise et beaucoup calomniée ces dernières années en Occident. Deux images y sont en permanence associées : d'une part l'aspect "barbare" de certaines pratiques de la loi islamique – la shari'a –, comme la flagellation, la lapidation, l'amputation de la main et, d'autre part, les intégristes fanatiques qui cherchent à terroriser l'Occident.

Pour de nombreux musulmans, pourtant, et particulièrement pour ceux qui vivent au Proche-Orient, l'islam est le garant d'une certaine stabilité dans un monde cahotique. Ils se rendent bien compte que l'Occident les considère comme une menace et sont eux-mêmes divisés dans leur opinion sur l'Occident. Non sans raison, ils considèrent les politiques occidentales, en particulier à l'égard du monde arabe, comme agressives et les comparent souvent à l'attitude des croisés du Moyen-Age. En dépit de cela et de l'influence grandissante des groupes religieux anti-occidentaux, ils sont encore nombreux à admirer l'Occident tout en s'étonnant de la façon dont on les considère. Certains voient dans la culture occidentale une menace pour les valeurs musulmanes (cette opinion n'est en aucun cas partagée par tous).

Alors que l'Occident s'indigne des arguments développés par les minorités radicales, la majorité des musulmans voient dans son soutien à Israël un défi direct à leur indépendance.

Si la violence et le terrorisme associés au Proche-Orient sont souvent présentés par les médias occidentaux comme la preuve d'un désir de vengeance aveugle de la part des musulmans, la répression efficace exercée par les forces de sécurité israéliennes sur les Palestiniens n'est en revanche mentionnée que depuis peu. Il est rare que l'on présente le sectarisme et les violences en Irlande du Nord comme un symbole de la "barbarie" chrétienne alors que l'on résume parfois la violence politique au Proche-Orient au simple fanatisme musulman. Il n'est pas inutile de se souvenir que si l'Occident "chrétien" considère souvent l'islam avec dédain, quand ce n'est pas avec mépris, les musulmans ont un grand respect pour les chrétiens qui sont à leurs yeux des "Peuples du Livre" qui vénèrent le même Dieu qu'eux.

De la même façon que les pays occidentaux ont une image déformée de la société musulmane, leurs valeurs sont souvent mal comprises par les sociétés islamiques. Si le prestige et le luxe associés à la vie dans les pays industrialisés attirent ceux (souvent les jeunes riches et instruits) qui sont à même de rivaliser avec, ils représentent pour les autres le symbole de la déchéance morale ; il est donc plus simple pour eux de réaffirmer leur foi dans l'islam que de rêver à ce qu'ils ne peuvent obtenir. Ce que les musulmans acceptent ou rejettent est souvent le fait d'impressions mêlées, forgées à partir de films et de feuilletons télévisés américains, qui n'ont parfois que peu de rapport avec la réalité.

Ces incompréhensions ont longtemps contribué à un sentiment général de malaise et de méfiance entre les nations occidentales et le monde musulman. Tant qu'elles dureront, l'islam sera considéré en Occident comme une force rétrograde et radicale, attachée à des changements violents, et non, plus simplement, comme un code de conduite religieuse et politique applicable à la vie quotidienne et qui rend tolérable une existence souvent difficile. ■

quée et qu'il n'existe pas d'eau à proximité, du sable propre suffit. S'il n'y a pas de sable, ils devront mimer les gestes de la toilette.

Le fidèle devra ensuite se tourner vers la Mecque (toutes les mosquées sont orientées de telle sorte que le *mihrab*, ou niche de prière, soit face à la Mecque) et accomplir une série de gestes et de prosternations. Qui n'a aperçu l'une de ces innombrables photographies montrant des rangées de musulmans prosternés le front contre terre en direction de la Mecque ? Ainsi verra-t-on souvent des musulmans prier au bord de la route ou sur le trottoir aussi bien que dans une mosquée. S'agissant de la vie quotidienne, les musulmans n'ont pas le droit de boire d'alcool et de manger du porc (considéré comme impur). Ils doivent aussi éviter la fraude, l'usure, la calomnie et les jeux d'argent.

Minorités islamiques. En Syrie, les chiites et les autres minorités musulmanes, telles que les Alaouites et les Druzes, représentent environ 16% de la population.

La religion druze est une ramification de l'islam chiite. Ellè fut répandue au XIe siècle par Hamza ibn Ali et des missionnaires égyptiens qui suivaient le calife fatimide Al-Hakim. Cette secte tire son nom de l'un des subalternes d'Hamzah, Muhammad Darazi, qui avait déclaré que Al-Hakim était le dernier imam et Dieu réunis. Aux yeux des Égyptiens, cependant, ce souverain sanguinaire et, pour beaucoup dément, était tout sauf divin. Lorsqu'il mourut dans des circonstances mystérieuses, Darazi et ses compagnons durent fuir l'Égypte.

La plupart des membres de la communauté druze vivent aujourd'hui dans les montagnes du Liban. Il existe également plusieurs localités druzes, dans la région du Hauran près de la frontière jordano-syrienne, et dans celle du Jebel Arab (ville de Suweida notamment). Leur croyance particulière est restée intacte principalement en raison du secret qui l'entoure. Non seulement la conversion est interdite, dans un sens ou dans l'autre, mais seule une élite de sages (*'uqqal*) a accès aux textes religieux (le *hikmeh*) contenus dans sept livres sacrés dont il n'existe que des copies manuscrites. L'un des codes qu'il préconise est celui de la *taquiyyeh* (dissimulation), qui permet par exemple à un fidèle vivant parmi des chrétiens de se conformer en apparence à la foi chrétienne tout en restant druze dans son cœur. Les Druzes pensent que Dieu est trop sacré pour l'appeler par son nom, qu'il n'a pas de forme et qu'il prendra d'autres incarnations. S'ils révèrent le Nouveau Testament et le Coran, ils lisent leurs propres écritures dans des *khalwas* (temples) tous les jeudis.

En Syrie, la secte chiite extrémiste des Alaouites est parfois considérée comme hérétique car elle vénère Ali comme un Dieu. Les Alaouites vivent pour la plupart autour de Lattaquié et dans la région de Hama et de Homs. Ils cultivent généralement les terres les plus pauvres ou occupent les postes les moins qualifiés dans les villes. Il existe également une communauté plus restreinte d'Ismaeliens, autre scission des Chiites qui croient en sept imams.

La Jordanie héberge une communauté de 25 000 musulmans sunnites non arabes, les Circassiens. Ils ont fui les persécutions des Russes à la fin du siècle dernier et se sont établis en Turquie, en Syrie et en Jordanie. Les mariages inter-ethniques les ont rendu presque indiscernables de leurs voisins arabes.

Les Chechens, qui ressemblent aux Circassiens, sont un autre groupe d'origine caucasienne installé en Jordanie.

Il existe également une petite minorité chiite en Jordanie.

Le christianisme

Fondateur de la religion chrétienne, Jésus de Nazareth naît en Palestine, alors sous l'occupation romaine d'Hérode le Grand. Sa date de naissance n'est pas connue avec une grande précision. Selon ses compatriotes, il est le fils de Marie et de Joseph le charpentier. Sa naissance à Bethléem, survenue dans un grand dénuement, et sa mission de Messie est révélée aux juifs qui espèrent l'arrivée prochaine d'un Sauveur. Après la fuite en Égypte – où Joseph emmène l'enfant et sa mère, craignant pour leur salut – la famille revient en Galilée et se fixe à Nazareth.

A l'âge de 30 ans environ, Jésus rejoint Jean-Baptiste, que les Évangiles voient comme un précurseur du christianisme, et se fait baptiser par lui dans l'eau du Jourdain. Jésus fait alors une retraite solitaire dans le désert de Judée, à l'image des grands prophètes d'Israël. Puis il regagne la Galilée, commence à prêcher dans les villages et le long des routes, et se choisit douze disciples qu'il envoie prêcher à leur tour. Ses enseignements, sa prédication et les guérisons qui lui sont attribués font qu'il devient un personnage de plus en plus gênant aux yeux des autorités pharisiennes et sadducéennes. Dans la nuit suivant le repas de la Pâque, Jésus est arrêté, sans doute trahi par Judas – l'un de ses disciples. Après une comparution devant les instances juive et romaine, qui l'accusent d'être un agitateur et de se considérer comme le roi des Juifs, il est crucifié.

La doctrine chrétienne. Le christianisme est né au sein du judaïsme. Le regroupement des disciples de Jésus de Nazareth s'est opéré au sein des nombreuses sectes messianiques qui avaient cours dans le monde juif, au début de notre ère. Toutefois, si Jésus s'identifie avec le Messie annoncé par les prophètes de l'Ancien Testament, il ne peut être confondu avec lui.

La doctrine chrétienne repose sur une nouvelle identité de Dieu. Le Père, le Fils et le Saint-Esprit sont trois personnes divines. Jésus est le Fils de Dieu et possède deux natures, homme et Dieu. Conformément au fondement de la foi chrétienne, il meurt crucifié mais "ressuscite d'entre les morts le troisième jour" afin que l'on prêche "en son nom la pénitence et la rémission dans toutes les nations, en commençant par Jérusalem" (Évangile selon saint Luc, chapitre XXIV, 46 et 47). Véritable dogme pour les chrétiens, cette résurrection est le fondement de la foi. L'enseignement de Jésus s'exprime dans le double commandement : aimer Dieu et aimer son prochain.

Précédés par Paul en 56-63 avec ses lettres (la mission de prédication de Paul lui sera en quelque sorte révélée sur le chemin de Damas), les apôtres Matthieu, Marc, Luc et Jean rédigent, entre 70 et 95, les récits évangéliques. Ceux-ci se sont largement appuyés sur l'Ancien Testament qui avait préparé la venue du Christ sur la terre. Ce sont ces évangiles qui propageront la religion du Christ. Dès 61, le monde romain s'ouvre au christianisme, puis est suivi par les Barbares et le reste de l'Occident. Si le christianisme recule dans les régions conquises par l'islam, il s'est imposé comme une religion universelle.

Il existe toutes sortes d'églises représentant les trois courants principaux de l'Église chrétienne : orthodoxe, catholique et protestant. La religion catholique s'appuie sur sept sacrements : le baptême, la confirmation, l'eucharistie ou communion, la pénitence, l'extrême-onction ou sacrement des malades, l'ordre et le mariage. Les Églises protestantes ne retiennent pour leur part que le baptême et l'eucharistie. Quant aux Églises chrétiennes orthodoxes, elles professent les dogmes fondamentaux du christianisme mais se sont séparées de Rome depuis 1054.

Les données statistiques sur le nombre de chrétiens en Jordanie et en Syrie sont difficiles à obtenir et souvent très contradictoires. On estime qu'ils représentent environ 6% de la population jordanienne et 13% de la population syrienne.

L'Église orthodoxe. Ce courant comprend les Églises grecque orthodoxe, arménienne orthodoxe et syrienne orthodoxe.

L'Église grecque orthodoxe possède une liturgie en arabe. C'est l'Église mère des jacobites (orthodoxes syriens), qui s'en séparèrent au VIe siècle et des catholiques grecs, qui rompirent au XVIe siècle.

L'Église arménienne orthodoxe (connue aussi sous le nom d'Église arménienne apostolique) a une liturgie en arménien classique. Elle est considérée par beaucoup comme la gardienne de l'identité nationale arménienne.

L'Église syrienne orthodoxe emploie le syriaque, très proche de l'araméen, la langue que parlait le Christ. Son patriarche vit à Damas et le siège épiscopal administre des communautés étrangères, comme les Malankaras syriens du Kerala en Inde et les orthodoxes syriens aux États-Unis.

Une petite communauté d'orthodoxes coptes, dont le pope et la plupart des coreligionnaires sont en Égypte, vit en Jordanie.

L'Église catholique. Ces communautés sont placées sous la juridiction de Rome. Elles sont présentées ici par ordre d'importance croissant.

Les catholiques grecs, ou melkites, – de même que les patriarcats de Jérusalem et d'Alexandrie – sont sous l'autorité du patriarche de Damas. Ils observent la tradition byzantine : les prêtres mariés sont chargés des paroisses rurales et les prêtres célibataires des diocèses.

Les catholiques arméniens forment une communauté très soudée. Ils ont fui les massacres turcs de 1894 à 1896 et de 1915 à 1921. Leur liturgie est en arménien classique. Leur patriarche réside à Beyrouth et plus de la moitié d'entre eux sont originaires d'Alep.

Les catholiques syriens utilisent principalement le syriaque comme langue liturgique, mais certains services sont en arabe. Ils résident principalement dans le nord-est de la Syrie et à Homs, Alep et Damas.

Les catholiques maronites tirent leur nom de saint Maron, un moine qui vivait près d'Alep et mourut aux environs de 410. Leur liturgie est en ancien syrien, mais la langue couramment employée est l'arabe. On les trouve surtout au Liban (environ un million), où réside leur patriarche, mais ils sont aussi assez nombreux à Alep. Comme c'est le cas pour les autres communautés chrétiennes du Proche-Orient, ils vivent en majorité hors de leur pays d'origine : on estime qu'ils sont environ trois millions en Europe, en Amérique du Nord et du Sud et en Australie.

Les catholiques romains vivent dans l'ouest de la Syrie et à Alep. Ils ont récemment restauré le patriarcat de Jérusalem, et un patriarche y a été élu en 1987.

Les catholiques chaldéens, qui ont conservé l'ancienne liturgie de la Syrie orientale, qu'ils pratiquent en syriaque, se trouvent principalement à l'est de la Syrie, à Alep et Damas. Leur patriarche réside à Bagdad.

Le judaïsme

Il existe une petite communauté juive à Damas, que l'on estime à 3 000 ou 4 000 personnes. Le président Assad s'en est longtemps servi comme outil de propagande, faisant régulièrement appel à eux, lors des manifestations pro-gouvernementales, pour porter des pancartes en hébreu favorables à son régime. Afin de se gagner les bonnes grâces des Américains, le président Assad a, depuis 1992, assoupli les restrictions et permis aux Juifs de quitter le pays. Certains ont donc émigré en Israël ou aux États-Unis. Pour plus d'informations sur le sujet, voir la rubrique *Groupes religieux* dans le chapitre *Présentation de la Syrie*.

LANGUE

L'arabe est la langue officielle en Jordanie et en Syrie. L'anglais est la deuxième langue parlée en Jordanie. Dans une moindre mesure, le français est un peu pratiqué en Syrie, mais l'anglais gagne du terrain. Tous les efforts que vous ferez pour vous exprimer en arabe seront appréciés. Quelles que soient vos erreurs de prononciation ou de grammaire, on vous dira souvent, avec un grand sourire : "Mais vous parlez très bien arabe !". Le fait de s'adresser aux fonctionnaires syriens, souvent peu serviables, avec la formule consacrée, *salamm aleïkoum* (que la paix soit avec vous) peut vous faire gagner un temps précieux.

Il ne faut pas longtemps pour apprendre les quelques phrases indispensables lorsqu'on voyage, mais maîtriser les complexités de la langue arabe nécessite des années d'études sérieuses.

Il est important de savoir que la transcription de l'arabe en français (ou toute autre langue) est au mieux une approximation. Étant donné que l'arabe contient des sons inconnus dans les langues européennes et que, dans l'écriture arabe, la plupart des voyelles ne s'écrivent pas, il est pratiquement impossible de s'accorder sur une méthode de transcription unique. Vous trouverez donc parfois plusieurs orthographes différentes pour le même mot, et cela vaut aussi bien pour les noms de personnes que pour les noms de lieux. Ce problème est rendu encore plus complexe par la diversité des dialectes et les différences de prononciation selon les régions. Ainsi, des mots qui s'écrivent d'une certaine façon en Jordanie sembleront très différents en Syrie. Les arabophones occidentaux parmi les plus distingués ne sont pas parvenus à une solution satisfaisante.

Nous nous sommes efforcés de refléter la langue aussi fidèlement que possible et avons orthographié les noms de lieux, de rues et d'hôtels comme les gens du pays le font.

La transcription adoptée pour les noms de rues est anglaise, car c'est actuellement la plus couramment employée sur place, même en Syrie où pendant longtemps les rues portèrent des noms francisés (c'est encore vrai dans certains cas).

Prononciation

La majorité des mots de vocabulaire qui suivent sont compris dans tout le monde arabe. Certains, cependant – surtout lorsque nous proposons plusieurs choix – reflètent les dialectes de la région. La prononciation des mots arabes n'est pas aisée. Certaines lettres ou groupes de lettres se prononcent différemment des langues latines :

gh	"r"
kh	proche de la jota espagnole
u	se prononce "ou"
ay	se prononce comme "ail"
i	est l'équivalent d'un "i" long
dh	proche du "th" anglais
h	il est toujours aspiré
'	l'apostrophe marque la séparation entre les mots

Salutations et civilités

Une grande importance est accordée à la politesse et il est rare de voir une conversation s'engager avant de nombreuses salutations, questions sur la santé et autres amabilités.

Dans les pays arabes, les salutations sont plus formelles qu'en France et chacune a sa réponse. Elles varient souvent selon que l'on s'adresse à un homme ou à une femme. Une simple rencontre peut se prolonger pendant de longues minutes car aucun des protagonistes ne désire mettre un terme au flot de bons vœux et autres salutations. En tant qu'*ajnab*i (étranger), on n'attendra pas de vous que vous connaissiez tous les usages, mais si vous dites la bonne phrase au bon moment, cela sera apprécié.

La salutation la plus courante est *salam aleïkoum* (la paix soit avec vous) à laquelle il faut répondre *wa aleïkoum as-salam* (et qu'avec vous soit la paix). Si vous êtes invité à un anniversaire ou une fête importante, vous devez dire en arrivant *sana wa intum vi-khir* (mes meilleurs vœux pour l'année qui vient).

Après un bain ou une douche, vous entendrez souvent les gens vous dire *n'aiman*, ce qui signifie à peu près "céleste" et revient en fait à une observation sur le fait d'être "Beau et propre, maintenant, pas vrai ?".

Il faut toujours se montrer reconnaissant d'arriver entier quelque part. Les voyageurs seront souvent accueillis par *al-hamdu lillah 'al as-salama* (merci d'être arrivé sans encombre).

Salut	*marhaba*
Bienvenue	*ahlan wa sahlan* ou simplement *ahlan*
Bienvenue (réponse)	*ahlan bikum*
Au revoir	*ma' elsalami* ou *Allha ma'ak*
Bonjour	*sabah al-khayr*
Bonjour (réponse)	*sabah an-noor*
Bonsoir	*masa al-khayr*
Bonsoir (réponse)	*masa an-noor*
Bonne nuit	*tisbah ala khayr*
Bonne nuit (réponse)	*wa inta min ah'lu*
S'il vous plaît (demande)	*min fadlak* (m) *min fadlik* (f)
Je vous en prie (dans le sens de après vous)	*tafad'dal* (m) *tafad'dali* (f)
Merci	*chukran*
Merci beaucoup	*afwan* ou *ahlan*
Comment allez-vous ?	*kayf haalak ?* (m) *kayf haalik ?* (f) en dialecte : *esh'lonak ?* (m) *esh'lonik ?* (f)
Bien (litt. merci à Dieu)	*al-hamdu lil'lah*
Enchanté de vous avoir rencontré	*tchar'raft be ma'areftak*
Excusez-moi	*afwan*
Je suis désolé	*ana mit'assif*
Félicitations !	*mabrouk !*

Phrases utiles

Quel est votre nom ?	*shu-ismak ?* (m) *shu-ismik ?* (f)
Je m'appelle	*ismi …*
Je	*ana*
Tu	*inta* (m) *inti* (f)
Il	*huwa*
Elle	*hi'ya*
Nous	*nha'nu, ehna*
Vous	*intu*
Eux	*humma*
D'où venez-vous ?	*min wayn inta ?*
Je suis	*ana*
français	*fransa'wi* (m) *fransa'wi'ya* (f)
canadien	*kanadi* (m) *kanadi'ya* (f)
belge	*belgiki* *belgiki'ya*

Parlez-vous	*pteh'ki*
français ?	*fransawi ?*
anglais ?	*inglizi ?*
Je parle	*ana beh'ki ...*
anglais	*inglizi*
français	*fransawi*
Que voulez-vous ?	*shu bad'dak ?* (m) *shu bad'dik ?*(f)
Je comprends	*ana af'ham*
Je ne comprends pas	*ana ma bif'ham*
Je veux un interprète	*ana urid mutarjem*
Oui	*na'am*
Non	*la'a*
Pas de problème	*mish mushkila* ou *mu mushkila*
Cela ne fait rien	*ma'alesh*
J'aime	*ana bahib...* ou *ana uhib...*
Je n'aime pas...	*ana ma bahib* ou *ana la uhib*
Je suis malade	*ana marid* (m) *ana marida* (f)

Les questions du style "Est-ce que le bus arrive ?" ou "Est-ce que la banque sera ouverte plus tard ?" reçoivent souvent l'inévitable réponse : *In sha' Allah* (si Dieu le veut), expression que vous entendrez sans arrêt.

Une autre, moins courante, est *ma sha'Allah* (la volonté de Dieu sera exaucée), qui pourra vous être utile lorsqu'on vous demandera avec insistance pourquoi vous n'êtes pas encore marié(e) !

Pour voyager

vers/de	*illa/min*
gare routière	*mahattat-al-bosta*
gare ferroviaire	*mahattat al-qitaar*
aéroport	*al-mattar*
bus	*al-bosta*
voiture	*as-sayara*
avion	*at-tayara*
train	*al-qitaar*
1re classe	*daraja awla*
2e classe	*daraja thania*
ici/là	*hôn/hônak*
gauche/droite	*yasaar/yamin*
tout droit	*'ala tul* ou *sawa*
vite s'il vous plaît	*bi-sura'a* ou *ra'wij min fadlak*
lentement	*shwaya* ou *ala*
s'il vous plaît	*mah'lak min fadlak*

En ville

Où se trouve le (la)...?	*wayn... ?*
banque	*masraf* ou *bank*
pont	*ji'sir*
château, palais	*alqa'ser*
église	*al-kanisa*
douane	*al-jumruk*
hôtel	*funduq*
marché	*as-souk*
rue Mohammed	*shar'ay Mohammed*
mosquée	*al-mas'jid*
musée	*al-mat'haf*
bureau de l'immigration et des passeports	*maktab al jawazaat wa al-hijra*
pharmacie	*as-say'daliya*
police	*ash-shurta*
poste	*maktab al-barid*
restaurant	*al-mat'am*
ruines, site historique	*al-adhaar*
temple	*al-ma'abad*
office du tourisme	*maktab as-siyaha*

Hébergement

Avez-vous ?	*fi in'dak...?*
une chambre	*ghurfa*
une chambre simple	*ghurfa mufrada*
une chambre double	*ghurfa la shakh' sayn*
une douche	*dush*
l'eau chaude	*mai sukh'na*
des toilettes	*twalet, mirhad* ou *hammam*
savon	*sabuné*
air climatisé	*kondishon*
électricité	*kah'raba*

Achats

Qu'est-ce que c'est ?	*shu hadha ?*
Combien ? (quantité)	*qaddaysh ?*
Combien ? (nombre)	*kam wahid ?*
Combien ça coûte ?	*shu ha'ku ?*

Quelle distance ?	*kam kilometre ?*
Y a-t-il… ?	*fi… ?*
Il n'y en a pas	*ma fi*
argent	*fulus* ou *masa'ari*
gros	*ka'bir*
petit	*sa'ghir*
mauvais	*mish kwai'yis*
bon	*kwayis*
excellent	*mumtaz*
fini	*khalas*
bon marché/cher	*ra'khis/gha'li*
moins cher	*ar'khas*
fermé	*magh'luq* ou *musak'kar*
ouvert	*maf'tuh*
chaud/froid	*harr/baarid*

Le temps

Quand ?	*mat'a, em'ta ?*
hier	*imba'rih, 'ams*
aujourd'hui	*al-ya'um*
demain	*bukra/ghadan*
minute	*daqiqa*
heure	*sa'a*
jour	*ya'um*
semaine	*es'buay*
mois	*sha'her*
année	*sana*
Quelle heure est-il ?	*ka-daysh as'sa'a ?*
Il est 5 heures.	*as'sa'a khamsa*
Combien d'heures ?/ Combien de temps ?	*kam sa'a ?*
Cinq heures	*khames sa'at*
Lundi	*al-tanayn*
Mardi	*al-talata*
Mercredi	*al-urbo'ad*
Jeudi	*al-khamis*
Vendredi	*al-juma'a*
Samedi	*as-sabt*
Dimanche	*al-ahad*

Mois

L'année islamique est composée de douze mois lunaires, et est plus courte de 11 jours que l'année calendaire grégorienne. Ainsi, les dates importantes du calendrier musulman tombent chaque année (occidentale) 11 jours plus tôt que l'année précédente.

Deux calendriers grégoriens sont en usage dans le monde arabe. En Égypte et à l'ouest, les mois ont pratiquement le même nom qu'en France (janvier est *yanaayir*, octobre *octobir*, etc.), mais en Jordanie, Syrie et plus loin vers l'est, les noms sont complètement différents. Pour parler de juin, par exemple, le plus facile est encore de dire "mois six", mais pour être vraiment complet, voici leur nom exact :

janvier	*kanun at ta'ani*
février	*shubaat*
mars	*azaar*
avril	*nisaan*
mai	*ayaar*
juin	*huzay'ran*
juillet	*tammooz*
août	*'ab*
septembre	*aylool*
octobre	*tishrin al-awal*
novembre	*tishrin at-ta'ani*
décembre	*kanoon al-awal*

Les mois de l'hégire ont également un nom spécifique :

1er	*Mohar'ram*
2e	*Safar*
3e	*Rabi' al-awal*
4e	*Rabei at-ta'ani*
5e	*Jumada al-awal*
6e	*Jumada al-akhira*
7e	*Rajab*
8e	*Shaaban*
9e	*Ramadan*
10e	*Shawwal*
11e	*Zul-Qeda*
12e	*Zul-Hijja*

Nombres

Les chiffres arabes sont assez faciles à apprendre et, contrairement à la langue écrite, se lisent de gauche à droite.

1/4	*ruba*
1/2	*nuss*
3/4	*talata ruba*
0	*si'fer*
1	*wa'had*

2	٢	*itnîn*
3	٣	*talata*
4	٤	*arba'a*
5	٥	*khamsa*
6	٦	*sitta*
7	٧	*saba'a*
8	٨	*tamanya*
9	٩	*tisa'a*
10	١٠	*ash'ra*
11		*hid-ash*
12		*itn-ash*
13		*tlat-ash*
14		*arba'at-ash*
15		*khamast-ash*
16		*sitt-ash*
17		*saba'at-ash*
18		*tamant-ash*
19		*tisa'at-ash*
20		*ashrîn*
21		*wahid wa ashrîn*
22		*itnîn wa ashrîn*
30		*talatîn*
40		*arba'în*
50		*khamsîn*
60		*sittîn*
70		*saba'în*
80		*tamanîn*
90		*tisa'în*
100		*mia*
101		*mia wa wahad*
125		*mia wa khamsa wa ashrîn*
200		*mitaîn*
300		*talata mia*
400		*araba'a mia*
1 000		*alf*
2 000		*alfîn*
3 000		*talat-alaf*

Parler avec les mains

Les Arabes font beaucoup de gestes en parlant et expriment certaines choses sans dire un mot. Toutefois, certaines expressions s'accompagnent d'un geste particulier.

Pour dire "non", les Jordaniens et les Syriens se contentent souvent de lever les sourcils avec un mouvement de la tête vers l'arrière et un petit bruit de la langue. C'est un peu déroutant lorsqu'on n'y est pas habitué, mais il ne faut pas le prendre comme une rebuffade.

Lorsque quelqu'un secoue la tête de gauche à droite (comme pour dire "non" chez nous), cela signifie "Je ne comprends pas". Lorsqu'il étend la main comme pour ouvrir une porte en donnant un rapide mouvement du poignet, cela équivaut à "Que voulez-vous ?", "Où allez vous ? " ou "Quel est votre problème ?".

Si un fonctionnaire trace avec son index une ligne imaginaire sur la paume de sa main, ce n'est pas pour vous montrer sa ligne de vie, mais pour vous demander votre passeport, ticket de bus ou tout autre document nécessaire à ce moment précis.

Les voyageurs qui demandent leur chemin ne doivent pas s'étonner d'être pris par le bras ou encore par la main et conduits à bon port. Il est tout à fait naturel que les hommes se tiennent par la main et il est rare qu'il faille y voir une autre signification. Les femmes seules doivent, bien entendu, se montrer un peu plus prudentes devant une telle sollicitude.

La main droite posée sur le cœur signifie "non merci" lorsque l'on vous propose quelque chose. Lorsque vous avez bu assez de thé, de café turc ou autre boisson, posez la main sur le verre ou la tasse. La formule polie est *da'iman* ("toujours", ce qui signifie plus ou moins "que cela soit toujours ainsi"). Le café arabe possède ses propres rituels (voir section *Alimentation* dans le chapitre *Renseignements pratiques).*

La main gauche est associée à la toilette et, par conséquent, considérée comme impure ; il vous faut donc toujours utiliser la main droite lorsque vous donnez ou recevez quelque chose.

Renseignements pratiques

QUE PRENDRE AVEC SOI

En été, un chapeau, des lunettes de soleil et une gourde sont indispensables. D'autres objets peuvent se révéler utiles : un couteau suisse, une lampe-torche, quelques mètres de fil de nylon, une balle de tennis coupée en deux (idéale pour boucher les éviers de toutes formes), des boules anti-bruit, une trousse de premiers soins et un nécessaire à couture.

Le papier hygiénique est difficile à trouver en Syrie, mais on peut acheter des petits paquets de mouchoirs en papier dans la rue, dans les magasins et certains hôtels. Les tampons hygiéniques ne sont pas vendus partout. Vous devrez également vous munir de vos contraceptifs et des médicaments dont vous pourriez avoir besoin. Il est indispensable d'emporter une torche électrique pour voyager en Syrie.

Si vous devez résider dans la région en hiver, n'oubliez pas d'emporter des vêtements chauds et une veste coupe-vent imperméable. Dès octobre, munissez-vous d'un pull-over.

JOURS FÉRIÉS ISLAMIQUES

Étant donné que le calendrier de l'hégire est plus court de onze jours que le calendrier grégorien, les fêtes islamiques tombent chaque année onze jours plus tôt que l'année précédente. Les dates précises ne sont connues que peu de temps à l'avance, car elles dépendent de la position de la Lune. Les principaux jours fériés islamiques sont les suivants (voir le tableau en page suivante pour les correspondances) :

Ras as-Sana
Nouvel An, célébré le 1er Moharram.

Mulid an-Nabi
Anniversaire du prophète Mahomet, fêté le 12 Rabi' al-Awal.

Eid al-Fitr
Également appelée *Eid as-Saghir* (petite fête), elle commence au début du Shawwal pour marquer la fin du jeûne du mois précédent, le Ramadan.

Eid al-Adhah
Appelée couramment *Eid al-Kabir* (grande fête), elle correspond à l'époque où les musulmans se conforment au "cinquième pilier" de l'islam : le pèlerinage à La Mecque. Elle a lieu du 10 au 13 Zuul-Hijja.

Ramadan

Pendant le ramadan, neuvième mois du calendrier musulman, les musulmans jeûnent la journée pour se conformer au "quatrième pilier" de l'islam. Il n'existe pas de jours fériés. Les démarches administratives sont néanmoins rendues difficiles du fait des horaires irréguliers.

Durant ce mois de jeûne, les musulmans pratiquants ne doivent rien boire ni manger entre le lever et le coucher du soleil. S'ils sont nombreux à ne pas suivre ces injonctions à la lettre, ils s'y conforment plus ou moins. On ne demande pas aux étrangers d'en faire autant, mais il est préférable de s'abstenir de fumer, de boire ou de manger en public pendant cette période. Cela pose moins de problèmes dans les grandes villes, mais montrez-vous discret avec vos kebabs.

Les bureaux sont ouverts moins longtemps et à des heures plus irrégulières. Dans les régions retirées, vous aurez parfois du mal à trouver un restaurant ouvert avant le coucher du soleil.

Pendant le ramadan, le repas du soir, appelé *iftar* (rupture du jeûne), prend toujours un petit air de fête. Allez dans les restaurants très fréquentés car le moment où l'on commence à servir la nourriture, au coucher du soleil, est une expérience à ne pas manquer.

HEURE LOCALE

La Jordanie et la Syrie sont en avance de deux heures sur l'heure GMT en hiver (d'octobre à février) et de trois heures en été (avril à septembre). Lorsqu'il est 12h à Amman et Damas, il est donc :

11 h	à Paris
10 h	à Londres
5 h	du matin à Montréal
2 h	du matin à Vancouver

Calendrier des jours fériés

Année de l'hégire	*Nouvel An*	*Anniversaire du Prophète*	*Début du ramadan*	*Eid al-Fitr*	*Eid all-Adhah*
1416	31.05.95	09.08.95	22.01.96	22.02.96	29.04.96
1417	19.05.96	28.07.96	10.01.97	10.02.97	18.04.97
1418	09.05.97	18.07.97	31.12.98	31.01.98	08.04.98
1419	28.04.98	07.07.98	20.12.99	20.01.99	28.03.99
1420	17.04.99	26.06.99	–	–	–

Si les Arabes donnent parfois l'impression d'avoir l'éternité devant eux, ce qui prendrait cinq minutes ailleurs dure ici au moins une heure. Essayer d'accélérer les choses ne vous créera que des frustrations. Mieux vaut prendre tout cela avec philosophie sans essayer d'influer sur le cours des événements. Le proverbe "Patience et longueur de temps font mieux que force et rage" prend ici toute sa valeur ; gardez-le en permanence à l'esprit.

SANTÉ

Les services médicaux sont bien organisés dans les grandes villes de Jordanie et de Syrie. De nombreux médecins ont été formés à l'étranger et parlent anglais. Votre ambassade pourra en principe vous recommander un médecin ou un hôpital fiable.

Pour des problèmes mineurs, vous trouverez dans les pharmacies ce dont vous avez besoin, mais vous devrez peut-être parler avec les mains dans les endroits isolés. Certains médicaments vendus uniquement sur ordonnance en Europe ou au Canada sont délivrés sans problème en Syrie, et dans une moindre mesure en Jordanie. En revanche, les antibiotiques sont souvent très chers en Jordanie ; il est donc conseillé d'en apporter avec vous.

Faites attention car il se peut que les conseils et les médicaments délivrés par les pharmaciens ne soient pas exactement ceux dont vous avez besoin. Tâchez de savoir à l'avance quel type de médicament vous voulez.

La santé en voyage dépend du soin accordé aux préparatifs et, sur place, de l'observance d'un minimum de règles quotidiennes. Nous listons les dangers éventuels, car ils sont différents de ceux que l'on connaît et que l'on prévient habituellement dans son pays d'origine. Il suffit d'identifier ces risques et de prendre les quelques précautions élémentaires pour ne pas en pâtir.

Guides de la santé en voyage

Un guide sur la santé peut s'avérer utile. Ouvrage précieux, *La Santé en voyage* de François Deck et du docteur Patrice Bourée (éd. Florence Massot, 1994) réunit tous les conseils de prévention et de pré-diagnostic.

Voyages internationaux et santé de l'Organisation mondiale de la santé (OMS), *Les maladies en voyage* du Dr Éric Caumes (Points Planète), *Saisons et climats* de Jean-Noël Darde (Balland) sont également d'excellentes références.

En France, le serveur minitel 3615 Visa Santé fournit des conseils pratiques, des informations sanitaires et des adresses utiles sur plus de 150 pays.

Ceux qui pratiquent l'anglais pourront se procurer *Travel with Children* de Maureen Wheeler (Lonely Planet Publications) qui donne des conseils judicieux pour voyager à l'étranger avec des enfants en bas âge.

Avant le départ

Assurances. Il est conseillé de souscrire une police d'assurance qui vous couvrira en cas d'annulation de votre voyage, de vol, de perte de vos affaires, de maladie ou encore d'accident. Les assurances internationales pour étudiants sont en général d'un bon rapport qualité/prix. Lisez avec la plus grande attention les clauses en petits caractères : les restrictions s'y cachent.

Vérifiez notamment que les "sports dangereux", comme la plongée, la moto ou même la randonnée ne sont pas exclus de votre contrat ou encore que le rapatriement médical d'urgence, en ambulance ou en avion, est couvert. De même, le fait d'acquérir un véhicule dans un autre pays ne signifie pas nécessairement que vous serez couvert par votre propre assurance.

Vous pouvez contracter une assurance qui règlera directement les hôpitaux et les médecins, vous évitant ainsi d'avancer des sommes qui ne vous seront remboursées qu'à votre retour. Dans ce cas, conservez tous les documents nécessaires.

Attention ! avant de souscrire une police d'assurance, vérifiez bien que vous ne bénéficiez pas déjà d'une assistance *via* votre carte de crédit, votre mutuelle ou votre assurance automobile. C'est bien souvent le cas.

Trousse à pharmacie. Veillez à emporter avec vous une petite trousse à pharmacie contenant quelques médicaments indispensables. Prenez des médicaments de base : de l'aspirine ou du paracétamol (douleurs, fièvre) ; un antihistaminique (en cas de rhumes, allergies, démangeaisons dues aux piqûres d'insectes, mal des transports – évitez l'alcool) ; un antidiarrhéique ; un réhydratant, en cas de forte diarrhée, surtout si vous voyagez avec des enfants ; un antiseptique, une poudre ou un spray désinfectants pour les coupures et les égratignures superficielles, des pansements pour les petites blessures et du produit contre les moustiques. Songez à vous munir d'une petite trousse de matériel stérile comprenant une seringue, des aiguilles, du fil à suture et une lame de scalpel. N'oubliez pas le thermomètre (ceux à mercure sont interdits par certaines compagnies aériennes), les comprimés pour stériliser l'eau et des antibiotiques (si vous voyagez loin des sentiers battus) à demander à votre médecin.

Ne prenez des antibiotiques que sous contrôle médical. Utilisez-les aux doses prescrites et pendant toute la période également prescrite, même si vous avez l'impression d'être guéri avant. Chaque antibiotique soigne une affection précise : ne les utilisez pas au hasard. Cessez immédiatement le traitement en cas de réactions graves. Ne prenez pas du tout d'antibiotiques si vous n'êtes pas sûr d'avoir celui qui convient.

Dans plusieurs pays, vous pourrez acheter bon nombre de médicaments sans ordonnance et vous les paierez souvent moins cher qu'en Occident. Attention aux dates limites d'utilisation, parfois dépassées, et aux conditions de stockage, parfois mauvaises. Il arrive également que l'on trouve, dans des pays en développement, des produits interdits en Occident.

Dans de nombreux pays, n'hésitez pas à donner tous les médicaments et seringues qui vous restent (avec la notice) à un centre de soins, un dispensaire ou un hôpital.

Il est presque impossible de se procurer des médicaments anti-paludéens en Syrie. Ils ne sont apparemment disponibles que par l'intermédiaire du ministère de la Santé.

Quelques précautions. Assurez-vous que vous êtes en bonne santé avant de partir. Si vous partez pour un long voyage, faites contrôler l'état de vos dents. Nombreux sont les endroits où l'on ne souhaiterait pas une visite chez le dentiste à son pire ennemi.

Si vous portez des lunettes ou des lentilles de contact, emportez une paire de secours et la copie de votre ordonnance : ne pas avoir de lunettes peut être source de réels problèmes. Sachez toutefois que, dans de nombreux endroits, on peut se faire faire de nouveaux verres rapidement et à un prix raisonnable, à condition bien sûr de connaître sa correction (demandez à n'importe quel opticien).

Si vous suivez un traitement de façon régulière, n'oubliez pas votre ordonnance (avec le nom du principe actif plutôt que la marque du médicament, afin de pouvoir trouver un équivalent local le cas échéant). Par ailleurs, l'ordonnance vous permettra de prouver que vos médicaments vous sont légalement prescrits, des médicaments en vente libre dans certains pays étant interdits dans d'autres.

Attention ! on trouve des tampons et des serviettes hygiéniques en Jordanie, mais pas en Syrie.

Vaccins. Aucune vaccination n'est exigée pour entrer en Jordanie ou en Syrie, à moins que vous ne veniez d'un pays contaminé (vaccin contre la fièvre jaune en général).

Plus vous vous éloignez des circuits classiques, plus il faut prendre vos précautions. Il est important de faire la différence entre les vaccins recommandés lorsque l'on voyage dans certains pays et ceux obligatoires. Au cours des dix dernières années, le nombre de vaccins inscrit au registre du Règlement sanitaire international a beaucoup diminué. Faites inscrire vos vaccinations dans un carnet international de vaccination disponible auprès de votre médecin ou d'un centre de soins.

Planifiez vos vaccinations à l'avance (au moins six semaines avant le départ) car certaines demandent des rappels ou sont incompatibles entre elles. Même si vous avez été vacciné contre plusieurs maladies dans votre enfance, votre médecin vous recommandera peut-être des rappels contre le tétanos ou la polio, maladies qui existent toujours dans de nombreux pays en développement. Les vaccins ont des durées d'efficacité très variables ; certains sont contre-indiqués pour les femmes enceintes.

Centres de vaccination à Paris : Air France (☎ 43 20 13 50), aérogare des Invalides 2, rue Esnault-Pelterie, 75007 Paris, ou l'Institut Pasteur (☎ 45 68 81 98) 209, bd de Vaugirard, 75015 Paris. Il existe de nombreux centres en province, en général liés à un hôpital ou un service de santé municipal.

Fièvre jaune. La protection (une injection) dure pendant dix ans. Le vaccin est recommandé dans les régions où la maladie est endémique. Il est obligatoire dans certains pays lorsque l'on est en provenance d'une zone infectée. Contre-indiqué en cas de grossesse.
Tétanos et polio. Rappels nécessaires tous les dix ans. Vaccin très recommandé.
Hépatite virale (B). Il existe désormais un vaccin efficace nécessitant trois doses dont les deux premières sont généralement injectées à un mois d'intervalle et la troisième, de un à douze mois plus tard. La protection dure environ 10 ans.
Hépatite infectieuse (A). Il existe un vaccin qui s'administre en une seule injection, suivies d'un rappel un an plus tard, et qui reste efficace pendant 10 ans.
Typhoïde. La protection, qui dure trois ans, est utile si vous voyagez dans des conditions d'hygiène médiocres.
Diphtérie. La protection dure pendant 10 ans.
Choléra. Cette vaccination n'est plus recommandée.

Précautions élémentaires

Faire attention à ce que l'on mange et ce que l'on boit est la première des précautions à prendre. Les troubles gastriques et intestinaux sont fréquents même si la plupart du temps ils restent sans gravité.

Ne soyez cependant pas paranoïaque et ne vous privez pas de goûter la cuisine locale, cela fait partie du voyage.

Eau. Dans les grandes villes, on peut boire l'eau du robinet, mais si vous avez l'estomac délicat, vous trouverez de l'eau en bouteilles partout. Si vous arrivez de Turquie ou d'Égypte, vous serez déjà acclimaté.

Lorsque vous achetez de l'eau en bouteilles, vérifiez que le bouchon est bien fermé car elles sont parfois remplies au robinet. Si vous ne trouvez pas d'eau en bouteilles, les boissons gazeuses locales sont relativement peu sucrées.

Stérilisation de l'eau. Le plus simple est de faire bouillir l'eau quinze minutes, ce qui n'est pas toujours évident en voyage. Un simple filtrage peut être très efficace mais n'éliminera pas tous les micro-organismes dangereux. Aussi, si vous ne pouvez faire bouillir l'eau, traitez-la chimiquement. Le Micropur ou l'Hydrochlonazone tueront la plupart des germes pathogènes.

Alimentation. Quelques précautions élémentaires sont utiles. Fruits et légumes doivent être lavés à l'eau traitée ou épluchés.

Lorsque vous prenez un repas au restaurant, préférez les légumes cuisinés, mais la plupart du temps vous ne risquez rien à manger une salade. Si un restaurant semble bien tenu et qu'il est fréquenté par des touristes comme par des gens du pays, la nourriture ne posera probablement de problèmes. Attention aux restaurants vides ! Lavez-vous toujours les mains avant de manger (on trouve dans les restaurants un lavabo à cet usage) et (est-il besoin de le mentionner ?) après un passage aux toilettes.

Nutrition. Si votre alimentation est pauvre, en quantité ou en qualité, si vous voyagez à la dure et sautez des repas ou s'il vous arrive de perdre l'appétit, votre santé risque très vite de s'en ressentir, en même temps que vous perdrez du poids. Assurez-vous que votre régime est équilibré. Les fruits que l'on peut éplucher (bananes, oranges et mandarines par exemple) sont sans danger et vous apportent des vitamines. Essayez de manger des céréales et du pain en abondance. Si la nourriture présente moins de risques quand elle est bien cuite, n'oubliez pas que les plats trop cuits perdent leur valeur nutritionnelle. Si votre régime est mal équilibré ou insuffisant, prenez des vitamines et des comprimés à base de fer. Dans les pays à climat chaud, n'attendez pas le signal de la soif pour (vous indiquer quand il faut) boire. Une urine très foncée ou l'absence d'envie d'uriner sont le signe d'un problème. Pour de longues randonnées, munissez-vous toujours d'une gourde d'eau. Une transpiration excessive fait perdre des sels minéraux et peut provoquer des crampes musculaires. Il est déconseillé de prendre des pastilles de sel de façon préventive, mais dans les régions où la nourriture est peu salée, il n'est pas inutile de rajouter du sel dans son plat.

En Syrie, mieux vaut éviter le lait et la crème. La Jordanie possède une industrie laitière et ses produits sont pasteurisés. Vous pouvez consommer des yaourts qui vous aideront, le cas échéant, à surmonter un accès de "tourista". En Syrie, les glaces contiennent rarement des produits laitiers et sont donc consommables, à moins que l'eau ne vous rende malade.

On peut toujours manger de la viande à condition qu'elle soit bien cuite. Dans les ragoûts, aucun problème, mais lorsque vous achetez un *shawarma* – du mouton cuit sur une broche verticale, le plus souvent dans la rue –, préférez toujours un morceau trop cuit plutôt que saignant.

Les végétariens auront la satisfaction de trouver une alimentation à leur convenance avec les spécialités locales, telles que le *hummus*, le *fuul*, le *felafel* ou le *baba gahnouj*, ainsi que les salades, le fromage et les yaourts.

Problèmes de santé et traitement

Les éventuels problèmes de santé peuvent être répartis en plusieurs catégories. Tout d'abord, les problèmes liés au climat et à la géographie, dus aux températures extrêmes ou aux transports. Puis les maladies dues au manque d'hygiène ; celles transmises par les animaux ou les hommes ; et enfin les maladies transmises par les insectes. Enfin, de simples coupures, morsures ou égratignures peuvent aussi être source de problèmes.

L'auto-diagnostic et l'auto-traitement sont risqués. Aussi, chaque fois que cela est possible, adressez-vous à un médecin. Ambassades et consulats pourront en général vous en recommander un. Les hôtels cinq-étoiles aussi, mais les honoraires risquent aussi d'être cinq-étoiles (d'où l'intérêt d'une assurance). Dans certains endroits, les soins médicaux sont si médiocres que le mieux est, dans la mesure du possible, de sauter dans un avion et d'aller se faire soigner ailleurs.

Affections liées au climat

Coups de soleil. L'été, il fait extrêmement chaud en Jordanie et en Syrie et vous devrez bien vous protéger. Dans le désert, on attrape des coups de soleil étonnamment vite, même par temps couvert.

Utilisez un écran solaire et pensez à couvrir les endroits qui sont normalement protégés, les pieds par exemple. Si les chapeaux fournissent une bonne protection, n'hésitez pas à appliquer également un écran total sur le nez et les lèvres. Les lunettes de soleil s'avèrent souvent indispensables. Lorsque c'est possible, restez à l'ombre aux heures les plus chaudes.

Fièvre miliaire. C'est une éruption cutanée due à la sueur qui s'évacue mal : elle frappe en général ceux qui viennent d'arriver dans un climat chaud et dont les pores ne sont pas encore suffisamment dilatés pour permettre une transpiration plus abondante que d'habitude. En attendant de vous acclimater, prenez des bains fréquents suivis d'un léger talcage, ou réfugiez-vous dans des locaux à air conditionné lorsqu'ils existent. Attention, il est recommandé de ne pas prendre plus de deux douches savonneuses par jour.

Insolation. Rester trop longtemps exposé au soleil peut provoquer une insolation. Symptômes : nausées, peau chaude, maux de tête. Dans ce cas, il faut rester dans le noir, appliquer une compresse d'eau froide sur les yeux et prendre de l'aspirine.

Coup de chaleur. Cet état grave, parfois mortel, survient quand le mécanisme de régulation thermique du corps ne fonctionne plus : la température s'élève alors de façon dangereuse. De longues périodes d'exposition à des températures élevées peuvent vous rendre vulnérable au coup de chaleur. Il faut éviter l'alcool et les activités fatigantes lorsque vous arrivez dans un climat chaud.

Symptômes : malaise général, transpiration faible ou inexistante et forte fièvre (39°C à 41°C). Là où la transpiration a cessé, la peau devient rouge. La personne qui souffre d'un coup de chaleur est atteinte d'une céphalée lancinante et éprouve des difficultés à coordonner ses mouvements ; elle peut aussi donner des signes de confusion mentale ou d'agressivité. Enfin, elle délire et a des convulsions. Il faut absolument hospitaliser le malade.

En attendant les secours, installez-le à l'ombre, ôtez-lui ses vêtements, couvrez-le d'un drap ou d'une serviette mouillés et éventez-le continuellement.

Mycoses. Les infections fongiques dues à la chaleur apparaissent généralement sur le cuir chevelu, entre les doigts ou les orteils (pied d'athlète), sur l'aine ou sur le corps (teigne). On attrape la teigne (qui est un champignon et non un parasite animal) par des animaux infectés ou en marchant dans des endroits humides, comme le sol des douches.

Pour éviter les mycoses, portez des vêtements amples et confortables, en fibres naturelles, lavez-les fréquemment et séchez-les bien. Si vous attrapez des champignons, nettoyez quotidiennement la partie infectée avec un désinfectant ou un savon traitant et essuyez-la en conséquence. Appliquez ensuite un fongicide et laissez autant que possible à l'air libre. Changez fréquemment de serviettes et de sous-vêtements et lavez-les soigneusement à l'eau chaude. Bannissez absolument les sous-vêtements qui ne sont pas en coton.

Affections liées aux conditions sanitaires

Diarrhée. Le changement de nourriture, d'eau ou de climat suffit à la provoquer ; si elle est causée par des aliments ou de l'eau contaminés, le problème est plus grave. En dépit de toutes vos précautions, vous aurez peut-être la "tourista", mais quelques visites aux toilettes sans aucun autre symptôme n'ont rien d'alarmant. En revanche, une diarrhée modérée qui vous oblige à vous précipiter aux toilettes une demi-douzaine de fois par jour est plus ennuyeuse. La déshydratation est le danger principal que fait courir toute diarrhée, particulièrement chez les enfants. Ainsi le premier traitement consiste à boire beaucoup : idéalement, il faut mélanger huit cuillères à café de sucre et une de sel dans un litre d'eau. Sinon du thé noir léger, avec peu de sucre, des boissons gazeuses qu'on laisse se dégazéifier et qu'on dilue à 50% avec de l'eau purifiée, sont les boissons recommandées. En cas de forte diarrhée, il faut prendre une solution réhydratante pour remplacer les sels minéraux. Quand vous irez mieux, continuez à manger légèrement. Les antibiotiques peuvent être utiles dans le traitement de diarrhées très fortes, en particulier si elles sont accompagnées de nausées, de vomissements, de crampes d'estomac ou d'une fièvre légère. Trois jours de traitement sont généralement suffisants et on constate normalement une amélioration dans les 24h. Toutefois, lorsque la diarrhée persiste au-delà de 48h ou s'il y a présence de sang dans les selles, il est préférable de consulter un médecin.

Dysenterie. Affection grave, due à des aliments ou de l'eau contaminés, la dysenterie se manifeste par une violente diarrhée, souvent accompagnée de sang ou de mucus dans les selles. On distingue deux types de dysenterie : la dysenterie bacillaire qui se caractérise par une forte fièvre et une évolution rapide. Maux de tête et d'estomac et vomissements en sont les symptômes. Elle dure rarement plus d'une semaine mais elle est très contagieuse. La dysenterie amibienne, quant à elle, évolue plus graduellement, sans fièvre ni vomissements, mais elle est plus grave. Elle dure tant qu'elle n'est pas traitée, peut réapparaître et causer des problèmes de santé à long terme. Une analyse des selles est indispensable pour diagnostiquer le type de dysenterie. Il faut donc consulter rapidement.

Choléra. La protection conférée par le vaccin n'est pas fiable. Celui-ci n'est donc pas recommandé. Prenez donc toutes les précautions alimentaires nécessaires. Les cas de choléra sont généralement signalés à grande échelle ce qui permet d'éviter les régions concernées. Symptômes : diarrhée soudaine, selles très liquides et claires, vomissements, crampes musculaires et extrême faiblesse. Il faut consulter un médecin ou aller à l'hôpital au plus vite mais on peut commencer à lutter immédiatement contre la déshydratation qui peut être très forte. Le Coca-cola salé, dégazéifié et dilué au 1/5e ou encore le bouillon bien salé seront utiles en cas d'urgence.

Hépatites. L'hépatite est un terme général pour une inflammation du foie. A côté des hépatites A et B, il existe d'autres types d'hépatites (appelées précédemment "non A, non B"). Les symptômes de chaque hépatite peuvent être identiques (fatigue, problèmes digestifs, jaunisse, fièvre, léthargie, etc.) mais il arrive aussi que la personne infectée n'ait aucun avertissement de ce genre. Néanmoins, pas de paranoïa excessive, les hépatites C, D et E sont assez rares, et on peut s'en prémunir en suivant les mêmes précautions que pour éviter les hépatites A et B.

Hépatite A. C'est la plus commune, surtout dans les pays où le niveau d'hygiène est médiocre. La plupart des habitants de pays en voie de développement ont été contaminés dans l'enfance et leur système immunitaire s'y est habitué, produisant une défense naturelle.

Premiers symptômes : fièvre, frissons, migraine, fatigue, faiblesse et douleurs, suivis d'une perte d'appétit, de nausées, de vomissements et de douleurs abdominales. Les urines sont foncées, les selles claires ; la peau et le blanc des yeux prennent une teinte jaune. La fièvre intervient rarement. Parfois la maladie se manifeste plus discrètement : malaise général, fatigue, perte d'appétit et douleurs. Il faut demander l'avis d'un médecin mais, en général, il n'y a pas grand-chose à faire à part se reposer, boire beaucoup et manger légèrement en évitant les graisses. L'alcool doit être banni pendant au moins 6 mois.

L'hépatite A se transmet par l'eau, les coquillages et tous les produits manipulés à mains nus. En veillant à votre alimentation, vous préviendrez le virus très utilement. Malgré tout, s'il existe un fort risque d'exposition, il vaut mieux se protéger avec le vaccin.

Hépatite B. Elle est malheureusement très répandue, puisqu'il existe environ 30 millions de porteurs chroniques dans le monde. Elle se transmet par voie sexuelle ou sanguine (piqûre, transfusion). Évitez de vous faire percer les oreilles, de vous faire tatouer, raser ou de vous faire soigner par piqûres si vous avez des doutes sur l'hygiène des lieux. Si les symptômes de l'hépatite B sont pratiquement les mêmes que ceux de l'hépatite A, la B est beaucoup plus grave. Elle peut provoquer des lésions au foie et, parfois même, le cancer du foie. A titre préventif, l'hépatite B a son vaccin, très efficace.

Hépatite C. Ce virus a été récemment isolé. Sa transmission se fait par voie sanguine (transfusion ou utilisation de seringues usagées) et il semble que cette souche accélère les lésions au foie. La seule prévention est d'éviter tout contact sanguin car il n'existe pour le moment aucun vaccin contre cette hépatite.

Hépatite D. On sait encore peu de choses sur ce virus, sinon qu'il apparaît chez des sujets atteints de l'hépatite B et qu'il se transmet par voie sanguine. Là non plus, pas de vaccin mais le risque est, pour l'instant, limité.

Hépatite E. Il semblerait que cette souche soit assez fréquente dans des pays en voie de développement, bien que l'on ne dispose pas de beaucoup d'éléments actuellement. Identique à l'hépatite A, elle se contracte de la même manière, généralement par l'eau.

De forme bénigne, elle peut néanmoins être dangereuse pour les femmes enceintes. La prévention est le seul moyen d'éviter l'infection (pas de vaccin).

Typhoïde. La fièvre typhoïde est également une infection intestinale qui atteint le tube digestif. La vaccination n'est pas entièrement efficace et l'infection est particulièrement dangereuse : il faut absolument appeler un médecin. Premiers symptômes : les mêmes que ceux d'un mauvais rhume ou d'une grippe, mal de tête, de gorge, fièvre qui augmente un peu chaque jour jusqu'à atteindre 40°C ou plus. Le pouls est souvent lent par rapport à la température élevée et ralentit encore au fur et à mesure que la fièvre augmente, à l'inverse de ce qui se passe normalement. Ces symptômes peuvent être accompagnés de vomissements, de diarrhée ou de constipation.

La deuxième semaine, la fièvre reste forte et le pouls lent. Quelques petites taches roses peuvent apparaître sur le corps. Autres symptômes : tremblements, délire, faiblesse, perte de poids et déshydratation. S'il n'y a pas d'autres complications, la fièvre et les autres symptômes disparaissent peu à peu la troisième semaine. Cependant, un suivi médical est indispensable car les complications sont fréquentes, en particulier la pneumonie (infection aiguë des poumons) et la péritonite (éclatement de l'appendice). En outre, la typhoïde est très contagieuse. Il faut garder le malade dans une salle fraîche et veiller à ce qu'il ne se déshydrate pas.

Affections transmises par l'homme et les animaux

Tétanos. Cette maladie parfois mortelle se rencontre surtout dans les pays tropicaux en voie de développement. Difficile à soigner, elle se prévient par vaccination. Le tétanos se développe dans les plaies infectées par un germe qui vit dans les selles des animaux ou des hommes. Il est indispensable de bien nettoyer coupures et morsures.

Le tétanos déclenche le trismus, spasme musculaire de la mâchoire. Les premiers symptômes peuvent être une difficulté à avaler ou une raideur de la mâchoire ou du cou ; puis suivent des convulsions douloureuses de la mâchoire et du corps tout entier.

Rage. Très répandue, cette maladie est transmise par une morsure ou une griffure faites par un animal contaminé. Les chiens en sont les principaux vecteurs de même que les singes et les chats. Morsures, griffures ou même simples coups de langue d'un mammifère doivent être nettoyés immédiatement et à fond. Frottez avec du savon et de l'eau courante, puis nettoyez avec de l'alcool. S'il y a le moindre risque que l'animal soit contaminé, allez immédiatement voir un médecin. Même si l'animal n'est pas enragé, toutes les morsures doivent être surveillées de près pour éviter les risques d'infection et de tétanos. Un vaccin anti-rabique est désormais disponible. Songez-y si vous pensez prendre certains risques, comme explorer des grottes (les morsures de chauves-souris peuvent être dangereuses) ou travailler avec des animaux. Sachez cependant que la vaccination préventive ne dispense pas de la nécessité de se faire administrer le plus vite possible un traitement antirabique après un contact avec un animal enragé ou dont le comportement peut paraître suspect.

Maladies sexuellement transmissibles. La blennorragie et la syphilis sont les maladies les plus répandues. Plaies, cloques ou éruptions autour des parties génitales, suppurations ou douleurs lors de la miction en sont les symptômes habituels. Ils peuvent être moins forts ou inexistants chez les femmes. Les symptômes de la syphilis finissent par disparaître complètement, mais la maladie continue à se développer et elle provoque de graves problèmes par la suite. On traite la blennorragie et la syphilis par les antibiotiques.

Les maladies sexuellement transmissibles (MST) sont nombreuses mais on dispose d'un traitement efficace pour la plupart d'entre elles. Il n'existe actuellement aucun remède contre l'herpès.

HIV/SIDA. L'infection à HIV (virus de l'immunodéficience humaine), agent causal du SIDA (Syndrome d'immunodéficience acquise) est présente dans pratiquement tous les pays et épidémique dans nombre d'entre eux. La transmission de cette infection se fait : par rapport sexuel (hétérosexuel ou homosexuel - anal, vaginal ou oral) d'où l'impérieuse nécessité d'utiliser des préservatifs à titre préventif ; par le sang, les produits sanguins et les aiguilles contaminées. Il est impossible de détecter la présence du HIV chez un individu apparemment en parfaite santé sans procéder à un examen sanguin.

Il faut éviter tout échange d'aiguilles. S'ils ne sont pas stérilisés, tous les instruments de chirurgie, les aiguilles d'acupuncture et de tatouage, les instruments utilisés pour percer les oreilles ou le nez peuvent transmettre l'infection. Il est fortement conseillé d'emporter seringues et aiguilles, car celles que l'on vend en pharmacie ne sont pas toujours fiables.

Toute demande de certificat attestant la séronégativité pour le HIV (certificat d'absence de SIDA) est contraire au Règlement sanitaire international (article 81).

Affections transmises par les insectes

Paludisme. Le paludisme dans le désert ? Aussi surprenant que cela paraisse, il existe un faible risque de contracter le paludisme en Jordanie et en Syrie. Les médecins ne recommandent en général pas de traitement antipaludéen aux voyageurs qui se rendent dans ces pays, mais pensez-y cependant si vous avez l'intention de passer quelque temps près de l'Euphrate, au nord de la Syrie. Le paludisme, ou malaria, est transmis par un moustique, l'anophèle. Ce moustique ne pique que la nuit, entre le coucher et le lever du soleil. Symptômes : migraines, fièvre, frissons et sueurs qui disparaissent puis reviennent. Non traitée, le paludisme peut avoir des suites graves, parfois mortelles. Il existe différents types dont le paludisme à falciparum pour lequel le traitement devient de plus en plus difficile à mesure que la résistance du parasite aux médicaments gagne en intensité.

Si les médicaments antipaludéens n'empêchent pas la contamination, ils suppriment les symptômes de la maladie. Pour la chimioprophylaxie, renseignez-vous auprès des centres de vaccination ou de maladies tropicales. Vous pouvez surtout prendre d'autres précautions : le soir, quand les moustiques sont en pleine activité, couvrez vos bras et surtout vos chevilles, mettez de la crème antimoustique.

On peut aussi brûler des tortillons contre les moustiques, dormir sous une moustiquaire imprégnée d'insecticides, mettre des moustiquaires aux fenêtres ou brancher un diffuseur électrique. Les moustiques sont parfois attirés par le parfum ou l'après-rasage.

Tout voyageur atteint de fièvre ou montrant les symptômes de la grippe doit se faire examiner. Il suffit d'une analyse de sang pour établir le diagnostic. Contrairement à certaines croyances, une crise de paludisme ne signifie pas que l'on est touché à vie. Grâce aux médicaments, le parasite peut être éradiqué. Le paludisme est curable dans la mesure où l'on fait ce qu'il faut dès les premiers symptômes.

Coupures, piqûres et morsures

Coupures et égratignures. Les blessures s'infectent très facilement dans les climats chauds et cicatrisent difficilement. Coupures et égratignures doivent être traitées avec un antiseptique et du mercurochrome. Évitez si possible bandages et pansements qui empêchent la plaie de sécher.

Pour ceux qui partent faire de la plongée dans la mer Rouge, attention aux coupures de corail ! elles sont particulièrement longues à cicatriser car le corail injecte un léger venin dans la plaie.

Portez des chaussures pour marcher sur les récifs et nettoyez chaque blessure avec soin.

Piqûres. Si vous faites de la marche dans le désert, faites attention aux scorpions, qui se glissent parfois dans les vêtements ou les chaussures, et dont le venin est puissant. Les piqûres de guêpe ou d'abeille sont généralement plus douloureuses que dangereuses. Une lotion apaisante ou des glaçons soulageront la douleur et empêcheront la piqûre de trop gonfler.

Serpents. Portez bottes, chaussettes et pantalons longs pour marcher dans la végétation. Ne hasardez pas la main dans les anfractuosités et faites attention en ramassant du bois pour faire du feu. Les morsures de serpents ne provoquent pas instantanément la mort et il existe généralement des anti-venins. Il faut calmer la victime, lui interdire de bouger, bander étroitement le membre comme pour une foulure et l'immobiliser avec une attelle. Trouvez ensuite un médecin et apportez-lui si possible le serpent mort. N'essayez en aucun cas d'attraper l'animal s'il y a le moindre risque qu'il pique à nouveau. Il ne faut absolument pas sucer le venin ou poser un garrot.

Punaises et poux. Les punaises affectionnent la literie douteuse. Si vous repérez de petites taches de sang sur les draps ou les murs autour du lit, cherchez un autre hôtel. Les piqûres de punaises forment des alignements réguliers. Une pommade calmante apaisera la démangeaison.

Les poux provoquent des démangeaisons. Ils élisent domicile dans les cheveux, les vêtements ou les poils pubiens. On en attrape par contact direct avec des personnes infestées ou en utilisant leur peigne, leurs vêtements, etc. Poudres et shampooings détruisent poux et lentes. Il faut également laver les vêtements à l'eau très chaude.

Santé au féminin

Problèmes gynécologiques. Une nourriture pauvre, une résistance amoindrie par l'utilisation d'antibiotiques contre des problèmes intestinaux peuvent favoriser les infections vaginales dans les pays à climat chaud. Respectez une hygiène intime scrupuleuse et portez jupes ou pantalons amples et sous-vêtements en coton.

Les champignons, caractérisés par une éruption cutanée, des démangeaisons et des pertes, peuvent se soigner facilement. En revanche, les trichomonas sont plus graves ; pertes blanches et sensation de brûlure lors de la miction en sont les symptômes. Le partenaire masculin doit également être soigné. Il n'est pas rare que le cycle menstruel soit pertubé lors d'un voyage.

Grossesse. La plupart des fausses couches ont lieu pendant les trois premiers mois de la grossesse. C'est donc la période la plus risquée pour voyager. Pendant les trois derniers mois, il vaut mieux rester à distance raisonnable de bonnes infrastructures médicales, en cas de problèmes.

Les femmes enceintes doivent éviter de prendre inutilement des médicaments. Cependant, certains vaccins et traitements préventifs contre le paludisme restent nécessaires. Mieux vaut consulter un médecin avant de prendre quoi que ce soit.

Les toilettes

Vous trouverez presque partout des toilettes "à la turque", qui sont en réalité les plus hygiéniques. Il faut un certain temps pour maîtriser la position accroupie sans perdre le contenu de ses poches. Ayez toujours sur vous du papier toilette. Sinon, adoptez l'usage local : la main gauche et de l'eau. Il y a toujours un robinet à hauteur voulue. Savoir s'il en sort de l'eau est une autre histoire !

On peut acheter du papier toilette partout en Jordanie. En Syrie, il est difficile d'en dénicher, mais les marchands des rues proposent de petits paquets de mouchoirs en papier qui conviennent parfaitement. Souvenez-vous, pour ceux qui utiliseront les toilettes après vous, que le petit panier placé à proximité sert à y déposer le papier. Si vous mettez celui-ci dans les toilettes, il risque de tout boucher.

ALIMENTATION

En Syrie et en Jordanie, on trouve aussi bien des plats très "exotiques" que très ordinaires. Malheureusement, les premiers sont vendus à des prix eux aussi exotiques, et, si votre budget est limité, il faudra vous contenter de l'ordinaire. En règle générale, la nourriture est savoureuse.

Sur le pouce

Les *felafels*, le *houmous* et, dans une moindre mesure, le *fuul* sont les plats de base. Il se dégustent au petit déjeuner, au déjeuner et au dîner. Le *fuul* est une purée de fèves à l'ail et au citron baignant dans l'huile.

Les *felafels* sont des boulettes de purée de pois chiches mélangée à des épices, puis frites, que l'on sert parfois dans un pain rond sans levain (le *khobz*), accompagnées de légumes au vinaigre, tomate, salade et yaourt. C'est l'une des façons les plus économiques de se nourrir et vous risquez d'en être saturé avant la fin de votre séjour. Le *houmous* est une pâte de pois chiches cuits que l'on mélange à du *tahin* (pâte de sésame), de l'ail et du citron. Presque tous les restaurants en proposent et il est en général excellent. Le *baba ghanouj*, mélange d'aubergines écrasées et de tahin, se déguste également avec du pain.

L'équivalent du felafel avec de la viande est le *shawarma* et vous aurez certainement l'occasion de devenir spécialiste de ces deux plats car ils sont bon marché et très répandus. Des tranches d'agneau sont embrochées les unes au-dessus des autres et surmontées de quelques morceaux de graisse – qui coule sur la viande en cuisant – et d'une tomate pour la décoration.

Lorsque vous commandez un shawarma, appelé couramment un *sandwich*, le vendeur découpe la viande (le plus souvent après un savant affûtage et de grands gestes avec le couteau), trempe un morceau de pain dans la graisse qui s'est écoulée de la viande, le place devant les flammes pour qu'il grille un peu, puis le remplit de viande et de garnitures similaires à celles du felafel. On trouve assez souvent des shawarmas de poulet. Les échoppes qui vendent les shawarmas ont presque toujours leur broche à l'extérieur, ce qui fait que vous pouvez les acheter en passant.

Sur le même étal, vous pourrez souvent acheter des *kibbih* (boulettes de viande et de blé concassé farcies de viande aux oignons puis frites).

En Syrie, et particulièrement à Alep, vous verrez des sortes de petites pizzas dans les boulangeries. Ce pain spécial est recouvert d'épices, de fromage et parfois de viande. On en trouve parfois plus au sud, et même à Amman.

Le pain arabe, le *khobz*, se mange avec absolument tout. On l'appelle parfois *eish* (la vie), comme en Égypte. Rond et plat, il est pratique pour faire des sandwiches. Il peut avoir différents goûts et textures selon son mode de cuisson, mais le principe de base reste le même. Dans les rues d'Amman, vous verrez sur des étals des *ka'ik*, couronnes de pain au sésame qui ont plus de goût que le khobz normal.

Certains marchands vendent uniquement des sandwiches aux abats (foie, rognons, cervelle, etc.). Ils sont probablement bons, encore faut-il que votre estomac les supporte.

Cuisine locale

Le plat principal est, en général, à base de poulet, de kebab ou de ragoût de viande et légumes.

Le poulet (*farooj*) est habituellement rôti à la broche dans de grands fours placés devant le restaurant. On vous servira en général un demi-poulet (*nuss farooj*) avec du pain et de l'oignon cru, des piments et parfois des olives. Avec un peu de salade (*salata*) et de l'houmous, ce mets constitue un bon repas.

Les *kebabs* sont une autre spécialité disponible partout. Ces brochettes d'agneau épicé, grillées sur du charbon de bois, sont parfois vendues au poids, avec du pain et un légume d'accompagnement.

Les ragoûts sont à base de viande ou de légumes, ou des deux. On n'en trouve pas partout, mais cela change agréablement du poulet et des kebabs. Le *fasooliya* est à base de haricots, le *biseela* de pois, le *batatas* de pommes de terre et le *mulukiyyeh* est une sorte de ragoût d'épinards agrémentés de morceaux de poulet ou de viande. On les sert en général sur du riz (*ruz*) ou plus rarement avec des macaronis (*makarone*), qui sont en supplément.

En Jordanie et en Syrie, dans le Jebel Arab au sud de Damas, vous pourrez manger le plat traditionnel bédouin, le *mensaf*, que l'on sert en principe lors des grandes occasions. Ces morceaux d'agneau se présentent sur du riz et des pignons, surmontés de la tête de l'agneau. La graisse de cuisson est versée sur le riz ; certains considèrent que c'est ce qu'il y a de meilleur dans le plat.

Les hommes s'assoient par terre autour des grands plats et se servent avec leur main (droite exclusivement) ; les femmes mangent séparément. Le morceau de choix, que l'on présente aux invités, ce sont les yeux ! Ne vous inquiétez pas si vous les loupez, il y a d'autres bons morceaux, comme la langue ! Il n'est pas toujours facile de refuser lorsqu'on vous le propose. Une fois que tout le monde est rassasié, en général bien avant que le plat soit terminé, on va se laver les mains pendant que les jeunes garçons se partagent les restes. Le repas est suivi de longues tournées de café et de thé, et de conversations animées.

Si vous passez quelque temps avec les Bédouins, vous aurez peut-être la chance de manger le mensaf de cette façon, mais vous pouvez aussi le commander dans un restaurant d'Amman. C'est un plat assez cher, mais cela vaut le coup de le goûter au moins une fois. On le sert avec une sauce à base de yaourt mélangé à la graisse.

Les *mezze* sont une autre spécialité du Proche-Orient. Il s'agit en fait d'un assortiment de hors-d'œuvre qui constituent un repas à eux seuls. Sur un plateau avec le thé, on vous présentera de l'*houmous*, du *baba gahnouj*, des sardines, du concombre, de la tomate, du foie et des rognons, des œufs frits, des épices et de l'huile.

Le poisson (*samak*) est assez rare et tellement salé et épicé qu'il a le goût d'un énorme anchois. On peut manger du bon poisson à Aqaba, le port jordanien sur la mer Rouge, et dans les villes syriennes au large de la côte méditerranéenne et au bord du lac Hafez el-Assad et de l'Euphrate.

Desserts

La plupart des desserts arabes sont extrêmement sucrés. Toutes les villes possèdent des pâtisseries vendant quantité de douceurs. Entrez et jetez un coup d'œil sur leurs assortiments. La formule de base consiste en une pâte imbibée de miel ou de sirop. Très souvent, malgré des formes différentes, les gâteaux sont des variantes des *baqlawa*.

En Syrie, les pâtisseries sont souvent des salons de thé : on entre, on fait son choix et l'on s'assied. Les gâteaux sont servis avec un verre d'eau et parfois du café ou du thé. Le paiement s'effectue à la fin de la dégustation. Les desserts les plus appréciés sont les suivants :

mahalabiyya – flan
mahalabiyya wa festaq – flan aux pistaches
baqlawa – pâte feuilletée aux noix nappée de miel
kinaafa – blé concassé sur du fromage de chèvre cuit dans du sirop
zalabiyya – pâte feuilletée arrosée d'eau de rose
mushabbak – pâte en forme de dentelle recouverte de sirop
isfinhiyya – tranche à la noix de coco
halawatal-jibna – gâteau farci au fromage blanc et recouvert de sirop et de crème glacée
booza – glace

Soupes

soupe	*shurba*
soupe de lentilles	*shurbat al-'adas*

Légumes

aubergine	*bazinjan*
carotte	*jazar*
chou	*kharoum*
chou-fleur	*arnabit*
gombo	*baamiya*
haricots verts	*fasooliya*
légumes	*khadrawat*
lentilles	*'adas*
navet	*lift*
pois chiches	*biseela*
pommes de terre	*batatas*

Crudités

ail	*tum*
concombre	*khiyaar*
laitue	*khass*
oignon	*basal*
salade	*salata*
tomate	*banadura*

Viande

agneau	*lahm dani*
chameau	*lahm jamal*

foie	*kibda*
poulet	*farooj*
rognon	*kelaawi*
viande	*lahm*

Fruits

abricot	*mish-mish*
banane	*moz*
citron vert	*limoon*
datte	*tamr*
figue	*tîn*
fruit	*fawaka*
orange	*burtuqaal*
pastèque	*battikh*
grenade	*rumman*
pomme	*tufah*
raisins	*'inab*

Divers

beurre	*zibda*
eau	*mayy`*
fromage	*jibna*
lait	*halib*
œufs	*beid*
pain	*khobz* ou *eish*
poivre	*filfil*
sel	*milh*
sucre	*sukar*
yaourt	*laban*

BOISSONS

Thé et café

Le thé (*shay*) et le café (*qahwa*) sont les deux boissons nationales, que l'on consomme en grandes quantités. Ils sont très forts et lorsqu'on n'y est pas encore habitué, en boire le soir est, en général, l'assurance d'une nuit blanche. La principale occupation des hommes, lorsqu'ils ne travaillent pas, consiste à s'installer dans un café pour boire du thé ou du café en tirant sur une pipe à eau (*narghileh*). Ils restent pendant des heures à discuter et à jouer aux cartes ou au backgammon. En fait, c'est le meilleur endroit pour rencontrer des gens. Si les femmes arabes ne fréquentent pas les cafés, les occidentales peuvent s'y rendre ; dans les petites villes, elles seront probablement dévisagées.

Servi dans de petits verres, le thé est très sucré, à moins de le commander peu sucré (*shouya sukar*) ou pas trop sucré (*wassat*). Si vous ne souhaitez pas de sucre, demandez-le *bidoon sukar* (sans sucre) mais il sera amer avec un fort arrière-goût de tanin.

Le café, le plus souvent du café turc, est versé, déjà sucré, dans de petites tasses. Il est épais et il faut attendre que le marc se dépose au fond de la tasse avant de le déguster. N'essayez pas de boire la dernière gorgée

(qui, dans des tasses aussi petites est souvent la deuxième !) qui contient tout le marc.

Le café arabe ou bédouin est traditionnellement aromatisé à la cardamome et servi dans de minuscules tasses sans anse avec un pot en argent jusqu'à ce que vous faisiez le geste signifiant que vous en avez bu assez : tendez la tasse et faites deux ou trois mouvements latéraux du poignet. Il est de bon ton d'en boire au moins trois tasses avant de faire ce geste, sauf si vous êtes certain de ne pas offenser vos hôtes en consommant moins. Après le café, on peut boire du thé pendant des heures.

Jus de fruits

Vous trouverez partout des stands proposant de délicieux jus de fruits frais (*asîr*). En Syrie, on les reconnaît facilement grâce aux filets de fruits disposés dans les devantures.

Les plus courants sont les jus de citron, d'orange, de banane, de grenade et de melon, et l'on peut commander des mélanges. Parfois, on y ajoute du lait ce qui, dans le cas de la Syrie du moins, n'est pas du tout recommandé.

En Syrie, on est à peu près certain de boire du jus pur, mais en Jordanie et surtout à Amman, observez bien ce qui se passe derrière le comptoir quand c'est possible. Il arrive assez fréquemment que les serveurs diluent le jus avec de l'eau du robinet ou pire, une sorte de liqueur. Ils préparent souvent une grande quantité de jus à l'avance, et la complètent avec un peu de jus frais au moment de la commande.

Boissons gazeuses

En Syrie, les boissons gazeuses (*gazoza*) sont bon marché (environ 50 £S) et point trop sucrées. On trouve des boissons à l'orange, qui s'appellent Mirinda, et du Pepsi (ou du moins ce qui s'en rapproche). Si vous emportez la bouteille, vous devrez payer une consigne. Des canettes de Canada Dry d'importation coûtent trois fois plus chères que les bouteilles.

En Jordanie, le Pepsi, le 7-Up et une boisson locale, le Viva, sont vendues en bouteilles. Elles existent aussi en canettes mais sont un peu plus chères.

Alcools

Bien que l'alcool soit interdit par la religion islamique, on en boit de grandes quantités et on en trouve partout.

Bière. Les deux pays fabriquent leur propre bière. En Syrie, elle s'appelle Al-Chark à Alep et Barada à Damas : elles sont toutes deux assez bonnes et bon marché. A Damas, on achète au marché noir des canettes d'Amstel introduites illégalement depuis la frontière libanaise.

En Jordanie, vous goûterez l'Amstel et l'Henninger, brassée sous licence de la société européenne. Certains établissements d'Amman et d'Aqaba vendent des bières importées du monde entier qui vont de la Guinness irlandaise à la Fosters australienne.

Liqueurs. L'*araq* est l'eau-de-vie locale, et il doit être bu avec modération. On peut en acheter dans les magasins en Syrie et en Jordanie. Il ressemble à l'*ouzo* grec. On le mélange en général avec de l'eau et de la glace et on le boit pendant les repas. On dit que le meilleur vient du Liban.

A Damas, des alcools de contrebande, comme bien d'autres produits importés illégalement du Liban, sont vendus au marché noir. En Jordanie, vous trouverez à Amman et à Aqaba toutes sortes d'alcools d'importation, mais il vous faudra un portefeuille bien garni si cela doit devenir une habitude. La bouteille d'*araq* moyenne (750 ml) coûte entre 3 et 4 $US.

Vin. On peut acheter en Jordanie différents vins, comme le Latroun, le St Catherine et le Cremisan, pour la plupart importés de Cisjordanie. Ils reviennent de 2,5 $US à 10 $US la bouteille.

En Syrie, le choix est plus limité, mais les petits vins locaux comme le Al-Rayyan de la région de Suweida sont très honorables et ne dépassent guère les 125 £S la bouteille dans les restaurants.

Jordanie

Présentation de la Jordanie

HISTOIRE DEPUIS LA PREMIÈRE GUERRE MONDIALE

En juin 1916, après avoir obtenu des Anglais la promesse qu'ils les soutiendraient dans leur lutte pour instaurer un état arabe indépendant, les Arabes se joignirent à l'offensive britannique pour évincer les Turcs. Un mois plus tôt, la France et l'Angleterre concluaient l'accord secret Sykes-Picot, qui stipulait que la "Syrie" (correspondant à la Syrie et au Liban actuels) serait placée sous mandat français et la "Palestine" (une région aux frontières mal délimitées qui englobait Israël, les territoires occupés et la Jordanie actuels) sous le contrôle des Anglais.

Cette première trahison fut encore accentuée en 1917 par la déclaration Balfour. Il s'agit en réalité d'une lettre adressée par le ministre anglais des Affaires étrangères à un éminent juif anglais, Lord Rotschild. Ses termes étaient les suivants :

> Le gouvernement de Sa Majesté considère favorablement l'instauration en Palestine d'un foyer national pour le peuple juif et fera son possible pour faciliter la réalisation de cet objectif, étant entendu que rien ne sera fait qui puisse porter préjudice aux droits civils et religieux des communautés non-juives existantes en Palestine, ni aux droits et au statut politique dont bénéficient les Juifs dans toute autre nation.

A la fin de la guerre, les armées arabes contrôlaient plus ou moins tout le territoire correspondant aux États actuels d'Arabie Saoudite, de Jordanie et une partie du sud de la Syrie. Fin 1918, le principal chef arabe, l'émir Faysal, forma un gouvernement indépendant à Damas, initiative qui fut au départ bien acceptée par les Alliés. En revanche, son appel à l'indépendance du monde arabe, lors de la conférence de paix de Paris en 1919, fut moins bien accueilli. En mars 1920, son frère aîné Abdallah fut proclamé roi d'Irak alors que Faysal devenait roi de Syrie. Un mois plus tard, le Conseil suprême des Alliés confirma le mandat français sur le Liban et la Syrie alors que le mandat anglais portait sur la Palestine, la Transjordanie et l'Irak. L'émir Faysal fut défait en juillet 1920 par les Français et prit le chemin de l'exil.

Par la suite, les Anglais parvinrent à un accord avec Faysal. Ils lui laissaient l'Irak et firent proclamer Abdallah roi du territoire de Transjordanie (anciennement partie de la province ottomane de Syrie), qui s'étend de l'Irak à la rive orientale du Jourdain. Cette initiative provoqua la colère des sionistes car la Transjordanie était de ce fait coupée de la Palestine, ce qui réduisait la superficie de la future patrie juive.

Abdallah fit d'Amman sa capitale. L'Angleterre reconnut en 1923 son territoire comme un État indépendant placé sous sa protection. Une petite armée de défense, la Légion arabe, fut créée et placée sous le commandement d'officiers anglais, dont le plus célèbre était le major J.B. Glubb (surnommé Glubb Pacha). Par une série de traités signés entre 1928 et 1946, l'État obtint une indépendance presque totale et Abdallah fut proclamé roi en 1946. Un traité ultérieur, en 1948, ne laissait de prérogatives aux Anglais que dans les affaires militaires.

Le dilemme palestinien

Le mandat de la Palestine, voisine de la Transjordanie, devint alors un problème épineux pour les Anglais. La déclaration Balfour et les tentatives ultérieures de faire de la patrie israélienne une réalité rencontraient des obstacles. Les Arabes, eux, étaient ulcérés qu'on les considère comme des intrus et comme un groupe minoritaire en Palestine, alors qu'à la fin de la Seconde Guerre mondiale, on estime qu'ils représentaient 90% de la population.

L'immigration juive au cours des années 20 provoqua peu d'inquiétudes, malgré quelques affrontements violents entre les deux communautés. La situation se détériora brusquement dans les années 30 avec l'accession d'Hitler au pouvoir et la persécution des Juifs en Allemagne et dans toute l'Europe. Le rythme de l'émigration juive s'accéléra, aug-

OLIVIER CIRENDINI

HUGH FINLAY

HUGH FINLAY

HUGH FINLAY

HUGH FINLAY

Visages du peuple jordanien

HUGH FINLAY

HUGH FINLAY

OLIVIER CIRENDINI

En haut à gauche : mosquée Abu Darwish, Amman
En haut à droite : dans les rues d'Amman
En bas : affiche de cinéma, Amman

mentant au sein de la communauté arabe les craintes de la création d'un État juif dans lequel ils seraient les perdants.

Les confrontations entre les deux communautés, ainsi que les émeutes anti-britanniques, se firent plus nombreuses. Plusieurs plans de partition de la Palestine furent proposés, et en particulier le *Livre blanc* en 1939. Il appelait à la création d'un État binational au cours des dix années suivantes. D'ici là, Arabes et Juifs se partageraient l'administration du territoire existant. Il limitait en outre l'immigration juive à 75 000 personnes pendant les cinq années à venir. Les deux parties rejetèrent ce texte, bien qu'il eût trouvé un écho assez favorable dans le camp arabe. Le déclenchement de la Seconde Guerre mondiale, au cours de laquelle Arabes et Juifs se rangèrent aux côtés des Anglais, fit passer ce conflit au second plan.

La crise s'aggrava juste après la fin de la guerre. Après avoir rejeté plusieurs plans, les Nations unies votèrent en novembre 1947 la partition de la Palestine. Plus de la moitié du territoire, dont une grande partie de l'importante bande côtière, était allouée aux Juifs. Les Arabes étaient scandalisés et le conflit semblait inévitable. L'État d'Israël fut proclamé le 14 mai 1948. Le lendemain, le mandat britannique prenait fin. Au moment où les troupes anglaises se retiraient de la région, l'armée arabe pénétrait en Palestine. Les forces israéliennes, très entraînées et organisées, se révélèrent beaucoup plus fortes que les volontaires mal dirigés et sous-équipés qui étaient venus en masse des autres pays pour soutenir la cause arabe. Israël s'assura rapidement le contrôle de la région qui lui avait été allouée et prit position dans certaines zones stratégiques qui avaient été octroyées aux Arabes. Le massacre d'un village arabe par l'armée israélienne provoqua un exode de près d'un million d'Arabes, qui permit aux Juifs d'acquérir la majorité dont ils avaient grand besoin et, dans le même temps, rendait plus délicate la position de la Transjordanie.

Les combats se poursuivirent, mais en 1949 plusieurs armistices furent signés entre le nouvel État israélien et ses adversaires arabes.

Le rôle de la Jordanie

Le roi Abdallah caressait le rêve d'une "grande Syrie" qui rassemblerait la Syrie, le Liban et la Transjordanie, la Palestine et Israël, et ultérieurement l'Irak, en un seul État arabe. Pour ces raisons, ses voisins arabes le soupçonnaient de poursuivre des objectifs bien différents des leurs, dans leur combat contre le nouvel État d'Israël.

A la fin des hostilités, les troupes jordaniennes contrôlaient Jérusalem-Est et la Cisjordanie. A la suite de l'instauration à Gaza, en septembre 1948, d'un gouvernement arabe soutenu par l'Égypte, le roi Abdallah se proclama en décembre, à Jéricho, roi de toute la Palestine. En avril 1950, il annexa officiellement le territoire, tout en faisant semblant d'approuver les déclarations arabes soutenant l'indépendance palestinienne et refusant expressément les annexions de territoires. Le nouveau royaume hachémite de Jordanie, réunissant la Cisjordanie et la Transjordanie, fut immédiatement reconnu par la Grande-Bretagne et les États-Unis.

L'émigration massive des Palestiniens fit doubler la population jordanienne et des camps de réfugiés durent être installés dans la vallée du Jourdain et près d'Amman.

En juillet 1951, le roi Abdallah fut assassiné à la sortie de la mosquée Al-Aqsa à Jérusalem. Son fils Talal régna un an avant d'être déclaré mentalement inapte. Son petit-fils Hussein arriva au pouvoir à l'âge de 17 ans. Son habileté politique lui a permis de s'y maintenir jusqu'à aujourd'hui. En 1956, il renvoya Glubb Pacha (devenu chef d'état-major de l'armée jordanienne) qui lui reprochait de n'être qu'une marionnette aux mains des Anglais. Peu de temps après, le nouveau gouvernement élu, favorable à Nasser, rompit ses liens avec la Grande-Bretagne. Les derniers soldats britanniques quittèrent le sol jordanien au milieu de l'année 1957. Avec le soutien des États-Unis, Hussein organisa un coup d'État contre son propre gouvernement qui lui reprochait d'avoir voulu entamer un dialogue avec l'Union Soviétique.

Après la création de la République arabe unie (RAU) entre l'Égypte et la Syrie en 1958, le roi Hussein, se sentant menacé, tenta

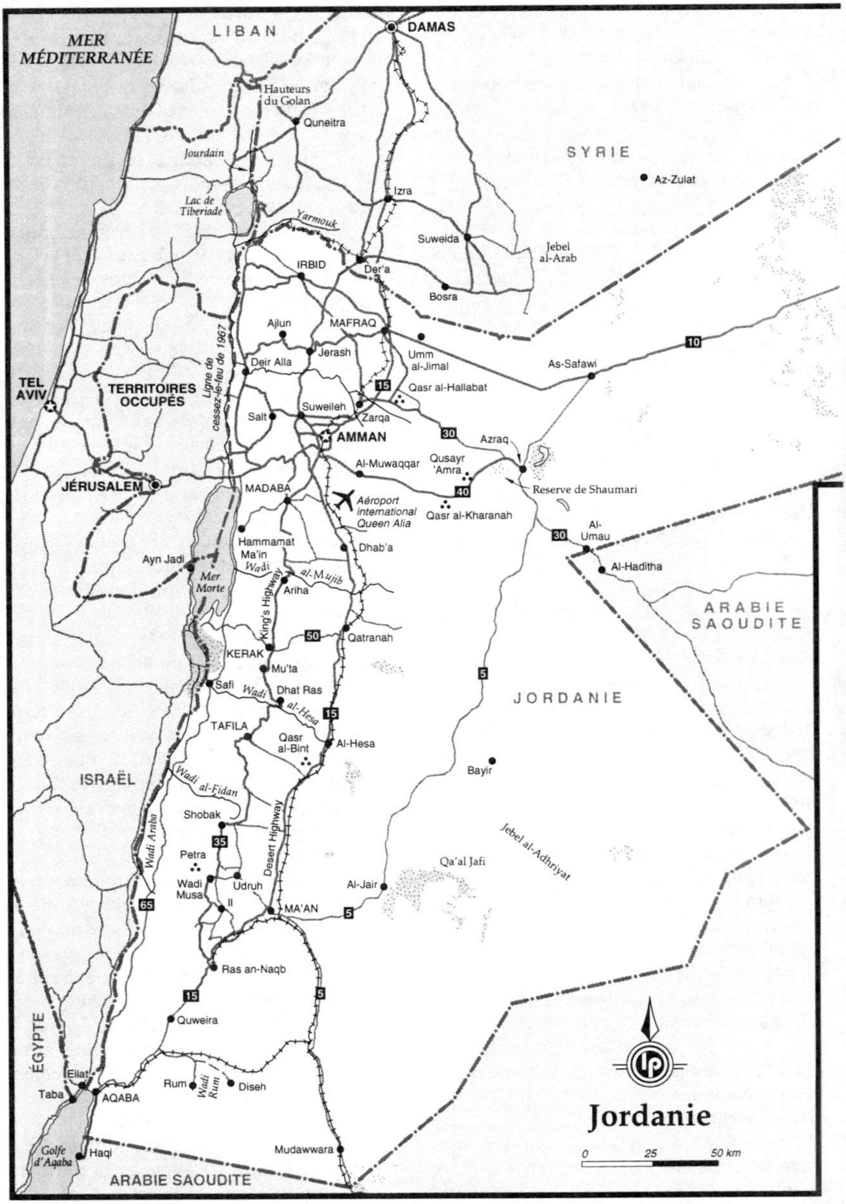
MER MÉDITERRANÉE
LIBAN
DAMAS
Hauteurs du Golan
Quneitra
Jourdain
SYRIE
Az-Zulat
Lac de Tiberiade
Izra
Yarmouk
Suweida
Jebel al-Arab
IRBID
Der'a
Bosra
Ajlun
MAFRAQ
Jerash
Umm al-Jimal
10
As-Safawi
Deir Alla
Ligne de cessez-le-feu de 1967
TEL AVIV
TERRITOIRES OCCUPÉS
15
Qasr al-Hallabat
Salt
Suweileh
Zarqa
30
AMMAN
Azraq
Al-Muwaqqar
Qusayr 'Amra
JÉRUSALEM
MADABA
40
Reserve de Shaumari
Aéroport international Queen Alia
Qasr al-Kharanah
Hammamat Ma'in
Al-Umau
Dhab'a
Ayn Jadi
Wadi al-Mujib
Al-Haditha
Mer Morte
Ariha
King's Highway
ARABIE SAOUDITE
50
Qatranah
KERAK
Mu'ta
Safi
Dhat Ras
Wadi al-Hesa
JORDANIE
TAFILA
Qasr al-Bint
Al-Hesa
Bayir
ISRAËL
Wadi al-Fidan
Shobak
Desert Highway
35
Jebel al-Adhriyat
Petra
Qa'al Jafi
Wadi Araba
Wadi Musa
Udruh
Al-Jair
65
MA'AN
Ras an-Naqb
Quweira
ÉGYPTE
Eilat
Rum
Wadi Rum
Diseh
Taba
AQABA
Jordanie
Golfe d'Aqaba
Haqi
Mudawwara
0
25
50 km
ARABIE SAOUDITE

JORDANIE

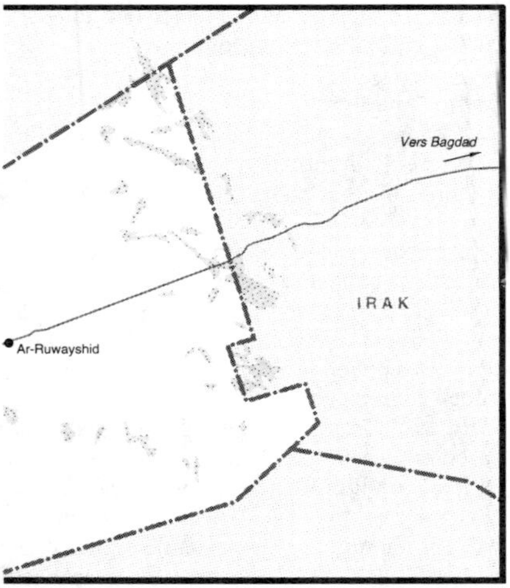

de mettre sur pied une fédération avec ses cousins hachémites d'Irak. Celle-ci fut de courte durée car la monarchie irakienne fut renversée moins d'un an plus tard. Les troupes britanniques furent envoyées en Jordanie pour protéger Hussein de la menace d'un mouvement pro-Nasser dirigé par des réfugiés palestiniens mécontents.

L'Organisation de libération de la Palestine (OLP)

En février 1960, la Jordanie accorda la citoyenneté jordanienne à tous les réfugiés arabes qui le désiraient. En dépit du souhait émis par les autres États arabes qu'existe une Palestine indépendante, la Jordanie insistait encore pour que soit reconnue son annexion des territoires palestiniens.

Malgré l'opposition de la Jordanie, l'Organisation de libération de la Palestine (l'OLP) et son armée furent créées, en 1964, afin de représenter le peuple palestinien, avec la bénédiction de la Ligue arabe. Le Conseil national palestinien (CNP) devint l'organe exécutif de l'OLP, soit l'équivalent d'un gouvernement palestinien. Il comprenait des représentants de nombreux pays arabes, de diverses organisations de lutte armée, d'étudiants et des syndicats. Environ à la même époque fut constitué le Mouvement national pour la libération de la Palestine, plus connu sous le nom de Fatah (ses initiales arabes inversées, qui forment le mot "conquête"). L'un des objectifs déclarés de l'OLP et du Fatah était de former des combattants pour effectuer des actions de commando en Israël.

A l'issue d'une lutte de pouvoir pour le contrôle des organisations de lutte armée, le Fatah devint la principale force au sein de l'OLP et son chef, Yasser Arafat, fut nommé président du comité exécutif de l'OLP en 1969.

En 1974, l'OLP fit un pas important dans sa démarche visant à une reconnaissance internationale. L'organisation fut invitée à participer à un débat de l'Assemblée générale des Nations unies sur la "question palestinienne" et, à l'issue d'un vote, fut nommée représentant légitime des Palestiniens.

La Guerre des Six-Jours

Au début des années 60, la situation économique de la Jordanie s'améliora grâce à l'aide des États-Unis et à l'essor du tourisme, principalement dans la vieille ville de Jérusalem. La guerre des Six-Jours allait rompre ce bel équilibre, en 1967.

Après les sévères mises en garde israéliennes contre les actions de guérilla menées par des Palestiniens venus de Syrie, la guerre était imminente. Le président égyptien Nasser, ayant promis à la Syrie de la soutenir dans l'éventualité d'une attaque israélienne, les Syriens augmentèrent la fréquence des raids et annoncèrent en mai 1967 qu'Israël regroupait des troupes en vue d'une offensive. L'Égypte réagit en demandant aux Nations unies de retirer sa Force d'urgence de la frontière égypto-israélienne, ce qui fut fait. Nasser ferma ensuite le détroit de Tiran (et donc l'accès à la mer Rouge) – bloquant ainsi le port israélien d'Eilat – et signa en moins de cinq jours un pacte de défense mutuelle avec la Jordanie. Les Israéliens savaient désormais qu'ils étaient isolés et cernés.

A l'aube du 5 juin 1967, ils lancèrent une attaque qui anéantit la seule véritable force arabe de combat. Ils détruisirent l'armée de l'air égyptienne au sol. Les jours suivants, ils pilonnèrent les troupes égyptiennes dans le Sinaï et les troupes jordaniennes en Cisjordanie, et prirent d'assaut le plateau du Golan en Syrie.

Pour la Jordanie, les conséquences se révélèrent désastreuses. Non seulement elle perdait la Cisjordanie et sa partie de Jérusalem – qui représentaient ses deux principales ressources, l'agriculture et le tourisme –, mais elle voyait arriver une nouvelle vague de réfugiés palestiniens.

Le 22 septembre 1967, les Nations unies adoptèrent la résolution 242, qui demandait à Israël de se retirer des zones récemment conquises, et à tous les pays du Proche-Orient de respecter le droit des autres à "vivre en paix à l'intérieur de frontières sûres et reconnues". La Jordanie fit partie des pays arabes qui l'acceptèrent, mais la Syrie et l'Irak la rejetèrent car elle impliquait la reconnaissance d'Israël.

Septembre noir

Après la défaite de 1967, le militantisme des Palestiniens s'accentua. Outre un accord tacite avec le gouvernement jordanien, en vertu duquel ils pourraient opérer librement à partir de leurs bases dans la vallée du Jourdain, ils comptaient également sur une immunité juridique en Jordanie. Le pays devint de plus en plus instable. En 1970, le gouvernement n'était pratiquement plus qu'une des nombreuses factions luttant pour le pouvoir.

Cette situation ne pouvait pas durer. La confrontation eut lieu en septembre, au cours d'un incident que l'on appela ensuite "Septembre noir". Les organisations armées palestiniennes, dans leur action la plus audacieuse jusqu'à ce jour, s'emparèrent de quatre avions de ligne et détournèrent trois d'entre eux vers le nord de la Jordanie en gardant en otage les passagers et les équipages. Sur ordre du roi Hussein, l'armée fut appelée et, après un bref épisode de guerre civile qui prit fin en juillet 1971, élimina toute résistance dans le pays. De nombreux chefs furent envoyés en exil. Des troupes syriennes dépêchées pour soutenir les fedayins (combattants palestiniens) furent également vaincues. Ces factions armées furent contraintes à reconnaître l'autorité d'Hussein et les Palestiniens durent choisir entre l'exil et la soumission.

Camp David

La Jordanie ne participa pas directement à la guerre d'octobre 1973, mais elle envoya quelques troupes pour soutenir la Syrie.

En octobre 1974, le roi Hussein accepta à contrecœur une déclaration du sommet arabe qui reconnaissait à l'OLP, unique représentant des Palestiniens, le droit de constituer un gouvernement dans un territoire libéré. De ce fait, les prétentions de son pays sur la Cisjordanie devenaient lettre morte.

En 1977, le président égyptien Sadate fit basculer le cours de l'histoire en se rendant en Israël où il prononça un discours de paix devant le Parlement de Jérusalem. Devant la position égyptienne, la Jordanie se montra ambigüe alors que les autres États arabes refusaient cette tentative de négociation. En septembre 1978, Sadate et Menahem Begin acceptèrent de se rencontrer à Camp David et signèrent des accords pour le règlement du conflit au Proche-Orient. Ce sont ses accords qui débouchèrent, en 1979, sur un traité de paix entre l'Égypte et Israël. Le roi Hussein, ainsi que la plupart des dirigeants arabes, rejetèrent ce traité – isolant de fait l'Égypte – qui n'exigeait pas le retrait des Israéliens des territoires occupés et n'affirmait pas la souveraineté arabe sur ces territoires.

La guerre Irak-Iran

Lorsque l'Irak envahit l'Iran en 1980, l'attention internationale se déplaça du conflit israélo-arabe vers le golfe Persique. Le soutien accordé par la Jordanie à l'Irak, pendant les huit années que dura cette guerre d'usure, ne fit rien pour améliorer ses relations déjà tendues avec la Syrie, qui s'était rangée du côté de l'Iran.

L'OLP entre la Syrie et la Jordanie

En 1985, la Jordanie signa avec l'OLP les accords d'Amman prévoyant une action commune vers une solution pacifique du conflit. Un rapprochement syro-jordanien fut également tenté par le roi Hussein lors d'une visite à Damas en 1986.

Malgré tout, l'année 1986 vit la rupture des négociations menées entre la Jordanie et l'OLP. En effet, malgré la demande du roi Hussein, Yasser Arafat, refusa de reconnaître la résolution 242 des Nations unies et ses implications, à savoir, l'abandon du recours à la violence et la reconnaissance du droit d'existence d'Israël.

La Cisjordanie

En août 1986, Hussein annonça un programme d'investissement de 1 300 millions de dollars (sur cinq ans) en faveur de la Cisjordanie, avec l'accord des Israéliens. Les Palestiniens y virent le signe d'un arrangement imminent à leurs dépens entre Israël et Jordanie. Cette mesure apparaissait également comme un démenti du soutien avoué d'Hussein à l'OLP et un renoncement de fait à ses revendications sur la Cisjordanie.

En juillet 1988, sept mois après le début de l'*intifada* – le soulèvement palestinien dans les territoires occupés appelé communément "guerre des pierres" –, le roi Hussein annonça la rupture de tous les liens administratifs et juridiques avec la Cisjordanie, ainsi que l'arrêt du programme de développement. Seule la gestion des lieux saints islamiques restait directement assurée par la Jordanie. Les Palestiniens de Cisjordanie n'étaient plus considérés comme des citoyens jordaniens, mais pouvaient encore bénéficier d'un passeport jordanien au cours de leurs déplacements. Les négociations de paix au Proche-Orient allaient alors s'intensifier avec la conférence de madrid en octobre 1991.

La guerre du Golfe

La Jordanie connut d'autres difficultés lorsque l'Irak décida d'annexer le Koweït en août 1990. Dépendante de l'Irak pour un quart de son commerce et la plus grande partie de ses importations de pétrole, la Jordanie se trouva dans une situation délicate.

Les Palestiniens, vivant en Jordanie, soutenaient sans conditions Saddam Hussein, qui promettait de lier la question du Koweït à la leur et d'imposer une confrontation. Le roi Hussein n'avait pas d'autre choix que de se rallier à Saddam, contre la majorité des États arabes et la force multinationale venue expulser Saddam du Koweït.

Face aux menaces conjuguées d'un désastre économique, d'une immigration massive de réfugiés, des militants palestiniens et d'une intervention israélienne sur son territoire après les attaques de missiles scud irakiens, le roi Hussein réagit avec la diplomatie qu'on lui connaît. Tout en restant publiquement relativement solidaire de Bagdad, il s'efforça de trouver une solution pacifique et gela les échanges commerciaux avec l'Irak conformément à l'embargo imposé par les Nations unies. Cette décision lui permit de regagner la confiance des institutions financières occidentales et, malgré l'arrêt de l'aide américaine et saoudienne, ainsi que la fermeture des pipelines saoudiens, il reçut des prêts et de l'aide d'autres pays, parmi lesquels le Japon et l'Europe.

En février 1991, l'Irak évacuait le Koweït.

Les relations avec Israël et l'OLP

De 1991 à 1992, la Jordanie participa au processus de paix avec Israël. En août 1993, les négociations menées à Oslo, avec le parrainage de Washington, conduisirent à l'accord historique conclu le 13 septembre 1993 entre les gouvernements d'Itzhak Rabin et de Yasser Arafat, ayant pour fondement la reconnaissance mutuelle d'Israël et de l'OLP. A l'instar de nombreux États arabes, la Jordanie trouva sa place dans le processus engagé en se ralliant immédiatement à l'accord. De fait, elle confirma son désengagement de la Cisjordanie.

C'est dans ce contexte difficile de la nouvelle donne au Proche-Orient que la Jordanie a signé un accord de paix avec Israël en octobre 1994. Après l'Égypte à Camp David, le royaume hachémite est donc le second État arabe du Proche-Orient à faire officiellement la paix avec l'État hébreu. La rétrocession de parcelles de territoire jordanien occupé, la question de l'eau, le problème des réfugiés palestiniens, les frontières et la sécurité composaient les éléments majeurs du traité. Cet événement a marqué les orientations politiques et économiques du royaume qui a, en mai 1995, demandé au Parlement d'annuler

D'Oslo à Taba : le processus de paix

L'accord de paix d'Oslo du 13 septembre 1993 a représenté une période charnière pour le Proche-Orient. Contesté par la droite israélienne et la faction radicale de l'OLP, il prévoyait un plan d'autonomie de cinq ans dans les territoires occupés en 1967, en commençant par "Gaza et Jéricho d'abord", cette dernière ville étant située à la frontière jordanienne. Les modalités d'application de cet accord furent finalement ratifiées au Caire le 4 mai 1994. Yasser Arafat quitta alors Tunis pour installer à Gaza la nouvelle Autorité palestinienne. De son côté, en août 1994, Israël transféra une partie de ses pouvoirs civils aux Palestiniens dans tous les territoires occupés, dans les domaines notamment de la santé, des affaires sociales, de la jeunesse et du tourisme.

En revanche, les questions du statut de Jérusalem combinées au sort des colons des territoires occupés (près de 200 colonies) et aux contradictions du gouvernement israélien ont retardé le redéploiement prévu de l'armée israélienne en Cisjordanie. Les Israëliens restaient, et restent encore, divisés. En outre, les événements de 1994 jetèrent de l'huile sur le feu : un colon juif, Baruch Goldstein, massacra une trentaine de Palestiniens en prière au tombeau des Patriarches d'Hébron. En réaction, les islamistes entamèrent une série d'attaques armées et, pour la première fois, s'opposèrent à l'Autorité palestienne. Ainsi, les extrémistes du Mouvement de la résistance islamique (Hamas) et du Djihad islamique, restant globalement partisans de la lutte armée, firent peser de sérieux risques sur l'avenir de la paix.

Le 29 septembre 1995, à l'issue de négociations à Taba en Égypte, Israël et l'OLP ont fini par conclure, sous la houlette des États-Unis, un nouvel accord portant sur le transfert de l'autonomie en Cisjordanie. Ce compromis, mis au point avec beaucoup de retard par rapport au calendrier fixé par les accords d'Oslo, étend progressivement l'autonomie palestinienne aux sept plus grandes villes arabes de Cisjordanie, dont en partie Hébron et Bethléem depuis le 21 décembre 1995. La Cisjordanie est divisée en 3 zones : une zone urbaine placée sous contrôle palestinien (17% du territoire), une zone rurale sous contrôle mixte (30%) et une zone sous contrôle israélien (53%). En fait, les Palestiniens n'ont autorité que sur un petit tiers des territoires occupés, Gaza et Cisjordanie inclus. Ainsi, si cet accord fait avancer la paix, il est loin de soulever l'enthousiasme de tous.

A l'heure où nous mettons sous presse, le compromis de Taba ou "Oslo 2", comme on l'appelle, devrait ouvrir la voie, début 1996, à l'élection d'un Conseil de l'autonomie palestinien, initialement prévu pour juillet 1994. La dernière étape du retrait israélien devrait intervenir en mars 1997. Enfin, la négociation sur le statut définitif des territoires occupés et autonomes a été arrêtée à mai 1996 et reste la question la plus difficile à régler, sans oublier le statut de Jérusalem, revendiquée par tous. L'assassinat d'Itzhak Rabin, Premier ministre israélien, le 4 novembre 1995 à Tel Aviv par un étudiant juif extrémiste, vient douloureusement rappeler qu'au-delà des poignées de mains entre dirigeants, la paix devra se gagner dans le cœur des populations. ■

JORDANIE

les lois empêchant la normalisation des relations avec Israël.

Les relations avec l'Autorité palestinienne ont achoppé sur la question de Jérusalem et des lieux saints puisque la Jordanie reste gardienne de leur administration. Cependant, un compromis a pu être trouvé en janvier 1995 et le royaume hachémite a conclu avec Yasser Arafat un accord général de coopération et de coordination.

La Jordanie aujourd'hui

Si la Jordanie a pris le chemin de la démocratisation depuis quelques années, le processus n'a pas manqué d'écueils. Les Frères musulmans et d'autres groupes religieux extrémistes ont, il n'y a pas si longtemps encore, constitué un bloc influent à l'Assemblée. En avril 1989, des mouvements de protestation contre la hausse des prix et les mesures d'austérité, ont contraint le roi à nommer un nouveau gouvernement. Lorsqu'il a sollicité l'aide économique des pays occidentaux, il a lancé à l'époque des avertissements contre une évolution fondamentaliste de son pays, identique à l'Algérie.

En novembre 1989, les premières élections générales organisées depuis 1967 ne pré-

Salaam !

Faire accepter la paix avec l'État hébreu à une population constituée à plus de 50% de Palestiniens relève parfois de l'exercice d'équilibriste. Au-delà du dossier diplomatique, la paix, en Jordanie, constitue donc un délicat dossier de politique intérieure. Dans les faits, les camps de réfugiés que l'on peut voir dès les faubourgs d'Amman – et qui maintenant accueillent surtout les laissés pour compte de l'intégration – ne sont plus guère représentatifs de la situation des Palestiniens de Jordanie. La plupart d'entre eux disposent en effet de papiers d'identité jordaniens et participent activement à l'économie du pays. L'intégration a néanmoins ses limites : s'ils sont particulièrement présents dans le commerce, les Palestiniens du royaume hachémite estiment, certainement à juste titre, que leur représentation politique est insuffisante. A ce premier frein s'ajoute un fort sentiment d'appartenance à leur patrie d'origine. Aussi riche qu'il soit, le patrimoine de la Jordanie – romain, byzantin, croisé, nabatéen... – n'atteindra jamais dans l'esprit des Palestiniens l'attrait de villes comme Jéricho ou Jérusalem. Les noms choisis pour baptiser les rues des villes jordaniennes illustrent parfaitement cette nostalgie : immanquablement, Jerusalem St et Palestine St côtoient l'incontournable King Hussein St. Le spectre de Septembre noir – qui apporta la preuve, si besoin en était, que la Jordanie redoutait tout autant que l'État hébreu le nationalisme palestinien – reste également présent dans les esprits.

Si elles semblent maîtrisées, les conséquences du processus de paix sur la majorité jordanienne constituent donc toujours un facteur d'incertitude. D'autant plus que cette "paix" qui, à leurs yeux fait la part belle à Israël, n'est pas exactement celle qu'appelaient de leurs vœux nombre de Palestiniens. Selon certains observateurs attentifs, la guerre du Golfe aurait paradoxalement marqué un tournant décisif dans leur attitude vis-à-vis de leur patrie d'origine. Saddam Hussein, qui proposa d'échanger le Koweït qu'il venait d'annexer contre la Palestine, aurait en effet incarné le dernier héros arabe susceptible de reconquérir la Palestine par la force. La déconfiture du leader irakien, mettant un terme aux velléités les plus combatives, aurait donc contribué à ouvrir la voie à la paix, mais la voie de la raison plus que celle des cœurs. En effet, une majorité des Palestiniens (des Jordaniens en général) voient dans la paix, avant tout, l'occasion d'améliorer leur condition d'existence. Et même, qui sait, d'atteindre un jour le niveau de vie d'Israël qui, même s'ils ne sont guère enclins à le reconnaître, éveille des jalousies. L'afflux de touristes vers un Proche-Orient moins turbulent et l'annulation de pans entiers de dettes contractées par la Jordanie à l'étranger semblent abonder dans ce sens.

Rares sont donc ceux qui se déclarent ouvertement opposés à la paix. Parmi ces derniers, les islamistes – dont les plus extrémistes voient encore dans l'existence même de l'État d'Israël une offense à l'islam – occupent le devant de la scène, canalisant l'opposition. Cependant, si l'idée de la paix semble en bonne voix dans les mentalités, il n'en va pas de même de la normalisation des relations avec Israël. Que le voisin ne soit plus regardé comme un ennemi, soit. De là à entretenir ce cordiales et sincères relations de bon voisinage... La tentative visant à créer un congrès anti-normalisation en Jordanie en 1994, qui fut interdit, en témoigne.

Un grand pas en avant, un petit pas en arrière... la paix, dans le cœur des Jordaniens, avance aussi rapidement qu'on peut l'espérer après le plus long conflit du siècle. ■

JORDANIE

voyaient aucun siège pour la Cisjordanie. Pour la première fois, les femmes bénéficièrent du droit de vote.

Mi-1992, la politique d'ouverture fut amorcée avec de nouvelles lois visant à légaliser les partis politiques et à mettre fin à la loi martiale alors que la loi autorisant les partis politiques était votée en septembre 1992. Par ailleurs, une nouvelle loi sur la presse et les publications, fut introduite en avril 1993, pour garantir la liberté de presse et d'opinion dans le pays. Les élections multipartites de novembre 1993 ont vu la défaite des islamistes et la victoire des proches du Roi. Les islamistes conservent néanmoins 20 sièges sur les 80 que compte la Chambre des députés qui siègera jusqu'en 1998. Ces résultats ont en outre été confirmés par les municipales de juillet 1995, les islamistes n'ayant enregistré qu'un faible score.

Dans le domaine de la politique étrangère, le roi Hussein a entrepris une tournée en Europe en 1995. Il a été reçu par le président français Jacques Chirac en juin 1995 afin d'examiner le processus de paix au Proche-Orient (notamment la fin de l'embargo irakien) et les relations bilatérales franco-jordaniennes.

La Jordanie a, en juillet 1995, normalisé ses relations avec l'Arabie Saoudite après que celle-ci lui a tenu rigueur pendant cinq ans de son soutien à l'Irak suite à l'invasion du Koweït. La position adoptée par la Jordanie vis-à-vis de l'Irak est plus délicate puisque le roi Hussein a accordé, en août 1995, l'asile à de hauts responsables irakiens, membres de la famille de Saddam Hussein. Le roi a confirmé néanmoins qu'il ne laisserait pas son pays servir de base à des activités anti-irakiennes. Les relations entre la Jordanie et l'Irak méritent à ce titre quelques éclaircissements. Si le roi Hussein a fermement condamné le régime du maître de Bagdad, il n'en demeure pas moins que la Jordanie est particulièrement sensible à la précaire condition de la population irakienne, sa cousine hachémite.

En tout état de cause, la Jordanie, peuplée majoritairement de Palestiniens, dépend plus que jamais de la situation régionale, en particulier des futures relations entre Israël et la nouvelle entité palestinienne.

L'avenir de la stabilité et de la prospérité du pays est à ce prix.

GÉOGRAPHIE ET CLIMAT

La Jordanie est un petit pays qui a des frontières communes avec la Syrie au nord, l'Irak au nord-est, l'Arabie Saoudite au sud, Israël et la Cisjordanie à l'ouest, avec une ouverture sur la mer Rouge. Le pays fait partie de la région dite du Croissant fertile qui rassemble l'Irak, Israël, la Cisjordanie et Gaza, le Liban et la Syrie.

Sa superficie est de 89 411 km^2 depuis la rupture des liens avec la Cisjordanie en 1988. Depuis qu'Hussein a renoncé à sa souveraineté sur cette région, le territoire de la Jordanie est celui de l'ancienne Transjordanie. La "protubérance" dans le tracé de la frontière qui la sépare de l'Arabie Saoudite a été baptisée le "hoquet de Winston". En effet, selon la légende, Winston Churchill, à l'époque ministre des Colonies, délimita cette frontière à Jérusalem, en 1920, après un déjeuner plus que copieux.

Plus sérieusement, la longue bande de territoire qui part vers le nord-est du pays doit sa raison d'être à une double volonté : donner à la Jordanie une frontière avec l'Irak, tout en évitant que la Syrie et l'Arabie Saoudite aient une frontière commune.

Les distances sont courtes : seulement 430 km séparent Ramtha au nord d'Aqaba au sud. Aqaba est à 396 km de la capitale, Amman. Celle-ci n'est distante d'Azraq, la ville située le plus à l'est, que de 103 km.

La Jordanie se divise en trois grandes régions : la vallée du Jourdain, le plateau oriental et le désert.

La vallée du Jourdain

La principale caractéristique physique du pays est la fertile vallée du Jourdain, qui fait partie des fossés africains. Elle commence au Liban et s'étend sur toute la longueur de la Jordanie, de la frontière syrienne au nord à la dépression salée de la mer Morte, et au sud jusqu'à Aqaba et la mer Rouge. Cette vallée correspond à la dépression de Ghor où coule le Jourdain. Né au Liban, ce fleuve, long de 251 km, est alimenté par le lac de Tibériade (ou mer de Galilée), le Yarmouk et les cours d'eau qui descendent des hauts plateaux à l'est et à l'ouest de la vallée.

La mer Morte, à 394 mètres en dessous du niveau de la mer, est le point le plus bas de la planète. Le sol de cette partie centrale de la vallée est très salin et empêche toute végétation ou autre forme de vie. L'eau de la mer Morte est également extrêmement riche en sel et chimiquement saturée à une profondeur de 110 m.

Au sud de la mer Morte, le Wadi Araba est une région désolée. De la potasse est extraite à Safi et l'on espère que cette zone contient d'autres ressources minières car elle ne permet aucune autre activité. Sur la rive occidentale de la mer Morte, des *kibboutz* israéliens, en Cisjordanie occupée, constituent de véritables oasis dans le désert.

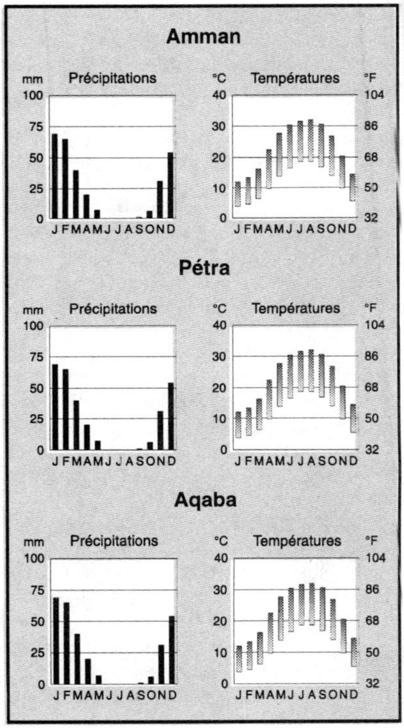

En été, la chaleur est si oppressante qu'on se croirait dans un four. Les températures diurnes excèdent souvent 36°C et on a noté des pointes à 49°C. Les pluies sont rares (200 mm par an).

Le plateau oriental

Le plateau de la rive orientale est entrecoupé de gorges creusées par les différents affluents du Jourdain : Wadi Zarqa, Wadi al-Mujib et Wadi al-Hesa. *Wadi* est le mot arabe qui désigne une vallée formée par un cours d'eau souvent à sec.

C'est dans cette région que l'on trouve les principales agglomérations : Amman, Irbid, Zarqa et Kerak, ainsi que les sites archéologiques les plus intéressants : Jerash, Kerak, Madaba et Pétra.

Le climat est moins étouffant que dans la vallée du Jourdain bien que les températures soient comprises entre 30°C et 35°C en été. Les hivers, courts mais assez désagréables, combinent la pluie, des vents froids et des températures voisines de 7°C. Les chutes de pluie atteignent en moyenne 400 mm par an. S'il neige parfois à Amman, le cas est plus rare à Pétra : en janvier 1992, on dépêcha des secours pour délivrer un groupe de quelque 300 touristes bloqués par la plus importante chute de neige enregistrée depuis quarante ans.

A Amman, les températures diurnes moyennes varient de 12,6°C en janvier à 32,5°C en août.

Les plateaux s'arrêtent à Ras an-Naqb. Une dénivellation assez forte conduit à la mer Rouge et au port d'Aqaba. Cette région, située au sud des plateaux, bénéficie d'un climat beaucoup plus chaud et sec, avec des températures diurnes moyennes de 22°C en janvier et de 40,4°C en août.

Le désert

Le désert, ou du moins la steppe désertique, constitue 80% des terres situées à l'est du Jourdain. Il s'étend jusqu'en Syrie, en Irak et en Arabie Saoudite. Il fait partie de ce que l'on appelle souvent le désert syrien (ou arabique). Le basalte volcanique du nord (la fin du Hauran syrien) laisse place au sud au grès et au granit, ce qui crée parfois des spectacles naturels étonnants. Le site de Wadi Musa est l'un des paysages désertiques les plus fantastiques que l'on connaisse.

Les températures sont extrêmes : en été, elles sont très élevées, et en hiver, des vents froids venus d'Asie centrale soufflent parfois. Les chutes de pluie sont infimes (moins de 50 mm par an).

FAUNE ET FLORE

Les forêts de pins du nord cèdent la place aux versants cultivés de la vallée du Jourdain, où dominent les cèdres, les oliviers et les eucalyptus.

Au sud, vers la mer Morte, la végétation disparaît pour laisser place à la boue et aux plaques de sel.

Les animaux des régions désertiques sont bien entendu le chameau, le renard du désert, le rat des sables, le lièvre et la gerboise, un petit rongeur. Les collines situées au nord-est de la mer Morte abritent des sangliers, des blaireaux et des chèvres.

On aperçoit parfois des gazelles et des antilopes à sabre (autrefois très nombreuses dans le désert jordanien) dans la réserve de Shaumari, où elles ont été réintroduites. En dehors de cette réserve et malgré l'apparente diversité de la faune, vous aurez du mal à trouver d'animal plus exotique que le chameau ou la chèvre.

A certaines périodes de l'année, l'oasis d'Azraq devient le lieu de rendez-vous de centaines d'espèces d'oiseaux migrateurs venus d'Europe. Leur nombre a cependant considérablement diminué depuis l'assèchement des marécages qui a détruit en grande partie leur biotope.

Grâce à son infinie variété de poissons tropicaux et de coraux, le golfe d'Aqaba est l'un des plus beaux endroits du monde pour la plongée sous-marine.

INSTITUTIONS POLITIQUES

Selon la constitution de 1952, la Jordanie est une monarchie constitutionnelle dotée d'un gouvernement représentatif. L'Assemblée nationale (*majlis al-humma*) est composée de deux chambres, la Chambre des députés et le Sénat.

Le roi est investi de pouvoirs très étendus : il nomme et révoque les juges, approuve les amendements de la constitution, déclare la guerre et dirige les forces armées. Il approuve et signe toutes les lois, bien que son droit de veto puisse être annulé par une majorité des deux tiers des deux chambres de l'Assemblée.

Les 80 membres de la Chambre des députés sont élus par tous les citoyens âgés de plus de 18 ans, mais le Premier ministre est nommé par le roi, ainsi que les 40 membres et le président du Sénat. Le Premier ministre, ou le roi par son intermédiaire, nomme un Conseil des ministres soumis à l'approbation du Parlement. Ce Conseil est responsable de la politique générale et de la coordination de l'action des différents ministères.

En 1974, le roi a dissout le Parlement, qui fut remplacé quatre ans plus tard par un Conseil national consultatif, dont les 60 membres étaient nommés par le roi. Ce Conseil fut à son tour dissout et le Parlement rétabli en 1984. Il n'y eut pas d'élections directes. Elles étaient rendues impossibles du fait de l'occupation israélienne en Cisjordanie, ce qui représentait la moitié des sièges. Par ailleurs, le roi Hussein venait tout juste de reconnaître l'OLP (Organisation de Libération de la Palestine) comme le seul organe représentatif des Palestiniens.

Le 30 juillet 1988, la Chambre fut dissoute. Le lendemain, le roi annonçait que la Jordanie rompait tous ses liens administratifs avec la Cisjordanie. De nouvelles lois électorales, préparatoires à des élections sur la rive orientale du Jourdain et faisant passer le nombre de députés de 60 à 80, précédèrent les élections de 1989.

Pour des raisons administratives, le pays est divisé en cinq *muhafazat* (gouvernorats). Avant l'abandon en 1988 par la Jordanie de ses prétentions administratives sur la Cisjordanie, ils étaient au nombre de huit.

Bien que des élections doivent en principe avoir lieu tous les quatre ans, le scrutin de novembre 1989 était le premier depuis 1967.

En août 1993, Amman modifiait la loi électorale en remplaçant le scrutin de liste par un scrutin uninominal afin de limiter la représentation des islamistes à la Chambre des députés. Les islamistes sont en effet les principaux opposants au processus de paix.

Les élections législatives du 8 novembre 1993 ont constitué une victoire pour le roi puisque le nombre de sièges détenus par les islamistes ont reculé. Le nouveau gouvernement formé par le maréchal Sharif Zayd Ben Chaker, le 8 janvier 1995, ne comporte pas d'islamistes. La popularité de ces mouvements n'est pas cependant à négliger et conserve une certaine audience au sein de la population, en partie réfractaire à la normalisation des relations avec Israël.

ÉCONOMIE

La crise du Golfe en 1990-1991 est arrivée à une période déjà difficile pour la Jordanie puisque les coups portés à l'économie en 1970-1971 par les désordres civils, la perte de la Cisjordanie en 1967, les conséquences de la guerre de 1948 et le sort des milliers de réfugiés palestiniens avaient déjà pénalisé le pays.

En revanche, le pays a résisté à la guerre du Golfe bien mieux qu'on ne le prévoyait. Les Nations unies ont, toutefois, estimé le coût total de la crise pour la Jordanie, au cours des douze mois qui suivirent août 1990, à plus de huit milliards de dollars.

Avant l'embargo commercial imposé à l'Irak par les Nations unies en août 1990, la Jordanie réalisait près d'un quart de ses exportations avec ce pays. En outre, l'Irak utilisait de plus en plus le port d'Aqaba comme point de transit depuis sa guerre contre l'Iran entre 1980 et 1988. Enfin, l'Arabie Saoudite avait depuis longtemps cédé sa place à l'Irak comme principal fournisseur de pétrole de la Jordanie. Au début des hostilités, l'Irak répondait à 80% des besoins en pétrole de la Jordanie. Toutes les activités commerciales étant stoppées, la Jordanie dut rationner le carburant et chercher au Yémen et en Syrie d'autres sources d'approvisionnement en pétrole, plus coûteuses. Par la suite, l'Irak a réalimenté à nouveau la Jordanie en pétrole pour rembourser ses dettes. Les Nations unies ne s'y sont pas opposées parce que ce commerce ne donnait lieu à aucune transaction financière.

Si l'embargo des Nations unies est toujours maintenu sur l'Irak, comme il l'est à l'heure où nous écrivons ces lignes, en revanche le blocus du port d'Aqaba a été levé. Ainsi, le contrôle maritime a été supprimé en août 1994 pour être remplacé progressivement par un contrôle terrestre qui s'opère à quai après déchargement des marchandises. Le trafic est donc redevenu normal même si le port d'Aqaba n'a toujours pas retrouvé son activité d'avant le conflit du Golfe.

Jusqu'à la guerre, les apports de fonds des Jordaniens et des Palestiniens travaillant dans les pays du Golfe constituaient une importante source de revenus. Début 1992, la plupart avaient quitté les États du Golfe, dont 300 000 pour la Jordanie. Certains ont monté une entreprise mais nombreux sont ceux qui sont au chômage. Si l'arrêt de ces versements représente un coup sévère pour l'économie, ces "rapatriés" ont apporté avec eux quelques 500 millions de dollars.

Avec une dette extérieure de 5,5 milliards de dollars, un taux de chômage encore élevé (15% de la population active en 1995) et un tiers environ de la population vivant en dessous du seuil de pauvreté, la Jordanie suit depuis plusieurs années un programme d'assainissement économique décidé par le Fond monétaire international (FMI). Elle a notamment introduit une TVA sur la consommation, équilibré son budget et autorisé l'investissement étranger. Résultat de cette politique, la Jordanie a bénéficié du soutien américain à travers le rééchelonnement de sa dette. De même, la France a consenti en 1994 un rééchelonnement sur vingt ans de 1,21 milliard de dollars sur les 5,5 que lui doit le royaume hachémite. La Grande-Bretagne lui a emboîté le pas en 1995 avec un accord du même type portant sur 262 millions de dollars. Des projets de coopération avec l'Europe sont également à l'étude, la venue d'investisseurs étrangers étant en effet facilitée à travers une nouvelle loi sur les investissements.

Le compromis de Taba de septembre 1995 devrait, par ailleurs, faciliter la mise en œuvre du protocole économique et commercial signé entre la Jordanie et l'Autorité palestinienne, les échanges entre les deux entités étant en effet largement tributaires des contraintes imposées par Israël.

Le sommet d'Amman, qui s'est déroulé en octobre 1995, a inauguré la deuxième rencontre économique internationale pour le Moyen-Orient et l'Afrique du Nord. Différents projets de développement pourraient voir le jour en Jordanie, comme l'établissement d'un réseau ferroviaire régional et la création d'une "riviera" de la mer Rouge.

Ressources

Amputée de la Cisjordanie, riche zone agricole, l'agriculture reste faible avec 5% du PIB (produit intérieur brut). Elle se concentre de plus en plus dans la vallée du Jourdain, où d'ambitieux programmes d'irrigation, tels que le canal situé à l'est du Ghor (aujourd'hui appelé le canal du roi Abdallah) et plusieurs barrages, permettent de cultiver des milliers d'hectares. Les méthodes modernes (la "plasticulture" et les serres) ont énormément augmenté la productivité, et la Jordanie exporte une grande partie de ses récoltes de fruits, de légumes et de céréales. Sur les plateaux qui dominent l'arête orientale de la vallée du Jourdain, on cultive le tabac, le blé, l'orge et les haricots. Cependant, le faible niveau des précipitations constitue une menace constante et les agriculteurs reçoivent parfois l'ordre de ne pas planter en raison de la pénurie d'eau. L'élevage reste peu conséquent avec toutefois un cheptel d'ovins de près de deux millions de têtes.

L'activité industrielle totalise environ 20% du PIB. Le phosphate, extrait des vastes gisements à Wadi al-Hesa, est l'une des principales matières premières exportées, avec le cuivre de Wadi Araba, au sud de la mer Morte. La Jordanie est le 8e producteur mondial de potasse avec 1,3 million de tonnes. Ces minerais sont ensuite transformés en engrais dans le complexe industriel d'Aqaba. Parmi les produits manufacturés, citons le ciment, les piles, les jouets, la bière et les allumettes.

Si l'on n'a pas encore trouvé de pétrole en quantités suffisantes pour le commercialiser, le gouvernement place de grands espoirs dans le gaz naturel. On a découvert en 1987-1988 d'importantes réserves au nord-est du pays, vers Ar-Risha, qui répondent actuellement à 15% des besoins énergétiques du pays.

Les services représentent un poste important avec 75% du PIB. Le tourisme a mis longtemps à se remettre de la perte de Jérusalem. Grâce à la décision, en 1974, d'autoriser le passage des touristes en Cisjordanie, il commençait à dépasser le niveau d'avant 1967 lorsque la crise du Golfe a éclaté. Aujourd'hui, les premiers effets de la paix signée avec Israël et l'ouverture des frontières se font déjà sentir. En 1994, la Jordanie a accueilli environ deux millions de visiteurs dont 225 000 touristes. Les recettes issues du tourisme ont apporté environ 600 millions de dollars et la Jordanie estime à un milliard de dollars les futures rentrées dans ce secteur. Les sites de Pétra, de Jerash et de Kerak constituent les principaux pôles d'attraction.

POPULATIONS ET ETHNIES

En 1994, la population jordanienne s'élevait à près de 4,5 millions d'habitants. Parmi eux, 1 288 200 personnes avaient le statut de réfugiés palestiniens auprès de l'Office de secours et de travaux des Nations unies. Une majorité des Palestiniens du royaume hachémite disposent néanmoins de papiers d'identité jordaniens et, si camps de réfugiés il y a, ils ont été reconstruits en "dur" et s'apparentent maintenant davantage à des quartiers pauvres qu'à des baraquements relevant de la situation d'urgence.

Avec un taux de croissance annuelle de 4,9% (à titre de comparaison, en France, il représentait 0,4% en 1994), l'essor démographique est une donnée devenue très importante pour l'avenir.

En 1994, la capitale, Amman, comptait à elle seule, deux millions d'habitants. La ville limitrophe de Zarqa totalisait 600 000 habitants. Irbid arrivait, elle, en troisième position, avec quelque 300 000 habitants.

On estime à 20% environ la part de la population résidant à l'étranger. A l'inverse, on dénombre près de 50 000 étrangers résidant en Jordanie, notamment des travailleurs égyptiens et irakiens.

Groupes religieux et ethniques

La majorité des Jordaniens sont des Arabes descendant de tribus de provenances variées qui ont immigré dans cette région au cours des siècles. On compte en outre 25 000 Circassiens, issus d'émigrants venus du Caucase au siècle dernier et un groupe plus restreint de Chechens chiites. La Jordanie compte également une petite communauté arménienne.

Les musulmans sunnites composent plus de 92% de la population et les chrétiens environ 6%. Ces derniers vivent principalement à Amman, Madaba, Kerak et Salt.

On dénombre également des communautés plus restreintes de chiites, de Druzes et quelques centaines de Bahais, autre ramification des chiites. Les Circassiens, qui s'installèrent à Wadi Sîr et Na'ur vers 1878 et descendent de peuplades musulmanes indo-européennes du XIIe siècle, forment la minorité non arabe la plus importante.

Les chrétiens appartiennent en majorité à l'Église grecque orthodoxe, mais on compte également des catholiques grecs, une petite communauté de catholiques romains, d'orthodoxes syriens, d'orthodoxes coptes et, parmi les non-arabes, d'orthodoxes arméniens et de catholiques.

Les chrétiens vivent en majorité en Cisjordanie, avec laquelle la Jordanie a rompu ses liens administratifs en 1988. On trouve également en Cisjordanie quelques centaines de samaritains, qui habitent près de Naplouse et pour qui seuls les cinq premiers livres de la Bible sont authentiques.

Enfin, il existe une petite communauté d'environ 1 000 fidèles de l'Église nestorienne (assyrienne) en Cisjordanie.

Les Palestiniens

Les Palestiniens constituent environ 60% de la population et un grand nombre d'entre eux (voir plus haut) possèdent le statut de réfugiés. Ils ont fui la Cisjordanie au cours des guerres de 1948 et 1967. Tous ont reçu le droit à la nationalité jordanienne ; beaucoup ont saisi cette opportunité et ils jouent un rôle important dans la vie économique et politique du pays. On estime à 300 000 personnes le nombre de Palestiniens originaires du Koweït.

De nombreux Palestiniens occupent des postes élevés au sein du gouvernement et dans les affaires, mais rêvent d'un retour dans une Palestine indépendante. C'est en partie pour cela que nombre d'entre eux acceptent encore des conditions de vie difficiles dans la trentaine de camps qui parsèment les deux rives du Jourdain.

L'Office de secours et de travaux des Nations unies pour les réfugiés de Palestine dans le Proche-Orient, qui a mis en place une infrastructure sanitaire et éducative, devrait d'ailleurs cesser ses activités, une fois les accords de paix appliqués.

L'extension de l'autonomie palestienne à la Cisjordanie, sans parler de la fondation d'un éventuel État palestinien aux côtés d'Israël, devrait modifier considérablement le cours des choses.

Les Bédouins

Ces habitants du désert, les *bedu* (ce nom signifie nomade) habitent les steppes de la péninsule d'Arabie jusqu'aux approches de l'Euphrate et aux confins de l'Égypte, de la Syrie et de la Jordanie. Ils sont environ 40 000 en Jordanie, mais quelques milliers seulement peuvent encore être considérés comme de vrais nomades.

Beaucoup se sont sédentarisés, volontairement ou non, pour devenir agriculteurs et ne conduisent plus leur cheptel dans le désert à la recherche de fourrage et de points d'eau. Certains associent les deux activités. Ceux qui n'ont pas renoncé à leur ancien mode de vie campent quelques mois dans un endroit et font paître leur troupeau de chèvres, de moutons ou de chameaux. Lorsqu'il n'y a plus de fourrage, il est temps de repartir. Dans tout l'est et le sud du pays, vous verrez les tentes noires en poils de chèvre (*bayt ash-sha-'ar*, "maison de poils"), isolées ou plus souvent par groupes de trois ou quatre, où cohabitent plusieurs générations. La vie dans le désert est régie selon un code strict des valeurs unissant étroitement l'individu au groupe.

La famille bédouine est très soudée. Les femmes, comme ailleurs, effectuent la plupart des tâches domestiques, les hommes pourvoient aux besoins matériels et les enfants surveillent les troupeaux dès leur plus jeune âge. Leur seule concession au monde moderne est souvent l'acquisition d'une Land Rover ou d'une camionnette, des vaches à eau en plastique et, à l'occasion, un poêle à kérosène.

Les Bédouins sont réputés pour leur hospitalité. Pour eux, un voyageur ne doit pas être éconduit.

Le gouvernement jordanien leur assure certains services, comme l'éducation et le logement, mais les *bédu en* profitent peu car ils préfèrent le mode de vie qu'ils ont choisi depuis des siècles. Ancien corps des méharistes arabes (ou Desert Camel Corps), la "police du désert" est recrutée essentiellement parmi les Bédouins qui assurent, à

JORDANIE

dos de dromadaire, le contrôle des frontières jordaniennes.

SYSTÈME ÉDUCATIF

La Jordanie est l'un des pays arabes où l'éducation nationale est la plus répandue, avec un taux d'analphabétisme, estimé à 13% en 1995. Dans le primaire, 97% des enfants sont scolarisés. Il existe trois sortes d'écoles : publiques, privées et religieuses. L'Office de secours et de travaux des Nations unies a mis en place des écoles pour les enfants réfugiés. La scolarité est obligatoire jusqu'à 14 ans et 70% des élèves fréquentent des écoles publiques.

Il existe trois universités d'État : l'université de Jordanie à Amman, l'université du Yarmouk à Irbid et l'université militaire Mo'ata à Kerak. Les droits d'inscription dépassent 5 000 F par an, ce qui représente une somme exorbitante pour une grande partie de la population. Les institutions privées sont coûteuses et leurs conditions d'entrée difficiles, ce qui oblige certains étudiants à faire leurs études à l'étranger.

En 1992, selon une étude de l'Unesco, on comptait plus de 88 500 étudiants inscrits dans des établissements supérieurs, dont 49% de femmes. On note un surplus de travailleurs qualifiés – et en particulier d'ingénieurs – depuis le retour de nombreux Jordaniens et Palestiniens des États du Golfe en 1991.

Enfin, il est intéressant de noter que la Jordanie est le seul pays arabe à avoir mis fin au service militaire obligatoire à la fin de 1991.

CULTURE

Pour la population essentiellement musulmane, les valeurs religieuses déterminent encore largement la vie sociale jordanienne. Bien que plus occidentalisées que dans la plupart des pays arabes, les femmes subissent encore une forte discrimination professionnelle et leur rôle au sein de la famille est considéré comme primordial.

Même si les contacts entre les Occidentaux et les Jordaniens, y compris les femmes, sont moins difficiles dans certains cercles de la société d'Amman qu'ailleurs dans le monde arabe, les barrières restent très présentes. Certains membres de la société aisée et cultivée profitent des rencontres sociales organisées par les Occidentaux pour se laisser un peu aller.

Alors que le pays ne possède pas d'équipe en lice pour la Coupe du monde, les Jordaniens aiment manifester leur enthousiasme devant les matches de football et restent plongés devant leur téléviseur pendant le championnat, quelles que soient les équipes engagées.

L'ancienne structure tribale des Bédouins est restée plus ou moins intacte, mais le nombre des véritables nomades est en diminution et ils sont nombreux à venir vivre en ville. Certaines nuits, dans le désert, vous aurez peut-être la chance d'entendre les chants traditionnels de mariage. A cette occasion, vous pourrez constater que la séparation hommes-femmes est encore rigoureusement observée.

Habillement et comportements

S'ils portent souvent le keffieh et la longue robe des Arabes, les Jordaniens ne rechignent pas à s'habiller à l'occidentale. Les femmes, en revanche, sont le plus souvent vêtues de manière traditionnelle et coiffées du hijab. Vous verrez néanmoins, surtout à Aqaba, plus libérale, des jeunes femmes arborant des tenues plus décontractées.

A l'opposé, vous croiserez en Jordanie quelques femmes habillées selon les principes islamistes les plus stricts : drapées dans une épaisse robe noire, portant chaussettes et gants de la même couleur, les yeux dissimulés derrière un treillis ne laissant rien voir. Il ne s'agit pas, loin de là, de la norme et nombre de Jordaniens semblent déplorer de telles pratiques vestimentaires.

Bien que relativement habitués aux étranges manières des Occidentaux, les Jordaniens réagissent assez mal aux tenues provocantes, qui peuvent en outre attirer quelques ennuis aux femmes.

Les hommes peuvent se promener en short sans provoquer trop de réactions, notamment à Aqaba où les femmes seront généralement plus à l'aise. Partout ailleurs, nous leur conseillons de porter une jupe assez longue ou un pantalon et d'avoir les épaules couvertes. Hommes et femmes doivent être couverts lorsqu'ils pénètrent dans une mosquée.

Il n'est pas difficile de boire de l'alcool en Jordanie, mais la modération est conseillée. Il est rare de voir des gens ivres dans les rues et, si vous cherchez à en lancer la mode, vous pourriez vous en mordre les doigts. Faites usage de bon sens.

Renseignements pratiques

VISAS ET AMBASSADES

Le visa est obligatoire pour pénétrer en Jordanie. Il est délivré à la frontière (ou à l'aéroport) lors de l'entrée dans le pays ou avant le départ dans les consulats de Jordanie.

En France, en Belgique et au Canada, les visas de tourisme sont valables trois mois, comptés de la date d'émission. Ils s'obtiennent sur présentation d'un passeport en cours de validité, d'une photo d'identité et moyennant une somme de 90 FF, de 1 200 FB ou de 65 $C, en liquide. Pour les ressortissants français, il suffit de déposer l'ensemble des pièces justificatives à l'ambassade, tous les jours de 9h30 à 12h, sauf le week-end. Le retrait du visa a lieu 48h après, de 13h à 14h. Les Belges se présenteront au consulat, entre 9h30 et 12h, et retireront leur visa l'après-midi entre 15h et 15h30. Au Canada, les visas sont délivrés dans un délai de deux jours.

Le fait d'être détenteur d'un visa israélien ne pose pas de difficultés.

Les Suisses ont le choix entre un visa de trois mois avec deux entrées (40 FS) ou un visa de six mois (700 FS) et devront fournir les mêmes pièces justificatives.

Les Luxembourgeois opteront soit pour un visa d'un mois avec une entrée (2 200 FL), soit pour un visa de trois mois donnant droit à deux entrées (3 200 FL).

Le visa de tourisme est très bon marché en Turquie, mais les Jordaniens demandent souvent une lettre de recommandation de votre ambassade ou de votre consulat. S'ils insistent, sachez qu'à Istanbul certains consulats font payer la délivrance d'une telle lettre et que d'autres n'en émettent pas. Elle coûte parfois plus cher que le visa ! Si vous avez l'intention de vous rendre en Syrie et en Jordanie depuis la Turquie et que vous souhaitez obtenir tous vos visas en une seule fois, gagnez du temps et de l'argent en demandant plusieurs copies de cette lettre.

Une autre solution, bien plus simple, consiste à prendre son visa à l'arrivée sur le sol jordanien, à l'aéroport ou aux postes-frontières. Cette solution est également assez économique puisque le tarif est de 8 JD pour les Français, 13 JD pour les Suisses, 21 JD pour les Belges et les Luxembourgeois, et 4 JD pour les ressortissants canadiens.

A l'exception des Canadiens, qui paieront 1 100 livres syriennes, les visas délivrés à Damas sont généralement plus chers qu'en Turquie. En revanche, l'ambassade de Jordanie en Syrie n'exige pas de lettre de recommandation et accepte de délivrer des visas de transit à entrées multiples et de 24 heures sans coût supplémentaire. C'est également vrai au Caire. Ailleurs, les consulats délivrent presque exclusivement des visas à entrée unique.

Si vous avez l'intention de vous rendre en Cisjordanie puis en Israël, il est possible de revenir en Jordanie dans le mois qui suit votre entrée en Cisjordanie, tant que votre visa est valide (pour les détails, consultez le chapitre *Comment s'y rendre*).

Représentations diplomatiques de Jordanie

Voici les coordonnées des différentes représentations diplomatiques jordaniennes :

Arabie Saoudite
   Diplomatic Area, Iryadh (☎ (1) 488 00 71)

Belgique
   Consulat honoraire, 104, avenue F.-D. Roosevelt, Bruxelles 1050 (☎ (2) 640 77 55)

Canada
   100 Bronson avenue 701, Ottawa, Ontario (☎ (613) 238 8090)

Égypte
   6 Al-Juhaini St, Doqqi, Le Caire (☎ (2) 349 9912, 348 71 43 et 348 61 69)

France
   80, bd Maurice-Barrès, 92200 Neuilly-sur-Seine (☎ (1) 46 24 51 38)

Luxembourg
   Consulat honoraire, 11 bd Royale, L2449 Luxembourg (☎ 47 19 02)

Suisse
   Belpstrasse 11, 3007 Berne (☎ (31) 381 41 46)

Syrie
   Al-Jala'a avenue, Damas (☎ (11) 234642)

Turquie
Mesnevi, Dede Korkut Sokak n° 18, Cankaya, Ankara (☎ (4) 440 2054)
(consulat) 63 Valikonagi caddesi, Nistansı, Istanbul (☎ (1) 230 1221)

Prorogation du visa

Si vous restez plus de 2 semaines en Jordanie, et même si on vous a délivré un visa valable pour une période plus longue, vous devrez vous présenter aux services de police 15 jours après votre arrivée pour faire tamponner votre passeport. La validité du visa peut être prorogée de 2 mois, puis à nouveau de 3 mois, gratuitement et sans problèmes. Normalement, cette formalité peut s'opérer dans n'importe quel poste de police, mais le plus souvent, et notamment à Amman, on vous demandera de vous rendre dans un service spécialisé.

Ambassades étrangères en Jordanie

La plupart des ambassades et consulats étrangers se trouvent à Amman. Il existe également un consulat égyptien à Aqaba.

Arabie Saoudite
1st Circle, Jebel Amman (☎ 814154)
Belgique
Jebel Amman (☎ 675683)
Canada
Pearl of Shmeisani Bldg, Shmeisani (☎ 666124)
Égypte
3rd Circle, Jebel Amman (☎ 641376)
France
Mutanabi St, Jebel Amman (☎ 641273)
Irak
Ast Circle, Jebel Amman (☎ 621375)
Liban
2nd Circle, Jebel Amman (☎ 641381)
Luxembourg
Juwhareet Amman Bldg, Shmeisani (☎ 62 3171)
Suisse
Embassies St. 19, 4th Circle, Jebel Amman (☎ 644416, 644417)
Syrie
Haza al-Majali, 4th Circle, Jebel Amman (☎ 641935)

Visas pour les autres pays

Syrie. L'ambassade de Syrie se trouve après le 3rd Circle, dans une rue qui part sur la droite. Prenez un taxi-service n°3 et descendez au ministère des Affaires étrangères. Il vaut beaucoup mieux demander un visa pour la Syrie ici qu'en Turquie par exemple.

A Amman, le visa pour une entrée est gratuit pour les Canadiens, mais il coûte 8 JD pour les Français, 13 JD pour les Suisses et 28,5 JD pour les Belges. Le bureau est ouvert de 9h à 11h du dimanche au jeudi, et les visas peuvent être récupérés le même jour. Prévoyez une photo d'identité.

On peut facilement obtenir un visa à entrées multiples. Il est environ deux fois plus cher mais sera pratique si vous voulez vous rendre au Liban. La Syrie n'a pas de représentation diplomatique au Liban, et même si vous êtes censé recevoir une sorte d'autorisation pour rentrer en Syrie lorsque vous traversez la frontière au retour, le visa à entrées multiples constitue une bonne garantie.

Égypte. Le service des visas (☎ 605202) et l'ambassade d'Égypte se trouvent sur Qurtubah St. Cette rue part à droite un peu avant le 5th circle (en venant du 4th circle). Les demandes doivent être déposées le matin, entre 9h et 12h, et les visas sont disponibles à 14h. Le service est fermé le vendredi. Le prix du visa est de 16 JD. Munissez-vous d'une photo d'identité. Le visa doit être présenté dans les 3 mois et vous permet de séjourner 1 mois. A moins d'être obligé de le demander à Amman, le consulat d'Aqaba est beaucoup moins fréquenté et les formalités y sont plus simples.

Irak. L'ambassade d'Irak se trouve sur Zharan St, non loin du 1st circle. Elle ne délivre pas de visas de tourisme aux voyageurs non-arabes.

Liban. L'ambassade du Liban (☎ 641751), située sur le 2nd circle, délivre des visas dans la matinée. Elle est ouverte tous les jours sauf le vendredi, de 8h30 à 11h. Le visa à entrée unique coûte 14 JD et vous devrez doubler cette somme si vous souhaitez bénéficier d'un visa à entrées multiples. Munissez-vous d'une photo d'identité et d'une photocopie de la première page de votre passeport.

Israël. Depuis peu, une délégation israélienne a élu domicile à l'hôtel Forte Grand, qui jouxte la tour du Housing Bank Centre, en face du Marriot. Le service consulaire (☎ 698548) est ouvert de 9h à 13h tous les jours, sauf les vendredi et samedi. Les Français, les Belges et les Canadiens n'ont pas besoin de visa pour pénétrer sur le sol de l'État hébreu. La taxe d'entrée est de 80 sheckels environ (soit approximativement 20 JD).

Cisjordanie. A l'heure où nous mettons sous presse, le laissez-passer pour se rendre en Cisjordanie n'est plus obligatoire. L'entrée est uniquement soumise aux formalités de douane. Voir le chapitre *Comment s'y rendre* pour plus de détails.

FORMALITÉS COMPLÉMENTAIRES

Pensez à conserver votre passeport sur vous lorsque vous vous déplacez dans le pays, et surtout le long de la vallée du Jourdain, vers le Wadi Araba et dans le Nord. Les barrages militaires et les contrôles sont fréquents dans ces régions, mais rapides.

On ne délivre plus d'autorisation aux visiteurs qui souhaitent dormir à Pétra. Ils le font désormais à leurs risques et périls, et s'exposent à une confrontation désagréable avec les policiers locaux.

Si vous souhaitez conduire en Jordanie, munissez-vous d'un permis international.

DOUANE

Vous avez le droit d'importer en Jordanie 400 cigarettes et 1 litre de vin ou d'alcool, voire 2 litres sans payer de taxe. Il n'existe aucune restriction d'entrée ou de sortie de devises jordaniennes ou étrangères.

QUESTIONS D'ARGENT

Monnaie nationale

L'unité monétaire jordanienne est le dinar, ou JD – prononcez *djaydi* – qui se divise en 1 000 *fils*. Vous entendrez souvent parler de *piastre* ou de *girsh*, qui correspondent tous deux à 10 fils. Ainsi, 10 girsh équivalent à 100 fils. Souvent, lorsqu'on vous donne un prix, on ne vous donne que le chiffre ; si l'on vous dit 25, il faut réussir à savoir s'il s'agit de 25 fils, 25 girsh ou 25 dinars ! Pour compliquer encore un peu les choses, pour 50 fils on dit 1 *shilling*, pour 100 fils (officiellement 1 *dirham*) 1 *barisa* et pour 1 dinar 1 *lira* ! En fait, les Jordaniens emploient très peu le mot *fil*, sauf avec les étrangers. En clair, retenez que 1 dinar (JD) est égal à 1 000 fils et que 10 girsch ou piastres équivalent à 100 fils.

Les pièces en circulation sont les suivantes : 5, 10, 25, 50, 100, 250 et 500 fils. La valeur des pièces est écrite en anglais ; les chiffres sont en arabe. Attention à ne pas confondre les nouvelles pièces de 100 fils et les pièces de 50 fils.

Il existe des billets de 0,5, 1, 5, 10 et 20 JD. Pour les dépenses quotidiennes, les billets de 5 JD sont les plus pratiques. Vous aurez parfois du mal à payer avec des billets de 10 ou 20 JD.

Taux de change

1 $US	=	0,73 JD
1 $C	=	0,54 JD
10 FF	=	1,4 JD
1 FS	=	0,59 JD
100 FB	=	2,24 JD
1 £E (Égypte)	=	0,19 JD
100 £S (Syrie)	=	1,66 JD
1 JD	=	1,36 $US
1 JD	=	1,85 $C
1 JD	=	7,14 FF
1 JD	=	1,69 FS
1 JD	=	44,64 FB
1 JD	=	5,26 £E
1 JD	=	60,05 £S

Il n'est pas difficile de changer de l'argent en Jordanie et la plupart des monnaies dites fortes sont acceptées. Vous pouvez changer vos chèques de voyage dans la plupart des banques. La British Bank of the Middle-East (qui possède une agence dans le centre d'Amman) accepte les Eurochèques. American Express possède un bureau à Amman et à Aqaba.

La British Bank of the Middle East et la Jordan Bank acceptent la MasterCard pour des retraits d'argent liquide, mais seulement dans certaines agences.

La carte Visa est plus largement acceptée pour les retraits d'espèces, mais là encore, seulement dans certaines agences des banques suivantes : la Housing Bank, la Cairo-Amman Bank, l'Arab Banking Corporation, la Jordan Arab Investment Bank et la Jordan Investment & Finance Bank. Les deux premières possèdent une succursale à Aqaba qui délivre des espèces sur présentation d'une carte Visa. Il existe également une succursale de la Jordan Arab Investment Bank à Irbid.

Si vous rencontrez des problèmes avec votre carte Visa, son siège social est la Jordan Payment Services Co, au 7e étage du Housing Bank Centre à Amman (☎ 68 0570). Il est possible d'effectuer certains achats avec une carte de crédit. Les cartes étrangères ne peuvent en revanche être utilisées que dans de très rares distributeurs automatiques d'Amman.

Vous pouvez acheter de l'argent jordanien avant le départ et en apporter autant que vous voulez, mais vous ne gagnerez pas grand chose. Il est possible de changer les dinars en d'autres monnaies, mais vous devrez montrer les reçus prouvant que avez changé votre argent en dinars en Jordanie.

Pour information, voici les adresses de banques françaises ou bureaux de représentation implantés en Jordanie :

Crédit Lyonnais
Astra Building, 3rd floor, Jebel Amman, ☎ (962) 16642065

Société Générale
Shmeisani Istitklal, Bookshop Building, PO Box 35192 Amman, ☎ (962 6) 66 0016) ; fax (962 6) 675870

Taux de change et commissions. Aucune taxe locale n'est prélevée sur les retraits d'argent liquide effectués avec une carte bleue. Attention ! le retrait maximal quotidien est de 500 JD.

Pour les chèques de voyage, c'est une autre histoire, et nous vous conseillons de vous renseigner dans plusieurs établissements avant de faire votre choix. Toutes les agences bancaires prélèvent une commission d'au moins 2 JD à chaque transaction, auxquelles certaines rajoutent un droit et une taxe, ce qui peut amener le coût d'une transaction modeste à 4 JD environ. La commission augmente par tranche correspondant plus ou moins à 100 $US.

Les banques exigent parfois le récépissé de vente des chèques de voyage avant de les accepter (ce qui est contradictoire avec la consigne de toujours les conserver à part).

A Amman, le meilleur endroit où aller semble être la succursale de la Jordan Bank (également appelée la Bank of Jordan) située sur le 1st Circle. Les employés sont relativement efficaces, ne demandent pas à voir les récépissés de vente et la commission n'excède pas 2 JD pour 200 $US et plus.

Bien entendu, pour payer moins de taxe, il vaut mieux changer des sommes plus importantes moins souvent.

Vous obtiendrez facilement de l'argent liquide, mais changez de banque si l'on vous demande une commission.

Vous trouverez à l'aéroport d'Amman des agences bancaires où vous pourrez changer de l'argent liquide ou des chèques de voyage et effectuer un retrait avec votre carte Visa. Faites attention lorsque vous changez de l'argent à la frontière, car certains voyageurs nous ont signalé qu'on leur avait fait payer une commission de 6 $US et plus.

Vous pouvez également changer de l'argent liquide et des chèques de voyage dans les grands hôtels, mais les taux sont très variables et souvent moins intéressants que ceux proposés dans les banques.

Ajoutons enfin que les opérations de change (chèques de voyage, cartes de crédit, liquide) sont en général impossibles avant 10h30, heure à laquelle les cours officiels des devises sont rendus publics chaque jour. Seuls les bureaux de change ne pratiquent pas cette règle. Accusés d'affaiblir la monnaie, ils furent tous fermés en 1989, mais ont rouvert depuis. Vous en trouverez à Amman, à Irbid, à Aqaba ainsi qu'à proximité des principaux sites touristiques. Les taux qu'ils pratiquent sont généralement corrects mais, comme partout, il est sage de se renseigner à l'avance sur les cours en vigueur et les commissions en usage dans les différents bureaux, avant d'effectuer une transaction.

Changer de l'argent les jours fériés. Les banques ferment le vendredi et les jours fériés. Si vous vous trouvez à court d'argent, vous devrez en changer dans un grand hôtel ou dans un bureau de change, car certains sont ouverts quelques heures le vendredi. Les propriétaires des petits hôtels et les commerçants acceptent de changer l'argent liquide, mais à un taux peu intéressant.

Cette règle comporte deux exceptions. Vous pouvez changer de l'argent sept jours sur sept dans l'une des agences bancaires de l'aéroport. Si vous êtes à Aqaba, allez à la Cairo-Amman Bank, dans l'immeuble de l'Arab Bridge Maritime Co. Étant donné que cette société vend des billets de ferry pour l'Égypte en dollars américains, l'agence de la banque reste ouverte les jours fériés pour les opérations de change.

Le marché noir. Même s'il est rare, le marché noir est pratiqué à Amman.

Coût de la vie

Pour les touristes, la Jordanie n'est pas le pays le plus économique de la région, mais la vie y est un peu moins chère qu'auparavant. Ne vous laissez pas impressionner par les tarifs des hôtels, relativement chers (parfois, vous ne trouverez pas de chambre à moins de 20 JD). S'ils occuperont une large part de votre budget, les transports et la nourriture sont, quant à eux, particulièrement bon marché. A plus forte raison dans le Nord : les prix ont en effet tendance à s'envoler dans le Sud, plus habitué aux touristes.

Pour un hébergement rudimentaire, vous devrez débourser au minimum 2 ou 3 $US, et si vous arrivez d'Égypte (ou même de Syrie), la nourriture et les transports vous paraîtront en général plus onéreux. En veillant particulièrement à vos dépenses, vous pouvez vous débrouiller avec 15 $US par jour, ou même moins à condition de manger des felafels et des shawarmas tous les jours et de dormir dans les hôtels les moins chers. L'hébergement sous la tente réduira d'autant vos frais, mais les terrains de camping sont rares.

Les premiers prix des chambres d'hôtel varient de 1,5 à 2,5 JD, à quoi il faut rajouter 500 fils pour la douche. Les petits en-cas, comme les felafels et les shawarmas, coûtent en général respectivement 100 et 250 fils. Dans toutes les grandes villes, vous pourrez savourer d'excellentes glaces pour 100 fils environ.

Vous paierez environ 100 fils pour un thé et le double pour un café turc. Les boissons gazeuses en bouteilles sont vendues 100 à 250 fils, et les canettes sont un peu plus chères. Les grandes bouteilles d'eau minérale coûtent environ 400 fils, un jus de fruit dans la rue 200 à 250 fils, une bouteille de bière Amstel de 650 ml environ 1,5 JD.

Pourboires et marchandage

Dans les bons restaurants, il est d'usage de laisser un pourboire de 10%. Le marchandage, particulièrement dans les boutiques de souvenirs, est obligatoire, mais les commerçants sont moins disposés que leurs homologues syriens et égyptiens à baisser leur prix de départ de façon importante.

QUAND PARTIR

La meilleure période pour se rendre en Jordanie est le printemps ou l'automne, lorsque les températures ne sont pas trop élevées dans la journée et que les vents ne sont pas trop froids. Si vous trouvez qu'il fait trop froid à Amman en hiver, descendez à Aqaba au bord de la mer Rouge. Le climat y est agréable et la ville a des airs de station balnéaire.

OFFICES DU TOURISME

Sur place

L'information pour les touristes est peu développée en Jordanie. Le ministère du Tourisme et des Antiquités publie quelques affiches et brochures luxueuses, ainsi qu'une carte de Jordanie et un plan d'Amman acceptables. Vous trouverez un office du tourisme à Amman, Pétra, Jerash et Aqaba. Ils semblent n'exister que pour occuper quelques employés, mais pourront à l'occasion vous fournir quelques informations.

A l'étranger

En France, l'office du tourisme de Jordanie est implanté dans les locaux de la Royal Jordanian (12, rue de la Paix, 75002 Paris, ☎ 42 60

46 91 ; fax 42 60 48 19). Ce bureau ne reçoit pas le public mais peut vous envoyer des informations par courrier. Vous pouvez toutefois vous adresser au personnel de la compagnie aérienne qui se fera un plaisir de vous remettre nombre de brochures ou encore composer le 3615 Jordanie (1,29 FF la minute). Ce serveur minitel, qui fournit des informations touristiques, des adresses utiles et des conseils pratiques, est régulièrement mis à jour, ce qui n'est pas un luxe, l'actualité de la région étant riche en rebondissements.

Dans le monde entier, les agences de la Royal Jordanian Airlines tiennent également lieu d'offices du tourisme. En revanche, n'essayez pas d'obtenir des informations dans les ambassades de Jordanie. On ne vous donnera pas grand-chose de plus qu'en Jordanie : les brochures sur papier glacé, quelques informations sur les hôtels de luxe et la carte habituelle du pays et d'Amman. Avant de partir, c'est toujours mieux que rien.

Organismes à connaître à l'étranger

Ouvert depuis 1987, l'Institut du monde arabe (1, rue des Fossés-Saint-Bernard, ☎ 40 51 38 38) a pour objectif de développer en France et en Europe la connaissance du monde arabe et de favoriser les échanges culturels. Il met à la disposition des visiteurs une bibliothèque riche de 50 000 ouvrages, un musée et des salles de cinéma et d'audiovisuel. Ouvert tous les jours, sauf le lundi, de 10h à 18h ; accès à la bibliothèque de 13h à 20h, à l'exception du dimanche et du lundi.

Fondé en 1963 à Beyrouth, l'Institut d'études palestiniennes a pour objectif de promouvoir une meilleure compréhension des droits du peuple palestinien. Il publie un trimestriel, la *Revue d'études palestiniennes*. Pour plus de détails, voir la rubrique *Médias* dans le chapitre *Présentation de la Jordanie*.

Créé en 1949, l'UNRWA, ou Office de secours et de travaux des Nations unies (Wagramer Strasse 5, Vienne, ☎ 1 211 310), a pour objectif de venir en aide aux réfugiés de Palestine, où qu'ils se trouvent, dans les camps ou ailleurs. Elle intervient dans le domaine de l'éducation, de la santé et des services sociaux. Avec le processus de paix, cette organisation, initialement temporaire, devrait être prochainement dissoute.

HEURES D'OUVERTURE

Les services administratifs officiels fonctionnent de 8h à 14h tous les jours sauf le vendredi. En règle générale, les banques ouvrent de 8h30 à 13h et de 16h à 18h en été (15h30 à 17h30 en hiver) tous les jours sauf le vendredi. Les entreprises suivent le même type d'horaires mais plus souples.

Les boutiques sont ouvertes longtemps : de 9h à 20h ou 21h environ, avec parfois une ou deux heures de fermeture dans l'après-midi. Le vendredi, seuls quelques magasins restent ouverts et l'on peut changer de l'argent à l'aéroport.

Les souks et les échoppes de rue sont ouverts tous les jours ; le vendredi est paradoxalement le jour où ils travaillent le plus.

Pendant le ramadan, le mois de jeûne musulman, les horaires sont plus courts. En outre, en raison de l'interdiction de boire ou de manger pendant la journée, il est parfois difficile de trouver un endroit où se restaurer pendant la journée, surtout dans les endroits retirés.

Les musées officient en principe tous les jours sauf le jeudi, mais les heures d'ouverture varient parfois.

JOURS FÉRIÉS

Les jours fériés sont des fêtes religieuses (islamiques ou chrétiennes) ou des célébrations d'événements importants de l'histoire jordanienne ou arabe. Pour les fêtes religieuses islamiques, reportez-vous au tableau *Calendrier des jours fériés* dans le chapitre général *Renseignements pratiques*.

Fêtes chrétiennes

Pour déterminer la date des fêtes religieuses, la plupart des chrétiens de Jordanie se réfèrent au calendrier julien, qui peut avoir jusqu'à un mois de retard par rapport au calendrier grégorien. Pâques est la principale fête de l'Église orientale.

Fêtes civiles

Les jours fériés suivants font tous référence au calendrier grégorien et sont fixes.

15 janvier :	journée de l'Arbre
22 mars :	jour de la Ligue arabe
1er mai :	fête du Travail
25 mai :	jour de l'Indépendance
10 juin :	jour de l'Armée et anniversaire de la Grande Révolte arabe.
11 août :	accession au trône du roi Hussein
14 novembre :	anniversaire du roi Hussein

MANIFESTATIONS CULTURELLES

La plus célèbre manifestation culturelle était, jusqu'en 1990, le festival musical de Jerash qui se tenait généralement à la fin de l'été ou en automne. Il n'a pas plus lieu depuis la guerre du Golfe, en 1991.

Les centres culturels étrangers organisent régulièrement des projections de films, des conférences et des expositions. Il existe par exemple un festival du film français. Renseignez-vous dans chacun des centres. Depuis 1989, Amman accueille un festival du film européen en mai. Le Centre culturel royal, qui connaît quelques problèmes de financement, propose assez régulièrement des récitals de musique et autres manifestations culturelles. De même, des concerts sont donnés dans le théâtre romain d'Amman.

POSTE ET TÉLÉCOMMUNICATIONS

Tarifs postaux

L'affranchissement d'une lettre pour l'Europe coûte 240 fils ; celui d'une carte postale, 160 fils. Les tarifs d'expédition d'un colis sont très élevés.

Envoyer du courrier

Il semble que les services postaux entre la Jordanie et Israël fonctionnent à l'heure où nous mettons sous presse.

Recevoir du courrier

Les services postaux sont relativement efficaces : en effet, les lettres expédiées depuis l'Europe mettent seulement trois ou quatre jours pour arriver dans le pays.

Téléphone

Le système de télécommunications intérieur est assez bon. Les appels coûtent 100 fils et la plupart des commerçants et des hôtels vous laisseront utiliser leur combiné, ce qui vaut mieux que d'essayer d'appeler des téléphones publics, rares et très bruyants.

On peut appeler assez facilement l'étranger (Israël et Cisjordanie compris) dans des centres téléphoniques spéciaux, à Amman et Aqaba, mais les appels sont très onéreux : jusqu'à 2,75 JD la minute avec un minimum de 3 minutes. Il faut parfois attendre jusqu'à 30 minutes pour obtenir une ligne. Malheureusement, les appels en PCV sont impossibles depuis la Jordanie.

Vous pouvez également passer un coup de fil depuis votre hôtel, mais la communication vous coûtera encore plus cher que dans les centres téléphoniques. Pour l'Europe, les petits hôtels font payer de 2,5 à 3 JD la minute et les grands hôtels, comme l'InterContinental à Amman, 5 JD la minute. Le minimum de 3 minutes est aussi appliqué dans les hôtels.

Au moment où nous écrivons cet ouvrage, il est possible de téléphoner de Jordanie en Israël, et vice-versa.

Les codes téléphoniques intérieurs sont les suivants :

Amman	06
Irbid	02
Jerash et Mafraq	04
Ma'an, Pétra, Kerak et Aqaba	03
Zarqa	09

Il existe un annuaire téléphonique en anglais et en arabe, mis à jour en 1995 et disponible dans certains hôtels.

Télécopie, télex et télégrammes

Il est possible d'envoyer des télégrammes depuis les bureaux de poste d'Amman et d'Aqaba et des télécopies en vous adressant aux centres téléphoniques.

Les hôtels de luxe permettent à leurs clients d'utiliser leur télex et leur télécopieur, mais c'est un service payant. On peut également envoyer des télécopies depuis les hôtels de catégorie inférieure.

ÉLECTRICITÉ

En Jordanie, le courant est en 220-230 volts. Les prises sont en général des prises européennes. Si vous emportez des appareils électriques dotés d'un système différent, n'oubliez pas d'acheter un adaptateur. Si vous écoutez souvent la radio ou un baladeur dans votre chambre, cela vous évitera d'avoir à acheter des dizaines de piles qui s'usent à vitesse grand V !

L'énergie est fournie par deux centrales thermiques, situées à Zarqa et Aqaba. L'approvisionnement est assez fiable.

BLANCHISSAGE/NETTOYAGE

Dans les grandes villes, et surtout à Amman, de nombreuses boutiques dont l'enseigne indique *Dry cleaning* (nettoyage à sec) prennent en charge le blanchissage et le nettoyage. Demandez également à votre hôtel. Vous débourserez environ 400 fils pour faire nettoyer une chemise et 600 fils pour un pantalon. Les tarifs sont relativement élevés et un délai de quelques jours est nécessaire pour récupérer son linge.

POIDS ET MESURES

Le système métrique est en vigueur en Jordanie.

LIVRES

Pour plus d'informations, vous pouvez également consulter la rubrique *Livres* dans le chapitre *Présentation de la Syrie*.

Islam et civilisation

Les ouvrages généraux sur le monde arabe étant fort nombreux, vous trouverez ci-après une sélection, non exhaustive, de livres qui nous ont paru les plus intéressants pour vous aider à préparer votre voyage.

Orientaliste de renom et traducteur du Coran, Jacques Berque est considéré comme l'un des meilleurs historiens du monde arabe. Tous ses écrits méritent d'être lus, que ce soit *L'Islam au défi* (Gallimard, coll. "Essais", 1980) ou *Normes et valeurs dans l'Islam contemporain* (Payot, 1978).

Synthèse magistrale de quatorze siècles d'histoire, *L'Islam et sa civilisation : VIIe-XXe siècles* d'André Miquel (Armand Colin, 1991) comporte un chapitre sur l'islam contemporain, entièrement remis à jour.

Rédigé par un spécialiste du Moyen-Orient, *Le retour de l'Islam* de Bernard Lewis (Folio histoire, 1985) est un recueil d'essais axé sur la compréhension historique de l'islam actuel. Le renouveau religieux, les révolutions nationalistes, le conflit israélo-arabe et le retour en force de l'islam sur la scène internationale sont replacés dans le champ de leurs racines historiques.

Histoire et politique du Proche-Orient

Deux siècles d'histoire du royaume franc de Jérusalem et neuf croisades sont retracés dans *L'épopée des croisades* de René Grousset (Perrin, 1995). *Les Croisades vues par les Arabes* d'Amin Maalouf (J'ai Lu, 1992) apporte, pour sa part, un éclairage passionnant et inédit sur le sujet.

Histoire des Arabes de Dominique Sourdel (PUF, coll. "Que sais-je", n°1627, 1992) couvre la période qui va du premier millénaire au milieu du XXe siècle, alors que *L'Histoire des peuples arabes* d'Albert Hourani (Points Seuil, 1993) aborde avec exhaustivité la vie sociale, culturelle et religieuse, sous toutes ses composantes.

Pour découvrir ce formidable personnage qu'est Lawrence d'Arabie, vous vous plongerez avec intérêt dans l'ouvrage d'Henry Laurens, *Lawrence en Arabie* (Découvertes Gallimard, 1992) qui recèle une abondante iconographie.

Outre les problèmes de la décolonisation, des lieux saints et de la question palestinienne, *Le Grand jeu, Orient arabe et rivalités internationales* d'Henry Laurens (Armand Colin, 1991) replace, dans sa logique historique et politique, le cas de la Jordanie et de la Syrie, et ce jusqu'en 1990.

Ouvrage de référence rédigé sous la direction de Philippe Lemarchand, l'*Atlas géopolitique du Moyen-Orient et du monde arabe* (éd. Complexe, 1994) fournit une approche à la fois historique, politique et économique de cette région du monde. Les cartes et les tableaux constituent des outils particulièrement précieux.

Enquête historique menée de 1956 à 1990, le *Proche-Orient éclaté* de Georges Corm (Gallimard, coll. "Folio histoire", 1991) expose, avec justesse, les causes profondes qui font de cette région un lieu de tension des contradictions politiques et socio-économiques modernes.

Sous la direction de Ghassan Salamé publié aux éditions Complexe (1994), *Proche-Orient, les exigences de la paix* est un livre prospectif. Cet ouvrage collectif présente une analyse pointue, claire et documentée des enjeux du processus de paix en cours, au travers de grands dossiers traités par des spécialistes (rôle des États-Unis, Israël et la paix, armement, démographie...).

La Palestine d'Alain Louyot (Hachette, 1995) est un petit guide extrêmement concis qui résume, en six chapitres, les informations nécessaires pour comprendre le processus de paix au Proche-Orient : depuis les origines aux protagonistes et aux principales organisations en passant par la chronologie des événements.

Palestinien en exil et historien, Elias Sanbar est le fondateur de la *Revue d'études palestiniennes* en 1981. Il retrace, dans *Les Palestiniens dans le siècle* (Découvertes Gallimard, 1994), l'histoire de son peuple de la déclaration Balfour à la reconnaissance.

Histoire, civilisation et peuples de Jordanie

Jordanie réelle en deux tomes d'Amélie-Marie Goichon (Maisonneuve et Larose) est un ouvrage extrêmement complet et largement documenté mais un peu obsolète puisqu'il remonte à 1972.

Publié chez Karthala, *La Jordanie* de Marc Lavergne (1995) offre une présentation du pays dans ses aspects historique, géographique, culturel, politique et social.

Pour comprendre la question des réfugiés palestiniens, vous pouvez consulter *Retour de Jordanie* de Maurice Rajsfus (Brèche, 1990).

Les Bédouins de John King (Gamma, 1994) raconte la vie des Bédouins dans le désert et leur lutte face à la sédentarisation.

Littérature étrangère

Lecture fondamentale, *Les sept piliers de la sagesse* est l'œuvre de T. E. Lawrence dit Lawrence d'Arabie (LGF, coll. "La Pochothèque", 1995). Dans cette autobiographie publiée en 1926, l'écrivain rassemble ses souvenirs, tant descriptifs que philosophiques ou politiques, qui éclairent un moment clé de l'histoire arabe.

Sites archéologiques

La Jordanie, de l'âge de pierre à l'époque byzantine est un bel ouvrage publié par l'École du Louvre et la Documentation française en 1987.

Les civilisations antiques du Proche-Orient de Pierre Amiet (PUF, coll. "Que sais-je ?", n°185, 1992) vous fournira les clés de base sur le sujet.

Les ouvrages ne manquent pas sur le site romain de Pétra. *Pétra retrouvée : voyage de l'Arabie Pétrée, 1828* de Léon de Laborde et de Linant de Bellefonds (Pygmalion, 1994) retrace la redécouverte de la capitale des Nabatéens par ces deux archéologues français. Ce livre réédite trente-deux gravures qui ont constitué, à l'époque, la première description illustrée de l'antique cité. Cette lecture sera complétée par *Les Ruines de Pétra* d'Albert Champdor (J. Maisonneuve, 1979) ou par *Pétra et la Nabatène* d'Albert Kammerer, en deux volumes (texte et atlas), publié en 1930 par Geuthner et toujours disponible. Enrichi de photographies, *Pétra : le dit des pierres* (Actes Sud, 1993) célèbre cette antique cité sous la plume d'écrivains, tels J.M.G. Le Clézio ou Tahar Ben Jelloun.

Iraq al Amir, le chateau du Tobiade Hyrcan (2 volumes), d'Ernest Will et François Larché a été publié par Geuthner en 1991.

Contributions françaises à l'archéologie jordanienne est un ouvrage collectif publié par l'Institut français du Proche-Orient (1989).

Pour ceux qui lisent l'anglais, il existe deux excellents guides de Rami Khouri, ancien rédacteur du *Jordan Times : Petra – A guide to the capital of the Nabateans* ainsi que *Jerash – A frontier city of the Roman East* (Longman UK, 1986, environ 5 JD, à la Jordan Distribution Agency d'Amman). Du même auteur, vous trouverez une série de brochures sur la plupart des sites de Jordanie (éd. Al-Kutba).

Quoique un peu vieillot, *The Antiquities of Jordan*, qui date de 1959, reste le guide le plus complet sur les sites archéologiques jordaniens, y compris ceux qui se trouvent en Cisjordanie (G. Lankester Harding, Jordan Distribution Agency, 1984, 8 JD environ). L'auteur dirigea pendant vingt ans le département des Antiquités.

Arts et culture

Certaines expositions en France sur la Jordanie ont donné lieu à la création de fort beaux catalogues. C'est le cas notamment de *Mémoire de soie : costumes et parures de Palestine et de Jordanie* (Institut du monde arabe, 1988) qui présente les plus belles pièces des XIX et XXe siècles des deux rives du Jourdain. Dans un registre voisin, *La Voie royale, 9000 ans d'art au royaume de Jordanie* est publié par l'Association française d'action artistique (1987).

Disponible sur place en langue anglaise, *High above Jordan* rassemble des photographies aériennes de Jane Taylor (approuvées par les autorités) mais reste un peu cher (environ 20 JD).

Récits et guides de voyage

Le voyage en Orient : anthologie des voyageurs français dans le Levant au XIXe siècle de Jean-Claude Berchet (Laffont, coll. "Bouquins", 1985) ne se contente pas d'expliciter, de Volney à Barrès, le riche filon du récit de voyage, mais donne au lecteur accès à un trésor essentiel de notre imaginaire collectif.

Les fameux *Carnets de voyage* de l'orientaliste et peintre anglais David Roberts (Anthèse, 1989), qui évoquent son périple en Égypte et en Terre Sainte, contiennent quelques planches sur Pétra et Aqaba. Ce très bel ouvrage n'est pas pour toutes les bourses.

Fort utile, le *Guide bleu* sur la Jordanie (Hachette, 1987) recèle d'abondants détails du point de vue historique et archéologique. Autre guide d'intérêt, La Jordanie de Marc Altéa et Laurent Girard (Créations du Pélican, 1995) constitue une bonne approche du royaume hachémite.

Si vous cherchez des informations pratiques (à condition de comprendre l'anglais), depuis le code de la route jusqu'à l'adresse d'un plombier, *Welcome to Jordan* (American Women of Amman, Amman, 1986) répondra à toutes vos questions. Réalisé au départ à l'intention des expatriés, il contient des renseignements qui peuvent intéresser les voyageurs. S'il n'est pas facile à trouver, on peut le consulter à la bibliothèque du British Council ou de l'American Centre.

En anglais, le *Guide to Jordan*, écrit en 1953 par des moines franciscains, est tout bonnement instructif !

Randonnée et escalade

En anglais toujours, *Treks and Climbs in the mountains of Rum & Petra*, par Tony Howard (Jordan Distribution Agency, Cicerone Press, 1993) est un excellent répertoire des marches, ascensions, promenades à dos de chameau et circuits en 4x4. Du même auteur, Walks & Scrambles in Rum (Al-Kutba Publishers) est un guide de poche utile.

Grammaire, dictionnaire et méthodes de langues

Destiné à tous ceux qui souhaitent apprendre à parler, à écrire et à lire l'arabe moderne, *L'Arabe facile* de Samir Mégally (éd. Samir Mégally, 1992) s'appuie sur un abrégé de grammaire et sur des exercices.

D'une présentation claire, la *Grammaire de l'arabe d'aujourd'hui* de Djamel Kouloughli (éd. Presses Pocket, coll. "Langues pour tous", 1994) s'attache à décrire les mécanismes grammaticaux de l'arabe moderne.

Le coffret Assimil intitulé *L'Arabe sans peine* de Jean-Jacques Schmidt regroupe un livre et quatre cassettes audio ayant pour objectif d'initier à la langue et de donner aux intéressés les outils élémentaires, en six mois d'apprentissage.

Librairies

En Europe occidentale. En France, plusieurs librairies spécialisées dans le monde arabe sauront vous renseigner : la *Librairie Avicenne*, 25, rue Jussieu, 75005 Paris (☎ 43 54 63 07) ; la *Librairie Orientale H. Samuelian*, 51, rue Monsieur-le-Prince, 75006 Paris (☎ 43 26 88 65) ; *Al-Manar*, 220, rue Saint-Jacques, 75005 Paris (☎ 43 29 40 22) et *Vents du Sud*, 7, rue du Maréchal Foch, 13100 Aix-en-Provence (☎ 42 23 03 38). Une autre bonne source d'information vous est proposée avec la librairie de l'*Institut du Monde Arabe* (voir plus haut ses coordonnées dans le paragraphe *Organismes à connaître à l'étranger*).

Les amateurs d'archéologie pourront se rendre également dans deux librairies-maisons d'édition spécialisées : *Maisonneuve*, 15, rue Victor-Cousin, 75005 Paris (☎ 44 41 49 30) et *Geuthner* (12 rue Vavin, 75006 Paris, ☎ 46 34 71 30), librairie orientaliste datant de 1901.

En Belgique, *Tropismes*, Galerie de Prince 11 (Galerie royale Saint-Hubert), 1000 Bruxelles (☎ 2-512 88 52) et *Peuples et Continents*, 11, rue Ravenstein, 1000 Bruxelles (☎ 2-511 27 75) possèdent des ouvrages sur cette destination. En Suisse, nous vous conseillons *Artou*, 8, rue de Rive, 1204 Genève (☎ 22-818 02 40) et 18, rue de la Madeleine, 1003 Lausanne ☎ 21-323 65 56).

Au Canada, la *Librairie Ulysse*, 4176 rue Saint-Denis, Montréal H2W 2M5 (☎ 514-843 9447) et *Temps Libre*, Place Laurier, 2700 bd Laurier, Sainte-Foy, Québec méritent la visite.

CARTES

Difficile de trouver des cartes réellement satisfaisantes. Le Royal Jordanian Geographic Centre propose une carte du pays qui contient quelques renseignements supplémentaires, telles les distances entre les principales agglomérations. C'est en réalité la même que celle qui est distribuée gratuitement au ministère du Tourisme.

Établie au 1/730 000, la carte *Jordan*, réalisée par GEO projects de Beyrouth, comporte des plans d'Amman, de Pétra, de Jerash et d'Aqaba. Elle manque toutefois de précision.

Bartholomew édite une carte *Israel with Jordan*, au 1/350 000, assez fiable et qui date de 1994.

En France, *Ulysse*, 26, rue Saint-Louis-en-l'Île, 75004 Paris (☎ 43 25 17 35) possède un abondant fonds de cartes tout comme *L'Astrolabe*, 46, rue de Provence 75009 Paris (☎ 42 85 42 95) et *Itinéraires*, 60, rue Saint-Honoré, 75001 Paris (☎ 42 36 12 63, minitel 3615 Itinéraires). Un bon choix de cartes vous est également proposé chez *L'Harmattan*, 16, rue des Écoles, 75005 Paris (☎ 43 26 04 52).

MÉDIAS

La presse jordanienne est assez libre du fait des lois récentes votées en la matière (pour plus de détails, voir le chapitre *Présentation de la Jordanie*). Néanmoins, aux dires de certains journalistes locaux, des pressions sont encore exercées de temps à autre sur ceux qui dévient un peu trop de la ligne officielle. Ils affirment également que la politique éditoriale de la majorité des quotidiens reste étrangement proche de la position du gouvernement.

Quoi qu'il en soit, et comparativement à d'autres pays de la région, le contrôle n'est pas systématique.

Presse

Le *Jordan Times*, quotidien en langue anglaise, est relativement impartial. Il donne un bon panorama de l'actualité en Jordanie, au Proche-Orient et dans le monde. Outre les événements culturels (films et expositions) il donne des informations sur les vols aériens, les numéros téléphoniques d'urgence et même les prix de vente des fruits et légumes.

Le *Star* est un hedomadaire format tabloïd qui contient des articles de fond, une rubrique en français et quelques bandes dessinées.

En Europe francophone

Créés en France en 1986, *Les Cahiers de l'Orient* sont une revue trimestrielle d'étude et de réflexion sur le monde arabe et musulman (60, rue des Cévennes, 75015 Paris, ☎ 40 60 73 11). Disponible en kiosque (80 FF) et sur abonnement (300 FF par an), ce magazine propose des dossiers d'actualité extrêmement denses, rédigés par des journalistes et des universitaires.

Publié par l'Institut du monde arabe (voir coordonnées plus haut dans le paragraphe *Organismes à connaître à l'étranger*), *Qantara* est un magazine trimestriel en quadrichromie, vendu en kiosque et offrant toute l'actualité du monde arabe et méditerranéen.

La Documentation française (29, quai Voltaire, 75007 Paris, ☎ 40 15 70 00) édite une revue *Monde arabe Maghreb-Machrek* qui fait le point sur des questions d'actualité, telles l'histoire ou l'économie. Elle a publié un dossier sur les élections législatives de 1993 en Jordanie et le processus de paix (n°144, 1993) ainsi qu'une étude *Des élites dans le changement social : Égypte, Jordanie, Syrie* (n°146, 1995).

La *Revue d'études palestiniennes* traite dans son n°4 (été 1955) la question des réfugiés palestiniens et l'économie de paix en Syrie et publie, dans son n°5 (automne 1995), un dossier sur les Palestiniens et les Jordaniens ainsi qu'un bilan de l'UNRWA (Office de secours et des travaux des Nations unies pour les réfugiés de Palestine dans le Proche-Orient). Ce trimestriel est diffusé en France par les Éditions de minuit (7, rue Bernard-Palissy, 75006 Paris).

Enfin, *Arabies* est un mensuel économique, politique et culturel spécialisé dans le monde arabe (92, rue Jouffroy-d'Abbans, 75017 Paris, ☎ 47 66 46 00).

Radio

Radio Jordan retransmet des émissions en arabe et en anglais. La station en langue anglaise, sur 855 KHz AM et 99 KHz MF à Amman et Aqaba, diffuse principalement de la musique.

Les émissions de radio et de télévision en hébreu sont destinées aux Israéliens afin de leur permettre de connaître le point de vue des Arabes.

Radio France International diffuse tous les jours des émissions en français, sur ondes courtes, de 4h à 7h temps universel sur les bandes 9550 ou 9805 ; de 5h à 8h sur 11685 ; de 6h à 12h sur 15605 ; de 7h à 15h sur 17650; de 15h à 16h sur 11615 ou 15605. Les programmes, qui changent tous les six mois, sont disponibles en écrivant à RFI (116, av. du Président-Kennedy, BP 9516, 75016 Paris) ou en téléphonant au ☎ 44 30 89 69.

Radio Canada International émet en Jordanie les lundi, mardi, samedi et dimanche, de 15h à 16h, sur les fréquences 9555, 11915 ou 11935 ; les lundi et vendredi, de 19h45 à 20h, sur 7200 ou 7235 ; ainsi que les lundi, vendredi, samedi et dimanche, de 20h à 21h, sur les bandes 5995 ou 7235.

Dans tous les cas, vérifiez les horaires de diffusion qui peuvent être soumis à modification (RCI, Case postale 6000, Montréal H3C.3A8, province de Québec, ☎ 514 597 59 70 ; en France, 17, avenue Matignon, 75008 Paris, ☎ 44 21 15 15).

Télévision

Il est possible de capter en langue française TV5 et le journal de 20h sur France 2 dans tous les endroits munis d'une parabole en réception satellite.

Les émissions du service international de la BBC sont diffusées pendant la plus grande partie de la journée sur 1323 kHz ou 227 mHz ondes moyennes (moins fréquemment sur 639 kHz et 469 mHz ondes moyennes). La BBC modifie ses programmes tous les six mois environ ; le British Council d'Amman possède en général les grilles les plus récentes.

La télévision jordanienne possède deux chaînes. Si la première diffuse en arabe, la seconde, Channel 2, émet en anglais, en français, en hébreu et en arabe. Les Jordaniens regardent beaucoup la télévision et vous pourrez les voir dans les cafés, rassemblés devant l'écran pour suivre les derniers rebondissements des feuilletons américains (les matchs de lutte sont également très appréciés). Le niveau des émissions est bien meilleur que dans les pays arabes voisins et la chaîne en langue étrangère passe parfois d'excellents films et séries télévisées.

Channel 2 diffuse un journal télévisé en langue française tous les soirs à 19h. Il est suivi d'environ une demi-heure d'émissions en français, choisies un peu au hasard dans les grilles de programmes des chaînes de télévision de l'hexagone.

Dans le nord du pays et jusqu'à Azraq, on peut capter les émissions de la télévision syrienne et, dans les villes d'Aqaba et de Kerak, peu éloignées de la frontière, la télévision israélienne. A Aqaba, il est possible de voir la télévision égyptienne.

FILMS ET PHOTOS

On trouve des films papier et des diapositives dans la majorité des sites touristiques, ainsi que dans les grandes villes. Une pellicule diapositive coûte environ 7 JD. Mieux vaut vérifier la date de péremption et éviter d'acheter des films ayant séjourné au soleil.

Vous pourrez faire développer vos films à Amman et Aqaba facilement, mais ce n'est pas sans risques. Même les magasins Kodak bien équipés ont, semble-t-il, tendance à abîmer les meilleures photos. Vous êtes prévenu !

Demandez toujours la permission avant de photographier quelqu'un, et particulièrement lorsqu'il s'agit de femmes. Soyez prudent lorsque vous prenez des photographies à Aqaba et dans les environs, car Israël n'est pas loin et la frontière avec l'Arabie Saoudite distante d'une vingtaine de kilomètres seulement. Il est strictement interdit de prendre des photos dans les zones militaires.

SEULE EN VOYAGE

Si vous voyagez seule en Jordanie, vous remarquerez que les hommes sont un peu moins obsédés par les femmes occidentales et le sexe, qu'ailleurs au Proche-Orient.

Cela ne vous dispense pas pour autant d'adopter une tenue et un comportement discrets. Déambuler dans les rues d'Amman en short et débardeur serait aussi embarrassant pour les Jordaniens que pour vous.

Certaines activités, comme la fréquentation des cafés, sont traditionnellement réservées aux hommes. Vous pouvez entrer y boire un verre, mais vous serez parfois l'objet de regards insistants.

Séjourner dans les hôtels très bon marché pose parfois quelques problèmes. Il vous faudra souvent prendre une chambre simple. N'hésitez pas à en faire le tour pour voir si elle ne comporte pas des trous à certains emplacements stratégiques. Des voyageuses nous ont signalé qu'elles bouchaient les trous de serrure et autres avec des mouchoirs en papier.

Réfléchissez bien avant de faire du stop, afin d'éviter les propositions indésirables.

DÉSAGRÉMENTS ET DANGERS

La Jordanie est un pays sûr et accueillant. L'armée est discrète et les habitants se montreront en général bienveillants et hospitaliers à votre égard. Le seul risque d'enlèvement que vous courez sera d'être invité chez quelqu'un pour boire le thé ou rester dormir une nuit ! Si cela se produit, acceptez sans hésitation, car les Arabes sont très fiers de leur hospitalité. En règle générale, le fait de se promener dans Amman et d'autres villes à n'importe quelle heure du jour ou de la nuit ne présente aucun danger.

Vol

Vous n'aurez pas à craindre le vol si vous faites raisonnablement attention à vos affaires. Vous pouvez sans crainte laisser votre sac de voyage, pendant quelques heures, dans les bureaux d'une gare routière ou le hall d'un hôtel. Partager une chambre dans un hôtel est tout à fait sûr en principe, mais ne prenez pas de risques inutiles.

TRAVAILLER EN JORDANIE

Travailler en Jordanie n'est guère envisageable pour la majorité des étrangers qui voyagent dans le pays.

Il se peut que vous trouviez du travail sur les chantiers de fouilles archéologiques, mais en général, vous ne serez pas rétribué. Si vous ne trouvez rien par l'intermédiaire du Département des Antiquités, tentez votre chance auprès du British Insitute for Archaelogy & History (☎ 841317) ou de l'American Center of Oriental Research (ACOR. ☎ 846117).

En France, vous pouvez vous renseigner auprès de Cotravaux (11, rue de Clichy, 75009 Paris, ☎ 48 74 79 20), organisme d'information et de promotion du travail bénévole qui vous dirigera vers les associations susceptibles d'œuvrer en Jordanie. Il est courant que le candidat effectue un stage (préalable) payant et acquitte des frais d'inscription. Ces formalités accomplies, il est logé et nourri sur place pendant toute la durée du chantier.

Pour les renseignements concernant spécifiquement l'archéologie, reportez-vous au paragraphe *Archéologie* dans le chapitre *Présentation de la région*.

Le français est enseigné au niveau du primaire et du secondaire à l'*École française d'Amman* (PO Box 830059, Amman. ☎ (9626) 82 68 30 ; fax (9626) 82 23 80). Pour plus d'informations, adressez-vous à l'Agence pour l'enseignement français à l'étranger (64, avenue Kléber, 75016 Paris, ☎ 47 83 08 31).

Enfin, si vous êtes moniteur de plongée sous-marine, vous pouvez tenter votre chance dans l'un des centres de plongée d'Aqaba. Ne nourrissez cependant pas trop d'espoirs.

ACTIVITÉS CULTURELLES ET SPORTIVES

Plongée sous-marine

La côte sud du port d'Aqaba, jusqu'à la frontière avec l'Arabie Saoudite, est l'un des plus beaux sites de plongée du monde, avec quantité de bancs de coraux et de poissons tropicaux. On dénombre trois centres de plongée à Aqaba. Une plongée revient environ à 10 JD, selon le centre et le matériel utilisé. Tous les centres organisent des stages pour débutants et plongeurs confirmés, qui coûtent jusqu'à 300 $US.

On craint actuellement que la pollution du port ne mette en danger l'équilibre écologique marin d'Aqaba, car des milliers de tonnes de phosphates sont déversés dans la mer chaque année au cours des chargements. Néanmoins, la plongée, plutôt aisée, permet d'admirer des sites très variés. Ras Mohammed, en Égypte, est souvent considéré comme un site plus intéressant, mais il faut plonger plus profondément et dans des conditions plus dangereuses.

Randonnée et escalade

Wadi Rum et Pétra conviennent parfaitement pour des randonnées d'une journée ou, dans le cas de Wadi Rum, des marches de plusieurs jours à pied ou à dos de chameau. Il est également possible de faire de l'escalade dans le Wadi Rum. Attention ! seul du matériel de base est disponible.

Cours de langues

Pour s'initier aux arcanes de la langue arabe, il existe plusieurs possibilités. L'université de Jordanie, située dans University Street à Amman (☎ 843555 ; fax 832318) organise en été des stages d'arabe moderne ainsi que des cours moins intensifs le reste de l'année. Renseignez-vous auprès du directeur du Language Centre à la faculté des arts. Il peut vous aider à vous loger dans une famille jordanienne.

En France, l'organisme Créalangues, en partenariat avec l'Éducation nationale, organise des cours individuels et collectifs d'arabe. Renseignez-vous au ☎ 47 05 70 81 pour les prix et les modules d'enseignement.

Par ailleurs, l'Institut du monde arabe a récemment ouvert un centre de civilisation et de langue arabe. Les coordonnées de cet institut sont reprises plus haut dans le paragraphe *Organismes à connaître à l'étranger*.

A NE PAS MANQUER

Sites archéologiques

Même si vous ne séjournez pas longtemps en Jordanie, ne manquez pas un certain nombre de sites que vous visiterez en l'espace de cinq jours. Vous pouvez vous rendre dans la journée à Jerash, ancienne cité de la Décapole située au nord d'Amman ; c'est l'une des cités romaines les mieux préservées de la région. Les fouilles et les restaurations toujours en cours permettent de compléter le nombre des imposants édifices déjà dégagés, parmi lesquels le temple d'Artémis, deux théâtres, un étrange forum ovale et plusieurs églises.

A seulement 118 km au sud d'Amman se tient une impressionnante forteresse croisée, à Kerak. On peut s'y arrêter en se rendant dans le haut-lieu touristique du pays : Pétra, la cité nabatéenne taillée dans la roche. Ce site mérite largement un séjour d'au moins deux jours, mais une journée suffit pour découvrir ses plus remarquables monuments, tels que le Khazneh, le théâtre et la cité romaine, les tombeaux et, si possible, le monastère. Si vous ne deviez passer qu'un seul jour en Jordanie, c'est là qu'il faudrait aller.

Sites naturels

Au sud-est de Pétra, à Wadi Rum, des formations de grès et de granit, rendues célèbres par le film *Lawrence d'Arabie*, se dressent au milieu du désert de sable. Pourquoi ne pas aller passer ensuite une journée à faire de la plongée dans la mer Rouge, près de la ville portuaire d'Aqaba ?

HÉBERGEMENT

Il n'existe pas d'auberge de jeunesse en Jordanie. Vous devrez donc loger à l'hôtel. Dans un hôtel bon marché, un lit dans une chambre à plusieurs coûte au minimum 1,5 JD, et plus vraisemblablement 2 à 2,5 JD, douche non comprise. Il est parfois possible de dormir sur le toit, ce qui peut être très agréable en été. Ce mode d'hébergement vous reviendra au moins à 1 JD.

A Amman particulièrement, les hôtels peu onéreux sont souvent extrêmement bruyants en raison de la circulation et du vacarme des cafés et boutiques. Arrangez-vous, à chaque fois que cela est possible, pour obtenir une chambre donnant sur l'arrière.

Curieusement, certaines villes, malgré leur importance relative, comme Jerash et Madaba, ne possèdent pas un seul hôtel. Dans d'autres, comme Ajlun et Azraq, il n'existe pratiquement aucun moyen d'hébergement bon marché et l'on doit débourser jusqu'à 20 JD pour une chambre simple.

Les employés des petits hôtels insistent parfois pour mettre votre passeport dans le "coffre-fort", qui est en réalité le tiroir du bureau de la réception. Si vous voulez le conserver sur vous (car c'est bien là qu'il doit être), il faudra vous montrer persuasif tout en restant aimable, et le plus souvent, ils se rendront à vos arguments.

Amman, Pétra et Aqaba sont dotées d'un bon éventail d'hôtels moyens où les chambres simples valent de 8 à 20 JD. Dans la catégorie supérieure, les chambres sont légion et leur prix avoisine 100 JD.

DISTRACTIONS

On ne peut pas dire que la vie nocturne jordanienne soit débridée. On trouvera dans les grands hôtels les habituels night-clubs et discothèques, onéreux et en général assez mornes, où se produisent parfois des musiciens arabes et des danseuses du ventre. Les habitants "branchés" et en général aisés d'Amman fréquentent les restaurants et les cafés de Shmeisani, quartier assez animé, mais où tout s'arrête vers 23h. Seule exception à la règle : les bars des grands hôtels, qui restent ouverts parfois assez tard.

Amman possède également quelques cinémas où l'on peut voir des films relativement récents qui n'ont pas trop souffert de la censure.

ACHATS

La Jordanie n'a pas grand-chose à offrir aux voyageurs qui souhaitent rapporter des souvenirs. La plupart des objets sont très chers et souvent fabriqués en Syrie. C'est le cas par exemple des jeux de jacquet en marqueterie.

Les tapis et tapisseries bédouins, tissés par les femmes, sont très répandus, mais assurez-vous qu'ils sont bien faits à la main.

Les cafetières en laiton et en cuivre constituent l'un des achats les plus intéressants, mais elles sont difficiles à transporter et viennent souvent de Syrie, où elles sont vendues moins cher. On trouve des petites bouteilles emplies de sable coloré qui forme des motifs bigarrés, vendues à partir de 500 fils. On utilisait à l'origine du sable naturel, mais aujourd'hui il est coloré artificiellement.

Tous ces objets sont vendus à Amman et à Aqaba dans les boutiques de souvenirs. Il est encore possible de faire de bonnes affaires.

Comment s'y rendre

Depuis la France, vous trouverez des adresses, des témoignages de voyageurs, des informations pratiques et de dernière minute dans *Long Courrier*, le trimestriel gratuit de Lonely Planet (écrivez-nous pour être abonné), ainsi que dans le magazine *Globe-Trotters*, publié par l'association Aventure du Bout du Monde (ABM, 7, rue Gassendi, 75014 Paris, France, ☎ 43 35 08 95). *Le Guide du voyage en avion* de Michel Puysségur (48 F, éd. Michel Puysségur), vous donnera toutes les informations possibles sur la destination et le parcours de votre choix. Le Centre d'information et de documentation pour la jeunesse (CIDJ, 101 quai Branly, 75015 Paris, France, ☎ 44 49 12 00) édite des fiches très bien conçues : "Réduction de transports pour les jeunes" n°7.72, "Vols réguliers et vols charters" n°7.74, "Voyages et séjours organisés à l'étranger" n°7.51. Il est possible de les obtenir par correspondance : se renseigner sur minitel 3615 CIDJ (prix de 1,29 FF/la minute) pour le coût des fiches – entre 10 et 15 FF, en envoyant un chèque au service Correspondance.

Le magazine *Travels*, publié par Dakota Editions (49 F en librairie), est une autre source d'informations sur les réductions accordées aux jeunes sur les moyens de transports, notamment les promotions sur les vols. Il est diffusé gratuitement dans les universités, les lycées et les écoles de commerces françaises.

Depuis la Belgique, la lettre d'informations *Farang* (La Rue 8a, 4261 Braives) traite de destinations étrangères. L'association Wegwyzer (Beenhouwersstraat 24, B-8000 Bruges, ☎ (50) 332 178) dispose d'un impressionnant centre de documentation réservé aux adhérents. Il publie un magazine en flamand, *Reiskrand*, disponible à l'adresse cidessus.

En Suisse, Artou (Agence en recherches touristiques et librairie), 8 rue de Rive, 1204 Genève, ☎ librairie du voyageur (022) 818 02 40 et 18, rue de la Madeleine, 1003 Lausanne, ☎ (021) 323 65 54, fournit des informations sur tous les aspects du voyage. A Zurich, vous pourrez vous abonner au *Globetrotter Magazin* (Rennweg 35, PO Box, CH-8023 Zurich, ☎ (01) 211 77 80) qui, au travers d'expériences vécues, renseigne sur les transports et les informations pratiques.

On peut arriver en Jordanie en avion, par la route (depuis Israël, la Syrie, l'Irak ou l'Arabie Saoudite) et en bateau (depuis l'Égypte).

VOIE AÉRIENNE

La compagnie aérienne nationale, Royal Jordanian, assure des vols vers l'Europe, les États-Unis, l'Indonésie, Singapour, l'Égypte et la Syrie.

Le billet d'avion constituera probablement le poste le plus important de votre budget. Quel que soit le voyage que vous prévoyez, le conseil est identique : téléphonez à plusieurs agences avant de vous décider et comparez leurs propositions (tarif, escales, durée du vol et restrictions éventuelles).

Plusieurs voyagistes offrent des vols à prix négociés vers Amman sur différentes compagnies aériennes (Alitalia, KLM, Turkish Airways, etc).

Toutefois, pour la Jordanie, le tarif le plus intéressant est généralement proposé par la Royal Jordanian. On peut s'adresser directement à la compagnie ou passer par les voyagistes qui ont négocié des accords avec elle. Seul inconvénient : il faut s'y prendre longtemps à l'avance.

Si vous venez du Canada, vous vous rendrez compte que les tarifs les moins chers sont proposés par des organismes inconnus qui, parfois, ne sont même pas répertoriés dans l'annuaire téléphonique. Il s'agit généralement d'entreprises de confiance, mais il s'y glisse parfois des escrocs qui vous délestent de votre argent puis disparaissent pour rouvrir quelques mois plus tard sous un autre nom. Si vous avez quelques soupçons, ne payez pas en une fois, mais versez 20% à la commande et le solde à la réception du billet.

Si l'on insiste pour que vous versiez votre acompte en liquide, refusez et allez voir ailleurs. Une fois en possession de votre billet, n'hésitez pas à appeler la compagnie aérienne pour confirmer votre réservation.

Vous pouvez décider de payer un peu plus cher et opter pour une agence de voyages sûre et connue sur le marché.

Certaines, comme STA, qui possède des bureaux dans le monde entier, ou Travel CUTS au Canada ne vont pas disparaître en une nuit et proposent des prix intéressants pour la plupart des destinations. Dès que vous recevez votre billet, notez son numéro, le numéro du vol et autres précisions. Conservez ce papier dans un endroit séparé. Si vous vous faites voler votre billet ou si vous le perdez, vous pourrez le faire remplacer plus facilement.

Depuis/vers l'Europe francophone

Au départ de Paris, la Royal Jordanian propose, les mercredi, vendredi et dimanche, des vols réguliers directs pour Amman à 3 200 FF (validité de 2 mois) et à 4 450 FF (validité d'1 an). Le trajet dure 4 heures 30.

Sur Turkish Airlines, vous trouverez des aller-retour Paris-Amman-Paris *via* Istanbul

Le B A BA du voyage en avion

Agences de voyages. Il en existe de toutes sortes : choisissez-en une qui répond à vos besoins. Vous recherchez le tarif le plus avantageux ? Adressez-vous à un spécialiste du vol à prix réduit. Vous voulez louer une voiture et réserver des chambres d'hôtel ? Prenez un véritable voyagiste.

Apex (advance purchase excursion : voyage payé à l'avance). Tarif réduit applicable aux billets payés un certain temps avant le départ. Pénalités en cas de changement.

Bagages autorisés. Précision figurant sur le billet. En général, un bagage de 20 kg en soute, plus un bagage à main en cabine.

Billets à prix réduit. Il faut distinguer les réductions officielles (cf. Tarifs promotionnels) de toutes les autres. Les billets bradés ont souvent leurs points noirs (petites compagnies ; horaires, itinéraires ou correspondances peu commodes). Mais certains billets à prix réduit n'offrent pas qu'un intérêt pécuniaire : on peut souvent profiter des tarifs Apex sans avoir à réserver aussi longtemps à l'avance. En fait, les prix baissent sur les destinations où la concurrence est acharnée.

Cession de billets. Les billets d'avion sont personnels. Certains voyageurs essaient de revendre leur billet retour, mais sachez qu'on peut vérifier votre identité, surtout sur les vols internationaux.

Confirmation. La possession d'un billet avec numéro et date de vol ne vous garantit pas de place à bord tant que l'agence ou la compagnie aérienne n'a pas vérifié que vous avez bien une place (ce dont vous êtes assuré avec le signe OK sur votre billet). Sinon, vous êtes sur liste d'attente.

Contraintes. Les tarifs réduits impliquent souvent certaines contraintes (paiement à l'avance par exemple, cf. Apex). On peut également vous imposer une durée minimale et maximale de validité du billet (14 jours/1 an). Voir Pénalités d'annulation.

Enregistrement. Les compagnies aériennes conseillent de se présenter au comptoir un certain temps avant le départ (une à deux heures pour les vols internationaux). Si vous ne vous présentez pas à temps à l'enregistrement et qu'il y ait des passagers en attente, votre réservation sera annulée et votre siège attribué à quelqu'un d'autre.

Liste d'attente. Réservation non confirmée (cf. Confirmation).

Passager absent. Empêchement grave, étourderie ou négligence, certains passagers ne se présentent pas à l'embarquement. En général, les passagers plein tarif qui ne se présentent pas à l'embarquement ont le droit d'emprunter un autre vol. Les autres sont pénalisés (cf. Pénalités d'annulation).

OLIVIER CIRENDINI

OLIVILER CIRENDINI

HUGH FINLAY

En haut : vue d'Amman depuis la citadelle
En bas à gauche : le nymphée dans la ville basse d'Amman
En bas à droite : mosquée King Hussein, Amman

TONY WHEELER

HUGH FINLAY

OLIVIER CIRENDINI

En haut : le Forum, Jerash
En bas à gauche : coucher de soleil sur la mosquée d'Ajlun
En bas à droite : le plateau du Golan depuis Al Hemma

à partir de 2 400 FF. Comptez 11h de voyage, escales comprises.

En partant de Bruxelles, et toujours avec la Royal Jordanian, vous devrez débourser de 14 810 FB à 20 310 FB pour un aller-retour avec une escale technique à Vienne. Les départs ont lieu les mercredi et dimanche. La durée du vol est de 6 heures.

Il existe également des aller-retour Bruxelles-Amman-Bruxelles, avec une escale technique à Rome ou à Istanbul, aux alentours de 16 000 FB.

Depuis Genève, la Royal Jordanian commercialise, les mercredi et dimanche, un vol à 855 FS d'une validité maximum de 2 mois. Autrement, le billet coûte de 1 500 FS (validité d'1 an) à 2 900 FS (plein tarif) pour un vol d'une durée de 4 heures 30.

Parmi les voyagistes offrant des tarifs négociés, citons la SSR qui vend des aller-retour de 790 FS à 1 125 FS, avec changement d'avion à Vienne, à Amsterdam ou à Francfort. Prévoyez de passer 9 heures dans l'avion.

A titre indicatif, voici la liste de quelques voyagistes spécialisés sur cette région et/ou offrant des prestations intéressantes sur la Jordanie :

Passager débarqué. Le fait d'avoir confirmé votre vol ne vous garantit pas de monter à bord (cf. Surbooking).
Pénalités d'annulation. Si vous annulez ou modifiez un billet Apex, on vous facturera un supplément, mais vous pouvez souscrire une assurance couvrant ce type de pénalités. Certaines compagnies aériennes imposent également des pénalités sur les billets plein tarif, afin de dissuader les passagers fantômes.
Période. Certains tarifs réduits comme les tarifs Apex varient en fonction de l'époque de l'année (haute ou basse saison, avec parfois une saison intermédiaire). En haute saison les tarifs réduits (officiels ou non) augmentent, quand ils ne sont pas tout bonnement supprimés. C'est généralement la date du vol aller qui compte (aller haute saison, retour basse saison = tarif haute saison).
Perte de billets. La plupart des compagnies aériennes remplacent les billets perdus et délivrent, après les vérifications d'usage, un billet de remplacement. Légalement cependant, elles sont en droit de considérer le billet comme définitivement perdu, auquel cas le passager n'a aucun recours. Moralité : prenez grand soin de vos billets.
Plein tarif. Les compagnies aériennes proposent généralement des billets de 1re classe (code F), classe affaires (code J) et classe économique (code Y). Mais il existe maintenant tant de réductions et tarifs promotionnels que rares sont les passagers qui paient plein tarif.

Reconfirmation. Vous devez reconfirmer votre place 72 heures au moins avant votre retour (ou votre prochaine destination si vous faites un ou plusieurs arrêts), sinon la compagnie peut vous rayer de la liste des passagers. Inutile de reconfirmer pour le premier vol d'un itinéraire, ou si l'arrêt a duré moins de 72 heures.

Standby. Billet à prix réduit qui ne vous garantit de partir que si une place se libère à la dernière minute. Souvent applicable aux seuls vols intérieurs.
Surbooking. Pour améliorer leur taux de remplissage et tenir compte des inévitables passagers fantômes, les compagnies aériennes ont l'habitude d'accepter plus de réservations qu'elles n'ont de sièges. En général, les voyageurs en surnombre compensent les absents, mais il faut parfois "débarquer" un passager. Et qui donc ? Eh bien, celui qui se sera présenté au dernier moment à l'enregistrement...

Tarifs promotionnels. Réductions officielles, comme le tarif Apex, accordées par les agences de voyages ou les compagnies aériennes elles-mêmes.
Titre de sortie. Certains pays ne laissent entrer les étrangers que sur présentation d'un billet de retour ou d'un billet à destination d'un autre pays. Si vous n'avez pas de programme précis, achetez un billet pour la destination étrangère la moins chère ; ou encore, prenez un billet auprès d'une compagnie fiable, après avoir vérifié qu'il vous sera remboursé si vous ne l'utilisez pas. ■

Royal Jordanian
12, rue de la Paix, 75002 Paris (☎ 42 44 45 80). 9-15, Pont des Arts, 1000 Bruxelles (☎ 512 70 70 ; fax. 514 21 67). 6, rue Adhemar Fabri, 1201 Genève (☎ 732 80 51 ; fax 732 24 24).

Turkish Airlines
1, rue Scribe, 75009 Paris, ☎ 42 66 47 40 ; fax 42 66 47 39)

Charters et Compagnies
33 bis, rue Saint-Amand, 75015 Paris (☎ 48 56 20 00).

Fuaj (Fédération unie des auberges de jeunesse)
10, rue Notre-Dame de Lorette, 75009 Paris (☎ 42 85 55 40 ; fax 42 80 25 92).

Voyageurs Associés
28, rue du Pont Louis-Philippe, 75004 Paris (☎ (1) 42 74 27 28, (1) 42 74 27 53 et (1) 42 74 15 79). Agences à Marseille et Strasbourg également.

Voyageurs en Égypte et au Moyen-Orient
12, rue Sainte-Anne, 75001 Paris (☎ (1) 42 86 17 87).

Connections
Le spécialiste belge du voyage pour jeunes et étudiants. Plusieurs agences dans différentes villes du pays, parmi lesquelles :
Rue Marché-au-Charbon, 13, 1000 Bruxelles (☎ (02) 512 50 60) ; Av. Adolphe-Buyl, 78, 1050 Bruxelles (☎ (02) 647 06 05). Nederkouter, 120, 9000 Gand (☎ (091). 23 90 20) 7, rue Sœurs-de-Hasque, 4000 Liège (☎ (041) 22 04 44).

Éole
Chaussée Haecht 43, 1030 Bruxelles (☎ (02) 218 55 62).

SSR
Coopérative de voyages suisse qui propose des vols à prix avantageux, 20, bd de Grancy, Lausanne (☎ 21 27 58 11). 3, rue Vignier, 1205 Genève (☎ 329 97 33).

Depuis/vers le Canada

La façon la plus économique de se rendre du Canada au Proche-Orient est de prendre un vol aller-retour pour Londres, puis d'acheter à Londres un vol à prix réduit.

La Royal Jordanian (1801, Mc Gill College av., Suite 738, Montréal P.Q.H.3 A 2 N 4, ☎ (514) 288 16 47) assure des vols depuis Montréal, les mardi et jeudi, avec escale technique à Amsterdam. Le billet aller-retour plein tarif varie de 2 900 $C (validité de 3 mois maximum) à 3 700 $C (validité d'1 an). La durée du vol est de 13 heures.

Au Canada francophone, Travel CUTS – Voyages Campus assure des départs tous les jours de la semaine, sauf le lundi, avec escale. Comptez de 1 090 $C en basse saison à 1 060 $C en haute saison, tarif auquel il faut rajouter 55 $C de taxe pour sortir du territoire canadien. Travel Cuts possède cinq agences à Montréal et une à Québec :

Montréal
2085, rue Union, Bureau L-8, H3A 2C3 (☎ (514) 284-1368)

Québec
2383, Chemin Sainte-Foy, Sainte-Foy (☎ (418) 654-0224)

Depuis/vers l'Afrique du Nord

La Royal Jordanian et EgyptAir assurent des vols réguliers reliant Amman, Le Caire ou Tunis. Il n'existe pas de vols à prix réduit.

Le billet simple Amman-Le Caire, sur la Royal Jordanian (vol quotidien), coûte 86,2 JD (sur place) et 120 JD (en l'achetant en France par exemple) et le double pour l'aller-retour.

Le trajet Amman-Tunis avec la Royal Jordanian revient à environ 360 JD l'aller simple et à 454 JD l'aller-retour.

A moins d'être vraiment pressé, la traversée du Sinaï puis le ferry Nuweiba-Aqaba constitue une solution plus pittoresque que le vol depuis Le Caire.

Il existe également des petits avions qui relient Aqaba à Sharm ash-Sheikh et Hurgahda en Égypte, mais le voyage est cher.

Reportez-vous au chapitre consacré à *Aqaba* pour les détails.

Depuis/vers la Syrie

Les appareils de la Royal Jordanian décollent quatre fois par semaine d'Amman pour Damas. Il vous en coûtera 44,1 JD pour un aller simple acheté en Jordanie et le double pour l'aller-retour.

Cas particuliers

Si vous avez un problème ou un besoin particulier, quel qu'il soit – vous avez une jambe dans le plâtre, vous êtes végétarien, vous voyagez en chaise roulante, avec un nourrisson, vous êtes paniqué à l'idée de prendre l'avion –, faites-le savoir dès que possible à la compagnie aérienne pour qu'elle puisse

JORDANIE

prendre les mesures nécessaires. Rappelez-le lorsque vous reconfirmez votre réservation (dans les 72 heures précédant le départ) et à nouveau au moment de l'enregistrement des bagages. Vous avez peut-être intérêt à appeler différentes compagnies avant de réserver afin de choisir celle qui peut prendre en charge votre problème ou votre condition.

Les employés des aéroports et des compagnies aériennes peuvent vous être d'un grand secours, mais il faut les prévenir à l'avance. Dans la plupart des aéroports internationaux, on peut, si nécessaire, se faire escorter de l'embarquement à l'avion et emprunter des rampes, des ascenseurs, des toilettes et des téléphones réservés aux personnes handicapées.

Les toilettes des avions posent parfois des problèmes d'accessibilité. Si tel est votre cas, parlez-en à l'avance et si nécessaire avec le médecin de la compagnie.

Les chiens-guides pour aveugles voyagent le plus souvent séparés de leur maître, dans un compartiment pressurisé avec les autres animaux. S'ils sont de petite taille, ils sont parfois admis en cabine. Au retour, tous les chiens-guides sont soumis aux mêmes lois de quarantaine que les autres animaux.

Les malentendants peuvent demander que les annonces à l'aéroport et en vol leur soient communiquées par écrit.

Les enfants de moins de 2 ans voyagent gratuitement ou ne paient que 10% du tarif normal, à condition qu'ils n'occupent pas un siège. Ils ne bénéficient pas non plus d'une allocation de bagage. Les enfants de 2 à 12 ans occupent en général un siège et paient la moitié ou les deux tiers du tarif normal. Ils ont droit à une allocation de bagage. Les poussettes sont souvent acceptées comme bagage à main.

VOIE TERRESTRE

En voiture

Entrer en Jordanie en voiture ne pose aucun problème et il n'est plus nécessaire de présenter un carnet de passage.

Bien entendu, vous devez être en possession des papiers de la voiture et de votre attestation d'assurance. Il est préférable de détenir un permis de conduire international, même s'il n'est pas à priori indispensable.

Vous serez certainement contraint de contracter une assurance locale, qui vous coûtera 6 JD, plus 1 JD pour l'établissement du contrat.

Depuis/vers la Syrie

Bus. Le seul poste de douane entre la Syrie et la Jordanie se trouve à Ramtha/Der'a et, comme la circulation y est dense, il est très encombré pendant la journée.

Deux fois par jour, des bus climatisés JETT (Jordan Express Tourism Transport) et Karnak (les compagnies officielles jordanienne et syrienne) relient Amman et Damas. Le voyage dure environ 7 heures (selon la durée des formalités de douane) et constitue le moyen le plus simple de passer la frontière. Le billet coûte 4,5 JD depuis Amman et seulement 4 JD depuis Damas. Vous ne pouvez pas payer en livres syriennes et il vous faut réserver 48 heures à l'avance car les postulants sont souvent plus nombreux que les sièges.

Pour plus de détails, reportez-vous au paragraphe *Comment s'y rendre* dans les chapitres *Amman* et *Le Nord et l'Ouest d'Amman.*

Train. Il existe une voie de chemin de fer entre la frontière syrienne au nord et la frontière avec l'Arabie Saoudite au sud. C'est la ligne Hejaz, construite au début du siècle pour transporter les pèlerins de Damas à La Mecque.

Une fois par semaine, un train partant de Damas relie Amman *via* Der'a. Pour plus de renseignements, reportez-vous à la rubrique *Der'a* dans le chapitre *Le Sud de Damas*.

Taxis-service. Les *servis* sont légèrement plus rapides que les bus et fonctionnent tout le temps, mais il sont plus difficiles à trouver le soir. Ils sont en général soumis à une fouille minutieuse à la frontière, ce qui fait qu'au bout du compte, ils ne permettent pas de gagner beaucoup de temps. Ils partent depuis un terminal situé à côté de la gare routière Abdali à Amman – ce sont des taxis jaunes comme à New York, donc très repérables – et de la gare

JORDANIE

routière Karnak à Damas. Le billet coûte 6 JD ou 382 £S (payer en dinars devrait vous revenir un peu moins cher) pour traverser la frontière.

On trouve, dans Shabsough St et autour de la gare routière Abdali, des compagnies de taxis-service concurrentes qui se rendent à Damas et vers d'autres destinations. Elles relient aussi Damas et Irbid pour le même prix.

En stop. Il est possible de franchir la frontière jordano-syrienne en combinant les bus locaux, la marche et l'auto-stop. Reportez-vous à la rubrique *Irbid* (en Jordanie) dans le chapitre *Le Nord et l'Ouest d'Amman* et à la rubrique *Der'a* (en Syrie) dans le chapitre *Le Sud de Damas* pour plus de précisions.

Depuis/vers l'Irak

Bus. Depuis le conflit du Golfe, l'Irak n'est toujours pas, semble-t-il, une destination à recommander, même s'il est possible d'obtenir un visa. Certaines agences de voyages commencent, en revanche, à reprogrammer cette dernière dans le cadre strict de voyages organisés. Le climat d'insurrection latente et de répression dans le sud et dans la région kurde au nord-est ajoutent aux risques éventuels.

Il existe néanmoins deux bus quotidiens JETT entre Amman et Bagdad. Le trajet coûte 12 JD et dure environ 14 heures. Les départs se font à 10h et 11h.

Les bus Hijazi, qui offrent le même confort que les bus JETT, partent tous les jours de la gare routière Abdali. Prix du billet :8 JD.

Taxis-service. Les taxis-service sont plus rapides que les bus, mais sur une longue distance, le bus est probablement plus confortable. Vous trouverez des taxis pour Bagdad autour de la gare routière Abdali et dans Shabsough St au centre d'Amman.

En stop. Si vous êtes déterminé à vous y rendre, les camions qui partent pour Bagdad ne manquent pas. Auparavant, le stop marchait bien, mais il se peut qu'en ce moment les chauffeurs n'aient pas très envie d'être vus avec des étrangers. Depuis Amman, prenez un bus de la ville à la gare routière Raghaban qui vous laissera près de l'autoroute qui mène à Azraq.

Depuis/vers l'Arabie Saoudite

Bus. Trois bus JETT relient chaque semaine Amman à Jeddah et Riyad ; le billet coûte 31 JD l'aller. Le trajet peut prendre jusqu'à 24 heures selon la destination. On peut même pousser jusqu'à Abu Dhabi et le Koweit. Il existe également des bus Hijazi pour l'Arabie Saoudite à des prix équivalents. A moins d'être musulman ou de faire des affaires en Arabie Saoudite, le plus difficile reste d'obtenir un visa. Les seuls qui soient délivrés aux touristes sont des visas de transit, qui permettent de voyager le long du Tapline (Trans Arabia Pipeline) en trois jours. Parfois, vous n'aurez pas d'autre choix que de prendre un avion pour passer une journée à Riyad et repartir aussitôt après.

L'entrée en Arabie Saoudite par la route se fait à Azraq, à 103 km à l'est d'Amman. Il existe deux autres possibilités, l'une sur la côte du golfe d'Aqaba à ad-Durra, l'autre plus à l'est après al-Mudawwara.

En stop. On peut en faire depuis Azraq, mais plus difficilement depuis Aqaba, car les voitures sont souvent déjà remplies de voyageurs et de bagages.

Depuis/vers Israël et la Cisjordanie

Les progrès du processus de paix ont grandement facilité le passage entre la Jordanie, Israël et la Cisjordanie. Dans un passé récent, il était nécessaire d'obtenir un laissez-passer délivré par le ministère de l'Intérieur à Amman pour se rendre en Cisjordanie. Les Jordaniens, en effet, estimaient qu'en entrant en Cisjordanie, vous ne quittiez pas la Jordanie (bien qu'ils aient rompu en 1988 leurs liens juridiques avec la Cisjordanie) et délivraient un laissez-passer plutôt qu'un tampon de sortie.

Les Israéliens, en revanche, considéraient qu'en pénétrant sur le territoire de la Cisjordanie, vous entriez sur le territoire israélien et délivraient un tampon d'entrée (généralement sur une feuille volante), ce qui fait qu'en théorie vous vous trouviez dans deux pays en même temps ! Les laissez-passer, depuis, ont été supprimés. L'actualité de la région empêche néanmoins, à l'heure où nous mettons sous presse, d'obtenir des informations précises de part et d'autre. Le statut définitif des territoires autonomes palestiniens et de la ville de Jérusalem – questions toujours en suspens – laissent en effet planer bien des doutes.

Franchir le Jourdain, néanmoins, est bien plus simple que par le passé. Les ressortissants français, suisses, belges et canadiens n'ont pas besoin de visa pour pénétrer en Israël. Par ailleurs, l'entrée en Cisjordanie semble uniquement soumise aux contrôles de douane et d'immigration effectués par les fonctionnaires et militaires israéliens.

Ainsi, pour se rendre en Cisjordanie ou en Israël, il est possible de traverser en trois endroits différents.

Le pont Allenby (King Hussein Bridge). C'est le plus connu des points de passage. Il y a encore quelques mois, il constituait l'unique moyen de traverser le Jourdain. Ce pont étroit ne mesure que 30 mètres de long, ce qui est un peu décevant si l'on s'attend à un ouvrage imposant. Il est ouvert de 8h à 18 h tous les jours sauf le samedi, et on ne peut l'emprunter avec une voiture particulière. Vous pouvez vous y rendre en taxi service (1,5 JD environ) ou en minibus (1 JD) au départ de la gare Abdali d'Amman, ou encore emprunter les bus JETT, qui comptent parmi les rares véhicules autorisés à traverser le pont. Ils partent chaque matin d'Amman à 6h30 (sauf le samedi) et le prix est de 6 JD, passage du pont inclus.

Vous trouverez des bureaux de change au poste de contrôle, ainsi que des moyens de transports : des taxis collectifs (sheruts) se rendent à Jéricho, Jérusalem et dans d'autres endroits de Cisjordanie. Ne les croyez pas lorsqu'ils affirment qu'il n'existe pas de bus : tournez à gauche en sortant de l'entrée principale et prenez le bus arabe qui vous conduira à une resthouse et à une gare routière à quelques kilomètres, d'où vous pourrez prendre un bus pour Jérusalem. Si vous êtes à court d'argent, parcourez à pied les deux kilomètres qui séparent la resthouse de Jéricho, où le bus vers Jérusalem est meilleur marché.

Dans l'autre sens, si vous souhaitez aller d'Israël en Jordanie par le King Hussein Bridge, attendez-vous à payer une taxe de 30 $US.

Aqaba/Eilat. Ce poste-frontière récent, situé à 15 km d'Aqaba, est ouvert tous les jours, sauf les vendredi et samedi, de 8h à 18h. D'Aqaba, un taxi pourra vous y conduire pour 3 JD. Il est possible de franchir cette frontière à pied ou en voiture particulière, à condition qu'elle ne soit pas immatriculée en Jordanie. Vous trouverez sur place un bureau de change, une poste et une cafétéria.

Pour ce poste-frontière, vous devrez payer une taxe de départ de Jordanie de 4 JD et une taxe d'entrée en Israël de 80 shekels environ.

Le pont Sheik Hussein. Ce pont, à ne pas confondre avec le pont Allenby, aussi appelé King Hussein Bridge, se trouve à une soixantaine de kilomètres d'Irbid. Il est également ouvert de 8h à 18h, tous les jours sauf le samedi. Vous pourrez l'emprunter à pied ou en voiture particulière (non immatriculée en Jordanie).

Les taxes sont les mêmes que pour le poste-frontière d'Aqaba/Eilat présenté ci-dessus.

Par ailleurs, il n'existe pas de possibilité de passage entre Israël et la Syrie. Pour ce faire, vous devrez donc passer par la Jordanie et y séjourner au moins une nuit. Bien que cette information soit difficile à confirmer, on peut s'attendre à ce qu'il ne soit pas possible de circuler en Israël ou en Cisjordanie avec un véhicule immatriculé en Syrie.

Ajoutons enfin que les informations ci-dessus sont données à titre indicatif – actualité oblige – et qu'il est sage de se renseigner sur leur validité, avant le départ.

VOIE MARITIME

Depuis/vers l'Égypte

Ferry. Depuis avril 1985, une ligne de car-ferries très fréquentée relie Aqaba à Nuweiba dans le Sinaï. La ligne qui desservait Suez a été fermée en 1990.

Il existe un consulat égyptien à Aqaba, où l'on délivre les visas le jour même sans trop de difficultés. C'est beaucoup plus simple que d'avoir à jouer des coudes dans la cohue du consulat d'Amman. Prenez garde si vous achetez des billets de ferry à Amman, car il arrive qu'on fasse payer des places en 1re classe, qui n'existent pas.

Le trajet dure en principe trois heures mais il est souvent plus long. Quand le vent du sud se lève, les ferries se dirigeant vers Nuweiba sont obligés d'attendre qu'il retombe, mais le retard est plus souvent dû au désordre qui règne dans l'un ou l'autre port. Certains voyageurs nous ont décrit le luxe d'une traversée sur un bateau pratiquement vide, mais en règle générale, le bateau est rempli au-delà de sa capacité normale. Préparez-vous à ce que le trajet dure jusqu'à 8 heures.

La plus mauvaise période pour prendre ce ferry est celle qui suit le hajj, lorsqu'Aqaba se remplit de *hajjis* (pèlerins) qui rentrent de La Mecque avec leur voiture surchargée. Les jours d'affluence maximum, on affrète parfois deux bateaux supplémentaires. Si les passagers sans voiture n'ont en général pas trop de problèmes pour obtenir un billet, les retards et la confusion constituent un avant-goût assez brutal des tracasseries administratives qui vous attendent en Égypte. Pour les détails sur les prix des billets et les taxes de transport, consultez le chapitre sur *Aqaba*.

Bus. Vous pouvez réserver un billet de ferry et de bus jusqu'au Caire au bureau des bus JETT. Le billet coûte 43 $US, mais vous pourrez prendre un bus pour Le Caire en arrivant à Nuweiba même si vous n'avez pas pris le billet à l'avance.

Depuis/vers l'Arabie Saoudite

Avant la guerre du Golfe, il était possible de voyager entre Aqaba et Jeddah par bateau, mais au moment où nous écrivons, le service n'a pas repris.

VOYAGES ORGANISÉS

Plusieurs tours-opérateurs proposent des voyages organisés, ou à la carte, en Jordanie et en Syrie. Difficile d'indiquer le détail de leurs catalogues : les prix et les prestations varient selon les souhaits de chacun, les finances et la disponibilité (visites des sites plus ou moins longues et plus ou moins nombreuses). Voici quelques noms et adresses à titre indicatif et non exhaustif. N'hésitez pas à comparer.

Akiou
50, rue de Londres, 75008 Paris (☎ 44 90 33 20). Circuits combinant la Jordanie et Israël, d'Amman à Jérusalem en passant par Pétra, Aqaba, Eilat (Israël) et Sainte-Catherine (Égypte).

Atalante
36-37, quai Arloing, 69256 Lyon (☎ 78 64 16 16 ; fax 78 64 60 62). Circuits de 9 jours à pied, en 4x4 ou à dos de chameau, de Wadi Rum à Pétra à 8 700 FF. Atalante propose et construit avec vous des voyages en fonction de votre demande (culturels, sportifs ou découvertes).
En Belgique : 31, voie Romaine, 63400 Chamalières (☎ 73 30 81 84 ; fax 73 30 81 72). En Suisse : L'atelier du voyage, 9, rue de la Tour, Case postale 76. CH 1000, Lausanne 9 (☎ 312 34 22).

Clio
34, rue du Hameau, 75015 Paris (☎ 53 68 82 82 ; fax 53 68 82 60) et 45, rue de la Paix, 13001 Marseille (☎ 91 54 02 13).
11, rue du Mont-Blanc, CH 1201 Genève (☎ 731 70 26).
Spécialiste du voyage "très" culturel avec conférencier tout au long du séjour. De nombreuses propositions en Syrie et en Jordanie, avec parfois même une combinaison des deux. Des circuits de 9 à 21 jours, de 7 325 FF à 17 700 FF.

Comptoir des déserts
23, rue du Pont-Neuf, 75001 Paris (☎ 40 26 19 40, minitel 3615 Comptoirs).
Circuits en minibus et à pied, dont 4 jours dans le Wadi Rum avec nuits en bivouac à 10 400 FF les 12 jours. Méharées sur la piste des Nabatéens à dos de chameau.

Fuaj (Fédération unie des auberges de jeunesse)
10, rue Notre-Dame de Lorette, 75009 Paris (☎ 42 85 55 40 ; fax 42 80 25 92).
Séjour de 3 semaines en demi-pension, combinant la Jordanie et la Syrie, à un prix très abordable : à partir de 6 995 FF.

Le Monde de l'Égypte et du Proche-Orient
20, rue des Fossés-Saint-Bernard, 75005 Paris (☎ 43 26 76 37).
Voyages en individuel avec voiture privée et chauffeur à partir de 9 500 FF les 9 jours. Découverte des sites archéologiques jordaniens et syriens à partir de 14 200 FF les deux semaines. Vols secs à des prix concurrentiels.

Orients "sur les Routes de la Soie"
29, rue des Boulangers, 75005 Paris (☎ 46 34 29 00 ou 46 34 54 20 ; fax. 40 46 84 48). Voyages combinant la Jordanie et la Syrie, de 6 à 9 jours avec des extensions à la carte. De 8 600 FF à 9 900 FF.

STI Voyages
16, rue Brunel, 75017 Paris (☎ 47 66 80 47). Nombreux séjours en Jordanie et dans tout le Moyen-Orient de 7 à 16 jours, de 8 425 FF à 15 725 FF. Possibilité de séjour balnéaire et de sorties plongée à Aqaba.

Terres d'Aventures
6, rue Saint-Victor, 75005 Paris (☎ 53 73 77 77 ; fax 43 29 96 31 ; minitel 3615 Terdav) ; 9, rue des Remparts- d'Ainey, 69002 Lyon (☎ 78 42 99 94) ; 8, rue Henriette D'Angeville, BP 139, 74403 Chamonix (☎ 50 55 84 95).
43, chaussé de Haecht, 1030 Bruxelles (☎ 218 55 62). Cinq circuits pédestres en Jordanie d'une durée de 9 à 21 jours, de 9 400 FF à 13 200FF, et comportant des degrés de difficultés différents suivant les parcours choisis.

Les Voyages de Pharaon
20, rue des Fossés-Saint-Bernard, 75005 Paris (☎ 43 29 36 36 ; fax 43 54 62 26). Voyages à la découverte des sites de Palmyre et de Pétra. Circuits combinés Jordanie-Syrie- Liban.

QUITTER LA JORDANIE

On apposera sur votre passeport un tampon de sortie. Si vous avez obtenu un visa à entrée unique et que vous souhaitez revenir en Jordanie, il vous faudra demander un nouveau visa, quelle que soit la durée de votre premier séjour en Jordanie. Cette règle, en revanche, ne s'applique pas pour la Cisjordanie.

Taxe de départ

Il existe trois taxes au départ de la Jordanie : 4 JD aux frontières terrestres, 6 JD lorsque l'on part d'Aqaba en bateau et 10 JD lorsque l'on part en avion.

Comment circuler

AVION

L'aéroport international Queen Alia, inauguré en 1983, se trouve à environ 35 km au sud d'Amman et assure des liaisons régulières avec l'Europe, le Proche-Orient et l'Asie.

On trouve dans ses deux terminaux modernes des agences bancaires ouvertes sept jours sur sept de 7h à 22h environ (change d'espèces, retraits avec la carte Visa...), un bureau de poste, des téléphones et télex, quelques boutiques de vente de produits hors taxe, un service d'information touristiques, un petit café-restaurant et des agences de location de voitures. Si votre vol atterrit ou décolle à une heure particulièrement matinale ou tardive, vous trouverez dans les aérogares de nombreuses banquettes où vous pourrez patienter quelques heures relativement confortablement.

Lignes intérieures

Le pays est tellement petit qu'un réseau de lignes intérieures est presque superflu. La compagnie Royal Jordanian relie Amman à Aqaba, port et station balnéaire sur la mer Rouge. Pour plus de renseignements, voir la rubrique *Comment circuler*, dans les chapitres sur *Amman* et *Aqaba*.

BUS

Bus JETT

Les énormes bus bleus et blancs de la compagnie JETT effectuent certains trajets dans le pays et proposent quelques circuits. Ils relient Amman à Aqaba, Pétra, Hammamat Ma'in et au King Hussein Bridge.

Consultez la rubrique *Comment s'y rendre* dans le chapitre sur *Amman* pour les renseignements sur les destinations, les itinéraires et le prix des billets.

Bus/minibus

De grands bus privés, en général climatisés, circulent entre Amman et Irbid au nord (825 fils) et Aqaba au sud (2 JD environ).

Les agglomérations moins importantes sont reliées par des minibus pouvant transporter jusqu'à 20 personnes. Ils partent lorsqu'ils sont pleins et à des heures irrégulières sur certains itinéraires. Le tarif est en principe affiché dans le bus, à l'avant et en arabe. Si vous voyez une affichette avec (pour les trajets courts) un numéro à trois chiffres, il s'agit probablement une indication du prix en fils (voilà pourquoi il est intéressant d'apprendre à compter en arabe). Vous pouvez toujours demander aux autres passagers le prix de votre trajet.

Vous devrez parfois payer plein tarif même si vous n'allez pas jusqu'au terminus ou si vous montez en chemin. Sinon, le chauffeur vous proposera un tarif proportionnel à la distance que vous effectuez réellement.

Laissant échapper par leurs fenêtres ouvertes des flots de suaves et rocailleuses chansons orientales, les minibus sont rapides, efficaces, assez confortables (on ne laisse jamais personne voyager debout) et particulièrement bon marché. L'arrivée à bord d'une femme est souvent l'occasion de scènes assez cocasses. Pour des raisons de convenance, il est en effet impossible à une femme de prendre place à côté d'un homme, si ce n'est bien sûr de son mari. Ce pointilleux point d'étiquette musulmane oblige à de fréquents et pittoresques échanges de sièges entre les voyageurs. Une chose reste sûre : une majorité des hommes jordaniens semblent ravis à chaque fois qu'ils peuvent prendre place à côté d'une Occidentale.

TRAIN

Des trains de marchandises empruntent la ligne ferroviaire Hejaz et la nouvelle ligne construite pour transporter le phosphate de Al-Hesa à Aqaba, mais il n'y a pas de transport de voyageurs.

TAXIS-SERVICE

Alternative des minibus, les taxis-service sont plus rapides. Ce sont en général des Peugeot 504 ou 505 familiales à sept places ou des berlines Mercedes à cinq places.

Ils roulent sur tous les axes routiers et, en raison du petit nombre de sièges, se remplissent généralement assez rapidement. Ils peuvent coûter jusqu'à deux fois plus cher que les minibus, mais s'arrêtent moins souvent en route pour prendre ou déposer des passagers.

VOITURE

Code de la route

En Jordanie, les véhicules roulent à droite. Les conducteurs ne respectent pas toujours très bien le code de la route. La police est en général assez indulgente à l'égard des étrangers tant qu'ils ne font rien de grave. Vous n'avez rien à craindre si vous conduisez prudemment, mais faites particulièrement attention en agglomération où vous devrez partager l'espace avec les piétons.

Location

Tout est assez cher en Jordanie et les voitures de location ne font pas exception à la règle. Si vous voyagez à quatre ou cinq, louer une voiture en partageant les frais est un excellent moyen de découvrir le pays, et en particulier les châteaux du désert qui ne sont pas toujours faciles à atteindre avec les transports en commun. De nombreuses routes – délaissées par les transports publics qui leur préfèrent les grands axes rapides et souvent monotones – méritent d'être empruntées. Outre certains passages de la King's Highway, citons la route du Wadi Araba, celle qui rejoint la vallée du Jourdain au départ de Al Hemma en passant sous le plateau du Golan ou encore celles qui surplombent la mer Morte.

Il existe de nombreuses agences de location à Amman et à Aqaba. Les petites compagnies sont généralement beaucoup moins chères que les sociétés internationales, comme Budget, Avis ou Hertz. Consultez les chapitres sur *Amman* et *Aqaba* pour plus de détails.

Vous aurez du mal à trouver une petite voiture avec kilométrage illimité pour moins de 25 JD par jour (avec un minimum de 3 jours). Les contrats à kilométrage limité reviennent évidemment beaucoup plus cher si l'on effectue plus de 100 km par jour : à partir de 20 JD par jour plus 40 à 60 fils par kilomètre supplémentaire.

Notez que si l'assurance est généralement incluse, vous devrez le plus souvent payer 200 JD de prime supplémentaire en cas d'accident. On peut aussi vous demander de verser jusqu'à 200 JD d'acompte, et ce parfois juste avant que vous ne signiez en bas du formulaire. Si vous avez préalablement téléphoné et que l'on ne vous a pas mentionné cette clause, dites que vous n'avez pas cet argent et que vous allez ailleurs ; cela peut les faire changer d'avis.

Certaines compagnies vous livrent la voiture à l'hôtel. Vous pouvez aussi louer une voiture avec chauffeur bien que les routes soient en bon état et la conduite relativement aisée.

Carburant

Dans les villes, faire le plein d'essence ne pose aucun problème. En revanche, hors des villes, les stations d'essence sont rares même sur les grands axes. L'essence normale (*benzin*) coûte environ 300 fils le litre et le super (*mumtaz)* 400 fils le litre environ (attention ! on ne trouve pas du super partout). Ne cherchez pas l'essence sans plomb, elle n'existe pas en Jordanie.

BICYCLETTE

Il est possible de se déplacer en vélo en Jordanie, mais ce n'est pas toujours une partie de plaisir. Le désert en été n'est pas un endroit où il fait bon s'agiter. Pédaler vers le nord ou le sud (principaux axes en Jordanie) n'est pas non plus chose facile : le vent d'ouest dominant souffle fort et le relief est souvent accidenté. Apportez quantité de pièces détachées avec vous.

On peut mettre son vélo dans l'avion, soit en le démontant et en mettant les différents éléments dans un sac spécial ou une caisse, soit plus simplement en apportant le vélo au comptoir d'enregistrement, comme un bagage. On vous demandera peut-être de retirer les pédales et de tourner le guidon sur le côté pour qu'il prenne moins de place dans la soute.

EN STOP

Il est tout à fait possible de faire de l'auto-stop dans le pays. La circulation varie beaucoup d'un endroit à l'autre, mais en général vous n'attendrez pas longtemps.

Certains conducteurs prennent des auto-stoppeurs pour qu'ils participent aux frais du voyage. Si vous voulez vous éviter une situation déplaisante au moment de descendre de voiture, demandez avant de monter si le trajet est payant et, si c'est le cas, mettez-vous d'accord sur le prix. Sinon, offrez simplement une petite somme en fin de parcours. Neuf fois sur dix, votre courtoisie sera appréciée et l'on ne vous demandera rien. Si vous refusez absolument de débourser quoi que ce soit, vous devrez peut-être laisser passer une ou deux voitures. Sachez enfin que pour des raisons de convenance musulmane, un homme ne peut accepter un passager étranger (homme) à bord de son véhicule si une femme y a pris place.

Ne partez pas sans un chapeau et une gourde pour vous protéger de la chaleur si vous devez attendre un peu. Il est rare que l'on ait des ennuis en faisant du stop, mais les femmes qui voyagent seules ne doivent pas s'y risquer.

TRANSPORTS LOCAUX

Desserte de l'aéroport

Vous pouvez vous rendre au centre d'Amman en prenant le bus local ou bien un taxi. Si vous souhaitez louer une voiture, il existe des guichets Budget et Avis à l'aéroport.

Bus

Amman possède un réseau d'autobus bien organisé et bon marché, mais aucun n'indique la destination en anglais (parfois seulement un numéro en arabe). A moins de lire l'arabe ou de savoir à l'avance lequel vous devez prendre, vous les utiliserez peu.

Taxis-service

Amman est bien desservi par les taxis-service qui, comme les bus, suivent un itinéraire fixe et circulent dans toute la ville.

C'est de loin le meilleur moyen de se déplacer. Ces véhicules ne portent pas non plus d'indication en anglais, mais sont plus faciles à repérer que les bus. Les taxis-service de la ville sont en général blancs. L'élément important est le *panneau blanc* sur les deux portes avant, avec le numéro et l'itinéraire en arabe. Ils attendent au terminus jusqu'à ce qu'ils soient pleins, vous laissent où vous voulez sur leur itinéraire et prennent des passagers en route. On paie plein tarif quel que soit l'endroit où l'on descend. Il existe deux lignes de taxi-service à Irbid.

Taxis

Généralement jaunes, ils se distinguent surtout des taxis-service par leur *panneau vert* sur les portes avant. Ils sont équipés de compteurs et les chauffeurs parlent en général un peu l'anglais, surtout à Amman. Tard le soir, on vous fera payer souvent plus que ce qu'affiche le compteur.

VOYAGES ORGANISÉS

La seule compagnie à en proposer est JETT, à destination de Pétra et Hammamat Ma'in. Ils sont réservés uniquement à ceux qui ont peu de temps à passer à Amman et qui veulent se faire une idée de ces deux sites. Le trajet pour Pétra dure 3 heures dans chaque sens, ce qui laisse peu de temps sur place.

Parmi les multiples agences de voyages du centre d'Amman, seules quelques-unes pourront vous aider à mettre au point un circuit "sur mesure". Certaines sont situées dans les grands hôtels, d'autres à proximité. Méfiez-vous de ces dernières. Royal Tours (☎ 644267), une filiale de Royal Jordanian qui possède un bureau dans l'InterContinental d'Amman, peut vous réserver une voiture avec chauffeur pour quelques jours et vous préparer un itinéraire (aussi chargé que vous le souhaitez) qui comprendra les sites de Jerash au nord et Pétra et Wadi Rum au sud. Elle fera les réservations d'hôtels (ainsi que pour le chauffeur) et inclura toutes sortes de suppléments possibles. Un voyage de ce genre, pour trois ou quatre jours, et se terminant par exemple au King Hussein Bridge pour le passage en Cisjordanie vous coûtera au moins 400 $US. N'espérez pas pour autant profiter seul de la voiture : il est fort possible que vous ayez à la partager avec d'autres touristes aussi pressés que vous.

Grand Travel, juste à côté du Marriott d'Amman, est une autre agence qui organise des voyages dans le pays. Ses prestations sont également chères, mais vous pouvez négocier un tarif plus avantageux si vous voyagez avec d'autres personnes.

Une voiture avec chauffeur vous coûtera environ 40 JD pour un tarif journalier. Vous pouvez essayer Jerusalem Express Travel (☎ 685196) dans Abdali à Amman ou Jordan Regular Transport (☎ 622652) dans la même rue. Si vous vous contentez de louer la voiture par l'intermédiaire de l'agence, vous pouvez ensuite décider du choix des hôtels et des autres détails par vous-même et ainsi économiser beaucoup d'argent.

Il existe une autre possibilité : marchander avec les chauffeurs de taxi. Vous pourrez peut-être les convaincre de vous emmener presque partout pour 25/30 JD la journée.

Amman

Amman ne gagnera jamais, c'est certain, le prix de la ville la plus intéressante du monde. Ses empilements d'habitations ont recouvert les ruines de l'ancienne Philadelphie, noyant l'antique cité de la Décapole sous une chape de parpaings souvent hérissée de fers à béton. Le centre-ville est encombré et bruyant, la circulation chaotique, et traverser une rue sans encombre relève souvent de l'exploit. Quoi qu'il en soit, Amman est le centre de tous les axes routiers jordaniens et par conséquent, il y a toutes les chances pour que vous soyez amené à vous y rendre.

Village de 2 000 habitants au début du siècle, Amman s'est énormément développée et étendue au cours de ces dernières années. Lorsqu'on l'observe depuis le sommet de l'un des sept principaux *jebels* (collines) sur lesquels elle est bâtie, on a l'impression qu'elle n'est composée que de milliers de blocs de béton. Très peu de verdure vient rompre cette monotonie. La réalité est moins désastreuse qu'on le pense à première vue. La ville comporte quelques endroits agréables plantés d'arbres et, même si l'on a du mal à croire qu'il s'agit de l'une des plus anciennes métropoles du monde (depuis l'époque romaine, Amman n'a jamais été plus qu'une bourgade), le centre-ville bourdonnant d'activité ne manque pas d'un certain charme.

Malheureusement, l'architecture moderne bon marché pratiquée au Proche-Orient est extrêmement monotone et Amman n'y fait pas exception. La plupart des maisons et des bâtiments sont construits dans les mêmes matériaux et plus ou moins sur le même modèle.

Une fois que l'on a dit tout le mal que l'on pense d'Amman, il faut ajouter que c'est une des villes les plus accueillantes que vous serez amené à visiter. La plupart de ses habitants sont des Palestiniens qui ont fui la rive occidentale du Jourdain au moment des conflits de 1948 et 1967. Généralement cultivés et chaleureux, ils adorent discuter avec les étrangers et parlent assez bien anglais. Chaque fois que vous rencontrerez un Jordanien ou un Palestinien (s'ils possèdent presque toujours un passeport jordanien, les Palestiniens revendiquent leur identité distincte), il vous souhaitera "bienvenue en Jordanie" avec une sincérité qui ne semble pas feinte.

HISTOIRE

Les fouilles effectuées à Amman et aux environs ont permis de découvrir des vestiges remontant à 3500 av. J.-C. La ville, appelée Rabbath Ammon dans l'Ancien Testament, a été habitée en permanence depuis cette époque ; des objets trouvés dans une tombe datant de l'âge du bronze prouvent qu'elle commerçait avec la Grèce, la Syrie, Chypre et la Mésopotamie.

La Bible fait plusieurs fois référence à Rabbath Ammon, nous apprenant ainsi qu'en 1200 av. J.-C., la ville était la capitale des Ammonites. Pendant son règne, David envoya Joab à la tête de l'armée d'Israël pour assiéger Rabbath, en représailles des insultes proférées par le roi ammonite Nahash.

Il semble que David n'était pas le plus bienveillant des souverains. Avant la prise de Rabbath, il envoya Urie le Hittite "aux premiers rangs de la bataille la plus acharnée" (II Samuel 11) où il était certain que celui-ci trouverait la mort, simplement parce qu'il s'était amouraché de sa femme Bethsabée. Quand la ville fut vaincue, il fit brûler vifs tous ses habitants dans un four de briques (II Samuel 12).

La ville prospéra et fournit à David des armes pour ses campagnes guerrières. Son successeur, Salomon, érigea à Jérusalem un temple dédié au dieu ammonite Moloch. Les autres références bibliques à Rabbath sont des prophéties de sa destruction par les Babyloniens, qui s'en emparèrent mais ne la détruisirent pas.

L'histoire d'Amman entre cette époque (vers 585 av. J.-C.) et l'époque des Ptolémée d'Égypte est assez floue.

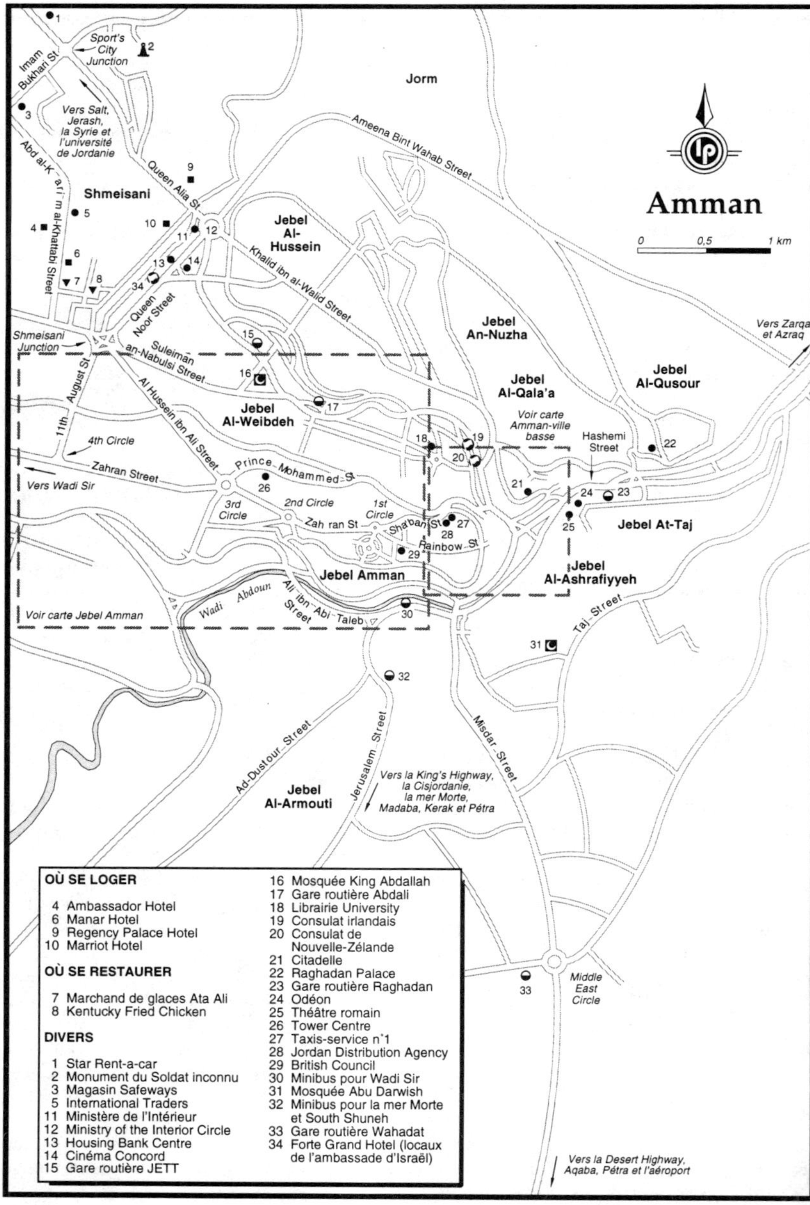
Amman
0 0,5 1 km
Jorm
Shmeisani
Jebel Al-Hussein
Jebel An-Nuzha
Jebel Al-Qala'a
Jebel Al-Qusour
Jebel Al-Weibdeh
Jebel Amman
Jebel At-Taj
Jebel Al-Ashrafiyyeh
Jebel Al-Armouti
Sport's City Junction
Imam Bukhari St
Vers Salt, Jerash, la Syrie et l'université de Jordanie
Abd al-Karim al-Khattabi Street
Queen Alia St
Ameena Bint Wahab Street
Khalid ibn al-Walid Street
Queen Noor Street
Shmeisani Junction
Suleiman an-Nabulsi Street
11th August St
Al Hussein ibn Ali Street
4th Circle
Zahran Street
Vers Wadi Sir
Prince Mohammed St
3rd Circle
2nd Circle
1st Circle
Zahran St
Shaban St
Rainbow St
Voir carte Amman-ville basse
Hashemi Street
Vers Zarqa et Azraq
Wadi Abdoun
Ali ibn Abi Taleb Street
Voir carte Jebel Amman
Taj Street
Ad-Dustour Street
Jerusalem Street
Misdar Street
Vers la King's Highway, la Cisjordanie, la mer Morte, Madaba, Kerak et Pétra
Middle East Circle
Vers la Desert Highway, Aqaba, Pétra et l'aéroport
OÙ SE LOGER
4 Ambassador Hotel
6 Manar Hotel
9 Regency Palace Hotel
10 Marriot Hotel
OÙ SE RESTAURER
7 Marchand de glaces Ata Ali
8 Kentucky Fried Chicken
DIVERS
1 Star Rent-a-car
2 Monument du Soldat inconnu
3 Magasin Safeways
5 International Traders
11 Ministère de l'Intérieur
12 Ministry of the Interior Circle
13 Housing Bank Centre
14 Cinéma Concord
15 Gare routière JETT
16 Mosquée King Abdallah
17 Gare routière Abdali
18 Librairie University
19 Consulat irlandais
20 Consulat de Nouvelle-Zélande
21 Citadelle
22 Raghadan Palace
23 Gare routière Raghadan
24 Odéon
25 Théâtre romain
26 Tower Centre
27 Taxis-service n°1
28 Jordan Distribution Agency
29 British Council
30 Minibus pour Wadi Sir
31 Mosquée Abu Darwish
32 Minibus pour la mer Morte et South Shuneh
33 Gare routière Wahadat
34 Forte Grand Hotel (locaux de l'ambassade d'Israël)

Ptolémée II Philadelphe (283-246 av. J.-C.) reconstruisit la cité, qui reçut son nom : Philadelphie. A la dynastie des Ptolémée succéda celle des Séleucides puis, pour une courte période, les Nabatéens.

Vers 30 av. J.-C., Hérode s'empara d'Amman et la plaça de fait sous l'autorité de Rome. La ville subissait déjà l'influence romaine car elle appartenait à la Décapole (sorte de regroupement commercial auquel appartenaient aussi Jerash et Gadara, l'actuel Umm Qais). Elle fut totalement reconstruite selon le plan et le style des grandes cités romaines.

Au début de l'époque byzantine, Philadelphie était le siège des évêques chrétiens, mais elle tomba vers 614 sous les assauts des Sassanides perses. Leur règne fut de courte durée : ils furent vaincus par les armées de l'Islam vers 630.

A l'époque de l'invasion musulmane, la ville était encore animée et vivait du commerce des caravanes. Ensuite, elle déclina ; certains pensent qu'elle devint une ville-prison où l'on envoyait les princes et les notables en exil. Ce n'était plus qu'un triste petit village lorsqu'une colonie de Circassiens s'y réinstalla en 1878.

Elle devint la capitale de la Transjordanie lorsque l'émir Abdallah en fit son quartier-général au début des années 20.

Officiellement déclarée capitale du royaume hachémite en 1950, la ville n'a depuis cessé de grandir. Ville moderne affairée, elle compte aujourd'hui deux millions d'habitants.

ORIENTATION

Amman est construite sur sept principaux jebels, ce qui est assez déroutant pour le nouvel arrivant. La ville basse se trouve au pied de quatre de ces collines. Quelle que soit votre destination, il faut donc monter, et les côtes sont raides ! Le centre de la ville basse se trouve autour de la mosquée King Hussein (construite en 1924 et connue également sous le nom de mosquée Al-Husseini).

Les hôtels bon marché sont regroupés dans cette partie de la ville, à environ 30 minutes de marche (en descendant) de la gare routière Abdali, où la plupart des voyageurs arrivent.

La seule façon de s'orienter assez rapidement consiste à situer les points de repère qui se trouvent sur les jebels. La plupart des rues comportent une plaque, mais leur nom officiel ne signifie malheureusement rien aux habitants. Pour ne donner qu'un exemple, Abu Bakr as-Sadiq St porte bien ce nom sur la plaque et sur les plans de la ville, mais tout le monde la connaît sous le nom de Rainbow St. Il est donc généralement inutile de demander son chemin pour une rue particulière.

Depuis la citadelle, qui domine le sommet du Jebel al-Qala'a, la vue sur les environs permet de s'orienter. La principale colline est le Jebel Amman, où sont installés la plupart des ambassades et des hôtels de luxe. Les ronds-points sur Jebel Amman sont numérotés à partir du centre ; on va ainsi du 1st Circle (1er cercle) au 7e et même au-delà. Pour compliquer un peu plus les choses, les cercles à partir du 4e ne sont plus des ronds-points, mais des carrefours normaux avec des feux tricolores. Le principal point de repère sur le Jebel Amman est le Jordan Tower Centre, une haute tour blanche circulaire surmontée d'une "couronne", située juste en dessous du 3rd Circle.

Le Jebel al-Hussein est le prochain point de repère important, car c'est là que se trouvent deux grandes gares routières et le ministère de l'Intérieur où sont délivrés les laissez-passer pour la Cisjordanie. Il est au nord-ouest de la citadelle, dominé par le Housing Bank Centre (le haut bâtiment à terrasses avec des plantes grimpantes qui retombent sur les côtés). Plus près du centre, toujours sur le Jebel al-Hussein, on peut voir le dôme bleu de la nouvelle mosquée King Abdallah. Elle est facile à repérer parce que c'est l'un des rares bâtiments qui ne soit ni gris ni blanc ! Non loin de la mosquée, se trouvent les gares routières Abdali et JETT.

Le Jebel al-Ashrafiyeh est situé au sud du Jebel al-Qala'a. C'est le plus haut et le plus escarpé des jebels ; il est surmonté de l'étrange mosquée Abu Darwish, construite en couches alternées de pierres noires et blanches. Du haut de cette mosquée, on a une vue vraiment superbe. Prenez le taxi-service n°25 ou 26, juste derrière l'église du Sauveur.

JORDANIE

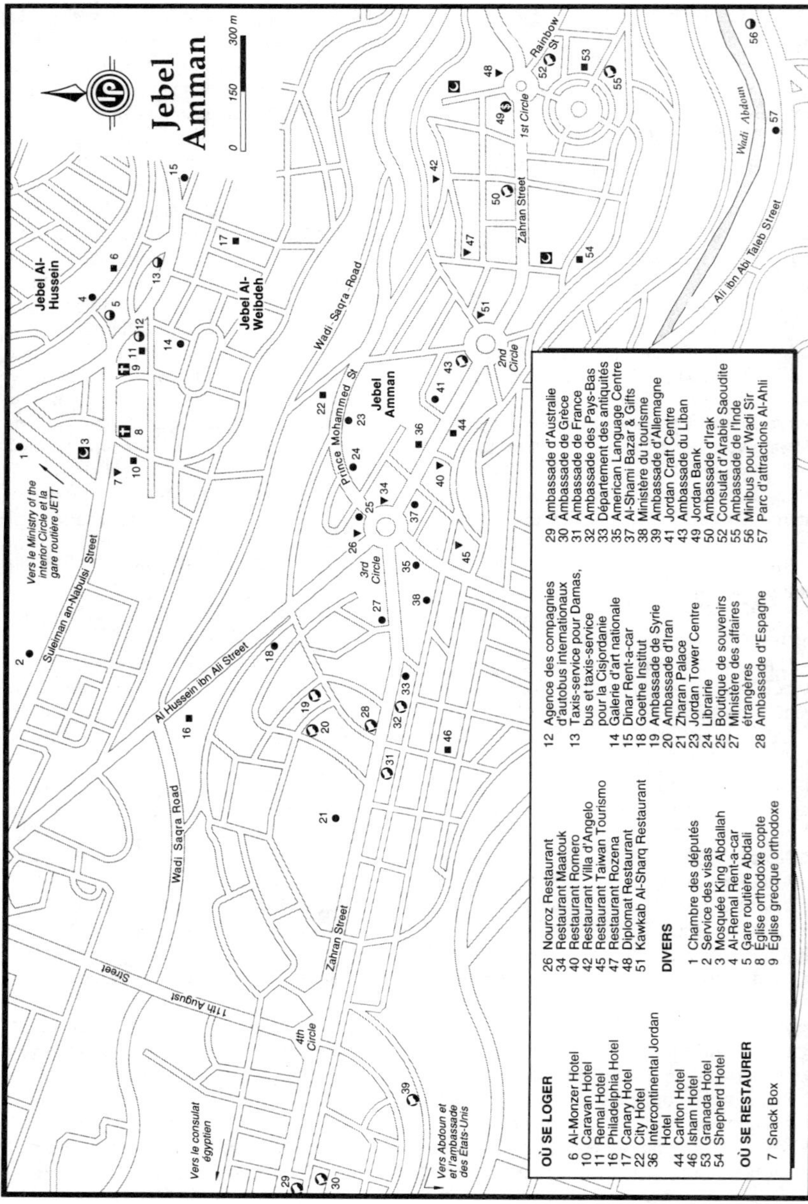
Jebel Amman
0 150 300 m
Jebel Al-Hussein
Jebel Al-Weibdeh
Jebel Amman
Wadi Saqra Road
Prince Mohammed St
Suleiman an-Nabulsi Street
Al Hussein ibn Ali Street
Zahran Street
11th August Street
4th Circle
3rd Circle
2nd Circle
1st Circle
Rainbow St
Ali ibn Abi Taleb Street
Wadi Abdoun
Vers le Ministry of the interior Circle et la gare routière JETT
Vers le consulat égyptien
Vers Abdoun et et l'ambassade des États-Unis
OÙ SE LOGER
6 Al-Monzer Hotel
10 Caravan Hotel
11 Remal Hotel
16 Philadelphia Hotel
17 Canary Hotel
22 City Hotel
36 Intercontinental Jordan Hotel
44 Carlton Hotel
46 Isham Hotel
53 Granada Hotel
54 Shepherd Hotel
OÙ SE RESTAURER
7 Snack Box
26 Nouroz Restaurant
34 Restaurant Maatouk
40 Restaurant Romero
42 Restaurant Villa d'Angelo
45 Restaurant Taiwan Tourismo
47 Restaurant Rozena
48 Diplomat Restaurant
51 Kawkab Al-Sharq Restaurant
DIVERS
1 Chambre des députés
2 Service des visas
3 Mosquée King Abdallah
4 Al-Remal Rent-a-car
5 Gare routière Abdali
8 Église orthodoxe copte
9 Église grecque orthodoxe
12 Agence des compagnies d'autobus internationaux
13 Taxis-service pour Damas, bus et taxis-service pour la Cisjordanie
14 Galerie d'art nationale
15 Dinar Rent-a-car
18 Goethe Institut
19 Ambassade de Syrie
20 Ambassade d'Iran
21 Zharan Palace
23 Jordan Tower Centre
24 Librairie
25 Boutique de souvenirs
27 Ministère des affaires étrangères
28 Ambassade d'Espagne
29 Ambassade d'Australie
30 Ambassade de Grèce
31 Ambassade de France
32 Ambassade des Pays-Bas
33 Département des antiquités
35 American Language Centre
37 Al-Shami Bazar & Gifts
38 Ministère du tourisme
39 Ambassade d'Allemagne
41 Jordan Craft Centre
43 Ambassade du Liban
49 Jordan Bank
50 Ambassade d'Irak
52 Consulat d'Arabie Saoudite
55 Ambassade de l'Inde
56 Minibus pour Wadi Sîr
57 Parc d'attractions Al-Ahli

RENSEIGNEMENTS

Office du tourisme

Il n'existe pas d'office du tourisme à Amman, mais vous pouvez vous rendre au ministère du Tourisme (☎ 642311) un peu au-dessus du 3rd Circle. Vous y trouverez quelques brochures en papier glacé (en principe) et de bonnes cartes de la Jordanie et d'Amman. A moins de vouloir quelques affiches gratuites, ce n'est pas une visite indispensable. Pour vous y rendre depuis le centre, prenez un taxi-service n°3 et descendez juste après le 3rd Circle. Le ministère a ses quartiers une rue plus loin sur la gauche.

Il existe une petite brochure mensuelle gratuite en anglais, *Your Guide to Amman*, dans laquelle figurent la liste des ambassades, compagnies aériennes, agences de voyages et de location de voitures et d'autres renseignements utiles. Vous pourrez vous la procurer auprès du ministère ou dans n'importe quelle agence de voyages ou compagnie aérienne.

Enfin, vous trouverez dans la rue qui monte vers la mosquée King Abdullah l'agence de voyages Metropolitan Tour Centre. Bien qu'une pancarte "tourist information centre" soit placée bien en vue dans la vitrine, il ne s'agit en aucun cas d'un office du tourisme officiel. Les employés de cette société privée pourront néanmoins vous donner gracieusement des informations utiles.

Argent

De nombreuses banques sont installées dans la ville basse et sur Jebel Amman et Shmeisani.

Vous pouvez changer des chèques de voyage American Express au 2e étage de la Bank of Jordan, dans la ville basse, aux pieds du Baghdad Grand Hôtel (il existe bien sûr d'autres agences à Amman). La commission s'élève à 2 JD, plus une somme qui varie selon le montant de votre opération. Pour 200 $US, elle est de 645 fils. On peut également changer des chèques de voyage aux guichets de l'Arab Bank.

Si vous souhaitez retirer des espèces avec une carte Visa, le mieux est de s'adresser à la Cairo-Amman Bank (dans la ville basse et sur le 1st Circle). L'opération sera faite sans commission, en quelques minutes. L'Arab Bank (il en existe une dans la ville basse) peut également débiter votre carte, mais les employés font cette opération par fax, ce qui peut prendre plus d'une heure.

Si vous possédez une MasterCard ou des Eurochèques, présentez-vous à la British Bank of the Middle-East ; une de ces agences se trouve dans King Hussein St dans la ville basse.

En principe, ces opérations sont impossibles avant 10h30, heure à laquelle les cours officiels du jour sont rendus publics. Cependant, les bureaux de change, nombreux dans la ville basse, ne s'embarrassent pas d'une telle précision. Certains sont ouverts le vendredi et pratiquent en général des taux corrects. Il est toujours bon de se renseigner à l'avance sur les commissions et les cours pratiqués car ils peuvent varier d'un bureau à l'autre.

Les grands hôtels (InterContinental, Mariott...) peuvent également effectuer des opérations bancaires.

Le correspondant d'American Express est International Traders (☎ 607014). Le bureau est à Shmeisani, en face de l'Ambassador Hotel dans Abd al-Karim al-Khattabi St. Il est ouvert de 8h à 18h, tous les jours sauf le vendredi. Il ne se trouve sur aucun itinéraire de transport public. Vous devrez prendre un taxi ou marcher depuis le terminus du taxi-service n°7.

Poste

Le bureau de poste principal d'Amman se tient dans la ville basse, sur Prince Mohammed St. Le courrier en poste restante est regroupé dans une boîte au guichet n°1 et l'on peut fouiller dedans. Lorsqu'un paquet plus volumineux arrive, les employés mettent en général un morceau de papier à votre nom, que vous devez prendre et présenter pour retirer le colis. Certains employés ne sont apparemment pas au courant de la signification de ces récépissés. Vous devrez donc expliquer avec insistance qu'il doit y avoir quelque part un paquet pour vous jusqu'à ce qu'un employé mieux informé vous vienne en aide. La poste est ouverte du lundi au jeudi de 7h30 à 19h et le vendredi de 8h à 13h30.

On peut également envoyer des télégrammes de ce bureau. Le guichet vitré, à droite en entrant, est réservé aux envois en express. Faire parvenir en deux jours une lettre de 120 grammes en Europe revient à 12 JD. Un service de fax est également disponible, au prix de 6,5 JD la page vers l'Europe.

Il est possible de se faire envoyer du courrier au bureau d'American Express. En principe, vous devez être membre, c'est-à-dire posséder des chèques de voyage ou une carte de crédit, mais en général ils n'en font pas un drame. Reportez-vous à la rubrique *Argent*, plus haut.

Colis. Le bureau de poste réservé aux colis se trouve dans la même rue que le centre téléphonique, près du croisement avec Prince Mohammed St, juste en face de l'entrée arrière du bureau de poste principal. De l'extérieur, cela ressemble plus à une vitrine qu'à une poste. Il est ouvert, en principe, de 8h à 14h.

Envoyer un colis est une opération simple, mais qui prend du temps. En outre, les tarifs postaux sont ahurissants (voir les *Renseignements pratiques* sur la Jordanie). Il faut apporter le colis non emballé à la poste ; on vous envoie au bureau des douanes, situé au 1er étage de la poste principale. Après une fouille minutieuse, on vous renvoie au bureau des colis, où le vôtre est pesé avant que vous ne l'emballiez. On vous fournira un tissu de coton pour l'envelopper.

Téléphone

Le centre principal pour les appels internationaux se trouve dans la rue derrière le bureau de poste, en face du cinéma Al-Khayyam. Il est ouvert tous les jours, de 8h à 23 h.

Pour les renseignements sur le prix des appels internationaux depuis Amman, consultez le chapitre *Renseignements pratiques* consacré à la Jordanie. A partir de 22h, les tarifs sont plus intéressants : ils passent de 1,815 JD la minute à 1,271 JD. En revanche, vous ne serez pas le seul à vouloir appeler.

Vous devez remplir un formulaire jaune (en arabe) et indiquer votre nom, la ville et le pays où vous souhaitez appeler ainsi que le numéro de votre correspondant. Vous spécifiez la durée approximative de votre appel et vous joignez la somme d'argent correspondante. Si votre appel est plus long, vous payez la différence ; s'il est moins long, on vous rendra la monnaie, donc ne craignez pas de donner trop d'argent.

L'autre solution consiste à appeler l'étranger depuis un hôtel, ce qui est souvent possible.

Si vous souhaitez vous faire aider pour un appel en Jordanie, composez le 121.

Ambassades étrangères

Reportez-vous au chapitre *Renseignements pratiques* sur la Jordanie pour les adresses des ambassades étrangères à Amman et pour les renseignements sur les laissez-passer, visas et prorogations de visas.

Centres culturels et bibliothèques

Le Centre culturel français (☎ 637009) est à proximité du Hawouz Circle, le rond-point situé au sommet du Jebel al-Weibdeh (la colline qui se trouve juste derrière la poste), au dessus de la Cairo-Amman Bank. Il est ouvert de 9h à 13h et de 16h à 19h30, tous les jours sauf le vendredi et le samedi. Vous pouvez avoir accès à la bibliothèque (qui ouvre ses portes deux heures plus tard le matin) et à des projections de films.

Le British Council (☎ 636147), dans Rainbow St (ou Abu Bakr as-Sadiq St), sur le Jebel Amman, à l'est du 1st Circle, possède une bonne bibliothèque où l'on peut consulter des journaux. Des projections de films sont organisées régulièrement. La bibliothèque est ouverte de 8h30 à 13h45 et de 15h30 à 18h30 du samedi au mercredi et de 10h à 13h45 le jeudi (fermée le vendredi).

L'American Center (☎ 820101) est situé à Abdoun, dans les nouveaux locaux de l'ambassade des États-Unis. Particulièrement éloigné du centre d'Amman, cet emplacement n'est guère pratique. Il est ouvert de 9h à 17h, tous les jours sauf les vendredi et samedi.

Pour les germanophones, le Goethe Institut (☎ 641993) est ouvert de 9h à 14h, du samedi au mercredi.

Agences de voyages

Nombre d'agences de voyages sont disséminées dans la ville, avec une nette concentration le long de King Hussein St dans la partie ville basse. Certaines prétendent organiser des circuits touristiques en Jordanie, mais la majorité se contentent de délivrer des billets de compagnies aériennes internationales.

Il est déconseillé de réserver des billets de bateau pour Nuweiba (Égypte) dans ces agences, car certains voyageurs nous ont signalé avoir payé un tarif 1re classe pour des cabines qui n'existaient pas. Si vous le pouvez, achetez plutôt votre billet à Aqaba. Si vous ne désirez pas prendre l'avion, le mieux est de s'adresser aux bureaux JETT (voir le chapitre *Comment circuler* en Jordanie et la rubrique *Comment s'y rendre* dans ce chapitre). Pour plus de renseignements sur les voyages organisés, reportez-vous au chapitre *Comment circuler* en Jordanie et à la rubrique *Comment circuler* de ce chapitre.

Librairies

On trouve, à Amman, quelques librairies qui méritent d'être mentionnées, mais rien d'extra-

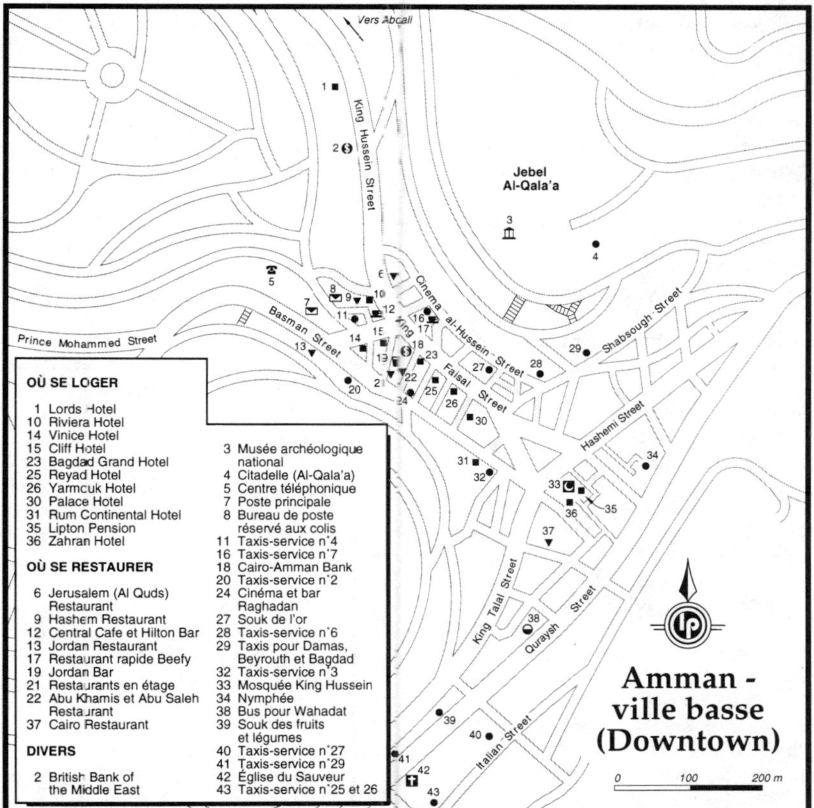

ordinaire à en attendre. Aucune ne semble posséder tous les ouvrages sur la Jordanie. Si vous cherchez un ouvrage particulier, vous devrez en visiter plusieurs. Sachez que certaines boutiques de souvenirs dans les hôtels et près du théâtre romain possèdent presque autant de livres sur la Jordanie.

La meilleure librairie est probablement celle de l'InterContinental Hotel : on y trouve un certain nombre d'ouvrages sur la Jordanie et le Proche-orient, un bon choix de romans et un échantillonnage de journaux et revues étrangers. La librairie du Mariott contient également quelques ouvrages sur la Jordanie.

La Jordan Distribution Agency est la plus proche du centre, tout près de l'arrêt du taxi-service n°1, au croisement de Sha'ban et de Prince Mohammed St. Elle possède un bon rayon de livres sur le Proche-Orient, quelques romans et quelques revues étrangères. L'University Bookshop, située au petit rond-point sur Jebel al-Wribdeh, et l'Amman Bookshop, juste en dessous du 3rd Circle, ont un rayon un peu moins fourni.

Hijjawi bookshop, quelques centaines de mètres avant la gare routière des bus JETT, propose un choix assez étendu de quotidiens et magazines européens. *Le Monde* daté de la veille coûte 1,5 JD. Vous trouverez également la presse étrangère à la librairie qui jouxte le Centre culturel français.

Services médicaux

Amman n'est pas le pire endroit où tomber malade. La ville compte en effet plus de vingt hôpitaux. Parmi les meilleurs, on peut citer le Jordan University Hospital (☎ 845845 ou 845885), le King Hussein Medical Centre dans Wadi Sîr (☎ 813813 ou 813832), ou encore le Palestine Hospital dans University St à Shmeisani (☎ 664171). Vous trouverez dans *Your Guide to Amman* la liste complète des hôpitaux et des médecins de garde de la ville.

En cas d'urgence

Vous pouvez contacter la police par téléphone (☎ 192 ou 621111). Pour une ambulance ou des premiers secours, composez le 195. Le numéro des pompiers est le 622090. Celui des agents de la circulation est le 656390.

A VOIR

Amman ne possède rien de très spectaculaire, mais les quelques monuments et églises ainsi que les ruines de la citadelle témoignent de sa longue histoire. Vous serez obligé de recourir à votre imagination pour vous faire une idée de la Philadelphie romaine à sa grande époque.

Le théâtre romain

Le théâtre romain restauré, à 5 minutes à pied de la ville basse vers l'est, est le plus impressionnant vestige de l'ancienne Philadelphie. Il a été construit à la base d'une colline qui servait autrefois de nécropole et peut contenir 6 000 personnes.

On pense qu'il fut édifié au IIe siècle, sous Antonin le Pieux, qui régna de 138 à 161. Ce type de théâtre avait souvent une signification religieuse. La petite structure taillée dans le rocher au-dessus du dernier rang de gradins contenait, pense-t-on, une statue de la déesse Athena, qui occupait une place prépondérante dans la vie religieuse de la cité.

Les travaux de restauration ont débuté en 1957. Le recours à des matériaux différents de ceux utilisés à l'origine n'a pas permis une reconstruction entièrement fidèle. Juste en face du théâtre se trouvent les vestiges d'une place à colonnades qui faisait autrefois partie du forum. Elle sert de cadre depuis quelques années à des manifestations culturelles ou à des spectacles.

L'entrée du théâtre est gratuite, mais vous serez peut-être accosté par de prétendus guides qui essaieront de vous faire visiter le site ainsi que tous les autres lieux historiques d'Amman et des alentours. Il est possible de boire un verre ou de fumer le narghileh aux terrasses situées en face du théâtre. Si les prix – 1 JD la boisson gazeuse – vous rebutent, demandez un thé à la menthe aux nombreux marchands ambulants qui sillonnent la place. Il vous en coûtera 100 fils.

L'odéon

Il se trouve à l'est de l'ancien forum et est en cours de restauration. Sa façade basse, juste à droite en sortant du théâtre, ne laisse pas entrevoir les gradins. Construit à peu près à la même époque que le théâtre romain, il servait principalement à des spectacles musicaux. On ne peut pas le visiter. Néanmoins, les ouvriers qui finissent les travaux de rénovation vous laisseront certainement jeter un coup d'œil. On pense que cet édifice qui, à l'origine, était beaucoup plus haut, était couvert d'un toit en bois ou d'une toile pendant les spectacles pour protéger les musiciens et les spectateurs des intempéries.

Le nymphée

En fait, et faute d'avoir à ce jour trouvé trace d'une adduction d'eau, il est permis de douter qu'il s'agisse vraiment d'un nymphée, c'est-à-dire d'une fontaine. Le monument en a toutefois l'apparence. Il y a encore quelques années, il était presque entièrement noyé dans les habitations alentour. Le linge était mis à sécher entre ses antiques colonnades et le béton risquait d'ensevelir à jamais l'édifice qui fut construit – pense-t-on – un peu après le théâtre et l'odéon. La municipalité d'Amman a racheté, depuis, quelques maisons environnantes afin de dégager le monument et un programme de restauration est actuellement en cours, auquel participe l'Institut français d'archéologie du Proche-Orient.

On accède au nymphée par un petit passage entre deux immeubles, encombré de commerçants essayant avec force éclats de voix d'attirer les passants. Il se trouve sur Hachemi St, non loin de la mosquée King Hussein, en direction du théâtre.

La citadelle

Bien que la plupart des bâtiments de la citadelle aient disparu ou soient aujourd'hui réduits à l'état de décombres, on peut encore voir les vestiges de constructions romaines, byzantines et islamiques surplombant la capitale. La découverte d'objets datant de l'âge de bronze vient attester que cette colline servit de forteresse ou d'agora pendant des millénaires.

Le bâtiment le plus impressionnant, derrière (au nord) le musée archéologique national, s'appelle aujourd'hui simplement le *qasr*, ou palais. On pense qu'il fut construit par les Omeyyades au début du VIIIe siècle, mais personne ne semble capable de dire avec certitude quelle était sa fonction. Au nord et au nord-est, on peut voir des ruines de palais omeyyades.

Plus près du musée se trouve une petite basilique byzantine en ruines (elle est signalée). Elle daterait du VIe ou du VIIe siècle et contient des mosaïques que les archéologues ont recouvertes pour les protéger.

A 100 mètres environ au sud, se dresse le temple dédié à Hercule, qui date du règne de l'empereur Marc Aurèle (161-180). Deux colonnes – sur les six que comptait à l'origine son fronton – ont été redressées par une équipe d'archéologues américains.

Les Romains fortifièrent la colline avec des murs de défense, en partie restaurés par les Omeyyades et encore visibles à certains endroits. A noter, sur le versant nord de la citadelle, un énorme réservoir d'eau taillé dans le rocher. Du versant sud on a une vue panoramique sur le théâtre et la ville basse, avec en prime quantité d'arrière-cours emplies de linge qui sèche.

Vous pouvez vous y rendre à pied de la ville basse, à condition d'avoir du souffle. Prenez la première rue à droite dans King Hussein St après le Jérusalem restaurant (Al Quds) puis toutes les rues qui montent. Une autre solution consiste à prendre un taxi. Demandez "Al Qala'a".

MUSÉES

Musée du Folklore

C'est l'un des deux petits musées situés dans les ailes du théâtre romain. Celui-ci se trouve dans l'aile droite. Il contient une collection d'objets traditionnels du pays : une tente bédouine en poils de chèvre (avec tous les outils et ustensiles), des instruments de musique (avec en particulier le *rababah*, instrument bédouin classique à une seule corde), des tapis tissés et une selle de chameau.

Il est ouvert de 9h à 17h, tous les jours sauf le mardi et les jours fériés. L'entrée est payante : 1 JD.

Musée des Traditions populaires

Aussi appelé musée des Costumes et Bijoux traditionnels, il est aménagé dans l'aile gauche du théâtre romain. Il présente, dans de belles vitrines, de très beaux costumes, bijoux et ustensiles traditionnels. Le plus intéressant est une collection de mosaïques du VIe siècle qui viennent pour la plupart d'églises de Madaba. Il est ouvert de 9h à 17h, tous les jours sauf le mardi et les jours fériés. L'entrée coûte 250 fils.

Musée archéologique national

Il est situé près de la citadelle, au nord-ouest du temple d'Hercule. Ce petit musée héberge une belle collection d'objets anciens de toutes sortes, qui vont des crânes vieux de 6 000 ans trouvés à Jéricho à des œuvres d'art de la période omeyyade. On y trouve également quelques rouleaux de la mer Morte, une copie de la stèle de Mesha (voir le chapitre sur *Madaba* pour plus de renseignements) et d'étranges sarcophages de l'âge du fer, qui ressemblent à des cocons. Il est ouvert de 9h à 17h, tous les jours sauf le mardi. L'entrée coûte 2 JD.

Musée archéologique de l'université d'Amman

Si vous êtes passionné d'archéologie ou si vous vous trouvez à l'université, ne ratez pas ce petit musée qui contient des objets trouvés dans divers sites du pays. Ce sont pour l'essentiel des céramiques et quelques statues, datant de l'âge du bronze et du fer, ainsi que de l'époque romaine, grecque et islamique. L'entrée est gratuite. Il est ouvert du dimanche au jeudi (les horaires sont assez flexibles).

COURS DE LANGUES ET TRAVAIL SUR PLACE

Il est possible de s'inscrire à des cours d'arabe à Amman. Parmi toutes les possibilités, la meilleure est probablement l'université de Jordanie. Mis à part quelques postes d'enseignant, les chances de trouver un travail sont minces. Reportez-vous à la rubrique *Travailler en Jordanie* dans le chapitre *Renseignements pratiques* sur la Jordanie pour plus de détails.

OÙ SE LOGER

Où se loger – petits budgets

La ville basse, appelée également *downtown*, fourmille de petits hôtels bon marché. Dans la King Faisal St, presque tous les bâtiments sont des hôtels. Souvent, ils possèdent une boutique au rez-de-chaussée, un café au 1er étage et des chambres aux étages suivants. Ils sont en général extrêmement bruyants. Le vacarme de la rue et des bâtiments voisins est très envahissant et diminue peu dans les étages supérieurs. Même si cela ne change pas grand-chose, essayez d'obtenir une chambre donnant sur l'arrière de l'immeuble. L'orthographe du nom de ces hôtels peut varier : le Cliff s'écrit également Cleff, le Vinice peut devenir Venice ou encore Vinecia.

Le plus connu, et peut-être le meilleur, est le *Cliff Hotel* (☎ 624273), mais ce n'est pas le moins cher dans le quartier. Il se trouve juste en face de ce que beaucoup de gens appellent le "Seiko Corner", et l'entrée – peinte en jaune et vert – se trouve dans une ruelle latérale. Il est sommaire mais assez propre et les propriétaires sont accueillants et habitués aux gens qui voyagent avec un sac à dos. Un lit dans une chambre double coûte 5 JD et la chambre entière 8 JD. On peut dormir sur le toit (une bonne idée en été, d'autant plus que les chambres ne sont pas équipées de ventilateurs) pour 2 JD. Il faut compter 500 fils supplémentaires pour une douche chaude. On peut acheter des boissons gazeuses sur place, se faire à manger et laisser ses bagages gratuitement.

Le propriétaire, Abu Suleiman, est une mine d'informations sur les choses à faire et comment s'y prendre. Vous pourrez jeter un coup d'œil aux renseignements récents notés par les voyageurs, notamment dans le carnet concernant la Syrie. L'hôtel organise des excursions en taxi à la journée : châteaux du désert, 10 JD ; Pétra, 12 JD ; mont Nebo, 10 JD. Réserver un trajet jusqu'à l'aéroport coûte 8 JD (10 la nuit).

Dans la ruelle suivante, en direction de la poste, se trouve le *Vinice* (☎ 638895) qui propose des lits dans une chambre à plusieurs pour 4 JD et des simples/doubles à 5/8 JD. Il est correct, mais des voyageuses nous ont signalé des voyeurs indélicats (bouchez les trous de serrure avec du papier). L'eau est chauffée par le soleil, ce qui n'est pas très efficace en hiver.

Dans la même catégorie, le *Bagdad Grand Hotel* se trouve à 30 mètres du Cliff Hotel en redescendant. On vous demandera 7 JD pour une chambre double, 5 JD pour une simple et la moitié de cette somme pour partager une double. Ce n'est pas un mauvais choix, mais essayez d'obtenir une chambre éloignée du salon, très bruyant.

Dans la ruelle suivante, en descendant vers la mosquée King Hussein, se tient le *Reyad* (signalé dans la rue par un panneau "Al Riad"). Un lit coûte 3 JD, douche et ventilateur inclus. Une chambre double avec s.d.b. revient à 8 JD et vous pouvez dormir sur le toit pour 2 JD. C'est un endroit correct et assez calme.

Le *Yarmouk* (☎ 624241) un peu plus bas, propose des simples/doubles à 5/7 JD, mais on peut faire descendre ces dernières à 6 JD. Certaines chambres ont de grands balcons surplombant la rue principale.

Le moins cher est probablement le *Zahran Hotel*, juste à côté de la mosquée. Le lit est à 1,5 JD sans marchander et la chambre entière à 3 JD. On ne peut dormir plus près du muezzin.

Où se loger – catégorie moyenne

Pour quelques dinars de plus, le *Palace Hotel* (☎ 624326) offre une qualité d'hébergement bien supérieure. Situé dans la ville basse, à deux pas de l'hôtel Yarmouk, il propose des chambres simples/doubles avec s.d.b. à 8/13 JD. Principalement fréquenté par des commerçants, l'hôtel est très propre et son patron particulièrement accueillant.

Le *Lords Hotel* (☎ 622167) dans King Hussein St est spacieux, sombre et assez sinistre. Ses chambres sont à 7/10 JD, mais leur propreté varie de l'une à l'autre au point de faire fuir certains voyageurs.

L'*Al-Monzer Hotel* (☎ 639469) vend plus chèrement sa situation près de la gare routière Abdali. Les chambres propres avec ventilateur et douches chaudes vont de 14 à 18 JD. Évitez si possible les chambres du dernier étage, qui sentent un peu le renfermé et les minuscules simples sur rue, très bruyantes. Le *Cleopatra Hotel*, qui partage la même cage d'escalier, pratique les mêmes tarifs mais pas les mêmes prestations. Cela dit, les employés baissent assez rapidement le prix d'un ou deux dinars.

De l'autre côté de la rue, dans une rue latérale en face du poste de police, l'*Hotel Remal* (☎ 630670) est un bon choix. Ses chambres confortables et calmes, avec s.d.b. attenante, sont au prix de 14/18 JD. Vous pourrez marchander et faire descendre la simple à 12 JD.

Encore mieux : le *Rum Continental Hotel* (☎ 611965 ; fax 611961), Basman St, dans la ville basse. Ses chambres sont impeccables, avec climatisation en été et chauffage en hiver, douche chaude attenante, TV et minibar pour 16/25 JD. Il y a un restaurant et un bar, ainsi qu'un télécopieur accessible aux clients.

Pas très loin à pied ou en taxi de la gare routière Abdali (pour les marcheurs, attention ! la côte est raide), le *Canary Hotel* (☎ 638353) est situé sur le Jebel al-Weibdeh, en face du collège Terra Sancta. Il est agréable quoique plus cher. Les chambres varient de 20 à 25 JD, mais en marchandant on peut gagner 2 JD. Elles sont propres et calmes et l'hôtel est entouré de verdure. Il est assez accessible : le taxi-service n°4 passe non loin de là. Le *Caravan* (☎ 611195), dans la rue qui monte derrière la mosquée, pratique des tarifs et prestations comparables. Normal, les deux établissements ont le même propriétaire.

Où se loger – catégorie supérieure

Amman ne manque pas d'hôtels internationaux 4 et 5 étoiles, mais les 3 ou 4 étoiles qui sont un peu excentrés sont tout à fait corrects. Le *Granada Hotel* propose des chambres simples/doubles à 24/32 JD. Il se trouve en face du consulat du Sri Lanka, près du 1st Circle.

Si vous cherchez le confort d'un 3 étoiles, essayez le *City Hotel* (☎ 681960) dans la rue qui monte de la ville basse au 3rd Circle. Les simples/doubles coûtent 25/35 JD (avec air conditionné – sauf dans les chambres simples – s.d.b., minibar, TV, téléphone). L'établissement dispose d'une piscine.

A Shmeisani, sur Abd al-Karim al-Khattabi St, le *Manar Hotel* (☎ 662186) possède également une piscine. Ses simples/ doubles sont à 26,4/35,2 JD, petit déjeuner compris. Plus haut dans la même rue, l'*Ambassador Hotel* (☎ 665161) possède de bonnes chambres de 40 à 55 JD. L'*Isham* (☎ 642720 ; fax 647540), proche de l'ambassade de France, pratique les mêmes tarifs et dispose d'un pub anglais.

Parmi les grands hôtels, le plus proche de la ville basse est l'*InterContinental Jordan* (☎ 641361 ; fax 645217), à mi-chemin entre le 2nd et le 3rd Circle. Les chambres simples/doubles sont à 120/130 JD plus 10% de taxe et autant de service. Le *Mariott* (☎ 607607 ; fax 670100) qui se trouve un pâté de maisons derrière le ministère de l'Intérieur, est l'archétype de l'hôtel de luxe : téléphone et télécopie pour l'étranger 24h/24, piscines, restaurants et bars. Les chambres sont à 85/100 JD plus 20% de taxe.

Ouvert depuis l'été 1995 sur l'emplacement précédemment occupé par l'ambassade des États-Unis, en face de l'Intercontinental, le *Carlton* (☎ 654200 ; fax 655833) affiche des prix raisonnables pour un établissement luxueux. Les chambres simples/doubles sont à 45/55 JD plus 20% de taxe et service. On pourrait également s'attendre à ce que les prix pratiqués sur sa terrasse, baptisée "café de la paix" soient plus chers.

Presque en face de la rue principale qui mène à l'université, le *Regency Palac*e (☎ 607000 ; fax 660013), un peu sinistre, propose des chambres à 110/125 JD plus 20% de taxe. Sur le versant nord-ouest du Jebel Amman, l'ancien Holiday Inn a été rebaptisé *Philadelphia* (☎ 607100 ; fax 665160). Les chambres sont à 120/145 JD plus les taxes habituelles. C'est souvent là que descendent les personnalités politiques, notamment palestiniennes.

OÙ SE RESTAURER

On trouvera à Amman un éventail assez large de restaurants dont un certain nombre servent une nourriture non orientale. Cependant, si votre budget est serré, vous n'aurez guère l'occasion de déguster cette dernière.

Petits budgets

Si votre budget est limité, vous vous nourrirez de felafels et de shawarmas et, au moins en été, de quantités de glaces. On trouve des étals de shawarmas partout, notamment dans la ville basse et à proximité des gares routières. Un shawarma coûte 250 fils, mais il en faut deux pour faire un déjeuner à peu près décent.

Pour le petit déjeuner, c'est facile. Tout près du Cliff Hotel démarrent deux ruelles avec des petites échoppes où l'on vend des yaourts, du lait, des fruits, du beurre, du pain et toutes sortes de fromages. Les pâtisseries sont également nombreuses dans la ville basse.

Dans une ruelle en face du Cliff Hotel se trouve le *Hashem Restaurant*. Il sert, sur de petites tables installées dehors, du houmous et du fuul (purée de haricots). Un repas copieux avec pain et thé ne coûte que 500 fils et le restaurant est ouvert quand le reste de la ville dort. Pour 100 fils de plus, on peut compléter son repas de felafels achetés dans la ruelle.

Le *Abu Khamis & Abu Saleh Restaurant* est situé dans le même passage que le Bagdad Grand Hotel. On peut aussi y entrer par l'arrière. C'est une assez grande salle avec en devanture un grill à poulets. Les plats sont assez variés : poulet, poivrons farcis, frites, différents ragoûts de viande et de légumes, riz et soupe, ainsi que des salades, de l'houmous et du pain. Comptez environ 1,5 JD pour un repas. En général, la nourriture n'est pas mauvaise.

Le *Jerusalem Restaurant*, dans King Hussein St, est aussi une bonne adresse, que l'on reconnaît à son enseigne "Al Quds Rest." (Jérusalem en arabe). La devanture regorge de confiseries et de pâtisseries. Le meilleur plat est le mensaf traditionnel avec une délicieuse sauce au yaourt. En dessert, goûtez le *mahalabiya wa festaq*. Pour 1,8 JD, vous y ferez un bon repas composé de mouton, de légumes épicés à l'orientale et de riz.

Le *Al-Saha al-Hashemieh*, en face du théâtre, est cher, mais offre l'avantage de dîner en plein air. Les plats sont à 3/4 JD et l'on peut finir la soirée en fumant le narghileh.

Plus économique et proposant des plats équivalents à ceux de l'Abu Khamis, le restaurant *Cairo* se trouve à un pâté de maisons au sud-ouest de la mosquée King Hussein. La moitié d'un des poulets dont vous pouvez voir la peau se dorer à l'entrée du restaurant, accompagnée d'une salade assaisonnée de persil ne vous fera pas débourser beaucoup plus d'1 JD.

On peut signaler un autre établissement dans le même passage que le Cliff Hotel. On y accède en tournant à droite à la sortie de l'hôtel et en empruntant la dernière porte à gauche avant de déboucher sur Basman St. Le restaurant est à l'étage et se dénomme *Al Shark* (L'Orient). Un repas composé de kebabs et d'houmous coûte environ 2 JD. La petite terrasse est un endroit agréable pour boire une bière en été. Vérifiez bien votre addition car le patron n'est pas toujours très fort en calcul !

Tout près de Cinema al-Hussein St, le long de l'Arab Bank, le café *Beefy* est un "fast-food" qui prépare de bons hamburgers, des pizzas et des frites. Qui plus est, on y sert l'un des meilleurs milk-shakes de la région (500 fils). On peut manger sur place ou emporter des plats. Un hamburger coûte 450 fils et les pizzas, assez bonnes, sont à 1,65 JD.

Ajoutons enfin deux bonnes adresses de restauration rapide près de la gare Abdali. A l'extrémité nord de la gare, au coin du grand immeuble de l'Arab Bank, se tient un petit restaurant qui propose un grand choix d'excellents sandwiches à 200 fils. *Snack Box*, juste en face de l'entrée principale de la mosquée King Abdullah (dans la rue qui monte) sert de copieux sandwiches (bœuf, poulet, servis avec pâtes, riz ou frites) à la mode indienne, mexicaine, italienne ou française (de 1,25 à 1,75 JD).

Catégorie moyenne

Un peu après l'Amman Bookshop, en descendant, et avant d'arriver à la Jordan Towers, le *Chicken Tikka Inn*, ouvert tard le soir, propose des préparations de poulet à partir de 1,5 JD.

Sur le 1st Circle, le *Diplomat Restaurant* sert différents plats de 2 à 4 JD, y compris des pizzas correctes que vous pouvez emporter. Le restaurant prépare également des cocktails. Au 2nd Circle, le *Kawkab al-Sharq* cuisine les plats habituels jordaniens. Comptez 2 JD environ et autant pour une bière. *Al Maatouk*, sur le 3rd circle, est comparable. La carte du restaurant *Nouroz* ("Nairuz" en arabe), au 3rd Circle, presque en face du Riviera, affiche des hamburgers (1,5 JD), des pizzas (2/3 JD) et des plats de viande de 3,5 à 5 JD. Les cocktails coûtent de 3 à 5 JD et la bouteille de vin local 8 JD. L'établissement ferme ses portes à minuit.

On peut faire au *Taiwan Tourismo* (☎ 641093), non loin du 3rd circle, un bon repas chinois pour 5 JD environ.

A Shmeisani, vous trouverez de nombreux endroits où l'on vous rendra guère de monnaie sur un billet de cette même somme, sauf dans les restaurants de plats à emporter comme *Pizza Hut* et *Kentucky Fried Chicken*.

Parmi les lieux populaires, on citera le *Milano*, agréable pour un déjeuner italien léger, *La Terrasse*, où des musiciens arabes viennent souvent jouer le soir et, enfin, *New York, New York*. Ils se trouvent autour de Queen Noor St.

Dans le même quartier, la boutique de glaces *Ata Ali*, avant le Manar Hotel dans Abd al-Karim al-Khattabi St, propose un grand choix de glaces à emporter. On peut s'asseoir pour les déguster, mais c'est cher et la salle est décevante.

Catégorie supérieure

Si vous voulez manger en profitant d'une belle vue, essayez le restaurant qui se trouve au 23e étage du bâtiment Jordan Tower (que l'on appelle simplement le *burj*, qui signifie tour), juste en contrebas du 3rd Circle. Il mérite le déplacement, ne serait-ce que pour la vue. Les mezze valent 4 JD et le menu est à 6 JD.

Si l'envie vous prend de goûter au charme décalé des saveurs du carpaccio sur les hauteurs d'Amman, dans une atmosphère de romance à l'italienne, la *Villa d'Angelo* (☎ 638212) et sa superbe terrasse sont pour vous. Dans une petite rue en face de l'Inter-Continental, se trouve un autre restaurant italien : le *Romero* (☎ 644227). Comptez dans les deux cas une bonne quinzaine de dinars.

Les mezze du restaurant *Rozena* (☎ 613572), situé à proximité, sont à 7,5 JD.

Cafés

Certains cafés de la ville basse sont parfaits pour s'asseoir et faire son courrier, parler avec les gens ou simplement lire. Le *Central Café*, au "Seiko Corner", au-dessus de l'enseigne Seiko au coin de King Hussein St et de King Faisal St., dispose d'une jolie vue et sert des boissons chaudes et froides. On y rentre par la même entrée que celle du bar *Hilton*, à droite de l'escalier dans King Hussein St. Le café est sur la gauche. Citons aussi l'*Auberge*, sous le Cliff Hotel : une majorité des clients viennent ici pour jouer aux cartes et l'ambiance est chaleureuse et agréable. Du balcon, on a une belle vue sur la ville basse.

DISTRACTIONS

Bars

De nombreux petits bars se nichent dans le dédale de ruelles qui entourent le Cliff Hotel. Dans le passage parallèle à celui-ci, on trouvera le *Jordan Bar*. Vous pourrez y boire une bière pour environ 1,5 JD. L'endroit est accueillant et reste ouvert jusqu'à 23h. Il existe un établissement comparable dans Basman St, juste à côté du cinéma Raghadan.

Le *Hilton Bar* est situé au 5, King Hussein St, en face du restaurant Al Quds. Une bière Amstel y coûte 1,5 JD, un Gin 2,5 JD et un Whisky 3 JD environ. Sur les murs, des peintures illustrent les pensées qui viendraient à l'esprit des hommes buvant seul : femmes langoureusement tapies au fond de verres ou faisant irruption en ondulant des goulots de bouteilles...

Sur Jebel Amman, l'Hisham Hotel possède un agréable bar. Celui du Granada Hotel, l'*After Eight*, est fréquenté par les expatriés. Le bar de l'InterContinental est ouvert jusqu'à au moins minuit.

Cinémas

Les deux meilleurs cinémas de la ville passent souvent des films récents. Ce sont le Philadelphia au sous-sol de la Jordan Tower et le Concord à Shmeisani près du Housing Bank Centre. Les billets valent 2 JD. Le Rainbow, entre le 1st Circle et le British Council, est un peu moins bien. Consultez le *Jordan Times* pour connaître les programmes.

On trouve ensuite les cinémas typiques du Proche-Orient, où les films du style Chuck Connors sont monnaie courante. Le billet est vendu 1 JD. Dans un pur souci d'information (duquel, soyez-en sûr, toute pensée lubrique est totalement absente), ajoutons que certains cinémas de la ville basse projettent des films érotiques.

Dans un autre registre, les centres culturels proposent également des projections de films gratuites. Enfin, il existe un festival du film européen, un festival du film français et un festival du film franco-arabe en septembre.

Expositions et musique

Les différents centres culturels organisent régulièrement des conférences, expositions et récitals de musique. Le Centre culturel royal, un peu défraîchi, propose de temps en temps des spectacles.

Natation

Se rafraîchir à peu de frais n'est pas chose facile. Vous pouvez essayer les grands hôtels, mais vous devrez payer cher. S'il vous faut une piscine olympique, il en existe une à Sports City (Al-Medina ar-Ridyadiyya). La solution la plus économique est la piscine du Manar Hôtel, qui demande 3 JD lorsque l'on n'est pas client de l'établissement.

ACHATS

Le Jordan Craft Centre (☎ 644555), qui ressemble à une maison comme les autres, se trouve juste à côté du 2nd Circle. On y trouve de très beaux objets artisanaux. Les prix sont élevés mais les articles, réalisés pour la plupart par des réfugiés palestiniens, sont de bonne qualité. Il est ouvert de 9h à 13h30 et de 16h à 19h, tous les jours sauf le vendredi. Les cartes de crédit sont acceptées.

Al Shami Bazar & Gifts, près du 3rd circle est nettement moins cher et propose le meilleur et le pire de l'artisanat jordanien. Enfin, il existe des boutiques de souvenirs en face du théâtre romain. Elles acceptent la carte Visa, mais demandent souvent une commission de 5% pour cette opération. C'est à Amman que vous trouverez les prix les plus bas. A plus forte raison si vous marchandez.

COMMENT S'Y RENDRE

Voie aérienne

Liaisons internationales. Amman est le point d'arrivée et de départ de vols internationaux. Pour des renseignements sur les compagnies aériennes qui desservent la Jordanie, consultez le chapitre *Comment s'y rendre* consacré à la Jordanie.

Les compagnies aériennes suivantes possèdent des bureaux à Amman :

Aeroflot
InterContinental Hotel, Jebel Amman (☎ 641510)
British Airways
Hashweh Corporation, Kalha St (☎ 828801)
EgyptAir
King Hussein St (☎ 654634)
Gulf Air
Al Dawood building (☎ 653613)
KLM
King Hussein St (☎ 655267)
Middle East Airlines
King Hussein St (☎ 637394)
Royal Jordanian
King Hussein St (☎ 639351)
Syrianair (Syrian Arab Airlines)
Prince Mohammed St (☎ 622147)

Vols intérieurs. La seule liaison aérienne intérieure relie Amman à Aqaba. La Royal Jordanian assure au moins quatre vols par semaine. Le billet vaut 13 JD pour un aller simple et 18 JD pour un aller-retour.

Bus

Bus JETT. La gare routière et les bureaux principaux de la compagnie JETT se trouvent dans King Hussein St, environ 500 mètres après la gare routière Abdali (☎ 664146). Si vous arrivez de Syrie à bord d'un bus Karnak, c'est là que vous descendrez. Seule la vente des billets pour les liaisons internationales se fait à un autre guichet, quelques mètres plus loin, dans la petite rue à droite (☎ 696151). Pour aller dans la ville basse, prenez un taxi-service n°6 dans le sens de la descente jusqu'au terminus. Il vous laissera dans Cinema al-Hussein St, en plein centre. Un taxi jaune normal coûte environ 500 fils. Si vous voulez marcher, cela prend environ 30 minutes. Les tickets des bus JETT doivent être pris deux jours à l'avance.

Un bus part tous les jours sauf le samedi pour le King Hussein Bridge et la Cisjordanie à 6h30 (6 JD). Reportez-vous au chapitre *Comment s'y rendre* pour plus de détails sur le passage en Cisjordanie.

Les bus pour Damas partent à 7h et 15h (4,5 JD), pour Bagdad à 8h et 14h (12 JD) et les trajets vers Riyad (12h), Jeddah (11h30) et Dharran (11h) sont à 31 JD.

Il existe six liaisons quotidiennes pour Aqaba (4 JD) et deux pour Pétra, à 6h et 10h (tarif excursion aller-retour à 13 JD).

Les taxis-service n°6 démarrent à 5h30 environ. Vous pouvez donc en prendre un pour attraper l'un des bus du matin.

Bus/minibus. Les principales gares routières d'Amman sont les suivantes : Abdali pour le nord et l'ouest, Wahadat pour le sud et Raghadan pour les bus locaux et Hammamat Ma'in, d'où vous pouvez prendre un bus vers l'est et le nord-est. Il existe en outre quelques arrêts de bus moins précis pour certaines destinations.

La gare routière Abdali se trouve dans King Hussein St, à environ 20 minutes à pied (en montant) de la ville basse. Les taxis-service n°6 et 7, depuis Cinema al-Hussein St, passent juste à côté. Les minibus vont à Jerash (environ 1 heure, 350 fils), Ajlun (1 heure 30, 450 fils), Irbid (2 heures, 550 fils), Salt (45 mn, 200 fils environ), Suweileh (20 minutes, 100 fils environ), Zarqa (170 fils) et Deir Alla, dans la vallée du Jourdain. Ils n'ont pas d'horaires et partent lorsqu'ils sont pleins. En général, ils s'arrêtent vers 17h.

Il existe, par ailleurs, des bus climatisés Hijazi qui partent toutes les 15 à 20 minutes pour Irbid (2 heures, 825 fils). On achète les billets dans le bureau qui est situé au nord de la gare routière.

De la partie sud de la gare routière, on peut prendre l'un des nombreux minibus qui partent le matin pour le King Hussein Bridge (45 minutes, environ 1 JD).

La gare routière Wahadat est au sud de la ville, près du rond-point baptisé Middle East Circle (Duwaar Sharq al-Awsat). Elle est reliée à la gare routière Abdali par taxi-service (120 fils, pas de numéro). On peut aussi prendre un taxi-service n°27 depuis la ville basse près du souk aux fruits et légumes ou même un bus local le long de Quraysh St vers le Middle East Circle. C'est là que vous arriverez si vous venez du sud en minibus.

Wahadat est la gare routière d'où partent tous les bus et les taxis-service vers le sud. Il n'y a pas d'horaire fixe. Il faut trouver un siège et attendre.

A des heures irrégulières, des minibus partent pour Kerak (750 fils), Hammamat Ma'in (1 JD), Ma'an (1,5 JD environ) et Wadi Musa/Pétra (2 JD). De grands bus climatisés desservent Aqaba (2 JD) et, à des heures assez régulières, Madaba (175 fils). Les tarifs sont en général affichés à l'avant des bus, à l'intérieur, et en arabe seulement Vous aurez peut-être à marchander pour payer le montant correct.

Depuis la gare routière Raghadan, qui se trouve à quelques minutes à pied à l'est du théâtre romain, des bus locaux (habituellement le n°31) partent à des heures très irrégulières pour Madaba (170 fils), mais l'attente est parfois si longue qu'il vaut mieux descendre à Wahadat pour prendre un bus ou un minibus. Le trajet dure environ 1 heure. Des minibus et des bus locaux vont à Hammamat Ma'in pour une centaine de fils.

Les minibus pour Wadi Sîr (30 minutes, 100 fils) partent d'Ali ibn Abi Taleb St, qui se trouve à environ 10 à 15 minutes à pied de la mosquée King Hussein. Les minibus pour South Shuneh (environ 1 heure, 400 fils), et parfois directs pour la station de Suweimeh, au bord de la mer Morte (550 fils) partent de Jerusalem St (le quartier connu sous le nom de Ras al-Ain). Prenez un taxi-service n°29 dans Quraysh St, un peu après l'église du Sauveur et descendez au moment où il quitte Jerusalem St en tournant à droite.

Taxis-service

Les taxis-service sont plus rapides et plus pratiques que les bus, mais aussi plus chers. Étant donné qu'ils ne transportent que cinq à sept personnes, ils se remplissent beaucoup plus vite que les bus et ne s'arrêtent pas tout au long du chemin. Leurs gares sont les mêmes que celle des bus (Abdali, Wahadat et Raghadan). Les tarifs ci-après sont indicatifs.

Depuis la gare routière Abdali, ils se rendent à Irbid (2 heures, 1 JD), Jerash (1 heure, 650 fils), Ajlun, Salt, le King Hussein Bridge (45 minutes, 1,5 JD) et, même parfois, Ramtha, le poste-frontière avec la Syrie (1 JD). Par ailleurs, de nombreux taxis-service syriens (il s'agit en général de grosses voitures américaines jaunes) font la liaison jusqu'à Damas. Ils partent d'un bâtiment de tôle ondulée blanche avec des grilles bleues et jaunes, situé à l'extrémité sud de la gare routière. Les départs, qui ont lieu toutes les demi-heures pour 6 JD environ, sont moins fréquents les mercredi et jeudi. De nombreuses boutiques proposent également des trajets en taxi-service vers Damas et d'autres destinations du Proche-Orient tout autour de la gare.

Depuis Wahadat, il y a des départs pour Kerak (2 heures, 1 JD), Madaba (30 minutes, 300 fils), Wadi Musa (3 heures, 2,5 JD), Ma'an (2 heures 30, 2 JD) et Aqaba (5 heures, 3 JD).

Comme pour les bus, il y a beaucoup plus de départs le matin.

Depuis Raghadan, le seul taxi-service qui puisse vous intéresser est celui qui se rend à Marka (100 fils). Il peut vous laisser près de la gare ferroviaire Hejaz à l'est d'Amman. Dites au chauffeur votre destination en arabe : *mahattat sikkat hadid al-Hejaz* (la gare de chemin de fer Hejaz).

Location de voitures

L'une des agences de location les moins chères est Star Rent-a-Car (☎/fax 604904) près de la Sports City Junction. Pour une voiture japonaise récente de taille moyenne, il faut compter 25 JD par jour (kilométrage illimité). La location d'un véhicule plus ancien (avant 1990) revient à 20 JD et les tarifs sont dégressifs à partir d'une semaine de location. Ces prix comprennent l'assurance et la livraison du véhicule dans la ville basse. Il est possible de laisser la voiture à l'aéroport, dans la ville basse, au pont Allenby ou à Aqaba. Enfin, l'un des membres de cette entreprise familiale peut la livrer à votre descente d'avion si vous avez pris la peine de réserver à l'avance, par fax.

Al-Remal Rent-a-Car (☎ 639861) est situé un peu après l'hôtel Al Monzer, près de la gare Abdali. On y loue des voitures japonaises à 20/27 JD/jour (selon le modèle), avec 100 km gratuits. Au delà, le kilomètre supplémentaire sera facturé 40 fils.

Dinar Rent-a-Car (☎ 654238 ; fax 654239), que l'on trouve à droite dans la rue qui descend de la gare Abdali dans la ville basse, applique des tarifs comparables. Les prix sont dégressifs à partir d'une semaine de location.

A l'aéroport, Avis (☎ 699420 ; fax 694883) propose des petites voitures à 50 JD/jour (26 JD à partir d'une semaine de location) et kilométrage illimité. Le même véhicule chez Dallah Rent-a-Car (☎/fax 851114), juste à côté, est affiché à 30 JD avec 200 km gratuits par jour. Reportez-vous au chapitre *Comment circuler* pour plus d'informations.

En stop

Pour pouvoir faire du stop, vous devez d'abord sortir de la ville. Pour la King's Highway, le plus simple est de prendre un bus de la ville jusqu'à Madaba et de faire du stop à partir de là. Pour la Desert Highway, prenez un bus en direction de l'aéroport (750 fils) et descendez lorsqu'il quitte l'autoroute.

Si vous partez vers le nord, empruntez un minibus à la gare routière Abdali pour Suweileh, qui vous mettra sur l'autoroute.

COMMENT CIRCULER

Depuis/vers l'aéroport

L'aéroport international Queen Alia se trouve à environ 35 km au sud d'Amman. Des bus effectuent le trajet (environ 50 minutes) toutes les demi-heures, de 6h à 21h30 depuis la gare routière Abdali pour 750 fils. Il y a un petit guichet avec un écriteau indiquant l'aéroport au bout de la gare routière, mais il n'est pas très visible.

On peut aussi prendre des taxis spéciaux qui relient l'aéroport au centre-ville. Vous devrez marchander la course car les chauffeurs sont en général réticents à mettre leur compteur. De jour, comptez 8 JD et 2 JD de plus la nuit. Notez bien que si le compteur de la plupart des taxis affichent des fils, ceux-ci indiquent un prix en girsh (voir la rubrique *Argent* dans les *Renseignements pratiques* sur la Jordanie en début d'ouvrage).

Taxis-service

A moins de lire l'arabe, le système d'autobus locaux est assez difficile à comprendre. Les taxis-service sont donc préférables. Pour savoir les reconnaître, reportez-vous au chapitre *Comment s'y rendre* en Jordanie.

Le prix du billet est de 70 à 100 fils, selon le trajet, et vous paierez plein tarif quel que soit l'endroit où vous descendez. Seule exception : le taxi-service Abdali-Wahadat, qui est un peu plus cher.

Les voitures font la queue en montant, comme vous. Souvent, celle-ci commence au pied d'une colline : vous montez dans la dernière voiture, puis toute la ligne redescend d'un cran, etc. Voici les itinéraires les plus utiles :

n°1 de Prince Mohammed St, près de la Jordan Distribution Agency jusqu'au 3rd Circle.
n°2 de Basman St, près de la poste, vers les 1st et 2nd Circles.
n°3 de Basman St vers les 3rd et 4th Circles.
n°4 de la rue près de la poste au Jebel al-Weibdeh.
n°6 de Cinema al-Hussein St au ministère de l'Intérieur *via* les gares routières Abdali et JETT.
n°7 de Cinema al-Hussein St, remonte King Hussein St en passant devant la gare routière Abdali et la mosquée King Abdullah, et le long de Suleiman an-Nabulsi.
n°25 et 26 de l'arrière de l'église du Sauveur dans la ville basse au sommet du Jebel al-Ashrafiyeyeh, à la mosquée Abu Darwish où la vue est belle.
n°27 des alentours du souk aux fruits et légumes au Middle East Circle vers la gare routière Wahadat.
n°29 de l'église du Sauveur (après les bus pour la mer Morte) au Jebel al-Armouti.

Taxis

Les chauffeurs de taxis sont énergiques et si vous marchez dans Amman, vous serez vite excédé par les innombrables coups de klaxon des taxis en maraude. Ils mettent le plus souvent le compteur en marche, mais ayez l'œil tout de même et soyez prêt à leur rappeler vigoureusement "meter please!". La prise en charge est de 150 fils, et une traversée de la ville ne devrait pas vous coûter plus de 800 fils. N'acceptez aucun supplément (pour les bagages et autres) qu'ils essaieront peut-être de vous imposer.

Tard le soir, ils ne vous prendront qu'après avoir négocié un prix et ils se montreront intraitables. Lorsque c'est le cas, il ne reste plus qu'à marchander ; vous savez au moins quelle est la somme que vous ne devez pas dépasser. Consultez le chapitre *Comment circuler* en Jordanie pour plus de détails.

Environs d'Amman

SALT

Salt, à 30 km au nord-est d'Amman, est maintenant une ville importante. Elle faillit l'être plus encore : centre administratif de la région à l'époque de la domination turque, le village fut délaissé au profit d'Amman quand il fallut choisir la nouvelle capitale de Transjordanie. Voilà pourquoi le village d'Amman est devenu une métropole moderne alors que Salt a conservé son charme d'antan.

Si vous avez une demi-journée de liberté, Salt mérite une visite. Il n'y a rien de spécial à voir, mais en flânant dans la ville vous verrez de beaux exemples d'architecture ottomane, ou encore des maisons turques auxquelles on a rajouté un étage moderne en béton. C'est la seule agglomération en Jordanie où l'on n'a pas l'impression qu'elle a été construite en toute hâte au cours des dix ou quinze dernières années. Descendez depuis la gare routière vers le Wadi She'ib, une vallée fraîche dotée de quelques grottes dignes d'intérêt.

Comment s'y rendre

Le trajet en minibus depuis la gare routière Abdali coûte environ 175 fils pour 45 minutes. Un taxi-service vous reviendra à près de 300 fils. Depuis Salt, des minibus gagnent la vallée du Jourdain et South Shuneh.

WADI SIR ET 'ARAQ AL-AMIR

L'étroite vallée fertile de Wadi Sir contraste nettement avec le plateau désolé d'Amman à l'est. Les ruines du **Qasr al-Abd** (le château de l'Esclave) et les grottes, appelées 'Araq (ou 'Iraq) al-Amir (grotte du Prince) sont à 10 km du village de Wadi Sir, peuplé essentiellement de Circassiens.

A la sortie de Wadi Sir, on traverse un petit cours d'eau et l'on peut voir sur la droite un ancien **aqueduc**. Juste après, sur la gauche, la façade taillée dans le rocher est appelée **ad-deir** (le monastère), mais en réalité il s'agit probablement d'un pigeonnier du Moyen-Age.

Les grottes se trouvent au-dessus de la route, à droite, sur deux niveaux. L'étage supérieur forme une longue galerie le long de la falaise. Elles servaient apparemment d'écuries pour la cavalerie. Aujourd'hui, les villageois y abritent leurs chèvres et y rentrent la paille. L'une des grottes, que l'on reconnaît facilement grâce à sa porte sculptée, intéresse les historiens car, à la droite de la porte, le nom de Tobias est gravé en araméen. Certains affirment qu'il s'agit de l'équivalent juif d'Hyrcan.

Le château se trouve à environ 500 mètres dans la vallée ; on peut le voir depuis les grottes. On ne sait pas avec précision quand, ni même pourquoi il fut construit, mais on pense qu'il fut édifié au IIe siècle av. J.-C. par Jean Hyrcan, membre de la puissante famille juive des Tobiades.

L'historien du Ier siècle de notre ère, Flavius Josèphe, dans son ouvrage *Antiquités judaïques*, mentionne déjà un château de pierres blanches, décoré de sculptures "d'animaux gigantesques".

Aujourd'hui, la reconstruction du palais est achevée. Un archéologue français a passé ici trois ans à réaliser des croquis détaillés des pierres éboulées, puis des maquettes en carton de chaque pierre, qu'il a essayé d'assembler. Il a consacré sept autres années à la reconstruction. Le résultat est un beau monument, encore inconnu des touristes.

La plus belle partie est l'entrée nord, avec l'un des animaux sculptés, un énorme lion au-dessus du coin nord-ouest. L'édifice était autrefois recouvert de semblables figures. Vous remarquerez un lion au sol sur la façade est : il servait de fontaine.

Cet édifice est unique car il fut construit avec les plus gros blocs de pierres du Proche-Orient. Les plus grands mesurent sept mètres sur trois, mais comme ils n'étaient épais que d'environ vingt centimètres, le bâtiment était assez fragile et s'écroula lors du tremblement de terre de 362.

Comment s'y rendre

On peut prendre un minibus dans Ali ibn Abi Taleb St (30 minutes, 100 fils) ou à Suweileh, ou encore un bus municipal.

Depuis Wadi Sir, on prend un minibus (100 fils) qui s'arrête au bout de la route à 'Araq al-Amir. Vous devrez peut-être attendre un peu qu'il se remplisse. Le vendredi, c'est un peu plus rapide car beaucoup de gens se rendent au wadi pour pique-niquer.

HUGH FINLAY

OLIVIER CIRENDINI

En haut : baignade dans la mer Morte
En bas : paysage depuis le mont Nebo

DAMIEN SIMONIS

OLIVIER CIRENDINI

OLIVIER CIRENDINI

HUGH FINLAY

En haut à gauche : la forteresse Qala'at ar-Rabad
En haut à droite : carte de Palestine dans l'eglise orthodoxe Saint-Georges, Madaba
En bas à gauche : le Qusayr' Amra, un château du désert parmi les mieux conservés
En bas à droite : le Qasr al-Kharanah, édifié autour d'une cour centrale

Le nord et l'ouest d'Amman

La région qui s'étend au nord d'Amman est la plus peuplée du pays : elle comprend les importantes agglomérations d'Irbid et de Jerash, et des dizaines de petites localités éparpillées sur des collines au relief accidenté, relativement fertiles. C'est là que se trouvent les vestiges des anciennes cités de la Décapole : Jerash et Umm Qais (Gadara), ainsi que le château du XIIe siècle d'Ar-Rabad.

Au nord d'Irbid, le paysage devient plus régulier jusqu'au plateau du Hauran (et l'étrange ville de basalte noir d'Umm al-Jimal) qui s'étend jusqu'à la frontière syrienne. A l'ouest, on trouve la vallée du Jourdain, l'une des régions les plus fertiles du Proche-Orient.

JERASH

Située à 51 km au nord d'Amman, Jerash est l'un des principaux attraits touristiques du

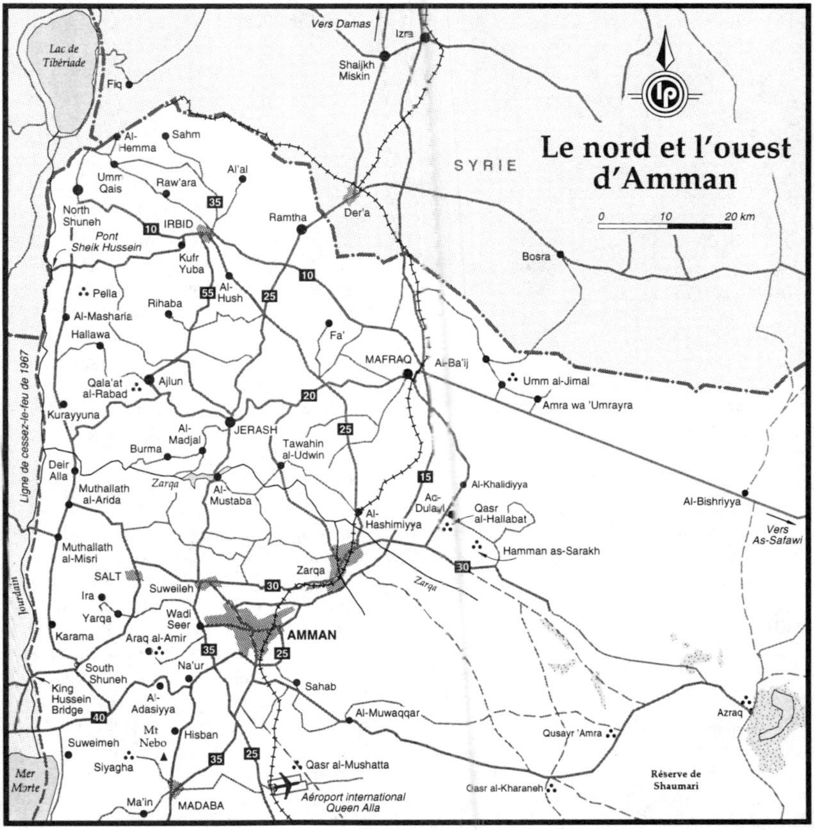

pays, avec Pétra. Construite sur les collines de Galaad, le long de la route qui mène à Ramtha et en Syrie, c'est le plus bel exemple, au Proche-Orient, d'une cité provinciale romaine, remarquablement préservée.

La ville moderne s'étend sur la rive orientale d'un petit affluent du Zarqa, jouxtant certains édifices millénaires d'une façon parfois brutale. Elle héberge une importante communauté de Circassiens qui y furent installés par les Turcs à la fin du siècle dernier.

Les principales ruines de Jerash se trouvent à l'ouest de ce cours d'eau. Elles furent redécouvertes en 1806 par un voyageur allemand, Ulrich Seetzen. Les travaux de restauration commencèrent en 1925, à l'époque du mandat britannique et, trois ans plus tard, les premières excavations furent réalisées. Jusqu'alors, la cité était presque entièrement enterrée sous le sable, ce qui explique le bon état de conservation d'une grande partie des monuments.

On estime qu'à l'époque de sa splendeur, Jerash comptait 15 000 habitants. Elle n'était pas située sur une importante route commerciale, mais ses citoyens tiraient leur richesse de la culture du maïs qui poussait alentour. La cité antique était le centre administratif et commercial de Jerash, et la majorité des habitants vivaient sur la rive est du Wadi Jerash.

Les fouilles ont permis de mettre à jour deux théâtres, un forum de forme elliptique, plusieurs temples et églises, un marché et des thermes. Des travaux de restauration sont toujours en cours dans de nombreuses parties du site, notamment la zone sud, le théâtre nord et le temple d'Artémis. Le site est ouvert tous les jours de 8h à 20h. L'entrée est payante : 2 JD.

Histoire

Bien que certains vestiges indiquent que le site était habité au néolithique, la cité ne prit une réelle importance qu'à partir du règne d'Alexandre le Grand (322 av. J.-C.).

En 63 av. J.-C., l'empereur romain Pompée s'empara de la région et Jerash fut annexée à la province romaine de Syrie. Elle devint, peu après, l'une des cités de la Décapole. Pendant les deux siècles suivants, elle vécut du commerce avec les Nabatéens et s'enrichit considérablement. L'agriculture et l'extraction du fer dans la région d'Ajlun contribuèrent à sa puissance économique. Au Ier siècle de notre ère, la ville fut entièrement redessinée avec une rue à portiques (*cardo maximus*) coupée par deux rues transversales.

Les exploits guerriers de l'empereur Trajan provoquèrent en 106 l'annexion du royaume nabatéen. Des richesses encore plus grandes affluèrent alors vers Jerash et un grand nombre des édifices construits peu de temps auparavant furent démolis pour laisser place à des bâtiments plus imposants encore.

En 129, à l'occasion de la visite et du séjour de l'empereur Hadrien, la municipalité se lança dans les travaux. Pour marquer une visite aussi prestigieuse, elle fit construire l'arc de triomphe dans la partie sud de la ville.

Jerash connut son âge d'or au début du IIIe siècle, lorsqu'elle reçut le rang de colonie. Ensuite, son rayonnement déclina progressivement. La disparition des caravanes au profit du commerce maritime et les troubles dans la région (tels que la destruction de Palmyre en 273) ne firent qu'accélérer son éclipse, qui connut un répit sous le règne de Dioclétien (vers 300), au cours duquel quelques édifices furent construits.

Au milieu du Ve siècle, le christianisme devint la religion dominante dans la région et l'on se mit à construire des églises à une cadence très rapide. Sous le règne de Justinien (527-565), pas moins de sept églises furent bâties, le plus souvent avec des pierres prélevées sur les anciens temples païens. Leur construction cessa en 611.

Avec l'invasion perse en 614 et la conquête musulmane en 636, suivies d'une série de tremblements de terre en 747, Jerash fut en partie détruite et sa population passa au quart de ce qu'elle était auparavant.

Mis à part une brève occupation par une garnison croisée au XIIe siècle, la cité fut complètement désertée jusqu'à l'arrivée des Circassiens en 1878. Les travaux de conservation et de restauration, commencés en 1925, sont toujours en cours.

Renseignements

On trouvera au Visitors' Centre, situé à l'entrée du site, une maquette en relief des ruines, une boutique de souvenirs et un bureau de poste. Pour 4 JD, vous pourrez également bénéficier des services d'un guide. Certains parlent un excellent français, mais la qualité des commentaires des guides jordaniens en général ne fait pas toujours l'unanimité. Des rafraîchissements sont disponibles à la Resthouse. Enfin, il y a un grand nombre d'étals de souvenirs près de la porte sud. Outre l'artisanat habituel, vous y trouverez livres, films photo et boissons. Une demi-bouteille d'eau minérale se vend ici au prix de 500 fils, alors qu'une grande bouteille, partout ailleurs si ce n'est à Pétra, revient à 400 fils.

Les ruines

Lorsque l'on arrive d'Amman on aperçoit en premier lieu l'**arc de triomphe**. Sa taille est impressionnante, mais à l'origine, il était deux fois plus haut. On remarquera d'insolites couronnes de feuilles d'acanthe à la base des piliers (on s'attendrait à les voir au sommet). Derrière l'arc se trouve l'**hippodrome**.

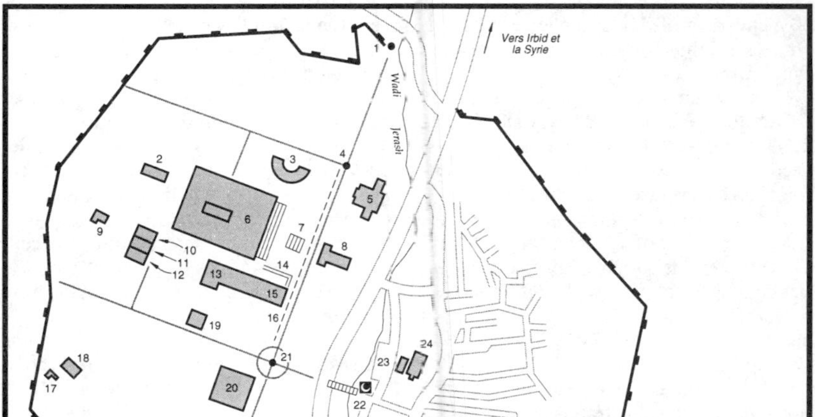

Arc de triomphe

Cet ancien terrain de sports était autrefois entouré de gradins pouvant accueillir jusqu'à 15 000 spectateurs environ. Ils ont été en partie restaurés. Ce terrain de 244 mètres sur 50 mètres accueillait essentiellement des rencontres d'athlétisme et, comme son nom l'indique, des courses de chevaux.

L'entrée du site se trouve derrière la Government Resthouse, à environ 50 mètres de la **porte sud**. Cette porte est elle aussi décorée de feuilles d'acanthe. Elle était autrefois percée, ainsi que trois autres, dans le mur d'enceinte de la ville – long de 3 500 mètres – dont il reste peu de vestiges. On pense qu'il avait été prévu de construire un nouveau quartier de la ville entre les deux portes.

Une fois la porte passée, l'édifice sur la gauche est le **temple de Zeus**. Une équipe de l'Institut français d'archéologie du Proche Orient travaille actuellement à sa restauration. On l'atteignait autrefois par un escalier monumental reposant sur des voûtes depuis une esplanade sacrée, le *temenos*. Ce temple majestueux fut construit dans la deuxième moitié du IIe siècle sur un site déjà consacré à un culte. Au niveau inférieur se trouvait un autel où des sacrifices étaient accomplis. Du temple lui-même, il reste peu de choses à voir, si ce n'est les murs extérieurs.

Le **forum** est étonnant de par sa forme ovale. Certains attribuent cette particularité au désir d'harmoniser l'axe nord-sud (le *cardo maximus*, principale artère des cités romaines) avec le site sacré du temple de Zeus ou de son prédécesseur. En fait, certains historiens pensent qu'il ne s'agissait pas d'un forum (marché) au sens strict du terme, mais aussi d'un lieu de sacrifice lié au temple. Les colonnes ioniques qui ont été reconstruites sont impressionnantes. Le centre est pavé de dalles de calcaire et de pierre plus tendre. On pense que le podium qui se trouve au centre servait de base à une statue.

Le **théâtre sud**, derrière le temple de Zeus, fut construit au Ier siècle et pouvait contenir 5 000 spectateurs. Le bâtiment de scène comportait à l'origine deux étages, dont le premier a été reconstruit. Du haut des gradins, on a une très belle vue sur les ruines et la ville moderne de Jerash, à l'arrière-plan.

A l'extrémité du forum, le *cardo maximus*, ou **rue à portiques**, s'étend sur plus de 600 mètres jusqu'à la porte nord. Elle est encore recouverte des dalles d'origine et l'on peut voir les ornières qu'ont creusées les roues de milliers de chariots au cours des siècles. Les colonnes du côté ouest sont de hauteur inégale. Elles s'alignaient sur les façades des monuments qui se dressaient derrière.

Aux deux principales intersections, des tétrapyles monumentaux furent érigés. Les quatre bases du **tétrapyle sud** supportaient chacune une colonne ornée d'une statue. Seules les bases ont été reconstruites, et celle du sud-est est la plus complète. Le croisement fut transformé en une place circulaire à la fin du IIIe siècle.

La rue transversale (*decumanus*) descend à l'est vers un petit pont qui enjambe le cours d'eau et mène aux **thermes est**, derrière la gare routière. A l'ouest, elle conduit à une porte dans le mur d'enceinte. A gauche, avant cette rue, se trouve l'**agora** récemment restaurée. Autrefois, une fontaine se dressait en son centre.

L'escalier de la **cathédrale** du IVe siècle (en fait, rien ne prouve que ce fut plus qu'une simple église) est à main gauche, environ 100 mètres après le croisement. La porte et l'escalier recouvrent les vestiges d'un temple antérieur, dédié au dieu nabatéen Dhushara.

Derrière la cathédrale, se tient l'**église Saint-Théodore**, construite en 496, et entre les deux bâtiments une grande cour dotée d'une fontaine. Au sud de l'église se dresse un **bâtiment omeyyade**, qui permet de penser que les musulmans vécurent un certain temps en harmonie relative avec les chrétiens.

En continuant le long du *cardo*, on passe ensuite devant le **nymphée**, principale fontaine ornementale de la cité dédiée aux nymphes. Construit en 191, cet édifice à deux étages, très décoré, était recouvert de plaques de marbre au niveau inférieur et de stuc peint à l'étage supérieur. Le long de la façade, l'eau tombait en cascade dans une grande vasque puis s'écoulait à travers des têtes de lions sculptées pour se déverser dans les égouts de la rue en contrebas.

Plus loin sur la gauche, se dresse le plus imposant édifice du site, le **temple d'Artémis**, dédié à la déesse patronne de la ville. Après la grande porte du temple, deux escaliers mènent à la cour. On dut construire de grandes voûtes au nord et au sud du temple pour que cette cour soit à niveau. A l'origine, le temple était entouré de colonnes, mais seule la double rangée de la façade est encore visible car une grande partie des pierres de ce temple furent prélevées et réutilisées au cours des siècles pour bâtir d'autres édifices, notamment des églises. Le temple fut fortifié par les Arabes au XIIe siècle, mais ces travaux furent détruits par les croisés. La grande entrée, donnant sur le *cardo*, est actuellement restaurée par une équipe italienne.

De retour sur l'artère principale, en face de la grande porte, se tient l'**église du Viaduc**, construite sur ce qui était autrefois la voie menant au temple d'Artémis. Plus loin sur cette rue, on traverse le deuxième croisement et le **tétrapyle nord** dédié à la femme syrienne de l'empereur Septime Sévère. Il était différent du tétrapyle sud car il était constitué de quatre arches surmontées d'un dôme.

Les **thermes ouest** se trouvent juste en contrebas du tétrapyle nord. Ils datent du IIe siècle et constituent l'un des premiers exemples de dôme posé sur un plan carré. Ils sont assez délabrés aujourd'hui.

Le **théâtre nord**, à l'ouest du tétrapyle, est plus petit que le théâtre sud. Des archéologues britanniques, américains et australiens ont commencé les travaux nécessaires à sa restauration, avant de passer la main à une équipe jordanienne, toujours à l'œuvre. Deux cents mètres séparent le tétrapyle nord de la **porte nord**, mais cette partie est encore un amas de pierres envahi par les mauvaises herbes.

Au sud du temple d'Artémis, on trouvera les vestiges de plusieurs **églises**. Treize ont été mises à jour et l'on pense qu'il en reste à découvrir. A l'ouest de l'église Saint-Théodore se profilent les églises Saints-Côme-et-Damien, Saint-Jean et Saint-Georges. Elles ont toutes été construites vers 530, et en vis-à-vis. Leurs sols étaient joliment décorés de mosaïques. On peut encore en voir certaines d'entre elles à l'église Saints-Côme-et-Damien et au musée des Traditions populaires d'Amman. Il reste peu de choses des autres églises.

Le petit **musée**, à l'est du forum, contient un bel échantillonnage des objets trouvés sur le site : billets de théâtre en terre cuite, bijoux, verrerie et pièces de monnaie de l'époque mamelouke, telles que des *tétradrachmes*. Les objets les plus intéressants sont les bijoux et les pièces de monnaie en or, trouvés dans un tombeau familial près de l'arc de triomphe. Il est ouvert de 9h à 17h, tous les jours sauf le mardi (9h-12h) et le vendredi (10h-15h). La visite du musée est comprise dans le prix du billet d'entrée au site et les photographies y sont interdites.

Il faut quelques heures pour visiter Jerash dans sa totalité. On ne peut qu'imaginer son aspect si les 90% du site encore enterrés étaient mis au jour !

Où se loger et se restaurer

Aussi surprenant que celà puisse paraître, il n'y a pas de possibilités d'hébergement à Jerash. Un hôtel est en construction à proximité du site, mais nul ne sait quand il ouvrira ses portes. On peut cependant parier qu'il sera cher. Étant donné qu'Amman est très proche, on peut s'y rendre sans difficulté dans la journée. On peut également choisir de loger à Ajlun, en sachant que la chambre simple la moins chère vaut 20 JD.

Près de l'entrée, le restaurant du *Government Resthouse* propose un menu "touristique" à 5,5 JD et un "salad bar" à 2,2 JD. Pour 3,5 JD, vous pourrez déjeuner au restaurant *Al Khayam,* que l'on trouve en montant une vingtaine de mètres sur la gauche à la sortie du site. Tous deux sont habitués à recevoir des groupes et la clientèle des voyageurs indépendants ne suscite guère chez eux d'élan commercial décelable. Le *Lebanese House Restaurant*, à la sortie sud de la ville, sur la route qui contourne le site (tournez à droite au rond-point, puis à gauche au panneau indiquant le restaurant, à 1 km environ) est également assez cher.

A la gare routière, vous trouverez un petit restaurant qui sert du poulet grillé et des shawarmas. A 250 fils le shawarma, c'est certainement l'un des rares endroits où vous pourrez calmer votre faim à un prix raisonnable.

Comment s'y rendre

La gare des minibus et des taxis-service se trouve juste à côté des thermes est. Depuis Amman, vous pouvez prendre un taxi-service (45 mn, 650 fils environ) ou un minibus (350 fils) depuis la gare routière Abdali, ou faire du stop au rond-point Suweileh.

De Jerash, des minibus mènent à Irbid, Mafraq (300 fils environ pour ces deux destinations) et Ajlun (200 fils), à 25 km à l'ouest.

Si vous restez à Jerash après 17h ou 18h, il faut vous préparer à rentrer en stop car tous les transports en commun s'arrêtent à peu près à cette heure. La Tourist Police peut vous aider à arrêter une voiture pour vous emmener.

AJLUN

La route qui mène de Jerash à Ajlun, à 22 km à l'ouest, traverse de belles pinèdes et oliveraies.

Le principal monument de la ville est la forteresse **Qala'at ar-Rabad**, construite par les Arabes pour se protéger des croisés. C'est un bel exemple d'architecture militaire islamique. Elle se dresse sur une colline, à 2 km à l'ouest de la ville. Du sommet, on jouit d'une vue fantastique sur la vallée du Jourdain.

La montée est fatigante, mais des minibus-service, assez rares, vont jusqu'en haut pour 50 fils. Vous pouvez aussi prendre un taxi pour la modique somme de 500 fils (aller simple).

La forteresse fut construite par 'Izz ad-Din Urama bin Munqidh, neveu et général de Saladin, en 1184-1185, puis agrandie en 1214. Elle domine non seulement la vallée du Jourdain mais aussi trois wadis qui s'y jettent – Kufranjah, Rajeb et al-Yabes. Elle constituait de ce fait un maillon stratégique important dans la ligne de défense contre les croisés et, un pendant à leur fort Belvoir, sur le lac de Tibériade. Du fait de sa position dominante, c'était l'une des bases des feux d'alarme et des pigeonniers qui permettaient de transmettre des messages de l'Euphrate au Caire en une journée.

Après la disparition de la menace des croisés, la forteresse fut en grande partie détruite par les Mongols en 1260, puis presque aussitôt reconstruite par le sultan mamelouk Baybars Ier. Une garnison ottomane y fut stationnée au XVIIe siècle, après quoi l'édifice fut plus ou moins abandonné. Les tremblements de terre de 1837 et 1927 l'endommagèrent gravement, mais il a été depuis partiellement restauré.

Le fort, bien préservé, offre une superbe vue sur la vallée qu'il domine. Il est ouvert de 8h à 19h en été et de 8h à 17h en hiver. L'entrée est de 1 JD pour les non-Jordaniens.

Dans la ville proprement dite, le seul monument intéressant est la mosquée, au centre. On prétend que son minaret date de 600 ans.

Où se loger et se restaurer

Il existe deux hôtels, pratiquant des prix "touristiques", sur la route qui monte de la ville à la forteresse. Le premier, qui est le plus cher mais le plus accueillant, est le *Al-Rabad Castle Hotel* (☎ 462202) situé environ 500 mètres avant la forteresse. Ses chambres très confortables (mais sans ventilateur) dominent la vallée et la ville. Les prix sont tout aussi impressionnants : de 24 JD pour une simple à 32 JD pour une double avec s.d.b. et balcon. Le directeur accepte de baisser ses prix de quelques dinars, ramenant ainsi la chambre simple à 20 JD. L'établissement possède un restaurant agréable avec une pergola.

Environ 100 mètres plus haut, l'*Ajlun Hotel & Restaurant* (☎ 462524) est plus austère. Le prix d'une chambre avec s.d.b., chauffage et balcon, simple ou double est de 24 JD. Ici aussi, il est possible de marchander et d'obtenir la chambre à 20 JD, avec le petit déjeuner. Conséquence logique de cette politique tarifaire, les deux établissements sont en général assez déserts.

Il est parfois possible de se faire héberger au collège chrétien, à 2 km de là en direction de Jerash, mais il ne faut pas trop compter dessus.

Si vous voyagez avec une tente, vous pourrez camper dans la petite forêt qui se trouve à l'ouest de la forteresse. Prenez le chemin à droite 50 mètres avant la forteresse et passez devant le restaurant Al-Rabadh ; après le deuxième cabanon en béton, un petit chemin part sur la droite. Faites attention aux vieilles citernes éventrées et aux éventuelles fourmilières.

Dans le centre-ville, près du rond-point et quelque peu dissimulé derrière des terrasses de cafés, le restaurant *Green Mountain* vous réservera un accueil sympathique et empressé. Les prix sont modérés et la nourriture copieuse et bonne. Un repas de kebabs, accompagné d'houmous et de salade, vous reviendra à 1,55 JD. Les terrasses de cafés situées juste en face sont tout aussi agréables. On n'y sert bien sûr pas d'alcool (jamais en extérieur !) mais elles sont idéales pour un petit déjeuner. A plus forte raison si l'on complète son thé ou son café de quelques pâtisseries. Vous en trouverez de l'autre côté du rond-point, au coin de la rue qui monte vers le château.

Près de la gare routière, vous verrez quelques cafés où l'on peut acheter des felafels et des shawarmas. On peut manger des kebabs et boire une bière dans l'*Ajlun Tourist Park*. Il se trouve sur le côté gauche de la route, à 1 km environ en direction de Jerash. On a, en prime, une belle vue de la forteresse depuis l'autre versant de la vallée. Enfin, on peut pique-niquer autour du fort.

Argent

L'Arab Bank d'Ajlun change les espèces, mais n'accepte pas les chèques de voyage. Les retraits avec une carte de crédit y sont également impossibles. Certains employés parlent français.

Comment s'y rendre

Des minibus partent à heures régulières de Jerash (200 fils, 25 km et 30 minutes environ) ou d'Amman (trajet direct, 450 fils, 1 heure 30). Il est possible de se rendre d'Amman à Jerash, Ajlun puis Irbid en une journée.

Pour aller à Irbid, le trajet en minibus coûte 250 fils et demande 45 minutes. Heureusement, les jours ouvrables, on peut aussi prendre un grand bus climatisé, mais le matin la compétition est rude avec les étudiants qui se rendent à l'université du Yarmouk d'Irbid.

A Ajlun, on accède à la gare routière par une petite rue qui descend derrière la mosquée.

IRBID

Les objets et les tombes découverts dans la région indiquent qu'Irbid est peuplée depuis l'âge du bronze. Cette ville – la seconde du pays – offre cependant un intérêt touristique limité. Cela dit, elle constitue un point de départ pratique et agréable pour se rendre à Umm Qais et al-Hemma – à la frontière syrienne – avec un beau panorama sur le plateau du Golan, le lac de Tibériade et Pella.

L'université a contribué à créer un second "centre-ville", à plus d'un kilomètre au sud du premier. Attirés par la clientèle du campus, visiblement demandeuse de ce genre d'officines, les bars et restaurants rapides y sont légion, donnant à cette partie d'Irbid un visage occidentalisé sensiblement différent de celui des autres villes jordaniennes. Importante et active, l'université du Yarmouk d'Irbid fut le théâtre de troubles début 1986. Les étudiants réclamaient une plus grande participation dans la gestion de l'université. Au cours des affrontements avec la police, trois manifestants furent tués. Cette émeute révéla le mécontentement croissant d'une population qui souhaitait participer davantage dans les affaires de son pays.

Renseignements

Argent. Vous n'aurez aucun problème pour changer de l'argent car la plupart des grandes banques ont une agence dans le centre-ville. Vous pouvez effectuer des retraits en liquide avec une carte Visa à la Jordan Bank, au 1er étage du bâtiment de l'hôtel Abu Baker.

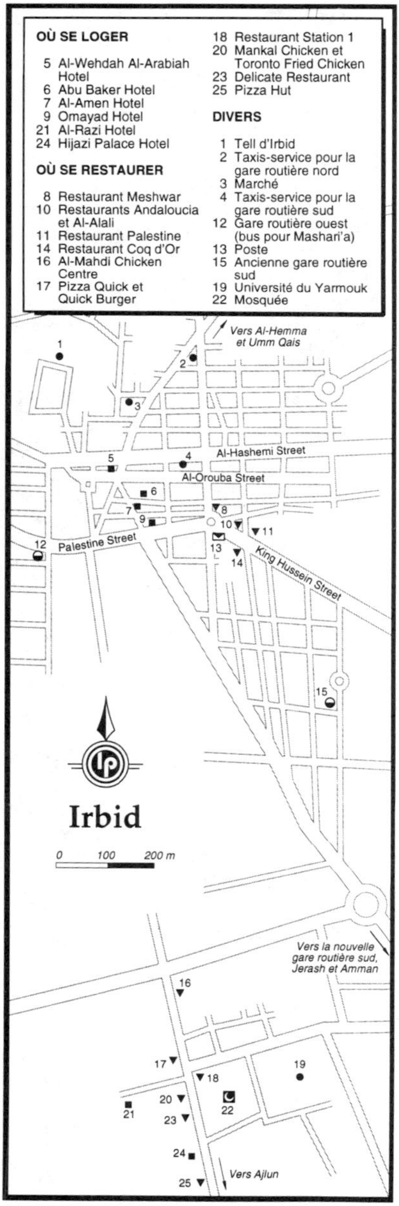

L'Arab Bank, en face de l'hôtel Al Wehdah Al Arabiah change les devises et accepte également la carte Visa. Enfin, il existe trois bureaux de change aux pieds de l'hôtel. Ils pratiquent des taux convenables.

A voir

Irbid n'est pas riche d'endroits à visiter, si ce n'est deux musées situés sur le campus de l'université. A l'entrée principale, avancez tout droit sur environ 300 mètres. A votre droite, après le bâtiment 20, vous verrez le **musée du Patrimoine jordanien**, ouvert de 10h à 17h sauf le mardi et le vendredi. Dépendant de l'Institut d'archéologie et d'anthropologie de l'université, il est considéré comme le meilleur musée archéologique du pays et propose un très bel éclairage sur les richesses des sites jordaniens. Pédagogique et moderne, proposant des explications en anglais, il est préféré par beaucoup au Musée archéologique d'Amman et reflète l'importance de l'université du Yarmouk dans la mise en valeur du patrimoine archéologique du pays. L'entrée est gratuite, tout comme pour le **musée d'Histoire naturelle**.

Vous atteindrez celui-ci en revenant sur l'artère principale et en continuant tout droit en direction du stade. Situé une centaine de mètres après le rond-point, ce petit bâtiment porte le numéro 23. Il est ouvert de 8h à 17h et ses portes restent fermées les mardi et vendredi.

Où se loger – petits budgets

On trouve plusieurs hôtels dans le centre animé. L'*Al-Wehdah Al Arabiah* (☎ 242083) est indiqué par une enseigne en haut du bâtiment et une entrée colorée reconnaissable. Il est agréable, propre et certaines chambres sur rue possèdent un balcon. Les chambres simples/doubles sont à 5/8 JD et la douche coûte 500 fils. On peut utiliser le frigidaire de l'hôtel.

L'*Hotel Al-Amen* (☎ 242384), qui pratique des tarifs comparables, est également un bon choix. Les douches sont chaudes (500 fils), certaines chambres sont équipées d'un ventilateur, et vous pouvez vous servir du réfrigérateur et de la cuisinière. Le personnel est particulièrement aimable.

L'entrée de l'*Abu Baker Hotel* se trouve en haut d'un escalier où est indiquée la Jordan Bank. Si les tarifs affichés sont les mêmes que ceux pratiqués par les deux établissements précédents, ils peuvent descendre à 4 JD la chambre simple et 6 JD la double en période creuse. Les chambres sont sommaires, mais propres et certaines sont équipées d'un ventilateur.

Où se loger – catégorie moyenne

Si vous cherchez un hôtel un peu supérieur, l'*Omayad Hotel (Al Umayya)* (☎ 245955) se trouve non loin des précédents, dans King Hussein St, au-dessus de la Jordan Arab Investment Bank. Les chambres sont agréables, claires et propres, avec s.d.b. contiguë, TV et ventilateur. Comptez 14/18 JD pour une simple/double, mais vous pourrez gagner quelques dinars en marchandant avec le sympathique patron qui parle parfaitement anglais. Le supermarché en bas de l'hôtel est particulièrement bien approvisionné.

Près de l'université, à 100 mètres dans une petite rue en pente en face du restaurant Station 1, réside l'*Al-Razi Hotel* (☎ 275515). Les chambres simples/doubles coûtent 22/27,5 JD mais on peut marchander un peu. Calme et entouré de verdure, l'hôtel dispose également de quelques chambres doubles plus luxueuses, avec air conditionné, à 33 JD. Les chambres sont propres et grandes, avec TV et ventilateur. Le quartier est agréable, bien qu'un peu excentré (si c'est le centre d'Irbid qui vous intéresse). L'hôtel héberge pour l'essentiel des étudiants aisés.

L'établissement hôtelier le plus huppé d'Irbid, le *Hijazi Palace Hotel* (☎ 279500 ; fax 279520) se situe plus au sud sur l'artère principale. C'est l'équivalent d'un 3 ou 4 étoiles avec des chambres allant de 48 JD (simple) à 60 JD (double). Ces tarifs incluent le petit déjeuner et, outre les habituels accessoires du luxe, vous pourrez y jouer au billard.

Où se restaurer

Quantité d'échoppes vendent des felafels et des shawarmas dans le centre. Si vous voulez changer un peu, le *Meshwar Restaurant*, près du rond-point à côté de la poste, vend toutes sortes de sandwiches et propose des jus de fruits frais pour 400 fils. Il ferme tôt dans la soirée. Le *Coq d'Or*, à côté de la poste, en face de l'alléchante pâtisserie *Kit Kat*, propose des demi-poulets grillés à 1 JD.

A côté de la pâtisserie, une enseigne vous indiquera l'Andaloucia. Situé au 6e étage d'un immeuble par lequel on pénètre par un petit passage, ce restaurant n'a rien d'andalou : on y sert, entre autres, des kebabs à 1,6 JD et des escalopes "milanese" à 2,7 JD. Deux étages au-dessus, l'*Al Alali* promet un mélange de viandes grillées à 2,5 JD.

L'un des endroits les plus agréables est certainement le bar à l'enseigne *"Bell's"*, à côté du Meschwar. On peut y boire une bière, mais aussi s'y restaurer. Un demi-poulet grillé accompagné d'une salade vous coûtera 1,15 JD. Au chapitre des bonnes adresses, bien que plus cher, ajoutons le restaurant de l hôtel Omayad, dont la salle agréable est située au-dessus de celui-ci. Un délicieux kebab servi avec tomates, oignons, persil, quelques frites et une salade "turque" judicieusement épicée, le tout conclu d'une crème caramel (un peu fade, certes) et d'un thé, vous reviendra à 3 JD environ. Enfin, *le Palestine* et le *Al-Saadi* proposent une nourriture conventionnelle à des prix corrects.

Dans le quartier sans doute le plus animé d'Irbid, près de l'université, il existe quantité de cafés-restaurants. Prenez à gauche en sortant par l'entrée principale de l'université. Vous débouchez dans une rue passante. En remontant sur la gauche, vous trouverez le fast-food *Station 1* où un hamburger convenable coûte 350 fils. En face, les restaurants *Pizza Quick* et *Quick Burger* proposent des pizzas à 1,75 JD, des hamburgers à 450 fils et des pâtisseries. Si vous avez envie de poulet, essayez le *Al Mahdi Chicken Center*, à environ 200 mètres vers le nord. Ce restaurant populaire s'annonce comme le roi du poulet et vous servira un demi de ces volatiles pour 900 fils. Si vous préférez une pizza, choisissez le restaurant *Delicate* (1,4 à 1,7 JD) ou encore *Pizza Hut* (1,65 à 2,74 JD pour la version aux crevettes), à proximité du Hijazi Palace. Enfin, vous pourrez fumer le narghileh au café *Nice Look* pour 1 JD.

JORDANIE

Les amateurs de bière pourront étancher leur soif à la petite boutique à l'enseigne Pepsi sur King Hussein St, en face de l'Omayad Hotel (celle qui est à côté d'un magasin de disques, précision utile si l'on sait qu'ici une échoppe sur deux arbore la signalétique de Pepsi, démontrant ainsi la victoire de Tina Turner sur Michael Jackson au nord d'Amman). La canette de bière Amstel coûte 750 fils et, pour ce prix, on vous fournira un sac en papier opaque afin de la dissimuler aux yeux du public en repartant. Il s'agit certainement là du seul point commun notoire entre Irbid et New York.

Comment s'y rendre

Bus/minibus. Il existe quatre gares routières à Irbid. La gare du nord est à environ 20 minutes de marche du centre. Sinon, un minibus-service qui part du souk passe devant (110 fils). Depuis cette gare, des minibus relient Umm Qais (45 minutes, 200 fils) et al-Hemma (1 heure, 300 fils).

L'ancienne gare routière du sud n'offre plus grand intérêt pour les voyageurs car elle ne dessert que des localités proches. Il ne faut pas la confondre avec la grande gare routière, au sud-est de la ville.

Depuis la nouvelle gare routière sud (demandez le *mujama' Amman al-jadîd*), des bus climatisés Hijazi se rendent à la gare Abdali d'Amman, avec un départ toutes les 15 à 20 minutes jusqu'à 18h30 environ (825 fils). On achète son billet au guichet et le trajet dure environ 1 heure 30 selon la circulation. Les places à bord sont numérotées. Il s'agit du numéro écrit à la main le plus bas sur votre billet.

Des minibus, jusqu'à 20h30 (2 heures environ, 550 fils) et des taxis-service (2 heures, 1 JD) font également le trajet Irbid/Amman. On peut également prendre un minibus pour Ajlun (45 minutes, 250 fils), Ramtha (voir ci-dessous) et Mafraq.

Depuis la gare routière de l'ouest, près de Palestine St et du centre-ville, des minibus partent pour Al-Mashari'a (1 heure 30, 300 fils), d'où l'on peut marcher jusqu'à la cité romaine de Pella, au nord de la vallée du Jourdain.

Depuis al-Mashari'a, on peut aussi gagner les autres bourgades de la vallée du Jourdain.

Depuis/vers la Syrie. Si vous voulez vous rendre directement à Damas, des taxis-service syriens effectuent le trajet depuis la nouvelle gare routière au sud de la ville. Le trajet dure entre 3 et 4 heures selon les formalités de douane et coûte 4 JD ou 300 livres syriennes.

Autre solution : prendre un minibus depuis cette même gare routière jusqu'à Ramtha (ou ar-Ramtha), dernière ville avant le poste-frontière jordanien, pour 200 fils, puis faire du stop sur les 2 km qui restent avant la frontière. Après le passage de la douane, les soldats arrêteront un véhicule pour qu'il vous conduise du côté syrien. Une fois la douane passée, il vous faudra marcher ou faire du stop pour rejoindre la première agglomération, Der'a, à 3 ou 4 km, d'où vous pourrez prendre un bus pour Damas et Bosra. Dernière possibilité : prendre un taxi-service de Ramtha à Der'a.

Si vous arrivez de Syrie, vous pouvez faire la même chose en sens inverse. Une fois à Ramtha, prenez un minibus pour Irbid puis un autre jusqu'à Amman.

Gardez à l'esprit que le territoire syrien est actuellement interdit d'accès aux voyageurs dont le passeport comporte un visa israélien. Le faire tamponner sur une feuille volante ne résout pas forcément le problème : certains voyageurs se sont en effet vus refuser l'entrée en Syrie car il était possible de voir d'après leur visa d'entrée en Jordanie qu'ils étaient arrivés par le pont Allenby.

Depuis/vers Israël

Il est maintenant possible de se rendre en Israël par le pont Shiek Hussein (à ne pas confondre avec le pont Allenby, aussi appelé King Hussein Bridge), à une soixantaine de kilomètres d'Irbid, en face de la ville israélienne de Beit She'An. La frontière est ouverte de 8h à 18h, tous les jours sauf le samedi.

Il n'est pas actuellement possible de traverser avec un véhicule immatriculé en Jordanie. Reportez-vous au chapitre *Comment s'y rendre* consacré à la Jordanie.

Comment circuler

De nombreux voyageurs font simplement étape à Irbid (il est tout à fait possible de se rendre à Umm Qais et al-Hemma *via* Irbid dans une longue journée). On peut aller d'une gare routière à l'autre en évitant la circulation du centre. Des taxis-service (qui sont souvent des minibus) desservent les différentes gares et le centre-ville. Ils partent près du souk et vont jusqu'à la gare routière nord (110 fils).

Depuis l'artère principale, al-Hashemi St, des taxis-service se rendent à la nouvelle gare routière sud en passant en principe devant l'ancienne (80 fils). Au même endroit, on peut prendre un taxi ou un minibus pour l'université du Yarmouk (70 fils en bus, environ 700 en taxi). Les gares routières nord, ouest et sud sont reliées par le même type de taxis-service, de telle sorte que vous n'avez pas besoin de vous arrêter en ville. Dans l'ensemble, les taxis sont assez chers à Irbid : la course de la gare routière sud au centre-ville revient à environ 500 fils.

UMM QAIS (GADARA)

Tout au nord de la Jordanie, à 30 km au nord-ouest d'Irbid, Umm Qais domine au nord le plateau du Golan et le lac de Tibériade et, au sud, la vallée du Jourdain.

C'est le site de l'ancienne ville gréco-romaine de Gadara, qui faisait partie de la Décapole et, selon la Bible, l'endroit où Jésus délivra deux possédés du démon, qui s'enfuit dans un troupeau de pourceaux (Matthieu 8, 28-34).

La ville fut prise aux Ptolémée par les Séleucides en 198 av. J.-C., puis par les Juifs menés par Hyrcan en 100 av. J.-C. Lorsque les Romains, dirigés par Pompée, envahirent l'est et que la Décapole fut constituée, Gadara, prise aux Juifs en 63 av. J.-C., prit rapidement de l'importance. Des programmes de construction à grande échelle furent entrepris, comme c'était l'usage chez les Romains.

Les Nabatéens contrôlaient les voies commerciales au nord jusqu'à Damas. Cette interférence avec les intérêts de Rome incita Marc Antoine à dépêcher Hérode le Grand avec pour mission de les vaincre. Le souverain nabatéen fut renversé en 31 av. J.-C.. Hérode reçut Gadara après une victoire navale et la gouverna jusqu'à sa mort, en 4 av. J.-C., au grand dam de ses habitants qui avaient tout tenté, en vain, pour qu'il perde sa faveur auprès de Rome. Après sa mort, la ville retrouva une relative indépendance dans la province romaine de Syrie.

Gadara continua à prospérer après la conquête du royaume nabatéen par Trajan en 106 et fut le siège d'un évêché jusqu'au VIIe siècle. Au moment de la conquête arabe, cependant, ce n'était plus qu'un petit village.

Depuis 1974, des équipes allemandes et danoises fouillent et restaurent le site, qui connaît actuellement un essor touristique certain. Outre la vague grandissante de touristes occidentaux à destination du Proche-Orient, Gadara, de par sa proximité avec l'État hébreu, est en effet une destination privilégiée pour les premiers groupes de visiteurs israéliens.

A voir

Le site se trouve à la sortie de la ville, en descendant sur Al-Hemma, en haut d'un chemin de terre. Sur une butte à gauche (une ancienne acropole ?), se dresse un ancien bâtiment ottoman, Bayt Rusan. Il abrite un petit **musée** dans une fort jolie cour. Ouvert de 8h à 17h (16h en hiver) et fermé le mardi, il renferme des objets et des mosaïques de la région. L'une des pièces les plus intéressantes est une mosaïque du IVe siècle, qui fut trouvée dans l'un des mausolées de la ville. Elle est éclipsée, peut-être, par la statue d'une déesse sans tête en marbre blanc, découverte dans la première rangée du **théâtre ouest**.

Le théâtre, en très mauvais état, se trouve de l'autre côté du Government Resthouse, en dessous du musée. Le chemin pour y accéder est une ancienne voie romaine. La vue sur le lac de Tibériade est magnifique.

On arrive ensuite à la **rue à portiques**, qui était autrefois le centre commercial de la ville. Le théâtre et certaines des colonnes sont taillés dans du basalte noir – comme d'ailleurs un grand nombre des maisons modernes de la région, construites avec des pierres prélevées sur les ruines. Plus à l'ouest, par la voie romaine, se dressent un **mausolée,** puis des **thermes** à droite et, un peu plus loin à gauche, un deuxième mausolée. A quelques centaines de mètres, on aperçoit les contours à peine visibles de ce qui fut un hippodrome.

L'entrée vous coûtera 1 JD, musée inclus.

Au-delà des ruines de Gadara, le site doit son intérêt à la superbe vue qu'il offre sur le lac de Tibériade et le plateau du Golan.

Où se loger et se restaurer

L'*Umm Qais hotel* (☎ 217081 ; fax 242313), ouvert au printemps 1995, vous réservera un accueil chaleureux. Heureusement, car c'est le seul hôtel de la ville. Les chambres proprettes avec ventilateur coûtent 5 JD et l'établissement accepte les cartes Visa et Mastercard. Il existe un restaurant sur la terrasse où un repas revient à 3 JD.

Sur le site, la *Government Resthouse* dispose d'une superbe terrasse ouverte sur un non moins beau point de vue. Prix exceptionnels pour cet endroit d'exception : entrées à 1,5 JD, plats de 3 à 4,5 JD. Si vous souhaitez simplement vous désaltérer, la petite boutique de souvenirs en bas du site propose des boissons fraîches. Vous y trouverez également des objets d'artisanat, des cartes postales et des timbres. Le propriétaire, qui parle fort bien anglais, offre parfois le thé aux voyageurs qui prennent le temps de s'arrêter.

JORDANIE

Al-Hemma

Les thermes d'al-Hemma se trouvent à 10 km d'Umm Qais, au pied de la colline, en direction du Yarmouk et du Golan. Les alentours de la rivière et des sources sont d'un vert luxuriant qui contraste fortement avec le plateau aride et très escarpé du Golan, au nord, occupé par les Israéliens que l'on peut voir, de temps à autre, patrouiller en jeep.

A l'époque romaine, les thermes étaient célèbres pour leurs vertus thérapeutiques. Ils sont encore utilisés, mais il faut être très motivé pour sauter dans ces eaux nauséabondes. Si tel est votre cas, sachez qu'il existe des horaires réservés aux hommes et d'autres aux femmes.

Où se loger et se restaurer

Un hôtel près des thermes propose des chambres correctes à 8 JD. Vous pourrez également essayer le *Sah Alnoum Hôtel*, en descendant dans la ville à gauche après les thermes. Actuellement en travaux de peinture, il promet d'être propre et bon marché : 4 JD la chambre (sans s.d.b.). A côté des thermes, le restaurant *Al Ahmeh* est onéreux. Sauf à être frugal : un bol de houmous et une boisson gazeuse vous reviendront à 1 JD, un thé à 500 fils. C'est le seul restaurant de Al Hemma et sa terrasse est assez agréable.

Comment s'y rendre

Des minibus partent à heures régulières d'Irbid pour Umm Qais (200 fils, 45 minutes) et al-Hemma (300 fils, 1 heure). A Umm Qais, mettez-vous au bord de la route et attendez qu'un minibus passe ou faites du stop. Prenez votre passeport car il y a un contrôle militaire aux abords d'Umm Qais et au moins un autre, plus près d'al-Hemma. La présence militaire s'explique bien sûr par la proximité du plateau du Golan et, en règle générale, la zone est placée sous un sévère contrôle. On vous interdira, par exemple, de photographier le Golan depuis al-Hemma (mais pas depuis Umm Qais). Si par hasard, vous entendez un bruit comparable à celui d'une bombe et voyez en même temps une trajectoire se dessiner dans le ciel, ne vous inquiétez pas outre mesure. Il s'agit d'avions de reconnaissance israéliens qui passent le mur du son avant de survoler le Golan.

UMM AL-JIMAL

On sait relativement peu de choses au sujet de cette étrange ville noire située au sud du Hauran (qui porte également le nom de Jebel Druze), à seulement 10 km de la frontière syrienne et à 20 km à l'est de Mafraq.

On pense qu'elle fut fondée vers le IIe siècle et faisait partie des postes de défense des possessions arabes de Rome. Reliée au nord à Bosra (aujourd'hui en Syrie) et au sud-ouest à Amman (alors Philadelphie), elle constituait une plaque tournante commerciale pour les Bédouins et les caravanes. La ville, qui compta jusqu'à 10 000 habitants, prospéra pendant la période omeyyade, avant d'être détruite par un tremblement de terre en 747. Elle ne retrouva jamais sa richesse.

A voir

Il reste essentiellement des ruines – souvent plus intéressantes pour les archéologues que pour les touristes – d'une architecture urbaine ordinaire : boutiques et habitations privées. Lorsqu'on pénètre sur le site, le premier édifice imposant dominé par une tour carrée était, pense-t-on, une **caserne** adossée à une **église**. Le bâtiment le plus facile à identifier grâce à ses quatre arches, est l'**église Ouest**. Entre les deux, on peut voir une **cathédrale** sur la droite (qui donne sur l'église ouest) et le **prétoire** à gauche.

Comment s'y rendre

Il est possible de s'y rendre en une journée depuis Amman. On peut prendre un bus local ou un minibus pour Hammamat Ma'in (80 à 120 fils), puis de là un minibus pour Mafraq (350 fils environ) et enfin un dernier pour 200 fils.

En voiture, il faut sortir de Mafraq par la Highway 5 en direction d'as-Safawi, où l'on rejoint la grand-route qui part à l'est d'Amman *via* Azraq en direction de Bagdad. Les raisons de vouloir prendre cette direction sont limitées mais si c'est le cas, le trajet en minibus de Mafraq à as-Safawi coûte environ 800 fils.

La vallée du Jourdain

La fertile vallée du Jourdain, qui fait partie des fossés africains, joua un rôle très important à l'époque de la Bible et constitue aujourd'hui la réserve alimentaire de la Jordanie.

Le Jourdain prend sa source en plusieurs endroits, principalement dans les massifs de l'Anti-Liban en Syrie, traverse le lac de Tibériade – à 212 mètres en dessous du niveau de la mer – avant de se jeter dans la mer Morte qui, à l'altitude négative de 392 mètres, est le point le plus bas du globe. La longueur du fleuve est de 360 km, mais à vol d'oiseau la distance entre sa source et la mer Morte n'est que de 200 km.

C'est dans cette vallée, il y a quelque 10 000 ans, que pour la première fois les hommes se lancèrent dans l'agriculture et abandonnèrent leur mode de vie nomade pour une existence sédentaire. Ils construisirent des villages et installèrent des dispositifs primitifs d'irrigation. Dès 3000 av. J.-C., les produits de la vallée étaient exportés dans les régions voisines. Le Jourdain revêt une importance particulière pour les chrétiens car c'est dans ses eaux que, selon le Nouveau Testament, le Christ fut baptisé par saint Jean-Baptiste.

Depuis 1948, le fleuve marque la frontière entre Israël et la Jordanie, du lac de Tibériade au Yarbis. Du Yarbis à la mer Morte, il marque la ligne de cessez-le-feu de 1967 entre les deux pays.

Au cours de la 3e guerre israélo-arabe en 1967, la Jordanie a perdu la Cisjordanie, qu'elle avait annexée en 1950. La population du versant est de la vallée est passée de 60 000 personnes, avant la guerre, à 5 000 en 1971.

Pendant les années 70, des routes et des villages ont été construits et la population dépasse actuellement 100 000 habitants. Il n'existe pas de ville le long du fleuve. L'ancienne cité romaine de Pella (Tabaqat Fahl) occupait autrefois une position dominante sur le versant est.

Des projets d'irrigation ambitieux – tels que le canal East Ghor (aujourd'hui King Abdallah), qui fut étendu à la fin des années 80 et au début des années 90 – ont considérablement augmenté les surfaces cultivables. Le barrage de Karameh, à 50 km d'Amman, dont la réalisation a été confiée à une entreprise italienne permettra d'irriguer une nouvelle étendue de terres. Quant à l'énorme projet du barrage al-Wahdeh, commun avec la Syrie, sur le Yarmouk, il a été abandonné car les pays étrangers refusent d'y investir sans l'approbation d'Israël.

Les étés chauds et secs suivis d'hivers doux et courts constituent des conditions climatiques idéales pour les cultures et l'on peut ainsi effectuer deux à trois récoltes par an. La région produit chaque année des milliers de tonnes de fruits et de légumes : tomates, concombres, melons et agrumes (sans oublier les bananes, choix contesté par certains agronomes qui font remarquer que la culture d'une plante tropicale grande consommatrice d'eau n'est guère adaptée à la région). L'utilisation de serres en plastique a permis de multiplier par sept la productivité. Ainsi, la Jordanie peut exporter de grandes quantités de produits frais dans les pays environnants.

Mis à part la mer Morte et Pella, la région offre peu d'intérêt pour les voyageurs. Les archéologues amateurs pourront quant à eux s'intéresser au site de Deir Alla.

Vous devrez constamment avoir votre passeport sur vous dans la vallée du Jourdain car les contrôles de police sont fréquents. Ils sont souvent faits au faciès et – juste retour des choses – les policiers jettent souvent leur dévolu sur les Européens. Il s'agit néanmoins de contrôles de pure routine.

DEIR ALLA

Il faut vraiment être passionné d'archéologie pour apprécier le site de Deir Alla. Le profane n'y verra qu'un monticule terreux. Situé à 35 km au nord de South Shuneh, il se trouve 500 mètres environ avant le village – en venant du nord – au coin d'une station-service. S'il reste peu de choses à voir aujourd'hui, cet emplacement n'en possède pas moins une importance historique. Selon le livre de Josué, dans l'Ancien Testament, Jacob se reposa ici après s'être battu avec l'ange et baptisa l'endroit Sukkot. Certains archéologues mettent en doute cette affirmation.

Un sanctuaire impressionnant a été construit sur le petit *tell* (colline) vers 1500 av. J.-C. En usage jusqu'en 1200 av. J.-C., il fut ensuite abandonné après avoir été détruit, selon certains par un tremblement de terre et, selon d'autres, par l'armée égyptienne. Les archéologues hollandais ont trouvé des figurines et des encensoirs sur le site, qui semble avoir été un temple.

Une colonie perse s'installa à Deir Alla au IIIe siècle, puis le site resta à l'abandon jusqu'à l'arrivée des Arabes où il servit alors de cimetière aux villages des alentours. Un panneau au pied de la colline explique ce que l'on pouvait voir autrefois.

Vous trouverez une petite exposition des trouvailles faites sur le site dans un bâtiment blanc, au bout du chemin à gauche. Demandez dans les maisons alentour si vous souhaitez la visiter.

Où se restaurer

Il existe quelques boutiques où il est possible acheter des sodas en face de la station-service, ainsi que des petits restaurants populaires, pas toujours ouverts.

Comment s'y rendre

Un minibus direct part de la gare routière Abdali d'Amman, mais pas très souvent (370 fils environ). On peut aussi prendre un autre minibus pour Suwalha, à ne pas confondre avec Suweileh (370 fils), qui est un carrefour important pour les minibus de la vallée, à quelques kilomètres au sud de Deir Alla. De là, on peut emprunter un bus pour toutes les localités au nord ou au sud de la vallée (avec peut-être un ou deux changements en route). Vous pouvez également vous rendre à Deir Alla au départ d'Irbid.

Bien qu'elle soit la “grosse” ville la plus proche, il vous faudra prendre 3 bus pour vous y rendre au départ d'Ajlun : le premier pour Kufranjah (15 minutes, 150 fils) ; le second pour Kraymeh (20 minutes, 200 fils) et un dernier pour faire les quelques kilomètres restants jusqu'au site. Au retour, certains bus rentrent directement de Kraymeh à Ajlun en fin de journée (300 fils).

PELLA (TABAQAT FAHL)

A 30 km au nord de Deir Alla, près du village d'al-Mashari'a, se trouvent les ruines de l'ancienne cité de Pella (Tabaqat Fahl). La route goudronnée qui mène au site est très pentue et la chaleur peut être accablante en été. N'oubliez pas de prendre de l'eau dans l'une des boutiques d'al-Mashari'a avant de partir. Mal indiqué, le site est situé à environ 2 km en montant, sur la droite, et est caché de la route par un monticule de terre. Le site était habité dès 5000 av. J.-C. et des textes égyptiens y font référence au deuxième millénaire av. J.-C., mais c'est à l'époque gréco-romaine que Pella fut la plus prospère. La cité s'appelait à l'origine Pehal, qui aurait été altéré pour ressembler au lieu de naissance d'Alexandre le Grand. Pella connut le sort de nombreuses autres cités de la région et se trouva successivement sous la coupe des Ptolémée, des Séleucides et des Juifs qui la détruisirent en grande partie en 83 av. J.-C. parce que ses habitants refusaient d'adopter les usages de leurs vainqueurs.

Pella était l'une des cités de la Décapole, cette ligue commerciale d'une dizaine de villes constituée par Pompée après la conquête de la Syrie et de la Palestine en 64 av. J.-C. C'est à Pella que les chrétiens vinrent au IIe siècle se réfugier pour se protéger des persécutions de l'armée romaine en Israël.

La ville connut son âge d'or pendant l'époque byzantine et devint évêché en 451. On estime qu'elle comptait alors une population d'environ 25 000 habitants. C'était une station thermale courue, et les gens de la région se baignent encore aujourd'hui dans les sources fraîches de Wadi Al-Jirm. La défaite des Byzantins face aux envahisseurs arabes près de la ville, en 635, fut suivie du coup fatal de la bataille du Yarmouk l'année suivante.

Les chercheurs sont persuadés que jusqu'à l'important tremblement de terre qui secoua toute la région en 747, la cité de Fahl (son nom arabe) continua à prospérer sous le règne des Omeyyades. Les fouilles archéologiques montrent que, même après le tremblement de terre, la ville resta habitée. Les Mamelouks l'occupèrent aux XIIIe et XIVe siècles, puis la ville resta pratiquement à l'abandon jusqu'au XIXe siècle.

En 1967, une équipe américaine commença un chantier de fouilles. Elle fut rejointe en 1978 par une équipe australienne qui a, depuis, repris le plus gros du travail. Bien que l'on sache qu'elles ne permettront pas de dégager des monuments équivalents à ceux de Jerash par exemple, ce site revêt une grande importance car on y a trouvé des traces d'occupation datant de l'âge de pierre jusqu'au Moyen-Age. Un important travail de fouille reste encore à faire à Pella.

A voir

A gauche du chemin, on aperçoit d'abord l'**église Ouest**. Elle fut construite au VIe siècle, comme l'indiquent ses trois colonnes encore debout. On arrive ensuite à un cimetière et aux vestiges d'une mosquée mamelouke du XIVe siècle. Plus loin sur la gauche, une citerne de l'époque byzantine contenait plus de 300 000 litres d'eau.

On se rapproche ensuite d'une zone connue sous le nom de "monticule principal". C'est un dédale de maisons, de boutiques, d'entrepôts, etc. Si vous regardez de l'autre côté de la vallée, vous verrez un bâtiment neuf à trois arches : le nouveau Government Resthouse. Plus bas à droite, une concentration de constructions byzantines et romaines formaient l'essentiel des édifices de la cité.

Juste à droite de l'imposante **église**, datant du VIe et VIIe siècles, se trouve un petit odéon ou **théâtre** du Ier siècle, sur le lit du Wadi al-Jirm. A l'est de l'église, on peut voir les ruines d'un **nymphée**, ou bain, et plus à l'est, perchée sur une butte, l'**église Est**. Au sud, se dresse le **Tell Hosn,** au sommet duquel se trouvait un fort byzantin. A l'ouest de la cathédrale, on découvre d'imposants vestiges des murs d'enceinte de la cité datant de l'âge de bronze.

Où se restaurer

Comme c'est souvent le cas, la *Government Resthouse* est très bien située et sa terrasse, dominant le site, est particulièrement agréable. Autre caractéristique de ces établissements : les prix pratiqués sont chers et celle-ci ne fait pas exception à la règle. Le patron vous vantera les qualités gustatives de ses poulets de la vallée du Jourdain à 5 JD le demi-galinacé ! Vous pourrez néanmoins déjeuner de houmous et de salade pour 1,5 JD. Un thé vous coûtera 1 JD.

Comment s'y rendre

On peut s'y rendre directement depuis Irbid pour 350 fils. Depuis Amman, prenez un minibus pour Suwalha, puis un autre pour al-Mashari'a, la localité située en bas de la route qui mène au site. Il est également possible d'emprunter plusieurs minibus qui remontent la vallée depuis South Shuneh ou qui la redescendent depuis North Shuneh. Enfin, on peut s'y rendre en stop.

LA MER MORTE

La mer Morte (al-Bahar al-Mayit ou Bahr Lut, la mer de Loth) s'étend sur 75 km de long et sur 6 à 16 km de large. On l'appelle ainsi parce que sa concentration en sel est si élevée (33%) qu'elle rend toute vie végétale et animale impossible. Cette teneur en sel n'a aucun lien avec le fait qu'elle se trouve en dessous du niveau de la mer. Elle est due au fort taux d'évaporation qui, au cours des ans, a provoqué l'accumulation des sels. Malgré le fait que le Jourdain s'y écoule, le niveau de la mer Morte ne cesse de baisser car on détourne chaque année de la rivière de plus en plus d'eau pour l'irrigation.

Quoi qu'il en soit, cette concentration en sel permet une baignade étonnante. Étant donné la haute densité de l'eau, le corps flotte beaucoup plus, si bien qu'il est pratiquement impossible de se noyer. Il est aussi pratiquement impossible d'y nager car on n'est pas suffisamment enfoncé dans l'eau pour faire les mouvements, mais on peut bien entendu faire la planche et lire le journal pour se faire photographier. Une fois dans l'eau, vous découvrirez probablement sur votre corps des coupures que vous n'aviez pas vues, révélées et rendues douloureuses par l'eau salée. De même, si vous avez la malchance de recevoir de l'eau dans les yeux, préparez-vous à quelques minutes de souffrance. Après s'être plongé dans la mer Morte, on ressort couvert d'une couche de sel qui démange beaucoup. Ne vous baignez pas là où il n'y a pas de douches ni de sources d'eau douce à proximité.

Au sud de la mer Morte, les Jordaniens ont commencé à exploiter la potasse contenue dans cette eau riche en sels minéraux. De larges étangs d'évaporation, couvrant quelque 10 000 hectares, ont été aménagés et tous les jours, plus d'un million de tonnes d'eau sont pompées pour les remplir. Les sels de potassium concentrés sont ensuite raffinés dans l'usine de traitement située au sud de Safi.

Cette usine produit actuellement un peu moins d'1,4 million de tonnes de potasse par an, ce qui fait de la Jordanie l'un des plus gros producteurs du monde. Pénalisée par la chute mondiale des prix, l'Arab Potash Company a néanmoins exporté pour 130 millions de dollars américains de potasse en 1994 et une extension de l'usine est actuellement en cours de réalisation.

Où se loger et se restaurer

La "plage" de Suweimeh est l'endroit où vont la plupart de ceux qui veulent se baigner sur la rive est (jordanienne) de la mer Morte. L'endroit est touristique et la plage – entourée d'une palissade – est assez sale et décevante. L'unique intérêt du lieu réside donc dans l'inénarrable sensation d'apesanteur aquatique d'un bain dans la mer Morte. L'accès à la plage coûte 1 JD, utilisation des douches et des cabines comprise. La plage est envahie les vendredi et dimanche, et les douches s'arrêtent au coucher du soleil.

Au *Dead Sea Resthouse and Bungalows*, établissement d'État, on peut prendre une douche, se changer et manger dans un restaurant climatisé. Outre quantité d'alcools, on y sert des sandwiches et des hamburgers à 1,5 JD. Le *Jericho self service*, juste à côté, propose l'habituelle palette des saveurs de la nourriture jordanienne (houmous, poulet, kebabs) à des prix touristiques. Ses horaires sont variables.

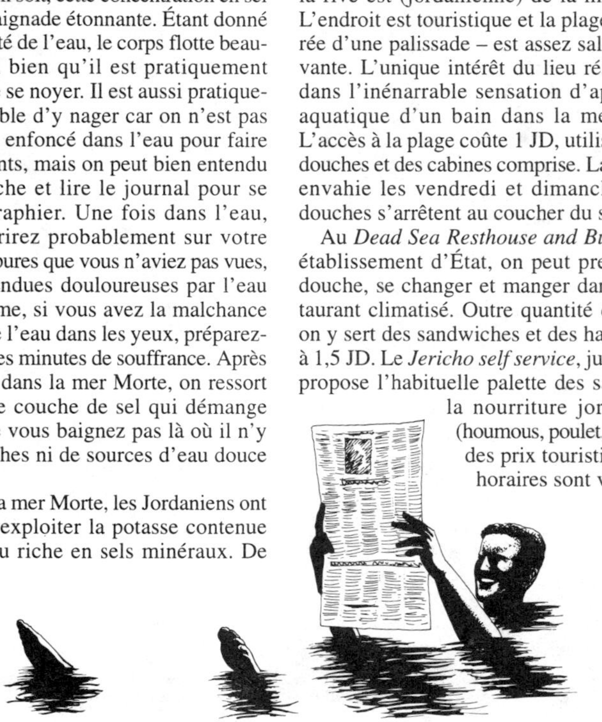

Vous pouvez acheter un paquet de boue de la mer Morte, censée avoir une action miraculeuse sur la peau. Nous conseillons aux voyageuses d'insister pour se l'appliquer elles-mêmes.

Si vous êtes en voiture, il existe un site plus intéressant pour se baigner à environ 10 km au sud de Suweimeh. Des sources d'eau douce chaude jaillissent non loin du rivage. On peut donc aller se baigner, puis s'asseoir sous une cascade d'eau chaude ou dans une mare tiède.

Il est possible de dormir au Dead Sea Resthouse and Bungalows. Les bungalows – avec bar, TV, s.d.b. et air conditionné – pour 1/2/4 personnes sont aux prix de 32,5/44/et 66 JD. C'est particulièrement cher et l'endroit ne mérite pas une telle dépense.

Le *Dead Sea Spa Hotel* (☎ 665161 ; fax 681101), près des sources – et donc difficilement accessible si vous ne vous déplacez pas en voiture particulière – est plus agréable, mais les tarifs qu'il pratique dépassent largement le budget d'un voyageur moyen.

Comment s'y rendre

On peut aller directement à la mer Morte (et à la plage) depuis Amman en prenant le minibus (550 fils) qui part de Jerusalem St. Il n'y en a pas beaucoup et le dernier qui rentre sur Amman part à 15h30/16h.

Des bus relient fréquemment South Shuneh (ash-Shuneh al-Junubiyyeh) pour 400 fils. De là, un autre minibus part toutes les demi-heures environ pour Suweimeh. Le billet coûte 200 fils. Vous pouvez également vous rendre à South Shuneh depuis Salt.

Pour l'auto-stop, les meilleurs jours sont les vendredi et dimanche. Les familles se rendent à la mer car c'est leur jour de congé, mais les voitures sont souvent pleines.

Si vous avez l'intention de vous rendre en Israël, les plages situées sur la rive ouest, à Ein Feshka (en Cisjordanie) et Ein Gedi (en Israël) sont beaucoup plus faciles d'accès.

L'est d'Amman

A l'est d'Amman, une grande plaine rocailleuse et désertique, peuplée presque essentiellement de Bédouins, s'étend jusqu'en Irak et en Arabie Saoudite. Elle est traversée par le Trans Arabia Pipeline et la route qui mène en Irak ; les seules agglomérations importantes sont Azraq et as-Safawi. Cette région compte peu de sites intéressants, à l'exception des châteaux du désert et d'une petite réserve d'animaux sauvages.

Les châteaux du désert

Le désert est émaillé d'une série de "châteaux", qui furent pour la plupart construits ou transformés à la fin du VIIe et au début du VIIIe siècles par les souverains omeyyades de Damas. Ceux d'Azraq et d'Hallabat datent de l'époque romaine et l'on a retrouvé des traces de leur occupation par les Nabatéens.

On s'est beaucoup interrogé sur la raison d'être de ces châteaux. Les premiers souverains arabes étaient restés des Bédouins dans l'âme. Peut-être est-ce donc par amour du désert qu'ils firent construire ou s'emparèrent de ces palais d'agrément qui étaient vraisemblablement entourés d'oasis artificielles, peuplées d'animaux sauvages et où poussaient fruits et légumes.

Les califes s'y rendaient quelques semaines par an pour s'adonner à leurs passe-temps favoris : la chasse, la fauconnerie et les courses de chevaux.

Certains de ces châteaux sont accessibles en bus au départ d'Amman *via* Zarqa sans aucune difficulté. D'autres vous obligeront à avoir recours au taxi ou au stop pour effectuer les dernières dizaines de kilomètres. Les châteaux ne sont jamais éloignés de plus d'1 ou 2 km de la route.

Dans tous les cas, la voiture individuelle, qui permet d'atteindre tous les châteaux par un circuit en boucle à partir d'Amman *via* Azraq en une journée, est la meilleure solution.

A Amman, prenez la route en direction d'Azraq. Qasr al-Hallabat et Hammam

as-Sarakh sont signalés sur la gauche environ 20 km plus loin. Hallabat est à 7 km et le hammam 3 km plus loin sur la même route. De là, repartez vers l'est pour reprendre la route d'Azraq, distante de 70 km. Ensuite, vous reviendrez sur Amman par une route récente en excellent état, en passant devant le Qusayr 'Amra et le Qasr al-Kharanah, avant de rejoindre la Desert Highway dans la banlieue sud d'Amman.

A un certain moment, la route s'élargit et l'on peut voir des marques de piste d'envol. Ne vous affolez pas, vous n'êtes pas entré par inadvertance dans l'aéroport. Il s'agit simplement d'une piste de secours au cas où l'aéroport international Queen Alia serait bloqué pour une raison quelconque. La circulation est très dense sur cette route. Elle a été construite pour que les énormes camions qui font la navette entre Aqaba et l'Irak n'aient pas à traverser Amman. En raison de la guerre du Golfe, l'Irak fait transiter la plupart de ses approvisionnements par cet itinéraire, comme il le faisait avec ses exportations et importations avant août 1990.

QASR AL-HALLABAT

Cette ancienne villa romaine fortifiée fut construite sous le règne de Caracalla (198-217) comme site de défense contre les attaques des tribus du désert. On a néanmoins la preuve que Trajan y avait auparavant établi un poste sur un ancien site nabatéen. Au VIIe siècle, elle fut transformée en monastère, puis les Omeyyades complétèrent les fortifications et en firent un palais d'agrément.

Avant tout, le château – invisible de la route – ressemble aujourd'hui à un amoncellement de murs et de pierres écroulées qui portent souvent des inscriptions grecques. Il dissimule néanmoins quelques superbes mosaïques sous la mince couche de sable de certaines salles. Le site est parfois fermé à clé. Dans ce cas, il faut attendre près de la porte que le gardien vienne vous ouvrir. Il vous indiquera les endroits intéressants parmi les ruines. Le plus souvent, il suffit de tirer un peu sur le verrou et l'on peut entrer sans l'aide de quiconque. Le gardien, à l'ombre de sa tente bédouine, vous offrira thé et café.

HAMMAM AS-SARAKH

A quelques kilomètres de là, en descendant vers l'est, se trouve un pavillon de chasse et de bains construit par les Omeyyades. Il a été presque entièrement reconstruit et l'on peut voir les conduits qui servaient à acheminer l'eau chaude et la vapeur. Les bains étaient souvent composés de trois bassins, remplis d'eau chaude (*caldarium*), d'eau tiède (*tepidarium*) et d'eau froide (*frigidarium*) mais ici, ce dernier n'existe pas.

Le site, à l'entrée d'un petit village, n'est pas fermé à clé.

Comment s'y rendre

Au départ d'Amman, prenez un minibus à la gare Abdali pour Zarqa (1/2 heure environ et 170 fils). De la gare routière où il vous déposera, prenez l'un des nombreux bus-service qui, en quelques minutes et 20 fils, font la liaison avec l'autre gare routière de la ville. Des bus partent de cette dernière pour Hallabat (200 fils) et passent à proximité des deux sites. Pour vous repérer, le Qasr se trouve à Hallabat-ouest (Hallabat al-Gharbi) et le hammam à Hallabat-est (Hallabat ash-Sharqi). Pour se rendre du Qasr au hammam, distants de quelques kilomètres, on peut soit attendre le passage du bus en provenance de Zarqa – qui ne fait souvent pas payer pour une distance si courte – soit essayer le stop. Pour repartir sur Zarqa, puis Amman, prendre le bus dans le même sens, car il fait une boucle.

AZRAQ

La ville-oasis d'Azraq se trouve à 103 km à l'est d'Amman, à la croisée des routes qui partent au nord-est en direction d'as-Safawi et de l'Irak, et au sud-est vers l'Arabie Saoudite.

Au sud, la large vallée peu profonde du Wadi Sirhan, qui s'étend jusqu'à l'Arabie Saoudite, était autrefois une importante route de caravanes. T.E. Lawrence l'emprunta.t lors de ses trajets entre Aqaba et son quartier général, qu'il avait établi dans le château d'Azraq.

Seul point d'eau de toute la partie orientale du pays, la ville d'Azraq offre néanmoins aux regards un paysage assez désertique en été. C'était autrefois l'un des plus importants

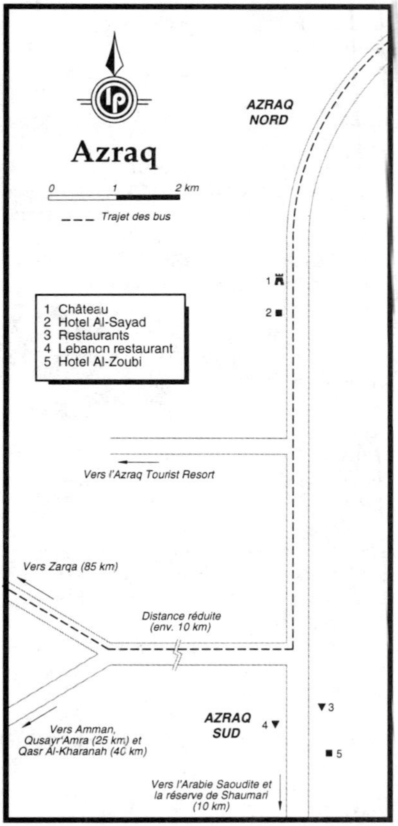

lieux de rassemblement, au Proche-Orient, des oiseaux migrateurs entre l'Afrique et l'Europe. On y trouve également des buffles d'eau et d'autres animaux sauvages. Au cours des dix dernières années, le niveau de l'eau a énormément baissé dans les marais, en raison des importants pompages des puits qui approvisionnent Amman en eau potable. Dans les années 60, les marais d'Azraq et des environs couvraient environ 10 km². Aujourd'hui, il ne reste plus que de petites mares. Le nombre d'oiseaux qui y font halte a diminué de 95%. Ils s'installent désormais sur les rives du lac de Tibériade en Israël. On craint que l'oasis ne disparaisse purement et simplement si l'on ne réduit pas les pompages rapidement et de façon très nette.

L'eau qui donne vie à cette oasis vient de Syrie. Elle s'infiltre lentement à travers des cours d'eau souterrains et ressort à Azraq. Les scientifiques estiment que ce processus prend 10 000 ans et s'inquiètent du fait que l'eau n'est pas remplacée au rythme où elle est utilisée.

Cette région abritait autrefois différentes espèces de daims, ours, guépards, bouquetins, antilopes à sabre et gazelles. Dans la réserve de Shaumari, au sud-ouest d'Azraq, on tente de faire revivre certaines espèces animales.

Qasr al-Azraq

Ce grand château en basalte noir date, dans sa forme actuelle, du début du XIIIe siècle. Il comportait à l'origine trois niveaux, mais il fut en grande partie détruit par un tremblement de terre en 1927. Des inscriptions en grec et en latin permettent de dater les constructions antérieures du site au début du IVe siècle, soit l'époque de Dioclétien.

Plus tard, les Omeyyades en firent une base militaire, suivis par les Ayyoubites au XIIIe siècle. Au XVIe siècle, les Turcs ottomans y installèrent une garnison.

Ensuite, le château ne fut réutilisé qu'à l'époque de la Première Guerre mondiale, lorsque T.E. Lawrence en fit son quartier général au cours de l'hiver 1917, pendant la révolte arabe contre les Turcs. Il s'installa dans la pièce qui se trouve juste au-dessus de l'entrée sud. Ses hommes, cantonnés dans d'autres parties du fort, comblèrent les trous béants dans le toit avec des branches de palmier et de la terre glaise. Ils y vécurent entassés plusieurs mois, mal protégés du froid, et plusieurs en moururent.

La porte sud est composée d'une grande plaque massive de basalte à propos de laquelle Lawrence écrivit qu' "elle se fermait dans un fracas qui faisait trembler tout le mur ouest du château". Certaines dalles du sol, près de la porte, portent de petites entailles. Elles furent gravées par les gardes qui jouaient avec de petits cailloux pour passer le temps.

Au milieu de la cour, la petite mosquée date probablement de l'époque omeyyade. En face de l'entrée, on peut voir les écuries et les magasins, et dans le coin nord-ouest ce qui était, pense-t-on, une prison. Le vieux gardien vous dira que la construction à trois niveaux dans le mur ouest hébergea un général romain. Ce gardien est un personnage intéressant. Il est le fils d'un des officiers arabes de Lawrence. Il se fera un plaisir de vous faire visiter le château, vous montrera en prime quelques photos jaunies de Lawrence et vous gratifiera de quelques histoires sur sa vie.

Le site est ouvert tous les jours. L'entrée est gratuite, mais le gardien mérite vraiment un pourboire.

Argent. Vous trouverez des bureaux de change à Azraq Sud.

Où se loger et se restaurer

Se déplacer à Azraq n'est pas chose aisée : la ville est composée de deux "centres-ville" : "Azraq Sud" et "Azraq Nord", séparés par plus de cinq kilomètres d'une route presque exclusivement fréquentée par des camions citernes à destination d'Arabie Saoudite. Le Qasr se trouve à Azraq Nord. Les routes d'Amman et de Zarqa se rejoignent dix kilomètres avant la ville et débouchent à Azraq Sud, spécialement pourvue pour l'occasion d'un feu tricolore qui semble bien esseulé. La ville n'offre aucun service de taxi. Elle est desservie par une unique ligne de bus, à destination de Zarqa, reliant au passage Azraq Sud et Azraq Nord. Aucun hôtel n'offre donc d'emplacement idéal.

Vous trouverez à proximité du Qasr, et donc à Azraq Nord, l'*Hotel Al-Sayad* ("Hunter Hotel" ; ☎ 647611). Il est assez clinquant, et équipé d'une piscine. Les chambres simples/doubles sont à 24/32 JD, plus 10% de taxe. Vous avez tout intérêt à marchander. Vous pourrez assez facilement obtenir une chambre simple à 20 JD, petit déjeuner inclus. L'hôtel possède un restaurant proposant des plats à 2/3 JD. La bouteille de bière Amstel est à 2 JD.

L'*Azraq Tourist Resort* (Government Resthouse) est situé en-dehors de la ville, au bout d'une route partant à mi-chemin entre Azraq Nord et Sud. Il est signalé par un panneau quelque peu rouillé. Une chambre simple vous y coûtera plus de 25 JD. Comme l'Al-Sayad, cet hôtel possède un restaurant. Il est assez impersonnel et difficile d'accès lorsqu'on ne voyage pas en voiture.

Le meilleur choix est certainement l'*Al-Zoubi Hotel*, à Azraq Sud. Les chambres doubles sont à 8/10 JD et il ne semble guère possible de les occuper seul. Il existe même une suite nuptiale. Le personnel est accueillant, l'hôtel extrêmement propre et les salles de bains un pur luxe.

Vous trouverez quelques restaurants sur la portion de route longue d'un kilomètre qui est située au sud de l'ancien carrefour. Vos devises les intéressent, alors faites-vous préciser le prix des plats avant de commencer à manger. Un repas très moyen (kebabs, fasooliya, salade, houmous et boissons gazeuses) revient à 2/3JD au *Lebanon Restaurant*.

Comment s'y rendre

Des bus font régulièrement la liaison Azraq-Zarqa. Le trajet dure un peu plus d'1 heure et coûte 500 fils. Pour aller d'Amman à Zarqa, consultez dans les pages précédentes le paragraphe *Comment s'y rendre* concernant le Qasr Al-Hallabat et le Hammam Al-Sarakh.

QUSAYR 'AMRA, QASR AL-KHARANAH, RÉSERVE DE SHAUMARI

Qusayr 'Amra

Sur la route 40 qui mène à Amman, le Qusayr ("petit château") 'Amra, construit sous le règne du calife Walid Ier (705-715), apparaît sur la droite, 25 km après la bifurcation pour Zarqa. C'est le mieux conservé des châteaux du désert et les murs de ses trois grandes salles sont recouverts de fresques (350 m^2 au total), faisant du qusayr un gisement pictural unique au monde concernant les Omeyyades. A voir son extérieur sobre, on ne s'attend pas à une telle beauté à l'intérieur. Les historiens pensent que ce bâtiment était entouré d'autres constructions, qui servaient de caravansérail, et qu'il existait probablement avant l'arrivée des Omeyyades.

On pénètre d'abord dans la salle d'audience, dont les murs sont recouverts de fresques

Qusayr 'Amra

souvent très endommagées, qui ont été en partie restaurées par une équipe espagnole dans les années 70. On notera sur la droite (mur ouest) le dessin d'une femme nue prenant un bain. Cette peinture est d'autant plus insolite que l'usage islamique interdit en général toute représentation des êtres humains et, *a fortiori,* nus ! A sa gauche, six grands souverains, dont quatre ont été identifiés : un empereur byzantin, le roi wisigoth Roderic, l'empereur perse Khosroes et le Négus d'Abyssinie. Cette peinture servait, soit à affirmer que le souverain omeyyade de l'époque était leur égal ou leur supérieur, soit à dresser une liste picturale des ennemis de l'islam.

La petite pièce surmontée d'une coupole était un hammam, pourvu de bancs de chaque côté. La coupole est particulièrement intéressante parce qu'elle est ornée d'une voûte céleste. Le sol des deux pièces situées à l'arrière de la salle principale est recouvert de belles mosaïques.

En 1984, les bains du Qusayr 'Amra ont été classés par l'Unesco sur la liste du patrimoine mondial. Pour sa part, le "petit château" a récemment fait l'objet d'un programme de sauvegarde financé par l'Unesco, le service culturel de l'ambassade de France à Amman et l'Institut français d'archéologie du Proche-Orient (IFAPO) afin de le protéger de inondations. Les précipitations peuvent en effet être très violentes dans cette région durant les mois d'hiver. Enfin, un important travail de relevé des peintures murales a été effectué conjointement par l'IFAPO et le service des Antiquités du ministère jordanien du Tourisme.

Qasr Al-Kharanah

Ce château se dresse à 16 km du précédent, en direction d'Amman, au milieu d'une plaine sans arbres, à gauche de la route. C'est peut-être le seul à avoir été construit uniquement pour des raisons de défense, mais personne ne sait précisément quelle était sa véritable fonction. L'une des explications les plus courantes est qu'il s'agirait de l'un des premiers *khans* (caravansérails) islamiques pour les négociants en voyage. Sa date de construction est incertaine, mais une inscription peinte au-dessus de l'une des portes de l'étage supérieur la situe en 710.

La présence de pierres portant des inscriptions grecques, dans l'encadrement de la porte principale, indique que ce château fut édifié sur l'emplacement d'un édifice romain ou byzantin.

Le gardien bédouin se déplacera depuis sa cabane pour vous faire visiter. Les longues pièces de chaque côté de l'entrée servaient d'écuries. Le château est bâti autour d'une cour centrale et les piliers soutenaient autrefois un balcon. Au centre de la cour, un bassin recueillait les eaux de pluie.

Ce château est remarquablement bien préservé et la plupart des pièces, en particulier celles situées à l'étage, sont, en haut des murs, ornées de médaillons en stuc formant une frise. On trouve aussi des inscriptions coufiques à cet étage. Les escaliers, dans les coins sud-est et sud-ouest, mènent à l'étage supérieur et au toit.

Depuis Qasr al-Kharanah, il est possible de se rendre à Qasr al-Mushatta par des pistes qui quittent la route et traversent le désert en direction de l'aéroport, mais ne vous y aventurez pas sans guide. L'autre solution consiste à repartir jusqu'aux faubourgs d'Amman puis reprendre la route de l'aéroport.

Réserve de Shaumari

Créée en 1975, cette réserve est destinée à réintroduire dans la région des animaux sauvages depuis longtemps disparus. Elle compte aujourd'hui une centaine d'oryx (une espèce d'antilope à sabre), une trentaine de gazelles, quelques autruches et des oiseaux sauvages. On parle de transférer la moitié des antilopes dans une nouvelle réserve située dans le Wadi Rum.

Oryx

Malheureusement, il se peut que vous ne voyiez pas grand chose à part les autruches, qui ont tendance à rester agglutinées près d'un enclos à l'entrée du parc. Les gazelles et les oryx sont, semble-t-il, éparpillées dans le désert. Vous pouvez emprunter des jumelles aux employés du parc et grimper au sommet de la tour d'observation, mais à part peut-être une gazelle ou une antilope, ne vous attendez pas à voir des centaines d'animaux. Dans certains enclos, on garde des animaux malades sous surveillance.

Aux dernières nouvelles, l'entrée était de 350 fils, avec des réductions pour les étudiants. Vous trouverez quelques brochures et un petit musée d'Histoire naturelle dans le bureau d'accueil.

Comment s'y rendre

Aucun bus n'emprunte la route Amman-Azraq ou la route Azraq-Arabie Saoudite, desservant ainsi le Qusayr 'Amra, le Qasr al-Kharanah et la réserve de Shaumari. Pour vous rendre aux châteaux, vous pouvez néanmoins prendre, au départ d'Azraq, le bus vers Zarqa et vous faire déposer à l'intersection de la route d'Amman. Reste alors à parcourir 25 km jusqu'au Qusayr 'Amra et 16 de plus pour atteindre le Qasr al-Karanah avec votre pouce au bord de la route comme unique moyen de locomotion.

Une autre solution consiste à avoir recours aux réceptionnistes des hôtels d'Azraq – notamment l'*Al-Sayad* – qui peuvent vous procurer chauffeur et véhicule. Il vous en coûtera 5 JD pour aller au Qusayr 'Amra (certainement le plus intéressant) et une vingtaine de dinars pour y ajouter le Qasr Al-Karanah et la réserve de Shaumari, qui se trouve à une dizaine de kilomètres sur la route vers l'Arabie Saoudite. Enfin, vous pouvez vous arranger avec des chauffeurs de taxi au départ d'Amman, en marchandant âprement, ou encore avoir recours aux services du *Cliff Hotel*, dans la ville basse.

Dernière solution, et certainement la meilleure : louer une voiture pour une journée à Amman. Vous ferez ainsi le tour de tous les châteaux du désert dans les meilleures conditions. Reportez-vous au paragraphe

JORDANIE

Les Omeyyades, ces califes bons vivants

Princes conquérants plutôt que religieux, habitués des étendues désertiques plutôt que des salles de prières, les califes omeyyades n'ont de cesse d'intriguer historiens, archéologues et autres scientifiques. Et pour cause : précurseurs au Proche-Orient d'un nouveau venu, l'islam, ces dynasties fugaces constituent un authentique "phénomène".

Si les principaux points de repères historiques ne font pas de doute – les Omeyyades, dont le siège était à Damas, firent régner leur autorité de 661 à 750, notamment au travers de quatre grandes figures : Mu'awiya, 'Abd al-Malik, Walid 1er et Walid II – leur culture, leur organisation politique et leur relation à la religion sont nimbés de mystères. Seule certitude : ils laissent une image inattendue d'un islam florissant… et peu de traces exploitables par les scientifiques. Parmi celles-ci, les châteaux du désert jordanien tiennent une place de choix. En fait, il ne s'agit pas à proprement parler de châteaux, mais plutôt de résidences organisées comprenant des bains, des systèmes hydrauliques d'irrigation et des installations réservées à la chasse et à l'agriculture. Pour certains, aucun doute : ces "palais" étaient des lieux d'agrément où les califes, grisés de leurs conquêtes, venaient jouir de leur félicité loin des pointilleux religieux des villes saintes, plus soucieux de poésie que de saintes écritures. La présence inattendue – notamment à l'intérieur du Qusayr'Amra – de nombreuses représentations de femmes nues semble abonder dans ce sens : il se dégage de ces palais une indéniable atmosphère frivole et l'on imagine sans peine ces "nouveaux riches" ripaillant entre deux parties de chasse et partageant leurs ablutions en galante compagnie. Cette thèse est contestée par certains spécialistes qui font remarquer que lesdites représentations montrent plus les femmes dans des scènes domestiques qu'érotiques.

D'autres voient dans le choix d'une zone semi-désertique le signe d'une évidente nostalgie. Sédentarisés depuis peu par leurs conquêtes, les califes omeyyades seraient venus retrouver dans leurs qasrs du désert l'ambiance de leur existence de nomade.

Lieux de détente ou de plaisirs ; havres où déverser les flots de nostalgie d'une vie de nomades révolue ou temples discrets dédiés à la débauche ; édifices érigés pour proclamer leur gloire ou se cacher du monde et jouir de leur félicité… nul ne saurait affirmer l'authenticité de chaque hypothèse. L'opinion partagée par Oleg Grabar – éminent spécialiste de la question – semble donc la plus séduisante. Elle privilégie une approche médiane, plaçant les Omeyyades à un point d'équilibre entre le sérieux et la distraction, la rigidité et la liberté, le tout baigné de la sensualité virile que l'on est en droit d'attendre de princes arabes, guerriers et victorieux. Un équilibre particulièrement instable. Car la forme de gouvernement des Omeyyades s'avéra vite "insuffisamment musulmane" aux yeux des plus fervents. Au terme d'une longue lutte de pouvoir, ils furent pourchassés, massacrés et remplacés par les Abbasides.

Déchus, les Omeyyades ne refirent surface qu'après quelques années, en Espagne. Leurs résidences leur survécurent : dans le désert jordanien, elles restent auréolées de mythes et entourées de mystères. ■

Location de voitures dans *Comment s'y rendre*, dans le chapitre sur Amman.

QASR AL-MUSHATTA

Qasr al-Mushatta se trouve à 35 km au sud d'Amman, non loin de l'aéroport. C'était le plus grand et le plus somptueux des châteaux des Omeyyades (son nom signifie camp ou résidence d'hiver) mais, pour une raison inconnue, il ne fut jamais terminé. On pense que sa construction débuta sous le règne du calife Al-Walid II – prince et poète controversé et quelque peu libertin – qui prévoyait également de bâtir une ville dans les environs. Selon certains historiens arabes, il fut assassiné par des ouvriers révoltés d'avoir vu mourir de soif un grand nombre de leurs compagnons au cours de la construction.

Aujourd'hui, il est loin d'être majestueux, d'autant plus que les belles sculptures de la façade ont été retirées et envoyées dans un musée berlinois après que le sultan turc Abd al-Hamid eut offert le palais au kaiser Guillaume, juste avant la Première Guerre mondiale. Il en reste quelques fragments sur le site, qui donnent une idée de son ancienne splendeur.

L'une des particularités de l'édifice est que les voûtes sont en briques, matériau inhabituel dans les constructions de ce style.

Le site est ouvert tous les jours par les militaires qui assurent la sécurité de l'aéroport.

Comment s'y rendre

Le Qasr al-Mushatta se trouve à moins de 2 km – à vol d'oiseau – de l'aéroport, mais on ne peut plus y accéder à pied : les employés chargés de la sécurité ne vous laisseront pas aller au-delà de la tour de contrôle. La seule possibilité consiste à contourner en voiture le périmètre de l'aéroport : tournez à droite au rond-point près de l'Alia Gateway Hotel en arrivant à l'aéroport. Vous passez deux postes de contrôle avant d'arriver au château. Vous devez laisser votre passeport au garde du second poste, qui vous le rendra quand vous repasserez au retour.

Vous pouvez également vous arranger avec l'un des taxis spéciaux de l'aéroport. Ils ne demanderont pas moins de 8/10 JD car les pistes les obligent à faire un grand détour. Pour ce prix, ils vous attendront quelques dizaines de minutes (à marchander) et vous ramèneront ensuite à l'aéroport.

En ce qui concerne les liaisons Amman-aéroport, voir la rubrique *Comment circuler* dans le chapitre consacré à *Amman*.

Le sud d'Amman

Le sud jordanien recèle d'inoubliables merveilles géographiques et archéologiques. Certes, son atmosphère générale, notamment dans certains sites, est un peu différente de celle que l'on trouve au nord : si l'hospitalité et la gentillesse y sont toujours de mise – ô combien – l'afflux touristique croissant commence à modifier légèrement l'image perçue des visiteurs, à plus forte raison de ceux qui, bardés d'appareils photos et de caméscopes coûteux, jaillissent par groupes entiers de bus climatisés. Cela dit, vous passerez, n'en doutez pas, d'excellents moments dans le sud jordanien.

Deux routes relient Amman à Aqaba : la Desert Highway et la King's Highway. A ces deux axes principaux, il convient d'ajouter la route du Wadi Araba, qui longe la frontière avec Israël.

La **Desert Highway** porte bien son nom : cette longue bande de bitume traverse un morne paysage désertique tout au long des 300 km qui séparent Amman de Ras an-Naqb puis descend en sinuant vers Aqaba. Elle était assez cauchemardesque à certains endroits, mais sa transformation en route à deux voies l'a rendue moins dangereuse. Les chauffeurs routiers ont peu de respect pour le code de la route ; ils doivent travailler dur pour subsister et ne se préoccupent guère des pauses réglementaires. Vous devrez l'emprunter si vous êtes pressé car c'est la plus rapide.

La **King's Highway** (At-Tariq as-Sultani, la route du Sultan) est bien plus pittoresque. Elle serpente entre Amman et Ras an-Naqb – où elle rejoint la Desert Highway – au gré des massifs montagneux, et dessert les principaux sites historiques et archéologiques du sud. Les transports publics y sont plus aléatoires, mais les paysages autrement séduisants.

Jusqu'à un passé récent, il fallait un laissez-passer pour emprunter la route du **Wadi Araba**, qui relie South Shuneh à Aqaba. Les contrôles y sont encore fréquents et elle est dorénavant ouverte sans autorisation d'aucune sorte. Récemment refaite, elle est rapide et offre une superbe vue sur la mer Morte avant de longer les escarpements du Wadi Araba. Les minibus n'empruntent cette route qu'entre Kerak et Aqaba.

La King's Highway

Sinueuse et souvent escarpée, elle dessert notamment Madaba, Kerak, Tafila, Shobak et Pétra. Les transports en commun sont relativement fiables, mais peu fréquents sur cet axe.

Le stop est le moyen de déplacement le plus rapide car vous n'aurez pas à attendre que les minibus (que vous pourrez toujours prendre en cours de route) se remplissent aux gares routières. Préparez-vous néanmoins à rester parfois coincé une heure ou deux dans les endroits peu fréquentés. Les localités qui bordent cette route sont reliées par des minibus, à l'exception de Wadi al-Mujib, où vous n'aurez pas d'autre choix que de faire du stop si vous ne circulez pas en voiture individuelle.

MADABA

Cette petite ville tranquille, à 30 km au sud d'Amman, est surtout connue pour ses mosaïques, parmi lesquelles figure la célèbre carte de Palestine, qui date du VIe siècle.

Histoire

Madaba, ancienne cité moabite de Medeba mentionnée dans la Bible (Isaïe XV-2, Josué XIII-9,16), est l'une des villes qui furent partagées entre les douze tribus d'Israël. Il en est également question sur la célèbre stèle de Mesha, ou "pierre moabite". Cette pierre gravée fut érigée vers 850 av. J.-C. par Mesha, roi de Moab, qui y relatait ses batailles avec les rois d'Israël.

Les Ammonites reprirent Madaba en 165 av. J.-C., mais, vers 110 av. J.-C., Hyrcan Ier d'Israël s'en empara. Hyrcan II la promit aux Nabatéens, à condition qu'ils l'aident à reprendre Jérusalem. Elle devint sous les

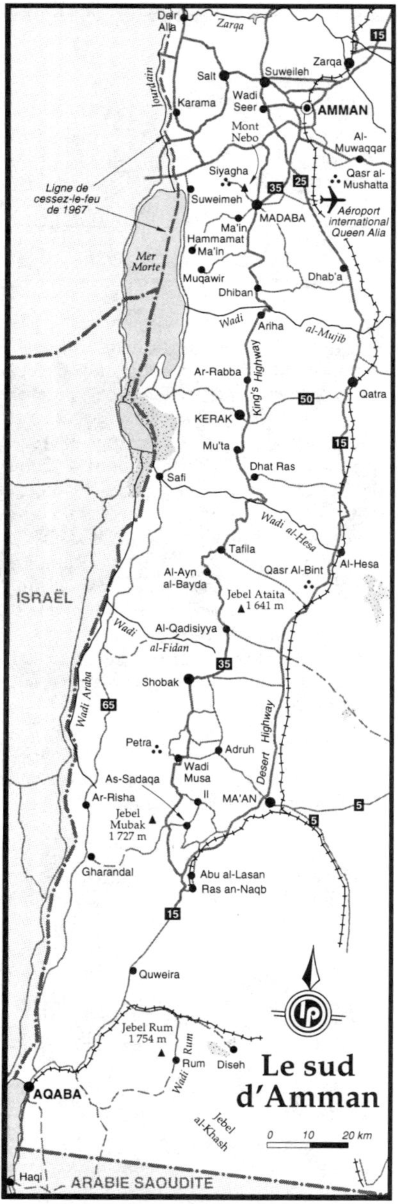

Le sud d'Amman

Romains une cité provinciale florissante, ornée de voies à portiques et d'imposants édifices publics.

Madaba prospéra pendant toute la période byzantine – la plupart de ses mosaïques datent de cette époque –, jusqu'à l'invasion des Perses en 614.

Après le passage des Perses, elle fut encore endommagée au milieu du VIIIe siècle par un tremblement de terre, puis laissée à l'abandon. Avec Ajlun, Madaba fait partie des villes jordaniennes qui comptent une importante communauté chrétienne. A la fin du siècle dernier, 2 000 chrétiens venus de Kerak s'y installèrent et creusèrent les fondations de leurs maisons, mettant ainsi au jour les superbes mosaïques de la ville.

Renseignements

L'office du tourisme (☎ 543376) se trouve à une centaine de mètres de l'église Saint-Georges, dans la rue qui part à sa droite. Il est ouvert tous les jours de 8h à 14h.

A voir

La **mosaïque** la plus intéressante orne le sol de l'église grecque orthodoxe Saint-Georges. Elle représente une carte de la Palestine et de la Basse-Égypte. Elle est aujourd'hui très incomplète, mais on reconnaît encore facilement le Jourdain, la mer Morte et un plan de Jérusalem avec l'église du Saint-Sépulcre. Réalisée vers 560, elle mesurait à l'origine 25 mètres sur 5 et était composée de plus de 2 millions de pièces. Les gardiens vous la détailleront gracieusement. L'église Saint-Georges est ouverte de 8h30 à 18h, tous les jours, sauf les vendredi et dimanche où elle ouvre ses portes deux heures plus tard. L'entrée est gratuite.

Le **musée** se trouve à l'extrémité d'une petite allée. Il contient des mosaïques provenant d'églises et de maisons de Madaba et de ses environs, des bijoux, des costumes traditionnels et quelques objets trouvés au cours des fouilles (principalement de la terre cuite, des sceaux, etc.) ainsi qu'une copie de la Stèle de Mesha. Deux mosaïques sont particulièrement intéressantes. L'une représente "Banche et les Satyres" (VIe siècle), l'autre le paradis et ses fruits. Le musée est ouvert de 9h à 17h, tous les jours sauf le mardi. L'entrée vous coûtera 1 JD.

L'**église des Saints-Apôtres**, près de la King's Highway, renfermait une immense mosaïque dédiée aux douze apôtres. Elle est actuellement en chantier car un projet de reconstruction et de restauration, financé par les États-Unis, est en cours. La mosaïque est entreposée dans le musée, à l'abri des regards indiscrets, jusqu'à la fin des travaux.

Madaba est également réputée pour ses tapis colorés. Dans deux boutiques du centre-ville, on peut voir comment ils sont tissés à la main, sur de grands métiers. Il existe par ailleurs un grand nombre de boutiques de souvenirs autour de l'église Saint-Georges.

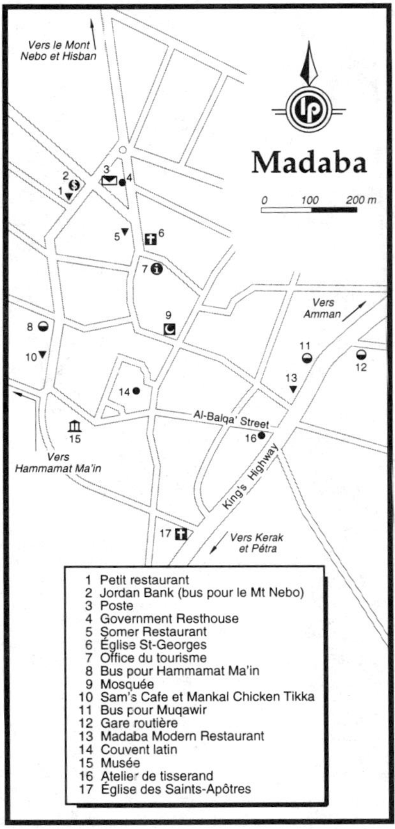

Où se loger et se restaurer

Vous ne trouverez pas d'hébergement à Madaba. Peut-être verrez-vous des panneaux indiquant la *Lulu Pension*, mais elle semble fermée la plupart du temps. Le mieux est donc de venir d'Amman pour la journée ou s'arrêter en chemin lorsqu'on se rend d'Amman à Kerak.

Le long de la King's Highway – qui traverse la ville – on trouvera quelques restaurants bon marché. Le *Madaba Modern Restaurant* sert un demi-poulet accompagné de riz pour 1,7 JD. Le *Somer Restaurant*, non loin de l'église Saint-Georges, propose le même type de cuisine. Le copieux buffet de la *Government Resthouse* est avant tout destiné aux groupes. Les voyageurs indépendants peuvent en général s'y joindre pour 5,5 JD. Dans le centre, le restaurant *Mankal Chicken Tikka* propose différentes préparations de poulet et de viande pour environ 1,5 JD. Juste à côté, vous pourrez boire une bière au *Sam's Café* pour 2 JD. *Yoyo's*, à côté du musée, propose glaces et rafraîchissements.

Comment s'y rendre

Madaba est desservie par les bus municipaux d'Amman et des minibus depuis la gare routière Wahadat. Les horaires du bus n°31 depuis Raghadan sont très irréguliers. Il est probablement plus rapide et moins fatigant de prendre à Wahadat un bus ou un minibus pour 170 fils. De Madaba, des bus repartent sur toutes les gares routières d'Amman.

La gare routière de Madaba est à proximité de la King's Highway, à quelques minutes à pied du carrefour principal. Les derniers bus pour Amman partent vers 19h30. On peut prendre un minibus pour Dhiban (250 fils environ), dernier arrêt avant Wadi al-Mujib. Il faut ensuite se rendre en stop de l'autre côté pour continuer vers le sud. De temps à autre, des minibus partent pour South Shuneh.

Au sud de la gare routière, le long de la route, des minibus partent pour Muqawir (250 fils environ, 1 heure). De là, on peut continuer sur Machéronte.

On peut faire signe au minibus qui se rend au mont Nebo (Fasaliyyeh), au rond-point qui se trouve juste après l'office du tourisme, à la gare routière ou bien encore à côté de la Jordan Bank. L'arrêt de bus pour Hammamat Ma'in, située à 35 km de Madaba, est près du centre-ville. Pas très régulières, les liaisons sont plus fréquentes le matin et coûtent 1 JD. S'il n'y a pas suffisamment de monde, le bus ne va que jusqu'à Ma'in, d'où il reste 15 km à faire en stop sur une route très peu fréquentée, sauf le vendredi et le dimanche.

MONT NEBO

Il s'agit en fait d'une crête, à 10 km environ à l'ouest de Madaba, en bordure du plateau. Elle comprend trois sommets, dont le premier est le Nebo. Le dernier, le Siyagha (qui signifie "monastère" en araméen), se trouve sur l'arête du plateau oriental et serait l'emplacement du tombeau de Moïse. Par temps clair, on aperçoit la mer Morte et les flèches des églises de Jérusalem. Dans tous les cas, la vue sur les paysages en dessous du jebel est splendide.

Les franciscains ont acheté le site du mont Nebo dans les années 30 et ont dégagé les ruines d'une église et d'un monastère. L'existence de cette église fut rapportée en 393 ou 394 par une nonne romaine, Etheria. Au VIe siècle, elle était devenue une basilique byzantine dotée d'un baptistère.

S'il reste peu de choses des édifices qui les abritaient, on peut encore admirer des mosaïques de cette période, protégées par un hangar construit par les franciscains. La mosaïque principale est remarquable. En parfait état, elle mesure 3 mètres sur 9 et présente des scènes du travail de la vigne, des chasseurs et toute une ribambelle d'animaux : une panthère, un ours, un renard, un lion, des moutons et des poules.

En arrivant, vous aurez peut-être du mal à trouver quelqu'un qui vous ouvre les portes. La boutique propose des souvenirs et un intéressant guide sur la Jordanie écrit par les franciscains. L'accès du monastère franciscain est interdit aux touristes. Le site est ouvert de 7h à 19h en été et de 7h à 17h en hiver. L'entrée est payante : 1/2 JD.

Pavement de mosaïque, Siyagha

Comment s'y rendre

De Madaba, prenez un minibus pour le mont Nebo (Jebel Nebo, ou encore Fasaliyyeh) au rond-point près de l'office du tourisme ou à la Jordan Bank. Ces bus sont faciles à reconnaître car leur destination est écrite en anglais sur les portières. Le billet coûte 70 fils. De là, il faut compter environ 4 km à pied. La route est un peu fréquentée, ce qui vous permettra peut-être de faire du stop. Sachez qu'à l'arrivée vous ne trouverez aucune boutique vendant des boissons. Seule solution pour vous désaltérer si vous effectuez cette montée à pied : la *Hebron Glass Factory*, environ 1 km avant le sommet, qui vend de l'eau et des sodas.

A la fin du parcours, il peut arriver, s'il ne reste dans le bus que des voyageurs se rendant au mont, que le chauffeur propose de monter jusqu'au site pour 0,5 JD.

HAMMAMAT MA'IN

Les sources d'eau chaude et la station thermale d'Hammamat Ma'in sont à 35 km au sud-ouest de Madaba. La route tortueuse traverse de spectaculaires paysages autour de la mer Morte et descend assez rapidement vers les sources après 30 km. Sur place, on trouve une cascade d'eau chaude, des bassins thermaux et des saunas naturels, ainsi qu'un établissement hôtelier assez cher.

Il ne faut pas confondre Hammamat Ma'in et la ville de Ma'in, à 15 km des sources. Il ne s'agit pas non plus de la Callirhoe de la Bible, qui se trouve à environ 10 km à l'ouest au bord de la mer Morte, à l'extrémité du Wadi Zarqa Ma'in.

Les vertus thérapeutiques des eaux de Callirhoe furent célébrées par des personnages aussi prestigieux qu'Hérode le Grand. Ces sources ont la même origine que celles d'Hammamat Ma'in, dont les vertus sont également connues depuis l'Antiquité.

On s'en prend à votre porte-monnaie avant même que vous soyez arrivé : il faut payer au minimum 2 JD uniquement pour s'approcher. Pour 3,85 JD, vous pourrez avoir accès aux installations thermales. En fait, s'il vous prend l'envie de vous baigner une fois entré, vous pourrez payer à ce moment-là. En descendant vers l'Ashtar Hotel, on voit la cascade d'eau de source chaude, haute de 25 mètres. Vous pouvez traverser le cours d'eau et, si vous réussissez à trouver un endroit sec, poser vos affaires et patauger un peu.

Si vous désirez vous baigner et bénéficier d'un sauna sans bourse délier, prenez la route qui passe sous l'hôtel. Après quelques centaines de mètres, vous arriverez à une mosquée, puis 50 mètres plus loin à un bassin naturel d'eau sulfureuse. La grotte sur la droite fait office de sauna. Les femmes doivent cependant savoir que cet endroit est surtout fréquenté par des hommes. Nos mises en garde précédentes sont là aussi valables et il n'est guère prudent de s'y rendre seule.

Où se loger et se restaurer

Point d'hébergement bon marché ici ! à moins de trouver un endroit où camper près du cours d'eau. Le *Safari Caravans Park*, dont la réception est située juste derrière le magasin Drop & Shop, sur la gauche tout de suite après l'entrée, propose deux types d'hébergement : les "caravanes" et les "chalets". Les "caravanes" sont en fait des maisons préfabriquées dotées de chambres minuscules et de salles de bain, le tout d'une propreté douteuse. Elles sont très chères compte tenu du confort qu'elles proposent : 15 JD (simple) et 20 JD (double), plus 10% de taxe. Les "chalets", de l'autre côté de la route, sont des studios indépendants corrects, avec cuisine et s.d.b. Leur prix est également exagéré : 27/37 JD, plus 10% de taxe.

Dans l'*Ashtar Hotel*, au centre de la station thermale, les chambres simples/doubles sont à 70/90 $US. L'hôtel contient des thermes et des équipements de cure réservés à ses clients, ainsi qu'un restaurant coûteux. Au centre de la "station", on peut également manger au restaurant qui est au bord de la piscine principale, à condition d'avoir pris le billet donnant droit aux installations thermales.

Le moins cher est de faire ses courses au magasin "Drop & Shop", un peu pompeusement baptisé "supermarché". Sachez néanmoins qu'un paquet de biscuits et une bouteille d'eau vous coûteront 1,15 JD et une canette de bière Amstel 2,2 JD. Près de la mosquée, vous trouverez un stand de boissons ; comme ailleurs, les tarifs sont exorbitants.

Vous pouvez joindre tous les établissements de la "station" à partir d'un numéro de téléphone unique : ☎ 545500.

Comment s'y rendre

Depuis Amman, vous pouvez prendre un bus JETT à la gare Abdali (2,2 JD aller) ou payer 8,5 JD pour un billet-excursion qui comprend le trajet aller-retour, l'entrée, l'utilisation des installations thermales et le déjeuner. Depuis Wahadat, il y a 4 minibus le matin pour 1 JD environ. Soyez matinal et patient.

De Madaba, il *peut* y avoir un minibus qui part vers 11h pour Hammamat Ma'in (500 fils). Sinon, le mieux est de prendre un minibus pour Ma'in (150 fils) et de continuer en stop, ce qui est parfois plus facile à dire qu'à faire. Au retour, le bus JETT pour Amman (2,2 JD) part de la piscine vers 17h. Quelques minibus repartent également sur Amman et Madaba, mais leurs horaires sont irréguliers. Enfin, des taxis-service proposent parfois de faire le trajet jusqu'à Madaba – d'où les départs sur Amman sont très fréquents – pour 2 JD. Le supermarché Drop & Shop est probablement le meilleur endroit pour monter dans un véhicule. Soyez-y dès 16h30.

MACHÉRONTE

Les ruines de Machéronte, la forteresse d'Hérode le Grand, se dressent au sommet d'une colline, à environ 50 km au sud-ouest de Madaba. C'est là que saint Jean-Baptiste fut décapité par Hérode Antipas, le successeur d'Hérode. Depuis cette colline, située à une altitude de 700 m, on bénéficie d'un large panorama sur la mer Morte à l'ouest et les vallées environnantes. Elle fut fortifiée vers 100 av. J.-C. puis à nouveau par Hérode le Grand en 30 av. J.-C. Les soldats juifs s'en servaient pour surveiller les mouvements des Nabatéens.

Hérode Antipas, inquiet de la popularité de Jean-Baptiste, n'apprécia pas les critiques que celui-ci avait émises à propos de son second mariage avec Hérodiade. Il n'est cependant pas certain qu'il ait vraiment voulu le faire exécuter. Une nuit, il promit à Salomé, la fille d'Hérodiade, d'exaucer son vœu le plus cher en échange d'une danse. Sur les injonctions de sa mère, elle demanda la tête de Jean-Baptiste.

Malgré sa tristesse, le roi, tenu par la promesse qu'il avait faite devant tous ses invités, donna l'ordre que cette requête fût exaucée. Il fit donc décapiter Jean dans sa prison. La tête fut apportée sur un plateau à la jeune fille, qui la porta à sa mère (Matthieu, XIV, 9-12).

A voir

On arrive à la forteresse, dont le nom arabe est **Al-Meshneq**, par un escalier. Il n'y a pas grand-chose à voir, mais en passant devant une cabane de chantier, vous verrez des **thermes** et autour, à l'est et au nord, les vestiges du **palais** d'Hérode Antipas. Du côté ouest, il reste des parties du **mur** de la forteresse et des **tours** de défense. De là, on voit très bien la mer Morte et, au-delà, la Cisjordanie. Apportez de quoi vous restaurer car il n'y a rien à acheter sur le site.

Comment s'y rendre

De Madaba, vous prendrez un minibus pour Muqawir (1 heure et 250 fils environ) qui emprunte la King's Highway jusqu'à Libb et bifurque ensuite sur la droite. L'endroit n'est pas très fréquenté par les touristes ; il faut donc dire au chauffeur où vous voulez aller et il vous laissera au bon endroit. Vous verrez la forteresse et la colline à l'ouest.

Il faut marcher environ 30 minutes le long d'un sentier et descendre jusqu'à une route en construction qui conduit à l'escalier. En chemin, vous verrez des grottes artificielles, qui sont peut-être des tombes. Les minibus qui retournent à Aqaba ne suivent pas d'horaires réguliers et s'arrêtent vers 17h.

KERAK

Il est possible de se rendre à Kerak (ou Karak) par la Desert Highway, mais on manque alors l'un des plus spectaculaires points de vue du pays : la vallée de Wadi al-Mujib. Profonde de plus de 1 000 mètres, elle se trouve à 50 km environ au nord de Kerak sur la King's Highway. Une route accidentée descend jusqu'au fond avant de remonter de l'autre côté. Tout en bas, il n'y a qu'un pont qui enjambe le wadi et un bureau de poste assez inattendu. Ce "canyon" est l'Arnon de la Bible. Il constituait une frontière naturelle entre les Moabites au sud et les Amorrites au nord. Aucun moyen de transport collectif ne dessert le wadi.

HUGH FINLAY

HUGH FINLAY

OLIVIER CIRENDINI

DAMIEN SIMONIS

En haut à gauche : camp bédouin, Wadi Rum
En haut à droite : le "supermarché bédouin", Pétra
En bas à gauche : le Khazneh, le plus célèbre des monuments de Pétra
En bas à droite : le monastère, Pétra

OLIVIER CIRENDINI

OLIVIER CIRENDINI

En haut : Wadi Rum, lieu fétiche de Lawrence d'Arabie
En bas : l'aquarium d'Aqaba, un aperçu des fantastiques plongées de la mer Rouge

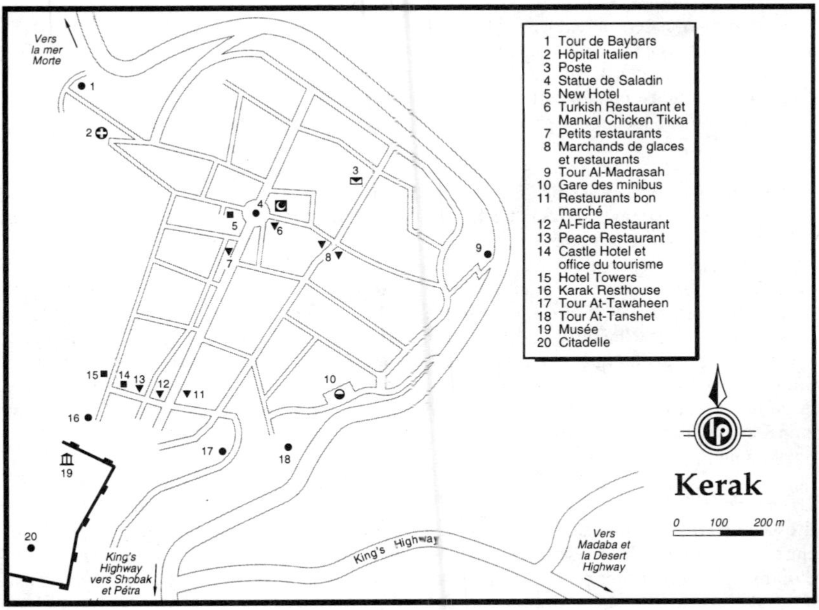

La ville de Kerak se trouve presque entièrement à l'intérieur des remparts de l'ancienne ville croisée. Située à plus de 900 mètres d'altitude, elle est dominée par sa citadelle, l'une des nombreuses forteresses construites par les croisés entre Aqaba au sud et la Turquie au nord. Calme et reposante, elle abrite à l'ombre de ses ruelles escarpées nombre d'artisans.

Histoire

Kerak est située sur l'itinéraire des caravanes qui se rendaient, à l'époque de la Bible, d'Égypte en Syrie, et qu'empruntèrent aussi les Grecs et les Romains. A plusieurs reprises, les textes bibliques la mentionnent, sous le nom de Kir, Kir Moab et Kir Heres. Ensuite, elle devint la cité romaine de Characmoba.

L'arrivée des croisés redora le blason de la ville. Le roi croisé Baudoin Ier de Jérusalem fit construire la citadelle en 1132. Cet endroit fut choisi en raison de son emplacement stratégique à mi-chemin entre Shobak et Jérusalem, et de sa position dominante. Kerak devint la capitale de la région croisée d'Outre-Jourdain et, grâce aux impôts prélevés sur les caravanes et aux récoltes de la région, contribua à la prospérité de Jérusalem.

Après avoir résisté pendant des années aux assauts des armées arabes, elle finit par se rendre aux troupes de Saladin en 1188.

Le gouverneur de la forteresse, Renaud de Châtillon, qui fut tué par Saladin peu après la défaite des croisés à la bataille de Hattin, avait pour habitude de précipiter ses ennemis par-dessus les créneaux du fort dans la vallée, située 450 mètres plus bas. Il allait même jusqu'à leur couvrir la tête d'une boîte en bois pour qu'ils ne perdent pas conscience avant de heurter le sol.

La citadelle

Partiellement restaurée, elle forme un dédale de salles et de passages voûtés. On peut encore voir les anciennes citernes où l'on conservait l'eau, mais c'est pratiquement tout. Une lampe-torche vous sera utile pour fureter dans les coins sombres et voir où vous mettez les pieds car il y a des puits de lumière, et des plafonds sont effondrés un peu partout.

A droite, on débouche sur une longue salle voûtée (il en existe une autre identique à l'étage supérieur). Elle servait probablement d'écurie ou de salle à manger. L'édifice à plusieurs niveaux situé à l'extrémité sud était un donjon.

Le château compte nombre de salles voûtées souterraines. Celle qui fait face au musée est la mieux préservée et la plus profonde (demandez au gardien si elle est fermée à clé). Longue de 150 mètres, elle donne sur une pièce plus grande à quatre *iwans* (voûtes). Sur le côté ouest de la pièce voûtée se trouve la première entrée de la citadelle. Dans un coin sont empilés divers objets ainsi que des poteries antiques et médiévales.

Le musée

Il est situé en bas d'un escalier, à droite en entrant dans la citadelle. Outre un assortiment d'outils néolithiques et de poteries de l'âge du fer et du bronze, il contient une copie de la stèle de Mesha et une traduction de son texte.

La stèle d'origine fut trouvée en 1868 par un missionnaire, à Dhiban, au nord du Wadi al-Mujib. Il s'agissait d'une découverte très importante : cette stèle donnait en effet des détails sur les batailles que se livrèrent les Moabites et les rois d'Israël, et constituait en outre l'exemple le plus ancien d'écriture hébraïque. Après être demeurée intacte de 850 av. J.-C. jusqu'en 1868, elle allait connaître une fin malheureuse.

Le missionnaire signala sa découverte à Charles Clermont-Ganneau, du consulat de France à Jérusalem. Celui-ci vint la voir, en fit un moulage et repartit à Jérusalem pour réunir la somme de 60 livres qu'il avait proposée aux habitants pour l'acheter. En son absence, les familles se disputèrent pour savoir à qui reviendrait cet argent. Les mécontents allumèrent un feu sous la stèle puis versèrent de l'eau dessus, ce qui la fit éclater. On retrouva la plupart des morceaux, mais pas tous. Ils furent rassemblés et envoyés en France. La stèle reconstituée se trouve désormais au musée du Louvre à Paris.

La citadelle est ouverte tous les jours de 8h au coucher du soleil et l'entrée est de 1 JD. Le musée est fermé le mardi.

Renseignements

L'office du tourisme de Kerak (☎ 315150) est situé au-dessus du Castle Hotel. Il est ouvert de 8h à 14h, tous les jours sauf le vendredi. La Tourist Police (☎ 352909) est logée dans les mêmes locaux.

Argent

On trouvera des agences de la Grindlay's Bank et de l'Arab Bank dans le centre, près du rond-point. Toutes deux ne sont ouvertes que de 8h30 à 12h30, seulement pour des opérations de change de liquide et de chèques de voyage American Express.

Où se loger et se restaurer

Des deux hôtels particulièrement bon marché en ville, le *Castle Hotel* est le meilleur (☎ 352489). Il est sommaire, mais relativement confortable. Il y a un petit restaurant au rez-de-chaussée et l'on peut se faire servir des boissons dans les chambres. Un lit dans une chambre à plusieurs coûte 4 JD, une chambre simple 6,5 JD et une double, 8 JD.

Le *New Hotel* (☎ 351942) se situe dans le centre-ville, plus loin de la forteresse. On peut préparer ses repas dans la cuisine que l'on traverse pour aller se doucher. L'établissement ne dispose que de chambres à 3 lits. Un lit vous coûtera 3 JD et – si vous êtes deux – vous pourrez bénéficier d'une chambre entière pour 7,5 JD. Cet hôtel est bon marché mais très simple et l'on se sent un peu à l'étroit.

Si vous cherchez un confort supérieur, le *Towers Hotel* (☎ 354293) est une bonne adresse. Dirigé par la même équipe que le Castle Hotel, il se trouve à proximité, près de la citadelle. Les prix des chambres simples/doubles avec s.d.b. et eau chaude s'élèvent à 9/15 JD avec le petit déjeuner. Les réceptionnistes sont sympathiques et certains parlent français. Ils se réunissent souvent le soir dans le petit salon du rez-de-chaussée, autour d'amis joueurs de luth et de petits verres de thé brûlants, qu'ils vous offriront à profusion.

La *Karak Resthouse* (☎ 351148) se trouve à proximité du château. Les chambres simples/doubles sont à 22/26,4 JD. Elles sont confortables et leur vue est superbe car l'hôtel est situé juste au-dessus de l'escarpement. Du restaurant, on jouit par temps clair d'un beau panorama sur la mer Morte. A l'instar du point de vue, les prix sont élevés : une canette de bière Amstel coûte 2,2 JD et un repas 5 JD.

Outre ce restaurant, il existe, aux alentours, d'autres endroits bon marché pour manger, mais vous aurez du mal à en trouver un qui soit encore ouvert après 20h. Le *Al-Fida*, non loin de la citadelle, est l'un des meilleurs. Vous pourrez y faire un bon repas (soupe, poulet grillé, salade) pour 3 JD. Pour 2 JD de mieux, vous pourrez arroser le tout d'une canette d'Amstel. La carte est très alléchante, mais les plats effectivement disponibles sont peu nombreux. Le *Peace restaurant*, aux pieds du Castle Hotel, s'annonce comme cuisinant des plats occidentaux.Vous n'y trouverez guère le mironton de grand-maman mais pourrez y dîner de kebabs et de salade pour 2,5 JD.

Il existe encore un ou deux restaurants bon marché à l'est de l'Al-Fida, et quelques gargotes et marchands de glaces dans la première rue à l'est après le rond-point central, où la statue de Saladin a remplacé une colonne romaine. En face de la mosquée, le *Turkish restaurant* sert des kebabs à 3 JD avec accompagnement et le *Mankal Chicken Tikka* propose des préparations de poulet à l'indienne de 1,5 à 3 JD.

Comment s'y rendre

A la gare routière, des minibus et des taxis-service partent pour Amman *via* la Desert Highway. Les minibus partent dès 6h et le billet coûte 750 fils. Ils prennent également la King's Highway vers le nord en direction d'Ariha (juste avant Wadi al-Mujib) pour 300 fils environ. Si vous vous rendez vers le nord en direction d'Ar-Rabba, Madaba et au-delà, l'embranchement se trouve à 4 km à l'est de Kerak, sur la route qui mène à la Desert Highway. Vous devrez donc vous y rendre à pied ou en stop.

En direction du sud, des bus partent pour Ma'an, d'où l'on peut se rendre à Pétra (Wadi Musa). Ils empruntent la Desert Highway. Si vous préférez la King's Highway – plus riche de péripéties potentielles – prenez un bus pour Tafila (500 fils, 1 heure 30). De là, vous pouvez espérer attraper un bus pour Shoback, puis un dernier pour Wadi Musa. L'irrégularité des transports sur la King's Highway ne permet guère de garantir ces liaisons. Néanmoins, les solutions sont nombreuses si un bus fait défaut : auto-stop, taxi sur quelques kilomètres, bus reliant de petites localités le long de la route... et même un hôtel à Tafila, l'*Afra Hotel*, que vous pouvez essayer si vous êtes coincé. Rares sont les solutions désespérées à condition d'être un peu patient et de partir tôt le matin. La beauté des paysages de la King's Highway, notamment entre Kérak et Tafila et à l'approche de Shoback, récompensera bien votre peine.

Enfin, des bus assez irréguliers rejoignent Aqaba *via* la très belle route du Wadi Araba – le dernier part vers 14h30 (1,75 JD, 3 heures) – et pour Safi vers la mer Morte.

ENVIRONS DE KERAK

La mer Morte

Il est possible de se rendre à la mer Morte depuis Kerak, mais cela offre peu d'intérêt car il n'y a rien à voir et aucune installation pour se doucher après la baignade. Si vous y tenez absolument, prenez un minibus à destination de Safi, où se trouvent les mines de phosphate. Il vous laissera à une intersection dans le Wadi Araba. De là, il vous faudra marcher environ 5 km jusqu'à l'eau. C'est une véritable expédition pour peu de chose.

Ar-Rabba

Ce village situé à environ 20 km au nord de Kerak abrite des vestiges romains (dont un temple) et byzantins, juste à l'ouest de la route. Les deux niches du temple contenaient la statue des empereurs romains Dioclétien et Maximien. La municipalité a disposé des tronçons de colonnes romaines à intervalles réguliers tout le long de la rue principale.

Comment s'y rendre. Tous les minibus qui partent de Kerak en direction du nord s'arrêtent à Ar-Rabba.

Dhat Ras

On peut voir des vestiges de la présence des Nabatéens et des Romains dans ce petit village situé à environ 25 km au sud de Kerak. Un mur et une colonne d'un temple du IIe siècle, très penchés, semblent sur le point de s'écrouler.

Comment s'y rendre. Le village se trouve à 5 km à l'est de la King's Highway. Un minibus s'y rend depuis Kerak (30 mn, 300 fils).

Tafila

Un peu moins profonde que le Wadi al-Mujib, la gorge du Wadi al-Hesa coupe la King's Highway à environ 45 km au sud de Kerak. Tafila se trouve à 32 km de là. C'est une ville commerçante animée, assez importante, où les producteurs de fruits et d'olives viennent vendre leurs récoltes.

Tafila faisait partie de la ligne de fortifications des croisés. Le grand bâtiment trapu, à environ 200 mètres à l'ouest de la route, à mi-chemin de la ville, date probablement de cette époque. Il est fermé à clé et le gardien n'est pas facile à trouver. On peut cependant jeter un coup d'œil par la porte. Il est aujourd'hui entouré d'habitations et domine des vallées très encaissées qui commencent juste en dessous de la ville.

Comment s'y rendre. Le trajet en minibus depuis Kerak coûte 500 fils et dure environ 1 heure 30.

Shobak

La bourgade de Shoback doit son intérêt à sa **forteresse croisée**. Comme c'est le cas à Kerak, elle domine un paysage extrêmement désolé. Connue sous le nom de Krak de Mons Realis (Montréal), elle se dresse à 60 km au sud de Tafila. Elle fut construite par Baudoin Ier en 1115 et subit plusieurs assauts de Saladin avant de capituler en 1189. Le bâtiment que l'on voit aujourd'hui est le résultat d'une restauration mamelouke qui débuta au XIVe siècle.

La forteresse est plus impressionnante de l'extérieur car elle est bâtie sur une colline en bordure du plateau. L'intérieur a fait l'objet d'une restauration. Le château contient deux églises, dont la première est à gauche de l'entrée, en haut de l'escalier. On distingue des vestiges de bains, de citernes et de canalisations d'eaux de pluie. Le gardien se fera un plaisir de vous montrer le puits, que l'on atteint par 365 marches (environ 1 h de marche) taillées dans le rocher. Les inscriptions en arabe sur les murs de la forteresse furent laissées par Saladin.

Au pied de la colline, on peut voir des maisons bédouines abandonnées.

Comment s'y rendre

Une petite route mène de la King's Highway au château, à environ 2 km au nord du petit bourg. Elle est clairement signalée par deux pancartes. De là, il faut compter encore 4 km jusqu'à la forteresse, que l'on aperçoit sur la droite après 2,5 km environ. Si vous êtes à pied, dirigez-vous droit sur elle dès que vous la voyez, ce qui vous fera gagner environ 1 km.

Rares sont les moyens de transports pour le village de Shobak. Là encore, le stop est probablement la meilleure solution. Les minibus reliant Wadi Musa et Ma'an, au nord-est sur la Desert Highway, traversent Shobak. Les liaisons pour Tafila sont irrégulières.

PÉTRA

Nombre de voyageurs ne viennent en Jordanie que pour voir Pétra. Et on les comprend. Même transformé en "ville-musée", le site – classé par l'Unesco sur la liste du patrimoine mondial – n'a rien perdu de sa splendeur et mérite un large détour. Pétra – qui signifie "roche" en grec – était la capitale des Nabatéens. Peuple arabe, ils dominèrent la région transjordanienne à l'époque préromaine et taillèrent dans le rocher d'extraordinaires bâtiments et tombeaux.

Tant de choses ont été écrites sur Pétra, la "cité rose-rouge presque aussi vieille que le temps" (poème de Dean Burgen). Les mots seuls ne peuvent exprimer la magie de cet endroit unique. Il faut consacrer au moins deux journées à la découverte silencieuse de ce site pour bien s'imprégner de son atmosphère.

Pétra doit autant à la main de l'homme qu'aux imprévisibles caprices de la nature.

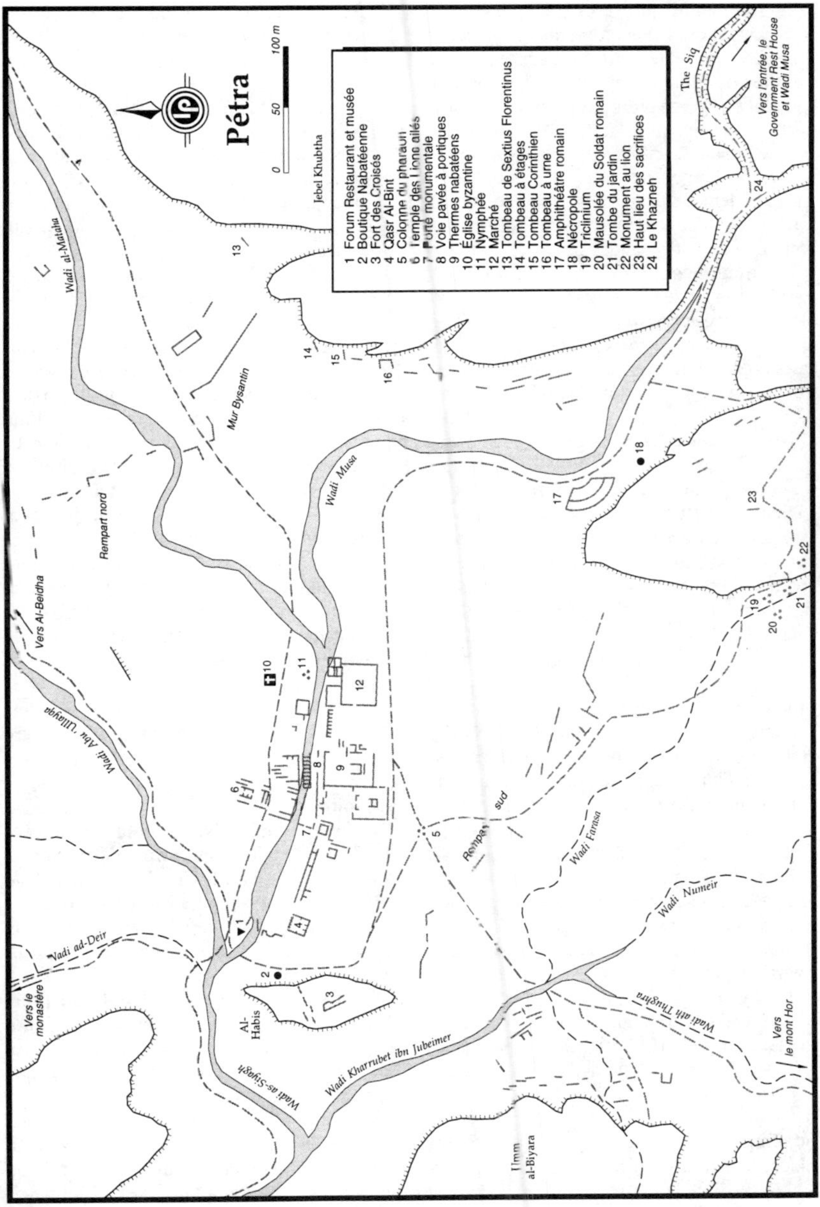
Pétra
0
50
100 m
1 Forum Restaurant et musée
2 Boutique Nabatéenne
3 Fort des Croisés
4 Qasr Al-Bint
5 Colonne du pharaon
6 Temple des Lions ailés
7 Porte monumentale
8 Voie pavée à portiques
9 Thermes nabatéens
10 Église byzantine
11 Nymphée
12 Marché
13 Tombeau de Sextius Florentinus
14 Tombeau à étages
15 Tombeau Corinthien
16 Tombeau à urne
17 Amphithéâtre romain
18 Nécropole
19 Triclinium
20 Mausolée du Soldat romain
21 Tombe du jardin
22 Monument au lion
23 Haut lieu des sacrifices
24 Le Khazneh
Jebel Khubtha
The Siq
Vers l'entrée, le Government Rest House et Wadi Musa
Wadi al-Mataha
Mur Bysantin
Wadi Musa
Rempart nord
Vers Al-Beidha
Wadi Abu 'Ullayqa
Rempart sud
Wadi Farasa
Wadi Numeir
Wadi ad-Deir
Vers le monastère
Al-Habis
Wadi as-Siyagh
Wadi Kharrubet ibn Jubeimer
Wadi ath Thughra
Umm al-Biyara
Vers le mont Hor

La fascination qu'exerce la cité des Nabatéens est en effet due en grande partie à son emplacement, en bordure du Wadi Araba. Les collines de grès, tourmentées et escarpées, forment une gorge profonde protégée de toutes parts. L'accès le plus facile se fait par le Siq, étroite et sinueuse faille dans le rocher, dont la profondeur varie de cinq à deux cents mètres. Même si le grès n'est pas à proprement parler rose-rouge, il est d'une belle teinte rouille, zébrée de bandes grises et jaunes et d'une multitude de couleurs intermédiaires. Dépôts compactés d'origine volcanique, érosion éolienne et précipitations ont, au cours des siècles, uni leurs efforts pour créer cette fantasmagorie. Tendre, le grès se plie également aux délires d'un hôte moins désiré : le sel. Charrié par le vent depuis la mer Morte, il s'incruste dans la roche, augmentant du même coup la beauté de ses motifs et sa fragilité, au point d'inquiéter les scientifiques.

Seul un petit nombre des monuments érigés dans ce décor somptueux sont monolithiques : la plupart sont taillés à même le rocher – donc bien conservés – et il en existe des centaines. Les plus célèbres sont très faciles d'accès. D'autres, disséminés dans le massif montagneux, vous demanderont un peu de marche à pied. Jusqu'à la moitié des années 80, ces merveilles troglodytiques étaient presque toutes habitées par des Bédouins, qui ont été depuis transférés dans un "nouveau village" au nord. Cette mesure fut loin de les satisfaire. On peut apercevoir leur village, au nord de la voie à portiques, depuis un point dominant, à proximité de la colonne du pharaon. Quelques familles vivent encore dans les grottes. Sous des tentes noires, elles vendent aux touristes des boissons, de l'artisanat et autres objets (souvent des fragments de poterie et des pièces "anciennes").

Il n'y a pas si longtemps, le voyage d'Amman à Pétra était pénible et réservé à quelques privilégiés. Aujourd'hui, de bonnes routes goudronnées relient Amman et Aqaba à Pétra. Elle n'est plus qu'à trois heures d'Amman par la Desert Highway et Shobak, ou cinq heures par la King's Highway. Sur place, toutes sortes d'hébergement sont possibles, de l'hôtel de luxe à la grotte bédouine.

Les visiteurs sont de plus en plus nombreux et les principaux sites sont parfois assez envahis en pleine journée. Le plus souvent, cependant, les touristes visitent Pétra au pas de charge. Ils passent deux heures à prendre de belles photos puis repartent pour la prochaine étape de leur itinéraire. On ne peut que s'en réjouir, car cela signifie que la plus grande partie de la journée, en particulier en début de matinée et en fin d'après-midi, le site est quasiment désert.

Comme s'ils avaient pris exemple sur les Nabatéens – qui bâtirent la prospérité de leur empire en taxant les caravanes – les responsables du tourisme jordanien semblent avoir résolu de tirer le maximum de profit de ces caravaniers modernes que sont les touristes. Le prix d'entrée au site a ainsi été multiplié par 20 au cours des deux dernières années (un record inflationniste !). Si les ruines de Pétra n'ont pas de prix, elles ont donc maintenant un coût : 20 JD pour une journée, 25 JD pour deux jours et 30 JD pour trois. Les enfants en dessous de 12 ans bénéficient d'une réduction de 50%. N'espérez pas visiter le site à moindre coût en achetant un billet de trois jours alors que vous restez deux jours seulement, dans l'espoir de revendre le troisième jour à un nouvel arrivant : on vous demandera d'écrire votre nom sur les billets de plus d'une journée et on vérifiera votre identité les jours suivants.

Histoire

Des fouilles entreprises au cours des années 50 dans la région ont permis de mettre au jour à Beidha, au nord de Pétra, un village néolithique qui remonte à environ 7000 ans av. J.-C. C'est avec Jéricho, en Cisjordanie, l'une des premières communautés agricoles connues au Proche-Orient.

Entre cette période et l'âge du fer (vers 1200 av. J.-C.), époque à laquelle les Édomites s'y installèrent, on ne sait rien. On crut un certain temps, probablement à tort, que la capitale des Édomites dans la Bible, Sela (II Rois XIV-7, Isaïe XVI-1) était le massif d'Umm al-Biyara ("Mère des Citernes") qui forme une partie de la paroi occidentale du canyon. Le site de Sela (qui signifie également "roche") se trouverait en fait plus au nord, à environ 10 km au sud de Tafila. C'est là que le roi de Judée Amasias, qui régna de 796 à 781 av. J.-C., fit périr 10 000 prisonniers en les jetant du haut d'un précipice.

Peuple nomade d'Arabie occidentale, les Nabatéens s'installèrent dans la région vers le VIe siècle av. J.-C. Ils s'enrichirent d'abord par des pillages, puis en prélevant une taxe en échange de leur protection sur les caravanes qui traversaient la région qu'ils contrôlaient. Le souverain séleucide Antigonos, qui accéda au pouvoir en Babylonie à la suite du morcellement de l'empire d'Alexandre le Grand, vint combattre les Nabatéens en 312 av. J.-C. Il leur donna l'assaut un jour où tous les hommes étaient absents. Après avoir tué un grand nombre de femmes et d'enfants, les soldats s'emparèrent de l'argenterie et des épices. Les Arabes ripostèrent immédiatement et massacrèrent les 4 000 assaillants, ne laissant que 50 survivants. Antigonos tenta une fois de plus de s'emparer de Pétra, mais son armée, menée par son fils Démétrius, fut repoussée.

Pétra devint ensuite la capitale élégante d'un empire florissant qui s'étendait jusqu'en Syrie. En réalité, il s'agissait plus d'une zone d'influence que d'un empire. A mesure que les Nabatéens étendaient leur territoire, un plus grand nombre de routes caravanières se trouvaient sous leur autorité et leur richesse augmentait en conséquence. Plus que l'expansion territoriale, c'était surtout cet aspect qui les intéressait.

Après avoir conquis la Syrie et la Palestine en 63 av. J.-C., l'empereur romain Pompée voulut prendre le contrôle des terres des Nabatéens, mais le roi nabatéen Aretas III acheta les soldats romains et conserva son indépendance. Rome exerça néanmoins son influence sur le plan culturel ; les édifices et la monnaie de cette époque témoignent du style gréco-romain.

Les Nabatéens eurent moins de chance lorsqu'ils décidèrent de soutenir les Parthes dans leur guerre contre Rome. Après la défaite de ces derniers, ils furent en effet contraints de payer un tribut à Rome. Lorsqu'ils prirent du retard à le payer, ils furent envahis par Hérode le Grand. La deuxième fois, en 31 av. J.-C., Hérode prit le contrôle d'une grande partie de leurs terres. Finalement, en 106, les Romains s'emparèrent de Pétra et entreprirent les travaux d'urbanisme qui leur étaient coutumiers : voie à portiques, thermes et tous les éléments d'apparat des villes romaines de l'époque.

Avec l'ascension de Palmyre au nord et l'ouverture des routes commerciales maritimes, Pétra perdit de son importance. Pendant l'ère chrétienne, elle devint le siège d'un évêché et plusieurs édifices nabatéens furent modifiés et utilisés par les chrétiens. A l'époque de l'invasion musulmane, au VIIe siècle, Pétra était devenue une cité anonyme. On sait peu de chose sur les cinq siècles suivants, si ce n'est que les croisés s'y installèrent brièvement au XIIe siècle et y construisirent un fort.

Jusqu'au siècle dernier, Pétra tomba dans l'oubli. Seuls les Bédouins de la région connaissaient son existence. Ces descendants des Nabatéens n'étaient pas disposés à en parler car ils redoutaient que l'afflux d'étrangers ne mette en danger leur mode de vie.

En 1812, cependant, un jeune explorateur suisse converti à l'islam, Johann Ludwig Burckhardt, parti de Damas pour Le Caire, entendit les habitants parler de ruines fantastiques cachées dans les montagnes du Wadi Musa.

Pour pouvoir faire le détour jusqu'à Wadi Musa sans éveiller leurs soupçons, il dut trouver une ruse. Il la raconte ainsi :

> Je prétendis donc avoir fait le vœu de tuer une chèvre en l'honneur d'Aaron, dont la tombe, je le savais, se trouvait à l'extrémité de la vallée. Par ce stratagème, je pensais pouvoir voir la vallée en me rendant au tombeau.

C'est ce qui se produisit. Il put examiner rapidement deux ou trois sites, dont le Khazneh (le Trésor) et le tombeau à urne, ce qui mit la puce à l'oreille de son guide. Il réussit néanmoins à se sortir de ce mauvais pas, et il déclara à son entourage à son retour qu'il "lui paraissait très vraisemblable que les ruines de Wadi Musa fussent celles de l'antique Pétra".

Renseignements

Le Visitors' Centre (☎ 336020 ; fax 336060) se trouve près de l'entrée. Il est ouvert de 7h à 16h en hiver et de 7h à 17h en été. Outre les divers renseignements dont vous pourrez avoir besoin, vous y trouverez une boutique de souvenirs, un tableau affichant les prix officiels de location des chevaux et carrioles qui peuvent vous mener jusqu'au site et un guichet de l'Arab Bank ouvert le vendredi matin.

L'agence principale de l'Arab Bank se trouve à Wadi Musa. Ouverte tous les jours sauf le vendredi de 8h30 à 12h pour des opérations de change, elle accepte la carte Visa et les principaux chèques de voyage (commission de 3 JD). Les grands hôtels peuvent également changer vos devises, mais vous devrez prendre garde aux taux qu'ils pratiquent. Il y a un bureau de poste à Wadi Musa. Vous le trouverez dans la rue qui part du rond-point, à gauche dans le sens de la descente.

On trouve une multitude de stands de souvenirs avant et à l'intérieur du site. Ils vendent des films photographiques, des objets d'artisanat, ainsi que des livres et des guides sur Pétra. Sachez néanmoins que vous payerez tout plus cher à Pétra, principale manne financière du tourisme au royaume hachémite.

Ceux qui désirent passer la nuit sur le site le font au risque d'une confrontation avec la police. On ne délivre plus d'autorisation à Pétra ni au Département des antiquités à Amman.

'Ain Musa

La première chose que l'on voit sur la droite en arrivant à Wadi Musa depuis Amman ou Aqaba est un petit bâtiment surmonté de trois dômes blancs. Il ne s'agit pas d'une mosquée mais de 'Ain Musa (la source de Moïse). Selon la légende, c'est ici que Moïse fit jaillir de l'eau en frappant le rocher. La route descend ensuite en sinuant sur 2 km jusqu'au village de Wadi Musa (anciennement Elji) puis sur 3 autres kilomètres jusqu'à l'entrée du site, traversant le village de Wadi Musa.

Les ruines

Après l'entrée, un chemin (actuellement en travaux) mène en quelques centaines de mètres à l'entrée du Siq, l'étroit et sinueux wadi par lequel on pénètre à Pétra. La porte n'est en principe ouverte que de 6h au coucher du soleil, mais les horaires sont souples.

Des dizaines de Bédouins à cheval sont prêts à vous louer leur monture. Ils sont rassemblés sur la gauche, au **Brooke Hospital for Animals**, un refuge où l'on étudie les animaux de la région et où finissent certains des chevaux que l'on a trop fait galoper. Les prix officiels, affichés au Visitor's Centre, sont les suivants : 7 JD pour un cheval et 8 ou 14 JD pour une carriole (1 ou 2 personnes). Il y a encore peu de temps, il était possible de se rendre ainsi jusqu'à la ville basse. Le Siq est maintenant interdit aux chevaux et vous ne pourrez donc chevaucher que jusqu'à l'entrée du défilé. Les carrioles à cheval, pour leur part, peuvent âller jusqu'à l'amphithéâtre et sont donc nettement plus pratiques pour celui qui veut s'éviter quelques kilomètres de marche.

Il est néanmoins plus intéressant de se rendre aux ruines à pied (vous pourrez toujours changer d'avis et avoir recours au chameau une fois dans la ville basse). De cette manière, on a le temps d'observer les premiers monuments : trois tombeaux carrés monolithiques sur la droite. On n'a retrouvé aucun ossements et il s'agit peut-être d'énormes pierres tombales et non de tombeaux.

Plus loin sur la gauche, le **tombeau aux obélisques** mesurait à l'origine 7 mètres de haut. On a trouvé cinq tombes dans ce monument, quatre représentées par les colonnes pyramidales et la dernière par une statue située entre les colonnes centrales.

Juste après ce tombeau, un chemin (signalé) monte sur la gauche jusqu'à un lieu de culte appelé Al-Madras. Ce n'est pas l'endroit le plus spectaculaire de Pétra, mais il est empli de petits monuments funéraires, inscriptions et niches à offrandes. Les visiteurs négligent souvent un autre site, auquel on accède en grimpant juste en face du tombeau aux obélisques. On pourra y trouver des tombes et des monuments funéraires, taillés dans la roche.

Commence ensuite le Siq. Depuis qu'un groupe de 23 touristes a été emporté par une inondation subite en 1963, un barrage a été construit pour détourner le cours intermittent des eaux dans un ancien tunnel, sur la droite, jusqu'à Pétra. Pendant sa construction, les ingénieurs ont découvert les fondations d'un barrage nabatéen, qui leur a servi de base pour le nouveau. Malgré ces travaux, le site peut encore être dangereux par temps de pluie, l'eau s'engouffrant dans le Siq peut, en effet, provoquer des torrents de boue particulièrement violents.

L'horizon se rétrécit dès l'entrée dans le défilé, long de plus d'un kilomètre : le chemin se resserre (par endroits, il ne dépasse pas deux mètres de large) ; les parois s'élèvent jusqu'à dépasser la centaine de mètres de hauteur. On peut encore voir les canaux creusés dans les parois pour apporter l'eau à Pétra et, à certains endroits, les tuyaux en terre cuite, vieux de deux millénaires, sont encore en place. A l'époque romaine, le chemin était pavé et une partie de la voie est encore intacte. Les niches dans les parois contenaient autrefois des figures du dieu nabatéen Dushara.

Le Siq n'est pas un canyon creusé par l'eau, mais un bloc fissuré par l'action des forces tectoniques. On peut voir à plusieurs endroits que le grain d'un côté du rocher se poursuit de l'autre. Son entrée était autrefois surmontée d'une arche construite par les Nabatéens. Elle resta en place jusqu'à la fin du siècle dernier et l'on en voit quelques restes lorsque l'on pénètre dans le défilé.

Un peu plus loin, les parois se resserrent et se rejoignent presque au sommet à certains endroits, obstruant la lumière et, semble-t-il, le son aussi. Au moment où l'on commence à penser que ce corridor n'aura pas de fin, on a soudain la vision du plus impressionnant des monuments de Pétra : le Khazneh. Peut-être est-ce là l'un des aspects les plus saisissants de Pétra : la nature mettant en scène de façon spectaculaire les réalisations des hommes.

Le Khazneh (trésor). Construit dans un espace restreint et protégé, le Khazneh n'a pas souffert des ravages habituellement causés par les éléments. C'est probablement de lui que Pétra tient sa réputation de cité "rose-rouge". Sculpté dans le grès ferrugineux pour servir de tombeau, il reçut le nom de trésor parce qu'une légende veut que des pirates aient un jour caché leur trésor dans l'urne qui se trouve au centre du second niveau. Les habitants de la région ont l'air de croire à cette histoire, car l'urne en pierre massive, haute de plus de trois mètres, est criblée d'impacts de balles, attestant de vaines tentatives pour la faire éclater.

Comme tous les monuments de Pétra taillés dans le roc, c'est sa façade qui impressionne (les scènes finales de *Indiana Jones et la dernière croisade* furent tournées ici). L'intérieur n'est en fait qu'une salle carrée non décorée, avec une petite pièce à l'arrière. Le Khazneh, haut de 40 mètres, est particulièrement splendide le matin entre 9h et 11h (selon la saison) lorsque les rayons du soleil l'illuminent, ou tard dans l'après-midi quand la lumière fait rougeoyer la roche.

Des bas-reliefs, à peine visibles, à l'extérieur du monument ont soulevé de grandes interrogations, dont peu se sont révélées concluantes. On pense néanmoins qu'ils représentent différentes divinités. La date de construction du Khazneh donne également lieu à des controverses ; elle est, selon les cas, estimée à 100 av. J.-C. ou 200 de notre ère.

Après le Khazneh, le Siq oblique vers la droite. En face, en diagonale, se trouve une pièce sacrée où se déroulaient peut-être des rites ayant trait aux cérémonies du Khazneh. Elle présente la caractéristique principale de l'architecture nabatéenne : la décoration en redents, qui ressemble à un escalier au sommet de la façade.

A mesure que l'on se rapproche de la cité, le nombre de niches et de tombeaux augmente. On a vraiment l'impression d'une sorte de cimetière creusé dans le rocher à l'arrière de l'amphithéâtre, que l'on a d'ailleurs appelé la nécropole du théâtre.

L'amphithéâtre. Le théâtre de 8 000 sièges – dont on pensait avant sa complète mise à jour qu'il ne pouvait recevoir que 3 000 spectateurs – apparaît ensuite sur la gauche. On a longtemps cru qu'il avait été construit en 106 par les Romains, mais on peut estimer avec sérieux aujourd'hui que ce furent les Nabatéens qui le creusèrent dans le rocher,

JORDANIE

environ à l'époque du Christ, détruisant ainsi un grand nombre de grottes et de tombeaux. Sous la scène se trouvaient des magasins et une trappe par laquelle on baissait le rideau au début des spectacles. Par cette trappe, une statue d'Hercule presque intacte a été exhumée.

Toutes les grottes qui entourent le théâtre ne faisaient pas office de tombeaux. Certaines étaient des habitations. Juste avant le théâtre, sur la gauche, un escalier mène au Haut lieu. C'est une ascension intéressante, qui dure 1 heure 30 (voir le paragraphe sur *les Hauts lieux*).

Tombeaux royaux. Le wadi s'élargit après le théâtre. Après quelques échoppes de souvenirs et de boissons, on arrive à la ville basse, qui couvre une surface d'environ 3 km^2. En haut à droite, les impressionnants tombeaux royaux – au nombre de trois – ont été sculptés dans la paroi du Jebel Khubtha. Cette falaise est parfois appelée le Mur des Rois, bien qu'on ne sache pas de quels rois il puisse s'agir.

Le premier est le **tombeau à urne**, qui comporte une terrasse ouverte construite sur une double rangée de voûtes. La salle intérieure est immense (20 mètres sur 18) et les motifs creusés dans la roche sont étonnants. Il est difficile d'imaginer comment ces parois lisses et ces angles vifs ont pu être taillés avec autant de précision. Une inscription grecque, au fond, permet de penser que le tombeau fut transformé en église à l'époque byzantine.

Le suivant est le **tombeau corinthien** qui est très abîmé par le temps. Il est du même style que le Khazneh. On arrive ensuite au **tombeau à étages**, imitation à trois étages d'un palais romain et l'un des plus grands monuments de Pétra. L'angle supérieur gauche a été complété en maçonnerie car la paroi rocheuse ne permettait pas de terminer la façade. Les quatre portes ouvrent sur des petites pièces sans grand intérêt.

Plus au nord, on trouve le **tombeau de Sextus Florentinus** que fit réaliser en 130 le fils de ce gouverneur romain de l'époque de l'empereur Hadrien. On peut, à partir de là, explorer les nombreux tombeaux et lieux de culte des alentours.

Au nord du Jebel Khubtha, se trouve l'une des grandes conduites d'eau de Pétra, qui acheminait l'eau depuis la source de Moïse dans les aqueducs de la cité.

La voie à portiques. Quelques-unes des colonnes de la voie à portiques qui s'étend le long du wadi ont été redressées. Les versants des collines de chaque côté sont jonchés de débris de la cité antique.

Cette rue est à l'image du decumanus (axe est-ouest) des villes romaines. Il est étrange qu'il n'y ait pas trace de cardo (axe nord-sud), qui était par tradition la rue principale. A Pétra, elle aurait été autant un escalier qu'une rue, mais on n'en a trouvé aucune trace (il faut dire que peu de fouilles ont été entreprises).

En venant de l'amphithéâtre, un **marché** se tenait sur la gauche et, de l'autre côté de la rue, une fontaine publique ou **nymphée** dont il reste aujourd'hui peu de chose. Un peu plus loin sur la gauche, on arrive à des thermes nabatéens, qui servaient peut-être au bain rituel des croyants. La rue se termine par la **porte du téménos** qui comportait à l'origine des portes en bois et marquait l'entrée du *téménos* (cour) du Qasr al-Bint.

Qasr al-Bint Firaun. Le Qasr al-Bint (qui signifie en bédouin "château de la fille du pharaon") était en réalité un temple consacré à Dushara, divinité adorée à Pétra, et probablement le principal lieu de culte de la cité nabatéenne. Il date de 30 av. J.-C. environ. C'est le seul temple de Pétra qui ne soit pas taillé dans le rocher. Il a été partiellement restauré, ce qui était indispensable car il menaçait de s'écrouler.

Temple aux Lions ailés. Sur la butte qui surmonte la porte du téménos, à l'est, se trouve le temple d'al-Uzza-Atargatis, récemment mis à jour. On l'appelle également temple aux Lions ailés en raison des lions sculptés qui couronnent les chapiteaux des colonnes. Il était dédié à Atargatis, déesse de la Fertilité et épouse du principal dieu masculin, Dushara.

L'excavation du temple, commencée en 1975 par une équipe américaine et toujours en cours, a rapidement révélé qu'il s'agissait d'un édifice d'importance, doté d'une entrée à colonnades, avec des arches et des portiques qui allaient jusqu'au wadi et l'enjambaient. Des fragments de pierre et de plâtre décoratifs trouvés sur le site et exposés dans le petit musée laissent à penser que le temple et son entrée étaient joliment décorés.

Église byzantine. Au nord-est de ce temple, des archéologues américains sont en train de mettre au jour une église byzantine et se préparent à restaurer ce qu'ils pensent être la plus ancienne mosaïque byzantine découverte à ce jour. Elle sera en principe exposée aux visiteurs, protégée par un toit spécial qui sera mis en place lorsque la restauration sera terminée.

Al-Habis. Juste après le Qasr al-Bint, se dresse le petit massif d'al-Habis (la prison). Dans les anciennes habitations troglodytiques qui se trouvent à sa base, on trouvera deux petites échoppes de souvenirs et de boissons comme il en existe un peu partout sur le site. Les marches à gauche de la boutique nabatéenne mènent au petit musée (entrée libre) qui contient une collection d'objets trouvés au fil des ans.

Un **petit musée** a récemment ouvert ses portes dans le bâtiment du Forum Restaurant. Il présente des statues, des poteries, des bijoux, des amphores et des pièces de monnaie mis au jour sur le site.

Derrière le Forum Restaurant, un sentier mène au monastère (*deir* en arabe), autre haut lieu à ne surtout pas manquer.

Les Hauts lieux

Un certain nombre de monuments méritent qu'on transpire un peu pour les découvrir et l'on est largement récompensé par les vues spectaculaires qu'ils offrent.

Si vous êtes vraiment motivé, vous pourrez effectuer la montée de six heures qui mène au sommet du **mont Hor** et au **tombeau d'Aaron**, après le **monument du Serpent** (un reptile de pierre sur un piédestal dominant la nécropole environnante). S'assurer les services d'un guide est obligatoire pour effectuer cette randonnée. Renseignez-vous au Visitor's Centre.

Château croisé. La plus facile de ces escalades vous conduira au château croisé, construit au sommet d'al-Habis. Les autres monuments sont tellement beaux que ces ruines offrent peu d'intérêt. Les marches commencent au pied de la colline, sur la butte qui se trouve derrière le Qasr al-Bint. Une piste contourne al-Habis et permet de voir d'autres grottes sur le flanc ouest.

Le monastère. L'ascension qui mène au monastère vous prendra entre une demi-heure et une heure, selon votre condition physique, mais l'ancien chemin taillé dans la roche est facile à suivre car il n'est pas trop escarpé. S'en priver serait dommage : les formations rocheuses le long du chemin sont extraordinaires et la vue du bâtiment est aussi époustouflante que celle du Krazheh au détour du Siq, notamment en fin de journée, lorsque le soleil donne à l'édifice une couleur safran particulière. Si la marche à pied vous rebute, vous pouvez effectuer l'ascension à dos d'âne. Nombre de ces sympathiques équidés – qui ici, comme partout, passent le plus clair de leur temps à se faire battre à bras raccourcis – sont à votre disposition à proximité du Forum Restaurant. Leurs propriétaires vous affirmeront que la montée prend une heure et demi – ce qui est faux – et facturent 5 JD.

Peu après le début du chemin, une pancarte indique sur la gauche la **tombe au lion**, située dans un étroit ravin. Les deux lions qui lui donnent son nom sont très abîmés, mais on peut encore les distinguer, se faisant face, à la base du monument.

Sur le plan architectural, le monastère rappelle le Khazneh, mais ses dimensions sont beaucoup plus imposantes : il mesure 50 mètres de large et 45 mètres de haut. On en apprécie vraiment la taille lorsque quelqu'un se trouve devant l'entrée, haute de 8 mètres. Comme c'est le cas dans les autres monuments, son intérieur est très simple.

Le monastère date du IIIe siècle av. J.-C. Des croix gravées sur les murs intérieurs permettent de penser qu'il servit d'église à une certaine époque. A gauche de la façade, dans une faille où pousse un petit arbre, des marches rudimentaires mènent au bord de l'urne, au sommet de l'édifice. De là, on peut contempler l'esplanade, aux pieds du bâtiment.

En face du monastère, devant une sorte de grotte particulièrement bien située, une rangée de sièges a été installée, d'où l'on peut admirer l'édifice. La vue depuis l'arrière de ce monticule est impressionnante. On peut voir au sud-est le village de Wadi Musa, au-delà du sommet du Siq et, à l'ouest, environ 1 500 mètres plus bas, le Wadi Araba, qui s'étend de la mer Morte à Aqaba. Vers le sud-ouest, on a vue sur le mont Hor (Jebel Haroun), couronné du petit dôme blanc qui marque l'emplacement présumé du tombeau d'Aaron, le frère de Moïse.

Haut lieu des sacrifices. La troisième ascension fait une boucle. Elle débute par une ascension d'une demi-heure jusqu'au haut lieu des sacrifices et aux obélisques, avant de redescendre par la fontaine au lion, la tombe du jardin, le mausolée du soldat romain, le Triclinum et la colonne du Pharaon. Cette marche d'une heure et demi au total – qu'il vaut mieux effectuer tôt le matin afin d'avoir le soleil derrière soi – se termine en face des tombeaux et offre de superbes points de vue sur le massif montagneux de Pétra.

En venant du Khazneh, les marches commencent sur la gauche, lorsqu'on aperçoit le théâtre. Au sommet, le chemin bifurque brusquement sur la droite. La crête a été aplanie et transformée en plate-forme, avec des entailles et des rigoles où s'écoulait le sang des animaux sacrifiés. Des **autels** ont été taillés dans le rocher et, au sud, on peut voir des **obélisques** et des bâtiments en ruines, qui servaient probablement de logements aux prêtres. La vue sur la cité à l'ouest et le Wadi Musa à l'est est superbe.

Le chemin redescend ensuite sur l'autre versant, entre l'obélisque et une échoppe à souvenirs et boissons délabrée, vers la **fontaine au lion**, où l'eau s'écoulait le long du rocher puis par la gueule du lion. Celui-ci mesure près de 4,50 mètres de long et 2,50 mètres de haut. Un autel de pierre, situé presqu'en face, laisse à penser que la fontaine avait une fonction religieuse. Un esca-

Obélisque du Haut lieu des sacrifices

JORDANIE

lier tortueux descend à flanc de colline jusqu'à la **tombe du jardin**. D'après certains archéologues, il s'agirait en réalité un temple. A sa droite, on découvre les ruines du mur d'une ancienne citerne.

Un peu plus loin, le **mausolée du Soldat romain** (dont les deux chambres funéraires n'ont vraisemblablement jamais accueilli de soldats romains) est orné, sur son fronton, de hauts-reliefs sculptés au fond de niches.

En face, le **triclinium** (hall destiné aux fêtes religieuses commémorant les morts du mausolée), dont la décoration des murs intérieurs est unique à Pétra. Un peu plus loin sur la droite, se dressent deux tombeaux à façade classique moins intéressante, dont l'une comporte deux colonnes sculptées de chaque côté de l'entrée. Le chemin devient ensuite plus plat et suit le Wadi Farasa, où l'on déposait autrefois les ordures, et se termine à la **colonne du pharaon**, seule colonne encore dressée d'un autre temple. Des tambours d'autres colonnes qui se tenaient autrefois à ses côtés gisent aux alentours.

Vous verrez des petites échoppes de boissons tout au long de cette promenade et on vous proposera peut-être de finir votre promenade à dos de chameau à partir du triclinium.

Umm al-Biyara. La marche qui mène au sommet d'Umm al-Biyara – on pensait autrefois qu'il s'agissait de la Sela de la Bible – est assez pénible et dure deux à trois heures. Elle n'est pas conseillée aux personnes sujettes aux vertiges, ni aux âmes sensibles ! Le chemin qui gravit la paroi commence près du plus grand des tombeaux taillés dans la roche à la base. Grimpez le ravin caillouteux à gauche de ce tombeau pendant 50 mètres environ puis vous trouverez le chemin d'origine taillé dans la pierre, que vous suivrez. Par moments, les marches, presque entièrement érodées, sont à peine visibles. Une fois arrivé au sommet, il n'y a pas grand-chose à voir sur le site lui-même, mis à part quelques tas de pierres vieilles de huit millénaires et des citernes creusées dans la roche, mais le panorama sur Pétra et sur ses alentours est le plus beau que l'on puisse avoir. Se faire accompagner d'un guide est une sage décision.

Al-Beidha

A 8 km au nord du Forum Hotel gisent les ruines du village antique d'Al-Beidha. Elles datent de 9 000 ans et constituent avec Jéricho l'un des plus anciens sites archéologiques du Proche-Orient. Elles furent mises au jour par Diana Kirkbride entre 1958 et 1983. Les fouilles ont révélé que ce village fut occupé pendant au moins cinq siècles au cours du 7e millénaire av. J.-C.

A différents niveaux, apparaissent des vestiges de maisons de formes diverses, de foyers et d'ateliers. On peut les atteindre par une route qui part à l'extérieur de Pétra. En chemin, on aperçoit sur la gauche les ruines d'une forteresse croisée, **al- Wueira**, dont seuls les murs extérieurs sont intacts. On peut aussi y aller à pied en deux heures depuis le centre de Pétra, en se dirigeant toujours vers le nord.

Où se loger

Les hôtels, le long des cinq kilomètres de route qui descendent de 'Ain Musa à l'entrée du site – traversant au passage le village de Wadi Musa – poussent comme des champignons et se font une lutte acharnée. Les prix peuvent donc varier selon leur taux de remplissage, la saison ou encore la politique tarifaire de leur concurrent le plus proche. Dans l'ensemble, la clientèle des groupes qui débarquent à Pétra par bus entiers les intéresse plus que celle des voyageurs indépendants. Dans tous les cas, et ici plus qu'ailleurs, marchander est une nécessité. Vous pourrez toujours gagner quelques dinars, le petit déjeuner ou gommer de votre note les habituels 10% de taxe gouvernementale. Les hôtels sont présentés ici dans l'ordre de la descente, le dernier de la liste étant le plus près de l'entrée du site. Il n'existe pas de transport public parcourant ces cinq kilomètres, à l'exception de taxis avides de dinars.

Wadi Musa. Le propriétaire du *Mussa Spring Hotel* (☎ 336310 ; fax 336910) semble avoir passé un accord avec bon nombre de transporteurs locaux, car les voyageurs sont souvent déposés devant chez lui à l'arrivée. Un lit dans une chambre-dortoir coûte 4 JD ; une double 10 JD et une triple avec s.d.b. 18 JD.

JORDANIE

Dormir sur le toit revient à 2,5 JD. Les chambres sont très simples, les douches propres et, pour 3 JD, on vous cuisinera un repas du soir très convenable. Vous aurez le loisir de contempler une cassette vidéo assez usée d'*Indiana Jones et la dernière croisade* et d'admirer le Khazneh dans les scènes finales. Le propriétaire peut vous conduire à Pétra tôt le matin et vous ramener vers 17h, ce qui vous épargnera une heure de marche.

En face, le *King's Way Inn* est un établissement de luxe (☎ 336799 ; fax 336796). Ouvert depuis deux ans, il propose des chambres simples/doubles à 70/90 JD, plus 20% de taxe et service. Il dispose d'une piscine et accepte les principales cartes de crédit.

Quelques centaines de mètres plus bas, se trouve l'*Al-Anbat Hotel* (☎ 336265 ; fax 336888) ("les Nabatéens" en arabe). C'est le concurrent direct du Mussa Spring Hotel – en plus cher – et ses propriétaires proposent le même type de prestations : repas, navettes jusqu'au site, etc. Il devrait prochainement offrir un service de camping avec mise à disposition de tentes pour 2 JD par personne.

Un peu avant le début de village, le *Petra Gate* propose toutes sortes de solutions d'hébergement, mais est malheureusement souvent bondé (☎/fax 336908). Outre le lit dans une chambre-dortoir à 4 JD et la double avec s.d.b. à 15 JD, vous pourrez dormir sur le toit pour 1 JD. Ajoutez 1 JD et on vous fournira un matelas et une couverture. En face, le *Peace Way Hôtel* (☎/fax 336963) est comparable mais ses tarifs semblent assez élastiques.

Dans le village proprement dit, au niveau du rond-point, le *Al Rashid* (☎ 336800 ; fax 336801) propose des chambres simples/ doubles avec s.d.b. chauffage et petit déjeuner à 15/20 JD. Juste après le rond-point et sur la droite, vous trouverez le *Rose City Hotel* (☎ 336440 ; fax 336448). Les chambres sont chères : 30/35JD pour une simple/ double. Elles ont le chauffage, la TV et un mini-bar, mais certaines chambres simples sont toutes petites et manquent d'air.

En face, l'*Elgee Hotel* est meilleur marché : comptez 25/30/ 40 JD pour une chambre simple/double/triple avec petit déjeuner, téléphone et TV. L'établissement dispose également d'une tente bédouine aménagée en discothèque (☎/fax 336701).

Quelques centaines de mètres avant d'arriver à Pétra, le *Petra Palace Hotel* (☎ 336732) propose des chambres avec s.d.b. joliment meublées à 14/28 JD, plus 15%. Vous gagnerez le petit déjeuner en marchandant. Juste à côté, se tient le *Sunset Hotel* (☎ 336579 ; fax 336950). Les chambres spacieuses et propres (simples ou doubles) sont à 15 JD sans s.d.b. et 18 JD avec. Vous pourrez obtenir une chambre sans s.d.b. à 12 JD. Ces deux hôtels offrent de bon compromis entre le prix et la proximité du site. Une chambre simple à l'*Edom*, un peu plus bas, revient à plus du double : 30 JD, plus 10% de taxe.

Pétra. La *Petra Resthouse* (☎ 336011), situé tout près de l'entrée du site, possède de bonnes chambres, mais pratique un système de demi-pension. Les chambres simples/ doubles sont à 38,5/49,5 JD avec petit déjeuner et dîner. Une partie de l'hôtel est construite autour d'un ancien tombeau nabatéen.

Le *Petra Forum Hotel* (☎ 336266 ; fax 336977), l'autre établissement de luxe de Pétra, avec le King's Way Inn, est particulièrement bien situé, près du site, mais un peu à l'écart. Les chambres simples/doubles à 70/80 JD, plus 20% de taxe. Du bar de la piscine, on a une vue magnifique sur le massif rocheux situé au nord du Siq. Il est possible d'utiliser la piscine pour 6 JD.

Idéalement, le meilleur endroit où séjourner à Pétra est une grotte à l'intérieur du site, mais on ne délivre plus d'autorisation pour cela et les autorités considèrent ceux qui le font d'un mauvais œil.

Où se restaurer

La majorité des hôtels de Pétra et de Wadi Musa possèdent des restaurants attenants. Le moins cher est celui du Mussa Spring, où vous pourrez dîner pour 3 JD. Le Petra Palace Hotel propose un copieux buffet à 5,5 JD, de même que la resthouse (buffet à 6 JD, bière à 2 JD).

Au restaurant *Rose City*, quelques mètres après le Sunset, vous pourrez faire un repas de kebabs, frites, soupe et boisson gazeuse pour 3 JD. L'endroit est principalement fréquenté par des voyageurs désireux de s'extraire de l'ambiance touristique, parfois pesante, de Pétra. Quelques mètres avant le Petra Palace Hotel, et donc non loin du précédent, le *Petra Burger* cuisine des hamburgers assez bons pour 1 JD environ.

Sur le rond-point de Wadi Musa, le *Wadi Petra Tourism Restaurant* sert, dans une salle panoramique, des plats de 1,6 à 3 JD. La carte promet une variété de mets peu commune en Jordanie, mais on peut douter de la disponibilité de tous les plats. Il existe également quelques restaurants populaires dans la localité, mais ils ferment tôt. Dans quelques boutiques, on peut acheter du pain, du fromage et des légumes et se confectionner un repas sur le pouce. En revanche, on ne trouve plus de pain après 17h ; si vous voulez acheter de quoi pique-niquer dans les ruines le lendemain, faites vos courses assez tôt.

Sur le site, vous verrez le *Forum Restaurant* : une canette de bière coûte 2,7JD et le buffet, copieux, est à 6 JD. Dans nombre de boutiques, vous pourrez acheter des paniers-repas (sandwiches, yaourts, crudités) pour 2 à 2,5 JD. Les stands de boissons, éparpillés sur le site, demandent en général 500 fils pour une boisson et sont sourds au marchandage.

Comment s'y rendre

Bus JETT. Des bus JETT partent tous les jours d'Amman à 6h et 10h. Ils sont surtout empruntés par les voyageurs qui ne peuvent rester à Pétra et veulent revenir dans la journée. Le prix du billet (13 JD pour l'aller-retour dans la journée) a été fixé en conséquence. Il comprend le déjeuner, les chevaux et le guide. Ajoutez bien sûr à cette somme les 20 JD d'entrée au site pour une journée. Étant donné qu'il faut trois heures pour se rendre d'Amman à Pétra, cela ne laisse pas beaucoup de temps pour explorer les ruines. Un bus repart pour Amman vers 15h.

Trois fois par semaine, une excursion du même genre est organisée depuis Aqaba. Le billet coûte 28 JD. Ce tarif exhorbitant trouverait son origine dans le fait que les responsables de la société souhaiteraient ainsi taxer les touristes venant d'Israël, *via* Aqaba. Le bus part à 8h et repart à 15h.

Le numéro de téléphone du bureau des bus JETT de Pétra est le 336480.

Minibus/taxis-service. Les horaires des transports en commun qui desservent Pétra sont pour le moins irréguliers. Il existe en principe quatre départs quotidiens pour Amman (gare routière Wahadat). Les bus partent du Visitors' Centre, mais ils traversent également le village et klaxonnent au niveau du rond-point. Ils sont particulièrement matinaux (départs entre 5h et 6h). Le tarif normal est de 1,5 JD, mais les chauffeurs font souvent payer 500 fils pour les bagages. Les départs pour Aqaba (1,5 JD environ) ont principalement lieu entre 6h30 et 7h.

De temps en temps, des taxis-service font la navette entre la gare routière Wahadat d'Amman pour 2,5 JD environ (et souvent 1 JD pour les bagages). N'espérez pas en trouver dans l'après-midi (dans les deux sens).

La liaison la plus fréquente est le minibus pour Ma'an (700 fils, mais ici aussi on vous fera certainement payer pour vos bagages). Ils partent toutes les heures et demi environ, de 7h à 20h. Ils sont pratiques car les liaisons (minibus et taxis-service) pour Amman ou Aqaba sont fréquentes au départ de Ma'an. La ville, située sur la Desert Highway, constitue également un bon point de départ pour les auto-stoppeurs. Un bus part pour Wadi Rum à 7h (2,5 JD). Mieux vaut être en avance, car cet horaire change régulièrement.

Si vous séjournez au Mussa Spring Hotel ou à l'Al-Anbat, demandez aux propriétaires de vous réserver une place dans un minibus et de prier le chauffeur de s'arrêter en passant. Sachez cependant que si vous n'êtes pas prêt à son arrivée, il ne vous attendra pas.

En stop. Faire du stop est relativement facile si vous pouvez vous rendre à l'embranchement situé près de la source de Moïse. Comptez bien cinq heures pour vous rendre à Kerak et trois pour Aqaba.

Les véhicules qui partent de Wadi Musa s'arrêtent pour la plupart à Ma'an, à 50 km au sud-est sur la Desert Highway. Ensuite, il faut savoir que la circulation dans les deux directions est importante.

La Desert Highway

La Desert Highway est le moyen le plus rapide de rejoindre Amman à Aqaba. A ce titre, elle a la préférence des transports publics : bus, minibus et taxis-service. Les minibus faisant la liaison Amman-Kerak, par exemple, l'empruntent jusqu'à Qatra où ils bifurquent vers l'ouest, plutôt que de descendre par la King's Highway. Ses paysages ne sont guère séduisants – à plus forte raison sur ses 200 premiers kilomètres – mais vous devrez certainement l'emprunter si vous ne disposez pas d'une voiture particulière.

MA'AN

Ma'an, ville la plus importante du sud du pays et centre administratif de la région, offre peu d'intérêt, mais il se peut que vous y passiez pour aller à Aqaba ou à Pétra depuis Amman.

La Desert Highway contourne la partie ouest de la ville. Si vous voyagez en stop, il n'est donc pas nécessaire de rentrer dans Ma'an.

Où se loger et se restaurer

La ville offre peu de possibilités de logement. L'hôtel *Eljezira* (☎ 332043) dans le centre, est de loin le meilleur. Situé près de la mosquée, il propose des chambres triples à 10 JD, mais vous pouvez occuper un lit pour 3 JD. Il est propre et assez agréable.

S'il est complet, prenez la rue qui part vers l'ouest au départ de la mosquée. Vous rejoindrez la Desert Highway après 500 mètres environ. Si vous la prenez vers la gauche (c'est-à-dire vers Aqaba), vous atteindrez l'hôtel *Shwaikh* après 200 mètres de marche. On essayera de vous faire prendre une double à 6 ou 7 JD mais si vous êtes seul – et insistant – vous pourrez obtenir un lit pour 3 JD. Les chambres situées à l'avant sont ornées de plantes vertes à l'intérieur et sur les balcons. L'hôtel *Tabok*, un peu plus haut, pratique des prix comparables, mais il est moins propre.

Ces deux hôtels, sommaires, possèdent un restaurant attenant ; on trouve également des stands de felafels, de poulet et de kebabs au centre-ville. Un repas de poulet et de pommes de terre, arrosé d'un thé, au restaurant situé en bas de l'hôtel Elgezira, revient à 1,8 JD.

La seule véritable attraction de Ma'an est la *Khoury Resthouse*, à environ 500 mètres sur la Desert Highway en direction d'Amman. Pour vous y rendre du centre, prenez la rue qui part vers le nord-ouest. Elle rejoint la Desert Highway au bout de 500 mètres et la Khoury Resthouse se trouve à environ 500 mètres sur la droite. Elle mérite qu'on s'arrête y prendre un verre. Le propriétaire semble tout droit sorti des années 60 et son bar (il ne gère plus l'hôtel ni le restaurant) est un véritable temple psychédélique : il est décoré de centaines d'horloges, armes, tableaux équestres et autres improbables bibelots en ces lieux ; l'ambiance est multicolore et la musique délirante. On voit à peine le bar tant les objets sont nombreux. S'il se trouvait à New York, Londres ou Paris, il ferait fureur...

Du centre, un taxi vous y conduira pour environ 500 fils.

A la sortie sud, vous trouverez un restaurant où s'arrêtent de nombreux camions et où l'on peut manger du poisson frit et des frites acceptables.

Comment s'y rendre

La gare des minibus et des taxis-service de Ma'an se trouve à environ cinq minutes à pied en direction du sud. Le minibus pour Amman coûte 1,5 JD environ et les taxis-service 2 JD. Le trajet jusqu'à Aqaba est à 1 JD. Des minibus partent également en direction de Wadi Musa (700 fils).

QUWEIRA

Après Ma'an, la Desert Highway continue jusqu'à Ras an-Naqb – où la King's Highway la rejoint – puis descend en serpentant à travers les collines. C'est l'une des parties les plus dangereuses de la route : les chauffeurs des camions-citernes perdent parfois le contrôle de leur véhicule. Ces antiques camions qui se font la course constituent un spectacle assez inquiétant.

Quweira est la seule agglomération entre Ma'an et Aqaba, et la plus proche du Wadi

HUGH FINLAY

HUGH FINLAY

HUGH FINLAY

CHRISTINE COSTE

HUGH FINLAY

Visages du peuple syrien

DAMIEN SIMONIS

HUGH FINLAY

DAMIEN SIMONIS

HUGH FINLAY

En haut à gauche : mosquée Takiyyeh as-Sulaymaniyyeh, Damas
En haut à droite : Damas vu du Jebel Qassioun
En bas à gauche : palais Azem, Damas
En bas à droite : porte ouest du temple de Jupiter, Damas

Rum, à 35 km au sud-est. L'embranchement pour le Wadi Rum est à 5 km au sud de la ville. La pancarte indique simplement "Rum" et vous verrez deux petits restaurants à l'intersection.

WADI RUM

Avec Pétra, le Wadi Rum (ou Rom, ou Ram) est un "must" lorsqu'on voyage en Jordanie. Prisé des cinéastes et photographes de mode, il recèle d'extraordinaires paysages désertiques et mérite vraiment un détour. Qu'on ne se méprenne pas : le Wadi Rum n'est pas un désert de type saharien, rythmé d'horizontales ondulations de dunes. Le spectacle, ici, est surtout vertical : jaillies de terre depuis l'ère primaire, les formations rocheuses du Wadi ont subi – à l'instar de tous les reliefs de la région – nombre d'accidents tectoniques. Fracturant la roche, ils ont facilité le lent travail de l'érosion. Creusant, évidant, polissant les angles durant des millénaires, elle a façonné les étranges formes que l'on peut voir aujourd'hui.

Pendant la révolte arabe de 1917-1918, ce fut l'une des régions que sillonna l'énigmatique T.E. Lawrence, et les scènes du désert dans le film *Lawrence d'Arabie* furent tournées ici. On raconte à ce sujet que le réalisateur fit arracher un grand nombre des petits buissons de végétation sèche qui poussent çà et là dans le Wadi car ils ne correspondaient pas à l'image qu'il s'en était faite. Dans son livre, *Les sept piliers de la sagesse*, T.E. Lawrence décrit son arrivée à dos de chameau depuis le sud :

Les deux coteaux se rapprochèrent, se fixèrent à deux milles environ l'un de l'autre, puis, dressant peu à peu leurs parapets parallèles à mille pieds au-dessus de nos têtes, étirèrent devant nos yeux une immense avenue de plusieurs milles de longueur…

Les armées arabes se fussent perdues dans son ampleur, et, à l'intérieur des murailles, une escadrille d'avions aurait pu s'avancer en formation régulière. Notre minuscule caravane, brusquement intimidée, tomba dans un silence de mort, honteuse d'étaler sa petitesse en présence de masses aussi formidables.

Le Jebel Rum se trouve en réalité à 5 788 pieds, soit 1 754 mètres, au-dessus du niveau de la mer.

Ses jebels couleur rouille se dressent à pic depuis le fond de la vallée, large de 2 km, et sont coiffés d'un grès lisse et plus pâle. Ils surplombent le petit village de Rum, qui aurait grandi ces dernières années jusqu'à atteindre 600 habitants. Il rassemble des familles bédouines dans leurs tentes noires de poils de chèvre, quelques maisons en dur, une école, une boutique et le fort "Beau Geste", quartier général du célèbre *Desert Patrol Corps*, la Compagnie méhariste du désert.

Cette compagnie fut créée à l'origine pour maintenir l'ordre parmi les tribus dissidentes et patrouiller le long de la frontière.

Aujourd'hui, les méharistes ont abandonné leurs chameaux pour des fourgons blindés bleus, équipés de mitrailleuses à l'arrière et spécialement adaptés au désert. Ils peuvent rouler à plus de 100 km/h dans le désert à la poursuite de leurs proies (le plus souvent des

JORDANIE

trafiquants de drogue à la frontière avec l'Arabie Saoudite), et partent parfois à la rescousse de touristes perdus.

Les hommes de cette compagnie ont fière allure dans leur tenue traditionnelle : longue robe kaki, cartouchière en bandoulière, poignard à la taille, pistolet et fusil à l'épaule. La plupart du temps, cependant, ils portent un uniforme kaki banal, preuve que la modernisation est plus forte que leur rôle d'attraction touristique. A l'intérieur du poste, l'officier et les hommes de garde (qui viennent souvent d'assez loin, Irbid par exemple) sont assis à l'ombre des eucalyptus et font passer le temps en servant aux visiteurs le café traditionnel aromatisé à la cardamome, suivi de thé très sucré.

L'unique téléphone de Rum connecte le poste de police à Amman.

A voir

L'entrée dans le Wadi Rum coûte 1 JD, thé ou café de bienvenue inclus.

Il existe quelques points d'intérêt à proximité du village. Le **puits de Lawrence** est une source située à 2 km environ au sud-ouest de Rum, à mi-chemin sur le versant du jebel. Si vous entreprenez cette escalade, votre déception à ne trouver guère plus qu'une mare d'eau stagnante sera compensée par la vue étonnante sur le Jebel Khazali et au-delà. Une autre source plus jolie se trouve à la base du Jebel Rum, à 500 mètres seulement de la Resthouse. Suivez les indications à la peinture blanche appliquées par les soldats sur les rochers jusqu'à un bosquet de petits arbres.

Cette source, la plus importante de la région, a approvisionné le village en eau jusqu'à ce que le gouvernement installe une canalisation depuis Diseh. On verra de nombreuses inscriptions nabatéennes près du puits de Lawrence, ainsi que d'autres laissées par les chameliers de la tribu thamude d'Arabie Saoudite.

Entre la Government Resthouse et la paroi du Jebel Rum, se trouvent les vestiges d'un **temple nabatéen** du Ier siècle, constitué d'une cour carrée entourée de salles sur trois côtés. Sur la face nord du Jebel Khazali, une étroite gorge (*siq*) est recouverte de gravures rupestres bédouines. Cet endroit est parsemé d'inscriptions et de dessins thamudéens et coufiques.

Une **arche naturelle** suspendue au dessus du Wadi et un étroit **canyon** sont les autres points forts du Wadi Rum.

Le principal intérêt d'une visite à Wadi Rum reste cependant le désert, et pour l'apprécier pleinement, il vous faut sortir du village. Pour ce faire, vous avez le choix entre la voiture 4 roues motrices, le dromadaire et la marche à pied. Les Bédouins de la région ont le monopole sur les deux premiers moyens de locomotion et savent en tirer profit.

A la découverte du désert

Si vous êtes seul, les tarifs de location de véhicules 4x4 (avec chauffeur obligatoire) indiqués ci-après vous sembleront peut-être excessifs. Sachez néanmoins qu'ils concernent la location de la voiture entière (ou plutôt de l'arrière de celle-ci, en plein air, puisqu'il s'agit de pick-up), lequel peut accueillir jusqu'à 6 personnes. Vous avez donc tout intérêt à vous grouper avec d'autres voyageurs, quitte à y penser dès Aqaba où Pétra, principaux points de départs vers le Wadi. Vous pourrez ainsi apprécier pleinement le désert à un prix raisonnable. Les principaux tarifs officiels, affichés à la Resthouse et difficilement marchandables, sont les suivants : puits de Lawrence (7 km aller-retour) 6 JD ; puits de Lawrence, arche naturelle et canyon (3 heures), 28 JD ; coucher du soleil, 18 JD (pour ce prix, la voiture vous emmène à un endroit d'où les rougeoyants adieux de l'astre à cet hémisphère sont particulièrement réussis). La location d'un véhicule pour une journée entière revient à 39 JD.

Si vous disposez de peu de temps, la voiture vous permettra d'aller loin, mais elle est très bruyante. De ce point de vue, le dromadaire est plus intéressant. On peut en louer aux tarifs suivants : temple nabatéen (1 km), 1 JD ; puits de Lawrence, 5 JD. Vous pouvez également bénéficier des sobres – mais efficaces – services de ces mammifères ruminants à bosse dorsale pour une journée entière (18 JD), voire pour plusieurs jours. Rejoindre Aqaba à dos de camélidé à poil laineux par la piste du désert

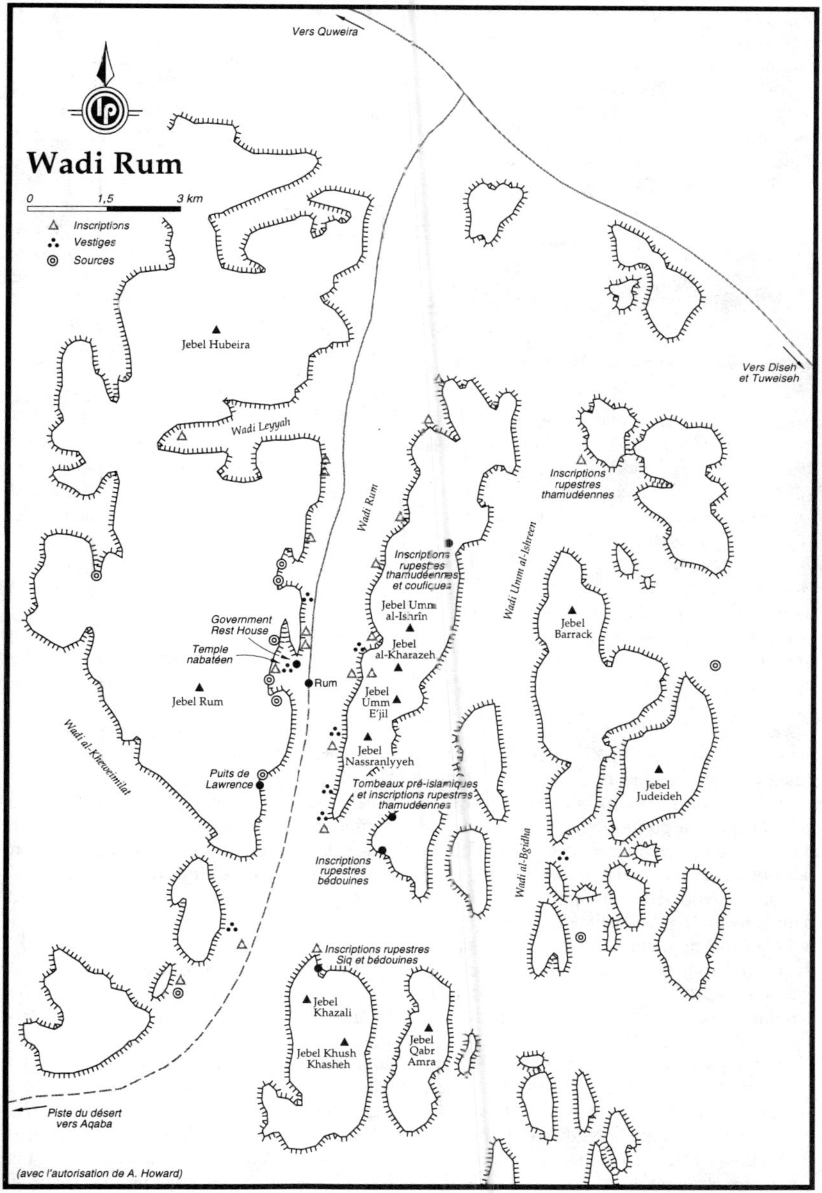
Wadi Rum
0
1,5
3 km
Inscriptions
Vestiges
Sources
Vers Quweira
Vers Diseh et Tuweiseh
Jebel Hubeira
Wadi Leyyah
Wadi Rum
Inscriptions rupestres thamudéennes
Wadi Umm al-Ishreen
Inscriptions rupestres thamudéennes et coufiques
Jebel Umm al-Ishrîn
Jebel al-Kharazeh
Jebel Umm E'jil
Jebel Barrack
Government Rest House
Temple nabatéen
Rum
Jebel Rum
Wadi al-Kharoeimilat
Jebel Nassranlyyeh
Puits de Lawrence
Tombeaux pré-islamiques et inscriptions rupestres thamudéennes
Jebel Judeideh
Wadi al-Bgidha
Inscriptions rupestres bédouines
Inscriptions rupestres Siq et bédouines
Jebel Khazali
Jebel Khush Khasheh
Jebel Qabr Amra
Piste du désert vers Aqaba
(avec l'autorisation de A. Howard)

vous demandera trois jours et 75 JD. Vous pouvez également être bercé par la démarche chaloupée de ces méharis – dont le dos est pourvu d'un dos d'âne, ce qui constitue à mes yeux l'une des énigmes de la Création – durant les 7 jours nécessaires pour rejoindre Pétra (150 JD), avec des haltes chez des familles bédouines qui campent dans le désert.

Enfin, vous pouvez partir seul dans le Rum, à condition d'être prudent car la région est inhospitalière et il est facile de s'y perdre. Si vous prévoyez une randonnée de plus d'une journée, qui vous éloignera de Rum, nous vous conseillons de prendre un guide ou tout du moins de vous procurer l'ouvrage de Tony Howard sur les randonnées et les escalades dans la région (voir la rubrique *Varappe* ci-dessous). Ne vous lancez pas dans cette aventure en été car les températures sont très élevées ; la déshydratation et le coup de chaleur constituent de réels dangers.

Munissez-vous de l'équipement suivant : un sac de couchage, un chapeau, de bonnes chaussures de marche, de l'eau et de la nourriture en quantité suffisante. Vous pourrez acheter dans la boutique de Wadi Rum des bidons d'eau de cinq litres, soit la ration d'eau pour une personne pendant deux jours.

Lorsque vous êtes prêt, partez vers le sud dans le wadi. Les endroits où bivouaquer et le bois mort ne manquent pas, et le coucher du soleil dans le désert est un spectacle inoubliable. La nuit, le silence est si profond qu'il résonne, sauf lorsque les chants bédouins s'élèvent dans les vallées.

De temps à autre, vous tomberez sur un campement. Vous serez toujours bien accueilli, mais ne faites pas comme si vous étiez chez vous : attendez d'être invité. Les Bédouins sont très hospitaliers et ne renvoient jamais un étranger.

Varappe

Si la varappe est votre passion, le Wadi Rum offre quelques voies très intéressantes, du niveau de celles que l'on trouve en Europe. Peu d'aménagements ont été réalisés pour les grimpeurs ; vous devrez donc apporter votre équipement.

Dans les années 80, le ministère du Tourisme a demandé à un grimpeur anglais, Tony Howard, d'explorer la région et de dresser des cartes de ses marches et ascensions. Le résultat est l'excellent livre *Treks & Climbs in the Mountains of Wadi Rum & Petra*, que l'on peut se procurer au ministère du Tourisme et dans certaines librairies. Il contient plus de 250 randonnées, des excursions en 4 x4, des promenades en chameau et des voies d'escalade de toutes sortes. Le même auteur a également écrit un ouvrage intitulé *Walks & Scrambles in Rum* (Al-Kutba Publishers).

Sur place, vous pouvez encore demander un dénommé Salah. Il est censé connaître les voies d'escalade et posséder un équipement de base.

Le grimpeur français Wilfried Colonna, dans son "Introduction à l'escalade dans le Wadi Rum" (en français) reproduite dans le livre de Tony Howard cité plus haut, précise que "les hauteurs et les formes des montagnes proposent un grand choix d'ascensions possibles, avec des marches d'approche courtes". Il ajoute que les choix des escalades doit être fait selon l'exposition (soleil ou ombre) et précise que les couleurs du grès indiquent le caractère du rocher : teintes foncées, grès dur ; teintes jaune et rose, grès tendre, sablonneux et fragile. Dans tous les cas, conclut-il, "une observation attentive s'impose !". A bon entendeur.

Où se loger et se restaurer

Le Wadi Rum n'est pas riche en matière d'hébergement. La *Government Resthouse* propose des tentes de 2 places à 4 JD par personne et une grande tente bédouine à 6 JD. Matelas et couvertures sont fournis. Vous pouvez également dormir sur le toit pour 2,5 JD. Souvenez-vous que, même en été, les soirées sont assez fraîches. L'établissement possède des douches, une cuisine et un local pour les

Lawrence d'Arabie, le bâtisseur d'empires

Né en 1888 en Angleterre dans une famille aisée, Thomas Edward Lawrence fait des études d'archéologie qui l'amènent, en 1909 et 1910, à entreprendre des fouilles en Syrie et en Palestine. Le jeune archéologue se familiarise très vite avec la région, n'hésitant pas à revêtir le costume bédouin sur les chantiers où il montre ces qualités évidentes d'organisateur et de meneur d'hommes.

Lorsqu'éclate la Première Guerre mondiale, Lawrence devient agent de renseignement au Caire. Très estimé dans son milieu, il adopte une attitude à la fois discrète et anticonformiste. En 1915, ce spécialiste des questions militaires et politiques en Orient inscrit ses idées sur la question arabe dans un mémorandum qui sera pris en considération par les Britanniques. Prenant fait et cause pour la révolte arabe et manifestant son hostilité à l'égard de la politique française en Syrie, le colonel Lawrence veut favoriser la création d'un pouvoir sunnite et arabophone. Il devient alors le principal artisan de la victoire anglaise contre les Turcs. Mais c'est la révolte du désert en octobre 1918 qui fait entrer Lawrence dans la légende. Aux côtés de l'émir Faysal dont il fait le héros de la révolte arabe et du général anglais Allenby, Lawrence conquiert Aqaba. Puis il entre en vainqueur à Damas, marquant par là même la défaite ottomane. La Syrie passe alors sous le double pouvoir anglais et arabe.

Revenu en Angleterre, Lawrence défend ses thèses à la Conférence de la paix et se pose en interlocuteur privilégié des Hachémites. C'est à cette époque qu'il démarre son œuvre fondamentale *Les Sept Piliers de la Sagesse* qui résume toute son aventure en Orient. En 1921, à la suite de la conférence du Caire à laquelle Lawrence participe avec Churchill, il est envoyé en Transjordanie pour aider l'émir Abdallah – le grand-père de l'actuel roi Hussein de Jordanie – à poser les bases du nouvel État. Néanmoins, il décide de rompre avec son passé et s'engage en 1922 dans la RAF (aviation britannique), sous le nom d'emprunt de Ross, comme aviateur, puis comme simple mécanicien. En 1927, il part en mission en Inde mais le bruit selon lequel il fomenterait un soulèvement des tribus afghanes, attisé par sa réputation d'espion, lui vaut d'être rapatrié. Il quitte définitivement la RAF en février 1935 et décède le 19 mai des suites d'un accident de moto. Il laisse derrière lui un mythe, celui de l'être épris d'absolu, de l'homme du désert et du bâtisseur d'empires, magnifié et, en partie, créé par le célèbre film de David Lean, *Lawrence d'Arabie* (1962). ■

bagages. Dormir à la belle étoile dans le désert est presque aussi confortable et assurément plus agréable. A condition d'emporter avec soi quelques éléments de confort.

Pour 1 JD, vous pourrez vous procurer des couvertures à la Resthouse, ainsi que des sandwiches à emporter (à partir de 750 fils). Une voiture peut ensuite vous emmener voir le soleil couchant (18 JD), avant de vous déposer à un endroit d'où le lever du soleil est particulièrement beau et où vous bivouaquerez. Pour 18 JD de plus, elle viendra vous rechercher le lendemain matin (soit 6 JD au total si vous formez un groupe de 6). Les douches de la Resthouse, malheureusement, sont réservées à ses hôtes.

Si vous avez quelque problème que ce soit pour organiser votre bivouac, demandez Samir Farouqa. Responsable du tourisme dans le Wadi Rum, il parle anglais et allemand et résoud tous les problèmes dans la bonne humeur.

Il se peut également que des Bédouins vous invitent à dormir sous leur tente, mais n'y allez que si l'on vous y invite...

Le restaurant de la Resthouse est assez cher. Outre le houmous et les salades (500/600 fils), le premier prix est un sandwich au fromage à 750 fils. Les boissons sont au même prix, les plats à 3/4 JD et le petit déjeuner coûte 3 JD. Un buffet est parfois dressé pour les groupes de touristes et peut-être pourrez vous vous y joindre pour 6 JD.

Une autre solution consiste à apporter sa nourriture ou à se rendre aux petites épiceries situées dans le village. Elles vendent des boîtes de conserve, des légumes et des boissons à un prix acceptable.

La Resthouse peut mettre une cuisine à la disposition des grimpeurs qui restent au moins une semaine à Rum. L'eau qui coule de ses robinets n'est pas potable et ses tables réservées aux consommateurs.

On trouve des films négatif couleur à la boutique de souvenirs située près de la Resthouse, mais pas de diapositives.

Comment s'y rendre

Les transports publics à destination du Wadi Rum sont rares. Un bus part tous les matins à 7h d'Aqaba. Mieux vaut être à la gare routière en avance car, s'il est plein, il lui arrive de partir plus tôt. Il peut y avoir quelques bus plus tard dans la matinée, mais leurs horaires sont soumis à l'implacable loi de l'offre et de la demande : si vous êtes le seul passager à vous rendre à Rum, le moteur restera silencieux.

De Pétra, un bus part à la même heure pour 2,5 JD, avec les mêmes réserves.

Si vous ratez ces bus directs, prenez un bus à destination de Ma'an (puis d'Aqaba si vous venez de Pétra) et demandez au chauffeur de vous déposer à l'embranchement pour le Wadi Rum d'où vous pourrez faire de l'auto-stop. Cette liaison est fréquente et vous coûtera 750 fils depuis Aqaba. Goudronnée, la route qui relie la Desert Highway à Rum est longue de 28 km. La circulation y est assez rare et mieux vaut essayer de trouver un véhicule en début de matinée. Il existe un bar à l'embranchement, ainsi qu'un abri de tôle où vous pourrez vous abriter du soleil. Certains conducteurs demandent une participation financière, qui se monte parfois à 5 JD ! En revanche, 500 fils est une somme raisonnable.

Les bus repartent du Wadi Rum tôt dans la matinée et attendent en général d'être pleins. La seule autre possibilité – hormis le stop – consiste à demander aux chauffeurs des bus de circuits organisés de vous prendre. Ils arrivent dans l'après-midi et restent environ une heure – le temps que les touristes montent sur un dromadaire et prennent quelques photographies – puis repartent pour Amman ou Aqaba.

DISEH ET TUWEISEH

Si vous trouvez qu'il y a trop de touristes dans le Wadi Rum, poussez jusqu'aux localités de Diseh et de Tuweiseh, à environ 12 km au nord-est de Rum. Le paysage n'est pas aussi impressionnant que dans le Wadi Rum, mais il y a beaucoup moins de monde.

A Diseh, il n'existe pas d'équipement hôtelier ni de restaurant, mais seulement quelques boutiques très simples. Les Bédouins sont tout disposés à profiter un peu des devises des touristes et se feront un plaisir de vous conduire en voiture dans le désert, au nord de la ligne de chemin de fer d'Aqaba. La région est parsemée d'anciens barrages nabatéens et romains, d'au moins trois ponts en pierre ainsi que de nombreuses gravures et inscriptions rupestres, mais, à moins d'être un spécialiste, cela manque un peu d'intérêt.

Soyez prudent. Ne partez pas dans le désert sans guides, même si leur anglais hésitant rend parfois leurs commentaires sur les différents points d'intérêt – comme par exemple un campement de Lawrence d'Arabie et des rebelles arabes pendant la Première Guerre mondiale – pour le moins obscurs.

Marchandez longtemps pour l'excursion en Land Rover. Ces Bédouins sont charmants, mais certains espèrent tirer de vous le maximum. Gardez en tête les tarifs pratiqués dans le Wadi Rum, indiqués plus haut. Posez des questions autour de vous en arrivant ; les gens comprendront vite ce que vous recherchez. Si rien ne marche, demandez Sheikh Awad Nasser az-Zuweibdeh à Tuweiseh, quelques kilomètres à l'est de Diseh. Lui et ses hommes connaissent la plupart des sites.

Où se loger et se restaurer

Il n'existe que deux possibilités : camper dans le désert ou être invité par l'une des familles, ce qui n'est pas aussi improbable qu'il y paraît. Si vous voulez camper, les Bédouins vous aideront à trouver de quoi manger, mais attention : rien n'est gratuit. Faites-vous bien préciser ce que vous devez payer. Vous trouverez deux boutiques à Diseh, mais à Tuweiseh, tout ce que vous pouvez acheter se limite pour ainsi dire à du Pepsi et à des gâteaux secs.

Comment s'y rendre

Il est assez facile d'aller à Diseh et à Tuweiseh. Un minibus part de Tuweiseh vers la Desert Highway *via* Diseh vers 7 h (300 fils environ). Vous pouvez aussi faire du stop car la circulation est plus régulière depuis ces localités que depuis Rum.

Aqaba

La douceur de son climat hivernal et un emplacement idyllique en bordure du golfe font d'Aqaba la station balnéaire jordanienne par excellence. Pendant qu'à Amman on grelotte par une température voisine de 5°C et parfois sous la neige, le mercure se maintient ici autour de 25°C. L'eau cristalline et chaude fait le bonheur des amateurs de plongée sous-marine. En été, la chaleur est presque insupportable, avec des températures diurnes qui excèdent souvent 35°C.

Unique ouverture du pays sur la mer Rouge, la ville en elle-même présente peu d'intérêt, mais ses plages, hôtels et restaurants bon marché qui changent un peu de l'ordinaire permettent d'y séjourner agréablement quelques jours.

La majorité des exportations et importations jordaniennes transitent par le port, situé au sud de la ville. Jusqu'en 1988, c'était également le principal lieu de départ des exportations de l'Irak pendant sa guerre avec l'Iran. D'août 1990 à la fin de l'attaque des Alliés sur les forces irakiennes en janvier-février 1991, l'activité portuaire fut stoppée par les navires de guerre des forces alliées. Elle a repris depuis. Dans un premier temps, le respect de l'embargo fut vérifié par un contrôle maritime, lui-même supprimé en août 1994 et remplacé par un contrôle à quai des marchandises. Certains continuent néanmoins de penser qu'une quantité significative de marchandises transitant par le port à destination de l'Irak enfreint l'embargo des Nations unies, toujours en vigueur. Par ailleurs, un marché noir florissant existerait entre les deux pays. Il concernerait notamment du carburant, l'Irak – dont la population vit dans un état de grand dénuement – attendant la levée de l'embargo pour mettre sur le marché ses réserves de pétrole, estimées à plus de 130 millions de tonnes.

Jour et nuit, d'énormes camions rentrent et sortent d'Aqaba, mais l'activité est moins intense qu'avant août 1990, et heureusement, les camions contournent la ville et se garent dans un immense parking à 3 km de là.

Depuis peu, il est possible de se rendre en Israël depuis un poste-frontière situé à une quinzaine de minutes en voiture d'Aqaba.

HISTOIRE

Le roi Salomon arma une flotte à Asiongaber, qui est près d'Élath, sur le bord de la mer Rouge, au pays d'Édom.

Ce verset de l'Ancien Testament (1 Rois IX-26) évoque probablement l'Aqaba actuelle. Élath est l'ancien nom de la ville israélienne d'Eilat. Des fouilles entreprises à Tell al-Khalifa, à l'ouest d'Aqaba à la frontière jordano-israélienne, ont permis de découvrir des fonderies de cuivre. Il semble qu'il pourrait s'agir de l'emplacement de la cité d'Asiongaber de Salomon, où fut fondu le minerai extrait des mines de Wadi Araba entre le Xe et le Ve siècle av. J.-C.

En développant le commerce avec le sud de l'Arabie et le royaume de Saba (l'actuel Yémen), cette colonie devint très prospère. A l'époque romaine, elle était traversée par la grande voie qui venait de Damas *via* Amman et Pétra et conduisait vers l'ouest, l'Égypte et la Palestine.

A l'époque de l'invasion musulmane au VIIe siècle, Aqaba (ou Ayla) comptait une église et même un évêque. Les croisés occupèrent la région au XIIe siècle et fortifièrent la petite île de Graye, appelée aujourd'hui île du Pharaon, située à 7 km du littoral. En 1170, le port et l'île tombèrent aux mains de Saladin. En 1250, les Mamelouks s'en emparèrent et furent absorbés dès le début du XVIe siècle dans l'Empire ottoman. Le petit fort de la ville fut construit vers le XIVe siècle ; il abrite aujourd'hui le Visitors' Centre.

Pendant environ cinq siècles, jusqu'à la révolte arabe pendant la Première Guerre mondiale, Aqaba est resté un village de pêcheurs sans importance. L'armée ottomane l'occupa, mais dut se retirer après une attaque de T. E. Lawrence et des forces arabes. Ensuite, les Anglais s'en servirent comme base de ravitaillement depuis l'Égypte pour leur offensive à travers la Transjordanie et la Palestine.

Après la guerre, la frontière entre la Transjordanie et l'Arabie Saoudite n'avait pas encore été fixée. Les Anglais tracèrent arbi-

JORDANIE

trairement une ligne à quelques kilomètres au sud d'Aqaba. Les Saoudiens la contestèrent, mais ne prirent pas de mesures de représailles. A mesure que le port d'Aqaba se développa, la longueur du littoral se révéla insuffisante et, en 1965, le roi Hussein échangea 6 000 km^2 de désert jordanien contre 12 km de littoral supplémentaire. Ceci permit au port de s'agrandir et d'intégrer dans le territoire jordanien les superbes bancs de coraux de Yamanieh.

ORIENTATION

La principale artère d'Aqaba longe le littoral, traverse le centre-ville, puis suit à nouveau le golfe vers l'ouest, pour se terminer à la résidence d'hiver du roi Hussein et à une zone militaire tampon juste avant la frontière israélienne.

Du côté ouest du golfe, en face d'Aqaba et de l'autre côté de la frontière, se trouve la station israélienne d'Eilat. En dépit des affrontements entre la Jordanie et Israël depuis 1948, les deux villes ont réussi, jusqu'aux accords de paix, à coexister pacifiquement.

Selon la ville où l'on se trouve, le golfe s'appelle golfe d'Aqaba ou d'Eilat.

Les aéroports desservant les deux villes, situés de part et d'autre de la frontière, sont très proches l'un de l'autre, et cela a parfois provoqué quelques péripéties. En 1986, un avion transportant des touristes israéliens vers Eilat atterrit. Le pilote signala à la tour de contrôle qu'il avait atterri, mais il fut assez étonné de la réponse qu'il reçut : " Où ça ? Vous n'êtes pas sur mon planning." Il venait en fait de se poser sur la piste d'Aqaba. Un fonctionnaire jordanien vint à bord, souhaita un bon voyage aux passagers et l'avion décolla pour un vol de deux minutes en direction d'Eilat.

Le littoral égyptien s'étend le long de la partie occidentale du golfe, au-delà d'Eilat. A l'est, on trouve la côte de l'Arabie Saoudite.

Aqaba comptait 3 000 habitants dans les années 50 et devrait en compter environ 160 000 à la fin du siècle. Elle s'étend de façon assez inesthétique, surtout au nord et à l'ouest de la ville. Les installations portuaires sont à environ 7 km au sud du centre, le long de la route qui mène en Arabie Saoudite – qui n'est qu'à 20 km de la ville. La majorité des hôtels et restaurants bon marché, les banques et la poste sont regroupés dans le centre ; les hôtels de catégorie supérieure se trouvent à l'extrémité nord-ouest de la plage.

RENSEIGNEMENTS

Office du tourisme

Il se trouve dans le Visitors' Centre, derrière le vieux fort, en bordure de mer (☎ 313731). Il est ouvert de 8h à 14h, tous les jours sauf le vendredi. Le personnel est serviable et propose une brochure gratuite qui contient des numéros de téléphone utiles. Le musée se trouve dans le même bâtiment.

Argent. Si vous voulez changer de l'argent, les banques ne manquent pas. La Cairo-Amman Bank débitera votre carte Visa en quelques minutes, tous les jours de 8h30 à 12h30 et de 17h à 19h, sauf le jeudi (8h30-12h30) et le vendredi (fermée). L'Arab Bank prend beaucoup plus de temps pour faire la même opération. La Bank of Jordan (8h30-12h30 et 16h-18h, fermée le vendredi) change les chèques de voyage. Pour 100 $US, une commission de 3 JD est prélevée.

Le vendredi et les jours fériés, vous pourrez changer dans les grands hôtels. Quelques bureaux de change, en ville, restent également ouverts. Enfin, il existe des guichets bancaires à la gare des ferries (Arab Bridge Maritime Co). Ils ouvrent tous les jours, au moment des départs et arrivées des bateaux et peuvent débiter une carte Visa.

Le correspondant d'American Express est International Traders (☎ 313757), près de Municipality Square et du Ali Baba Restaurant. Les bureaux sont ouverts de 8h à 13h et de 16h à 19h, tous les jours sauf le vendredi. Comme à Amman, la société propose un service de poste restante et il est possible de se faire réexpédier son courrier entre les deux bureaux.

Poste et télécommunications

La poste et le centre téléphonique sont très proches l'un de l'autre, au centre-ville. La poste est ouverte de 8 à 18h, tous les jours sauf le vendredi (7h30-13h30). Le centre téléphonique est ouvert de 7h30 à 22h30, tous les jours et est bien plus calme que celui d'Amman. Téléphoner en Europe revient à 1,65 JD la minute (plus 10% de taxe). Le tarif de nuit (1,16 JD la minute plus 10%) est applicable toute la journée du vendredi et le soir après 22h.

Ambassades étrangères

Le consulat égyptien se trouve dans le quartier neuf de la ville, à environ 20 minutes à pied du centre. Les visas touristiques sont délivrés dans la journée pour 12 JD. Le bureau des visas est ouvert de 9h à 12h, tous les jours sauf le vendredi. Munissez-vous d'une photo d'identité. Le trajet en taxi depuis Municipality Square coûte environ 500 fils.

Librairies et presse étrangère

La librairie Yamani, en face de la poste, propose un bon éventail de livres sur la Jordanie et le Proche-Orient ainsi que plusieurs titres de la presse locale et étrangère. Il faut cependant savoir que le prix des livres est élevé : jusqu'à 6 JD de plus qu'à Amman.

Vous trouverez un grand choix de quotidiens et magazines étrangers dans les grands hôtels et auprès de nombreux vendeurs ambulants.

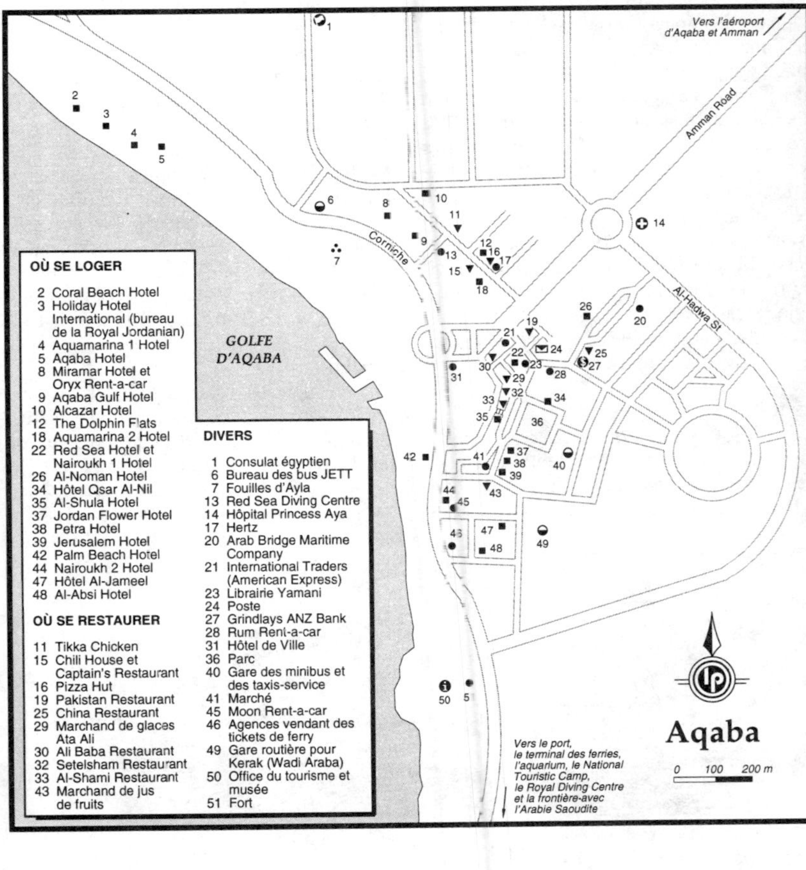

Radio et télévision
Vous pourrez capter d'Aqaba les chaînes de radio et télévision israéliennes, qui émettent depuis Eilat. Radio Jordan se trouve sur 99 kHz.

Services médicaux
L'hôpital Princess Haya est bien équipé. Il possède même des chambres de décompression et le personnel est formé à traiter les problèmes dus aux accidents de plongée.

A VOIR

Ayla

A quelques minutes à pied en allant vers le nord, le long de la rue du bord de mer après Municipality Square, on atteint l'emplacement de l'ancienne Aqaba, la cité médiévale portuaire qui portait le nom d'Ayla (ou Ailana). Des pancartes en anglais et en arabe indiquent les lieux intéressants dans le centre de 120 mètres sur 160, et en particulier les vestiges d'un rempart long de 80 mètres et de tours.

L'histoire de la porte d'Égypte reflète celle de cette ancienne cité. Une impressionnante arche sur colonnes édifiée vers 650 devint, vers 950, au moment du déclin de la cité, un petit encadrement de porte pour finir aujourd'hui comblée et traversée par un tuyau d'écoulement. Les fouilles financées par les États-Unis sont loin d'être terminées.

Le fort

Le petit fort, sur le front de mer, mérite une visite rapide. Le blason hachémite, au-dessus de l'entrée principale de cet édifice arabe du XIVe siècle, fut placé pendant la Première Guerre mondiale après que les Turcs furent chassés par les forces alliées anglo-arabes. Construite sous le règne de l'un des derniers sultans mamelouks, Qansah al-Ghouri, la forteresse a été profondément modifiée à plusieurs reprises et fut partiellement détruite lors de bombardements de la Royal Navy.

Le gardien se fera un plaisir de vous faire visiter les anciennes garnisons, cuisines et un puits encore en usage. Son père, qui travaillait là avant lui, était un personnage. Il avait planté, en 1963, deux eucalyptus dans la cour. Il mourut en 1988 et malheureusement, l'un de ses arbres bien-aimés aussi. La forteresse est ouverte de 8h à 21h, tous les jours. Entrée libre.

Le musée

Depuis que des fouilles de la cité médiévale d'Ayla ont été sérieusement entreprises en 1987, la collection du petit musée, qui se trouve à l'arrière du Visitors' Centre, s'est étoffée. Il contient des objets, des plans et quantité d'informations sur l'antique cité. Des céramiques d'influence irakienne, égyptienne et chinoise prouvent qu'Ayla était au Moyen-Age un port de commerce actif.

Vous pourrez le visiter tous les jours sauf le mardi, de 8h à 13h et de 15h à 17h, pour 1 JD.

L'aquarium

Installé dans le Marine Sciences Centre (centre de recherche des université d'Irbid et d'Amman), à 100 mètres au sud du terminal des ferries, l'aquarium, inauguré en 1980, possède un échantillonnage restreint, mais varié, d'animaux aquatiques très colorés et

parfois assez étranges. Si vous ne plongez pas, il vous donnera une idée de ce que l'on peut voir sous la mer.

Il est ouvert tous les jours de 8h à 17h. L'entrée coûte 1 JD.

L'île du Pharaon

Il faut se rendre à l'Aqaba Gulf Hotel ou à l'Aquamarina 1 pour le départ de cette excursion d'une journée vers ce qui s'appelait autrefois l'île de Graye, à environ 8 km au sud de Taba, dans les eaux territoriales égyptiennes. On sait aujourd'hui que cette île était habitée dès l'âge du bronze. Le billet de 24 JD proposé par l'Aqaba Gulf Hotel comprend le transport (départ 8h, retour 16h), les visas, le déjeuner et la visite du château de Saladin (construit en réalité par les croisés en 1115). La traversée n'a lieu que si un minimum de 12 personnes se sont inscrites. Pour 20 JD, l'Aquamarina 1 organise une excursion comparable, mais un peu plus courte (10h30-16h).

Les plages

Les plages publiques s'étendent du sud des grands hôtels au port de plaisance et du port de plaisance au Visitors' Centre. On trouve un peu partout des petites échoppes vendant sandwiches et boissons. Des bateaux à fond de verre tournent pour essayer d'attirer des touristes. Le tarif en cours est de 5 JD pour 30 mn et 8 JD pour une heure. N'hésitez pas à marchander. On peut également louer des pédalos.

Malheureusement, en dépit des nombreuses poubelles, les gens du cru – et certains touristes – semblent se préoccuper assez peu de la quantité de détritus qu'ils laissent derrière eux et les plages sont parfois assez sales.

Au sud du port, vous trouverez une plage plus propre et une eau plus claire (South Beach). L'accès est payant : 500 fils. Vous pouvez même y séjourner (voir ci-dessous à National Touristic Camp dans la rubrique *Où se loger*).

Les plages des hôtels sont en général entretenues et assez propres. En revanche, leur accès est parfois payant (6 JD à l'Holiday Hotel). On essayera peut-être de vous faire payer pour entrer sur la plage de l'Aqaba Hotel. Dans ce cas, entrez par celle de l'Aquamarina Hotel I, juste à côté (c'est la même plage !). On peut louer masques, tubas, palmes et chaises longues (si vous n'êtes pas d'humeur sportive) dans ces deux hôtels.

Avertissement. Quelques voyageuses nous ont signalé avoir été plus ou moins harcelées par des hommes sur les plages, même celles des hôtels. Une Occidentale, seule, en bikini, sur une plage publique ne peut que s'attirer des ennuis.

ACTIVITÉS CULTURELLES ET SPORTIVES

Sports nautiques

L'Aquamarina 1 propose la location de planches à voile (3,3 JD) et offre des possibilités de ski nautique (3,3 JD). L'Aqaba Hotel loue des planches à voile à 2 JD et des pédalos à 1,5 JD.

Plongée sous-marine

De nombreuses personnes viennent à Aqaba uniquement pour plonger. Le meilleur endroit se situe au large de la plage du récif Yamanieh, au nord de la frontière avec l'Arabie Saoudite. Si l'on s'accorde généralement à dire que Ras Mohammed dans le Sinaï est plus spectaculaire, les plongées à Aqaba comptent toutefois parmi les plus belles du monde.

Les cartes de plongée habituelles sont suffisantes, mais si vous n'avez pas effectué de plongée depuis plus de six mois, il est recommandé de le faire avec un moniteur. C'est un bon endroit pour les débutants, car on trouve des fonds intéressants à une profondeur assez faible. On prétend que la visibilité est bonne jusqu'à 40 mètres, mais elle est plus souvent de 20 mètres. Mars et avril sont les plus mauvais mois, en raison de la présence d'algues.

Les moniteurs de plongée sont de plus en plus inquiets de la menace que fait peser sur le récif le terminal des containers tout proche. Selon les dires d'un moniteur anglais, 125 000 tonnes de phosphates – l'un des principaux produits exportés par la Jordanie – sont chaque année déversées accidentellement dans la mer au cours des chargements.

Le Royal Diving Centre (☎ 317035) se trouve sur la plage, à environ 12 km au sud de la ville. L'entrée est payante (2 JD adulte, 1 JD enfant) et donne droit à l'utilisation de la plage et des douches. Il faut compter 10 JD pour une plongée ou 17 JD pour deux plongées le même jour. La location de l'équipement revient à 8 JD. Pour nager avec un tuba et un masque, il vous en coûtera 4 JD. Il y a une cafétéria, mais pas d'hébergement. Un bus privé fait le tour des grands hôtels en ville vers 9h et revient vers 16h30. Ce centre, légèrement moins cher que les deux autres, notamment pour les stages, est diversement apprécié des plongeurs.

Le plus ancien et le mieux équipé des centres de plongée se trouve à l'Aquamarina Hotel I (☎ 216250 ; fax 314271). Les plongées, depuis un bateau, vont de 12 à 15 JD si vous possédez – tout ou partie – de l'équipement nécessaire et 16,8 JD dans le cas contraire. La location d'un masque et d'un tuba coûte 12 JD. Pour ce prix, vous partirez sur le même bateau que les plongeurs.

Certains responsables et instructeurs du club sont de langue maternelle anglaise. Il est possible d'arranger des tarifs préférentiels si vous voulez faire un nombre important de plongées.

L'Alcazar Hotel (☎ 314131, fax 314133) possède également un centre de plongée. Une plongée coûte de 18 à 28 JD selon l'équipement dont vous disposez au départ. Ces tarifs sont dégressifs (14/24 JD pour 10 plongées).

Le Red Sea Diving Centre (☎/fax 318969) est installé au fond d'un petit passage, à droite, avant l'Aqaba Gulf Hotel. On le reconnaît aux lettres PADI reproduites à la peinture bleue, en gros caractères, sur le mur. Une plongée coûte de 15 à 24 JD (selon équipement) et deux allers-retours vers les abysses le même jour vous seront facturés 24/30 JD. Les plongées se font de la plage. Le centre propose également des forfaits en pension complète : 1 semaine dans un hôtel trois-étoiles pour deux personnes, avec 10 plongées chacun, revient à 900 $US environ pour deux.

Stages de plongée. Les stages en eau libre de la PADI (Professional Association of Diving Instructors) et le certificat CMAS (Confédération mondiale des activités subaquatiques) peuvent être effectués dans certains de ces centres. A titre d'exemple, vous pourrez passer l'Open Water Course (cours de débutant ou niveau 1) au centre de plongée de l'Aquamarina 1 pour 276 JD, tout compris.

Équitation

Renseignez-vous à l'Aqaba Gulf Hotel si vous souhaitez faire de l'équitation au Royal Horse Riding Club (☎ 317035). A 4 JD la demi-heure, ce n'est pas particulièrement bon marché, et probablement un peu frustrant car il est interdit de galoper.

CIRCUITS ORGANISÉS

Vous pouvez mettre sur pied un voyage d'une journée ou une demi-journée à Pétra et dans le Wadi Rum avec plusieurs agences de taxis du centre-ville. Certains proposent des excursions dans le Wadi Rum à 25 JD pour y rester 2 heures. De la folie pure !

OÙ SE LOGER

Où se loger – petits budgets

Dans la rue principale, en centre-ville, vous trouverez l'un à côté de l'autre, trois hôtels au confort sommaire qui se valent à peu près. Le *Petra Hotel* (☎ 313746) possède aux 3e et 4e étages des chambres sur la rue, avec balcon et vue superbe sur la ville, le golfe et les monts du Sinaï. Le *Jerusalem Hotel*, ou Al-Quds en arabe (☎ 314815) et le *Jordan Flower Hotel*, ou Zahrat al-Urdun en arabe (☎ 314377), sont du même ordre. Tous trois pratiquent les mêmes tarifs – 2 JD pour un lit ; 5 JD la chambre simple et 8 JD la double – mais on peut les faire baisser d'1 ou 2 dinars quand il n'y a pas trop d'affluence.

L'hôtel *Al-Jamel* (☎ 314118), en face d'un parking, propose des lits dans des chambres dortoirs à 3 JD.

Camping. Il est possible de camper dans le jardin de l'Aqaba Hotel pour 5,5 JD (douches comprises), ce qui est assez agréable. On peut également camper dans le sordide petit jardin du Palm Beach Hotel pour 3 JD par personne. Pour vous isoler un peu, allez au National Touristic Camp, au sud du port (☎ 317650).

Vous pourrez planter votre tente pour 1 JD sur la plage assez caillouteuse. Il existe des abris pare-soleil, des douches et une cafétéria.

Où se loger – catégorie moyenne

Le *Red Sea Hotel* (☎/fax 312156) est un bon choix. Il se trouve dans une rue en arrière de la rue principale, près de la poste. Le patron, particulièrement accueillant, est une mine de renseignements. Les simples/doubles coûtent 5/7 JD sans air conditionné et 10/14 JD avec. Les chambres sont claires, propres et agréables. Certaines possèdent un balcon et toutes sont équipées de s.d.b., TV et mini-bar. Le petit déjeuner est facturé 1 ou 2 JD selon le type de chambre choisi.

Juste à côté, le *Nairoukh 1* (☎ 312984 ; fax 312985) propose également des chambres avec TV, mini-bar, air climatisé et s.d.b. Leur prix varie de 10 à 15 JD. L'*Amira* (☎ 318840 ; fax 312559), quelques mètres plus loin, est comparable, bien qu'un peu plus cher : 12/18 JD.

L'*Al Noman Hotel* (☎ 315142), en face du China Restaurant, propose des simples à 8 JD et des doubles à 12 JD, petit déjeuner inclus. Les simples (sans air conditionné) sont petites, mais les doubles sont agréables et claires. En allant vers la mer depuis l'hôtel Al-Jamel, vous trouverez au coin l'*Al-Absi Hotel* (☎ 313403) dotées de chambres climatisées simples/doubles à 12/18 JD.

Le *Palm Beach Hotel* (☎/fax 313551), sur le front de mer, possède des "chalets" pour 1 à 3 personnes avec véranda, TV et air conditionné pour 22/26/28 JD (1/2/3 personnes) plus 10% de taxe.

Le *Nairoukh 2* (☎/fax 312980) est également sur le bord de mer. Ses chambres avec TV, s.d.b., air conditionné et petit déjeuner sont à 15/25/33 JD, plus 10%. Non loin, le *Al-Shula* (☎ 315153 ; fax 315154), à côté du restaurant Al Shami, dispose de chambres modernes équipées de climatisation, TV, mini-bar et s.d.b. Les simples/ doubles /triples sont à 24/28/35 JD, belle vue sur le golfe et petit déjeuner compris.

L'*Alcazar Hotel* (☎ 314131 ; fax 314133), situé un peu à l'écart, possède des chambres à 55/77 $US, taxes et petit déjeuner compris et possède une piscine. Le *Miramar Hotel* (☎ 314340, fax 314339) dispose également d'une piscine. Ses chambres simples/doubles sont à 36/48 JD, plus 20 % de taxe.

L'*Aquamarina II*, devrait rouvrir après travaux aux prix de 48/55 JD, plus 20% de taxe.

Si vous voyagez à plusieurs, vous pourrez loger dans un appartement meublé et indépendant pour 40 JD au *Dolphin flats* (☎ 314 296), juste au-dessus de l'Alcazar Hotel. Les appartements à 50 JD sont équipés de TV, cuisine, salon et s.d.b. Spacieux, ils peuvent accueillir de 4 à 6 personnes.

Viennent ensuite deux hôtels bâtis sur le front de mer. L'*Aqaba Hotel* (☎ 314090 ; fax 314089) propose des chambres de style bungalows, bien équipées, à 40/53 JD et possède un restaurant de fruits de mer. Les chambres de l'*Aquamarina I* (☎ 316250 ; fax 314271) coûtent 40/55 JD, plus 20% de taxe et frisent le luxe.

Où se loger – catégorie supérieure

Comme pour illustrer la fascination qu'exerce la voisine israélienne chez nombre de Jordaniens, les hôtels sont de plus en plus chers à mesure qu'ils se rapprochent d'Eilat. A droite de l'Aquamarina I, se trouve le *Holiday Hotel International* (☎/fax 312426). Les chambres simples/doubles sont à 70/85 JD, plus 20% de taxe. Les personnes qui ne résident pas à l'hôtel doivent payer 6 JD pour avoir accès à la plage.

A côté, le *Coral Beach Hotel* (☎ 313521 ; fax 313614) est un palace. Comptez 80 à 100 $US, plus les taxes habituelles.

Parmi les grands hôtels, seul l'*Aqaba Gulf Hotel* (☎ 316636 ; fax 318246) n'est pas sur le front de mer. Les chambres sont à 70/90 $US, plus 20%.

OÙ SE RESTAURER

Sur le plan de la nourriture, Aqaba propose un choix assez varié.

Le *Ali Baba Restaurant*, avec ses tables installées dehors, est agréable, mais n'est pas le meilleur marché. Un repas de poissons frais coûte au moins 7 JD, quoique vous bénéficierez aussi (ce qui est rare) d'un grand choix de plats allant des spaghettis bolognaise aux crêpes suzette. Les plats de pâtes sont à 2/3 JD et le hamburger, très copieux, s'élève à 1,5 JD.

Vous pourrez faire un excellent repas chinois – dans une atmosphère 100% chinoise, musique et lampions compris – au *China Restaurant*, en remontant vers la Grindlays ANZ Bank. Un repas (sans boisson) revient à environ 3 JD. Outre de fameuses soupes, la carte propose même des plats à base de porc ! Le chef est chinois.

Le *Setelsham*, un peu avant le Al Shami (qui se distingue surtout par sa grande enseigne), ne paye pas de mine, mais mérite d'être signalé. Il propose pour un peu plus de 2 JD de délicieux émincés de poulet à l'orientale, des boulettes de viande à la tomate ou encore du mensaf.

Près de l'Aquamarina II, le *Captain's Restaurant* possède une terrasse agréable. Les viandes sont à 2,5/3 JD et les plats de poisson vont de 5 à 8 JD.

Juste à côté, un "fast-food" à l'américaine, le *Chili House*, s'est installé. Outre des hamburgers et sandwiches, on y trouve des chilis à 1,8 JD.

Si vous aimez le poulet frit (le contraire constitue un handicap pour qui voyage en Jordanie), allez au *Tikka Chicken*, de l'autre côté de la rue : on vous servira des préparations de poulet de 1,5 à 2,75 JD.

Le prix d'un repas à la *Pizza Hut*, tout près, va de 1,65 à 6 JD, somme que vous pourrez payer avec une carte Visa.

Enfin, dans le centre-ville, vous trouverez un certain nombre d'étals de rue et de petits restaurants où l'on sert les plats habituels.

Pour le dessert, allez à *Ata Ali*, juste après l'Ali Baba. C'est un paradis pour les amateurs de sucreries, avec ses gâteaux traditionnels et ses délicieuses glaces. Le *Fatota Restaurant*, en face de l'hôtel Nairoukh 1, propose des jus de fruits à 1 JD.

Les boutiques qui bordent la rue principale sont bien approvisionnées en aliments de toutes sortes. Si vous partez dans le Wadi Rum, vous pourrez y acheter des dattes, du fromage et du pain. Dans le souk, vous trouverez fruits et légumes en quantité.

JORDANIE

COMMENT S'Y RENDRE

Voie aérienne

Depuis/vers Amman. Un avion de la Royal Jordanian part tous les jours d'Amman pour Aqaba. Le vol dure 45 minutes et l'aller coûte 13 JD. La Compagnie offre des tarifs promotionnels à 18 JD pour un aller-retour.

Le bureau de la Royal Jordanian d'Aqaba est situé sur l'esplanade de l'Holiday Hotel International.

Depuis/vers l'Égypte. Tous les mercredi, un appareil de la Royal Jordanian quitte Aqaba pour Le Caire. Le prix du billet est de 172,5 JD.

Par ailleurs, la compagnie aérienne égyptienne al-Massria affrète, quatre jours par semaine, des petits avions pour les liaisons Aqaba-Sharmi ash-Sheikh et Aqaba-Hurghada. Elle peut s'occuper du visa si vous le souhaitez. Renseignez-vous dans les grands hôtels.

Bus

Bus JETT. Le bureau des bus JETT se trouve sur la route du bord de mer, en face du site d'Ayla (☎ 315222). Six fois par jour, ces bus climatisés, rapides et confortables, partent d'Aqaba pour Amman entre 7h et 16h30. Le trajet dure quatre heures et coûte 4 JD. Il faut réserver deux jours à l'avance.

La compagnie organise également quatre fois par semaine des circuits d'une journée pour Pétra (28 JD). Le départ est à 8h et le bus revient à Aqaba à 15h. Il est possible d'acheter un billet aller simple pour 3 JD.

JETT vend également des billets combinés bus-ferry à destination du Caire (consultez le paragraphe *Voie maritime*, plus loin).

Minibus/taxi-service. La principale gare routière est à 2 minutes à pied de la rue principale au centre-ville. Il y a quelques bus pour Amman le matin (2 JD environ) et des taxis-service (3 JD).

Si vous n'en voyez pas, prenez un bus pour Ma'an (1 JD, départs jusqu'à 17h) et essayez de repartir de là. Le trajet en minibus jusqu'à Quweira coûte environ 500 fils. Vous pouvez prendre l'un ou l'autre pour aller dans le Wadi

Rum : dites au chauffeur où vous souhaitez aller et il vous fera descendre à l'embranchement, environ 5 km avant Quweira.

Il existe deux bus par jour pour Pétra (1,5 JD environ), le matin, mais ni le vendredi ni les jours fériés.

Des bus partent pour Kerak (Wadi Araba) lorsqu'ils sont pleins (donc à des horaires irréguliers) d'une petite gare routière qui se trouve derrière la mosquée, non loin de l'hôtel Al-Jamel (3 heures, 1,75 JD). Le dernier part vers 14h.

Location de voitures

Vous trouverez plusieurs agences de location de voitures en ville. Elles sont plus chères qu'à Amman.

Rum Rent-a-Car (☎/ fax 313581), en face de la poste, loue des petits véhicules 4x4 au tarif de 29,5 JD par jour (72,5 JD pour 3 jours) et 50 km gratuits/jour.

Pour quelques dinars de plus, vous aurez une voiture – non 4x4 – de catégorie moyenne. Moon Rent-a-Car (☎ 313316 ; fax 316500), quelques dizaines de mètres après l'hôtel Nairoukh 2 loue des Toyotas Corolla de 1994 avec air conditionné à 40 JD par jour, kilométrage illimité (115 JD pour 3 jours). Vous gagnerez certainement quelques dinars par jour en passant par l'intermédiaire du patron du Red Sea Hotel. Moon Rent-a-Car propose également des véhicules 4 roues motrices.

Hertz (☎ 316206 ; fax 316125), en face de l'Aquamarina 2, loue des petites voitures japonaises à 35 JD/jour, plus 10% (kilométrage illimité). Les voitures de catégorie moyenne sont à 45 JD et les "gros" 4x4 à 90 JD. Retirez 5 JD/jour à ces tarifs si votre location excède 3 jours. Il est possible de laisser le véhicule en ville, à Amman ou à l'aéroport (gratuit si la location dépasse 3 jours, 30 JD dans le cas contraire).

Oryx Rent-a-Car (☎ 313133 ; fax 318288), dans l'enceinte de l'hôtel Miramar, loue des jeeps 4x4 récentes – conçues au Japon et fabriquées en Corée – en parfait état, avec climatisation. Les prix sont élevés : 65 JD/jour, kilométrage illimité ou 50 JD pour 6 heures (le temps d'un aller-retour jusqu'au Wadi Rum).

Si vous voulez louer une voiture pour un certain temps afin de circuler dans tout le pays, il est plus économique de le faire à Amman.

En stop

Si vous arrivez à Aqaba en camion, il y a des chances que l'on vous dépose au parking des camions, à 3 km environ au nord de la ville.

Un taxi pour le centre-ville ne doit pas vous coûter plus de 500 fils, car vous trouverez facilement d'autres personnes qui vont dans la même direction. Pour repartir d'Aqaba vers le nord, ce parking est aussi un bon point de départ.

Voie maritime

Depuis/vers l'Égypte. Le long de la rue du bord de mer, plusieurs agences de voyages vendent des billets de ferry pour Nuweiba. Vous pouvez aussi acheter votre billet à l'Arab Bridge Maritime Co. Le terminal des ferries se trouve au sud du port, à 7 km du centre. On peut s'y rendre à pied ou mieux, en taxi.

Un ou deux car-ferries assurent quotidiennement la liaison vers Nuweiba. La traversée (dont la durée est en principe de 3 heures) coûte 19 JD environ dans les agences de voyages et 19 $US et 200 fils (!) à l'Arab Bridge Maritime Co (il serait néanmoins possible de payer en dinars). Les retards sont fréquents et les bateaux bondés, surtout après le *hajj*. On peut acheter son billet le jour du départ. Vous devez vous trouver au ponton une heure seulement avant le départ. On peut également faire la traversée en 1 heure à bord d'un catamaran pour 27 $US (se renseigner à l'Arab Bridge Maritime Co) ; départs tous les jours à 11h). Pour plus de précisions, reportez-vous au chapitre *Comment s'y rendre* en début d'ouvrage.

Vous pouvez acheter un billet de ferry + bus pour Le Caire au bureau des bus JETT. Les départs ont lieu les lundi, mardi et samedi, au prix de 43 $US. Il est néanmoins assez facile de prendre un bus local pour Le Caire depuis Nuweiba : le billet coûte 25 $US environ (on ne peut régler en livres égyptiennes). Pour plus de détails sur le voyage, les visas et les taxes de sortie, consultez le chapitre *Comment s'y rendre* en début d'ouvrage.

Voie terrestre

Depuis/vers Israël

Le poste-frontière avec Israël, récemment ouvert – et encore en travaux à l'heure ou nous écrivons ces lignes – se trouve à 15 km d'Aqaba. Vous pouvez l'emprunter tous les jours sauf le samedi de 8h à 18h (ces conditions peuvent néanmoins évoluer). Actuellement, le passage n'est possible qu'à pied ou en voiture, à condition que celle-ci ne soit pas immatriculée en Jordanie, et la taxe de sortie s'élève à 4 JD. Vous trouverez à la frontière un bureau de change, une poste et une cafétéria. En venant d'Israël, vous pourrez obtenir un visa jordanien au guichet de l'immigration. Reportez-vous au chapitre *Renseignements pratiques* en début d'ouvrage pour les tarifs.

Le trajet en taxi depuis Aqaba coûte 3 JD. Eilat est à quelques kilomètres de l'autre côté de la frontière et des taxis, côté israélien, pourront vous y conduire. La taxe d'entrée en Israël est de 80 shekels environ.

COMMENT CIRCULER

Depuis/vers l'aéroport

L'aéroport d'Aqaba se trouve à environ 10 km au nord de la ville. Le trajet en taxi coûte 3 JD. Le chauffeur demandera peut-être 4 JD, mais une course de 3 JD est déjà un bon prix.

Bus

Des bus, au départ du fort, desservent le National Touristic Camp, le Royal Diving Centre, l'aquarium et le terminal des ferries pour 250 fils.

Taxi

Mise à part la marche, le taxi est la principale façon de se déplacer dans Aqaba. Le seul moment où vous aurez vraiment besoin d'en prendre un, sera pour vous rendre à l'aéroport ou à la frontière. Les chauffeurs sont souvent des requins et mettent rarement leur compteur en marche. Sachez vous montrer très diplomate avec eux.

Syrie

Présentation de la Syrie

HISTOIRE DEPUIS 1920

Au moment où la Première Guerre mondiale prenait fin, T.E. Lawrence et d'autres officiers britanniques engagés aux côtés de la révolte arabe, encouragèrent les nationalistes à prendre le contrôle de Damas et l'émir Faysal, qui était à leur tête, à former un gouvernement. En mars 1920, les nationalistes arabes proclamèrent Faysal roi de Grande Syrie (qui incluait la Palestine et le Liban) et son frère hachémite Abdallah roi d'Irak. Le mois suivant, la Société des nations désignait les Français comme mandataire de la Syrie et du Liban, ce qui obligeait Faysal à prendre le chemin de l'exil.

Choisissant en quelque sorte de "diviser pour mieux régner", la France partagea son mandat en trois zones : le Liban, comprenant Beyrouth et Tripoli (où les chrétiens se montraient dociles), une république syrienne (où les musulmans majoritaires leur étaient hostiles) et les districts de Lattaquié et du Jebel Druze. L'animosité à l'égard des Français provoqua, en 1925-1926, une insurrection et la France bombarda Damas à deux reprises.

Une Assemblée constituante fut formée en 1928 pour rédiger la constitution de la Syrie partiellement indépendante. Elle fut immédiatement dissoute par les Français parce qu'elle prévoyait la création d'un État unique, englobant le Liban, pour succéder à la province ottomane. Les Français ne pouvaient accepter une telle proposition.

En 1932, les premières élections législatives eurent lieu. Bien que triée sur le volet par les Français, la majorité modérée élue, rejeta toutes leurs suggestions concernant la constitution. En 1936, un traité fut signé mais jamais ratifié. Il stipulait que l'État syrien prenait le contrôle de Lattaquié et du Jebel Druze ainsi que du *sandjak* (sous-province) d'Alexandrette, l'actuelle province turque d'Hatay. Cette décision provoqua des émeutes dans le sandjak, qui refusait d'être annexé à la Syrie. Les Français incitèrent alors les Turcs à envoyer des troupes afin de contrôler les élections. Le scrutin se révéla favorable aux Turcs et le *sandjak* fut rattaché à la Turquie en 1939. Cet état de fait, qui ne fut jamais reconnu par les Syriens, ne fit qu'accentuer leur ressentiment contre la France. Aujourd'hui encore, les cartes imprimées en Syrie indiquent cette région comme faisant partie du territoire syrien.

Lorsque la France fut envahie par l'Allemagne en 1940, la Syrie et le Liban furent placés sous le contrôle du gouvernement de Vichy, puis des forces alliées franco-britanniques en juillet 1941. Les Forces françaises libres promirent à la Syrie son indépendance totale, mais elle ne fut effective que cinq ans plus tard, en 1945, après de violents affrontements qui obligèrent la Grande-Bretagne à intervenir. La Syrie ne devint réellement indépendante qu'après le départ des derniers soldats britanniques en avril 1946.

Au Liban, l'ancienne province turque du Mont Liban, à majorité chrétienne, devint en 1920, avec l'annexion de territoires non chrétiens (principalement sunnites, druzes et chiites), l'État du Grand Liban. Le gouverneur français fut contraint de se plier aux revendications d'autonomie des Libanais. En 1926, une nouvelle constitution fut adoptée et le Grand Liban devint la république du Liban. De même qu'en Syrie, son indépendance ne fut effective qu'en 1946, lorsque la France évacua ses dernières troupes.

La République arabe unie

En Syrie, le gouvernement civil fut de courte durée. En mars 1949, le gouvernement Kouattli fut renversé par l'armée, puis par une série de coups d'État, menés successivement par le colonel Husni Zaïm, le général Hinnawi et le colonel Chichakli. A compter de 1954, les militaires du parti Baas, qui avaient gagné le soutien des minorités alaouites et druzes, n'eurent plus de rival sérieux.

Créé en 1940 à Damas par un instituteur chrétien Michel Aflak, le parti Baas ou parti de la Résurrection arabe prône la reconstitution de la grande patrie arabe et l'institution d'un socialisme démocratique. Sa devise est "Unité, liberté, socialisme".

Le parti Baas s'engagea dans une politique panarabe qui conduisit la Syrie à perdre sa souveraineté : elle fusionna avec l'Égypte en 1958, sous la présidence de Nasser, et devint la province septentrionale de la République arabe unie. En 1960, une Assemblée nationale unie, composée de 400 députés égyptiens et de 200 députés syriens, tint conseil. Les Syriens étaient en majorité favorables à cet état de fait, mais la tutelle égyptienne devint si pesante que l'indépendance syrienne fut restaurée en septembre 1961, à la suite d'un coup d'État militaire. Le nouveau régime, officiellement civil, mais en réalité contrôlé par l'armée, fit peu de concessions aux membres du parti Baas et aux panarabes favorables à Nasser, ce qui aboutit à un nouveau changement de gouvernement en mars 1963.

Un mois avant la reprise du pouvoir par le Baas en 1963 – qui propulsa au pouvoir un lieutenant-général de l'armée de l'air nommé Hafez el-Assad –, la branche irakienne du parti Baas prit le pouvoir à Bagdad. Si des tentatives de réunification de l'Irak, de l'Égypte et de la Syrie furent entreprises, les partis en présence ne purent parvenir à un accord sur une fédération tripartite. La Syrie et l'Irak voulurent établir une unité bilatérale, mais leurs efforts furent anéantis en novembre 1963, quand le parti Baas irakien fut renversé.

La Syrie se retrouva seule et confrontée au problème suivant : le parti Baas, panarabe, avait des ramifications dans d'autres pays arabes qui exerçaient une influence directe sur l'administration du pays. Des mesures économiques mal acceptées et une politique de nationalisation très critiquée aboutirent, en 1964, à une révolte qui fut réprimée dans le sang dans la ville de Hama. En outre, les conflits à l'intérieur du Baas entre une tendance de droite et une tendance plus extrême de gauche créèrent une scission au sein du parti. L'aile radicale du Baas prit le pouvoir le 23 février 1966 et chassa les chefs historiques, dont Michel Aflak fondateur du parti. Hafez el-Assad, commandant en chef de l'aviation, prit le portefeuille de ministre de la Défense.

La guerre des Six-Jours et la guerre du Kippour

Le gouvernement socialiste a été très affaibli par deux échecs. Le premier fut la défaite de l'armée syrienne dans la guerre qui l'opposa en juin 1967 à Israël. Ce conflit, que l'on appela par la suite la guerre des Six-Jours, fut déclenché par Israël en représailles contre des raids de factions armées syriennes sur des colonies israéliennes. Israël passa à

SYRIE

La réussite d'Hafez el-Assad

L'histoire de la Syrie est associée au nom de Hafez el-Assad. Né le 6 octobre 1930 dans une famille modeste montagnarde, Hafez el-Assad est issu de la communauté des Alaouites. Cette minorité, qui représentait à l'époque à peine 10% de la population, avait beaucoup souffert du poids des sunnites et vivait retranchée dans l'arrière-pays. Après des études à Lattaquié, il devint membre du parti Baas en 1946 et s'inscrivit à l'école militaire. Son parcours vers le cœur de l'État l'a propulsé dès 1970 au premier rang puisqu'il cumule aujourd'hui les trois fonctions de président de la République, de secrétaire du Baas et de commandant en chef des armées.

Hafez el-Assad est parvenu à rester au pouvoir plus longtemps que tous les autres gouvernements syriens depuis l'indépendance, en associant ruse et répression impitoyable. Son succès peut être attribué à plusieurs facteurs : l'amélioration des conditions de vie des défavorisés et des minorités, le noyautage de l'administration et des services de sécurité intérieure par des Alaouites, membres du même clan que lui (ce qui a permis une répression à grande échelle et la réduction au silence de l'opposition, tant à l'intérieur du pays qu'à l'étranger) et une volonté, sans doute partagée par de nombreux Syriens, de stabilité politique. En 1985, le président syrien recevait un troisième mandat avec 99,9% des voix puis un quatrième en 1992 avec la même majorité (prévisible). Il s'appuie, pour gouverner, sur une formation baptisée Front national progressiste, qui rassemble plusieurs partis dominés par le Baas. ■

l'attaque après la décision du président Nasser – qui avait affirmé son soutien à la Syrie –, de fermer le canal de Tiran (à l'embouchure de la mer Rouge) aux navires israéliens. L'issue de ce conflit entraîna une sévère défaite politique et psychologique pour les États arabes. En outre, une grande étendue de territoire passa aux mains des Israéliens. La Syrie fut la cible d'attaques en règle : le plateau du Golan fut annexé et Damas elle-même fut menacée.

Le second affrontement, l'épisode de "Septembre noir", eut lieu en 1970 en Jordanie. L'armée jordanienne attaqua et écrasa des groupes de lutte armée palestiniens, soutenus par la Syrie, qui cherchaient à prendre le pouvoir en Jordanie.

Assad, qui avait refusé de soutenir les Palestiniens contre l'armée jordanienne, prit le pouvoir en novembre 1970 et se débarrassa des dirigeants de l'aile civile du Baas. Il devint alors Premier ministre et secrétaire général du Baas. Le 12 mars 1971, il était élu président pour un mandat de sept ans.

Le 6 octobre 1973, une offensive surprise des troupes égyptiennes et syriennes fut menée contre Israël, dans le but de récupérer le Sinaï et le Golan. La guerre du Kippour durera dix-huit jours. Si l'Égypte et la Syrie prirent l'avantage au départ, les Israéliens en sortirent victorieux. Fin octobre, l'Égypte puis la Syrie signèrent un cessez-le-feu avec Israël. Les pertes humaines, les dégâts et les conséquences économiques de la guerre furent considérables pour la Syrie. La médiation des États-Unis et le désengagement égyptien conduisirent cette dernière à signer un accord avec Israël, le 31 mai 1974 à Genève, dans le cadre de la conférence de la Paix.

Le Liban

Depuis le déclenchement en 1975 de la guerre civile au Liban, l'ingérence de la Syrie dans les affaires de son voisin a été plus ou moins importante. En fait, la Syrie ne pouvait accepter la souveraineté du Liban qu'elle considérait comme une ancienne province. La politique syrienne avait donc pour objectif d'y établir un contrôle et d'exercer une sphère d'influence afin d'opposer un front fort et uni face à Israël. Elle se résumait à l'expression utilisée par Hafez el-Assad "deux États indépendants, une nation".

Après plusieurs sommets arabes, une force de paix de 30 000 hommes, pour la plupart Syriens, fut envoyée au Liban avec pour objectif de faire cesser les combats. Parallèlement, le soutien militaire soviétique en faveur de la Syrie augmentait : en 1983, on comptait près de 6 000 conseillers militaires soviétiques en Syrie.

L'invasion du Liban par l'armée israélienne en 1982 (dite l'opération Paix en Galilée) et son avancée rapide sur Beyrouth accrut les tensions. On crut pendant un certain temps que la guerre entre les deux pays était inévitable. Cette invasion se produisit peu après l'annexion officielle par Israël du plateau du Golan. Au cours des années suivantes, Israël et la Syrie, avec l'OLP et différentes factions libanaises, campèrent sur leurs positions. Fin 1985, les Israéliens se retirèrent du Liban, tout en gardant le contrôle d'une zone tampon au sud. La Syrie réduisit le nombre de ses soldats dans le pays.

La Syrie tenta, avec des résultats variables, de reprendre le contrôle de la scène politique libanaise, en manœuvrant pour prendre l'avantage sur les nombreuses factions libanaises, palestiniennes et autres qui pullulaient dans ce pays. En 1987, l'armée syrienne intervenait à Beyrouth-Ouest. Mais la Syrie ne parvint pas à s'imposer face à l'imbrogio de la situation libanaise mêlant blocage politique et profondes dissensions. Un arrangement politique fut alors trouvé en 1989, grâce à l'intervention de l'Arabie Saoudite, à travers les accords de Taëf. Cette charte de réconciliation nationale, prévoyant des élections libres et une Assemblée également répartie entre chrétiens et musulmans, était censée fixer le regroupement des forces syriennes dans la plaine de la Bekaa avant leur retrait ultérieur. Elle reconnaissait de facto le rôle prépondérant de la Syrie au Liban.

La fin de la guerre au Liban, prononcée en 1990, a conduit en mai 1991 à un traité de fraternité, de coordination et de coopération signé par le président libanais Hraoui et Hafez el-Assad. Depuis, si le processus de paix modifie le paysage au Proche-Orient, le Liban, bien que fragile, compose une carte maîtresse dans cette zone d'influence. L'avenir du pays semble dépendre néanmoins de la stratégie syrienne vis-à-vis d'Israël. Si la Syrie obtient la restitution du Golan, il est permis de penser que l'armée syrienne devra retirer ses troupes de la terre libanaise.

L'opposition

Dans les années 80, les difficultés économiques ont alimenté l'opposition au régime d'Assad. Elle était principalement le fait d'un groupe de militants extrémistes, les Frères musulmans, qui contestaient en particulier le régime dominé par les Alaouites, arguant du fait que ceux-ci ne représentent que 11,5% de la population. En 1981, l'appartenance à ce groupe fut déclaré passible de la peine capitale. L'opposition des Frères musulmans a parfois pris un tour très violent. En 1979, 32 cadets militaires alaouites furent tués au cours d'une attaque surprise à Alep. En 1980, des manifestations anti-Baas furent organisées à Alep. En février 1982, à Hama, une révolte menée par des sunnites attira les forces de sécurité syriennes dans une embuscade et lança une insurrection générale. L'armée, dirigée par Rifaat, le frère d'Assad, tua environ 25 000 personnes. Ce fut la plus sérieuse menace portée à Assad jusqu'à ce jour.

En 1985, l'attitude officielle s'assouplit et des Frères musulmans qui avaient été envoyés en exil furent amnistiés et autorisés à rentrer en Syrie. On annonça par ailleurs la libération de 500 membres emprisonnés dans le pays.

Rifaat, représenta également une menace pour son frère Assad. Au début de 1984, alors que ce dernier se remettait d'une crise cardiaque, Rifaat tenta semble-t-il de prendre sa place. Une violente lutte interne pour le pouvoir s'ensuivit pour aboutir à l'exil de Rifaat en France. En 1986, il fut autorisé à revenir et réélu au Commandement régional, l'organe le plus puissant du pays. Il a depuis été contraint de jouer à nouveau un rôle plus discret.

L'absence de successeur désigné reste un problème évident, mais les craintes d'une aggravation de l'instabilité se sont apaisées à la suite de l'attitude habile adoptée par Assad lors de la guerre du Golfe en 1990-1991 et de l'embellie économique que connaît actuellement le pays.

Les mouvements d'opposition, créés à l'étranger avec l'appui de personnalités syriennes opposées au régime, exercent néanmoins une relative influence.

La politique régionale

En 1990, la Syrie s'est alliée à la coalition contre l'Irak. Cette décision a été largement motivée par le délitement de l'URSS, son principal soutien parmi les grandes puissances. Assad n'était pas un ami de l'Irak et avait soutenu son adversaire l'Iran, au cours de la première guerre du Golfe, mais il avait cette fois l'occasion de se montrer sous un jour favorable devant l'Occident et les États-Unis. En échange de sa modeste contribution à l'effort allié, il espérait bien que Washington allait rayer son pays de la liste des États soutenant et encourageant le terrorisme international, réputation qu'il avait de longue date (la Syrie a notamment été mise en accusation à la suite de l'explosion en vol d'un appareil Pan Am au-dessus de Lockerbie).

Assad s'est également montré plus conciliant vis-à-vis de la petite communauté juive vivant en Syrie et a facilité les procédures d'émigration dès 1992. Mais à l'heure où nous mettons sous presse, les États-Unis n'ont toujours pas rayé la Syrie de la liste noire, signe qu'attendent les nations occidentales pour lui accorder des aides supplémentaires. En revanche, le Parlement européen a levé, depuis novembre 1993, le blocage des protocoles financiers euro-syriens.

Par son habileté, Assad a sorti la Syrie de sa mise en quarantaine politique. Sa décision de se joindre au processus de paix entamé à Madrid en 1991 constitua un nouveau pas dans cette direction. En septembre 1992, le Premier ministre travailliste israélien, Yitzak Rabin, alors tout juste élu, annonça pour la première fois depuis 1967 qu'Israël était prêt à échanger une partie au moins du plateau du Golan contre une paix durable.

Les accords entamés en septembre 1993 entre Israël et la Syrie se sont heurtés à de laborieuses tractations sur l'avenir du Golan.

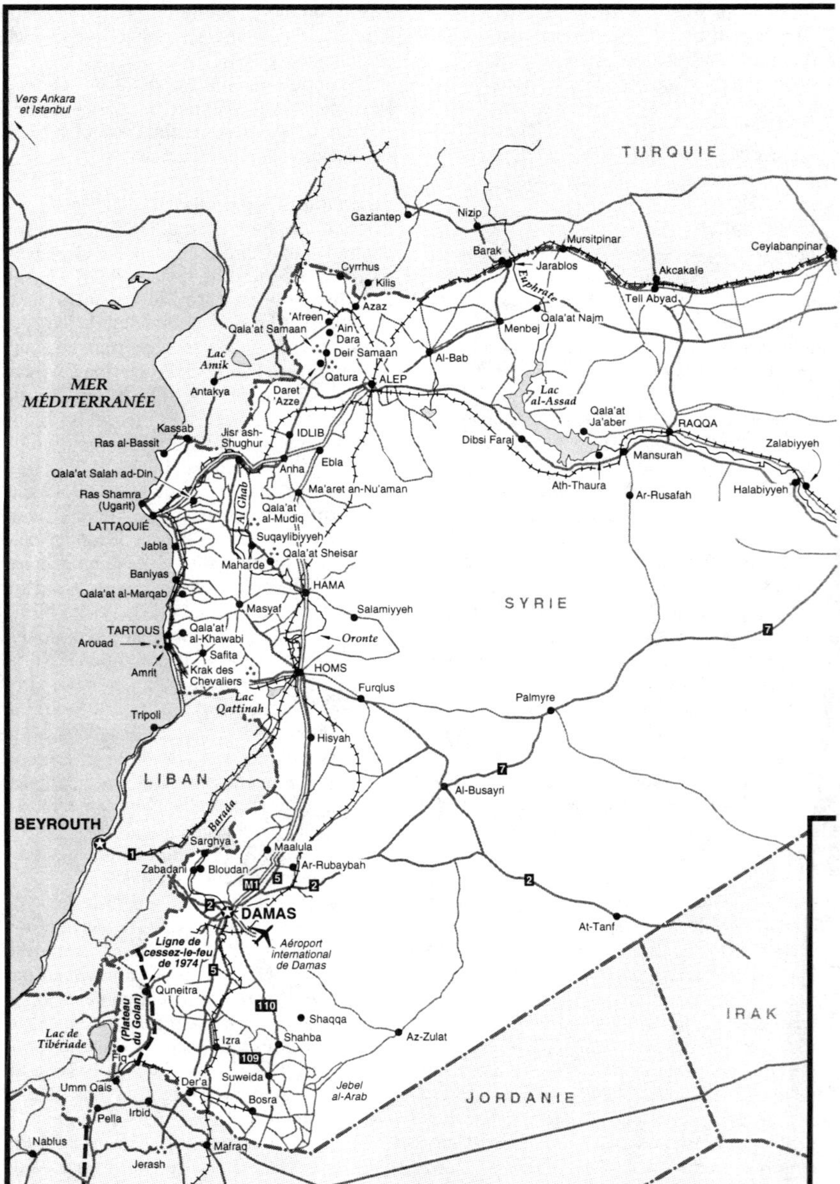
Vers Ankara et Istanbul
TURQUIE
MER MÉDITERRANÉE
SYRIE
LIBAN
IRAK
JORDANIE
Gaziantep
Nizip
Barak
Mursitpinar
Jarablos
Ceylabanpinar
Akcakale
Tell Abyad
Euphrate
Cyrrhus
Kilis
Azaz
'Afreen
'Ain Dara
Qala'at Samaan
Deir Samaan
Lac Amik
Qatura
ALEP
Al-Bab
Menbej
Qala'at Najm
Antakya
Daret 'Azze
Lac al-Assad
Qala'at Ja'aber
RAQQA
Kassab
Ras al-Bassit
Jisr ash-Shughur
IDLIB
Dibsi Faraj
Mansurah
Zalabiyyeh
Ebla
Anha
Ath-Thaura
Halabiyyeh
Qala'at Salah ad-Din
Ma'aret an-Nu'aman
Ar-Rusafah
Ras Shamra (Ugarit)
Al Ghab
Qala'at al-Mudiq
LATTAQUIÉ
Suqaylibiyyeh
Jabla
Qala'at Sheisar
Baniyas
Maharde
HAMA
Qala'at al-Marqab
Masyaf
Salamiyyeh
TARTOUS
Qala'at al-Khawabi
Oronte
Aroud
Safita
Amrit
Krak des Chevaliers
HOMS
Furqlus
Lac Qattinah
Palmyre
Tripoli
Hisyah
Al-Busayri
BEYROUTH
Barada
Sarghya
Maalula
Zabadani
Bloudan
Ar-Rubaybah
DAMAS
At-Tanf
Ligne de cessez-le-feu de 1974
Aéroport international de Damas
Quneitra
(Plateau du Golan)
Shaqqa
Lac de Tibériade
Izra
Shahba
Az-Zulat
Fiq
Suweida
Umm Qais
Der'a
Jebel al-Arab
Bosra
Pella
Irbid
Nablus
Mafraq
Jerash
1
2
5
7
M1
110
109

SYRIE

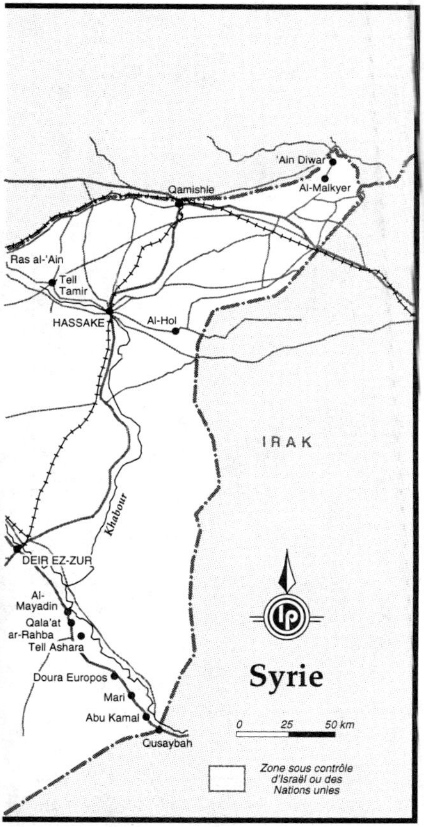

Bien qu'un engagement pour la paix entre la Syrie et Israël ait été pris par Assad vis-à-vis du président américain Bill Clinton, lors du sommet de Genève du 16 janvier 1994, les discussions piétinent depuis juin 1995 suite au massacre d'Hébron (pour plus d'informations sur le processus de paix, voir l'encadré *D'Oslo à Taba* dans la rubrique *Histoire* du chapitre *Présentation de la Jordanie*).

L'accord de Taba sur l'extension de l'autonomie en Cisjordanie, signé le 29 septembre 1995 entre Israël et l'OLP, plutôt bien accueilli en Jordanie et en Égypte, n'a pas soulevé le même enthousiasme de la Syrie. Le gouvernement a en effet critiqué cet accord indiquant qu'il "*ne peut pas durer puisque la terre* (palestinienne) *est toujours occupée et les droits* (de ses habitants) *spoliés*". Par sa politique d'attentisme, la Syrie marque son refus de capituler et sa volonté de consolider ses intérêts dans le nouvel ordre régional qui se met en place. Pourtant, l'accord de Taba et l'engagement des États-Unis devraient permettre prochainement une reprise des négociations syro-israéliennes, la Syrie étant en effet un partenaire incontournable dans le processus de paix au Proche-Orient. Après l'assassinat d'Yitzak Rabin, le nouveau Premier ministre israélien, Shimon Pérès, est le seul véritable maître d'œuvre dans ces négociations qui s'annoncent délicates.

La Syrie s'est engagée par ailleurs à exercer un contrôle sur les militants du PKK (Parti des travailleurs du Kurdistan) en lutte contre la Turquie, les islamistes du Hezbollah libanais et les organisations palestiniennes opposées à la paix et basées à Damas. Enfin, elle s'est rapprochée de l'Iran qui lui assure des rentrées de devises, notamment grâce au tourisme iranien vers les lieux saints chiites du pays.

La Syrie aujourd'hui

A l'intérieur du pays, des signes de normalisation ont vu le jour. En réponse aux pressions américaines et européennes, Hafez el-Assad a concédé quelques ouvertures depuis 1992. Ainsi, selon les informations d'Amnesty international, plusieurs milliers de détenus politiques, dont des leaders de l'aile radicale du Baas et un certain nombre de prisonniers d'opinion, ont été libérés ces dernières années.

Des améliorations ont été apportées également dans les modalités des procès politiques jugés par la Cour suprême de l'État même si certaines procédures ne satisfont pas encore véritablement aux normes internationales d'équité. De nombreux prisonniers politiques restent toujours détenus dans les geôles syriennes.

Par ailleurs, les législatives d'août 1994 ont confirmé la politique d'ouverture avec l'élection de 167 membres du Front national progressiste et de 83 indépendants.

Aujourd'hui, Hafez el-Assad s'emploie à préparer sa succession qui, selon toute hypothèse, risque de devenir délicate. En effet, la prééminence d'un État de parti unique et, de fait, l'absence d'une opposition structurée handicapent considérablement les possibilités d'évolution de l'appareil politique. La mort en janvier 1994 du fils aîné du président, Bassel el-Assad, qui passait pour son héritier, a bouleversé les choses. Elle a surtout révélé les profondes rivalités opposant les différents candidats. Si le frère du président, Rifaat, et son fils cadet, Bachar, constituent encore des candidats potentiels (tout comme ses vice-présidents), il ne faut pas sous-estimer le réseau militaire qui possède des ramifications dans de nombreux organes de l'État.

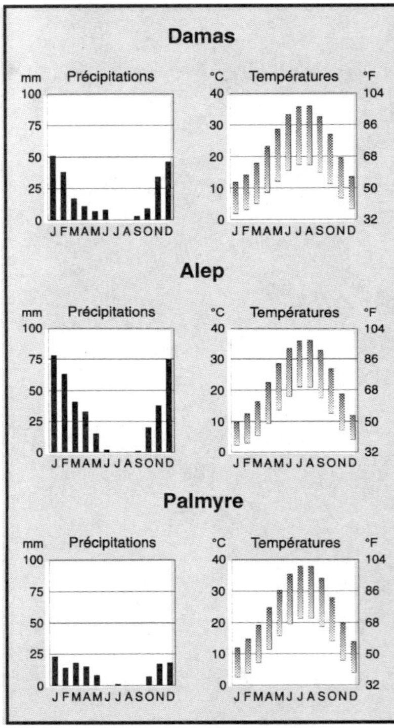

GÉOGRAPHIE ET CLIMAT

La Syrie n'est pas un grand pays : sa superficie est de 185 000 km², soit un peu plus de la moitié de l'Italie. Elle a grossièrement la forme d'un carré de 500 km de côté, et partage ses frontières avec le Liban au sud-ouest, la Jordanie et l'Irak au sud et à l'est, et la Turquie au nord. La Syrie est composée de quatre régions géographiques : le littoral avec une façade maritime sur la mer Méditerranée, les montagnes, les steppes cultivées et le désert.

Le littoral

Il s'étend sur environ 180 kilomètres entre la Turquie et le Liban. Le Jebel an-Nusariyah (les monts Ansariyah) est presque parallèle à la côte au nord, puis laisse la place au Sahl Akkar (la plaine d'Akkar) au sud. Les plaines alluviales fertiles sont cultivées de façon intensive toute l'année. Les deux principaux ports sont Lattaquié et Tartous. Une grande raffinerie de pétrole a été construite à Baniyas.

Les températures diurnes moyennes vont de 29°C en été à 10°C en hiver. Les chutes de pluie annuelles sont d'environ 760 mm.

Les montages

Le Jebel an-Nusariyah forme une chaîne découpée du nord au sud, le long du littoral. D'une altitude moyenne de 1 000 mètres, il constitue une imposante barrière qui domine toute la côte. Sur les plus hauts sommets, les chutes de neige sont assez fréquentes en hiver.

Le versant occidental est creusé de profonds ravins, alors qu'à l'est le massif se dresse presque à pic au-dessus de l'Oronte, la vallée fertile du Nahr al-Assi (le "fleuve rebelle") qui coule vers le nord et la Turquie.

Le Jebel Lubnan ash-Sharqiyah (les monts de l'Anti-Liban) marque la frontière entre la Syrie et le Liban, et son altitude moyenne est de 2 000 mètres. La plus haute montagne de Syrie, le Jebel ash-Sheikh (le mont Hermon de la Bible) culmine à 2 814 mètres. La principale rivière qui prend sa source dans ce massif est le Barada, qui a permis à Damas de survivre depuis plus de 2 000 ans dans une région particulièrement aride.

Parmi les formations montagneuses moins élevées, on citera le Jebel Druze, au sud, près de la frontière jordanienne, et le Jebel Abu Rujmayn, dans le centre du pays, au nord de Palmyre.

Les steppes cultivées

La principale région agricole du pays fait partie de ce que l'on appelle à juste titre le Croissant fertile. C'est là que se trouvent les principales agglomérations : Damas, Homs, Hama, Alep et Qamishle.

L'Euphrate et l'Oronte fournissent suffisamment d'eau pour permettre une agriculture intensive. A l'écart des sources d'eau, on pratique la culture sèche des céréales et du blé. Les programmes d'irrigation ont permis d'étendre les zones cultivées et le Jezira, autre région au riche passé, bordée par l'Euphrate et le Tigre en Syrie et en Irak, a retrouvé une certaine activité. Son nom signifie littéralement "île".

Les températures sont en moyenne de 35°C l'été et de 12°C l'hiver. Les chutes de pluie varient entre 250 et 500 mm.

Le désert

Le désert syrien, où les plaines caillouteuses semblent s'étendre à l'infini, occupe tout le sud-est du pays. L'oasis de Palmyre se trouve au nord de cette zone aride. Elle était autrefois, avec d'autres oasis, une étape importante pour les caravanes qui empruntaient les routes commerciales entre la Méditerranée et la Mésopotamie. Les Bédouins sont ici chez eux. Pendant l'hiver, ils font paître leurs moutons jusqu'à ce que l'eau et le fourrage se raréfient, puis ils se déplacent vers l'ouest ou dans les collines.

Les températures sont très élevées et la pluviométrie faible. En été, il fait en moyenne 40°C dans la journée et des maxima à 46°C ne sont pas rares.

FAUNE ET FLORE

D'importants déboisements ont pratiquement détruit les forêts autrefois abondantes qui s'étendaient sur les massifs montagneux bordant le littoral, mais dans les zones protégées, les ifs, les pins et les tilleuls dominent. Partout ailleurs, l'accent est mis sur l'agriculture, sauf dans le désert, où la végétation est presque inexistante.

Il y a fort peu de chances que vous croisiez un autre animal que le dromadaire, mais officiellement, des loups, des hyènes, des renards, des blaireaux, des sangliers, des chacals, des daims, des ours, des écureuils et mêmes des putois rôdent encore dans certaines parties du pays.

INSTITUTIONS POLITIQUES

Le pouvoir réel est détenu par le président, qui dirige le Parti socialiste arabe Baas. Il nomme les ministres, les fonctionnaires et les militaires, déclare la guerre et décrète les lois. En vertu de la constitution de 1973, approuvée à une majorité écrasante par les électeurs, le pouvoir législatif appartient en principe au peuple et la liberté d'expression est garantie. Étant donné les tensions politiques et militaires constantes, l'application de ces principes a été, c'est le moins qu'on puisse dire, plus que retardée.

Lorsque la constitution fut promulguée, qui garantissait la liberté de religion et d'expression, l'opinion publique s'indigna car l'islam n'était pas déclaré religion d'État. Assad et son gouvernement cédèrent partiellement à ces pressions et modifièrent le texte, qui stipule désormais que le chef de l'État doit être musulman.

Tous les partis politiques sont officiellement affiliés au Front national progressiste, dirigé également par Assad. Il s'agit notamment du Parti fédéral socialiste, du Parti socialiste unioniste et du Parti communiste. Ce Front, dominé par le parti Baas, sert principalement d'outil au régime d'Assad pour influer sur les autres partis. Il existe également un Conseil du Peuple, composé de 250 membres, dont les pouvoirs législatifs sont limités, et qui est dominée par le Front, comme le Front est dominé par le parti Baas.

Le président est assisté de trois vice-présidents, dont son frère Rifaat. Des changements dans la structure du gouvernement ont cependant été évoqués à mots couverts. Il était question que les trois vice-présidents soient remplacés par un député, que le Premier ministre et son gouvernement – qui ont exercé jusqu'à présent essentiellement des pouvoirs ratificateurs – se voient attribuer un pouvoir plus important et enfin que le parti Baas perde sa position dominante dans la structure du parti.

Le pays est divisé en 14 gouvernorats, ou *muhafazat*, eux-mêmes subdivisés en circonscriptions.

ÉCONOMIE

Si les années 80 ont été particulièrement défavorables, l'économie syrienne est aujourd'hui en plein essor, avec un taux de croissance annuelle de 5,5% en 1994.

La Syrie a atteint un record de production en 1994 avec 29 millions de tonnes de pétrole grâce à l'exploitation d'un brut léger de bonne qualité provenant de nouveaux gisements dans l'est du pays (région de Deir ez-Zur, le long de l'Euphrate). L'extraction est réalisée pour l'essentiel par la Al-Furat Petroleum Company, consortium de plusieurs compagnies étrangères et organe du gouvernement syrien. Auparavant, du brut lourd de mauvaise qualité et en petite quantité était extrait dans le nord-est du pays. Au 1er janvier 1994, les réserves pétrolières s'élevaient à 341 millions de tonnes.

L'exploitation de gaz naturel à Homs et à Palmyre a créé de nouveaux espoirs, avec une production de 4 milliards de m^3 en 1994.

L'amorce de libéralisation du système bancaire, l'aide extérieure, les importations et les encouragements aux investissements étrangers ont débouché sur une amélioration de la conjoncture économique. Les différents projets ont porté sur la modernisation du réseau téléphonique, l'amélioration des transports, des dispositifs d'écoulement des eaux usées, ainsi que des programmes de développement agricole et industriel. La Syrie a renoncé au principe du monopole d'État en facilitant la création d'entreprises privées et en offrant des avantages fiscaux. Ces mesures ont considérablement relancé le marché.

Autre facteur non négligeable, la position habile adoptée par Assad durant la guerre du Golfe, en 1990-1991, lui a valu un appui financier tant de ses voisins que du monde occidental. Le gouvernement a notamment obtenu, en novembre 1994, la levée de l'embargo sur les ventes d'armes imposées par l'Union européenne depuis 1986.

La coopération avec l'Europe porte sur des projets concernant essentiellement l'eau (notamment la rénovation ou la mise en place de systèmes d'adduction d'eau en zone rurale), l'électricité et le développement de l'économie (secteur privé, réforme du système bancaire et formation des cadres d'entreprise).

La Syrie a obtenu, en outre, le rééchelonnement d'une partie de sa dette commerciale (600 millions de dollars en 1994) qui s'élevait en 1993 à près de 20 milliards de $US. Avec l'effondrement de l'Union soviétique qui représentait un marché important pour le pays, la Syrie se doit de trouver de nouveaux débouchés à l'Ouest. Toutefois, l'octroi de crédits supplémentaires reste subordonnée à la normalisation de la paix avec Israël.

Ressources

L'agriculture représente un peu plus de 30% du PNB (produit national brut) et emploie un quart de la population active. Cette proportion baisse lentement en raison de l'exode rural. L'orge, le blé et le coton sont les principales récoltes du Croissant fertile et du Jezira. Dans les montagnes et sur la côte, le tabac et les fruits (en particulier les agrumes), ainsi que les olives, sont cultivés de façon intensive. Les très bonnes conditions météorologiques en 1991, 1992 et 1993 ont permis d'abondantes récoltes.

L'industrie représente 43% du PNB : phosphates et engrais à Palmyre et Homs, métallurgie à Hama et cimenteries à Tartous. Les Syriens produisent du caoutchouc, du verre et du papier. Ils possèdent une industrie alimentaire et des usines d'assemblage de téléviseurs, de réfrigérateurs, de tracteurs et autres véhicules.

La Syrie a investi près d'un milliard de dollars en 1994 dans la réfection du réseau électrique. En effet, le barrage du lac Assad, aménagé sur l'Euphrate, n'a pas suffi, notamment parce que les Turcs avaient construit le barrage d'Ataturk en amont. Néanmoins, la production hydroélectrique annuelle de plus de 7 milliards de Kwh reste encore insuffisante au regard des besoins et ne peut donc enrayer totalement les coupures de courant, encore fréquentes selon les régions, les villes et les quartiers.

Le budget de la Défense représente plus de 16% des dépenses de l'État (soit plus de quatre fois le budget alloué à l'éducation).

Si le tourisme ne rapporte pas encore des sommes considérables, ce secteur a connu, en cinq ans, une augmentation de 40%. D'après le Bureau central des statistiques, le pays a accueilli en 1993 plus de 702 000 visiteurs, dont une grande partie voyageait pour affaires. En tête viennent les Iraniens (103 800) suivis des Jordaniens (97 700), des Libanais (85 100) et des Russes et habitants de l'ex-URSS (40 200). S'agissant plus particulièrement des pays de l'Union européenne, on trouve au premier rang les Français et les Allemands (26 300 chacun), les Italiens ((20 400) et, en peloton final, les Britanniques (15 400) et les Américains (9 100). On attend un boom touristique pour les prochaines années et la Syrie s'y prépare tant bien que mal.

En dépit de campagnes destinées à contrôler la contrebande, le marché noir continue à prospérer. La corruption sévit à l'intérieur même du gouvernement, et la violation des contrôles de douane est si généralisée que les produits introduits en contrebande depuis le Liban sont vendus ouvertement dans les rues. Le découragement que ressentent de nombreux Syriens, en particulier dans les milieux économiques et financiers, face à l'ampleur de la corruption se traduit par un proverbe arabe : "S'il (en l'occurrence Assad) est au courant, c'est très grave, mais s'il ne l'est pas, c'est encore pire".

Comme la Jordanie, la Syrie a un PNB par habitant d'environ 1 250 $, ce qui la situe dans la catégorie des pays relativement pauvres. A titre de comparaison, le PNB de la France est de 20 690 $US, soit environ vingt fois supérieur.

POPULATIONS ET ETHNIES

Aujourd'hui, la Syrie compte 14 666 000 habitants. Son taux de croissance annuel de 3,4% (l'un des plus élevés du monde), est sans proportion avec sa croissance économique. Les deux plus grandes villes sont Damas et Alep qui regroupent respectivement 3 millions et 2,8 millions d'habitants.

Groupes ethniques

Les Syriens sont d'origine sémitique. La population – y compris certaines minorités comme les Bédouins, qui sont environ 100 000 – est à 90% arabe.

Le reste de la population se compose de communautés plus restreintes : Kurdes, Arméniens, Circassiens et Turcs.

Sur les 20 millions de Kurdes qui vivent dans la région, un million environ résident en Syrie. Avec leurs homologues de Turquie, d'Iran et d'Irak, ils se battent pour l'instauration d'un État kurde indépendant, sans succès jusqu'à présent. En Syrie, on leur a attribué plusieurs actes de terrorisme. Depuis la fin des années 80, la Turquie a accusé à plusieurs reprises la Syrie de protéger des rebelles kurdes qui effectuaient des raids dans le sud de la Turquie, affirmation démentie par Damas. Les Kurdes de Syrie déclarent souvent à voix haute que tout va bien, mais font part discrètement aux étrangers de leur désir d'une plus grande autonomie.

Les Arméniens sont nombreux à Alep, où ils habitent des quartiers entiers. Ce sont pour la plupart des descendants des Arméniens qui fuirent la Turquie pendant la Première Guerre mondiale en raison du génocide. Dans les rues d'Alep, les indications sont données en arménien et en arabe.

Groupes linguistiques

L'arabe est la langue maternelle de la majorité des Syriens. Le kurde est parlé dans le nord, en particulier vers l'est, l'arménien à Alep et dans certaines grandes villes, et le turc dans les villages à l'est de l'Euphrate.

L'araméen, langue biblique, est encore parlé dans quelques villages.

Si l'anglais est de plus en plus parlé ou compris, il n'est guère pratiqué en dehors des hôtels (et encore) et des grandes agglomérations.

Le français, en perte de vitesse, est encore pratiqué par les personnes d'un certain âge.

Groupes religieux

Environ 86% de la population est de religion musulmane. La grande majorité sont des Sunnites. Les minorités, comme les chiites, les Druzes et les Alaouites, représentent 20% des musulmans du pays.

Le reste de la population se compose presque entièrement de chrétiens, appartenant aux différentes Églises (orthodoxe grecque, catholique grecque ou melkite, orthodoxe syrienne, orthodoxe arménienne, maronite, catholique romaine et protestante).

Il existe une petite communauté juive en Syrie, et notamment à Damas, mais, ceux qui l'ont pu, ont émigré en Israël ou aux États-Unis. En 1992, 800 Juifs ont reçu un passeport et la plupart d'entre eux ont également bénéficié d'autorisations de sortie du territoire. En 1994, le gouvernement a accéléré les formalités d'octroi de visas de sortie. Près de 1 400 Juifs auraient été concernés.

SYSTÈME ÉDUCATIF

Selon une étude de l'Unesco de 1991, la part des dépenses totales d'éducation représente 42% du PNB (produit national brut) et plus de 14% des dépenses totales du gouvernement. L'analphabétisme est passé d'environ 50%, dans les années 70, à 29% aujourd'hui. Officiellement, l'enseignement primaire à partir de l'âge de six ans est gratuit et obligatoire. L'enseignement secondaire n'est gratuit que dans les établissements d'État, pour lesquels la compétition est acharnée.

Il existe des écoles privées qui suivent un programme similaire. On estime le taux de scolarisation dans le secondaire à 55% environ.

Il est tout aussi difficile d'obtenir une place à l'université. Si les deux principales universités sont installés à Damas et Alep, on en trouve deux autres, moins importantes, à Lattaquié et à Homs ainsi qu'un institut d'enseignement supérieur à Deir-ez-Zur.

L'Office de secours et de travaux des Nations unies a ouvert des écoles pour les réfugiés palestiniens qui vivent en Syrie et peut également faire libérer des places dans les écoles syriennes.

En 1992, on comptait 194 000 étudiants inscrits dans des établissements d'enseignement supérieur, avec une proportion féminine de 38%. En outre, la grande majorité des jeunes Syriens doivent effectuer un service militaire de deux ans et demi.

CULTURE

Pas d'impair !

En matière d'habillement, les Syriens sont conservateurs et ne sont pas habitués aux étranges coutumes vestimentaires de certains touristes. Les femmes doivent toujours porter une jupe longue au moins jusqu'au genou ou un pantalon et avoir les épaules couvertes.

Si les hommes peuvent se promener en short, ce mode vestimentaire est considéré comme quelque peu excentrique et ils ne devront pas s'étonner d'être l'objet de regards. Pour vous éviter tout désagrément, habillez-vous de façon discrète si vous voulez entrer dans une mosquée. Parfois, comme par exemple à la mosquée des Omeyyades à Damas, on demandera aux hommes de revêtir une grande cape si l'on considère que vous n'êtes pas "décent". Pour les femmes, elle est obligatoire.

Renseignements pratiques

VISAS ET AMBASSADES

Tous les étrangers qui pénètrent sur le sol syrien doivent avoir obtenu un visa d'entrée et de séjour. Certains ressortissants, comme les Algériens, en sont exempts. Ils peuvent accomplir cette formalité dans les ambassades ou les consulats de Syrie à l'étranger. Il est possible, en principe, de le faire à l'arrivée à la frontière, dans le port ou l'aéroport, mais nous avons reçu des informations divergentes à ce sujet. Par conséquent, nous vous conseillons de demander un visa avant le passage de frontière.

De tout temps, la moindre preuve d'un séjour en Israël sur votre passeport suffisait pour vous empêcher de pénétrer en Syrie. Par ailleurs, une demi-heure n'est pas toujours suffisante pour que deux fonctionnaires syriens finissent par admettre qu'une autorisation de randonnée au Népal n'a rien à voir avec Israël !

Le prix du visa varie selon la nationalité et l'endroit où l'on effectue la demande. Il n'est pas forcément moins élevé quand on se rapproche de la Syrie. Son montant est assez imprévisible, mais il est toujours très cher pour les Britanniques.

Les visas de tourisme ont une durée de validité variable et doivent être utilisés dans le mois qui suit la date d'attribution. En France, un visa de tourisme de 3 mois maximum avec deux entrées s'obtient sur présentation de deux photos d'identité, d'une somme de 95 FF en liquide (la somme de 105 FF est annoncée sur le panneau de l'ambassade, voire par téléphone) et d'un passeport en cours de validité, valable deux mois après le départ et ne comportant surtout pas de visa israélien. Pour les visas d'affaires, une attestation professionnelle ou un certificat de demandeur d'emploi est exigé. Vous devrez remplir sur place deux formulaires ou en faire la demande par courrier avec une enveloppe timbrée, si vous habitez en province.

Le délai d'obtention est normalement d'une semaine. A la question "Avez-vous déjà voyagé en Palestine occupée ?", répondez toujours par la négative, car toute réponse positive sera considérée comme suspecte. Le service des visas de l'ambassade est ouvert de 10h à 12h pour les dépôts et de 10h à 15 h pour les retraits.

En Belgique, un visa de transit (24h) ou un visa d'1 mois, de 3 mois et de 6 mois coûte respectivement 600 FB, 1 200 FB, 1 600 FB et 2 000 FB. Ces visas donnent droit à deux entrées. Outre le passeport en cours de validité et valable 6 mois après votre départ (sans visa israélien), vous devrez fournir une photo d'identité. Les demandes par correspondance ou par fax sont acceptées. Le service consulaire est ouvert de 9h à 12h, du lundi au vendredi. Vous obtiendrez votre visa en trois jours.

En Suisse, les visas sont délivrés sur présentation des mêmes justificatifs que ci-dessus et d'une somme de 30 FS. Le consulat est ouvert de 9h30 à 12h30. Comptez un délai d'une semaine pour récupérer votre visa.

En Turquie, on peut obtenir un visa à Ankara et à Istambul et, pour certaines nationalités, il revient beaucoup moins cher. Pour les Canadiens, en revanche, il coûte plus cher qu'en Europe : environ 40 000 LT. En outre, les Syriens délivrent en Turquie presque uniquement des visas à entrée unique. Il est nécessaire de se procurer une lettre de recommandation – qui peut être payante – auprès de

SYRIE

son ambassade et d'apporter une photo d'identité. Prévoyez deux jours ouvrables pour récupérer votre visa.

Il est plus simple et, en général, moins onéreux de demander son visa en Jordanie. Il est encore nécessaire de présenter une lettre et une photographie. Les visas sont délivrés le jour même et l'on peut obtenir sans problème un visa à entrées multiples (en revanche, il coûte deux fois plus cher). Le visa à entrée unique est gratuit pour les Canadiens.

Même si les détenteurs d'un visa à entrée unique qui veulent se rendre au Liban reçoivent en principe un laissez-passer de retour en quittant la Syrie (il n'existe pas de consulat de Syrie au Liban), il est plus prudent de demander un visa à entrées multiples. Sinon, vous serez peut-être obligé de prendre un avion ou de prendre un bateau pour Chypre.

A l'entrée dans le pays, vous remplirez une carte d'entrée jaune (en anglais). Conservez-la impérativement, car elle vous sera réclamée lors de la demande de prorogation de visa et de votre sortie du territoire.

Ambassades syriennes

Il existe une ambassade de Syrie dans les pays suivants :

Arabie Saoudite
Sharia ath-Thaletheen, *muqabil* (en face) Baladiyyeh al-'Aliyya wa as-Sulaimaniyyeh, Riyad (☎ (1) 465 2943)

Belgique
Avenue. F.-D. Roosevelt, 3, 1050 Bruxelles (☎ 648 01 39, 648 01 35 ; 646 40 18)

Canada
S'adresser à l'Ambassade des États-Unis.

Égypte
Rue Abdel Mahman Sabri 18, Doqqi, Le Caire (☎ (2) 335 8320 ; fax 335 8232)

États-Unis
2215 Wyorming, av. NW Washington DC2008 (☎ (202) 232 6313)

France
20, rue Vaneau, 75007 Paris (☎ (1) 40 62 61 00 ; fax 47 05 92 73)

Jordanie
Haza al-Majali, 4th Circle, Jebel Amman (☎ (6) 641076, 641935)

Suisse
Consulat général (mission permanente auprès des Nations unies), 72, rue de Lausanne, 1021 Genève (☎ 732 56 58, 732 65 22)

Turquie
Abdullah Cevdet Sokak n°7, Cankaya, Ankara (☎ (4) 140 9657)
Consulat : 3 Silahhane Caddesi, Ralli Building, Nisantasi, Istambul (☎ (1) 248 2735)

Prorogations de visas

Si votre séjour en Syrie dure plus de quinze jours, vous devez demander une prorogation de visa dans un bureau d'immigration. Il en existe dans les principales villes. Vous pouvez obtenir plusieurs prorogations de deux mois, mais tout semble dépendre de votre comportement et de l'humeur du fonctionnaire à qui vous avez affaire.

Les prorogations ne sont accordées que le 14e ou 15e jour de votre séjour. Si vous en faites la demande trop tôt, il se peut que l'on vous demande de revenir. Si, par chance vous l'obtenez plus tôt, vérifiez bien qu'elle commence le dernier jour de votre premier visa ou de la précédente prorogation, et non le jour où vous l'avez demandée.

Le coût, le nombre de photographies d'identité et le temps nécessaire à la délivrance des prorogations varient selon les endroits. Le coût ne dépasse jamais 1 $US. Vous devrez apporter entre 2 (Tartous), 3 (Damas) et 5 (Alep) photographies. Pour faciliter les démarches, prévoyez avant votre départ en Syrie au moins quatre photos d'identité et deux photocopies de votre passeport. Dans la plupart des cas, vous l'obtenez immédiatement ou au plus sous 24h, à Damas comme à Alep.

Préférez les villes de taille moyenne, telles Hama ou Tartous, où les différentes formalités peuvent ne durer qu'une heure. A Alep, les démarches sont kafkaïennes. Vous aurez à remplir également quatre formulaires en français et/ou en anglais ; une feuille de carbone intercalée vous facilitera parfois la tâche.

Il est possible d'obtenir une autorisation de séjour pour un an environ, mais dans ce cas, il est impératif de s'inscrire dans une école de langue arabe reconnue ou obtenir un poste d'enseignant.

Pour plus de détails, consultez plus loin les rubriques *Travailler en Syrie* et *Activités culturelles et sportives.*

SYRIE

Ambassades étrangères en Syrie

Voici quelques-uns des consulats et ambassades installés à Damas :

Angleterre
: Mohamed Kurd Al St, Malki (☎ 3712561 et 3712562)

Arabie Saoudite
: Al-Jala'a Avenue, Abu Roumaneh (☎ 33334914 et 33334915)

Belgique
: Al-Jala'a Ave, Abou Roumaneh, Heshim Building (☎ 3332821 et 3338098)

Canada
: Lot 12, al-Mezzeh (☎ 6114000 et 6118651)

Égypte
: N°5311 Al-Jala'a Ave, Abou Toumaneh (☎ 333 3561 et 3332932)

États-Unis
: N°2 Al-Mansour (☎ 3332315, 3332814 et 3333052)

France
: Ata Ayoubi St, Mouhajirine Jisr Al-Abiad, Afif (☎ 3327992, 3327993 et 3327994)

Irak
: Fermée

Jordanie
: Al-Jala'a Ave, Abou Roumaneh (☎ 3334642 et 3339313)

Liban
: Aucune représentation diplomatique en Syrie

Suisse
: Mehdi Bin Baraka St (☎ 3321137 et 3311870)

Turquie
: 58, Ziad Bin Afi Soufian (☎ 3331411 et 3334253)

Visas pour les pays voisins

Jordanie. Le visa jordanien peut être demandé à la frontière, mais si vous voulez effectuer la démarche à Damas, l'ambassade se trouve dans Al-Jala'a Avenue, à environ cinq minutes à pied après le pont Hafez el-Assad en venant du Musée national. On vous délivrera un visa de tourisme de un mois sur présentation d'une photographie d'identité et de votre passeport.

Pour les Européens, le prix est de 300 £S pour une seule entrée, de 700 £S pour deux entrées et de 1 600 £S pour 6 mois. Les Canadiens et les Japonais paient 3 200 £S.

Irak et Liban. L'ambassade irakienne est fermée, et dans un guide local, signalée par erreur comme l'ambassade d'Italie ! Le Liban n'a pas de représentation diplomatique à Damas. Si vous voulez vous rendre au Liban depuis la Syrie, vous devez être muni d'un visa que vous obtiendrez à l'ambassade du Liban de votre pays, avant d'entamer votre voyage.

FORMALITÉS COMPLÉMENTAIRES

Lors de vos déplacements en Syrie, gardez toujours votre passeport sur vous. Même si les contrôles d'identité sont devenus extrêmement rares, il peut arriver que l'on vous demande, dans les transports en commun, de présenter vos papiers.

Conservez absolument la carte jaune que vous avez remplie en arrivant à la frontière. On vous en donnera une nouvelle à chaque prorogation de visa et vous devrez la présenter en quittant le pays.

Même si cela ne paraît pas obligatoire (les informations obtenues à ce sujet sont confuses, voire contradictoires), il est préférable d'être en possession d'un permis de conduire international, si vous désirez circuler en voiture ou louer un véhicule.

DOUANE

Il n'est plus obligatoire d'échanger 100 $US à un taux désastreux à l'arrivée en Syrie, et l'on peut posséder jusqu'à 1 000 $US sans avoir à les déclarer. Officiellement, on n'est autorisé à exporter sans déclaration que 1 000 £S vers la Jordanie ou le Liban.

QUESTIONS D'ARGENT

Le système bancaire syrien est entièrement contrôlé par l'État. Il est question, depuis quelques années, d'autoriser l'installation d'institutions privées et même étrangères, mais cela ne semble pas encore à l'ordre du jour et ne concernerait au départ que des banques d'investissement. La Banque commerciale de Syrie est l'organisme bancaire public de ce système étatique. Toutes les grandes agglomérations comptent au moins une agence. Lorsqu'il existe plusieurs agences dans la même ville, les difficultés commencent, car les différents services de la banque sont répartis dans les agences. Ainsi, on pourra changer des chèques de voyage mais pas de l'argent liquide dans l'agence n°1, et l'agence n°2 effectuera selon les cas les deux opérations voire aucune ! Si les principales agglomérations comptent désormais des bureaux de change, rares cependant sont ceux qui acceptent les chèques de voyage. Vous pouvez toujours, en cas d'urgence, vous replier sur la chaîne des Cham Palace Hotel ou tout autre grand hôtel qui accepte de vous dépanner.

Depuis la fin 1991, le taux de change pour les touristes fluctue à un niveau relativement proche du marché noir. La rapidité des transactions varie d'une ville à l'autre et ne répond à aucune règle. L'opération peut demander quelques minutes jusqu'à une heure, voire davantage, à moins de jouer vraiment de malchance.

Si vous voulez acheter des livres syriennes avant de partir, vous les obtiendrez à un taux légèrement plus intéressant, mais les bureaux de change n'en disposent pas toujours.

Si vous quittez le pays par la route, vous pourrez échanger vos livres contre des dinars jordaniens ou des lires turques sans trop de problèmes ; maintenant que le taux pratiqué en Syrie est plus intéressant, vous perdrez moins d'argent qu'auparavant. En Turquie, il vaut probablement mieux échanger à la frontière. En Jordanie, en revanche, la plupart des banques acceptent les livres syriennes.

Lorsque vous faites des achats dans des boutiques, certaines acceptent non seulement le paiement en devises fortes, mais aussi les chèques de voyage, les cartes de crédit et même les chèques personnels. On vous demandera cependant de ne pas trop en parler.

SYRIE

Monnaie nationale

La monnaie en cours est la livre syrienne (£S), appelée communément *lira* et composée de 100 piastres (*qirsh*). Les pièces en circulation sont les suivantes : 1/4 de livre (rare), 1/2 et 1 livre. On trouve des billets d'1 livre (assez rarement), 5, 10, 25, 50, 100, 500, 1 000 et 5 000 livres.

Les billets de 500 £S sont peu utilisables pour les achats courants et donc peu pratiques. Cela dit, vous verrez assez souvent un vendeur de rue sortir une liasse de billets pour vous rendre la monnaie.

Taux de change

Même si la situation évolue peu à peu, la Banque commerciale de Syrie pratique encore différents taux de change. La plupart s'appliquent uniquement aux personnes qui viennent en Syrie pour affaires, mais il y en a deux que vous devez connaître, qui diffèrent du taux accordé habituellement aux touristes.

Lorsque vous prenez des suppléments, comme le petit déjeuner, essayez de payer en livres syriennes. Tout ce qui apparaît sur la facture de votre chambre est calculé au taux officiel.

1 $US	=	42	£S
1 $C	=	31,90	£S
1 FF	=	8,50	£S
1 FS	=	36,65	£S
100 FB	=	143,40	£S
1 £E (Égypte)	=	11,75	£S
1 JD (Jordanie)	=	60,05	£S

100 £S	=	2,38	$US
100 £S	=	3,13	$C
100 £S	=	11,76	FF
100 £S	=	2,23	FS
100 £S	=	69,73	FB
100 £S	=	8,51	£E (Égypte)
100 £S	=	1,66	JD (Jordanie)

Les lires turques ne sont pas changées officiellement et la demande sur le marché noir semble très faible.

Taux d'aviation. Si vous voulez acheter un billet d'avion pour un vol international en Syrie, le "taux d'aviation" (50 £S pour 1 $US) s'applique. Vous devez vous rendre dans une banque, demander à changer de l'argent au taux d'aviation et obtenir un reçu en bonne et due forme que vous présenterez ensuite à l'agence de voyages au moment de payer votre billet.

Change et commissions

Votre carte de crédit ne vous sera pratiquement d'aucune utilité, sauf si vous descendez dans des hôtels de luxe.

Si les banques acceptent la plupart des chèques de voyage, elles prélèvent une com-

DAMIEN SIMONIS

DAMIEN SIMONIS

DAMIEN SIMONIS

HUGH FINLAY

En haut à gauche : citadelle de Damas
En haut à droite : dôme du Trésor, mosquée des Omeyyades, Damas
En bas à gauche : couvent de Sainte-Thècle, Maalula
En bas à droite : maison de Maalula

HUGH FINLAY

HUGH FINLAY

DAMIEN SIMONIS

En haut à gauche : théâtre romain, Bosra
En haut à droite : ouvriers à Bosra
En bas : château de Saladin vu du nord-ouest

mission minimum de 10 £S pour cinq chèques ou moins. Ainsi, si vous changez cinq fois un chèque, vous paierez 10 £S à chaque fois. Si vous changez les cinq en même temps, vous ne paierez qu'une fois la commission.

On vous demandera parfois de présenter le récépissé de vente des chèques de voyage lorsque vous voudrez les changer, alors qu'en principe vous n'êtes pas censé le porter sur vous. Toutes les agences ne le demandent pas, mais dans les villes qui ne comptent qu'une seule banque, vous n'aurez pas le choix.

Il n'existe aucune commission pour changer du liquide et, comme avec les chèques de voyage, la plupart des monnaies connues sont acceptées. Si vos billets sont tout neufs, vous aurez parfois du mal à convaincre les employés des banques des petites agglomérations qu'ils sont vrais.

Vous serez assez fréquemment dupé d'une livre ou deux, car les employés de banque (entre autres) ont tendance à arrondir les sommes à cinq livres près.

Coût de la vie

Bien que l'achat de devises à la frontière ne soit plus obligatoire et malgré un taux de change plus raisonnable, voyager en Syrie n'est pas plus économique qu'il y a quelques années. Ceci est dû à une poussée d'inflation en novembre 1991, lorsque l'économie a été en partie libérée et que le prix de presque tous les produits a été multiplié par quatre. L'inflation perdure depuis. Les transports et certains produits, notamment alimentaires, sont encore très abordables. Les prix des hôtels et des restaurants bon marché sont restés relativement stables, bien qu'ils aient enregistré de légères augmentations.

Il est encore possible de ne pas dépenser plus de 15 $US par jour, à condition de séjourner dans les hôtels les moins chers et de se nourrir de felafels, de shawarmas et de jus de fruits. Pour plus de précisions sur les tarifs hôteliers, consultez la rubrique *Hébergement*.

A quelques exceptions près, les lits les moins chers dans les hôtels syriens coûtent environ 220 £S, voire 100 £S pour un lit dans une chambre collective. A Alep, les tarifs sont souvent plus élevés. Dans certains sites du littoral méditerranéen, comme Lattaquié, les prix enregistrent des hausses de 40% l'été et de 20% les jours fériés.

En moyenne, un repas dans un restaurant moyen coûte entre 150 et 220 £S. Il n'est pas d'usage de laisser un pourboire, mais rien ne vous empêche de faire un geste.

Un felafel acheté dans la rue coûte 10 £S, un jus de fruit frais 50 £S, une boisson gazeuse entre 25 £S et 50 £S, un café ou un thé 10 £S, une glace 25 £S. Les pommes, les bananes ou les raisins ne dépassent pas les 30 £S le kilo.

Marchandage

Quel que soit l'objet que vous souhaitiez acquérir, souvenez-vous que le marchandage fait partie intégrante de la transaction et que le prix indiqué est toujours gonflé pour permettre la discussion. Lorsque vous faites des achats dans un souk, marchandez toujours : même avec un minimum d'efforts, vous verrez un prix de départ ahurissant baisser de moitié.

Si quelque chose vous fait vraiment envie, ne montrez qu'un vague intérêt et annoncez un prix bien inférieur à celui que vous êtes disposé à payer. Prenez le temps, souriez et ne vous sentez pas obligé d'aller au-delà de la limite que vous vous étiez fixée simplement parce que le vendeur est accueillant et qu'il vous sert du thé ou du café. Si au bout du compte, vous ne parvenez pas à vous mettre d'accord sur un prix, tenter votre chance dans l'une des nombreuses autres boutiques.

Marché noir

L'introduction du "taux des pays voisins" en novembre 1993, ainsi que l'augmentation massive des prix, a beaucoup plus mis en danger l'activité du change au marché noir qu'une loi sévère votée en 1986, qui prévoyait un emprisonnement pouvant atteindre 15 ans pour la possession illégale de devises fortes. Les fonctionnaires affirment aujourd'hui que cette loi est tombée en désuétude et même si les gens redoutent encore les conséquences possibles, ils changent de l'argent plus ouvertement qu'il y a quelques années. On vous changera parfois même des chèques de voyage. Ceci dit, la différence avec ce que vous obtiendrez dans une banque n'est généralement pas suffisante pour que vous vous embêtiez à changer de l'argent au marché noir.

QUAND PARTIR

La meilleure période pour se rendre en Syrie est le printemps. Dès la fin avril, les températures sont douces, les pluies hivernales ont chassé la brume qui recouvre les paysages et la campagne se recouvre d'un tapis vert ponctué de fleurs. Les sites se visitent en toute quiétude sans l'énorme inconvénient de la chaleur qui s'abat dès juin et qui peut devenir extrêmement gênante, voire dangereuse, pour certaines personnes âgées. L'automne est également une saison agréable.

De mai à début octobre, ne vous déplacez jamais sans chapeau ou foulard. Prévoyez de quoi boire si vous voyagez de façon individuelle, surtout si vous visitez Palmyre, Qala'at al-Mudiq (Apamée), Bosra ou le Nord-Est. Aux heures les plus chaudes, la sieste est une pratique courante, mais lorsque les coupures de courant quotidiennes vous laissent échoué(e) dans une chambre étouffante sans ventilateur, vous serez presque aussi bien dehors.

L'hiver, les températures baissent considérablement. Il pleut et il n'est pas rare que la neige tombe dans les environs de Damas, dans le Sud et dans les régions montagneuses.

OFFICES DU TOURISME

La Syrie fait tout pour attirer un plus grand nombre de touristes. Un des objectifs principaux du quatrième plan quinquennal (1976-1980) était de développer le tourisme pour en faire la troisième source des revenus de l'État. Cette prévision, comme d'autres, ne s'est pas concrétisée, même si la fréquentation touristique a fortement augmenté. Les statistiques sur le nombre de touristes varient énormément. Officiellement, 702 000 personnes se sont rendues en Syrie en 1993. Vous trouverez plus de renseignements sur le sujet en consultant la rubrique *Économie* dans le chapitre *Présentation de la Syrie*.

Quoiqu'il en soit, on trouve probablement plus de touristes à Paris un jour d'été que toute l'année en Syrie. On s'en rend compte lorsqu'on visite les sites ou les musées, car on y est souvent seul, hormis quelques exceptions comme Palmyre ou Qala'ar Samaan (Saint-Siméon).

Offices du tourisme municipaux

Il existe un office du tourisme dans chaque ville importante, mais n'en attendez pas trop d'informations. Tout ce qu'il possède en général est un plan gratuit de la ville, de qualité. Parfois, on peut trouver des cartes des principales localités du pays ; tout dépend de la richesse du stock.

Les musées et les sites archéologiques sont généralement pauvres en brochures, même si des efforts sont menés par certains pour éditer des livrets. Toutefois, celles qui sont disponibles sont souvent datées et pauvres en informations.

A l'étranger

Si vous souhaitez des informations avant votre départ, vous pouvez prendre contact avec l'une des missions diplomatiques syriennes à l'étranger. N'hésitez pas à insister car ils possèdent souvent un jeu complet des plans gratuits des villes. Il n'existe pas d'office du tourisme en dehors de la Syrie.

Organismes à connaître

En France, le *Centre culturel arabe syrien* (12, avenue Tourville, 75007 Paris, ☎ 47 05 30 11) organise diverses manifestations culturelles et met à disposition du public une bibliothèque ainsi que de la documentation. Il ouvre de 9h à 18h, du lundi au jeudi, et de 9h à 15h, le vendredi.

HEURES D'OUVERTURE

Les bureaux des administrations, comme ceux de l'immigration, et les banques fonctionnent habituellement de 8h à 14h tous les jours, sauf le vendredi et les jours fériés. Les horaires peuvent néanmoins varier d'une heure ou deux, comme c'est le cas dans certaines villes le dimanche où l'on commence à travailler à 9h30. Les offices du tourisme sont ouverts invariablement de 8h à 14h ; seul celui de Palmyre assure les fin d'après-midi.

Les autres bureaux et les magasins ont en principe les mêmes horaires le matin et rouvrent de 16h à 18h. Une fermeture à 19h, voire à 20h, est courante l'été. La plupart des restaurants et quelques petits commerces sont ouverts le vendredi. Les bureaux de change restent, pour leur part, ouverts toute la journée et ne ferment qu'à 19h.

Dans les petites localités, les bureaux de poste ferment à 14h. Dans les grandes villes, ils restent ouverts plus longtemps : jusqu'à 20h à Damas et Alep, où ils sont ouverts également le vendredi. En règle générale, les centres téléphoniques sont ouverts beaucoup plus tard. À Damas, par exemple, ils sont ouverts en permanence.

Les musées et les monuments fonctionnent généralement de 8h à 14h, et parfois plus tard dans l'après-midi. Ils sont, pour la plupart, fermés le mardi.

JOURS FÉRIÉS

Les jours fériés célèbrent en règle générale soit des fêtes religieuses (islamiques et chrétiennes) soit des dates importantes de l'histoire de l'État syrien. La date des fêtes chrétiennes est le plus souvent fixée, comme en Jordanie, selon le calendrier julien, qui peut avoir jusqu'à un mois de décalage, comparé au calendrier grégorien occidental.

S'agissant des jours fériés islamiques, consultez le tableau dans le chapitre *Renseignements pratiques* de la région. Les autres sont les suivants :

Janvier
- Jour de l'An (15)

Février
- Fête de l'Union (22)

Mars
- Anniversaire de la Révolution/ Journée de la Femme (8)
- Fête de la Ligue arabe (22)

Avril
- Fête de l'Indépendance (17)

Mai
- Journée des Martyrs (6)

Août
- Fête de l'Armée (1er)
- Fête de la Marine (29)

Octobre
- Fête des Anciens combattants (6)
- Fête de l'Aviation (16)

Novembre
- Jour du Mouvement de Redressement (16)

Décembre
- Fête des Paysans (14)
- Noël (25)

MANIFESTATIONS CULTURELLES

Tous les ans, le mois de septembre est une période riche en événements culturels. Dans le théâtre romain de Bosra, au sud de Damas, se déroule un festival de musique et de théâtre. La capitale, quant à elle, accueille pendant deux semaines, du 28 août au 10 septembre, la Foire internationale, suivie du 16 au 25 septembre, de la Foire du livre. Un mois plus tard, le 30 octobre, s'ouvre le Festival du cinéma qui réunit généralement jusqu'au 6 novembre les cinéastes syriens et ceux de la région.

En avril-mai, à Palmyre, se tient la Fête du désert. Le Festival du coton d'Alep ne dure que 24 heures et il est fixé suivant la récolte entre la fin de septembre et le début d'octobre.

Consultez le *Syria Times* pour plus de précisions. L'édition des mercredi et jeudi donnent les programmes des événements culturels en cours et à venir.

Les centres culturels étrangers organisent régulièrement des conférences, des expositions d'artistes syriens et des projections de films.

POSTE ET TÉLÉCOMMUNICATIONS

Poste

Tarifs postaux. Le tarif d'envoi est de 17 £S pour les lettres et de 10 £S pour les cartes postales.

Envoyer du courrier. Bien que lent, le service postal syrien est relativement efficace. Si vous prenez soin de mettre votre courrier dans les boîtes à lettres installées à l'intérieur du bureau de poste d'une grande ville, il parviendra à son destinataire en moins d'une semaine.

Pour envoyer un colis de Damas ou Alep, apportez-le (non emballé) au bureau des colis à la poste afin qu'il soit inspecté. Après cette

SYRIE

opération, il doit être fermé, puis emballé dans du papier avant d'être recouvert d'une toile par un employé qui vous demandera quelques livres. Au préalable, vous aurez dû remplir un formulaire en trois exemplaires auprès d'un autre guichet. Un troisième employé vous demandera enfin d'inscrire l'adresse du destinataire. L'opération dure en moyenne une bonne trentaine de minutes dans le meilleur des cas et vous coûtera entre 30 à 50 £S.

L'envoi d'un colis de 2 kg pour l'Europe coûte 295 £S.

Recevoir du courrier. Au guichet de la poste restante, dans la grande poste de Damas, vous serez autorisé à fouiller parmi les piles de lettres rangées par ordre alphabétique après avoir donné votre nom et prénom. Apportez votre passeport.

Téléphone

Vous pouvez appeler l'étranger dans les centres téléphoniques des grandes villes avec une carte de téléphone de 1 000 £S achetée au bureau des télécommunications. Les appels pour l'Europe coûtent 100 £S la minute. Une carte donne droit à une communication d'une durée de dix minutes maximum.

Les hôtels facturent au moins 420 £S les trois premières minutes et plus de 100 £S la minute supplémentaire.

Il est impossible de passer un appel en PCV depuis la Syrie.

Pour appeler d'une cabine téléphonique, munissez-vous de pièces de 1 £S. La communication intra-urbaine coûte 1 £S et les hôtels vous la facturent 5 £S. A l'intérieur et à l'extérieur des centres téléphoniques, vous verrez des rangées de cabines, pour la plupart débranchées.

Pour les appels locaux, il est préférable de téléphoner de l'hôtel. Lorsque vous voulez joindre un correspondant situé dans une autre vill, composez le 0 suivi de l'indicatif de la ville, puis du numéro. S'il s'agit d'une communication dans la même ville, faites directement son numéro sans le 0, ni indicatif.

Voici les principaux codes téléphoniques en Syrie :

Alep	21
Bosra	16
Damas	11
Deir ez-Zur	51
Der'a	15
Hama	33
Hassake	52
Homs	31
Lattaquié	41
Palmyre	34
Qamishle	53
Raqqa	22
Suweida	16
Tartous	23

Fax, télex et télégrammes

Il est possible d'envoyer des télex, des fax et des télégrammes depuis les centres téléphoniques. L'envoi de fax est l'opération la plus facile. Les prix semblent différer d'une ville à l'autre. Pour l'Europe et l'Amérique, la minute coûte en moyenne respectivement 100 £S et 125 £S. Ainsi, si les deux premières minutes devraient coûter normalement 200 £S, elles sont néanmoins facturées en moyenne aux environs de 325 £S. Par ailleurs, vous aurez peut-être du mal à récupérer votre original. Quoiqu'il en soit, vous devrez présenter votre passeport.

De plus en plus d'hôtels se sont dotés de télécopieurs et facturent en fonction de leur catégorie.

ÉLECTRICITÉ

En Syrie, le courant est de 220 V, avec des prises européennes à deux fiches.

L'électricité syrienne est fournie en partie par des centrales thermiques, mais surtout par la centrale hydroélectrique du barrage du lac Assad, sur l'Euphrate. Elle est produite en quantité insuffisante, bien que des investissements importants aient été consentis en 1994 (voir la rubrique *Économie* dans le chapitre *Présentation de la Syrie*). Villes et villages restent sans courant parfois quatre heures par jour. Pendant ce temps, il n'y a plus ni ventilateur ni lumière ni même parfois d'eau dans les hôtels.

A la fin des années 80, on a cru que ce problème chronique avait été résolu, mais dès septembre 1991, les difficultés ont resurgi. A cela, les explications ne manquent pas.

L'une des raisons officielles est qu'une partie de l'énergie est détournée illégalement, mais on ne dit jamais par qui. Les Occidentaux vivant en Syrie pensent qu'un générateur en surcharge est tombé en panne au moment de la campagne pour les élections de 1992, lorsque les autorités ont "illuminé la Syrie". Un autre facteur possible est, selon les Syriens, que les turbines du lac Assad ne disposent pas de suffisamment d'eau pour fonctionner parce que les Turcs la retiennent dans l'énorme barrage qu'ils ont construit en amont.

BLANCHISSAGE/NETTOYAGE

Les blanchisseries ne sont pas très faciles à trouver en Syrie. Demandez à votre hôtel comment faire. On vous renverra peut-être vers un employé de la maison qui, pour arrondir son maigre salaire, ne rechignera pas à vous rendre service et pour un prix ne dépassant pas les 20 £S en moyenne par vêtement. Le service est en général impeccable mais ne soyez pas non plus surpris de trouver des inscriptions au feutre indélébile à l'intérieur de vos vêtements : ils permettent aux employés de se souvenir à qui ils appartiennent !

POIDS ET MESURES

Le système métrique est employé en Syrie.

LIVRES

La Syrie a davantage inspiré les auteurs français que la Jordanie. Nous vous invitons néanmoins à vous reporter à la rubrique *Livres* dans le chapitre *Renseignements pratiques* de la Jordanie. Y figurent notamment une sélection d'ouvrages sur l'islam et le Proche-Orient, des renseignements sur les méthodes de langues, les librairies et la presse spécialisés en Europe francophone.

Histoire et politique de la Syrie

Pour un panorama général, on lira avec intérêt *La Syrie, de Byzance à l'islam, VIIe–VIIIe siècles* de Pierre Canivet (Institut français d'études arabes de Damas, 1992).

Dans *La confrontation franco-syrienne à l'époque du mandat : 1925-1927* (L'Harmattan, 1991), Lenka Bokova retrace les origines de la révolte druze, à partir d'une documentation française, diplomatique et militaire, et de sources orales arabes. Cette lecture sera complétée par *La Syrie et la France : bilan d'une équivoque, 1939-1945* de Salma Mardam Bey (L'Harmattan, 1994). S'appuyant sur des archives publiques inédites, l'auteur étudie les années qui ont conduit à l'indépendance de la Syrie et explique les multiples tensions qui ont traversé les rapports franco-syriens.

S'agissant de la Syrie contemporaine, un Que sais-je ? sur *La Syrie* (n°1704, 1993) permettra au lecteur pressé mais curieux d'avoir un aperçu des données politiques et économiques. Il en ira de même s'il consulte *La Syrie du général Assad*, de Daniel Le Gac (Complexe, 1991).

L'État de barbarie (Seuil, coll. "Esprit", 1989) de Michel Seurat, bien que d'une lecture difficile, est un ouvrage de sociologie de référence pour comprendre la construction politique de la Syrie depuis la fin des années 70.

A découvrir sans tarder, le numéro de la revue Autrement intitulé *Damas*, (1993) qui offre un regard sur le pays tout entier à travers l'histoire, la politique, l'économie, les villes et les quartiers, la culture et la cuisine.

Ouvrage collectif à l'intention de ceux qui seraient particulièrement attirés par le nord du pays, *Alep et la Syrie du Nord* (Édisud, 1992) se propose d'étudier l'histoire de la région depuis la période romaine jusqu'au début du XXe siècle.

Peuples et religions

Laurence Deonna est un auteur engagé pour la paix et les droits de l'homme et de la femme. Dans un style alerte et sensible, elle livre, dans *Syriens, Syriennes, 1992-1994* (Zoé, 1995), des témoignages recueillis auprès de la population musulmane, chrétienne et juive.

Publiés dans le cadre de la revue trimestrielle Peuples méditerranéens, *Les Kurdes et les États* (n°68-69, juillet-décembre 1994) s'intéresse au problème kurde au Moyen-Orient à travers différents dossiers de fond bilingues (anglais et français). Ce livre vaut pour son analyse fouillée sur des questions complexes touchant au nationalisme et à la tradition.

Littérature syrienne

L'historien André Miquel reprend, dans *Ousâma : un prince syrien face aux croisés* d'Ousâma (Fayard, 1986), l'autobiographie nostalgique de l'émir de Chayzar. Né en 1095 et mort en 1188, ce dernier fut le témoin de l'effondrement de l'islam et de la création des États francs.

Vieille de quelque 35 siècles et antérieur à l'Iliade, *L'Épopée de Gilgamesh* est une œuvre littéraire connue dans tout le Proche-Orient. La version traduite par Abed Azrié, poète et musicien syrien, a été établie d'après les fragments des tablettes sumériennes, babyloniennes, assyriennes, hittites et hourites. Ce texte raconte la quête de Gilgamesh, roi légendaire d'Ourouk vers 2800 ou 2600 av. J.-C. qui, selon l'épopée, "pour deux tiers est dieu, pour un tiers est homme" (éd. Berg international, 1993).

Sève et Sable sont des contes et nouvelles traduits de l'arabe publiées aux éditions Zoé (Genève, 1981).

De la plume de Salim Barakat, *Le Criquet de fer* (Actes Sud, 1993) raconte les quatre cents coups d'un enfant kurde dans une petite ville du nord de la Syrie. La rencontre entre culture arabe et traditions kurdes est évoquée ici. Sur le même sujet, l'auteur a également signé *Sonne du cor !* (Actes Sud, 1995) avec lequel s'achève en quelque sorte ce récit de l'enfance.

Écrivain syrien établi à Alep, Myriam Antaki a écrit *La Bien-aimée* (Orban, 1985). Ce roman, inspiré de faits historiques, nous fait partager l'histoire d'une grande passion au Xe siècle dans une famille byzantine. Du même auteur et écrit en français, *Les Caravanes du solei*l est publié chez Gallimard (1991).

Album de famille ou récit autobiographique ? *Salons, coton, révolutions* (Seuil, 1995) est né de la plume de Marie Seurat qui, née en Syrie dans une famille chrétienne d'Alep, photographie en noir et blanc la ville de son enfance et explore son passé. L'épouse de Michel Seurat, mort dans les geôles du Djihad islamique, est également l'auteur d'*Un si Proche-Orient* (Le Livre de Poche, 1993) où elle nous livre son destin déchiré entre deux cultures.

Littérature étrangère

Un peu difficile à trouver, *Moi, Zénobie, reine de Palmyre* de Bernard Simiot (LGF, Poche, 1987) est un roman qui a obtenu le Goncourt du récit historique.

Au lendemain de la guerre du Golfe, Lieve Joris s'est rendue en Syrie. Dans son livre, *Les Portes de Damas* (Actes Sud, 1994), elle dépeint, de façon très personnelle, son long séjour dans la capitale syrienne, chez une amie dont le mari est emprisonné. Cet ouvrage pourrait presque s'apparenter à un reportage au quotidien.

La comtesse de Palmyre de Marie-Cécile de Taillac (Belfond, 1995) brosse, sous une forme romancée, l'incroyable destin d'une Française qui défraya la chronique mondaine et judiciaire de l'époque. Enfermée dans un harem, condamnée à mort, accusée par deux fois d'empoisonnement, elle mourut probablement assassinée en 1948.

Sites archéologiques

Palmyre : histoire, monuments et musée d'Adnan Bounni et Khaled Al-As'ad (De Boccard, 1987) vous livre les secrets de ce haut-lieu de l'Antiquité. Dans le même registre, signalons également *Palmyre* de Jean Starcky et Michel Gawlikowski (J. Maisonneuve, 1985) qui établit un panorama historique, religieux et artistique de la cité.

A la redécouverte de Palmyre de Georges Degeorge, cité plus haut, est un petit fascicule fort instructif, publié à l'occasion d'une exposition sur le sujet (Institut du monde arabe, 1991). Ce même auteur a également signé un très bel album de photos *Syrie* (Hermann, 1994) consacré à l'histoire de l'art et à l'architecture, des origines aux temps modernes.

Pour tous ceux que passionnent les aventuriers, les découvreurs et l'archéologie moderne au quotidien, *Cités disparues* (Autrement, 1991) vous fera découvrir notamment les fouilles de Palmyre, d'Ebla et de Doura Europos, à travers la plume de nombreux spécialistes.

Si vous lisez l'anglais, *Monuments of Syria and historical guide* de Ross Burns (éd. I.B. Tauris, 1994) est un ouvrage de référence. Réactualisé chaque année, il recense tous les monuments archéologiques syriens, avec un plan détaillé des sites.

Arts et culture

Rédigé par l'Institut du monde arabe, *Syrie : mémoire d'Orient, mémoire d'Occident* (Flammarion, 1993) présente, en 500 pages environ, l'art plusieurs fois millénaire de ce passionnant pays, ainsi que les résultats des recherches archéologiques conduites par la direction des Antiquités orientales du musée du Louvre.

Agrémenté de planches couleurs, le livret, *Châteaux omeyyades de Syrie*, publié par l'Institut du monde arabe (1991), vous fera découvrir les pièces architecturales et décoratives de quelques magnifiques palais.

A ranger dans la catégorie des beaux-livres, l'ouvrage de Michael Jenner, *Syria in View* (Longman), est disponible à Damas. Bahnassi a aussi signé un imposant volume illustré, *Damascus*.

Récits et guides de voyage

Terra sancta de Jean Guitton (Robert Laffont, 1989) est un carnet de voyage de 1935, illustré par l'auteur, qui met en scène de très jolies aquarelles des sites saints en Égypte, en Palestine, au Liban et en Syrie.

Le livre de photographies de Mohamed al Roumi, *Syrie... Euphrate* (Avicenne, 1995) est, lui aussi, une belle invitation au voyage.

Si vous lisez l'anglais, vous pouvez feuilleter le *Guide to Syria* d'Afif Bahnassi et le *Guide to Damascus* de Claire Grimes, publiés par Avicenne.

Bahnassi est également l'auteur de *Damascus* et *The Mosques of Damascus*. S'il apparaît quelque peu comme un porte-parole officiel, il semble néanmoins connaître son sujet.

CARTES

Outre les cartes gratuites (et très correctes) des offices du tourisme, l'organisme GEO projects, basé à Beyrouth, publie une bonne carte de Syrie.

Par ailleurs, il existe une carte *Syrie–Liban*, au 1/1 000 000, distribuée par Ango, qui comporte des plans de ville de Damas et d'Alep.

MÉDIAS

Journaux et magazines

Bien que la censure joue un rôle non négligeable dans la vie quotidienne en Syrie, les Syriens peuvent choisir parmi un large éventail de journaux et magazines en arabe, qu'ils soient syriens, jordaniens, égyptiens, libanais ou des États du Golfe.

Pour ceux qui ne lisent pas l'arabe, c'est un peu plus difficile. Le quotidien en anglais *Syria Times* est publié sous contrôle gouvernemental. Comme on peut s'y attendre, il accorde beaucoup de place dans ses colonnes aux thèses anti-sionistes et pro-arabes. On trouvera dans la rubrique "Actualités culturelles" la liste des expositions, conférences et films ainsi que des numéros de téléphones importants et les programmes des stations de radio.

Certaines publications étrangères, telles que *Le Monde, The Middle East, l'International Herald Tribune, Der Spiegel* et *Newsweek* se trouvent très aisément dans les grands hôtels et les librairies Universelle et Avicenne de Damas. Il est même possible d'acheter *Le Canard Enchaîné* à l'hôtel Méridien de Damas. Dans les autres villes, surtout à Alep, les titres de la presse étrangère sont généralement très rares.

Les articles critiques concernant la Syrie ou le Liban continuent à être déchirés.

En Europe francophone

Syrie & monde arabe est une étude mensuelle économique, politique et statistique, publiée en français par l'OFA (Office arabe de presse et de documentation, BP 3550 Damas, ☎ 4459166). Elle est disponible en France à l'Institut du monde arabe (voir coordonnées dans la rubrique *Organismes à connaître* dans le chapitre général *Renseignements pratiques*.

Pour plus de références sur les magazines disponibles sur le monde arabe, voir la rubrique *Médias* dans le chapitre *Présentation de la Jordanie*.

SYRIE

Radio et télévision

La radio syrienne émet sur 344, 280 et 228 MHz (ondes moyennes), de 10h à 24h, des émissions en français, anglais, turc, allemand et russe. Le programme en français est diffusé de 21h05 à 22h05, suivi de celui en anglais qui se termine à 24h.

Le programme russe débute à 19h et dure 1 heure. Il s'enchaîne à 20h05 par le programme allemand qui s'achève à 21h05. Radio Monte Carlo émet également en langue arabe et semble être très écouté.

S'agissant de Radio France International et de Radio Canada International, vous trouve-

La police

Vous allez voir en Syrie quantité d'uniformes et d'armes ; ceci est dû au fait que les forces de police sont composées de soldats et que le service militaire est obligatoire pour les hommes (les seules exemptions concernent les fils uniques). Il dure en principe 2 ans et demi (au lieu de quatre ans auparavant). Il faut donc bien trouver une occupation à tous ces hommes en uniforme. Voilà pourquoi les bâtiments publics, les ministères, les ambassades, les banques et voire même les gares routières sont gardés par des soldats en armes. Bon nombre des hommes armés que vous verrez autour des ambassades et dans les quartiers chics de Damas appartiennent à des milices privées, chargées de protéger un personnage influent ou un général en retraite. Si vous ne leur cherchez pas noise, ils vous laisseront tranquille.

Les fouilles des bagages, fréquentes il y a peu lorsque l'on empruntait le train ou le bus, ont pratiquement disparu, à moins qu'un événement particulier menaçant la sécurité intérieure (aux dires des autorités) ne surviennent.

La police secrète

La Syrie possède plusieurs services de sécurité intérieure. La police secrète est encore omniprésente, même si elle semble avoir un peu relâché son attention envers les étrangers. Toutefois, si un Syrien commence à vous parler de politique, d'Israël ou tente de vous entraîner dans une discussion sur Assad, ne répondez pas. Souvenez-vous qu'officiellement, Assad est ce qu'il y a de mieux au monde. Exprimer toute opinion contraire est vivement déconseillé. Faites usage de votre bon sens et ne vous en faites pas trop. Un jour, un homme m'a déclaré faire partie de la *mukhabarat* (renseignements généraux) et s'est mis à me faire le panégyrique d'Assad. Il m'a ensuite demandé mon avis. A ce type de questions, on peut répondre sans risque de faire un impair : "Il me semble que c'est un homme intelligent", ce qui en outre est assez juste.

Pour vous donner une idée de l'éventail des forces de sécurité, voici une liste des principales, dressée par Amnesty International, l'organisation internationale de défense des droits de l'homme :

- *Siraya ad-Difa"an ath-Thawra* : (Brigades pour la défense de la révolution). Elles compteraient entre 15 000 et 25 000 hommes. Leur principale fonction est la protection du président, de l'administration et de la révolution.
- *Al-Wahdat al-Khassa* : (Unités spéciales). Elles comprennent entre 5 000 et 8 000 parachutistes et commandos.
- *Al-Mukhabarat al-'Ama* : (Service des renseignements généraux). Il dépend du ministre de l'Intérieur.
- *Al-Mukhabarat al-'Askariyya* : (Service des renseignements militaires). Il est placé sous l'autorité du ministre de la Défense. Il collecte des informations et agit à partir de renseignements concernant les forces armées.
- *Mukhabarat al-Quwwa al-Jawiyya* : (Service de renseignements de l'armée de l'air). Il a les mêmes fonctions que le précédent, mais pour l'armée de l'Air.
- *Al-Amn as-Siyassi* : (Sécurité politique). Elle dépend du ministère de l'Intérieur, contrôle l'activité politique et agit sur les renseignements.
- *Al-Amn ad-Dakhili* : (Sécurité intérieure). Elle est placée sous le commandement du ministère de l'Intérieur.
- *Maktab al-Amn al-Qawni* : (Bureau de la Sûreté nationale). Il dépend du Conseil de sécurité présidentiel. ■

rez des informations concernant les programmes et les horaires de diffusion à la rubrique *Médias* dans le chapitre *Renseignements pratiques* de la Jordanie.

La télévision syrienne touche un large public, avec des émissions sur l'actualité, le sport et des séries américaines. Les nouvelles en langue française sont présentées sur la chaîne Syria 2 à 20h ; le journal télévisé en langue anglaise est diffusé à 22h. Il est possible de regarder les émissions de la télévision turque au Nord du pays, celles de la télévision irakienne à l'Est et celles de la télévision libanaise, jordanienne au sud de Damas.

La multiplication des paraboles (officiellement interdites) fait qu'il est désormais possible de recevoir dans les grands hôtels comme dans les établissements de catégorie moyenne, les programmes de chaînes étrangères, tels CNN, Euronews ou TV5.

FILMS ET PHOTOS

Vous trouverez partout des pellicules très bon marché de marques Kodak, Fuji et Konica. Les films diapos ne sont disponibles qu'à Damas et à Alep, et encore assez difficilement. Vous pouvez faire développer vos photographies sur place, mais leur qualité est souvent mauvaise.

Il est possible de tout photographier sans problème, tant que l'on ne choisit pas comme sujet des terrains militaires. Soyez discret lorsque vous prenez des femmes en photo : montrez-leur votre appareil et faites-leur comprendre clairement que vous souhaitez les photographier. Certaines refuseront, et si elles ne le font pas, leur compagnon le fera peut-être à leur place. Si vous souhaitez faire des portraits, un bon zoom peut être utile.

SEULE EN VOYAGE

Les musulmans sont très conservateurs en ce qui concerne la sexualité, et les hommes ont peu ou pas de contacts avec les femmes avant le mariage. Les films et les émissions de télévision importés d'Occident leur font croire que toutes les Occidentales sont des femmes faciles qui accordent aisément leurs faveurs.

Ceci mis à part, si vous voyagez seule ou avec une amie, vous aurez peu de désagréments en suivant ces quelques conseils : portez des vêtements discrets, amples où que vous soyez ; faites semblant de ne pas entendre les éventuelles remarques désobligeantes ; ne faites pas attention aux regards parfois très scrutateurs ; évitez de regarder un homme que vous ne connaissez pas ; ayez un pas décidé, volontaire et adoptez un ton cassant si l'on vient vous importuner ou si l'on manifeste une attitude un peu trop collante. Si vous devez dire quelque chose pour repousser une avance, *imshi* (fichez-moi la paix) devrait suffire.

Le port d'une alliance ou d'une bague, de même qu'une petite phrase sur votre fiancé, votre mari (même imaginaire) voire vos enfants (eux aussi peuvent être fictifs) glissée dans la conversation évitent tout malentendu. N'hésitez pas à dire, selon les circonstances, que vous devez les rejoindre à l'hôtel. La photographie d'un ami, d'un neveu ou d'une nièce, présentée même négligemment, peut servir à appuyer vos dires.

A l'hôtel, un ou deux mouchoirs en papier peuvent se révéler utiles pour boucher les trous de serrure si vous craignez des observateurs indésirables. Dans les transports en commun, les femmes seront votre meilleur allié, si d'aventure un inopportun venait à oser quelques mots ou regards déplacés, ce qui est rare dans l'ensemble.

Les salles de restaurants disposent de pièces ou au moins de quelques tables réservées aux familles et aux femmes seules. Il y règne toujours une agréable atmosphère.

DÉSAGRÉMENTS ET DANGERS

Les médias occidentaux ont parfois décrit la Syrie comme un repaire de terroristes et autres brigands, et il est vrai que de nombreux Syriens souffrent de cette réputation. Quoiqu'il en soit, c'est un pays où l'on voyage en toute sécurité. On peut marcher dans les rues à n'importe quelle heure du jour et de la nuit sans crainte, mis à part le quartier des bars au centre d'Alep et les rues à prostituées de Damas, qui exigent une certaine prudence.

Les Syriens sont en général amicaux et accueillants. Acceptez sans crainte si quelqu'un vous invite dans son village ou sa maison.

Les étrangers sont de plus en plus nombreux, notamment les groupes, ce qui a amené le gouvernement à la recherche de devises de pratiquer, depuis 1995, le système des deux prix. Ainsi, pour entrer dans un musée, il existe un prix bas pour les locaux, payable en livres syriennes, et un prix plus élevé pour les étrangers, acquittable en dollars. Les touristes semblent devenir, aux yeux de certains, le pigeon à plumer. Cela est vraiment dommage car, à côté de celui qui tentera de vous escroquer, vous trouvez une multitude de personnes des plus honnêtes.

Si vous donnez trop d'argent à quelqu'un, il est rare qu'il se mette la différence dans la poche. J'ai même rencontré un chauffeur de taxi qui a refusé de se faire payer ! En revanche, si vous demandez à un chauffeur de taxi de vous conduire dans un grand hôtel, il peut se croire parfois autorisé à demander un tarif exorbitant.

Vol

Comme en Jordanie, le vol est presque inexistant et c'est l'un des aspects les plus agréables d'un voyage en Syrie. Vos bagages seront en sécurité sans surveillance presque partout. Ce n'est pas une raison pour prendre des risques inutiles, mais au moins vous ne serez pas obligé de rester les yeux rivés sur vos sacs comme c'est le cas dans d'autres régions du monde.

SYRIE

TRAVAILLER EN SYRIE

De la même façon que la Syrie n'est pas au premier rang des destinations de voyage, ce n'est pas non plus l'endroit rêvé pour travailler : les possibilités d'y enseigner par exemple sont extrêmement limitées.

Les écoles syriennes, y compris la faculté de langues de l'université, paient en général 100 £S de l'heure (un peu plus de 2 $US). Vous pouvez essayer de donner des cours particuliers, mais il faut du temps pour se constituer une clientèle ; les professeurs demandent en général 500 £S à 700 £S de l'heure. Le français est enseigné au niveau du préélémentaire, du primaire et du secondaire à l'*École française de Damas* (Ghezzaoui n°4 et 10, Villat Gharbieh-Mezzeh, BP 2985 Damas, ☎ (9626) 82 68 30 ; fax (9626) 82 23 80). Vous pouvez vous adresser à l'Agence pour l'enseignement français à l'étranger (64, avenue Kléber, 75016 Paris, ☎ (1) 47 83 08 31) pour plus de détails.

Il est parfois possible de travailler (mais souvent sans rétribution) sur les sites archéologiques. Mieux vaut se renseigner avant de partir dans une université par exemple, ou auprès de votre ambassade à Damas.

L'association Solidarités Jeunesses (38, rue du Faubourg Saint-Denis, 75010 Paris, ☎ 48 00 09 05) organise généralement des chantiers archéologiques en Syrie en juillet. Vous devrez acquitter des frais d'inscription d'environ 600 FF et souscrire une cotisation d'environ 80 FF, le transport jusqu'à la destination restant à votre charge.

Vous trouverez d'autres renseignements dans le paragraphe *Archéologie* dans le chapitre *Présentation de la région* ainsi qu'à la rubrique *Travailler en Jordanie* dans le chapitre *Renseignements pratiques* de la Jordanie.

ACTIVITÉS CULTURELLES ET SPORTIVES

Cours de langues

Si vous souhaitez apprendre l'arabe, plusieurs possibilités s'offrent à vous à Damas. L'Arabic Teaching Institute for Foreigners (☎ 3722328), à Muhajirin, Murabet, organise une session intensive en été (de juin à septembre) et une autre en hiver (d'octobre à mai). Les cours sont dispensés en arabe classique (les disparités entre la langue "standard" et les dialectes sont importantes) et leur coût semble différent selon la nationalité du candidat. Cet organisme organise également des excursions vers les sites archéologiques.

Peu d'étudiants sont satisfaits de cet endroit, mais l'inscription est l'un des rares moyens d'acquérir un permis de séjour. Ceci évite de demander sans arrêt des prorogations de visas qui sont en outre parfois refusées après la deuxième ou la troisième fois. Nombreux sont ceux qui s'inscrivent à ce cours pour pouvoir séjourner un certain temps puis s'en vont faire autre chose.

Le Goethe Institut et le Centre culturel français (Bahsa, BP 3690, Damas, ☎ 2246181 et 2246182) organisent des cours d'arabe parlé. Il existe aussi une école onéreuse, fréquentée essentiellement par le personnel des ambassades et des sociétés étrangères implantées en Syrie : le MATC (☎ 2243997). L'inscription à l'un de ces organismes ou aux écoles américaines ne donne pas droit à un permis de séjour et parfois, vous ne pourrez vous y inscrire que si vous l'avez déjà été.

A NE PAS MANQUER

Les deux principales attractions se trouvent à l'écart des grandes villes. Le Krak des Chevaliers est le château croisé le mieux préservé du Proche-Orient. Cette forteresse médiévale, en grande partie intacte, domine une vallée entre le port méditerranéen de Tartous et la ville d'Homs.

La cité de Palmyre (qui, sous le règne de la reine Zénobie, se rebella contre l'autorité de Rome) se dresse au beau milieu du désert. Contrairement aux autres sites de même importance, elle est très peu fréquentée par les touristes. Il faut absolument y dormir une nuit pour pouvoir déambuler seul parmi les ruines aux premières heures de la journée.

Parmi les grandes villes, Damas, avec la mosquée des Omeyyades et les ruelles tortueuses du quartier médiéval qui l'entourent, est de loin la ville la plus intéressante pour séjourner quelques jours, suivie de près par sa rivale cosmopolite du nord, Alep, qui possède une citadelle et un souk passionnants.

HÉBERGEMENT

Il n'existe pas d'auberges de jeunesse en Syrie et les campings se comptent sur les doigts de la main. Dans certaines régions, comme dans la Vallée des Chrétiens située à l'ouest de Homs et de Hama, on peut, à priori, dormir chez l'habitant.

Sur le littoral méditerranéen, la location d'un chalet très prisé par les Syriens est également possible, mais ces petites maisons – souvent vilaines – sont généralement très éloignées des villes. Les hôtels des syndicats des corporations (des ouvriers, des paysans, des artistes, des sportifs...) étaient jusqu'à présent réservés exclusivement aux Syriens. Ils devraient s'ouvrir peu à peu aux touristes étrangers et certains commencent à le faire timidement. Leurs locaux sont généralement en bon état, confortables et propres. Leur tarif unique (très correct) est, hélas, souvent payable en dollars.

De fait, depuis 1994, la plupart des hôtels affichent des prix en dollars pour les étrangers qui doivent payer le triple, voire le quadruple du tarif demandé à un Syrien. Rares sont ceux qui pratiquent des prix en livres syriennes. De même, lorsque les chambres sont payables en dollars, les établissements hôteliers rechignent à accepter les règlements en monnaie locale ou dans une devise autre que la sacro-sainte monnaie américaine. S'ils acceptent, il vous faudra batailler sec pour que la conversion ne se fasse pas sur le cours du marché noir qui sera toujours à votre désavantage. Peu d'hôtels, à l'exception en général des établissement de luxe, acceptent les cartes de crédit. Nous vous conseillons par conséquent de vous munir d'une somme suffisante en dollars.

On trouve en Syrie toutes sortes d'hôtels, du cinq-étoiles impersonnel et aseptisé à l'hôtel miteux et bruyant.

Dans la plupart des hôtels bon marché, les chambres contiennent entre 2 et 4 lits et sont remplies au fur et à mesure. Si vous voulez une chambre pour vous seul, il vous faudra par conséquent payer pour tous les lits. Pour les hommes qui voyagent seuls, ces chambres collectives constituent une bonne solution et ils peuvent y laisser leurs bagages sans crainte. Les femmes, qui voyagent seules, devront quant à elles prendre une chambre individuelle.

Le principal inconvénient des hôtels bon marché est que l'on profite aussi bien des bruits de la rue que de ceux des autres clients. Les chambres situées à l'arrière, à l'écart de la rue, sont en général plus calmes et parfois moins chères.

Ne vous attendez pas, par ailleurs, à bénéficier d'une literie correcte et de draps propres (ils sont souvent plus courts que le matelas et ne semblent être changés qu'une fois l'an). Ces hôtels offrent rarement un bon rapport qualité/prix. Leur seul avantage est qu'ils sont payables en livres syriennes.

Dans la catégorie moyenne, les bons hôtels, dignes de ce nom, font encore cruellement défaut, même si l'on en dénombre quelques-uns (trois maximum). Les établissements officiellement classés deux-étoiles, et plus, n'ont souvent que leurs prix qui correspondent à leur classement. Cela vous semblera à la limite de l'escroquerie tant le confort et la propreté des chambres n'ont parfois rien à envier au meilleur hôtel de la catégorie inclassable. Enfin, entre le bruit de la rue et les conversations tardives des visiteurs, l'utilisation d'une paire de boules Quiès peut s'avérer des plus réconfortantes après quelques nuits d'un sommeil perturbé, pour ne pas dire agité.

Dans les hôtels, l'employé vous demandera toujours votre passeport qu'il conservera parfois.

Dans certaines régions comme dans le Nord-Est, le long de l'Euphrate ou dans certains quartiers de Damas ou d'Alep, les coupures de courant d'une heure, voire davantage, ne sont pas rares. Si l'hôtel ne dispose pas d'un groupe électrogène, vous vous éclairerez à la bougie, ce qui a un certain charme. L'eau chaude est une denrée rare dans les hôtels bon marché. Pour en bénéficier, vous paierez un supplément, mais entre mai et octobre, elle ne devrait guère vous manquer. Si vous effectuez votre voyage à cette saison, n'oubliez pas qu'il fait froid, et même très froid, dans la plupart des régions. Or, nombre d'hôtels pour les petits budgets ne possèdent pas de chauffage, si ce n'est un poêle placé dans la pièce centrale.

DISTRACTIONS

La vie nocturne est assez limitée. La plupart des cinémas passent des films de Chuck Connors très censurés, des navets de Kung Fu ou encore des films d'inspiration turque, qui n'ont d'intérêt que pour un public – essentiellement masculin – qui n'a pas d'autre choix. Les centres culturels de Damas ont en général une bonne programmation.

Les grands hôtels et quelques restaurants organisent régulièrement, principalement pendant la haute saison, des concerts de musique orientale et des spectacles de derviches tourneurs. A Alep, si une manifestation de ce type se tient au Bimaristan Argun, l'ancien très bel hôpital psychiatrique de la ville, ne la ratez surtout pas !

D'une manière générale, les boîtes de nuit miteuses, qui sont légion tant à Alep qu'à Damas, sont à éviter.

ACHATS

Dans les souks de Damas et Alep, vous trouverez aussi bien des soieries, des nappes et des cotonnades, que des tapis iraniens tissés à la main et vieux d'un siècle ou des bijoux anciens en argent. Comparé à ceux pratiqués en Europe, leur prix est incroyablement bas.

La fabrique des tissus est une tradition ancienne en Syrie. A chaque ville, sa spécialité. Damas est connu dans le monde entier et, en particulier par les grands noms de la haute couture, pour ses brocarts. Ces riches tissus de soie sont rehaussés de dessins brochés en fils d'or et d'argent que l'on remplace aujourd'hui par des fils dorés et argentés.

Dans le souk al-Hamadiyyeh de Damas, la boutique Stephan possède un large choix d'imprimés et de coloris à la qualité exceptionnelle.

Hama est célèbre pour ces serviettes et draps de hammam. La fabrique d'Abdoul Fatar Almadani père et fils – qui devrait ouvrir une boutique dans le centre-ville – alimente ainsi d'élégantes boutiques parisiennes.

Alep, quant à elle, s'est spécialisée dans la fabrique des foulards en soie aux couleurs chatoyantes. Malheureusement, la lourde soie qui contribuait à en faire des accessoires raffinés a laissé place à une soie très fine importée d'Asie et dont la qualité n'a rien de comparable.

Les savons à l'huile d'olive ou de laurier (cette dernière composante, très chère, a la particularité d'adoucir considérablement la peau) sont également une spécialité d'Alep. Le souk compte encore quarante fabricants, tels l'incontournable Zanabali ou le fameux Jbeli dont la fabrique fait face du Bimaristan Argun.

Les jeux de backgammon et les boîtes à bijoux en marqueterie, que l'on trouve dans tous les pays arabes, constituent de jolis cadeaux, même si les incrustations sont en réalité un fin placage de bois, de plastique et de fausse nacre.

On peut aussi rapporter des objets en laiton, un *narghileh* (pipe à eau), des nappes brodées ou un accessoire vestimentaire traditionnel, comme le *kafiyyeh* (grand foulard) et l'*aghileh* (le cordon noir) caractéristiques de la région.

Si vous n'avez pas suffisamment de livres syriennes sur vous, la plupart des vendeurs accepteront d'être payés en devises étrangères, chèques de voyage et même parfois en chèques personnels.

Vérifiez toujours le taux de change qu'ils vous proposent, montrez-vous discret et fin diplomate.

Comment s'y rendre

On peut se rendre en Syrie en avion, en voiture ou en bus et parfois en bateau. La plupart des voyageurs arrivent en Syrie par la route, depuis la Turquie ou la Jordanie.

VOIE AÉRIENNE

Les deux aéroports internationaux de Syrie, Damas et Alep, sont reliés par des vols réguliers avec l'Europe, d'autres villes du Proche-Orient, l'Afrique et l'Asie. La plupart des voyageurs atterrissent à Damas et il n'est pas toujours facile de trouver un vol international pour Alep.

Pour les renseignements généraux concernant les agences de voyages en Europe et Canada, les conseils à propos de l'achat des billets, les voyageurs ayant des besoins particuliers et la terminologie des voyages aériens, référez-vous au chapitre *Comment s'y rendre* dans la partie consacrée à la Jordanie.

Depuis/vers l'Europe francophone

Turkish Airlines assure la liaison vers Damas, les mercredi et dimanche, avec une escale à istanbul. Le trajet aller-retour, qui coûte de 2 400 FF à 3 000 FF, dure environ 12 heures.

Syrian Arab Airlines propose des vols vers Damas, les mardi et jeudi, avec escale à Francfort. Un départ pour Damas est prévu le dimanche sans escale. Vous débourserez de 3 200 FF environ (validité de 2 mois) à 4 900 FF (validité d'1 an). Les moins de 31 ans pourront bénéficier de billets à 3 400 FF valables 1 an. Si vous continuez sur Alep, vous serez obligé de passer par Damas.

Syrian Arab Airlines
1 rue Auber, 75009 Paris (☎ (1) 47 42 11 06 ; fax 42 68 07 52)

La compagnie KLM (☎ 44 56 19 00) propose un billet aller-retour à 2 600 FF, mais vous ne devez pas rester plus de 16 jours en Syrie.

Un aller-retour Bruxelles-Damas-Bruxelles se vend à partir de 13 170 FS. Comptez environ 7 heures de voyage avec une escale, généralement à Budapest.

Depuis Genève, un aller-retour revient en moyenne de 790 FS à 1 125 FS pour un trajet de 9 heures. Il existe un tarif jeune de 600 FS à 800 FS suivant la saison.

Différents voyagistes proposent des vols vers Damas à des tarifs divers. Vous trouverez leurs coordonnées dans la rubrique *Voie aérienne* du chapitre *Comment s'y rendre* de la Jordanie.

Depuis/vers le Canada

Comme pour la Jordanie, mieux vaut se rendre d'abord à Londres, où l'on achètera le billet le plus intéressant pour la Syrie.

La compagnie Syrian Arab Airlines n'affrète pas de vol direct depuis l'Amérique du Nord.

Depuis Montréal, on trouve des vols aller-retour, les jeudi et samedi, à 869 $C en basse saison et à 1 097 $C en haute saison, tarif auquel il convient de rajouter environ 83 $C de taxes. Prévoyez de passer près de 12 heures dans l'avion.

Depuis/vers l'Afrique du Nord

La compagnie Syrian Arab Airlines assure des liaisons régulières avec Le Caire et Tunis, mais à moins d'être obligé de prendre l'avion, il est préférable de s'y rendre par la route, car les tarifs des billets sont très élevés en raison du "taux d'aviation".

Un aller simple pour Le Caire sur la Syrian Arab Airlines, par exemple, revient environ à 8 500 £S ; comptez le double pour un aller-retour. Vous débourserez près de 25 500 £S pour vous rendre depuis Damas jusqu'à Tunis. L'aller-retour coûte le double. Vous bénéficierez d'une réduction de 30% si vous achetez votre billet sur place. Attention ! les non-résidents doivent payer leur titre de transport en devises étrangères.

Depuis/vers la Turquie

Chaque samedi et lundi, la compagnie Syrian Arab Airlines assure la liaison entre Damas et Istanbul pour 11 500 £S ou 165 $US.

VOIE TERRESTRE

En voiture

Comme en Jordanie, le carnet de passage n'est plus obligatoire.

L'assurance au tiers, autrefois obligatoire, n'est, semble-t-il, plus exigée. Il est préférable de vous informer auprès de votre propre compagnie pour savoir si elle accepte de vous assurer pour la Syrie (certains pays du Proche-Orient sont considérés comme "zones de guerre" et ne sont donc pas couverts).

Même si le permis de conduire international n'est pas obligatoire, mieux vaut en être détenteur car on peut vous le demander et vous causer quelques tracasseries si vous ne l'avez pas. Bien entendu, vous vous munirez des papiers du véhicule.

Depuis/vers la Turquie

Bus. Il existe au moins sept postes-frontières entre la Syrie et la Turquie. Le plus fréquenté, Bab al-Hawa, relie Antakya et Alep. La circulation y est assez dense et on attend fréquemment deux heures pour passer la frontière. Il y a en général moins de monde aux autres postes.

On peut acheter un billet pour un trajet direct d'Istanbul à Alep (22 à 24 heures), Damas (30 heures) et même Amman et Médine si on le souhaite. Habituellement, les voyageurs changent de bus en cours de route. Si vous achetez votre billet auprès d'une agence de voyages d'Istanbul, vous risquez de le payer plus cher. Il vaut mieux se rendre à la gare routière Topkapi et se renseigner sur les tarifs proposés par les différentes compagnies d'autobus. Comparez les prix et marchandez si c'est possible.

Un billet Alep-Istanbul coûte 1 100 £S. Le service de bus fonctionne tous les jours. Vous pouvez vous renseigner auprès de la compagnie de transports Maklab el Nakhile (☎ 210 597) implantée à Alep.

Depuis Damas, vous débourserez environ 1 500 £S pour rejoindre Istanbul. Les voyageurs en provenance de Jordanie devront passer par Damas pour se rendre à Istanbul puisqu'il n'existe pas de ligne directe. Pour plus de précisions, voir le chapitre *Comment s'y rendre* de la Jordanie.

Vous pouvez aussi prendre un *dolmus* entre la dernière ville turque et la frontière, traverser la frontière à pied et reprendre un minibus (appelé *micro*) du côté syrien. Le seul problème est que vous aurez parfois du mal à trouver un dolmus ou un minibus à la frontière.

Si vous voulez emprunter un bus direct pour Istanbul, réservez votre place à Damas ou Alep. Il vaut mieux s'adresser à des compagnies privées, autres que Karnak, et qui sont plus confortables et plus sûres. Pour d'autres précisions sur les tarifs, reportez-vous à la rubrique *Comment s'y rendre* dans les chapitres *Damas* et *Alep*.

Train

Un train relie Alep à Istanbul tous les samedis à 11h. Comptez environ 36 heures de voyage. Vous débourserez 530 £S en 1re classe et 390 £S en 2e classe.

Dans l'autre sens, les départs pour Alep de la gare Haydarpasha, dans la partie est d'Istanbul, se font tous les jeudi. Il n'est pas nécessaire de réserver à l'avance. Il n'existe pas de couchettes et l'on vous vendra uniquement des billets de 1re classe. Ne croyez pas les agences de voyages qui vous disent que le train ne va que jusqu'à la frontière, mais il se peut que vous ayez à changer de train.

Pour les précisions sur le voyage d'Alep à Istanbul, consultez la rubrique *Comment s'y rendre* dans le chapitre Alep.

Depuis/vers la Jordanie

Seul un poste-frontière existe entre la Syrie et la Jordanie : Ramtha/Der'a. Il est donc à certains moments très embouteillé. Cependant, il est facile de franchir la frontière en bus direct ou taxi-service, avec les transports locaux ou tout simplement à pied. Pour plus de précisions, voir les rubriques *Der'a* (Syrie) et *Irbid* (Jordanie).

Bus. Des bus de compagnies privées font tous les jours la navette dans les deux sens entre Amman et Damas. Pour des informations sur les horaires et les tarifs, consultez la rubrique *Comment s'y rendre* dans le chapitre sur *Damas*.

D'Amman, le billet coût 4,5 JD. Réservez deux jours à l'avance car les places sont convoitées. Le voyage dure environ 7 heures, selon l'attente à la frontière.

Train. Une fois par semaine, un train partant de Damas relie Amman *via* Der'a. Pour plus de renseignements, voir le chapitre *Damas*. et la section *Der'a* dans le chapitre *Le sud de Damas*

Taxis-service. Les taxis-service peuvent parfois être plus rapides que les bus. Toutefois, ils sont davantage fouillés à la frontière, surtout du côté jordanien, ce qui ne fait guère gagner de temps. Ils coûtent 6 JD ou 382 £S dans un sens ou dans l'autre. Ils relient Damas à Irbid pour le même prix.

Depuis/vers le Liban

Depuis le début de 1992, certaines missions diplomatiques libanaises délivrent à nouveau des visas touristiques pour ce qu'on appelait autrefois la Suisse du Proche-Orient.

Si vous voulez rejoindre le Liban *via* la Syrie, vous devrez avoir déjà avec vous le visa d'entrée que vous aurez demandé au préalable auprès de l'ambassade ou de la représentation consulaire du Liban de votre pays. En effet, le Liban n'a aucune représentation en Syrie.

Bus. Des bus quotidiens se rendent à Beyrouth et Tripoli.

Pour plus d'informations, consultez la rubrique *Comment s'y rendre* dans le chapitre *Damas* et dans les rubriques *Alep, Tartous* et *Lattaquié*.

Taxi-service. Depuis Damas, des taxis-service vont à Beyrouth pour 382 £S ; le prix est affiché en arabe. De Tartous, il vous en coûtera 300 £S (150 £S pour Tripoli).

Avion. La compagnie nationale Syrian Arab Airlines assure, tous les lundi, un vol pour Beyrouth à 2 392 £S ! A ce tarif et au regard de la complexité de la démarche pour se procurer le billet (vous ne pouvez payer directement et vous devez aller à la banque avant de retirer votre titre de transport), mieux vaut prendre le bus ou un taxi-service.

Depuis/vers l'Arabie Saoudite et le Koweït

Bus. Il est possible de se rendre directement de Syrie en Arabie Saoudite, avec un visa de transit pour la Jordanie. Pour plus de renseignements, reportez-vous à la rubrique *Comment s'y rendre* dans le chapitre sur *Damas*. Il existe également des liaisons irrégulières jusqu'au Koweït.

Depuis/vers Israël

Aucun point de passage n'existe entre Israël et la Syrie. En revanche, il est possible de passer par la Jordanie. Pour plus de renseignements, voir la rubrique *Depuis/vers Israël* dans le chapitre *Comment s'y rendre* de la Jordanie.

Il semble qu'il ne soit pas possible de circuler en Israël (ou en Cisjordanie) avec un véhicule immatriculé en Syrie.

VOIE MARITIME

Un service de ferries acceptant les passagers fonctionne au départ de Lattaquié. Il dessert Beyrouth (Liban) et Alexandrie (Égypte). Pour plus de renseignements sur les horaires et les prix, consultez la rubrique *Lattaquié* dans le chapitre *La côte méditerranéenne*.

Il existait à une certaine époque des liaisons entre Lattaquié et Volos en Grèce, Mersin (*via* Famagusta à Chypre) en Turquie et Odessa en Ukraine. Au moment où nous écrivons, il n'est pas question de les rétablir.

VOYAGES ORGANISÉS

Plusieurs tours-opérators proposent des voyages organisés, ou à la carte, en Syrie, tels Clio, Comptoir des Déserts ou Orients. Leurs coordonnées figurent dans la rubrique *Voyages organisés* du chapitre *Comment s'y rendre* de la Jordanie.

Il est difficile d'indiquer le détail de leurs catalogues : les prix et les prestations variant selon les souhaits de chacun, les finances et le temps dont on dispose (visites des sites plus ou moins longues et plus ou moins nombreuses).

Voici quelques noms et adresses à titre indicatif et non exhaustif. N'hésitez pas à comparer.

Akiou

50, rue de Londres, 75008 Paris (☎ 44 90 33 20). Grand tour de Syrie à partir de 13 300 FF pour 12 jours. Possibilités d'extension en Jordanie et au Liban.

Atalante

36-37, quai Arloing, 69256 Lyon (☎ 78 64 16 16). Voyages à dominante archéologique. Deux circuits de 9 et 14 jours sur la Syrie, de 9 250 FF à 10 950 FF en véhicule et à pied, de Palmyre à Alep en passant par les rives de l'Euphrate.

Le Monde de l'Égypte et du Proche-Orient

20, rue des Fossés-Saint-Bernard, 75005 Paris (☎ 43 26 76 37). Voyages individuels à partir de 13 000 FF pour 12 jours. Découverte des sites archéologiques de Syrie et de Jordanie. Vols secs à prix concurrentiels.

STI Voyages

16, rue Brunel, 75017 Paris (☎ 47 66 80 47). Circuits de 9 jours en Syrie à partir de 9 650 FF et séjours combinés en Jordanie, au Liban et en Israël.

Terres d'Aventures

6, rue Saint-Victor, 75005 Paris (☎ 53 73 77 77 ; fax 43 29 96 31 ; minitel 3615 Terdav) ; 9, rue des Remparts-d'Ainey, 69002 Lyon (☎ 78 42 99 94) ; 8, rue Henriette D'Angeville, BP 139, 74403 Chamonix (☎ 50 55 84 95).

43, chaussé de Haecht, 1030 Bruxelles (☎ 218 55 62). Circuits de deux semaines en Syrie, dont 5 jours de marche, à partir de 10 950 FF.

QUITTER LA SYRIE

En quittant la Syrie, ayez absolument à portée de main votre carte jaune d'entrée sur le territoire, ou celle que l'on vous a délivrée si vous avez demandé une prorogation. Vous risquez sinon de patienter pendant de longues minutes qui vous sembleront des heures avant que l'on ne consente à vous laisser passer.

Taxe d'aéroport

Les voyageurs qui partent de Syrie en avion doivent payer une taxe d'aéroport de 200 £S, mais aucune taxe n'est exigible lorsqu'on sort du pays par la route.

Comment circuler

AVION

Lignes intérieures

La compagnie Syrian Arab Airlines affrète quelques vols intérieurs, dont le nombre a été réduit depuis les importantes hausses de prix de novembre 1991. Comparés à ceux pratiqués en Europe, les tarifs sont excessivement bas mais restent inabordables pour la plupart des Syriens.

Il existe des vols quotidiens reliant Damas et Alep et trois vols hebdomadaires entre Damas et Qamishle. Sur les trajets Damas et Lattaquié, Damas et Deir ez-Zur, Qamishle et Alep, une seule rotation s'effectue par semaine. Pour plus de précisions, consultez les rubriques *Comment s'y rendre* dans le chapitre Damas et dans les rubriques *Alep*, *Lattaquié*, *Deir ez-Zur* et *Qamishle*.

Si l'avion peut sembler pratique pour des destinations comme Qamishle et Deir ez-Zur (encore s'agit-il d'avoir une certaine souplesse dans son emploi du temps), il s'avère aussi long que le bus. Sachant que vous devez vous présenter deux heures avant le départ et que le trajet du centre-ville à l'aéroport, que vous soyez à Damas, Alep ou Lattaquié, dure en moyenne 35 mn, le gain de temps est au bout du compte bien maigre.

BUS

La Syrie possède un réseau routier relativement correct et les transports en commun sont nombreux, fréquents et abordables. Depuis le début des années 90, les compagnies privées ont fleuri sur l'ensemble du territoire. En revanche, les voitures particulières restent rares.

Les distances sont courtes et les trajets durent, par conséquent, rarement plus de quatre heures. Le plus long, entre Damas et Qamishle au Nord-Est, prend neuf heures.

Quel que soit le moyen de transport que vous empruntez, gardez toujours par précaution votre passeport sur vous. Vous devrez peut-être le présenter en cas de contrôle, en cours de route ou avant de monter dans le bus, bien que ces vérifications d'identité soient devenues extrêmement rares. Aussi, ne le laissez pas dans vos bagages ou à l'hôtel si vous partez, ne serait-ce qu'une journée.

Jours fériés

Seuls les tarifs des bus Karnak subissent, les jours fériés, une hausse de 25%.

Avertissement

Le fait qu'un homme s'assoie à côté d'une femme dans un bus est généralement considéré comme une offense. Si la seule place disponible est à côté d'une femme, il est souhaitable si vous êtes un homme que vous restiez debout. Le plus souvent, les passagers se déplaceront de manière à ce que les femmes soient assises côte à côte, ou à côté d'un membre de leur famille, ce qui libérera un siège pour vous. Si, par mégarde, vous vous asseyez à côté d'une Syrienne et que les voyageurs s'énervent, ne vous lancez pas dans une grande discussion, levez-vous.

Les femmes auront, pour leur part, le plaisir de voyager constamment assises. Un homme se lèvera toujours pour proposer sa place, surtout si vous êtes une étrangère. Les femmes vous entoureront de regards protecteurs et ne manqueront de rappeler à l'ordre celui qui pourrait avoir le moindre mot ou le moindre regard déplacé. Elles veillent sur vous.

Bus Karnak

Les bus orange et blanc de la compagnie d'État Karnak à la climatisation capricieuse ne relient plus que les grandes villes et quelques localités importantes du pays. Les fréquences ont diminué et les horaires de départ ne sont pas toujours très pratiques. Karnak a en effet perdu la réputation dont elle pouvait se targuer il n'y a pas si longtemps encore, c'est-à-dire celle d'une compagnie aux bus rapides et confortables. Comparés aux véhicules proposés généralement par les autres compagnies privées, les bus Karnark sont devenus, faute d'entretien et de renouvellement du parc, des antiquités à l'instar des bus Scania. Certes, ils sont toujours aussi ponctuels et très bon marché, même si leur prix ont augmenté. Mais leur rapidité qui fit leur succès semble aujourd'hui avoir pris des allures d'escargot.

A bord, vous verrez toujours deux employés : un chauffeur et un contrôleur qui propose de l'eau et des bonbons aux passagers, tout au long du trajet. Dans les agences, les employés vous donneront toutes les informations souhaitées. Ne soyez pas surpris si certains vous conseillent de choisir une autre compagnie et vont parfois jusqu'à suggérer le nom d'une société privée. Le développement de la concurrence ne semble guère inquiéter le secteur public qui vit sur son patrimoine, tout en ayant souvent un pied dans le privé. Les affaires restent les affaires.

Vous devez réserver votre place au moins un jour à l'avance, car ces bus restent très fréquentés. Leur double avantage, par rapport aux bus et minibus ordinaires ou aux véhicules des compagnies privées, est leur tarif économique et leur emplacement géographique : leurs bureaux et gares sont toujours en centre-ville. Les gares de minibus sont, en général, situées en dehors des agglomérations, ce qui oblige à de faire très longues marches ou à prendre un taxi (dont le prix dépasse parfois celui du trajet en bus).

Depuis Damas, les bus desservent Der'a, Palmyre (Tadmor), Homs, Hama, Alep, Tartous et Lattaquié. Reportez-vous aux rubriques correspondantes pour les détails sur les tarifs et les horaires.

Ces bus desservent également Baniyas, Suweida et Safita.

Bus des compagnies privées

Les compagnies privées assurent désormais la plupart du trafic passagers entre les grandes villes du pays. Leur nombre ne cesse de s'accroître et chaque agglomération a, pour ainsi dire, sa propre compagnie. Le prix des billets dépassent ceux de la compagnie Karnak (deux fois plus cher en moyenne), mais leurs bus sont, pour la plupart, très confortables (air climatisé, siège inclinable), rapides et d'une ponctualité à toute épreuve.

A côté du chauffeur généralement aux allures de pilote d'avion, un employé joue le rôle de steward. Dès le départ, à heure dite, vous voilà à bord d'un bus climatisé où l'on vous propose cinq minutes après le départ, un coffret de bonbons qui sera suivi d'un verre d'eau. Puis, vous aurez droit à de la musique ou à une vidéo-cassette. Le service est sans faille et beaucoup plus agréable que celui offert par la compagnie aérienne nationale.

Néanmoins, comme dans tout développement rapide (pour ne pas dire anarchique) d'un secteur, il existe des compagnies fiables et d'autres qui le sont beaucoup moins. Préférez des transporteurs comme Damas Tour, NTN, Nahass Tour ou Furat Tour, considérés comme les meilleurs, à d'autres compagnies dont les bus, bien que rutilants, peuvent tomber en panne et vous laisser plusieurs heures d'affilée sur le bas-côté de la route. Dans ce cas, il ne vous restera plus qu'à prendre le premier minibus qui se présente et qui rejoint la prochaine grande ville.

Ces bus se trouvent généralement dans une gare distincte. Vous devrez réserver votre place, un jour à l'avance, dans leurs bureaux souvent situés dans la gare routière ou en ville. Vous pouvez rencontrer quelques difficultés à vous repérer, car les panneaux des compagnies sont écrits la plupart du temps uniquement en arabe. Ne vous laissez pas happer par l'un des multiples rabatteurs qui sévit dans les gares dont les halls ressemblent souvent à des criées où vous ne saurez où donner de la tête. Vous pourriez le regretter.

Bus/minibus

Les bus ordinaires relient les grandes villes et les minibus desservent les localités moins importantes. Les minibus n'ont pas d'horaires et ne partent que lorsqu'ils sont pleins. Les itinéraires peu fréquentés demandent ainsi une attente d'environ une heure. Les places qui se trouvent à l'avant, juste derrière le chauffeur, appelées *khususu* (spéciales), ne sont pas numérotées et sont souvent attribuées aux étrangers.

Si les passagers ou le chauffeur vous font changer de place en montrant votre ticket, cela signifie que vous êtes en possession d'un billet pour un siège numéroté et que vous n'êtes pas assis au bon endroit. En effet, sur les itinéraires fréquentés, les voyageurs qui achètent leur billet à l'avance ont un siège, alors que ceux qui paient en montant doivent rester debout.

En général, les bus sont plutôt vétustes. Vus de l'extérieur, ils n'ont rien de particulier, mais ils sont ornés à l'intérieur d'un incroyable amoncellement de décorations voyantes : fruits et légumes en plastique, lumières, miroirs, porte-bonheur... Il ne reste souvent au chauffeur qu'une toute petite surface de pare-brise pour voir la route ! Le radiocassette est également un élément indispensable. Le son est métallique, les bandes usées et le volume à fond. Ces bus sont beaucoup moins confortables que les bus des compagnies privés, mais sur une distance courte, le trajet n'est pas trop pénible et c'est un excellent moyen de rencontrer des gens. Les conversations se terminent comme souvent par une invitation dans la maison ou le village de l'un des passagers. Prévoyez un programme suffisamment souple pour pouvoir profiter de l'hospitalité syrienne.

Les trajets sont généralement plus longs qu'avec les autres bus, car ils s'arrêtent à tout moment pour faire descendre des voyageurs et en prendre d'autres. C'est pourquoi les Syriens les appellent “stop-stops”.

Leurs tarifs sont peu élevés. Reportez-vous à la rubrique *Comment s'y rendre* dans le chapitre *Damas* pour les destinations, les tarifs et la durée des trajets.

TRAIN

La Syrie possède des trains fabriqués en ex-RDA. Les billets sont vraiment peu chers, mais leurs horaires sont peu pratiques (de nombreuses fréquences ont été supprimées). Leur ponctualité est parfois mise à défaut. N'attendez pas, par ailleurs, une quelconque rapidité de leur part. Enfin, les immenses halls de gare, flambants neuf et souvent éloignés des centres-ville, sont la plupart du temps déserts et semblent n'avoir qu'à offrir que leur belle façade de marbre blanc. Le secteur ferroviaire en Syrie ne semble pas être la préoccupation majeure des autorités.

Les voitures de 1re classe sont climatisées et équipées de sièges semblables à ceux des avions. Les voitures de 2e classe sont identiques, mais sans climatisation. Sur la ligne Qamishle-Damas, il existe des couchettes, mais à moins d'être un passionné du train, le bus est plus rapide, plus confortable et légèrement moins cher.

La ligne principale dessert Damas, Homs, Hama, Alep, Raqqa, Deir ez-Zur, Hassake et Qamishle. Une ligne secondaire relie Damas, Homs, Tartous, Baniyas à Lattaquié. La ligne Lattaquié-Alep est peut-être l'une des lignes les plus fréquentées. La ligne Lattaquié-Tartous passe par Homs et Damas. Pour plus de précisions, consultez les rubriques *Comment s'y rendre* correspondant à ces villes.

En 1908, la ligne de chemin de fer Hejaz, construite par les Français, fut inaugurée pour transporter les pèlerins de Damas à Médine, en Arabie Saoudite. La très belle gare a des airs d'abandon, ce qui lui confère un certain charme. Seuls le train pour Der'a et les trains qui se rendent dans la vallée du Barada empruntent cette ligne. Pour ce dernier trajet, voir la section *Environs de Damas*.

TAXIS-SERVICE

Les taxis collectifs, que l'on appelle également taxis-service (*servis*), sont en général d'anciennes Desoto et Dodge américaines des années 50 et 60, et parfois plus anciennes. Le chauffeur d'un des taxis que j'ai empruntés considérait le sien comme un monument antique.

Il y a une pénurie chronique de pièces détachées, mais ces véhicules continuent à rouler grâce à l'ingéniosité et à la débrouillardise de leurs chauffeurs.

Les taxis-service ne roulent que sur les principaux axes et sont jusqu'à deux fois plus cher que les bus. A Tartous par exemple, un aller pour Beyrouth vous revient au minimum à 150 £S en bus Karnak contre 300 £S en taxi collectif. A moins d'être extrêmement pressé, ce moyen de transport n'offre guère d'intérêt.

Leur atout est la rapidité. Étant donné qu'ils ne comportent que cinq sièges, l'attente n'est jamais longue.

VOITURE

Code de la route

Les voitures roulent à droite. Comme en Jordanie, vous devrez faire preuve de bon sens, de prudence et de patience. Sans être un as du volant, il faut tout de même posséder de très bons réflexes. Ne soyez pas effrayé par la conduite très sportive des Syriens qui sont de véritables virtuoses des appels de phare et du klaxon. Celui-ci, utilisé à tout moment et à toute heure de la journée, a fait l'objet d'une loi interdisant en ville son utilisation entre 16h et 7h, ce qui semble avoir eu pour effet de diminuer quelque peu la frénésie des chauffeurs.

Les panneaux indicatifs, rares et souvent en dehors des grandes agglomérations, sont écrits en arabe. Avant de prendre la route, il peut s'avérer utile de se faire inscrire sur une feuille de papier le nom de la localité et/ou du site où vous voulez vous rendre.

Location

Pendant longtemps, il n'existait en Syrie qu'une seule agence de location, Europcar, mais la situation commence lentement à changer. Europcar est encore la société la mieux implantée, avec des correspondants dans toutes les villes et dans la plupart des grands hôtels. Le modèle le moins cher est une Peugeot 205 (année 1989-1990) à 24 $US par jour, avec un minimum de 2 jours et un kilométrage limité de 100 km. Pour tout kilomètre supplémentaire effectué, vous devrez payer 0,25 $US. Le kilométrage illimité, avec la même voiture pour toujours un minimum de 2 jours, revient à 38 $US par jour. Vous pouvez également bénéficier, moyennant 20 $US, des services d'un chauffeur

Il existe un bureau Europcar à l'aéroport, mais vous ne trouverez pas toujours quelqu'un au guichet.

A Damas comme à Alep, de nombreuses petites sociétés ont vu le jour avec l'essor du tourisme. Néanmoins, leurs véhicules ne sont pas toujours bien entretenus et leurs assurances ne vous couvriront qu'insuffisamment en cas d'accident, même si vous n'êtes pas en tort. Autrement dit, vous devrez toujours régler les réparations du véhicule, à hauteur de 25% minimum, voire davantage si vous n'avez pas fixé au préalable par écrit toutes les conditions de location. Un dépôt de 40 000 £S ou de 1 000 $US en liquide – notamment chez ceux qui ne possèdent pas d'équipement à carte bleue et ils sont nombreux – est par ailleurs obligatoire. Quant aux tarifs pratiqués, ils ne sont guère compétitifs même s'il est possible parfois de négocier. A 35 $US la journée pour un kilométrage limité (100 km, 40 cents pour tout kilométrage supplémentaire) et à 50 $US pour un kilométrage illimité, mieux vaut se tourner vers Europcar. Budget, nouvellement implantée, offre les mêmes garanties qu'Europcar avec des tarifs tout aussi concurrentiels. A l'aéroport de Damas, le bureau est normalement ouvert en permanence. Il existe une agence à Damas à Baramkeh St ou à Malki-Bizm St.

Le Cham Palace Hotel de Damas a un service de location de voitures climatisées. Les premiers prix (modèle Tempo) sont à 42 $US la journée, kilométrage limité et assurance comprise (115 km et 0,37 $US par kilomètre supplémentaire) et à 66 $US pour un kilométrage illimité. Avec un chauffeur, les prix s'envolent à 125 $US la journée. A ce prix-là, pourquoi se priver de la location d'une limousine dont la cotation flirte avec les 292 $US la journée... Quel que soit le modèle, une remise de 10% est accordée si vous louez le véhicule 7 jours et 20% pour un mois.

Carburant

Préférez les véhicules fonctionnant au diesel (*mazout*), qui semble être le carburant le plus facile à trouver. Ceci dit, on trouve également de l'essence normale (*benzin*) et plus rarement du super (*mumtaz*). Ils sont tous de mauvaise qualité et les mécaniciens jordaniens savent tout de suite si une voiture a roulé avec du carburant syrien ! L'essence coûte en général entre 20 £S et 25 £S le litre, ce qui ne vous ruinera pas.

BICYCLETTE

Se déplacer en vélo ne pose pas de difficultés particulières en Syrie, mis à part que, de fin mai à fin septembre, la chaleur est vraiment pénible, particulièrement dans les zones désertiques.

SYRIE

Vous passerez pour un excentrique aux yeux des Syriens qui n'utilisent que très peu la bicyclette comme moyen de locomotion.

EN STOP

La pratique du stop est beaucoup plus courante en Syrie qu'en Jordanie. Les usages sont toutefois les mêmes dans les deux pays : certains chauffeurs prennent des passagers pour financer leur voyage et s'attendent à ce que vous versiez votre obole. A moins d'être complètement fauché, le mieux est de proposer une petite somme (sans être insultant pour autant) et neuf fois sur dix, on vous la refusera.

Comme toujours, les femmes doivent réfléchir à deux fois avant de faire du stop seules. Elles n'auront pas forcément des ennuis, mais c'est tout de même risqué.

TRANSPORTS LOCAUX

Desserte de l'aéroport

L'aéroport international de Damas se trouve à environ 35 km au sud-est de la ville. Un bus part du terminal toutes les demi-heures entre 5h30 et 24h. Prévoyez un dollar ou la somme équivalente pour la location d'un chariot. Le trajet coûte 10 £S et dure environ 45 minutes jusqu'au centre. En ville, le bus part de l'avenue Choukri Kouattli.

Certains chauffeurs de taxis au départ de l'aéroport sont de véritables requins. Si vous devez prendre un taxi, n'offrez pas plus de 400 £S. S'il demande 700 £S ou plus, tenez bon et faites comprendre qu'à ce prix vous préférez prendre le bus… comme par miracle les prix chutent à une vitesse vertigineuse et atteignent vite les 400 £S.

L'aéroport d'Alep se trouve à environ 25 km à l'est de la ville. Les bus partent de la gare routière Karnak. Le trajet coûte 10 £S et dure environ 30 minutes. En taxi, vous aurez bien des difficultés à descendre le prix en dessous de 400 £S.

Bus

Toutes les grandes agglomérations possèdent un réseau de minibus blancs municipaux très bon marché. Le règlement du trajet se fait une fois que vous êtes monté, un passager se chargeant toujours spontanément de collecter les 3 à 5 £S demandées selon le trajet. Le centre des villes étant généralement assez dense, vous pourrez en général vous déplacer à pied. C'est aussi bien car, à l'exception de Damas, les bus ne comportent pas d'indication de destination en anglais (ni en arabe parfois). Toutefois, ils peuvent s'avérer utiles et très bon marché pour rejoindre une gare routière ou ferroviaire, lointaine. Compte tenu des prix d'une course en taxi et surtout si vous êtes encombré de bagages, il est souvent plus simple et surtout plus confortable d'emprunter un taxi.

Taxis-service et taxis

Dans la majorité des localités, les taxis, nombreux et très économiques, ne grèveront vraiment pas votre budget. A Damas, ils possèdent un compteur, mais les chauffeurs ne le mettent pas toujours en marche. Une course intra-urbaine ne doit pas vous coûter plus de 25 £S, ou de 15 à 20 £S à Alep. Dans certaines villes comme Qamishle, les prix sont bien supérieurs et ne descendent que très rarement en dessous de la barre des 50 £S. Attendez-vous par ailleurs à payer le prix fort, c'est-à-dire 100 £S, si vous désirez que l'on vous dépose à l'entrée d'un grand hôtel de la ville, surtout dans les localités comme Lattaquié ou Deir ez-Zur. Il est toujours recommandé de s'informer en arrivant soit à votre hôtel, soit à l'office du tourisme, des tarifs usuels. Si le prix demandé en fin de parcours vous paraît vraiment excessif, donnez d'une manière autoritaire la somme que l'on vous aura recommandé de payer pour une course normale en ville. En l'absence de compteur, mieux vaut s'entendre sur le tarif avant de monter dans le taxi.

Vous pouvez également utiliser les services d'un chauffeur pour la journée et vous aménager ainsi une excursion sur mesure des sites environnants. Le tarif ne doit jamais excéder 1 000 £S, ce qui représente somme toute une dépense bien peu onéreuse (surtout si vous arrivez à regrouper d'autres personnes) et souvent plus avantageuse que la location d'une voiture. En prime, vous bénéficierez des services d'un chauffeur.

Très souvent, les conducteurs de taxi vous annonceront un tarif correct et le marchandage sera inutile. Parfois même, le chauffeur refusera de se faire payer sans que vous n'en compreniez réellement la raison. En Syrie, vous pourrez être confronté à des gestes spontanés et totalement gratuits qui vous réserveront d'agréables surprises et qui devraient nous donner des leçons de générosité.

Alors qu'ils ne sont pas très visibles dans la capitale, il existe dans d'autres villes, notamment à Alep, des taxis-service qui suivent un itinéraire fixe, à l'instar d'un bus : ils prennent et font descendre des passagers en chemin pour un prix fixe. Ils ne sont pas faciles à distinguer des taxis normaux car ils sont tous jaunes, mais parfois les taxis-service portent sur le côté le nom de leur compagnie inscrit en arabe. Si vous vous retrouvez à partager un taxi avec d'autres gens et qu'il ne va pas exactement là où vous voulez aller, c'est probablement que vous êtes dans un taxi-service !

VOYAGES ORGANISÉS

Sur place, ils sont inexistants. Si vous voyagez de manière indépendante, le seul organisateur, dans tous les cas, c'est vous.

Damas

Damas (*Ash-Sham* ou *Dimashq* en arabe) est la capitale de la Syrie. Elle est également, avec une population de trois millions d'habitants, sa plus grande ville. C'est une cité fascinante où le passé et le présent se côtoient à chaque instant : dans les rues, vous verrez des femmes voilées en costume traditionnel, et d'autres maquillées et vêtues à la dernière mode occidentale ; des hommes âgés portant le *galabiyyeh* et le *keffieh* croisent des adolescents en T-shirt à l'effigie de Michael Jackson qui vendent du whisky ou des cigarettes de contrebande. Dans la vieille ville, résonnent les bruits des artisans au travail et les cris des marchands ambulants, tandis que des quartiers neufs retentit le vacarme incessant de la circulation et des airs lancinants de la musique arabe qui s'échappe des boutiques de cassettes.

La nuit, on voit parfois se déplacer des camions équipés d'un énorme tuyau d'arrosage qui vaporise un étrange brouillard grisâtre. Il s'agit en réalité d'un insecticide, et apparemment les beaux quartiers de la ville ont droit à une double dose. Je ne sais pas quelle est l'action de ce produit sur les petites bêtes, mais je serais étonné qu'il soit très bénéfique pour les piétons !

La ville doit son existence au fleuve Barada, qui prend sa source dans les hauteurs du Jebel Lubnan ash-Sharqiyah (les monts de l'Anti-Liban). Ses eaux donnent vie à l'oasis Ghouta et rendent habitable cette région extrêmement aride.

HISTOIRE

Damas se vante d'être une des plus anciennes cités du monde, mais sa rivale du nord, Alep, revendique également ce rang. Les hiéroglyphes des tablettes égyptiennes font référence à "Dimashqa" comme l'une des villes conquises par les Égyptiens au XVe siècle av. J.-C., mais des fouilles entreprises dans la cour de la mosquée des Omeyyades ont permis de mettre au jour des objets datant de 3 000 ans av. J.-C. Dans les tablettes de Mari (2 500 ans av. J.-C.) et dans les archives d'Ebla, le nom de Dimashqa apparaît également.

La ville a été l'enjeu de nombreuses batailles. Parmi ses premiers conquérants, on compte David, le roi d'Israël, les Assyriens en 732 av. J.-C., Nabuchodonosor vers 600 av. J.-C. puis les Perses en 530 av. J.-C. En 333, la ville capitula devant Alexandre le Grand. L'influence grecque déclina après l'occupation de Damas par les Nabatéens en 85 av. J.-C. Les Romains les chassèrent peu après, en 64 av. J.-C., et la Syrie devint une province romaine. C'est là que Saul de Tarse se convertit au christianisme et devint l'apôtre saint Paul.

Damas devint une cité importante pendant l'époque romaine et servit de base militaire aux armées qui combattaient les Perses. Hadrien en fit une métropole au IIe siècle et Alexandre Sévère une colonie romaine.

A la fin du IVe siècle de notre ère, la population s'était en majorité convertie au christianisme. Le temple de Jupiter fut transformé en une cathédrale consacrée à saint Jean-Baptiste, dont la tête reposerait dans une tombe à l'intérieur de la mosquée des Omeyyades.

Avec l'avènement de l'islam, Damas devint de 661 à 750 le siège du califat des Omeyyades. La ville s'agrandit rapidement et la cathédrale chrétienne fut convertie en mosquée. Lorsque les Abbassides prirent le pouvoir et transférèrent le califat à Bagdad, Damas fut une nouvelle fois mise à sac.

La ville fut occupée par les Turcs seldjoukides en 1076. Les croisés tentèrent en vain de s'en emparer en 1148. En 1154, elle se rendit au général turc Nur al Din. De nombreux monuments de Damas datent de l'époque de son successeur, Saladin, car Damas devint alors la capitale de l'Égypte et de la Syrie unifiées.

Les envahisseurs suivants furent les Mongols qui, après une brève occupation, furent repoussés en 1260 par les Mamelouks égyptiens. Pendant la période mamelouke, les produits damascènes devinrent célèbres dans le

SYRIE

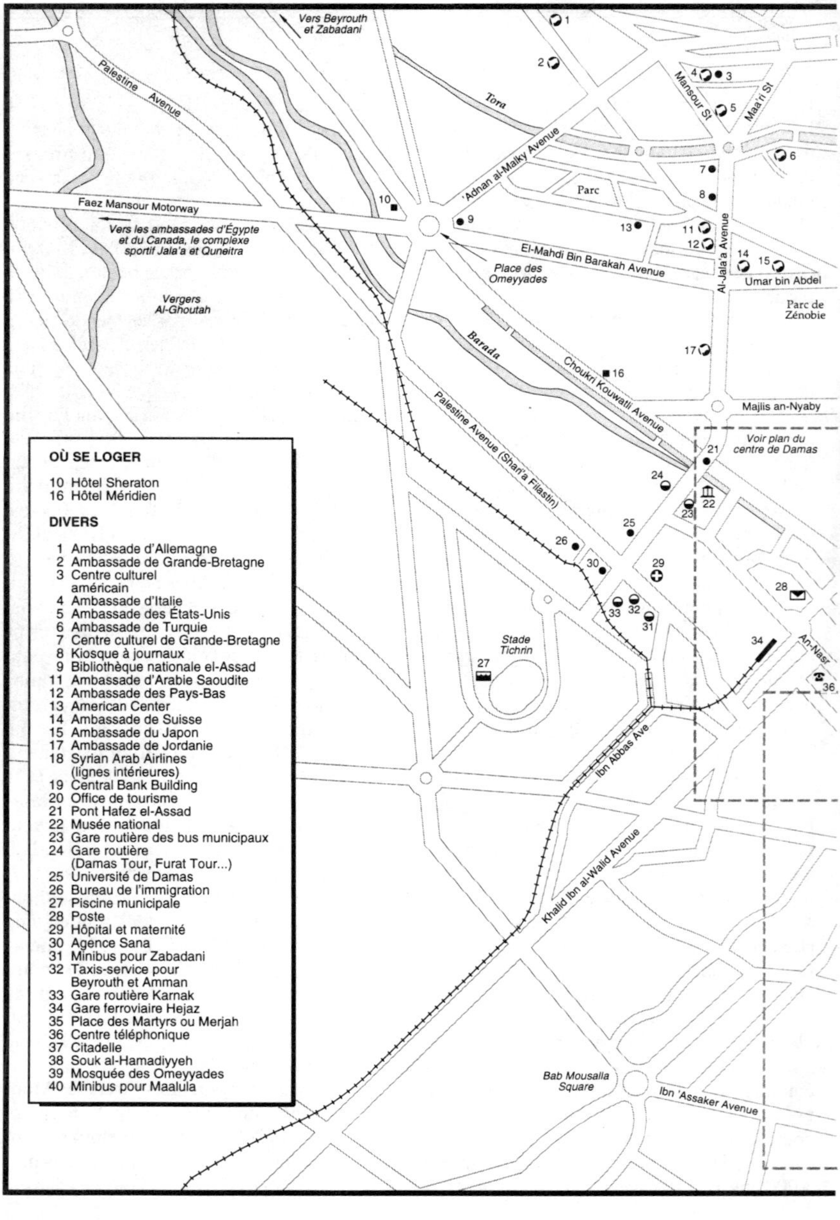

Vers Beyrouth et Zabadani
Palestine Avenue
Tora
'Adnan al-Malky Avenue
Mansour St
Maa'ri St
Parc
Faez Mansour Motorway
Vers les ambassades d'Égypte et du Canada, le complexe sportif Jala'a et Quneitra
El-Mahdi Bin Barakah Avenue
Place des Omeyyades
Al-Jala'a Avenue
Umar bin Abdel
Parc de Zénobie
Vergers Al-Ghoutah
Barada
Choukri Kouwatli Avenue
Palestine Avenue (Shari'a Filastin)
Majlis an-Nyaby
Voir plan du centre de Damas
Stade Tichrin
An-Nasr
Ibn Abbas Ave
Khalid Ibn al-Walid Avenue
Bab Mousalla Square
Ibn 'Assaker Avenue
OÙ SE LOGER
10 Hôtel Sheraton
16 Hôtel Méridien
DIVERS
1 Ambassade d'Allemagne
2 Ambassade de Grande-Bretagne
3 Centre culturel américain
4 Ambassade d'Italie
5 Ambassade des États-Unis
6 Ambassade de Turquie
7 Centre culturel de Grande-Bretagne
8 Kiosque à journaux
9 Bibliothèque nationale el-Assad
11 Ambassade d'Arabie Saoudite
12 Ambassade des Pays-Bas
13 American Center
14 Ambassade de Suisse
15 Ambassade du Japon
17 Ambassade de Jordanie
18 Syrian Arab Airlines (lignes intérieures)
19 Central Bank Building
20 Office de tourisme
21 Pont Hafez el-Assad
22 Musée national
23 Gare routière des bus municipaux
24 Gare routière (Damas Tour, Furat Tour...)
25 Université de Damas
26 Bureau de l'immigration
27 Piscine municipale
28 Poste
29 Hôpital et maternité
30 Agence Sana
31 Minibus pour Zabadani
32 Taxis-service pour Beyrouth et Amman
33 Gare routière Karnak
34 Gare ferroviaire Hejaz
35 Place des Martyrs ou Merjah
36 Centre téléphonique
37 Citadelle
38 Souk al-Hamadiyyeh
39 Mosquée des Omeyyades
40 Minibus pour Maalula

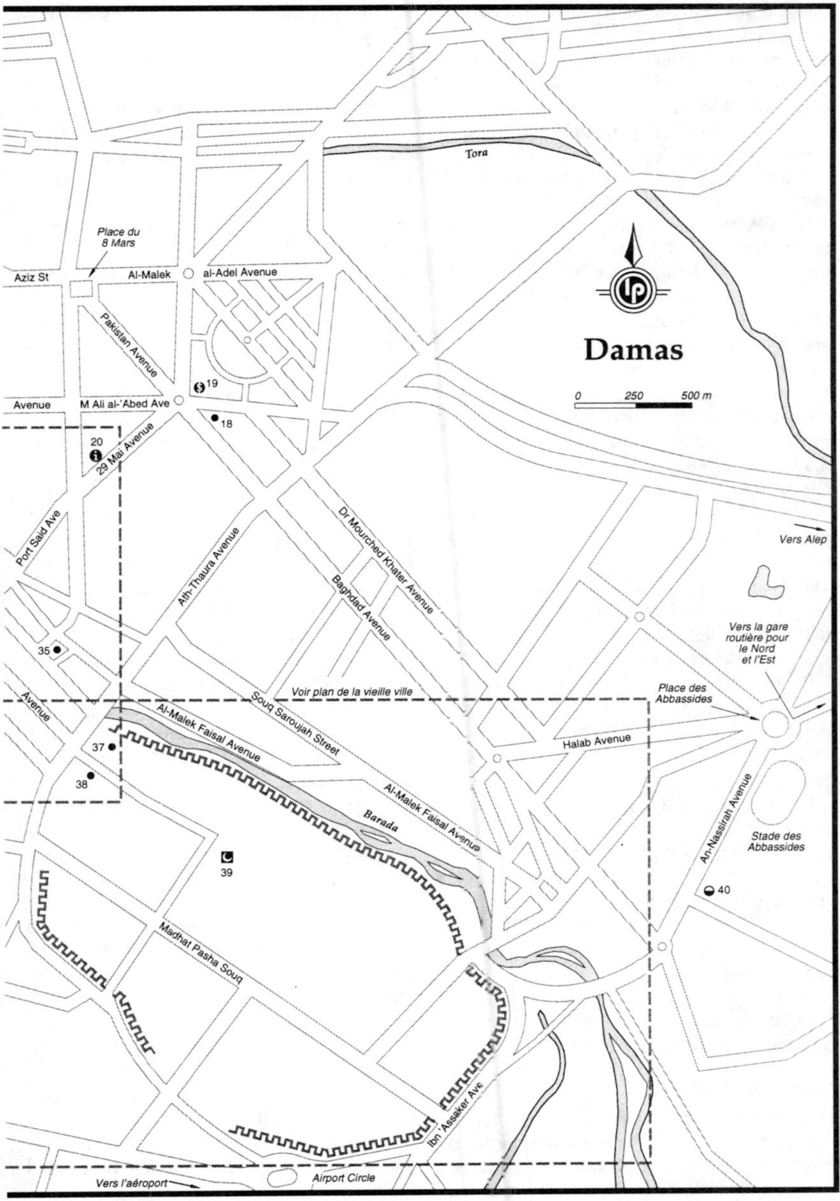

Damas
0 250 500 m
Tora
Place du 8 Mars
Aziz St
Al-Malek
al-Adel Avenue
Pakistan Avenue
19
Avenue
M Ali al-'Abed Ave
18
20
29 Mai Avenue
Port Said Ave
Ath-Thaura Avenue
Dr Mourched Khater Avenue
Baghdad Avenue
Vers Alep
Vers la gare routière pour le Nord et l'Est
35
Voir plan de la vieille ville
Place des Abbassides
Avenue
Al-Malek Faisal Avenue
Souq Saroujah Street
Halab Avenue
37
38
Al-Malek Faisal Avenue
Barada
An-Nassirah Avenue
Stade des Abbassides
39
40
Madhat Pasha Souq
Ibn 'Assaker Ave
Vers l'aéroport
Airport Circle

monde entier et attirèrent les marchands européens, ce qui provoqua une deuxième invasion mongole, dirigée par Tamerlan. La cité fut détruite et les artisans et savants déportés à Samarcande, la capitale mongole. Les Mamelouks revinrent peu après et se mirent à reconstruire la ville.

A partir de l'occupation par les Turcs ottomans en 1516, Damas perdit de son importance. Elle n'était plus que la capitale d'une petite province à l'intérieur d'un grand empire. Le seul intermède dans ces quatre siècles de domination ottomane eut lieu entre 1831 et 1840, lorsque Damas devint à nouveau la capitale de la Syrie, placée sous l'autorité des Égyptiens après la prise du pouvoir de Mohammed Ali Pacha. Craignant les conséquences d'un effondrement du pouvoir ottoman, les pays occidentaux intervinrent et obligèrent Ibrahim Pacha, lieutenant d'Ali, à se retirer de Syrie.

En 1878, la population de la ville atteignait 150 000 habitants. D'importants travaux furent effectués pour améliorer les conditions d'hygiène et le système de transports municipaux. En 1908, Damas possédait plusieurs lignes de tramway et était reliée à Beyrouth et Medine par chemin de fer.

Pendant la Première Guerre mondiale, les armées turques et allemandes installèrent leurs bases à Damas. Lorsqu'elles furent vaincues par la Légion arabe et les Alliés, le premier gouvernement syrien fut formé en 1919.

Les Français, qui avaient reçu un mandat de la Société des nations, l'occupèrent de 1920 à 1945. Ils rencontrèrent une grande résistance et bombardèrent la ville en 1925 pour réprimer des émeutes. Les obus français tombèrent à nouveau sur Damas en 1945, à la suite de troubles qui aboutirent à l'indépendance du pays.

Avec l'évacuation des armées françaises et anglaises en avril 1946, Damas devint la capitale d'une Syrie indépendante.

ORIENTATION

Le centre de Damas est assez compact et l'on s'y repère très facilement à pied, même si les panneaux des rues, souvent en arabe, ne correspondent pas toujours à leur nom usuel.

Le vrai cœur de la ville est la place des Martyrs (Saahat ash-Shuhada) que les habitants appellent le plus souvent "Al-Merjeh" (un nom qui remonte à l'époque ottomane et qui signifie approximativement "pré" ou "parc"). Les martyrs en question sont les victimes des bombardements français de 1945. La curieuse colonne de bronze au centre commémore l'inauguration de la première liaison télégraphique au Proche-Orient, entre Damas et Medine. La plupart des hôtels et restaurants très bon marché se trouvent à proximité de cette place.

L'artère principale, Said al-Jabri, commence à la gare ferroviaire Hejaz et suit un axe nord-est. Longue d'environ 1 km, elle s'appelle successivement Port Said Avenue au viaduc de Choukri Kouattli Avenue, puis avenue du 29 mai au Monument aux Paysans (Midan Youssef al-Azmeh), et se termine à la Banque Centrale. On y trouve la poste, l'office du tourisme, les agences de plusieurs compagnies aériennes et de nombreux restaurants et hôtels de catégorie moyenne. L'avenue Al-Jala'a mène à l'ambassade de Jordanie. Le quartier qui l'entoure est communément appelé Abu Roumaneh.

Le Barada n'est malheureusement plus qu'un cours d'eau nauséabond qui traverse la ville du nord-ouest au sud-est, et se gonfle à travers la vieille ville après les chutes de pluie. Il a été recouvert au centre-ville. Sur ses rives, à l'ouest de la place des Martyrs, se trouvent la mosquée Takiyyeh as-Sulaymaniyyeh et le Musée national. L'université, la gare routière Karnak et les bureaux de l'immigration résident à proximité.

La vieille ville s'étend au sud de la rivière et à l'est de la place des Martyrs. Hormis l'ancienne voie romaine, baptisée Via recta, c'est un dédale de ruelles tortueuses tellement étroites que les toits des maisons semblent se toucher.

Pour bénéficier d'une belle vue sur la ville, prenez un minibus à la gare routière des minibus située en dessous du pont Hafez el-Assad et demandez celui qui va en direction de Muhajirîn. Descendez au terminus puis gravissez les marches qui conduisent au Jebel Qassioun.

Allez-y de préférence en fin d'après-midi, lorsque le soleil est derrière vous.

RENSEIGNEMENTS

Office du tourisme

Il se trouve dans l'avenue du 29 Mai, juste après le monument aux Paysans. Il est ouvert de 9h à 19h, tous les jours, sauf le vendredi. Les employés sont serviables et parlent en général l'anglais. Ils distribuent gracieusement les cartes des principales villes du pays, à commencer par celle de Damas et de ses environs, lorsqu'ils en possèdent. Ils peuvent vous renseigner sur ce qui se passe en ville, mais les informations récoltées ne dépasseront guère celles concernant les grandes manifestations culturelles. L'aspect pratique (location de voitures, hôtels, restaurants) fait l'objet de grandes discussions à l'issue desquelles vous ne sortez guère éclairci.

Si vous allez au ministère du Tourisme, près de la mosquée Takiyyeh as-Sulaimaniyyeh, on vous donnera les mêmes cartes, mais guère plus. Le stand d'information de l'aéroport semble être fermé en permanence.

Argent

Plusieurs agences de la Banque commerciale de Syrie permettent de se procurer facilement de l'argent, généralement le matin, à partir de 8h30 ou 9h jusqu'à 12h. Le vendredi est leur jour de fermeture. Les bureaux de change ont des horaires qui débordent sur le début de soirée. Celui qui se trouve sur la place des Martyrs est ouvert de 9h à 19h, et de 10h à 14h le vendredi. On peut y changer du liquide et des chèques de voyage. Un autre attenant à l'Orient Palace Hotel, en face de la gare Hejaz, fonctionne de 9h à 19h tous les jours, sauf le vendredi où il n'ouvre que deux ou trois heures le matin sans horaire précis. Il effectue les mêmes opérations. N'oubliez pas de demander un reçu et de vérifiez l'exactitude de la conversion.

Les agences bancaires de l'hôtel Méridien et du Sheraton acceptent de même le liquide et les chèques de voyage. Enfin, à l'aéroport, l'agence de la Commonwealth Bank of Syria est en principe ouverte 7 jours sur 7, 24h/24. Le correspondant d'American Express est Kamal Abou Shaar dont les bureaux se situent au premier étage d'un immeuble de Balkis St, juste au-dessus de l'agence de Sudan Airways. Ils sont ouverts tous les jours de 9h à 21h. Les employés très serviables parlent, pour certains, très bien le français. On peut y recevoir du courrier comme un fax. L'adresse est la suivante : American Express, PO Box 1373 Damas, ☎ 2217813 ; fax 2223707.

Poste

Ouverte de 8h à 20h, du samedi au jeudi, et de 9h à 13h, le vendredi et les jours fériés, elle occupe un bâtiment imposant, situé dans Said al-Jabri Avenue. Le guichet de poste restante est assez efficace : on vous laissera consulter les paquets de lettres rangées par ordre alphabétique. Vous devrez montrer votre passeport pour prouver votre identité. Il est recommandé de poster son courrier à l'intérieur du bâtiment. Les boîtes postales rouges installées à l'extérieur ne sont vidées de leur contenu que très épisodiquement.

Vous pouvez également vous faire envoyer du courrier ou un fax au bureau d'American Express (voir ci-dessus la rubrique *Argent*). Pour se rendre au bureau des colis, il faut sortir de la poste et tourner au coin de la rue.

Téléphone et télécommunications

Le centre téléphonique est à un pâté de maisons au sud-est de la gare Hejaz, dans l'avenue An-Nasr. Il est ouvert en permanence. A l'intérieur, il vous faudra faire preuve de patience si vous voulez téléphoner par l'intermédiaire d'une opératrice. Le plus simple est d'acheter une carte téléphonique à 1 000 £S qui vous donne droit à 10 minutes de communication avec l'étranger. Mais, selon vos besoins, vous préférerez acheter celles à 500 £S, 1 500 £S ou à 2 000 £S. Vous pouvez également utiliser les services du fax dont le bureau, à droite en rentrant, est ouvert de 9h à 20h. L'envoi vous sera facturé 100 £S la minute avec un minimum de 2 minutes. Les télégrammes sont aussi chers (24 £S le mot) ; encore s'agit-il que la personne qui s'en occupe soit là.

Dehors, vous trouverez, une rangée de cabines aux portes à moitié défoncées. Soyez

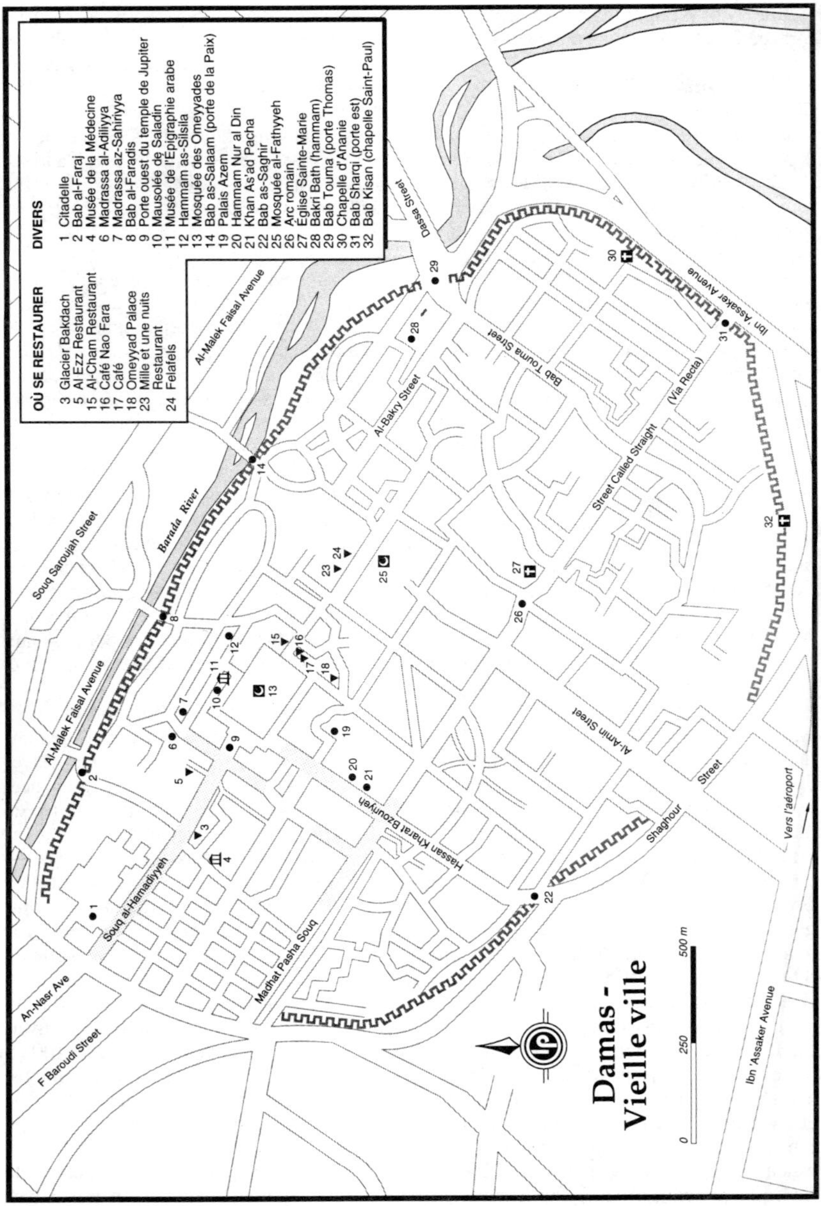

Damas - Vieille ville
OÙ SE RESTAURER
3 Glacier Bakdach
5 Al Ezz Restaurant
15 Al-Cham Restaurant
16 Café Nao Fara
17 Café
18 Omeyyad Palace
23 Mille et une nuits Restaurant
24 Felafels
DIVERS
1 Citadelle
2 Bab al-Faraj
4 Musée de la Médecine
6 Madrassa al-Adiliyya
7 Madrassa az-Sahiriyya
8 Bab al-Faradis
9 Porte ouest du temple de Jupiter
10 Mausolée de Saladin
11 Musée de l'Épigraphie arabe
12 Hammam as-Silsila
13 Mosquée des Omeyyades
14 Bab as-Salaam (porte de la Paix)
19 Palais Azem
20 Hammam Nur al Din
21 Khan As'ad Pacha
22 Bab as-Saghir
25 Mosquée al-Fathyyeh
26 Arc romain
27 Église Sainte-Marie
28 Bakri Bath (hammam)
29 Bab Touma (porte Thomas)
30 Chapelle d'Ananie
31 Bab Sharqi (porte est)
32 Bab Kisan (chapelle Saint-Paul)
Baroda River
Souq Saroujah Street
Al-Malek Faisal Avenue
Dassa Street
Ibn 'Assaker Avenue
Bab Touma Street
Al-Bakry Street
Street Called Straight (Via Recta)
Al-Amin Street
Shaghour Street
Hassan Kharat Bzouriyeh
Souq al-Hamadiyyeh
Madhat Pasha Souq
An-Nasr Ave
F Baroudi Street
Vers l'aéroport
0 250 500 m

patient et munissez-vous de pièces d'1 £S. Certaines cabines sont dotées d'appareils à carte. A l'intérieur du centre téléphonique comme à l'extérieur, des petits attroupements de personnes louent des cartes téléphoniques.

Il n'est pas possible d'appeler en PCV où que ce soit en Syrie. Vous pouvez pour plus de confort téléphoner de l'hôtel et demander que l'on vous rappelle. Pour la France, que vous parliez 1, 2 ou 3 minutes, les 3 premières minutes d'un appel sont facturées 375 £S et chaque minute supplémentaire 125 £S.

Le code téléphonique de Damas est le 11.

Prorogations de visa

Pour faire proroger votre visa, les bureaux de l'immigration sont dans Palestine Avenue (Shari'a Filastin), après la gare routière Karnak. Comme tous les services officiels, il sont ouverts de 8h à 14h tous les jours sauf le vendredi. Présentez-vous au deuxième étage muni de quatre photographies (trois généralement suffisent, mais on ne sait jamais). Les photographes, installés en face des bureaux de l'immigration et équipés d'antiques appareils, peuvent réaliser d'amusants portraits de vous. On vous demandera de remplir quatre formulaires et d'acheter un timbre fiscal à 30 £S à un guichet situé à l'extérieur du bâtiment. Vous pourrez obtenir une prolongation d'un mois supplémentaire. Prévoyez au moins une heure pour remplir toutes les formalités et 24 heures pour obtenir votre prorogation que vous viendrez chercher le lendemain vers 12h.

Ambassades étrangères

Reportez-vous au chapitre *Renseignements pratiques* de la Syrie pour les adresses des ambassades étrangères à Damas.

Centres culturels

Le Centre culturel français (☎ 2246181 et 2246182) est dans une petite rue perpendiculaire à Youssef al-Azmeh St, juste en face de l'hôtel Alaa. Il ouvre ses portes tous les jours sauf le dimanche, de 10h à 13h et de 16h à 19h. Outre une série de manifestations et de projections de films français, on peut y consulter la presse française.

Le Goethe Institut (tél. 3337842), situé dans une rue perpendiculaire à Maysaloun St, est à cinq minutes à pied du Cham Palace Hotel. Il existe également un British Center (☎ 3338436, 3329226 et 3333109), un Centre culturel espagnol (☎ 3714300) ainsi qu'un American Center (☎ 3333052, 3332315 et 3332814) qui se trouve dans Mansour St, derrière l'ambassade américaine. Il ouvre de 9h à 13h et de 14h à 17h, du lundi au vendredi. Ne soyez pas découragé par l'imposant dispositif de sécurité.

Librairies

La Librairie Universelle, dans la rue perpendiculaire à Port Said Avenue et Midan Youssef al-Azmeh St, est une bonne librairie. Outre des ouvrages sur la Syrie et le Proche-Orient, elle vend des revues comme *Newsweek* et *Time*, ainsi qu'une carte correcte du pays, élaborée par GEOprojects, à 150 £S. En septembre, elle semble fermer ses portes au moment du Salon du livre. En revanche, son autre boutique installée récemment dans la galerie marchande du Cham Palace Hotel, est aussi bien pourvue en guides, cartes et journaux, bien qu'elle soit plus petite. Elle a l'avantage d'ouvrir tous les jours de 9h à 14h et de 17h à 20h30.

La librairie Avicenne est sans nul doute la meilleure et la plus agréable pour consulter des ouvrages et des magazines étrangers. Elle est à deux pas du Cham Palace Hotel, dans la rue Taghiz, perpendiculaire à Al-Brazil St. Elle fonctionne tous les jours de 9h à 14h et de 17h à 20h30.

Les hôtels Méridien et Sheraton possèdent tous deux également une librairie de qualité, dotée d'un kiosque de presse internationale et d'un choix d'ouvrages sur la Syrie. Au Méridien, on trouve même des ouvrages sur les pays voisins, notamment la Jordanie.

A dix mètres sur le même trottoir que le Semiramis Hotel, la librairie Chachati s'est pour sa part spécialisée dans les livres en langue française. On y trouve des cartes du pays et des guides.

Le kiosque à journaux, indiqué sur le plan général de Damas et situé dans Al-Jala'a Av., possède un choix de quotidiens et de magazines étrangers plus intéressant et plus fourni que celui des librairies.

A VOIR

La vieille ville

La plupart des monuments intéressants de Damas résident dans la vieille ville. Elle était entourée à l'origine par un rempart romain qui a été abattu et reconstruit plusieurs fois en deux mille ans. Celui qui se dresse aujourd'hui date du XIIIe siècle.

Il est percé par un certain nombre de portes (*bab*, dont le pluriel est *abwab*), dont une seule (Bab Sharqi, la porte de l'Est, qui a été restaurée) date de l'époque romaine. La partie la mieux conservée se trouve entre Bab as-Salaam (la porte de la Paix) et Bab Touma (la porte Thomas, du nom du beau-fils de l'empereur Heraclius) au nord-est. Sur presque toute sa longueur, le rempart est masqué par des bâtiments. Bab as-Salaam est un bel exemple d'architecture militaire ayyoubite, mais elle est malheureusement recouverte de câbles électriques et de fils téléphoniques.

Bab Kisan abrite la chapelle Saint-Paul. Selon la tradition, c'est là que les chrétiens firent descendre saint Paul dans une corbeille par la fenêtre pour échapper à la colère des Juifs (Actes des Apôtres, IX-25).

Le quartier entier est un dédale de ruelles sinueuses émaillé de marchés animés. Les souks qui se trouvent autour de la mosquée des Omeyyades sont essentiellement musulmans. Ceux du quartier chrétien se trouvent à proximité de Bab Sharqi.

La citadelle. Elle a été édifiée dans une partie du mur occidental, à l'extrémité de l'avenue an-Nasr. Le bâtiment est actuellement fermé pour restauration. On peut jeter un coup d'œil sur la cour à travers le portail, sauf si le gardien vous en empêche, et voir les maçons tailler les énormes blocs de pierre qui vont être ajoutés aux remparts en partie rebâtis.

La majeure partie de sa construction remonte à la période ayyoubite et mamelouke. Néanmoins, entre les premières grandes invasions mongoles de 1260 et l'occupation turque, elle fut plusieurs fois très endommagée et ses reconstructions très partielles par rapport à ses plans d'origine. Jusqu'en 1985, elle a servi de prison.

Le souk al-Hamadiyyeh. Tout près de la citadelle, se trouve l'entrée de l'un des principaux marchés couverts, le souk al-Hamadiyyeh. Avec sa foule animée, ses camelots et ses marchands tenaces, ce souk pavé et obscur semble à mille lieues des embouteillages et du chaos des rues voisines.

La plupart des échoppes vendent de l'artisanat : marqueterie, objets en laiton et en cuivre, soieries et tapis. Les vendeurs se tiennent à l'entrée de leur boutique et font tout pour inciter les chalands à entrer. Vous ne manquerez pas d'être interpellé ; certains même vous talonneront pour vous proposer mille et un services allant du change à la visite guidée du souk. Leur attitude pressante dépendra de votre comportement. A vous d'être assez catégorique et souriant à la fois pour les dissuader. Mais n'ayez crainte, passez les premiers cent mètres de la grande artère, on vous laissera tranquille et vous pourrez prendre tout votre temps pour vous perdre et fureter dans les différents marchés attenants. N'hésitez pas à marchander.

A l'extrémité du marché, le toit voûté laisse place à deux énormes colonnes corinthiennes soutenant un linteau orné : ce sont les vestiges de la porte occidentale du temple romain de Jupiter.

Le temple de Jupiter. Il date du IIIe siècle. Au pied des colonnes, les vendeurs proposent sur leurs étalages des livres de toutes sortes et des souvenirs religieux : corans, images de la Mecque et tentures murales avec des messages calligraphiés du style "un seul vrai Dieu" ou "Allah est grand".

La mosquée des Omeyyades. L'entrée de la mosquée des Omeyyades, bâtiment impressionnant par ses dimensions et son architecture, fait face à la sortie du marché. Prenez le temps de la visiter. C'est un endroit paisible où l'on peut se reposer de la chaleur et du vacarme de la ville. L'entrée des touristes est provisoirement (en venant du Souk al-Hamidiyyeh) à gauche de l'entrée principale, juste

CHRISTINE COSTE

DAMIEN SIMONIS

HUGH FINLAY

En haut : scène de rue, Tartous
En bas à gauche : Qala'at al-Marqab
En bas à droite : réparation des filets, Arouad

CHRISTINE COSTE

DAMIEN SIMONIS

HUGH FINLAY

En haut : confiserie de Lattaquié vendant chocolats et fruits confits
En bas à gauche : mosquée Ibn al-Walid, Homs
En bas à droite : noria ou ancienne roue à aubes en bois, Hama

après le musée de l'Épigraphie arabe, à la porte nord. Le droit d'entrée est de 10 £S.

On fournira à toutes les femmes et aux hommes en short une longue robe noire qu'ils devront revêtir. Comme dans toutes les mosquées, il faut ôter ses chaussures et il est conseillé de les garder avec soi.

Les non-musulmans sont acceptés le vendredi, mais pas pendant la prière de 12h où la mosquée est alors fermée aux touristes pendant deux heures.

Ce lieu compte près de trois mille ans d'histoire : au IXe siècle av. J.-C., les Araméens érigèrent un temple dédié au dieu Adad (mentionné dans le Livre des rois de l'Ancien Testament). L'imposant temple de Jupiter, mesurant 380 mètres sur 310, fut construit au IIIe siècle sur le même emplacement par les Romains. Avec l'essor du christianisme au IVe siècle, le temple fut transformé en église, dédiée à saint Jean-Baptiste.

Lorsque les musulmans entrèrent dans Damas en 636, ils transformèrent la partie orientale du temple en mosquée et permirent aux chrétiens de poursuivre leur culte dans la partie occidentale.

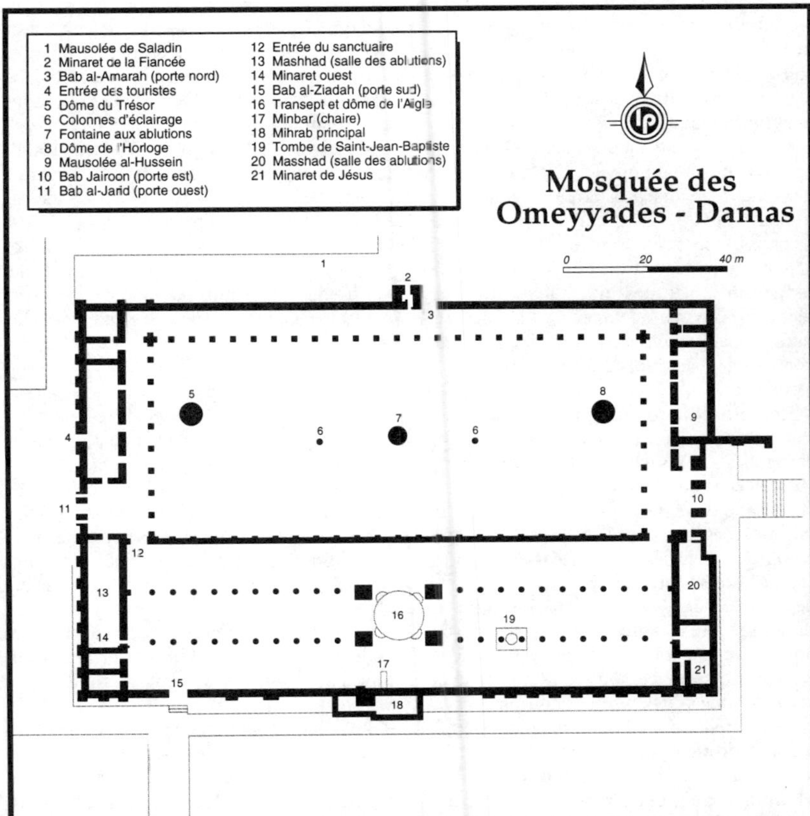

Cet arrangement dura jusqu'en 705, lorsque le sixième calife omeyyade, Al-Walid, décida de faire "construire une mosquée comme il n'y en avait jamais eue par le passé et comme il n'y en aurait pas dans le futur". Toutes les anciennes constructions romaines et byzantines, présentes dans l'enceinte, furent alors abattues. Pendant les dix années suivantes, plus de 1 000 maçons et artisans travaillèrent à l'édification de cette nouvelle mosquée. L'intérieur a été en grande partie reconstruit à la fin du siècle dernier, à la suite d'un incendie qui ravagea le bâtiment.

Les trois minarets datent de l'époque omeyyade, mais ils ont été rénovés et restaurés par les Ayyoubites, les Mamelouks et les Ottomans. Celui du nord est le minaret de la Fiancée (Minaret al-'Arous), et celui du sud-est, le minaret de Jésus, est ainsi nommé car, selon la tradition locale, c'est là que Jésus apparaîtra le jour du Jugement dernier.

La partie nord de la mosquée rectangulaire est une cour à ciel ouvert, dotée d'un beau pavement de marbre agréable aux pieds lorsqu'il fait très chaud car il reste frais (prenez garde cependant aux fientes de pigeons). Elle est bordée sur trois côtés d'une double rangée de portiques qui étaient autrefois recouverts de marbre veiné. Les deux piliers, ornant chaque côté de la fontaine centrale, comportaient autrefois des lampes pour éclairer la cour.

Le petit édifice octogonal à l'ouest est l'ancien dôme du Trésor, où l'on conservait autrefois les fonds publics à l'abri des voleurs. Il est décoré de fines mosaïques.

La salle des prières occupe le côté sud de la cour. C'est une grande salle rectangulaire, composée de trois nefs divisées par un transept. Au-dessus du transept se trouve le dôme de l'Aigle, ainsi nommé parce qu'il représente une tête d'aigle, alors que le transept représente son corps et les travées ses ailes. Lorsqu'on se place sous le dôme, face au *mihrab* (niche de la prière) et qu'on lève les yeux, on peut lire huit mots en arabe. Depuis le bas à droite et dans le sens des aiguilles d'une montre, ce sont les noms d'Allah, Mahomet, puis ceux des quatre premiers califes (qui avaient été des compagnons du prophète), Abu Bakr, Omar, Othman et Ali. Les deux derniers noms sont ceux des fils d'Ali, Hassan et Hussein.

Le petit temple, qui entoure la tombe de Jean-le-Baptiste (qui est pour les musulmans le prophète Yahia), semble assez incongru dans le sanctuaire. On pense que la tête du saint fut enterrée là. La sépulture en bois d'origine a été remplacée par cette tombe en marbre après l'incendie de 1893.

Le mausolée de Saladin. Le mausolée de Saladin fut construit en 1193 et restauré grâce à des fonds apportés par l'empereur Guillaume II d'Allemagne, lors de sa visite à Damas en 1898. Le cénotaphe en noyer est richement décoré de motifs de la période ayyoubite et renferme le corps de Saladin. La tombe moderne en marbre, juste à côté, fut également offerte par l'empereur Guillaume pour accueillir la dépouille de Saladin.

Le mausolée, surmonté d'un dôme rouge, est au cœur d'un agréable décor de verdure à l'extérieur du mur nord de la mosquée des Omeyyades. Il se visite tous les jours de 10h à 17h, excepté le vendredi où il ferme ses portes à 16h. Il faut en principe montrer le ticket d'entrée à la mosquée pour accéder au mausolée, mais le gardien ne semble pas s'en soucier.

Le palais Azem. Le palais Azem, juste au sud de la mosquée des Omeyyades, est un autre havre de paix. Il fut construit en 1749 par le gouverneur de Damas, As'ad pacha al-Azem. Les couches alternées de calcaire blanc et de basalte noir qui ornent ses façades sont d'une grande élégance. Les jardins agréables et la décoration intérieure de certaines des salles confèrent à cet édifice une beauté et un charme discrets.

Les salles de ce modeste palais abritent les collections du musée des Arts et Traditions populaires de Syrie (voir le paragraphe *Musées*).

Le palais est ouvert de 9h à 17h30 de mai à fin septembre tous les jours, sauf le mardi. Le reste de l'année, il ferme à 16h. Le vendredi, il ferme de 12h à 14h. L'entrée est payante (200 £S).

Les éleveurs de pigeons

A Damas, comme dans la plupart des villes syriennes, il est un rituel qui a pour scène le ciel. Il suffit de monter au mont Qassiùm ou sur la terrasse d'une maison, voire plus simplement de lever la tête pour observer les étranges ballets de pigeons dont les volutes, au gré des courants aériens, ponctuent délicatement le lever du soleil et le couchant.

Par grappes, ils volent, se meuvent, s'unissent puis se séparent et s'éloignent pour mieux revenir. Des toits, des cris stridents mêlés à des roucoulements s'échappent des terrasses. Un drapeau rouge à la couleur passée s'agite au bout d'une perche ; un autre un peu plus loin s'élève à son tour et commence à tournoyer. Les *kashash* sont là. Ils s'adonnent à leur passion, à leur plaisir solitaire, à leur caprice d'adulte : l'élevage et le rabattage de pigeons. Une pratique que d'ailleurs la loi réprouve. On ne badine avec ces hommes, eux que l'on dit volontiers voleurs, bandits et personnes de mauvaise vie bien peu fréquentables. Leur territoire se limite aux terrasses, à ses quelques mètres carrés perchés au-dessus de la ville et placés sous la voûte céleste. Leur vie se réduit aux battements d'aile de ces oiseaux auxquels ils tiennent par-dessus tout, jusqu'à accepter d'être des renégats de la société civile : ils ne peuvent témoigner lors de procès et ne sont guère appréciés des femmes.

Le domaine des *kashash* est un îlot suspendu au-dessus de l'agitation de la ville, un monde mystérieux avec ses propres codes où ils se réfugient, la journée de travail terminée. Aucune femme ne peut monter sur le toit qui abrite un élevage de pigeons ; l'étranger est aussi malvenu. Les pigeons sont leur jardin secret. Que ce soit le matin tôt ou l'après-midi vers 15h, ils sont immanquablement là à commencer leurs étranges manœuvres. Il y a des jours de grâce et des jours sans ; des jours où l'élevage s'enrichit d'un pigeon rabattu ; des jours où celui-ci perd un des leurs. Ainsi vont les heures.

Les oiseaux n'ont aucun secret pour les *kashash* qui, entre eux, se livrent une guerre impitoyable. Ils connaissent toutes les espèces et savent identifier leur origine, leur provenance et les distances parcourues. Le *Rjerni*, au plumage noir et marron, est le plus cher et s'échange à 25 000 £S. Le *Rihani*, avec son cou délicat jaune tendre, s'estime à 4 000 £S. Le *Mazouzin* à la robe grise, blanche et noire atteint les 8 000 £S. Le *Abla* bicolore, noir et blanc peut avoisiner 22 500 £S. Qui l'eut cru ? Les toits de Damas, comme ceux de bien des villes syriennes, recèlent de véritables fortunes ! ■

SYRIE

Madrassas al-Adiliyya et az-Sahiriyya. A environ 100 mètres à gauche de la porte ouest du temple de Jupiter, par l'allée du marché, se profilent deux anciennes écoles coraniques du XIIIe siècle, époque de la montée au pouvoir des Ayyoubites. La première, sur la gauche, est la madrassa al-Adiliyya. Sa construction démarra sous Nur al Din et se poursuivit sous le règne d'un frère de Saladin, al-'Adil Saif ad-Din, dont la tombe se trouve dans l'enceinte. Sa façade est considérée comme un exemple classique de l'architecture ayyoubite. C'est aujourd'hui une bibliothèque.

En face, la madrassa az-Zahiriyya, commencée en 1277, abrite le corps du sultan Baybars qui mena l'offensive contre les croisés. Elle fait aujourd'hui office d'école.

Les hammams. Les bains publics constituent une merveilleuse façon de passer quelques heures, mais à Damas, ils sont généralement réservés aux hommes. On en trouve plusieurs à proximité de la mosquée des Omeyyades, tous interdits aux femmes. Le premier, Hammam Nur al Din (☎ 2229513 et 2226209) est situé dans la rue couverte qui va de la mosquée des Omeyyades à la Via Recta. Juste à côté, vous verrez un autre legs du gouverneur turc al-Azem : le caravansérail Khan As'ad Pacha, construit la même année que le palais. Au Hammam Nur al Din, le massage complet, avec bain et sauna, serviette, savon et thé coûte 210 £S. Les hommes peuvent s'y faire couper les cheveux. Ouvert de 8h à 24h tous les jours, cet établissement de bains est le plus luxueux de la région.

A dix mètres du mausolée de Saladin et du musée de l'Épigraphie arabe, le Hammam as-Silsila est tout aussi agréable.

Il fonctionne tous les jours de 8h à 23h. Le massage accompagné d'un sauna et d'un bain revient à 200 £S. Les femmes peuvent réserver la veille pour l'après-midi.

A côté de la madrassa az-Sahiriyya, vous trouverez un hammam qui porte le même nom. L'entrée coûte 170 £S et il reste ouvert de 7h à 22h tous les jours.

A Bab Touma, les femmes peuvent réserver aux très agréables Bakri Bath (☎ 5426606 et 5432687) dont les horaires vont de 9h à 24h, mais il leur faudra payer 750 £S par personne. Après 17h, il leur en coûtera le double, un tarif légèrement excessif au regard des 300 £S que paiera un homme pour les mêmes soins et pour la même tranche horaire.

Les églises. Environ aux deux tiers de la Via Recta, se découpent les vestiges d'un arc romain. Il marque plus ou moins les limites de ce que l'on pourrait appeler le quartier chrétien.

Quelques églises sont disséminées dans ce quartier, mais la seule qui présente un intérêt historique est la **chapelle d'Ananie** (Kanisat Hananya), ancienne cave de la maison d'Ananie. Celui-ci, l'un des premiers disciples chrétiens, fut chargé par Dieu d'aller "dans la rue qu'on appelle Droite et de chercher en la maison de Judas un nommé Saul de Tarse (saint Paul). Et au même temps, Saul voyait en vision un homme nommé Ananie, qui entrait et lui imposait les mains, afin qu'il recouvrât la vue" (Actes des Apôtres, IX-11 et 12).

L'entrée de la chapelle se trouve dans le rempart, entre Bab Sharqi et Bab Touma. De Bab Sharqi, prenez la première ruelle à droite et suivez-la jusqu'au bout. La chapelle est en réalité dans une crypte, sous la maison où l'on fait (parfois) payer l'entrée 100 £S. Elle est ouverte 7 jours sur 7, de 9h à 18h. Dans la chapelle, l'histoire de saint Paul est relatée par une série de panneaux en arabe et en français.

La **chapelle Saint-Paul**, dans Bab Kisan, fut érigée à l'endroit où, une nuit, les disciples aidèrent saint Paul à descendre par la fenêtre dans une corbeille, pour échapper aux Juifs qu'il avait irrités en prêchant dans les synagogues. On ne peut entrer par la rue. Suivez l'allée qui conduit au nouveau couvent sur la gauche et poussez les lourdes portes de bois qui mènent à l'arrière du Bab et à la petite chapelle.

Mosquée Takiyyeh as-Sulaymaniyyeh
Cette mosquée, sur les rives du Barada, à l'ouest de la poste, est l'œuvre de l'architecte turc Sinan en 1554. C'est un bâtiment particulièrement élégant, construit en couches alternées de pierre blanche et noire et surmonté de deux minarets. Il est très agréable de s'asseoir près de la fontaine et de regarder les passants, à l'écart de la circulation. Le musée de l'Armée réside également ici.

Près de la mosquée, se tient le marché des artisans. Il est installé dans un ancien caravansérail édifié par le sultan ottoman Soliman, en 1516, pour héberger les pèlerins pauvres. Les anciens appartements, cuisines et autres salles sont aujourd'hui des ateliers où l'on peut voir toutes sortes d'artisans au travail, du tisserand au souffleur de verre.

Musées

Musée national. C'est le plus important des quatre musées de la ville. Il est proche de la mosquée Takiyyeh as-Sulaymaniyyeh et mérite au moins une visite. Vous pouvez le visiter de 9h à 18h tous les jours, sauf le vendredi où il ouvre de 9h à 12h15 et de 14h à 18h. L'entrée est payante (200 £S). Tous les sacs et appareils photo doivent être laissés à l'entrée. La plupart des objets exposés sont décrits en français ou en arabe ; certains ne comportent pas d'étiquette du tout.

Le grand jardin ombragé, qui s'étend devant le musée, s'agrémente de statues provenant de différents sites du pays. Il est possible de prendre un thé ou une boisson gazeuse dans le petit café. Rien de tel pour recharger ses batteries que de s'asseoir sous les grands eucalyptus en sirotant un *shay* par un après-midi d'été.

La façade du musée est imposante : c'est celle du Qasr al-Hayr al-Gharbi. Cet ancien palais du désert/camp militaire fut construit en 688 à l'époque du calife omeyyade Hisham, non loin de Palmyre. Il a été transporté à Damas et reconstruit pierre par pierre, mais il paraît un peu à l'étroit entre les deux ailes du musée.

L'intérieur du bâtiment recèle une collection assez disparate, mais passionnante : des sceaux-cylindres d'Ugarit, du XIVe siècle

Musée national - Damas

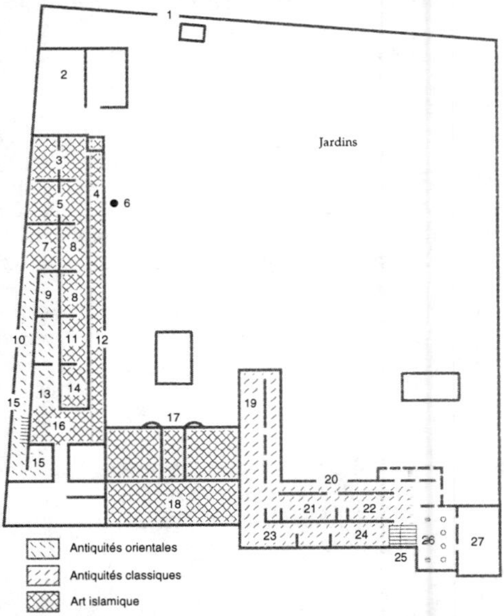

1 Entrée
2 Reconstitution d'une salle de réception damascène du XVIIIe siècle
3 Bois sculptés
4 Armures, sabres
5 Corans, manuscrits
6 Café
7 Objets en pâte de verre
8 Faïences et poteries
9 Ebla
10 Objets syriens anciens
11 Céramiques
12 Pièces de monnaie islamiques
13 Mari
14 Sculptures
15 Ugarit
16 Raqqa - statues, objets
17 Façade du Qasr al-Hayr al-Gharbi
18 Qasr al-Hayr al-Gharbi
19 Hauran - sculptures de basalte et mosaïques
20 Galerie classique
21 Palmyre
22 Doura Europos
23 Textiles de Palmyre
24 Art chrétien byzantin
25 Hypogée (en bas) et collection de Homs (en haut)
26 Colonnes
27 Synagogue de Doura Europos

av. J.-C., gravé dans le plus ancien alphabet connu ; des statuaires de Mari, datant du IIIe au IIe millénaire av. J.-C. ; des statues de terre cuite et de marbre de Palmyre ; la reconstitution d'un hypogée (chambre funéraire souterraine) de la Vallée des Tombeaux à Palmyre ; des fresques de Doura Europos ; des sculptures en basalte noir du plateau du Hauran, aux environs de Bosra ; des armes damascènes ; d'anciens instruments chirurgicaux provenant de tombes de médecins ; de la verrerie islamique du XIIIe siècle av. J.-C. ; des Corans du XIIIe siècle ; une salle entièrement décorée dans le style du palais Azem, du XVIIIe siècle elle aussi et, pour finir, une importante collection de pièces et de bijoux en or.

Pour admirer cette dernière collection, connue sous le nom de **collection Homs** – car elle fut en grande partie trouvée dans cette ville et aux alentours –, vous devrez demander l'autorisation du conservateur ; elle mérite largement cet effort. La salle (qui se trouve à l'étage, au-dessus des expositions sur l'art byzantin et palmyrène) est fermée, faute de personnel suffisant. Outre de superbes bijoux en or, vous découvrirez des pièces de monnaie représentant notamment des doges vénitiens, l'empereur romain Philippe l'Arabe et Alexandre le Grand.

La **synagogue**, transférée de Doura Europos et reconstruite ici, est située derrière la petite cour à colonnades. A l'intérieur, vous verrez des bancs placés le long des murs et des niches où étaient conservés les cinq livres de la Torah. Les fresques murales dépeignent des épisodes de l'Ancien Testament : le couronnement de Salomon, le règne de David, l'histoire de Moïse et la fuite d'Égypte.

Musée de l'Armée. Implanté sur le site qui jouxte la mosquée Takiyyeh as-Sulaymaniyyeh, il dispose d'une belle collection d'armes et d'armures. Les descriptions sont selon les salles, en français et en arabe. Dehors, sont exposés des canons et des avions qui sont presque tous des vestiges des raids français qui eurent lieu sur Damas, en 1925 et en 1945 à la suite des rébellions, ou encore des restes de la Seconde Guerre mondiale et de la guerre israélo-arabe de 1967. Il existe même un tas de débris d'avions abattus au cours de la guerre de 1973.

Sur le même thème, une salle entière est consacrée au matériel de guerre israélien capturé pendant le conflit de 1973, et le soldat qui fait office de conservateur tiendra certainement à vous donner tous les détails de cette guerre. Il s'agit en fait d'une exposition de propagande sur ce qui fut, en réalité, une tentative (en grande partie vaine) de la part des Syriens de récupérer les territoires du plateau du Golan qui avaient été annexés par Israël en 1967.

Une autre vitrine, sur le thème de la coopération spatiale entre la Syrie et l'Union soviétique, prend aujourd'hui une allure anachronique assez intéressante. Les marteaux et les faucilles, ainsi que les portraits d'un Gorbachev souriant, témoignent apparemment du désir des Syriens de perpétuer le souvenir du bon vieux temps.

Le musée est ouvert tous les jours de 8h à 14h, sauf le mardi, et le droit d'entrée s'élève à 5 £S. Il est le seul musée à ne pas avoir augmenté ses tarifs et à ne pas faire la distinction entre nationaux et touristes étrangers.

Musée de la Médecine. Dans la vieille ville, juste à côté du souk al-Hamadiyyeh, il est logé dans un hôpital du XIIe siècle. Il est ouvert de 8h à 14h tous les jours, sauf le vendredi. L'entrée est payante (100 £S). Les objets exposés sont décrits en français et en arabe.

L'hôpital, fondé par Nur al Din, était célèbre dans le monde entier. Le bâtiment par lui-même est plus intéressant que les collections qu'il renferme : les instruments médicaux et chirurgicaux de l'époque romaine et ottomane ressemblent plus à des instruments de torture (il y a même un vieil appareil à électrochocs).

On comprend pourquoi les patients portaient souvent des talismans porte-bonheur. Dans une vitrine, sont exposés une centaine d'herbes médicinales et d'épices utilisées autrefois. Le musée comprend une salle emplie d'animaux empaillés, dont on ne comprend pas très bien l'utilité.

Musée des Arts et Traditions populaires de Syrie. Il se trouve dans le palais Azem. Les pièces exposées ne sont pas aussi impressionnantes que le nom du musée, mais elles donnent une idée de la Syrie d'autrefois. Les explications, rédigées en français, sont difficilement lisibles.

Ce type de mise en scène, utilisant des mannequins revêtus de vêtements et costumes traditionnels, semble être très appréciée dans les musées du Proche-Orient, et vous en verrez souvent en Syrie.

Musée de l'Épigraphie arabe. Pour la plupart des visiteurs, l'extérieur du bâtiment aura probablement plus d'attrait que son contenu.

La petite exposition de calligraphie attirera ceux qui ont pour ce sujet un intérêt particulier, mais elle est assez succincte. Le musée est à environ 20 mètres du mausolée de Saladin. Datant du XVe siècle, cette ancienne madrassa al-Jaqmaqiyya est ouverte de 9h à 14h tous les jours, sauf le mardi. L'entrée est de 100 £S.

Foire internationale de Damas

Cette exposition commerciale a lieu tous les ans, les deux premières semaines de septembre. Elle présente peu d'intérêt pour les touristes, mais il y a souvent à cette époque des manifestations culturelles organisées par certains des pays participants. Consultez le *Syria Times* pour en connaître le programme.

Mausolée Saida Zeinab

Ce très beau mausolée dédié à l'une des petites-filles de Mahomet et situé dans la banlieue sud de Damas, est un lieu de pèlerinage pour les chiites, qui viennent en grand nombre d'Iran pour le visiter. Assez excentré du centre-ville, il mérite un détour. Mieux vaut prendre un taxi qu'un minibus. La course ne doit pas dépasser les 85 £S si le compteur est en panne.

ACTIVITÉS CULTURELLES ET SPORTIVES

Natation

On peut nager dans la piscine de certains grands hôtels, sans être client, mais ce n'est pas vraiment bon marché. Au Méridien, par exemple, vous paierez 500 £S la journée. Sinon, vous pouvez aller dans l'une des piscines publiques qui ne sont ouvertes qu'en été. L'entrée coûte environ 60 £S. La plus facile d'accès se trouve au stade Tichrin, au sud des gares routières et des stations de taxis.

Cours de langues

Il est possible de s'inscrire à un cours d'arabe à Damas. Pour être sûr d'obtenir un permis de séjour, il est conseillé de s'inscrire à l'Institut français des études arabes, ou IFEAD (☎ 3330214) qui dispose par ailleurs d'une très belle bibliothèque. L'Institut d'enseignement de l'arabe pour les étrangers (☎ 3722328) pourra également vous accueillir.

OÙ SE LOGER

Où se loger – petits budgets

Damas compte un grand nombre d'hôtels bon marché, regroupés pour la plupart autour de la place des Martyrs, mais il n'est pas toujours facile d'y trouver une place. Ces établissements font souvent office de maisons de passe et, selon les cas, renvoient les étrangers qui veulent seulement dormir ou leur proposent un lit… avec certains suppléments. Parfois, ils accordent un lit et demandent un prix plus élevé le lendemain.

Nombre d'entre eux sont depuis peu payables en dollars américains lorsque le client est étranger. Au *Najmet al-Shark* (☎ 2218809), juste au sud-ouest de la place des Martyrs, la simple/double est ainsi passée à 15/22 $US, un tarif excessif au regard de la chambre assez misérable. Le *Barada Hotel* (☎ 2212546), dans Said al-Jabri, n'échappe pas à la règle avec la simple/double sans s.d.b. à 12/20 $US.

Même si cela paraît moins répandu qu'il y a quelques années, on trouve encore par ailleurs des hôtels qui semblent en permanence réservés aux Iraniens qui viennent en pèlerinage au mausolée chiite consacré à Saida Zeinab. La pénurie de chambres d'hôtel est particulièrement cruelle à l'époque du *hajj*, car de nombreux Turcs s'arrêtent sur le chemin de La Mecque. Essayez d'arriver le matin avant que les hôtels ne se remplissent ou réservez par téléphone.

La palme du meilleur hôtel bon marché revient au *Al-Haramain* (☎ 2229487). Situé dans une ruelle perpendiculaire à l'avenue Choukri Kouwatli, il réside dans un quartier (encore préservé des bulldozers) dont les vieilles demeures, les rues pavées, les échoppes de tailleurs, de barbiers ainsi que les treilles laissent imaginer ce que pouvait être Damas il y a cinquante ans. A deux pas des principaux centres d'intérêt, il allie le charme d'une maison du XVIIe siècle, le calme, un accueil des plus courtois, une ambiance estudiantine et une relative propreté. La simple/double coûte 200/325 £S. Les douches au sous-sol sont toutes carrelées et irréprochables. Demandez si possible les chambres dans les étages, celles du rez-de-chaussée profitent en effet des discussions tardives.

Ancienne demeure bourgeoise datant du XVIIe siècle, le *Al-Rabie* (☎ 2218373) est à un jet de pierre du Al-Haramain, en remontant la ruelle. Toutefois, la propreté de l'endroit laisse vraiment à désirer. C'est dommage, car la vaste cour intérieure avec sa petite fontaine centrale, ses peintures murales aux couleurs certes un peu passées et ses larges fauteuils est un véritable havre de paix. Prenez de préférence les trois chambres (n°1, 2 ou 3) ouvrant sur la cour et évitez celles qui donnent dans l'arrière-cour, véritable cages à lapins. La porte de la douche a un petit trou que vous prendrez soin d'obstruer afin d'éviter les éventuels regards indiscrets. Les prix pour une chambre simple/double vont de 250/375 £S (sans s.d.b.) à 200/425 £S (avec s.d.b.).

Dans la rue qui jouxte la gare ferroviaire Hejaz, au dernier étage d'un immeuble, l'*Oasis Hotel*, ou Al-Waha en arabe (☎ 227724), est un endroit sûr, relativement correct au regard des autres établissements de sa catégorie. Ses employés sont plutôt serviables. Un lit dans une simple/double avec ventilateur et s.d.b. revient à 400 £S. Comptez 500 £S si la chambre dispose d'une douche.

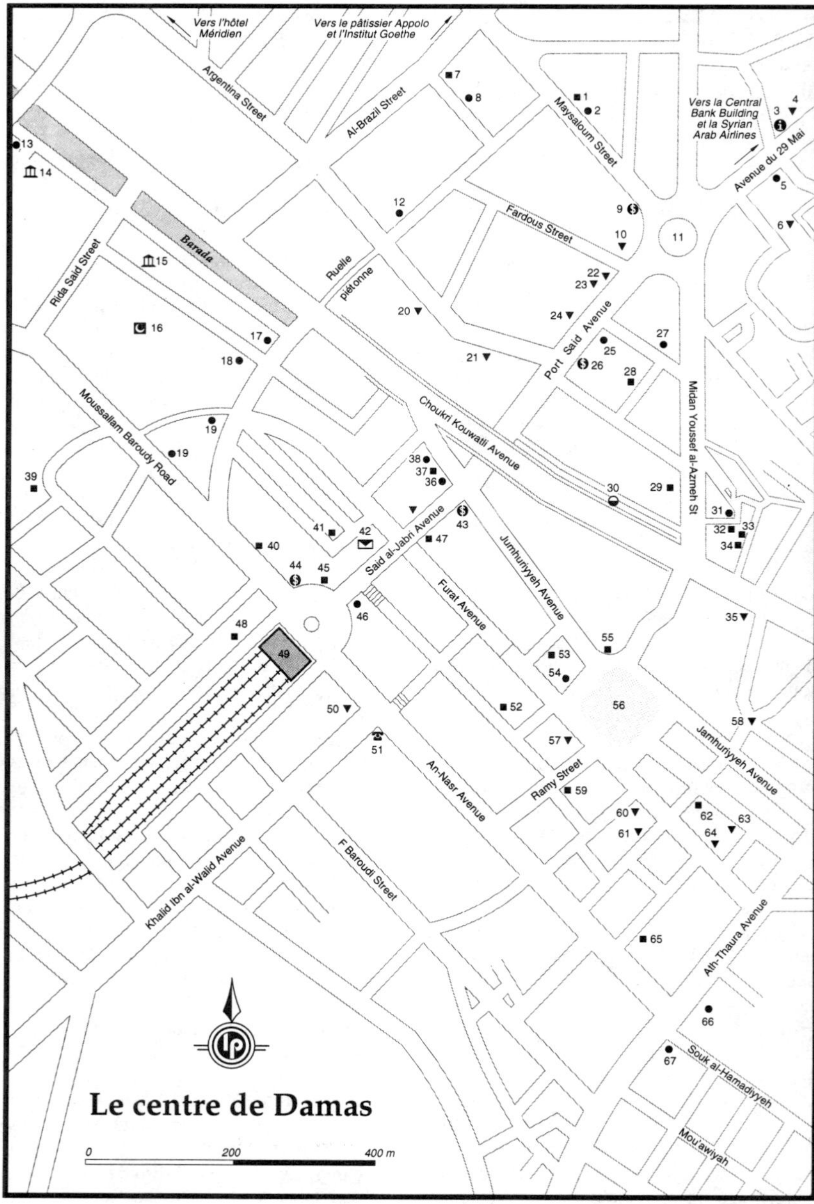
Vers l'hôtel Méridien
Vers le pâtissier Appolo et l'Institut Goethe
Argentina Street
Al-Brazil Street
Maysaloum Street
Vers la Central Bank Building et la Syrian Arab Airlines
Avenue du 29 Mai
Fardous Street
Barada
Rida Said Street
Ruelle piétonne
Port Said Avenue
Midan Youssef al-Azmeh St
Moussallam Baroudy Road
Choukri Kouwatli Avenue
Said al-Jabri Avenue
Jumhuriyyeh Avenue
Furat Avenue
An-Nasr Avenue
Ramy Street
Jamhuriyyeh Avenue
Khalid Ibn al-Walid Avenue
F Baroudi Street
Ath-Thaura Avenue
Souk al-Hamadiyyeh
Mou'awiyah
Le centre de Damas
0
200
400 m

SYRIE

L'*Hotel Said*, à deux pas de la place des Martyrs, est un peu moins cher. Ses chambres possèdent un ventilateur et un balcon. Elles coûtent 300/475 £S. Dans le même registre des hôtels sans prétention à choisir en dernier ressort, citons le *Syrian Grand Hotel* (375 £S que vous soyez seul ou deux) et le *Ziad Big Hotel* au même tarif.

Camping. Si vous tenez vraiment à planter la tente sur un terrain agréé, le *Damascus Camping* (numéro de téléphone en cours de changement à l'heure où nous mettons sous presse), à 4 km à l'extérieur de la ville sur la route d'Homs, facture 200 £S par personne et par jour. Il est équipé de toilettes, de douches et d'installations pour faire la cuisine. Il n'est pas très économique, surtout quand il faut rajouter le prix d'un taxi jusqu'en ville et celui du retour (à moins de se déplacer en stop).

Où se loger – catégorie moyenne

Les établissements de cette catégorie pratiquent en général des prix très supérieurs pour une qualité guère meilleure. Vous aurez de la chance, même en marchandant, si vous réussissez à payer moins de 20 $US pour une simple.

L'un des meilleurs établissements est le *Salam Hotel* (☎ 2216674), extrêmement bien placé, à mi-chemin entre les principales gares routières et la place des Martyrs. Blotti dans une petite rue juste derrière la mosquée Takiyyeh as-Sulaymaniyyeh, il vient d'être

OÙ SE LOGER

1 Cham Palace Hotel
7 Omayad Hotel
28 Alaa Tower Hotel, branche 1
29 Damas International Hotel
32 Alaa Tower Hotel, branche 2
33 Al-Rabie
34 Al-Haramain
37 Semiramis Hotel
39 Salam Hotel
40 Sultan Hotel
41 Afamia Hotel
45 Orient Palace Hotel
47 Barada Hotel
48 Oasis Hotel
52 Najmet al-Shark
53 Al Faradis Hotel
55 Omar al-Khayyam Hotel
59 Ziad Big Hotel
62 Hotel Said
65 Syrian Grand Hotel

OÙ SE RESTAURER

4 Al-Kamal Restaurant
6 Club des travailleurs
10 Ali Baba Restaurant
20 Al-Nadwa
21 Café
22 Ahl-Baha
23 Abou Kamal
24 Restaurant
35 Marché aux légumes et aux fruits
50 Café en plein air
57 Pâtisseries
58 Marché aux légumes, aux fruits et aux oiseaux
60 Al-Arabi Restaurant
61 Ghassan Restaurant
63 Restaurant Al-Awami
64 Sahlou Restaurant

DIVERS

2 Librairie Universelle
3 Office du tourisme
5 Cinéma des Ambassadeurs
8 Librairie Avicenne
9 Banque commerciale de Syrie (espèces et chèques)
11 Monument aux Paysans
12 Bureau American Express
13 Gares routières
14 Musée national
15 Musée de l'Armée
16 Mosquée Takiyyeh as-Sulaymaniyyeh
17 Ministère du Tourisme
18 Souk des artisans
19 Gare routière de Beyrouth
25 Karnak Tours
26 Banque commerciale de Syrie (espèces seulement)
27 Librairie Avicenne
30 Bus pour l'aéroport
31 Centre culturel français
36 Agence Air France
38 Librairie Chachati
42 Poste
43 Banque commerciale de Syrie (espèces et chèques)
44 Bureau de change (espèces et chèques)
46 Syrian Arab Airlines (vols internationaux seulement)
49 Gare ferroviaire Hejaz
51 Centre téléphonique
54 Bureau de change (espèces et chèques)
56 Place des Martyrs ou Merjah
66 Citadelle
67 Souk al-Hamadiyyeh

entièrement rénové. Les chambres avec TV, réfrigérateur et s.d.b. offrent le confort que l'on peut attendre d'un hôtel de ce type, avec en sus une certaine recherche dans la décoration qui donne une atmosphère intimiste. Les prix étaient en cours de changement lors de notre passage. La simple/double nous a été proposée à 20/24 $US. Il est à craindre que les prix augmentent.

A cent mètres du Salam Hotel, dans Mousallam Baroudy Rd, en allant vers la gare Hejaz à deux pas, le *Sultan Hotel* (☎ 2225768 et 2216910) est l'hôtel "des archéologues". Il fut un temps le meilleur établissement de Damas, mais son propriétaire n'a guère fait d'efforts pour améliorer les chambres. C'est dommage car l'accueil (en français, en anglais, en allemand et en polonais) est des plus charmants. Le prix de la simple s'élève à 22/25/27 $US selon la situation de la chambre et celui de la double à 28/30/33 $US, petit déjeuner compris. Demandez les chambres du dernier étage ou sur cour (même si ces dernières sont sombres), le vacarme de la rue est infernal.

Si l'*Orient Palace Hotel* (☎ 2211510 et 2220502 ; fax 2211512), en face de la gare Hejaz, a gardé son charme de l'époque du mandat français, l'immense hall et les chambres spacieuses auraient besoin d'un bon toilettage. Là encore, évitez les chambres donnant sur la rue. La simple/double revient à 30/38 $US, petit déjeuner compris.

Juste derrière la poste, l'*Afamia Hotel* (☎ 2229152) propose des chambres avec s.d.b. dont le seul atout est leur clarté. Comptez 20 $US pour une personne, 22 $US pour deux. Le *Damas International Hotel* (☎ 221 3400), plus proche de la place des Martyrs, n'a vraiment rien de particulier, si ce n'est ses prix vraiment excessifs pour des chambres qui demanderaient bien à être rénovées. Comptez 55/70 $US la simple/double (taxe de 10% en supplément). Sur la place des Martyrs, l'*Omar al-Khayyam Hotel* (☎ 222 0325) est surfait et cher à 57/74 $US.

La chaîne des *Alaa Tower Hotel* compte plusieurs établissements d'un bon rapport qualité-prix en centre-ville. Celui qui se trouve en face du Centre culturel français (☎ 2231692 et 2243082) est payable en livres syriennes. Il facture à 2 200 £S une chambre équipée de TV et d'un réfrigérateur, que vous soyez seul ou accompagné. A proximité, le *Alaa Tower Hotel,* branche 2 (☎ 2223251 et 2231895), propose des chambres plus agréables, mais plus petites. Vous devrez débourser 26/ 44 $US, petit déjeuner compris, pour une simple/double.

Le *Al Faradis Hotel* (☎ 2246546 et 2219892 ; fax 2247009), plus proche de la catégorie supérieure, est dans une petite rue à l'ouest de la place des Martyrs. Ses chambres correctes sont à 71/89 $US.

Où se loger – catégorie supérieure

Les plus fortunés descendront à l'hôtel *Méridien* (☎ 3718730 et 2229200 ; fax 37186661), situé sur la rive nord du Barada, à environ 15 mn à pied du centre, au nord-ouest. Le prix des simples/doubles commence à 205/240 $US en basse saison et passe à 220/ 260 $US en été. Dans Jumhuriyyeh Avenue, le *Semiramis Hotel* (☎ 2120225 et 2213813 ; fax 2216797), encore plus central, joue également dans la cour des grands, même si sa façade refaite de neuf n'est pas du meilleur goût. Ses prix à partir de 200 $US la simple et 220 $US la double, sont proportionnels à la taille et au luxe de la chambre.

Le *Sheraton* (☎ 3229300) est bien placé près de la rivière, à 1 km à l'ouest sur Choukir Kouattli Avenue. Il est un peu plus cher : 205/240 $US en basse saison et 220/260 $US, de mai à fin septembre, la simple/double majorée d'une taxe de 10%. Dans le hall, on peut se tenir informé de l'actualité en consultant les téléscripteurs d'agences de presse.

Le *Cham Palace Hotel* (☎ 2232300 et 2232320 ; fax 2212398), qui appartient à une chaîne d'établissements de luxe, est l'un des mieux situés. Il se trouve juste à l'ouest du Monument aux Paysans, rue Maysaloum. Le prix des chambres simples/doubles démarre à 150/ 160 $US, avec un supplément de 10% de taxe.

L'hôtel *Jala'a & Techrine*, très éloigné du centre et de taille plus modeste, propose des simples/doubles à 90/110 $US. Sur la route de l'aéroport, l'*Ebla Cham* possède des chambres simples dont le prix va de 225 $US à 4 400 $US pour une chambre "présidentielle"!

Plus intimiste, l'*Omayad Hotel* (☎ 2217700 et 2235500 ; fax 411600), rue Al-Brazil, est tout aussi bien placé que le Cham Palace Hotel, mais certes beaucoup moins tape-à-l'œil et moins luxueux. En contrepartie, les prix y sont plus doux et vont de 155 $US la simple à 171 $US la double.

OÙ SE RESTAURER

Petits budgets

Les restaurants bon marché se trouvent presque tous autour de la place des Martyrs. Un peu partout, des échoppes et des restaurants vendent les sempiternels kebabs, poulets, shawarmas et felafels.

Un restaurant plein est plutôt bon signe. L'un des noms à retenir dans cette catégorie est l'*Al-Arabi*, un peu à l'écart de la place en direction de la citadelle. Il sert toutes sortes de plats de viandes et de légumes (dont les fameux testicules d'agneau !). Un repas copieux ne coûte pas plus de 170 £S, et les roboratifs plats de légumes sont encore moins chers. Les menus sont écrits en anglais et vous pouvez demander des plats à emporter.

Non loin de là, le *Ghassan Restaurant* sert un excellent plat de poulet. Un repas copieux agrémenté d'houmous, de salade, de pain et d'une boisson revient environ à 140 £S.

Installé dans une rue perpendiculaire à Port Said Avenue, le restaurant *Al-Nadwa*, avec sa grande terrasse couverte, est également très populaire : le potage est à 17 £S et le kebab à 50 £S.

Mais c'est au restaurant du *Club des travailleurs*, aménagé dans une vieille demeure damascène située derrière le cinéma des Ambassadeurs, que vous trouverez non seulement une ambiance mais un repas digne de ce nom avec des mezze à 25 £S. Ouvert tous les jours de 17h à 24h, sauf le vendredi, il offre aux beaux jours, sa grande cour intérieure dallée de marbres et ponctuée d'une fontaine cernée de tables.

Dans la vieille ville, le *Al Ezz Restaurant*, dans la ruelle à gauche avant d'atteindre la mosquée des Omeyyades, est tout aussi délicieux. Au rez-de-chaussée, on consomme des pizzas. A l'étage, on déguste une cuisine plus élaborée et à se damner sans se sacrifier, l'addition ne dépassant guère en moyenne les 150 £S. La petite échoppe, qui se trouve presque en face de la mosquée al-Fathyyeh dans la vieille ville, prépare des felafels tout simplement délicieux à 10 £S seulement.

Dans toute la ville, vous trouverez des étals où l'on sert d'excellents jus de fruits. Vous ne pouvez pas les rater, car ils sont décorés de filets de fruits suspendus. Les jus les plus courants sont extraits de la pomme, de l'orange, de la banane et de la grenade ; ils coûtent entre 50 et 100 £S. Le petit éventaire de Maysaloun St, situé bien après le Cham Palace Hotel sur l'autre trottoir, sert des jus tout à fait exquis.

Dans l'avenue An-Nasr, entre la gare Hejaz et le centre téléphonique, on trouvera deux boutiques à shawarmas et un café doté d'une immense terrasse où l'on sert du thé, du café et où l'on peut fumer le narghileh.

Si vous êtes friand de glaces, les meilleures sont vendues chez *Bakdach* dans le souk al-Hamadiyyeh. En chemin, vous passerez devant un ou deux "imitateurs" (sur la droite en allant vers la mosquée des Omeyyades), mais attendez d'être arrivé au bon stand. Le matin, vous pourrez voir et entendre les pileurs de glace. Une coupe de glace ou un *sahlab* (sorte de crème sucrée), garni de pistaches, coûte 25 £S. Ils ne servent rien d'autre, mais c'est délicieux. Les femmes et les familles disposent d'une salle réservée à leur intention et d'une cour ombragée très agréable.

Le pâtissier *Appolo* dans Maysaloum St est très fréquenté par la bourgeoisie locale qui vient y acheter des gâteaux et déguster les glaces.

Vous ne pourrez quitter Damas sans avoir pris un café ou un thé à la terrasse du *Café Nao Fara*, rue Al-Nao Fara, derrière la grande mosquée des Omeyyades. C'est l'un des plus anciens et des plus pittoresques cafés de la ville (celui qui est juste à gauche en remontant les escaliers l'est aussi). Entre 19h ou 19h30 et 20h30, un conteur livre des fables que vous ne comprendrez certainement pas, mais dont la douce mélopée vous rendra tout à fait songeur.

Catégorie moyenne

A Damas, un bon repas coûte en moyenne de 250 à 300 £S. Une myriade de restaurants se côtoient dans l'avenue du 29 Mai. L'*Al-Kamal Restaurant*, près de l'office du tourisme, propose des spécialités syriennes comme une délicieuse salade au thym

Dans un registre identique, le *Ahl-Baha* avec son décor oriental propose une cuisine simple et sans grande prétention. Le restaurant *Abou Kamal*, situé dans la même galerie marchande, est moins touristique et affiche par conséquent des prix meilleur marché. Comptez 180 £S pour un repas. Ouvert de 19h à 4h, il est très fréquenté par les hommes d'affaires des pays du Golfe. De son premier étage, vous aurez une vue directe sur Port Said Avenue et sa foule.

Installé dans le sous-sol voûté d'une ancienne teinturerie de la vieille ville, l'*Omeyyad Palace* (☎ 2220826) est un restaurant où l'on vient pour sa décoration des mille et une nuits, et sa formule buffet à 350 £S au déjeuner et 700 £S au dîner, boissons comprises. Le soir, à partir de 21h30, un spectacle de derviches tourneurs est donné et, pour le déjeuner, vous aurez droit à un concert de musique orientale classique.

Tout nouveau tout beau, le *Mille et une nuits Restaurant*, dans le quartier de Kaymareya, propose une qualité de service identique et un cadre tout aussi plaisant. Logé dans une ancienne maison du XVe siècle de la vieille ville, il est malheureusement de plus en plus investi par des groupes entiers de touristes, ce qui tue parfois l'intimité du lieu.

Tous les grands hôtels de la ville possèdent leur propre restaurant, voire même disposent, comme Le Méridien, de plusieurs types de restaurants.

S'il ne devait y avoir qu'un seul endroit où vous devriez aller au moins une fois et si vous budget vous le permet, c'est à l'*Etoile d'Or* du Cham Palace Hotel que vous dînereiz. Sa salle panoramique, aménagée au dernier étage d'une tour qui tourne sur elle-même, offre une vue à couper le souffle sur le mont Qassium brillant le soir de mille et une lumières argentées et dorées. Les raviolis y sont particulièrement bons et l'addition (à partir de 300 £S par personne) relativement digeste pour la cuisine concoctée.

COMMENT S'Y RENDRE

Avion

Vols internationaux. Presque toutes les agences de voyages et bureaux de compagnies aériennes internationales sont situés dans la rue Fardous ou à proximité. C'est une petite rue qui prend à gauche dans Port Said Avenue, juste avant le Monument aux Paysans. Souvenez-vous que l'achat d'un billet d'avion vous oblige à changer de l'argent à un "taux d'aviation" artificiellement bas.

Pour plus de détails sur les vols internationaux pour Damas, consultez le chapitre *Comment s'y rendre* de la Syrie.

Certains voyageurs nous ont signalé avoir été soumis à des fouilles répétées par des fonctionnaires en civil fort peu aimables, avant d'embarquer dans l'avion à Damas. Il semble néanmoins qu'elles soient devenues rares. En revanche, ne vous séparez pas de votre carte jaune remplie et tamponnée lors de votre entrée sur le territoire, elle vous sera demandée. En cas d'oubli ou de perte, ne soyez pas surpris que l'on vous réclame 100 £S. Soyez patient et tout rentrera dans l'ordre.

Vols intérieurs. Pour obtenir des renseignements et des billets sur des vols intérieurs, vous pouvez vous rendre au bureau de la Syrian Arab Airlines, qui se trouve près du Central Bank Building, sur la place Saahat as-Sabe, au bout de l'avenue du 29 Mai. Ses heures d'ouverture sont de 8h à 19h sans interruption, du samedi au jeudi, avec une fermeture à 20h en été. Les autres agences de la Syrian Arab Airlines que vous verrez un peu partout s'occupent essentiellement des vols internationaux. Si elles renseignent sur les horaires des vols intérieurs, elles ne font pas de réservations.

La Syrian Arab Airlines affrète un ou deux vols quotidiens à destination d'Alep pour 600 £S ; trois vols par semaine, les samedi, mardi et jeudi, vers Qamishle pour 902 £S ; un vol chaque mercredi pour Deir ez-Zur à 902 £S et un vol le vendredi pour Lattaquié à 502 £S.

Bus

Bus Karnak. Le bureau et la gare routière Karnak sont à environ dix minutes de marche à pied du Musée national. Cette gare a perdu de son trafic et ressemble désormais davantage à une vaste esplanade à moitié vide. Les fréquences ont diminué et certaines villes, autrefois desservies, ne le sont plus.

Les bus relient Damas aux principales villes du pays. Tous les jours, un bus part pour Palmyre (Tadmor pour les Syriens) à 7h (90 £S). Les départs à destination d'Alep sont à 7h et 14h (5 heures, 100 £S), ceux pour Suweida à 15h (2 heures, 30 £S) et pour Der'a à 13h (1 heure 30, 30 £S). Homs est relié par les bus de 7h, de 8h30 et de 15h30 (2 heures, 50 £S). Hama ne l'est qu'une seule fois à 7h30 (2 heures 30, 60 £S). Enfin, Lattaquié est desservie par les bus de 8h et 15h (5 heures, 90 £S) et Tartous par celui de 8h30 (3 heures 30, 75 £S).

D'autres bus se rendent également en Turquie, au Liban, en Jordanie et dans les États du Golfe (tous ne sont pas des bus Karnak). Il est impératif de réserver au moins un jour à l'avance. Toutefois, il est préférable, au regard de l'état des bus, de choisir de meilleures compagnies bien plus confortables. Pour les trouver, allez à la gare routière "garage Beyrouth Adine" ou à celle située sous du pont Hafez el-Assad. Le règlement se fait en livres syriennes.

Une compagnie saoudienne, Aman, effectue un service quotidien pour Riyad (24 heures, 2 000 £S), qui passe aussi à Jeddah. Il existe parfois des départs pour le Koweït. On vous demandera de présenter votre visa pour l'Arabie Saoudite et il peut être intéressant d'avoir à l'avance un visa de transit pour la Jordanie.

Bus de la gare routière "garage Beyrouth Adine". De nombreuses compagnies privées ont installé leurs agences dans la gare routière "garage Beyrouth Adine", située juste au-dessus du souk des artisans. C'est le cas de l'agence NTN réputée comme l'une des meilleures et des plus sûres du pays. Ces compagnies desservent les principales localités du pays, selon des destinations et des tarifs différents.

A peine aurez-vous mis un pied dans la gare que vous serez interpellé pour aller à Alep, à Tadmor, à Lattaquié... Dans ce brouhaha, peut-être aurez-vous du mal à faire un choix. Prenez tout votre temps et faites des comparaisons autant que possible, car la grande majorité des panneaux sont écrits en arabe. En fait, vous aurez toujours quelqu'un prêt à vous guider... vers sa propre compagnie. Les prix sont supérieurs à ceux pratiqués par Karnak.

Voici un échantillon des tarifs au départ de Damas : Alep, 150 £S ; Homs, 100 £S ; Palmyre, 150 £S ; Bosra, 45 £S ; Hama, 90 £S ; Lattaquié, 165 £S ; Deir ez-Zur, 185 £S et Raqqa, 210 £S. Consultez le chapitre *Comment circuler* de la Syrie pour plus de détails.

Chaque jour, Le Caire est relié par un bus en 24 heures et pour 2 500 £S. Plusieurs sociétés desservent Istanbul. Le trajet dure 28 heures et le billet coûte 1 700 £S. La liaison Damas-Beyrouth, distante seulement de deux à trois heures de route, est assurée par de nombreux bus. Le prix du billet ne doit pas excéder 200 £S. De même, le trajet jusqu'à Amman se fait en 6 ou 7 heures de bus et vous vous acquitterez au maximum de 320 £S.

Bus de la gare routière principale. Située sous le pont Hafez el-Assad, la gare routière principale se divise en deux. A droite en tournant le dos au fleuve Barada, se tiennent les bureaux et les stations de bus de compagnies, comme celles de Damas Tour et Nahass Tour dont la réputation est très bonne. Elles desservent les principales villes syriennes et les pays frontaliers. Leurs prix sont généralement équivalents à ceux pratiqués par les agences de la gare routière Beyrouth Adine. Suweida est reliée plusieurs fois par jour par Damas Tour.

A gauche, toujours en tournant le dos au Barada, se trouve la gare routière des minibus qui desservent la ville.

Train

La gare Hejaz est en plein centre-ville. C'est un vieux bâtiment impressionnant au plafond décoré de motifs complexes. Sachez cependant que la plupart des trains partent en réalité de la gare Khaddam, à environ 5 km, que l'on atteint plus facilement en taxi. Les trains sont peu nombreux et beaucoup moins rapides que les bus. Ils se rendent quotidiennement à Homs, Hama, Alep, Raqqa, Deir ez-Zur, Hassake, Qamishle, Tartous et Lattaquié. Le voyage pour Qamishle peut prendre 16 heures ou plus.

Les seuls trains à partir de la gare Hejaz sont les suivants : un départ hebdomadaire, le dimanche, pour Der'a (3 heures, 30 £S) et un départ quotidien pour le site montagnard de Zabadani. Pour plus de détails, voir plus loin la rubrique *Zabadani*.

Le train présent un inconvénient : la gare est souvent implantée dans les faubourgs des villes et que l'on passe parfois un temps fou à regagner le centre. Voici quelques-unes des destinations possibles :

Vers	couchette	1re cl.	2e cl.
Homs		47 £S	32 £S
Hama		57 £S	40 £S
Alep	325 £S	85 £S	57 £S
Deir ez-Zur	500 £S	153 £S	103 £S
Qamishle	750 £S	340 £S	175 £S
Lattaquié		70 £S	40 £S

Taxis-service. Il existe une station près de la gare routière Karnak. Les taxis partent jour et nuit pour Amman (5 heures, 382 £S) et Beyrouth (3 heures, 350 £S). Les prix sont affichés et ne se discutent pas.

Location de voitures

La société Europcar (☎ 2120624, 2120625 et 2121737) possède des bureaux dans la plupart des grands hôtels. Budget (☎ 2122220 et 2126964) s'est également implanté à Damas, à Baramkeh St et à al Bizm St dans le quartier de Malki. Pour des précisions sur les choix (limités) de location, consultez le chapitre *Comment circuler* de la Syrie. Toutes deux ont un bureau à l'aéroport.

Au Cham Palace Hotel, on peut également louer une voiture avec la garantie d'obtenir un véhicule en bon état. Les conditions de prix comme d'assurance sont identiques à celles pratiquées par Europcar et par Budget. La Limousine fait partie du choix.

Depuis deux ans, les compagnies de location ont fleuri dans la capitale. Parmi elles, citons Marmou (☎ 3335959 et 2219257), Alburaq (☎ 2231350), Ugarit, installé sous le viaduc de l'avenue Choukri Kouattli, ou Afaaq. Certaines agences de bus se sont, elles aussi, lancées dans la location de véhicules. Leurs tarifs ne sont pas intéressants et les assurances ne vous couvriront guère, voire pas du tout en cas d'accident, même si vous n'êtes pas en tort. Par ailleurs, les véhicules n'offrent bien souvent pas toutes les garanties de sécurité.

COMMENT CIRCULER

Desserte de l'aéroport

L'aéroport international de Damas se trouve à 35 km au sud-est de la ville. Les bus locaux partent toutes les demi-heures à côté du viaduc de l'avenue Choukri Kouattli, de 5h30 à 24h. Le trajet coûte 10 £S et dure 45 minutes. La course en taxi ne doit pas dépasser les 400 £S. Bien que les chauffeurs demandent toujours au premier abord 600 £S, ils baisseront rapidement leur prix si vous insistez. De l'aéroport, la négociation sera plus rude, le tarif de 20 $US étant affiché sur des panneaux dès votre sortie de la douane. A gauche en sortant, les bus locaux assurent le trajet pour 10 £S !

Bus

Damas possède un bon réseau de minibus blancs, mais le centre est si compact que vous les emprunterez rarement. Le ticket coûte entre 3 et 5 £S, selon la destination. Vous payez seulement au bout de quelques instants et vous trouverez toujours un passager qui ramasse l'argent et le donne au chauffeur. Le terminal est situé en tournant le dos au Barada, à droite de la gare routière principale. Les minibus ne comportent aucune indication en caractères latins pouvant vous aider, mais demandez, on vous guidera. Dans la ville, les bus s'arrêtent à la demande.

Taxis

Tous jaunes, les taxis se comptent par centaines. Ils sont très bon marché, mais vérifiez bien que le chauffeur met son compteur en route. Une course en ville ne doit pas dépasser 25 £S.

Environs de Damas

MAALULA ET SEDNAYA

Niché dans une étroite vallée, sur les contreforts des monts de l'Anti-Liban, Maalula est un petit village plus attrayant que les autres villages syriens – aux habitations de béton gris et triste – car ses maisons accrochées à la falaise sont, pour la plupart encore, recouvertes d'un lait de chaux teinté de jaune, de bleu ou de mauve.

Mis à part quelques musulmans, ses habitants sont, pour moitié égale, des melkites orthodoxes (chrétiens de rite byzantin et de langue arabophone) et des melkites catholiques. Dans les écoles du village, on enseigne l'araméen que les enfants apprennent dès leur plus jeune âge. Ce dialecte, qui date du Ier millénaire av. J.-C., est la langue que parlait Jésus. La prière du Seigneur et le livre de Daniel, dans l'Ancien Testament, furent écrits à l'origine en araméen. Il est encore parlé dans de nombreuses localités voisines. Le dimanche, on vient en famille à la messe et l'on se pare de ses plus beaux habits. Il flotte alors dans le village un air de fête qu'il serait dommage de rater.

Blotti contre la falaise, le couvent de Sainte-Thècle domine la place où aboutissent tous les bus. Il suffit de monter quelques marches et vous voilà dans l'un des lieux saints les plus visités en Orient.

Construite en pierres blanches, sa bâtisse datant du XVIe siècle n'offre guère intérêt en elle-même. Mais peut-être aurez-vous la chance d'assister à un office et de pénétrer alors dans l'église somptueuse. Dans les rochers avoisinants, vous apercevrez des cavités qui servaient de centres de retraite aux religieuses il n'y a pas si longtemps.

Après avoir dépassé l'église, des marches conduisent aux tombeaux de Sainte-Thècle, baptisée par saint Paul. Les 7, 14 et 24 septembre sont jours de commémoration et de pèlerinage qui donnent toujours lieu à de très belles cérémonies.

En descendant les marches du couvent, sur la droite, vous emprunterez le chemin qui s'engouffre dans une étroite fissure, creusée dans le rocher par les eaux. Il mène à l'église de Saint-Serge et Saint- Bacchus (officiers de l'armée romaine martyrisés par l'empereur Maximilien). Elle est l'une des plus vieilles églises au monde encore debout (entre 313 et 325). Le père Faïz, qui parle le français, vous racontera son histoire et celle du village si Nada, le guide, est absente. De 9h30 à 13h30, les mardi, mercredi et dimanche, cette jeune femme polyglotte fait une petite conférence qu'elle termine toujours par une prière en araméen. L'église ferme ses portes entre 13h30 et 15h/15h30. L'entrée est gratuite, mais libre à vous de donner une petite obole. La traversée du défilé et l'arrivée sur le plateau est une belle balade. Le 7 octobre, on célèbre dans l'église la Saint-Serge et la Saint-Bacchus.

Le couvent patriarcal orthodoxe de Notre-Dame de Sednaya, situé à une vingtaine de kilomètres au nord de Damas et au sud de Maalula, est au second rang des sanctuaires sacrés après Jérusalem. Construit à flanc de montagne, il fait l'objet de nombreux pèlerinages pour des milliers de chrétiens qui affluent le dimanche et le 8 septembre, fête de la nativité de la Sainte Vierge. Dépendant directement du patriarcat d'Antioche dont le siège est à Damas, il compte une cinquantaine de religieuses et possède des propriétés immobilières en Syrie et au Liban. Dans le couvent se trouve l'icône de la Sainte Vierge, l'une des quatre images peintes par saint Luc.

Renseignements

Le code téléphonique de Maalula est le 12.

Où se loger et se restaurer

Il est facile de se rendre dans la journée à Maalula depuis Damas et l'on a du mal à imaginer que vous serez nombreux à vouloir dépenser une fortune dans cet endroit pour loger dans un hôtel de luxe. Quoi qu'il en soit, le *Safir Hotel* (☎ 770250), qui domine le village de sa grande carcasse de béton jaune, offre un hébergement quatre-étoiles à 105/120 $US pour une simple/ double. Vous y trouverez un bar, une piscine et un restaurant avec une formule buffet, le dimanche, à 500 £S.

A l'arrêt des bus en provenance de Damas, juste au pied du couvent de Sainte-Thècle, se tient une épicerie ouverte tous les jours jusqu'à 20h. En descendant la rue, à quelques pas de là, à gauche, se trouve un restaurant aux larges baies vitrées et où l'on peut se restaurer très correctement pour 100 £S. Il est possible de passer la nuit au couvent.

A Seydanya, vous n'aurez aucun problème pour trouver une épicerie ou un restaurant. On peut dormir au couvent. En contrepartie, vous laisserez un don que vous saurez apprécier en fonction de votre générosité.

Comment s'y rendre

De Damas, allez à la gare routière de Zablatani située au nord de la place des Abbassides. Les départs en minibus sont réguliers, toutes les demi-heures environ. Le billet coûte 12 £S pour un trajet de 45 mn. Le plus simple pour rejoindre la gare routière est de prendre un taxi. La course ne doit pas dépasser les 20 £S.

Il n'existe pas de transport en commun entre Maalula et Seydnaya. Vous pouvez prendre un taxi, que vous paierez 500 £S maximum. Comptez un trajet de 30 mn. La route traverse un paysage montagneux, accidenté et aride, de toute beauté.

Les minibus pour Sednaya partent également de la station de Zablatani dès 7h. Le trajet dure 30 mn et revient à 12 £S.

Pour le retour, du couvent, il vous faut rejoindre la route, à gauche, qui mène à la gare routière d'où partent les minibus pour Damas. Le dernier est à 21h.

ZABADANI, BLOUDAN ET 'AIN AL-FIJEH

Ces trois petites villes sont situées dans la vallée du Barada, qui descend des monts de l'Anti-Liban vers l'oasis Ghouta et Damas.

La campagne est très agréable, mais la principale attraction est le voyage en train (sur une voie à écartement étroit). Les départs quotidiens se font de la vieille gare de Hejaz à 8h. Avec ses trois wagons de couleurs vives et sa locomotive à vapeur, ce train est une véritable antiquité encore en état de marche.

Il atteint péniblement Zabadani en quatre heures après avoir parcouru la cinquantaine de kilomètres qui séparent Damas de cette ville perchée à quelque 1 200 mètres d'altitude.

Pour échapper à la ville, en été, les habitants de Damas s'y précipitent en voiture ou en minibus le vendredi. Ils viennent pique-niquer au bord de la rivière ou investissent les multiples restaurants aux larges terrasses.

Bloudan, à 1 400 mètres d'altitude et à 7 km de Zabadani, est une autre destination de week-end pour les citadins. C'est un endroit que le béton a envahi. Il est sans grand intérêt pour les voyageurs.

Comment s'y rendre

Le train ne fonctionne pas régulièrement en hiver. Le billet coûte 18 £S.

Les minibus partent de la gare routière Baramka qui se trouve en face de la gare routière Karnak. Le voyage dure environ une heure et coûte 20 £S pour Zabadani et 22 £S pour Bloudan.

Le sud de Damas

La région qui s'étend au sud de Damas jusqu'à la frontière jordanienne, distante d'environ 100 km, est une région agricole fertile. A cheval sur la frontière jordano-syrienne, la région du Hauran se caractérise notamment par les roches noires qui servent à la construction des habitations et qui donnent aux localités un étrange aspect.

Dans la plaine du Hauran qui s'étend au pied du Jebel (que les Français dénommèrent le Jebel Druze), le blé constitue, comme sous la Rome, antique l'une des principales richesses de la région. Depuis quelques années, les champs d'oliviers se multiplient, donnant une belle touche vert amande au paysage sans pour autant menacer les vignes et les pommiers qui essaiment les terres volcaniques du Jebel al-Arab. A la fin de l'été, vous verrez probablement dans les faubourgs sud de Damas plus de pastèques à vendre au

bord des routes que dans toute votre vie, et vous n'oublierez pas de déguster les raisins et les pommes de Suweida dont la saveur est inoubliable.

Le plateau du Golan, au sud-ouest, appartenait à l'origine à la Syrie mais il est passé en grande partie aux mains des Israéliens depuis la guerre de 1967. Il reste pour les Syriens le point primordial à régler dans tout processus de paix. Leurs réactions aux diverses négociations concernant les Palestiniens sont en réalité dictées par les chances qu'ils y voient de récupérer le Golan au plus vite.

LE PLATEAU DU GOLAN

C'est un nom que nous avons tous entendu dans les reportages sur le Proche-Orient, mais nous n'avons le plus souvent qu'une vague idée de sa situation et de son importance.

Le plateau du Golan constitue en fait la seule région où Israël et la Syrie ont une frontière commune et, pour cette raison, il est depuis longtemps la scène de confrontations violentes. Au cours de la guerre de 1967, les Israéliens chassèrent les troupes syriennes du Golan et menacèrent même Damas.

Pendant la guerre de 1973, une trêve délicate fut négociée entre Israël et la Syrie par l'entremise du secrétaire d'État américain Henry Kissinger, qui passa presque un mois à faire la navette entre Damas et Jérusalem. Cet accord stipulait que la Syrie regagnait 450 km² passés aux mains des Israéliens pendant la guerre ainsi que quelques petites portions de territoire (qui possédaient une importance symbolique) perdus par la Syrie lors de la guerre des Six-Jours. A cette occasion, une zone tampon démilitarisée, contrôlée par les forces des Nations unies, fut également mise en place. Sa largeur varie de quelques centaines de mètres à deux kilomètres.

En 1981, le gouvernement israélien annexa officiellement une partie du Golan et des colons juifs s'y installèrent. Du point de vue israélien, cette zone sert de protection indispensable contre une éventuelle attaque syrienne.

En septembre 1992, Israël déclara qu'il était disposé à restituer une partie du plateau du Golan en échange d'un accord de paix durable avec la Syrie. A l'heure où nous mettons sous presse, la reprise des négociations est à l'ordre du jour.

Avant de se retirer de la plus grande ville du Golan, Quneitra, les Israéliens évacuèrent les 37 000 habitants arabes et détruisirent systématiquement la ville, retirant tout ce qui pouvait être dévissé, descellé ou déboulonné. De l'équipement électrique aux fenêtres, tout fut vendu à des entreprises privées. Lorsque les bâtiments furent complètement dépouillés, ils furent démolis avec des tracteurs et des bulldozers. On signala même que des tombes avaient été ouvertes et saccagées.

Voilà pourquoi Quneitra ressemble plus à une ville bombardée qu'à autre chose. C'est devenu pour les Syriens un instrument de propagande nationale qui témoigne du comportement sans scrupules des Israéliens, et l'on ressent une impression très étrange à visiter ce lieu. Étant donné que la zone démilitarisée n'est large que de quelques centaines de mètres à cet endroit, on aperçoit de là le drapeau israélien flotter.

Désormais, Quneitra n'est donc plus sous contrôle direct des Nations unies mais administrée par la Syrie et supervisée par les Nations unies. Il est impossible d'y pénétrer sans autorisation. Auparavant, on pouvait obtenir sans problème un laissez-passer des Nations unies. Ce n'est plus le cas aujourd'hui. Inutile par conséquent de perdre votre temps dans les différents bureaux des Nations unies disséminés dans la capitale. Le laissez-passer doit être délivré par le ministère de la Défense. Vous ne l'obtiendrez qu'après avoir déposé votre passeport et rempli un certain nombre de formulaires où l'on vous demandera notamment d'expliquer les raisons de cette excursion, fort peu prisée, comme vous pouvez l'imaginer. L'autorisation peut être délivrée très rapidement ou nécessiter un délai de plusieurs jours. Elle est rarement refusée.

Comment s'y rendre

Des minibus partent d'une station proche de la gare routière Karnak. Le trajet dure 1 heure et coûte 25 £S. Le chauffeur du bus ne vous laissera pas monter sans voir au préalable votre laissez-passer. *A priori*, vous ne serez

SYRIE

pas arrêté à un point de contrôle des Nations unies, mais presque certainement par les militaires syriens qui, si vous êtes en voiture particulière, vous demanderont de prendre un des leurs pour vous guider dans la ville.

SHAHBA

La ville de Shahba se trouve à environ 90 km au sud de Damas. Elle connut son heure de gloire en 244, lorsque l'empereur romain Philippe accéda au pouvoir et la fit reconstruire. Il fut le seul Arabe à gouverner l'Empire romain et son règne ne dura que cinq ans, mais Phillipolis continua à prospérer bien après sa mort.

La rue principale de la ville moderne était autrefois le *cardo maximus*, coupé au centre de la ville par le *decumanus*. Empruntez la **voie romaine** pavée, en partie intacte. Après avoir dépassé quatre colonnes sur la droite, vous apercevrez, sur la gauche, l'**autel** familial, dédié probablement à Julius Martinus, le père de Philippe.

Derrière ce monument bien conservé se profile le **théâtre**, de dimension assez réduite. Vous découvrirez dans la pierre de ses passages voûtés des poissons sculptés qui indiquent la direction que vous devrez emprunter pour accéder aux gradins.

Du théâtre, rejoignez la route principale et traversez. De l'autre côté de la rue, sur la gauche, vous apecevrez les ruines du **nymphée** (bains publics) de la ville et, plus bas, les restes de la **porte** sud de la cité. Sur la droite, en face des bains publics, se tient l'entrée du **musée**.

Construit sur l'emplacement même d'une villa romaine, il possède six mosaïques du IVe siècle qui comptent certainement parmi les plus belles de Syrie. Penchez-vous notamment dans la deuxième salle consacrée à "Orphée", à "La passion d'Aphrodite et d'Ares" et à "Les trois Grâces et les quatres saisons", sans oublier "Bacchus, le roi du Vin", dans la première salle. D'autres mosaïques sont exposées au musée de Suweida, à 16 km au sud.

Le musée de Shahba est ouvert de 8h à 14h tous les jours sauf le mardi. L'entrée est payante : 200 £S.

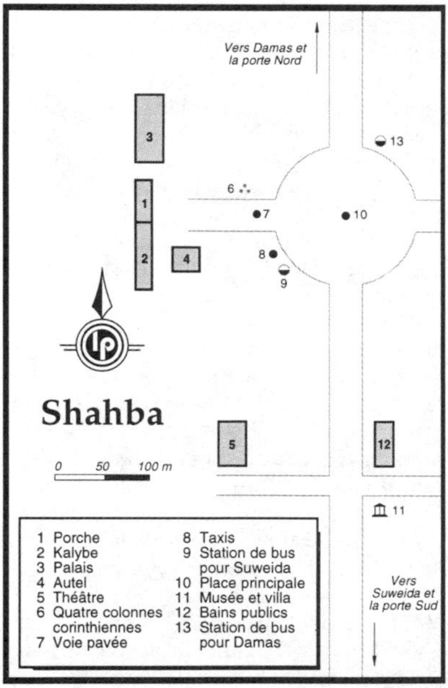

Comment s'y rendre

Shahba est desservie régulièrement depuis Damas, notamment par les bus de Damas Tour qui partent de la gare routière située juste en dessous du pont Hafez el-Assad. Le voyage, qui dure environ 1 heure, coûte 50 £S, ce qui correspond également au prix du billet pour Suweida.

Pour rejoindre Damas, vous pouvez prendre un minibus en provenance de Suweida, sinon continuez la route jusqu'à Suweida, à 16 km. Des minibus et des micro assurent des liaisons très régulières entre les deux villes, excepté le vendredi où le trafic est ralenti. Le billet couvrant le trajet Shahba-Suweida coûte 5 £S. Vous pouvez également prendre un taxi. La course pour Suweida ne devrait pas dépasser 200 £S.

SUWEIDA

Tout ce qui avait de l'intérêt dans cette capitale de province a été depuis longtemps balayé par la modernisation et l'urbanisation. Celle que les Romains avaient baptisé Dionysos est devenu le chef-lieu des Druzes qui constituent 80% de sa population. La visite du **musée**, aménagé avec l'aide des Français et inauguré en novembre 1991, justifie à lui seul le déplacement. Il contient une impressionnante collection qui couvre l'histoire du Hauran de l'âge de pierre à l'époque romaine. On peut admirer des poteries préhistoriques, un grand nombre de statues en basalte et une section sur les traditions populaires (avec les habituels mannequins de cire en habits traditionnels et accessoires divers).

Les mosaïques de Shahba représentent la principale attraction du musée. La mieux conservée et la plus remarquable (il ne faut surtout pas la manquer) est intitulée "Artémis surprise dans son bain". Les panneaux explicatifs sont écrits en arabe et en français.

Le musée est ouvert tous les jours sauf le mardi, de 9h à 17h30 en été et jusqu'à 15h30 d'octobre à avril. L'entrée est payante : 200 £S. Pour arriver au musée, il faut rejoindre la place Tishrin et prendre un minibus pour Qanawat (5 km) ou marcher 1 km à peine le long de la rue An'nahba. On ne peut pas le rater : c'est la seule grande bâtisse moderne aux alentours sur la droite.

Suweida est par ailleurs une bonne base pour découvrir la campagne druze particulièrement belle au printemps avec ses pommiers en fleurs, ses champs de jacinthes et d'iris gris. Quant à l'hospitalité légendaire des Druzes, elle vous conduira certainement à prendre le café dans le *madafe*, la grande pièce commune où l'on reçoit et discute à bâtons rompus. Il n'est pas question de refuser, vous offenseriez votre hôte.

Le code téléphonique de Suweida est le 16.

Où se loger et se restaurer

Vous n'aurez guère le choix si votre budget est limité. Le *Rawdat al Jiabal Hotel,* qui donne sur la place du Sultan al-Drach, dispose au premier étage de sept chambres à 75 £S au confort plus que sommaire et que vous devrez partager avec d'autres voyageurs. Il est dommage que cet ancien club des officiers français ne soit pas mieux entretenu car ses grandes pièces ont gardé un certain cachet.

A deux cents mètres, le *Touristique Hotel* (☎ 221012), avec sa grande bâtisse blanche joue la carte du standing sans faire de grands efforts dans ce sens. Comptez 25 $US pour une double avec s.d.b. à l'eau chaude capricieuse et à la propreté plus que relative (20 $US la simple).

Au restaurant *al-Medhiaf* (☎ 226983), on peut vous préparer si vous le commandez à l'avance un *mansaf*, le plat druze national à base de mouton et de riz.

Comment s'y rendre

Des bus partent de la gare routière principale de Damas, située en dessous du pont Hafez el-Assad. Le voyage dure 1 heure 45 et le billet coûte 50 £S. La compagnie Karnak n'assure de Damas qu'un seul bus à 15h (30 £S). Dès votre arrivée, réservez une place pour le retour à l'agence Bashran qui se trouve juste à l'arrêt des bus. La dernière liason pour Damas est en général à 20h30, mais certains jours, un ultime bus part à 22h30. Sur le même trottoir que l'agence, vous pouvez prendre un taxi. La course en ville coûte 30 £S.

QANAWAT

A 15 minutes en bus à l'est de Suweida, Qanawat faisait autrefois partie de la Décapole, une association de villes mise en place par les Romains, qui incluait également Jerash, Philadelphie (Amman) et Gadara (Umm Qais) en Jordanie.

Le bus s'arrête au monument le plus intéressant, appelé le **Seraya**. Les historiens pensent qu'il s'agissait d'un groupe de temples. Le bâtiment le mieux conservé date de la deuxième moitié du IIe siècle. Il fut ensuite transformé en basilique et tout ce secteur fut consacré au culte chrétien.

En se dirigeant ensuite vers le nord (à gauche de la façade principale), vous parviendrez au lit d'un cours d'eau où l'on peut voir les ruines d'un **théâtre**, d'un **nymphée** et d'autres vestiges éparpillés.

Comment s'y rendre

Si vous voulez prendre un moyen de transport collectif, empruntez à Suweida un micro ou un minibus passant place Tichrine ou devant le musée. Le trajet, rapide, couvre à peine 7 km et coûte 5 £S. La course en taxi entre les deux villes revient normalement à 75 £S. Pour le retour, arrêtez un minibus. Le vendredi, le dernier semble être à 14h.

BOSRA

Bosra s'étend entre deux wadis qui se jettent tous deux dans le Yarmouk. La ville est située à 40 km à l'est de Der'a et à 140 km au sud de Damas, au milieu de plaines fertiles parsemées de roches basaltiques noires. Il s'agissait jadis d'un centre important, car Bosra était placée au carrefour d'importantes voies commerciales (puis sur la route des pèlerinages musulmans), mais ce n'est plus aujourd'hui qu'une petite ville tranquille.

C'est un endroit étrange et merveilleux. Outre le fait qu'elle possède le théâtre romain le mieux conservé du monde, la ville est construite autour, à l'intérieur et par-dessus des vestiges de constructions romaines, la plupart en blocs de basalte noir. Ceux qui ornent les maisons neuves ont presque toujours été enlevés à d'anciens bâtiments romains.

On trouve donc à Bosra un curieux mélange de styles architecturaux. Comme on peut le lire dans un guide de voyage des années 30, "un amateur d'antiquités enthousiaste pourrait s'amuser pendant des semaines parmi ces ruines". C'est probablement vrai, mais pour la plupart d'entre nous, une journée suffit pour tout voir sans se précipiter. il suffit de prendre un bus depuis Damas le matin et de rentrer le soir.

Le code téléphonique de Bosra est le 15.

Histoire

Bosra est mentionnée dans les documents égyptiens dès 1300 av. J.-C. Au cours du Ier siècle de notre ère, elle devint la capitale septentrionale du royaume nabatéen. Pétra était la capitale du sud.

En 106, la région fut annexée par les Romains. Bosra prit le nom de Nova Trajana Bostra et devint la capitale de la province d'Arabie. Un légat prétorien, qui administrait la région et commandait la 3e Légion – en garnison principalement à Bosra –, y résidait. Grâce à cela et à son emplacement sur la route des caravanes, Bosra put prospérer. Lorsque Philippe devint empereur romain, il éleva la ville au rang de métropole et l'autorisa à battre monnaie.

A l'époque chrétienne, Bosra conserva son importance car elle fut le siège d'un primat qui supervisait 33 prêtres. Avant que la ville ne se rendît aux musulmans en 634, la tradition veut que Mahomet y ait rencontré le moine nestorien Bahira. Certains prétendent que le moine se contenta de présenter à Mahomet les principes de la foi chrétienne, et d'autres qu'il lui prédit qu'il deviendrait prophète.

Au XIIe siècle, les croisés tentèrent par deux fois, mais en vain, de prendre la forteresse et les Mongols l'endommagèrent sérieusement lors de leur invasion en 1261.

La cité continua malgré tout à prospérer car elle se trouvait sur la route des pèlerins de La Mecque. Grâce à la légende de Mahomet et du moine, les pèlerins y faisaient souvent

halte, parfois jusqu'à une semaine. Lorsque vers la fin du XVIIe siècle, cette route devint moins sûre, les pèlerins prirent un autre chemin plus à l'ouest et Bosra vit son importance décliner.

La citadelle et le théâtre

La citadelle est une curieuse construction car c'est en grande partie un théâtre romain fortifié. Les deux édifices n'en font en réalité qu'un : la forteresse fut bâtie autour du théâtre pour qu'il devienne une place-forte imprenable. Les premiers remparts furent construits à l'époque des Omeyyades et des Abbassides et des éléments furent ajoutés au XIe siècle par les Fatimides. Après les attaques des croisés en 1140 et en 1183, on se rendit compte que la citadelle ne pouvait loger tous les soldats ayyoubites stationnés là. C'est ainsi qu'entre 1202 et 1251, neuf tours furent édifiées, entourées de profondes douves, ainsi qu'un pont à cinq travées.

On est très surpris lorsque l'on pénètre dans la citadelle d'y trouver un magnifique théâtre de 15 000 places. Il était presque entièrement dissimulé par des constructions ultérieures qui ont été démolies au cours de ce siècle pour que l'on puisse admirer ses belles proportions. Contrairement aux autres théâtres de cette époque, il n'est pas adossé à une colline.

A l'arrière de la scène, s'élèvent des rangées de colonnes corinthiennes ; toute la façade était à l'origine recouverte de marbre blanc. La scène était surmontée d'un toit en bois et l'on tendait des velums de soie au-dessus du théâtre pour protéger l'auditoire. Raffinement suprême, de l'eau parfumée était vaporisée dans l'air et retombait en fine brume sur la tête des spectateurs.

Deux petits musées sont aménagés dans deux des tours, mais ils sont souvent fermés. Le premier, logé dans une tour au sud-est de la citadelle, abrite une petite exposition archéologique moyennement passionnante. L'autre, dans une tour sud-ouest, est l'un des nombreux musées d'art et traditions populaires, présentant des scènes de la vie quotidienne, des mannequins, des costumes et des ustensiles. Cette tour a probablement servi à un moment donné de résidence officielle ou de lieu de réception. Si les musées sont fermés, demandez à l'un des habitués du café qu'il vous ouvre.

La citadelle est ouverte tous les jours de 9h à 18h de mai à fin septembre et de 10h à 18h, le reste de l'année. L'entrée est payante : 200 £S. Vous pouvez vous promener dans le reste de la vieille ville à tout moment.

Autres curiosités

La **rue principale** de l'ancienne cité, orientée d'est en ouest, est située au nord de la citadelle. A l'extrémité ouest se trouve la porte du Vent (Bab al-Hawa). Le long de la rue pavée se profilent les restes de colonnes mises à jour lors des fouilles.

La porte de la Lanterne (Bab al-Quandil), dans la rue principale près de la citadelle, date du IIIe siècle. Grâce à une inscription sur le pilier de droite, on apprend qu'elle fut érigée en mémoire de la 3e Légion, qui y tenait garnison.

Plus loin, les quatre énormes **colonnes** corinthiennes semblent un peu incongrues. C'est tout ce qui reste du **nymphée** qui fournissait l'eau pour les habitants et les jardins.

Vous découvrirez ensuite une autre colonne et un linteau qui ont été intégrés dans une maison moderne. L'idée de plusieurs tonnes de basalte s'effondrant à travers le plafond aurait de quoi donner des insomnies à ses occupants. Il s'agirait des vestiges d'un sanctuaire païen édifié par l'un des rois de Bosra pour protéger sa fille de la mort. L'entreprise était vouée à l'échec : on amena un jour à cette enfant une grappe de raisins dans laquelle se cachait un scorpion. Il la piqua et elle mourut.

Juste en face, les **thermes romains** correspondaient à l'époque à une succession de salles. On passait autrefois d'une salle à l'autre et de bassin en bassin, pour finir par le bain de vapeur.

La **mosquée d'Omar** est à environ 200 mètres au nord de la rue principale. Si certains prétendent que c'est l'une des trois plus anciennes mosquées du monde (avec celles de Médine et du Caire), construite en 720, l'hypothèse la plus vraisemblable est qu'elle fut reconstruite et agrandie sous les Ayyoubites entre le XIIe et le XIIIe siècle.

En face de la mosquée, le **hammam Manjak** continue à être restauré. Construit par les Mamelouks en 1372, cet édifice composé de onze salles et de onze coupoles était ouvert trois jours aux hommes et trois jours aux femmes.

Le petit musée attenant donne tous les renseignements en arabe et en anglais sur le site et sur l'histoire des fouilles passées et en cours. Demandez au gardien de vous ouvrir la porte du hammam comme celle du musée qui, dans la journée, reste en principe ouverte. La visite est gratuite.

Le **monastère** possède la plus ancienne église de Bosra. On pense qu'il fut bâti au IVe siècle. Selon la légende, c'est à cet endroit que Mahomet rencontra le moine Bahira. Si la façade a été entièrement reconstruite, les murs latéraux et l'abside sont d'origine.

La **cathédrale**, entre le monastère et la rue principale, est très délabrée. Ce fut le premier bâtiment à dôme circulaire au-dessus d'une base carrée, mais sa construction (vers 512) était de mauvaise qualité et il fut reconstruit de nombreuses fois avant de tomber définitivement en ruines. L'empereur Justi-

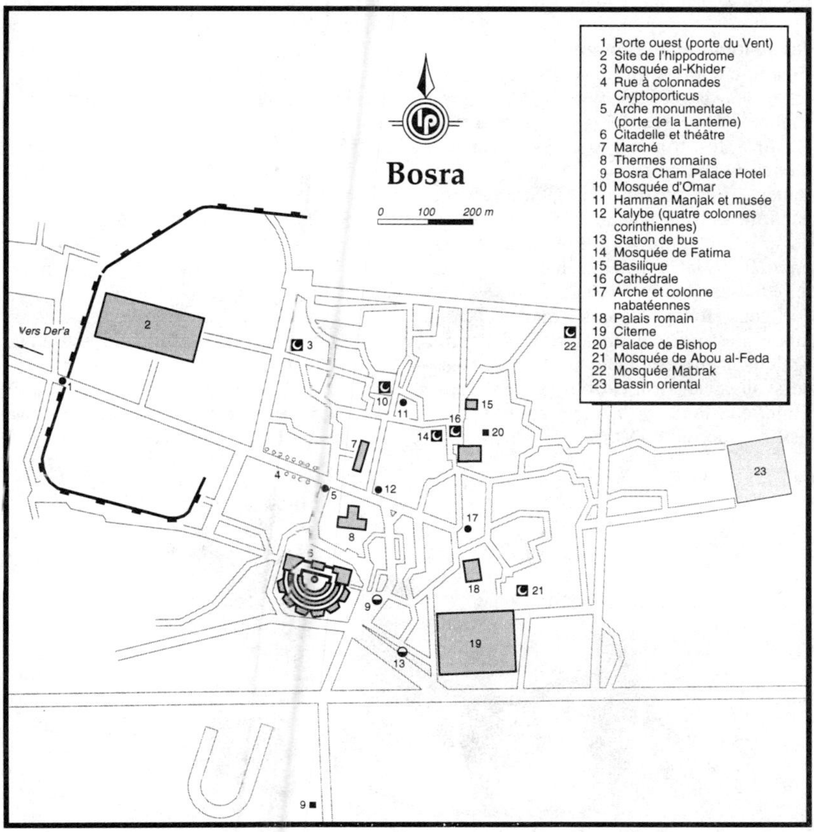

nien s'en servit comme modèle pour les cathédrales qu'il fit bâtir à Constantinople et Ravenne. Ses architectes avaient plus de talent car ces deux cathédrales sont encore debout.

A l'extrémité est de la rue, on parvient à l'**arche** et à **la colonne nabatéennes**. L'arche marque l'entrée principale du palais dans lequel vivait le roi nabatéen Rabbel II. La colonne, la seule de ce genre en Syrie, comporte le chapiteau nabatéen caractéristique.

Plus à l'extérieur de la ville, on peut voir deux **citernes** qui contenaient l'eau de la ville. Celle située à l'est de la porte nabatéenne est un lieu de baignade apprécié des enfants lorsqu'il y a de l'eau, mais elle n'est pas très engageante.

Où se loger et se restaurer

Bosra ne compte qu'un seul hôtel et il est cher : les simples/doubles du *Bosra Cham Palace Hotel* (☎ 790488) sont à 100/120 $US. Il se trouve à quelques centaines de mètres au sud du théâtre. Outre cet établissement, il est possible de se faire héberger dans une salle du café du théâtre ou dans une de ses six chambres situées sur la terrasse pour 200 £S la nuit (en marchandant, on peut faire baisser le prix à 100 £S).

Il vous faudra un sac de couchage, car la literie n'est guère abondante. Vous pourrez également cuisiner. Quoi qu'il en soit, décidez-vous avant 18h car on vous enferme à l'intérieur. Pour un meilleur confort, choisissez de dormir à Damas.

Vers l'entrée de la citadelle, des boutiques vendent des felafels et des boissons, mais à des prix assez élevés : 40 £S pour une canette de boisson gazeuse par exemple. Vous pouvez déjeuner au café du théâtre, mais là encore, attendez-vous à payer 100 £S la bouteille d'eau minérale et 300 £S le poulet-frites, accompagné de crudités et d'houmous. A ce prix là, préférez le restaurant du Bosra Cham Palace au prix tout aussi compétitif et à la carte riche en plats orientaux et occidentaux.

Comment s'y rendre

Un service de bus circule régulièrement entre Damas et Bosra. Selon la compagnie, ils partent, soit de la gare routière située en dessous du pont Hafez el-Assad, soit de celle qui se trouve juste au-dessus du marché des artisans. Les premiers bus démarrent à 7h et les derniers à 22h. Par prudence et surtout le vendredi, achetez votre billet de retour. Les derniers bus pour Damas sont à 18 h d'octobre à fin mai, et à 20 h en été. Les tarifs vont de 40 à 45 £S.

Aucun bus ne fait encore la liaison Suweida-Bosra. Les deux villes sont pourtant distantes l'une de l'autre de 32 km seulement. A Suweida, les taxis de l'agence Baschran facturent 350 £S la course jusqu'au site.

A Der'a, les minibus et les micro pour Bosra partent pour le site dès 6h, avec un dernier départ à 18h. Le voyage dure une bonne heure et coûte 10 £S. A la gare routière, les taxis proposent de vous emmener à Bosra pour 500 £S et il n'est pas question de négocier !

SYRIE

DER'A

Cette localité, à 100 km au sud de Damas, offre peu d'attraits, mais elle peut servir éventuellement de point de départ pour aller visiter les ruines de Bosra. Quoi qu'il en soit, vous la traverserez peut-être si vous voulez atteindre la frontière jordanienne par le train ou en bus (si ce dernier ne prend pas l'autoroute). Elle possède une ou deux choses à voir pour tuer le temps si vous vous trouvez bloqué dans la ville.

Office du tourisme

Situé rue Dimashq, que l'on appelle route de Damas, il est ouvert de 8h à 14h sauf le vendredi. Il ne vous sera guère d'un grand secours mais vous repartirez, si vous le demandez, avec une carte de la ville et de larges sourires.

Argent

Installée au début d'une petite rue perpendiculaire à la rue Ibrahim Hanano, la Banque commerciale de Syrie ouvre de 8h30 à 12h30 tous les jours, sauf le vendredi. Le dimanche, elle n'ouvre ses portes qu'à 9h30. On peut y changer du liquide comme des chèques de voyage.

Poste et télécommunications

Elle réside sur le même trottoir que l'office du tourisme, à gauche en sortant. Le code téléphonique est le 15.

A voir

A environ 2 km au sud du centre-ville, se dresse la **mosquée Omari,** construite au XIIIe siècle sous les Ayyoubites. Elle fait penser, en moins majestueux, à la mosquée des Omeyyades de Damas. Pour vous y rendre, prenez un taxi. La course ne doit pas dépasser 25 £S.

En repartant de la mosquée, empruntez la petite rue juste en face et sur la droite, vous verrez les vestiges d'un **théâtre** romain où des fouilles sont en cours.

Où se loger et se restaurer

Deux hôtels en centre-ville sont à éviter : l'*Hotel as-Salam*, dans une petite rue qui prend au sud de la rue principale, et l'*Hotel al-Ahram* dans la rue Ibrahim Hanano. Si à l'Hotel as-Salam, une chambre sordide coûte 250 £S, le propriétaire du al-Ahram ose vous demander 25 $US pour une double vraiment peu engageante.

L'hôtel situé sur la route de Damas, au nord de la poste et à cent mètres de l'office du tourisme, ressemble à un hôtel fantôme qu'il est préférable aussi d'oublier.

Seul, le *al-Chark Hotel* (☎ 222430), logé au deuxième étage d'un immeuble donnant lui aussi sur la rue Ibrahim Hanano, peut se vanter d'être un hôtel. Toutes ses chambres sont des petites suites qui coûtent 25 $US que vous soyez seul ou deux, petit déjeuner compris. Un luxe !

Dans cette rue, quelques boutiques vendent des felafel, du poulet et des shawarmas.

Comment s'y rendre

Bus. La gare routière est malheureusement située à environ 3 km à l'est du centre-ville. Le trajet en minibus pour Bosra dure environ 1 heure et coûte 10 £S. Des départs se font toutes les heures, voire toutes les 30 minutes dès 8h.

Le trajet en minibus ou en bus ordinaire depuis Damas (gare routière principale sous le pont Hafez el-Assad) dure 1 heure 30 et coûte entre 25 £S et 35 £S, selon la compagnie. De Damas, il n'existe qu'un seul bus Karnak à 13h.

Train. Le dimanche, le train pour Der'a quitte officiellement le quai de la vieille gare d'Hejaz de Damas, à 8h. Le trajet, qui dure 3 heures, revient à 30 £S. Le train poursuit ensuite sa course nonchalante jusqu'à Amman. Le lendemain, le même train part d'Amman et fait un arrêt vers 15h à Der'a, avant de rejoindre la capitale syrienne.

Depuis/vers la Jordanie. Cette frontière ne pose pas de difficulté. Des bus assurent quotidiennement la liaison Damas-Amman dans les deux sens. A Der'a, il n'est pas possible de prendre un bus pour Amman. En revanche, des taxis collectifs vous proposent de vous conduire à Amman pour 500 £S alors que de Damas, le tarif s'élève à 382 £S !

Le nombre de camions alignés le long de la route qui mène à cette frontière est ahurissant. A certains moments, la file d'attente pour passer la frontière est longue de plusieurs kilomètres.

Les chauffeurs se sont organisés en conséquence : chaque camion comporte une cantine bien remplie, équipée d'une théière et d'un réchaud à gaz. On peut ainsi voir les chauffeurs assis à côté de leur camion en train de faire la cuisine et de discuter pour passer le temps.

Comment circuler

Le système de transport local est assez complexe. Notez cependant que si vous arrivez à la gare routière et que vous souhaitez vous rendre au centre-ville, des bus locaux réguliers assurent la navette pour 5 £S. La même course en taxi revient à 50 £S.

La côte méditerranéenne

Le littoral syrien, qui s'étend sur 183 km, est dominé sur toute sa longueur par une chaîne montagneuse accidentée. La plaine côtière, étroite au nord et qui s'élargit vers le sud, est très fertile et l'on y pratique la culture intensive.

Au nord, se situe la ville portuaire de Lattaquié (Al-Lathqiyya) et à proximité, plusieurs stations balnéaires et les ruines de l'ancienne cité d'Ugarit. Le réseau routier relie Lattaquié à la Turquie au nord, à Alep à travers les montagnes à l'est, et à Tartous, deuxième port de Syrie, au sud.

Les seules forêts du pays recouvrent les massifs qui se dressent derrière Lattaquié. Elles offrent un spectacle reposant après les paysages souvent monotones de l'intérieur. La production de bois de construction a provoqué un déboisement intensif. Les arbres ont été abattus en quantité et, en de nombreux endroits, la forêt n'est plus que broussailles.

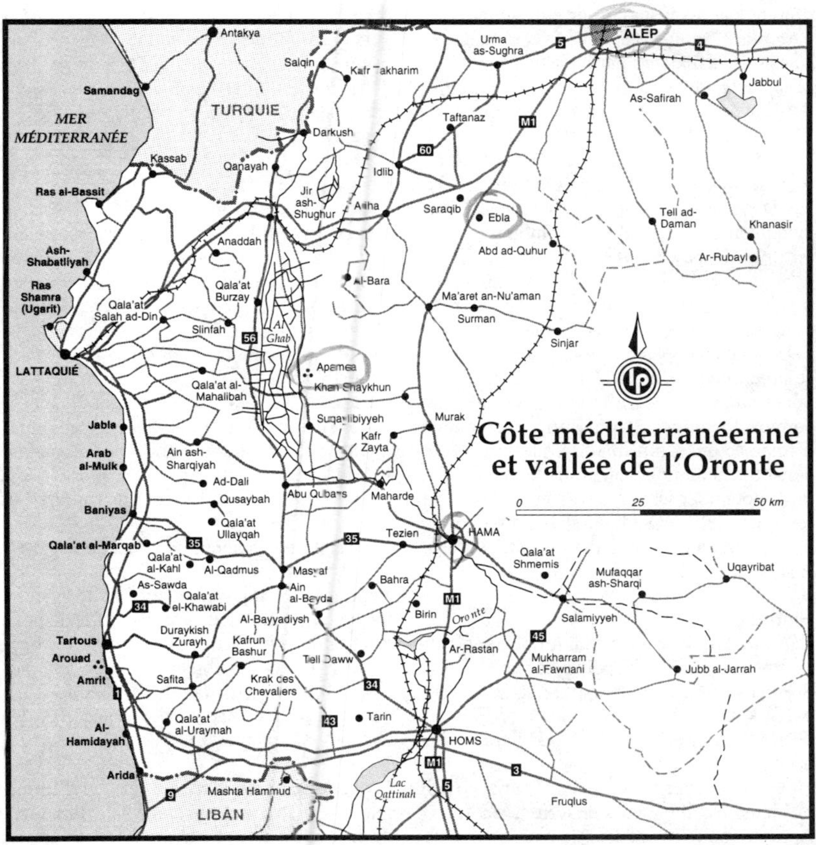

Néanmoins, certains secteurs sont officiellement protégés et, depuis peu, le gouvernement mène une grande campagne de reboisement.

Les plages qui bordent le littoral n'ont rien d'extraordinaire à l'exception de celles qui se trouvent au nord de Lattaquié, à la frontière turque. L'eau est souvent trouble et le sable jonché de détritus. Pourtant, de nombreux Syriens (les plus fortunés) aiment venir passer leurs vacances dans les "chalets", bungalows qui bordent les plages.

LATTAQUIÉ

Le paysage urbain de cette ville animée est dominé par les installations portuaires et les cargos ancrés au large. Son port est le lieu de transit de la majeure partie des importations et des exportations syriennes. Par ailleurs, des car-ferries effectuent des liaisons vers Chypre et la Turquie.

Lattaquié n'est pas une ville syrienne typique. Elle a quelque chose d'européen avec ses larges avenues bordées d'arbres. C'est également l'une des villes les moins conservatrices du pays. Les habitants s'habillent avec plus de fantaisie et, hormis quelques *hijab* (le foulard que portent les femmes), on voit peu de vêtements traditionnels.

La ville offre peu d'attraits et ses habitants semblent avoir pris la fâcheuse habitude de penser que tous les touristes sont des personnes fortunées à qui l'on peut vendre n'importe quoi, à n'importe quel prix. Elle constitue néanmoins un point de départ pratique pour aller visiter les ruines d'Ugarit, se rendre à Jabla, à Qala'at Salah al-Din (Saladin) et éventuellement à la plage de Ras al-Bassit, au nord.

Histoire

Lattaquié devint une cité importante au IIe siècle av. J.-C., à l'époque des Séleucides. Séleucos Ier Nicator la baptisa Laodicée. Elle passa sous la domination des Romains au Ier siècle de notre ère et fut déclarée ville libre par Marc-Antoine.

Au Moyen-Age, elle fut endommagée par plusieurs tremblements de terre assez forts. Après le soulèvement des Alaouites contre les musulmans au pouvoir, dans les années 1800, elle conservait peu de chances de retrouver son ancienne prospérité. Elle n'a repris son essor que récemment, grâce au développement des installations portuaires.

Orientation

Les hôtels et cafés bon marché sont regroupés dans la partie basse de la 14 Ramadan St – la rue principale qui monte du nord-est de la ville jusqu'à la Grande Mosquée – et dans les rues qui l'environnent. Les bus (à l'exception des bus Karnak) et les taxis-service partent tous de cette rue.

La rue chic de Lattaquié, Bagdad Avenue, orientée nord-sud, prend le nom de 8 Azar St vers la gare routière principale. Elle est bordée de cafés assez chers qui ont un petit air européen. Le quartier n'a rien de passionnant, mais ce n'est pas désagréable d'y flâner un peu.

Renseignements

Office du tourisme. Le centre du tourisme occupe un grand bâtiment neuf, à l'endroit où la rue principale se divise en deux, après la deuxième station de minibus. Il est ouvert de 9h à 14h tous les jours sauf le vendredi. Les employés feront tout pour vous aider et vous donneront une carte de la ville.

Poste. Le bureau de poste est situé dans la partie sud du centre-ville, dans le prolongement de la rue du bureau de la compagnie Karnak en descendant vers le port. Il est ouvert de 8h à 14h, excepté le vendredi et les jours fériés.

Le code téléphonique de Lattaquié est le 41.

Argent. La Banque commerciale de Syrie se trouve dans Bagdad Avenue. Elle dispose d'un bureau de change séparé dont les opérations sont étonnamment rapides. Il fonctionne tous les jours de 8h à 14h et de 17h à 20h. On peut y changer des espèces et des chèques de voyage.

Prorogations de visa. Le service d'immigration est au troisième étage de l'immeuble de la police. Il est ouvert tous les jours,

SYRIE

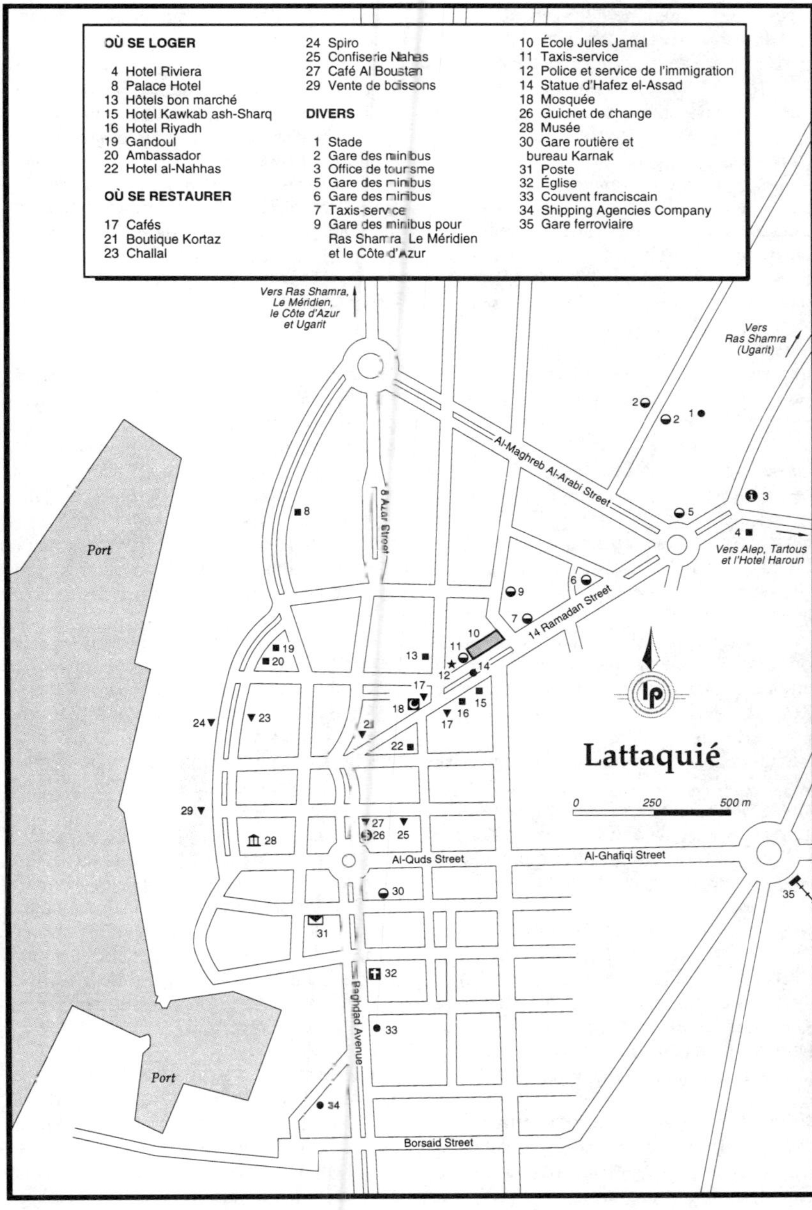
OÙ SE LOGER
4 Hotel Riviera
8 Palace Hotel
13 Hôtels bon marché
15 Hotel Kawkab ash-Sharq
16 Hotel Riyadh
19 Gandoul
20 Ambassador
22 Hotel al-Nahhas
OÙ SE RESTAURER
17 Cafés
21 Boutique Kortaz
23 Challal
24 Spiro
25 Confiserie Nahas
27 Café Al Boustan
29 Vente de boissons
DIVERS
1 Stade
2 Gare des minibus
3 Office de tourisme
5 Gare des minibus
6 Gare des minibus
7 Taxis-service
9 Gare des minibus pour Ras Shamra, Le Méridien et le Côte d'Azur
10 École Jules Jamal
11 Taxis-service
12 Police et service de l'immigration
14 Statue d'Hafez el-Assad
18 Mosquée
26 Guichet de change
28 Musée
30 Gare routière et bureau Karnak
31 Poste
32 Église
33 Couvent franciscain
34 Shipping Agencies Company
35 Gare ferroviaire
Vers Ras Shamra, Le Méridien, le Côte d'Azur et Ugarit
Vers Ras Shamra (Ugarit)
Vers Alep, Tartous et l'Hotel Haroun
Port
Port
Al-Maghreb Al-Arabi Street
14 Ramadan Street
8 Azar Street
Al-Quds Street
Al-Ghafiqi Street
Baghdad Avenue
Borsaid Street
Lattaquié
0
250
500 m

SYRIE

excepté le vendredi de 8h à 14h, et en principe de 20h à 21h. Les prorogations sont délivrées immédiatement sauf l'été où en raison de l'afflux de touristes, on vous demandera parfois de venir rechercher votre passeport.

Le musée

Un petit musée est aménagé près du bord de mer, dans un ancien *khan* (caravansérail). L'étage supérieur fut construit sous le mandat français. La plupart des textes descriptifs sont en arabe, mais le gardien très serviable vous renseignera. On peut y voir des poteries et des tablettes gravées d'Ugarit, des cottes de mailles et parfois une exposition d'art contemporain. Il est ouvert de 8h à 14h tous les jours, sauf le mardi. L'entrée est payante (200 £S).

Où se loger – petits budgets

Les hôtels de cette catégorie sont tous concentrés autour de la mosquée et ne sont guère engageants. Leurs propriétaires ne semblent pas en effet prêts à investir la moindre livre syrienne pour rafraîchir, même juste un peu, des établissements qui, au fil des années, prennent des allures d'abandon. Comme dans tous les hôtels de la ville, de mai à fin septembre, le prix des chambres est majoré de 40% ! En outre, vous devrez acquitter les jours fériés un supplément de 20%.

Seuls deux hôtels semblent se distinguer du lot : l'*Hotel Kawkab ash-Sharq*, situé juste à côté de la statue d'Assad. Il propose des simples avec s.d.b. à 200 £S et des doubles à 325 £S. On préférera celles qui sont sans s.d.b., finalement plus agréables, à 175/275 £S. L'*Hotel al-Nahhas* est un établissement sans prétention qui propose des chambres à 175/335 £S, avec eau froide seulement. L'accueil y est chaleureux, et les employés algériens ou marocains vous donneront de bons conseils qu'ils accompagneront d'un thé ou d'un café aimablement offert dans le vaste salon faisant office de réception.

Où se loger – catégorie moyenne

L'*Hotel Riyadh*, à deux pas de l'Hotel Kawkab ash-Sharq est relativement confortable, mais il semble se laisser vivre sur sa bonne réputation. Les chambres, plutôt modernes, avec eau chaude et balcon, sont à un étage élevé et offrent par conséquent une vue sur la mosquée. Attention, toutefois, au bruit de la rue, surtout la nuit, qui peut provoquer quelques insomnies ! La simple/double avec s.d.b. est à 18/22 $US. Les chambres sans s.d.b. coûtent 14/20 $US avec un supplément de 2 $US pour l'accès à la douche. Là encore, les hôtels de cette catégorie n'échappent pas aux prix pratiqués en haute saison et les jours fériés. Ils sont alors majorés de 20%.

Juste en face de l'office de tourisme, l'*Hotel Riviera* (☎ 222803) propose un niveau de confort plus élevé, mais les chambres (avec eau chaude, TV et réfrigérateur) coûtent plus chères, voire trop chères pour les prestations offertes. La simple/double revient à 51/ 56 $US hors taxes.

Après le rond-point suivant, l'*Hotel Haroun* (☎ 427140) est un quatre-étoiles qui en vaut à peine deux. Les chambres sont sombres et bruyantes (fuyez celles qui donnent sur la place, d'ailleurs toujours les dernières occupées). Elles coûtent 25/30 $ hors taxes, sans le petit déjeuner.

Le long de la corniche, le *Gandoul* (☎ 237680) n'a que sa belle vue sur le port à proposer. La simple/double est affichée à 18/20 $US et l'accueil des plus expéditifs. On préférera l'*Ambassador*, à gauche sur le même trottoir où les prix 14/20 $US (plus 25% l'été) sont plus raisonnables au regard du confort proposé.

Un peu plus loin, le *Palace Hotel* (☎ 238 555) affiche une façade propre et un service de qualité. En revanche, leurs petites chambres n'ont qu'un seul atout : posséder une bonne literie (ce qui est déjà un luxe), voire pour certaines d'entre elles une belle s.d.b. Les prix sont à la hauteur de sa catégorie : 44 $US pour une personne, 46 $US pour deux, taxe de 10% non comprise.

Où se loger – catégorie supérieure

Le Méridien (☎ 428736 et 428737 ; fax 428733) s'est installé à environ 6 km au nord de la ville, au bord de la mer, près de Shatt el-Azraq (la "côte d'azur"). Dans ce quatre-étoiles au grand hall, les chambres sont à 120/ 140 $US, majorés de 10% de taxe. En basse saison, on obtient assez facilement un rabais de 25%. L'accès à la plage, assez propre, est payant : comptez 200 £S par personne.

A une centaine de mètres se trouve le *Côte d'Azur* (☎ 226332, 226333 et 226334 ; fax 451156). Cet établissement est le plus chic de Lattaquié et le plus cher, mais certainement le plus agréable de la chaîne des Cham Palace auquel il appartient. Les chambres avec vue sur la mer (superbe) reviennent à 162 $US auxquels il faut ajouter 10% de taxe. A 101 $US, vous aurez celles qui donnent de l'autre côté et pour 74 $US, celles qui sont aménagées dans un autre bâtiment. Les visiteurs paieront 250 £S l'accès à la plage.

Où se restaurer

Les restaurants bon marché et les petits stands de rue, installés à proximité de la mosquée et de la 14 Ramadan St, cuisinent des felafels, du poulet, des kebabs et des shawarmas. Vous trouverez également des échoppes qui proposent des hamburgers-frites pour 55 £S et des pizzerias dont les premiers prix sont à 100 £S.

Pour plus d'agrément, on peut se restaurer dans l'un des multiples restaurants de la corniche. Le *Spiro*, en particulier, est le lieu où l'on vient en famille ou entre hommes, manger du poisson que l'on paie au poids (200 £S le kg). Cependant, il semble fermer ses portes certains jours de la semaine, d'octobre à fin avril. A quelques encablures, en allant vers le sud, le *Challal* est le "restaurant" de la ville où l'on déjeune ou dîne pour 250 £S par personne.

Pour varier les plaisirs et les menus, certains préféreront choisir la formule "buffet" du Méridien (550 £S) ou aller au restaurant du Côte d'Azur dont les soupes et les omelettes aux champignons ne dépassent pas les 50/70 £S.

Dans toute la ville, abondent les marchands de glaces bon marché, fabriquées sur place. Leurs coloris sont assez criards, mais elles sont relativement bonnes.

Toujours dans le chapitre des sucreries, la confiserie *Nahas*, dans la rue Adnan al-Malikij qui part de la Banque commerciale de Syrie, offre un étonnant et délicieux assortiment de chocolats et de fruits confits. Elle vend le meilleur *jazariye* de la ville, la spécialité de Lattaquié qui n'est autre qu'une pâte confite de carottes, enrichie de pistaches, de noix et de noisettes. C'est tout simplement délicieux.

Dans le registre des petites boutiques de charme, franchissez la porte du magasin Kortaz qui donne sur une rue perpendiculaire au 14 Ramadan St. Entre le sirop de rose, de cerise, la mélasse de grenade, les eaux de roses (très parfumées) et l'arak qu'il produit lui-même, le choix est difficile.

Comment s'y rendre

Avion. Une fois par semaine, le vendredi, un avion de la Syrian Arab Airlines assure la liaison entre Lattaquié et Damas. Si le départ est à 11h30, il vous faut arriver à l'aéroport deux heures avant le décollage.

Bus. La gare routière et le bureau des bus Karnak sont situés dans la partie sud du centre-ville, non loin de Bagdad Avenue. Réservez un jour à l'avance pour le bus quotidien qui se rend à Alep, à 15h (50 £S) ; à Damas, à 8h et à 14h30 (90 £S avec un arrêt à Tartous et à Homs) et à Beyrouth, à 6h (175 £S, avec un arrêt à Tartous et à Tripoli).

A gauche de l'Hotel Riyadh, sur le même trottoir, l'agence Aleitinad dessert tous les jours Alep de 4h30 à 23h30 (3 heures environ, 100 £S) et Damas de 1h30 à 20h30 (5 heures, 150 £S). Elle assure également des liaisons quotidiennes avec Safita à 8h30, 11h30 et 13h30 (75 £S). Le service est irréprochable et les bus confortables. La compagnie Al-Ahliah, dont le bureau et la station se trouvent à proximité de la rue 8 Azar, offre le même type de services. Elle relie quatre fois par jour Tartous à 7h, 11h, 14h et 15h30. Le billet coûte 40 £S.

Les voyageurs à petit budget trouveront dans la gare routière située près du grand stade de la ville, des minibus pour Alep, Banyas, Tartous et Hama dont les prix sont en moyenne 40% moins chers. En contrepartie, il faut accepter de voyager, surtout l'été, dans des conditions parfois éprouvantes.

Train. La gare de chemin de fer est à environ 1 km à l'est de Bagdad Avenue. Il existe trois départs quotidiens pour Alep : le premier est à 6h40, le second à 7h15 et le dernier à 15h40. L'Express de 6h40 met 2 heures 30 pour rejoindre Alep au lieu de 3 heures 30 habituellement (67 £S en 1re classe et 36 £S en 2e classe). Pour Damas, le train (qui passe par Tartous et Homs) quitte le quai vers 24h et rejoint la capitale en 6 heures normalement (70 £S en 1re classe et 40 £S en 2e classe).

Taxis-service. On trouve des taxis vers l'école Jules Jamal et à d'autres endroits de la rue 14 Ramadan. Il est conseillé de marchander, quelle que soit votre destination.

Ferry. La Shipping Agencies Company, connue sous le sigle Shipco (☎ 231613), à Port Said St, est la seule compagnie qui assure un service passagers au départ de Lattaquié. Son bureau est ouvert tous les jours de 8h à 14h, excepté le vendredi. Chaque lundi à 24h, son ferry appareille pour Beyrouth où il accoste à 8h le lendemain. Puis il effectue la traversée jusqu'à Alexandrie en Égypte où il arrive le samedi à 11h. La traversée coûte, selon la catégorie choisie, de 60 $US à 150 $US. Pour rejoindre Alexandrie, vous devrez débourser de 190 $US à 490 $US selon le type de couchage. De la chaise sur le pont de la 3e classe à la cabine de luxe, à vous de choisir.

SYRIE

Comment circuler

Bus. La gare des bus municipaux se trouve à l'endroit où Bagdad Avenue devient le n°8 Azar St et s'agrémente d'un terre-plein central. Du côté ouest, les bus rejoignent Ras Shamra (Ugarit) et Shatt el-Azraq (le Rivage Bleu).

Taxis. Les taxis sont nombreux et stationnent généralement le long du trottoir de l'école Jules Jamal et de la 14 Ramadan St. La course en ville revient normalement à 25 £S, mais vous devrez souvent vous fâcher pour ne pas payer le double. En revanche, les 100 £S demandés pour aller au Méridien ou au Cham semblent être le prix à payer.

Depuis/vers la Turquie. Pour aller à Antakya, prenez un minibus pour Kassab (1 heure 30, 25 £S) puis de là un dolmus (si vous en trouvez un) pour Antakya. Vous aurez peut-être à marcher ou à faire du stop entre la ville et la frontière.

Le plus simple est de se rendre à l'agence Aleitinad, à gauche de l'Hotel Riyadh, sur le même trottoir et de réserver (surtout en été) une place dans le bus de 7h pour Antakya (700 £S) et Istanbul (1 700 £S). Les mardi et samedi, les tarifs sont à 500 £S et 1 500 £S.

ENVIRONS DE LATTAQUIÉ

Ras Shamra (Ugarit)

Il ne reste plus grand-chose à voir de nos jours à Ras Shamra (Ugarit), cité qui fut autrefois la plus importante du littoral méditerranéen. Sa notoriété débuta au IIIe millénaire av. J.-C., lorsqu'elle se lança dans le commerce avec Chypre et la Mésopotamie. Du XVIe au XIIIe siècle av. J.-C., elle connut son âge d'or grâce au commerce avec l'Égypte, la mer Égée, Chypre, la Mésopotamie et le reste de la Syrie. Les rois égyptiens envoyaient des offrandes au célèbre temple de Baal et Ugarit devint un important centre intellectuel. Vers 1190 av. J.-C., les Philistins envahirent la ville et la détruisirent.

Au sommet de sa gloire, Ugarit était une cité très fortunée. Au XIIIe siècle av. J.-C., le palais royal d'Ugarit était l'un des monuments les plus imposants et les plus célèbres d'Asie occidentale. De dimensions réduites à l'origine, il fut progressivement agrandi. Il couvrait, pour finir, plus d'un hectare et comportait des cours intérieures, des canalisations d'eau, des égouts et des chambres funéraires. De semblables installations furent trouvées dans les maisons des citoyens aisés.

La cité possédait une bibliothèque et c'est là que furent découvertes des tablettes d'argile gravées. Il est généralement admis que les signes présents sur ces tablettes constituent le premier alphabet connu. Adapté par les Grecs, puis par les Romains, il constitue le fondement des langues latines actuelles. Les documents trouvés à Ugarit constituent la principale source d'informations sur la religion et la vie en Syrie à cette époque reculée. Ils

HUGH FINLAY

HUGH FINLAY

HUGH FINLAY

DAMIEN SIMONIS

En haut à gauche : citadelle d'Alep
En haut à droite : dans le souk d'Alep
En bas à gauche : gardiennes de chèvres près de tombeaux romains, Qatura
En bas à droite : Cyrrhus (Habi Houri)

HUGH FINLAY

DAMIEN SIMONIS

DAMIEN SIMONIS

DAMIEN SIMONIS

En haut à gauche : la cité légendaire de Palmyre
En haut à droite : château arabe, Palmyre
En bas à gauche : intérieur de la basilique byzantine, Rasafeh
En bas à droite : l'Euphrate vu de Doura Europos

comportent divers textes religieux et récits mythiques, ainsi que des listes de divinités et des dictionnaires. Les tablettes sont exposées dans les musées de Lattaquié, d'Alep et de Damas, ainsi qu'au Louvre à Paris.

A voir. A droite du chemin qui mène aux ruines, se profile l'ancienne entrée de la ville. Du sommet de la petite colline, le site s'étend à vos pieds : un immense amoncellement de blocs de pierres où l'on distingue vaguement des rues et des bâtiments. Parmi les ruines, se côtoient des tombes voûtées, des puits et des canaux. L'eau jouait un rôle important dans les rites funéraires : les morts devaient avoir de l'eau à proximité, ce qui explique la présence de ces puits et canalisations complexes.

A l'endroit le plus élevé du site, deux temples se dressaient autrefois. L'un était consacré au dieu de l'Orage, Baal, divinité suprême des Cananéens, des Phéniciens et des Araméens. Le père de tous les dieux (à l'exception de Baal) était El, le créateur de l'homme. Le deuxième temple était dédié à Dagan, dieu de la Fertilité et père de Baal.

A travers les arbres, vous apercevrez à l'ouest la Méditerranée qui a reculé d'une centaine de mètres depuis la période glorieuse d'Ugarit. N'essayez pas de vous y rendre en ligne droite, car cette zone est un terrain militaire et vous serez assez mal reçu. En revanche, si vous revenez un peu sur vos pas, vous trouverez quelques coins tranquilles au bord de la mer, quoique souvent sales. Quelques boutiques vendent des boissons.

Comment s'y rendre. Les bus municipaux effectuent le trajet de 16 km jusqu'à Ras Shamra environ toutes les heures depuis Lattaquié (voir *Comment circuler* ci-dessus) et pour 10 £S. Ils passent devant Le Méridien et l'hôtel Côte d'Azur. Demandez au chauffeur où vous devez descendre pour voir les ruines (*athar*) ; le site est bien indiqué. Il est facile de rentrer à Lattaquié en stop ou de faire signe à un minibus ou à un taxi-service. Vous pouvez également prendre un taxi et négocier avec le chauffeur un aller-retour et une attente de deux heures sur le site pour 500 £S. Vous aurez du mal à obtenir un

Tête d'ivoire (Ugarit)

meilleur prix, la course entre Lattaquié et la Côte d'Azur s'élevant à 100 £S.

La route traverse une campagne extrêmement fertile, plantée de vergers entourés de hautes haies de cyprès. En saison, on vend des pommes et des oranges au bord des routes.

SYRIE

Shatt el-Azraq

La route qui mène à Ras Shamra passe également devant Shatt el-Azraq (la "côte d'azur"), principale plage du littoral syrien. Elle s'étend entre le complexe sportif (construit à l'occasion des Jeux méditerranéens de 1987) et Le Méridien. Des bungalows assez chers et relativement laids ont été construits le long de la plage. Des jeunes aux abords de l'hôtel Côte d'Azur vous proposent des bungalows pour deux à 1 000 £S que vous pourrez obtenir aisément à 500 £S. Leur confort est généralement plus que sommaire.

L'eau à cet endroit de la côte méditerranéenne est peu engageante.

Le Méridien se dresse sur une pointe de terre. Ici, la plage est un peu plus belle, mais il faut payer pour y avoir accès. Pour plus de détails, reportez-vous au paragraphe ci-dessus *Où se loger – catégorie supérieure*. Il est également possible de louer des pédalos et des planches à voile. On préférera cependant la très belle plage de l'hôtel Côte d'Azur avec vue sur les montagnes, même si le prix d'accès revient à 250 £S par personne.

Près du Méridien, se tient un petit camping sordide, qu'il vaut mieux éviter et qui semble abandonné en dehors de la haute saison.

Comment s'y rendre. Prenez un bus pour Ras Shamra et descendez devant l'hôtel Côte d'Azur (15 minutes, 5 £S) ou montez dans un bus pour Shatt el-Azraq (15 minutes, 5 £S) qui s'arrête au Méridien. La course en taxi coûte 100 £S, sans possibilité de rabais.

Ras al-Bassit

Les plages de sable noir, juste en dessous de la frontière turque, sont probablement les plus belles du littoral syrien (les autres sont de toute façon assez laides). Le Jebel Aqra constitue une toile de fond impressionnante et, si vous arrivez par la route accidentée qui descend de Kassab, la vue est spectaculaire et grandiose.

En dehors de la période des vacances d'été, le coin peut être assez agréable. Il n'y a pas trop de monde, l'eau est propre, ainsi que les plages, ce qui est rare.

Kassab est une bourgade en altitude appréciée des Syriens. L'environnement est très agréable, mais la ville ne possède aucun attrait particulier. La route qui y passe correspond probablement au plus joli parcours pour arriver en Syrie ou en repartir.

Où se loger et se restaurer. Les bungalows, les cabanes et les "chalets" en bord de plage sont presque tous fermés hors saison. A Kassab, quelques hôtels et petits restaurants ouvrent seulement en été.

Comment s'y rendre. Des minibus s'y rendent en été depuis Lattaquié, mais le service ne répond à aucun horaire, surtout pour le trajet du retour : aucun minibus ne rentre après 17h. Le plus simple est de prendre un minibus (assez nombreux surtout le matin) qui monte jusqu'à Kassab (1 heure 30, 25 £S), puis de négocier, avec un chauffeur de taxi, le prix de la course pour rejoindre la plage (100 £S maximum).

Qala'at Salah al-Din

Perchée sur une crête très boisée à 24 km à l'est de Lattaquié, la "citadelle de Saladin" est rendue presque imprenable par d'impressionnants ravins. Les Arabes l'ont baptisée "Qala'at Sahyun" pour commémorer la victoire du chef musulman, qui la prit aux croisés en 1188. Après le Krak des Chevaliers et Qala'at Marquab au sud, elle mérite largement une visite. Elle appartenait à l'origine aux Byzantins, puis fut prise par les croisés et agrandie pendant la première moitié du XIIe siècle. Le sultan Baybars s'en empara en 1272 et elle passa ainsi aux mains des Mamelouks.

A voir. L'exploit le plus étonnant des croisés consista à creuser dans le roc un énorme fossé sur le flanc, qui permettait à l'époque d'isoler complètement le château et de le protéger des éventuels assaillants. Aujourd'hui, une route a été construite ; elle est traversée par l'éperon rocheux qui servait autrefois d'appui à un pont-levis.

L'entrée se trouve derrière la haute tour qui se dresse du côté sud-est. Une fois à l'intérieur, on peut voir les vestiges d'une salle à colonnades qui servait d'écurie, et un donjon à deux niveaux, qui était le principal ouvrage de défense. A gauche de l'entrée, on aperçoit des bains en ruines et une mosquée construite par les musulmans, et un peu plus bas, les restes d'un fort et d'une chapelle byzantins. Un fossé sépare la partie principale du château de la partie ouest, en contrebas. Fermé le mardi, le château est ouvert de 9h à 16h de fin septembre au 1er mai, avec fermeture à 18h l'été. L'entrée est payante : 200 £S.

Comment s'y rendre. Prenez un minibus de Lattaquié pour al-Haffe (40 minutes, 10 £S). La gare des minibus est en bordure du Square Jumhuriye. Le château, dont la direction est indiquée, se trouve à environ 7 km.

La route, qui y mène, est impressionnante et le paysage est si féerique que les plus courageux la parcourront à pied (une balade à faire de préférence au retour, en descendant). A l'arrêt des minibus à al-Haffe, vous pouvez aussi marchander la course avec un taxi ou avec l'un des *trezinas*, insolites véhicules locaux à trois roues. Les prix varient entre 50 £S et 75 £S.

Jabla

A une demi-heure à peine de Lattaquié (distante de 25 km), se trouve l'ancienne colonie phénicienne de "Gabala", fondée par le royaume d'Arouad. Elle mérite une visite rapide pour son théâtre romain, situé dans le centre-ville près de la mer, et éventuellement pour une promenade sur la route du littoral.

En allant vers le sud, vous tomberez sur un merveilleux café installé au-dessus des rochers, juste après les deux petits ports de pêche. C'est un endroit parfait pour prendre un café, fumer le narghileh et regarder le soleil descendre sur la Méditerranée. Au cours de la promenade, vous verrez peut-être un spectacle assez inhabituel : des femmes en costume traditionnel assises en cercle et tirant sur une pipe à eau !

De nombreux minibus font l'aller-retour depuis Lattaquié. Le billet coûte 10 £S.

BANIYAS

Au sud de Lattaquié, à mi-chemin de Tartous, Baniyas est une ville portuaire active qui abrite une importante raffinerie de pétrole. La seule raison qui pourrait justifier d'y faire une halte est la visite de l'ancien fort croisé de Qala'at Marqab, à environ 6 km à l'est de la ville.

Comment s'y rendre

De Lattaquié comme de Tartous, des minibus assurent toutes les demi-heures la liaison avec Baniyas (30 minutes environ, 15 £S). Les minibus en provenance de Lattaquié s'arrêtent en bordure de plage à 200 mètres à peine de la gare routière de Banyas où arrivent et partent les minibus de Tartous. Longez le trottoir en direction du sud, puis prenez la deuxième route sur la droite.

QALA'AT AL-MARQAB

Cette citadelle était à l'origine une place forte musulmane, probablement fondée en 1062. Elle offre un large et magnifique panorama sur la Méditerranée à l'ouest et sur les vallées environnantes à l'est et au sud. Les croisés s'en emparèrent au début du XIIe siècle et les Hospitaliers agrandirent les fortifications qu'ils renforcèrent. Le donjon, principal ouvrage de défense, se trouve du côté sud, car les versants moins abrupts rendaient le château plus vulnérable à cet endroit. Après plusieurs tentatives, Saladin abandonna l'idée de s'emparer de la forteresse qui ne capitula qu'en 1285 devant les Mamelouks égyptiens.

Les murailles et les tours sont les éléments les plus impressionnants de ce qui subsiste aujourd'hui. On pénètre par la **tour de la porte** dans le mur ouest. Après avoir franchi la porte principale (poussez-la simplement s'il n'y a personne), tournez à droite. De l'autre côté de ce qui était autrefois la cour centrale, vous verrez la **chapelle**. Elle comporte deux beaux portails et des fresques. Dirigez-vous vers le sud, en passant devant la chapelle, jusqu'au **donjon** cylindrique, flanqué d'une grande salle. Au nord et à l'est (s'étendant jusqu'à la gauche de la chapelle), on distingue à peine les ruines de magasins et probablement de logements et de réfectoires.

Le site est ouvert de 9h à 18h de mai à fin septembre, de 9h à 16h le reste de l'année. Fermé le mardi. L'entrée est payante : 200 £S. Au pied du château, deux cafés proposent des boissons fraîches et des repas, mais ils semblent être fermés en dehors des mois d'été.

Comment s'y rendre

A la gare routière de Baniyas que vous aurez rejoint soit de Lattaquié soit de Tartous à équidistance, prenez un minibus pour Zaoube (prononcez Zobe) qui, après avoir dépassé le village de Marqab, vous déposera presque au pied de la citadelle. Le trajet dure 30 minutes à peine et coûte 5 £S. Pour le retour, reprenez le même chemin qu'à l'aller et arrêtez le premier minibus qui passe, ou rejoignez à pied le village de Marqab (15 minutes à pied) où stationnent d'autres minibus qui assurent la liaison avec Baniyas.

TARTOUS

Tartous, deuxième port de Syrie, est une ville tranquille (d'aucuns diront morte, du moins pendant les mois d'hiver) dont la plage pourrait être acceptable si elle n'était pas recouverte l'été de détritus. La vieille ville (baptisée Tortosa par les croisés) forme un fascinant dédale de constructions anciennes et modernes. C'est aussi vrai de l'île fortifiée d'Arouad, qui se trouve au large. La puanteur et les ordures gâchent cependant la visite de l'île et l'envie d'aller sur la plage. Ceux qui veulent absolument aller se baigner et parviennent à surmonter le spectacle des immondices étalés sur le sable apercevront ici et là des égouts se déversant dans la mer.

Les femmes devront porter un maillot de bain une pièce discret. Le bikini est malvenu, d'autant plus que les femmes musulmanes se mettent à l'eau tout habillées.

Juste au sud de Tartous, on peut rejoindre le site phénicien presque intact d'Amrit, et plus à l'intérieur des terres, le donjon blanc des croisés, à Safita. Tartous est également un point de départ parfait pour aller visiter Qala'at al-Marqab et le Krak des Chevaliers, un château croisé en parfait état de conservation. Vous pouvez également vous rendre au Krak en allant de Tartous à Homs (ou le contraire), à condition que cela ne vous gêne pas de voyager avec toutes vos affaires en permanence.

Histoire

Tartous s'appelait à l'origine Antarados et semble avoir été fondée par les Phéniciens pour servir de colonie à l'île d'Aradus (qui fut ensuite baptisée Rouad et aujourd'hui Arouad). Elle fut prise par Alexandre le Grand, puis reconstruite par Constantin en 346 et rebaptisée Constantina.

La ville passa aux mains des croisés en 1101 et prit le nom de Tortosa. Une chapelle dédiée à la Vierge Marie fut érigée et la ville devint un lieu de pèlerinage important à cette époque. Un peu plus tard, elle devint le siège d'un évêché et une cathédrale fut construite sur l'emplacement de l'ancienne chapelle.

En 1188, Saladin voulut prendre Tartous, mais ne put s'emparer du donjon, dernier bastion de la ville. Il finit par se retirer et les Templiers rebâtirent la ville et ses défenses. Ce n'est qu'en 1291 que les Mamelouks obligèrent les croisés à fuir vers Chypre. Une autre garnison croisée résista à Arouad pendant encore onze ans.

Renseignements

Office du tourisme. Situé au nord de la cathédrale, ce bureau est ouvert de 8h à 14h, sauf le vendredi. Diverses brochures locales y sont distribués et les employés sont tout disposés à vous aider dans la limite de leurs possibilités.

Argent. La Banque commerciale de Syrie, implantée au croisement après l'office du tourisme, est ouverte de 8h30 à 12h (ouverture à 9h30 le dimanche), excepté le vendredi. Elle accepte les espèces et les chèques de voyage, tout comme le bureau de change dans la rue qui descend au port depuis le beffroi. Il ouvre en principe de 12h30 à 14h.

Poste et télécommunications. Le bureau de poste, à l'angle de l'avenue 6 Tishrin et de la rue Abdel Nasser, fonctionne de 8h à 17h, sauf le vendredi. Le centre téléphonique et d'envoi de fax installé dans l'ancien bureau de poste ne ferme qu'à 20h. Il devrait être transféré dans le nouveau bâtiment qui abrite désormais la poste.

Le code téléphonique est le 23.

Prorogations de visas. Le service de l'immigration, ouvert de 8h à 14h, se trouve dans une petite rue juste derrière le beffroi. Il est situé à l'étage, dans un bâtiment dont l'entrée est signalée par un panneau noir et blanc et un drapeau syrien. Après avoir rempli un formulaire en trois exemplaires (n'ayez crainte, il y a une feuille de carbone intercalée), payé le timbre fiscal (30 £S) et fourni deux photos d'identité, vous voilà muni d'une prorogation d'un mois obtenue en un temps record (30 minutes).

La cathédrale et le musée

Ne vous laissez pas rebuter par l'extérieur assez austère de cette cathédrale du XIIe siècle, car l'intérieur est une succession de belles courbes et d'arcs ; elle abrite en outre un joli petit musée. On pense qu'une chapelle dédiée à la Vierge Marie fut détruite en 367 sur cet emplacement. Un autel et une icône furent conservés pour être incorporés à la cathédrale et devinrent des objets de culte qui attirèrent des pèlerins.

De l'extérieur, elle ressemble plutôt à une forteresse, et ce n'est pas un hasard, car elle fut construite de façon à pouvoir être défendue. Seule décoration : les fenêtres cintrées (qui furent terminées juste avant que les Mamelouks ne s'emparent de la ville en 1291) et le porche rebâti. L'intérieur est composé d'une nef et de bas-côtés. Des fragments de construction antérieure ont été intégrés : les plus évidents sont les chapiteaux corinthiens de deux piliers de la nef.

Le deuxième pilier sur la gauche de la nef se dresse au-dessus d'une structure rectangulaire qui comporte un passage voûté. On pense qu'il s'agissait de l'entrée de la chapelle originelle où les pèlerins venaient faire leurs dévotions à l'icône de la Vierge que les croisés emportèrent lorsqu'ils quittèrent la ville.

Les objets exposés dans le musée proviennent de différents sites, dont Ras Shamra, Arouad et Amrit. Le sarcophage dans l'abside centrale date de l'époque romaine, au IIe siècle, ainsi que les quatre autres qui se trouvent à gauche de l'entrée. Dans la nef, la statue sans tête représente Bacchus, le dieu du Vin et de l'Ivresse. A gauche du sarcophage, dans l'abside, la peinture murale représentant le Christ, Marie et saint Simon provient du Krak des Chevaliers.

La cathédrale est ouverte en principe de 9h à 18h tous les jours sauf le mardi, avec une fermeture des portes à 16h du 1er octobre au 31 mai. Attention ! ces horaires sont variables. L'entrée est payante (200 £S).

La vieille ville

En descendant vers le front de mer, presqu'en face de la cathédrale, se profilent les ruines des murs et des remparts qui datent du Moyen-Age. La vieille ville est un petit centre particulièrement animé à forte densité de population.

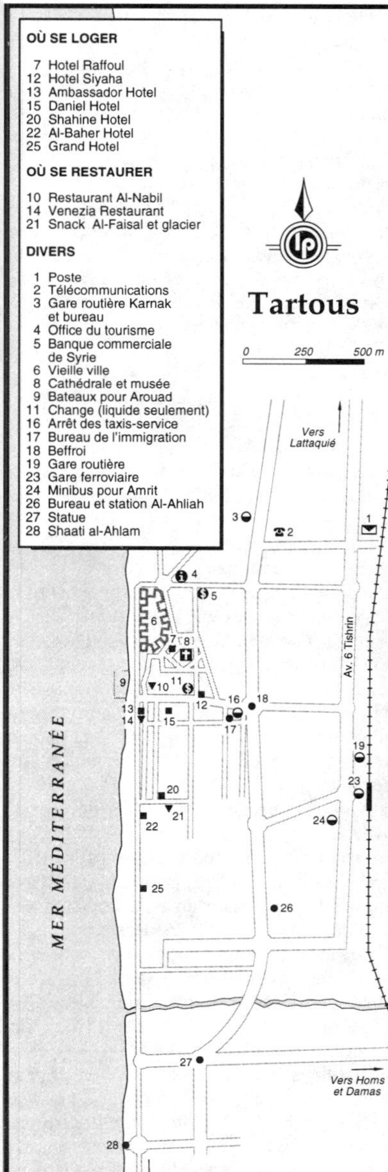

De nouvelles bâtisses ont été ajoutées ou intégrées aux anciennes, et le quartier est émaillé de passages voûtés, d'escaliers qui semblent ne mener nulle part, d'étroites ruelles et de maisons éboulées. Contrairement à tant de quartiers médiévaux européens astucieusement rénovés, cette vieille ville est la descendante directe de son ancêtre croisée, microcosme vivant d'un monde disparu depuis longtemps. Elle n'a pour ainsi dire pas été restaurée, mis à part quelques fouilles en cours. Il faut espérer qu'on réussira à conserver un équilibre entre la vie du quartier et la mise en valeur du passé.

Arouad

Cette petite île, à quelques kilomètres au sud-ouest de Tartous, serait un véritable joyau si elle n'était pas si sale. On n'y voit ni voitures ni avenues, mais seulement un dédale de ruelles tortueuses qui se faufilent entre des bâtisses entassées. A chaque coin de rue, le spectacle change.

Au temps des Phéniciens, l'île était un État maritime prospère et puissant, qui possédait des colonies sur le continent à Amrit, Banias et Jabla (Gabala). Elle déclina peu à peu au cours du Ier millénaire av. J.-C. et avait perdu toute importance lorsqu'elle fut annexée à l'Empire romain. Au cours des croisades, elle joua un rôle stratégique et fut le dernier avant-poste des Francs à tomber aux mains des musulmans en 1302.

Aujourd'hui, l'île est un lieu de promenade agréable quoiqu'un peu étouffant l'été. Jouxtant les cafés modernes, on peut encore voir des pêcheurs réparer leurs filets et construire des bateaux en associant méthodes traditionnelles et outils modernes.

Les murs de défense de l'île ont en grande partie disparu, mais il reste deux forts. Celui qui est bâti sur le point culminant de l'île abrite un petit musée. Vous n'y trouverez aucune description des objets exposés, mais les gardiens sont tout disposés à exercer leurs connaissances en anglais et à vous faire visiter. Le fort est fermé le mardi et l'entrée est payante (200 £S).

Des éventaires près du port vendent un assortiment incroyable de souvenirs souvent ringards, qui vont des cendriers ornés de coquillages aux jouets en plastique. Vous pourrez boire un thé ou un café (cher) dans le café du bord de mer mais, si vous voulez grignoter à un prix plus raisonnable, empruntez les ruelles à la recherche d'une petite gargote. Elles sont multiples. Votre recherche ne devrait pas durer très longtemps : l'île ne mesure que 800 mètres sur 300.

De petits bateaux effectuent la traversée vers l'île toutes les 15 minutes environ depuis le petit port de pêche. Le trajet aller-retour coûte 15 £S et dure environ 20 minutes dans chaque sens. On ne paie qu'une fois revenu à Tartous. Le dernier bateau part de l'île vers le coucher du soleil. Ne le ratez pas car il n'y a pas d'hébergement possible.

Shaati al-Ahlam

Cette plage, la plage du Rêve, est tout sauf un rêve. En fait, on dirait qu'il y a encore plus de détritus que sur les plages plus proches de la ville ! En revanche, l'ambiance y est un peu plus décontractée et les femmes ne devraient pas rencontrer de difficultés pour nager en maillot deux pièces. Il se peut que vous ayez à payer pour accéder à la plage et il faut espérer que cet argent est en partie consacré au ratissage des immondices !

Où se loger – petits budgets

A l'*Hotel Siyaha* (☎ 221763), la famille Kouri ne prétend pas vous donner le décor d'un deux-étoiles, mais simplement la chaleur d'une maison familiale (elle loge dans le même bâtiment) dont la propreté irréprochable, la bonne literie, les petits gestes attentionnés, les efforts pour vous donner les meilleurs conseils (en anglais et en français) en font une étape de repos bien réconfortante. Les prix sont si doux qu'ils devraient faire pâlir de honte tous les hôtels de la côte. Une simple/double/triple coûte 225/275/475 £S, auxquels il faut ajouter 35 £S pour l'eau chaude. De juillet à septembre, les prix sont majorés de 20%, et de 40% les jours fériés.

Même si le *Daniel Hotel* (☎ 220851) semble vivre quelque peu sur sa réputation, il propose toutefois des chambres impeccables et spacieuses avec s.d.b., et ce à un prix correct : 300 £S pour une personne petit déjeuner compris et 600 £S pour deux.

L'*Hotel Raffoul*, situé au dernier étage d'un immeuble en face de la Cathédrale, est en travaux au moment où nous écrivons. Il est à craindre que ses chambres payables en livres syriennes affichent des prix en dollars.

Où se loger – catégorie moyenne

Le prix d'une simple dans les autres hôtels flirte toujours avec les 20 $US et il vous sera difficile de le négocier. L'*Ambassador Hotel* (☎ 20183), en bord de mer (l'entrée se fait par la rue derrière l'hôtel), est immense mais sans âme. Les chambres, mêmes celles dotées de balcon donnant sur la mer, semblent abandonnées à l'usure du temps alors que les prix à 20/25 $US continuent à augmenter au fil des années. Hormis la vue, cet hôtel est comparable à l'Hotel Siyaha ou Daniel Hotel.

L'*Al-Baher Hotel* (☎ 221687) est situé plus loin le long de la plage et ses chambres n'ont rien à envier aux précédentes. Une simple/double vaut 17/22 $US. Les employés (certains parlent français) sont très serviables.

Encore plus loin en remontant le rivage et toujours sur le même trottoir, le *Grand Hotel* (☎ 225475 ou 225476 ; fax 315683) a fait peau neuve et a mis du rose dans ses chambres avec juste ce qu'il faut pour leur donner un certain charme. La simple/double revient à 30/35 $US et un appartement de 45 m^2 avec trois chambres (le seul) à 96 $US. La TV et le réfrigérateur dans les chambres sont en supplément et coûtent respectivement 4 $US et 3 $US.

Le *Shahine Hotel* avec sa façade délabrée (alors qu'il n'a que quelques années) et ses petites chambres sans vue sur la mer, demande 26/30 $US pour une simple/double, taxe de 10% non comprise.

Où se restaurer

Les restaurants bon marché et les snacks sont tous à proximité du beffroi et de la rue qui en part vers le sud.

Le petit restaurant qui se trouve juste derrière le port de pêche, *Al-Nabil*, sert du poisson cuit au four très épicé. Le poisson est vraiment délicieux, mais un plat garni et une bière ou deux portent l'addition à 450 £S. On peut également commander des plats plus courants (comme les kebabs), moins onéreux.

Le long du bord de mer, on trouvera quelques restaurants de plein air. Le *Restaurant du Grand Hotel* propose en effet un menu où la cuisine orientale côtoie la cuisine européenne pour le plaisir de tous. S'il ne peut prétendre à constituer une étape culinaire, il est le seul endroit à Tartous où l'on peut faire plaisir à ses papilles pour 150 £S par personne !

A côté de l'Ambassador Hotel, le *Venezia Restaurant* sert des pizzas tout comme le *Snack Al-Faisal* en face du Shahine Hotel dont les premiers prix sont à 100 £S. Vous pouvez accompagner votre repas d'une glace achetée juste à côté.

Comment s'y rendre

Bus. Les bureaux et la gare des bus Karnak font face à l'ancienne poste et donnent sur l'avenue Althaoura, à 10 minutes à pied de l'office du tourisme. Comme toujours, il faut réserver à l'avance. Les bureaux sont ouverts de 7h à 19h30. Il existe un départ quotidien à 7h30 pour Tripoli (1 heure, 100 £S) et Beyrouth (3 heures 30 environ, 150 £S). A 15h tous les jours, le bus de Damas (2 heures 30, 75 £S) quitte Tartous et fait un arrêt à Homs (1 heure, 30 £S). Lattaquié et Alep qui, à l'heure où nous mettons sous presse, ne sont plus desservies, devraient bénéficier de nouveaux bus.

La station de minibus et bus n'est guère éloignée du centre-ville et se situe juste en contrebas de la gare ferroviaire. Le long du trottoir qui borde la station, vous trouverez des minibus pour Baniyas (30 minutes, 15 £S). A l'intérieur, demandez que l'on vous indique les bus pour Damas (3 heures, 53 £S), Homs (1h15, 23 £S), Lattaquié (1 heure 45, 35 £S) et Safita (30 minutes, 7 £S). Les premiers départs sont à 5h et les derniers à 19h, excepté pour Safita où ils sont à 23h.

Pour plus de confort, on préférera les bus climatisés de la compagnie Al-Ahliah (☎ 222983), installée rue Al Sawra. Ils relient tous les jours les villes suivantes : Alep à 7h45 (3 heures, 120 £S) ; Lattaquié à 8h,

SYRIE

10h45, 18h30 et 20h45 (1 heure environ, 40 £S) ; Hama à 7h45 et 17h45 (1 heure 30, 70 £S) ; Homs à 7h15, 8h15 et 16h45 (1 heure, 40 £S) et Damas à 6h15, 8h15, 12h15 et 15h15 (3 heures, 100 £S).

Train. La gare de chemin de fer se trouve juste derrière la gare des minibus. Le train pour la capitale quitte le quai officiellement à 1h du matin et s'arrête à Homs avant d'arriver à 6h en gare de Damas. Le billet coûte 65 £S en 1re classe et 45 £S en 2e classe. Ceux qui désirent se rendre à Lattaquié prendront le train de 4h40 (arrivée au moins 5 heures plus tard) et paieront leur billet 28 £S en 1re classe et 19 £S en 2e classe.

Taxis-service. Les taxis-service sont tous garés à proximité du beffroi. Il n'y a pas beaucoup de monde et vous aurez peut-être à attendre le temps qu'il se remplisse. Le tarif est bien supérieur à celui du bus. Parmi les destinations desservies, citons Lattaquié (100 £S), Tripoli (159 £S) et Beyrouth (300 £S).

SYRIE

Comment circuler

Même si vous n'utiliserez probablement pas les bus municipaux, si ce n'est pour rejoindre les plages (notamment celle de Shaati al-Ahlam), sachez que leur prix est fixe (5 £S) quelque soit le trajet effectué. Il vous sera certainement plus facile de prendre un taxi (20 £S la course) que de repérer un bus pour vous conduire à la destination de votre choix.

ENVIRONS DE TARTOUS

Amrit

A 7 km au sud de Tartous, deux monuments assez étranges, probablement des tombes, marquent l'emplacement d'Amrit, qui s'appelait Marathos dans l'Antiquité. On sait peu de choses sur cette prospère colonie phénicienne, dont Alexandre le Grand s'empara en 330 av. J. C., puis plus tard les Romains. Très peu de fouilles ont été entreprises dans ce secteur.

Comment s'y rendre. En face de la gare routière, sur la gauche en traversant la grande artère, de nombreux minibus pour Hamdiyeh stationnent le long du trottoir. Le chauffeur vous laissera à la bifurcation (10 minutes, 5 £S). Le site est à 25 minutes de marche. Pour le retour, rejoignez la route et arrêtez un minibus qui va à Tartous.

Safita

Cette paisible ville de montagne, située à 30 km de Tartous, est dominée par une tour croisée, le Castel Blanc, que les habitants appellent simplement *burj* (tour). Elle fut reconstruite à plusieurs reprises par les Templiers à la suite de tremblements de terre, et tomba aux mains du sultan Baybars en 1271, peu avant le Krak des Chevaliers.

Deux chemins pavés assez raides mènent au donjon, et l'on pénètre par le côté ouest. A ce niveau se dresse une église qui est encore utilisée. L'escalier dans le coin sud-ouest mène à de spacieux appartements. Une autre volée de marches conduit au toit, d'où l'on défendait la tour. Au sud-est, se dessinent le Krak (les deux forts pouvaient ainsi se communiquer des messages) et, au sud, les sommets enneigés des montagnes du nord du Liban.

Le site est en principe ouvert de 8h à 13h et de 15h à 18h de fin septembre à début mai (de 16h à 20h en haute saison) mais ces horaires ne sont pas vraiment fixes. Si l'entrée est gratuite, le gardien mérite bien un petit pourboire.

Le code téléphonique de la ville est le 43.

Où se loger et se restaurer. A l'endroit où les deux rues principales de la ville se rejoignent, non loin du terminus des minibus, réside un petit hôtel au-dessus d'une boutique, l'*Hotel Siyaha*. Vous débourserez 175 £S pour un lit dans une chambre très simple.

Juste à côté du donjon, le propriétaire du café-restaurant *Al Burj* (☎ 521737) peut vous trouver une location d'appartement avec cuisine et s.d.b. à partir de 2 000 £S par jour et pour 6 personnes. La vue du restaurant sur la vallée des Chrétiens et sur le Krak vaut à elle seule un arrêt et la commande d'un café ou d'un thé (50 £S). La cuisine y est quelconque et assez fade, quoique l'addition soit relativement relevée (à partir de 350 £S par personne).

Un peu excentré du centre-ville, l'*Hotel Burj Safita* propose des simples/doubles correctes à 20/30 $.

Encore moins à la portée des bourses de la plupart des voyageurs, le *Safita Cham Palace* (☎ 525980 ; fax 525984) est malheureusement le bâtiment le plus imposant de la ville, après le beffroi. Les chambres sont à 125/160 $US.

De nombreux voyageurs nous ont assuré qu'il était possible de loger chez l'habitant.

Comment s'y rendre. Le minibus au départ de Tartous coûte 7 £S et met environ 45 minutes à monter jusqu'à Safita. Les départs se font toutes les 30 minutes. De Homs, les liaisons sont moins nombreuses et moins régulières. Néanmoins, vous avez le choix entre les bus Scania et les minibus pour vous rendre à Safita en 1 heure 30 (20 £S)

KRAK DES CHEVALIERS

Le Krak des Chevaliers (Qala'at al-Hosn) est l'un des principaux sites touristiques de Syrie et sa visite s'impose. Il est en très bon état et ressemble certainement beaucoup à ce qu'il était il y a huit siècles.

Il est ouvert tous les jours (sauf les jours fériés), de 9h à 18h (fermeture des portes à 16h, de fin septembre à début mai). L'entrée est payante (200 £S). Une lampe-torche peut se révéler utile pour les passages les plus sombres.

Le fort est situé dans la seule faille importante du massif montagneux qui s'étend sur environ 250 km entre Antakya (Turquie) et Beyrouth (Liban). Autrefois, quiconque s'en rendait maître était virtuellement assuré de contrôler le territoire syrien, en surveillant la circulation des produits et des hommes entre les ports et l'intérieur des terres.

Cette faille a conservé cette importance : la route qui relie Homs à Tartous y a été construite, ainsi que le pipeline qui amène le pétrole depuis les gisements, de l'est du pays au terminal de Tartous.

Les croisés mirent environ un siècle à construire et à agrandir le fort à partir de 1150. Lorsqu'il fut terminé, il pouvait abriter jusqu'à environ 4 000 hommes. Le basalte de la région fut employé au début de la construction, puis on utilisa également des blocs de calcaire. Après avoir repoussé plusieurs assauts ennemis, les croisés furent finalement contraints, en 1271, de se rendre au sultan Baybars. Il les autorisa à sortir du château à la condition qu'ils quittent le pays, mais apparemment, ils n'allèrent pas plus loin que Tartous et Tripoli. Baybars fit construire des tours supplémentaires et l'on reconnaît le style franc et le style arabe juxtaposés.

A voir

La forteresse comporte deux parties distinctes : d'une part, l'enceinte extérieure avec ses 13 tours et son entrée principale ; d'autre part l'enceinte intérieure et le bâtiment central, construits sur une plate-forme rocheuse. Des douves creusées dans la roche séparent les deux murs.

L'entrée principale (1) mène à une rampe en pente douce dont les marches sont suffisamment larges pour permettre le passage des chevaux. La première tour sur la gauche (2) était une salle des gardes et la longue salle adjacente servait d'écurie (3). Un peu plus loin, la rampe fait brusquement un coude à droite et conduit à la forteresse intérieure. A cet endroit, la tour (5) est massive et son portail qui s'ouvre sur les douves est fixé à un mur épais de cinq mètres. Sur le mur extérieur, au-dessus de la porte, on peut voir deux lions se faisant face.

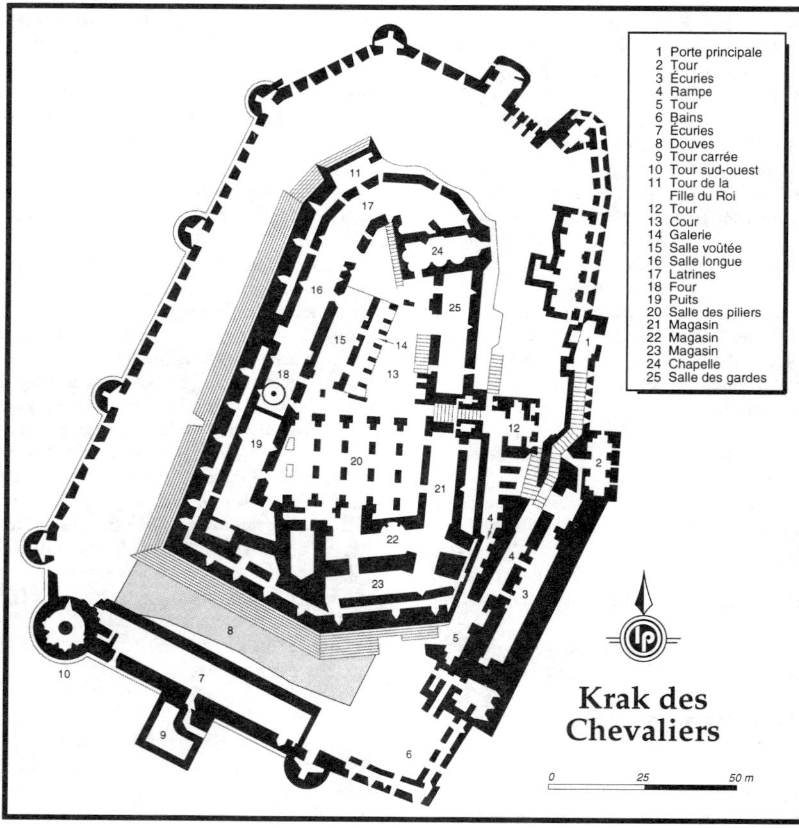

Ils représentent, pense-t-on, le roi anglais croisé Richard Cœur-de-Lion.

Les douves sont en général emplies d'eau stagnante. Lorsque le château était occupé, cette eau servait à remplir les bains (6) et à faire boire les chevaux. Près des bains, on distingue à peine une entrée envahie par la végétation. C'était un passage secret pour pénétrer dans le Krak.

La salle (7), située au sud des douves (8), mesure 60 mètres sur neuf. La tour carrée (9) soutint le plus fort de l'attaque de 1271 et fut reconstruite par le sultan Baybars. La longue pièce mène à la tour sud-ouest (10). Le pilier central, qui soutient le niveau supérieur de la tour, comporte une inscription en arabe. Il s'agit du nom entier de Baybars : "al-malek az-Zaher Rukh ad-Dunya wad-Din Abu al-Fath Baybars" !

En marchant entre les deux enceintes depuis la tour sud-ouest, vous atteindrez la tour de la Fille du Roi (11), dont la base est recouverte d'ordures nauséabondes et envahies de mouches. Elle a ceci d'inhabituel qu'elle est plus large que profonde. Sa façade comporte trois rangées d'arcs à trois brisures et une grande galerie en porte-à-faux, d'où l'on lançait des pierres sur les assaillants. Le seul risque que courent aujourd'hui les visiteurs est de recevoir les ordures des cuisines du café qui sont négligemment jetées du sommet de la tour. Sur la face orientale de cette tour, une porte arrière donne sur les douves.

Contournez-la pour pénétrer dans la cour à ciel ouvert (13) de la forteresse intérieure. On y accède par la tour (12) qui se trouve au sommet de la rampe d'accès. La galerie (14), sur le côté ouest de la cour, est l'élément architectural le plus impressionnant du Krak. Des sept travées d'ogives qui font face à la cour, deux sont ouvertes et les cinq autres soutiennent un pilier délicatement sculpté.

Les portes de la galerie donnent sur une grande salle voûtée (15) qui était probablement une salle de réception. A son extrémité, une salle de 120 mètres (16) occupe toute la longueur du mur occidental. D'anciennes latrines (17) sont encore visibles à l'extrémité nord. Au centre de la salle, on découvre les traces d'un ancien four (18) de plus de cinq mètres de diamètre. La salle a été divisée juste derrière le four par un mur de briques, mais on peut accéder à l'autre partie par la salle des piliers et voir un puits (19) et, à l'extrémité, un autre four dans le mur.

La salle des piliers (20) comporte cinq rangées de lourds piliers trapus et les voûtes sont composées de pierres de la taille du poing. On pense que cette salle servait de réfectoire. Les salles 21, 22 et 23 étaient des magasins. Dans la salle 22, on voit les restes d'énormes jarres à huile en terre cuite et dans la salle 23, un moulin à huile, d'autres jarres et un puits.

De retour dans la cour, la chapelle (24) est pourvue d'une nef voûtée. Elle fut transformée en mosquée après la conquête musulmane et le *minbar* (chaire) est encore en place. L'escalier qui obstrue la porte principale fut rajouté plus tard ; il conduit aux étages de la forteresse.

Le dernier étage de la tour de la Fille du Roi (11) a été transformé en café où l'on peut boire du thé ou de la bière et manger sur le pouce. A ce niveau, on a une vue magnifique (quand la brume se lève) sur le sommet enneigé de Kornet as-Saouda (1 088 m) des monts de l'Anti-Liban au sud et sur la vallée de Nahr al-Kabir (le "Grand Fleuve") à l'est.

Pour bénéficier d'un beau panorama sur le Krak, prenez la route qui part à droite de l'entrée jusqu'à la petite colline qui se trouve derrière l'angle sud-ouest.

Où se loger et se restaurer

Le restaurant situé à l'intérieur du château est assez cher. A l'extérieur, juste après avoir descendu les escaliers qui mènent à l'entrée du château, le *Restaurant des Chevaliers*, en arabe "Assad Al-Kardi" (☎ 734411) affiche des prix identiques (comptez au moins 175 £S pour un repas simple) et une cuisine bien plus alléchante, à défaut d'être succulente.

A 200 mètres à gauche en sortant et en montant un peu la route, *La table ronde* (☎ 734280) offre sa formule buffet à volonté à 250 £S. On peut également y dormir. Toutefois, les quatre chambres proposées sont peu avenantes malgré leur belle vue sur l'arrière du château. Leur prix, 500 £S, que vous soyez seul ou deux, est excessif au regard du simple lit proposé, peu engageant. On préférera dès les beaux jours revenus, la location de tentes dont le prix 300 £S pour deux comprend la fourniture de matelas, de draps et de couverture. Si vous avez apporté cet équipement, il ne vous en coûtera que 100 £S par personne, douche comprise.

Pour ceux qui disposent d'un véhicule (pour les autres, les déplacements sont compliqués) et d'un budget confortable, le *Al Wadi Hotel* (☎ 730456), dans le village de Michetahir, situé juste à côté du couvent St Georges, possède le confort d'un trois-étoiles. L'accueil y est particulièrement chaleureux. Sa propriétaire parle très bien le français. Construit dans la campagne et dans un bel environnement, le Al Wadi Hotel avec sa piscine, sa vaste terrasse, sa grande salle de restaurant et ses vastes chambres aux rideaux roses, a des allures de grand hôtel un peu désuet, mais au charme certain. La simple coûte 60 $US de mai à fin septembre (50 $US en basse saison) et la double 75 $US pour la même période (60 $US). Les chambres avec vue sur le Krak sont particulièrement agréables avec leur balcon. Si vous avez le temps, vous pouvez couper à travers champs et rejoindre le Krak en 3/4 d'heure.

En voiture, il est à 7 km. L'accès à la piscine pour les visiteurs coûte 100 £S. On peut y déjeuner et dîner (comptez 250 £S par personne au moins).

On peut facilement se rendre dans la journée au Krak depuis Tartous, Homs ou même Hama qui offrent un choix d'hébergements plus large.

Comment s'y rendre

Le Krak est à une dizaine de kilomètres de la route Homs-Tartous, à peu près à mi-chemin entre les deux villes. Il est possible de le visiter dans la journée en venant de l'une ou de l'autre, ou en se rendant de l'une à l'autre.

A Homs, de nombreux minibus circulent de 6h30 à 16h (40 minutes, 25 £S). Ils assurent une liaison directe jusqu'au Krak des Chevaliers (demandez Qala'at al-Hosn). Si vous venez de rater le bus direct pour le Krak, vous pouvez prendre celui (ils sont nombreux) qui part pour Tartous. Vous demanderez au chauffeur de vous arrêter à l'embranchement de la route et vous continuerez en stop ou bien vous prendrez un minibus (15 £S).

L'autre possibilité, et la seule depuis Tartous, consiste à prendre l'un des bus ou minibus (fréquents) qui font la navette entre les deux villes. Demandez que l'on vous laisse à la bifurcation (comptez 45 mn de transport). Précisez votre destination et les chauffeurs vous feront payer 10 £S au lieu du tarif plein. De là, à nouveau, faites du stop ou prenez un minibus local s'il en passe un.

Pour revenir, empruntez au village un minibus pour Homs (les derniers départs sont vers 16h, voire 15h30 en hiver) ou faites du stop jusqu'à la route principale si vous avez raté le dernier. Une fois là, prenez-en un autre pour Homs ou Tartous.

La vallée de l'Oronte

L'Oronte (en arabe "Nahar al-Assi", le fleuve rebelle) prend sa source dans les monts du Liban, près de Balbek. Il pénètre en Syrie près de Tell Nabi Mend, qui s'appelait Qadesh dans l'Antiquité et où, vers 1300 av. J.-C., les Égyptiens furent repoussés par les Hittites au cours d'une sanglante bataille.

Le barrage situé juste au sud de Homs fut construit au cours du IIe millénaire av. J.-C. Il a été réaménagé et s'appelle aujourd'hui le lac Qattine. Il alimente Homs en eau potable et irrigue quelque 200 km².

Le fleuve traverse la ville industrielle de Homs avant d'atteindre Hama où il fait encore tourner des roues à aubes, ou norias. L'Oronte coulait autrefois vers le nord-ouest à partir de Hama et drainait la plaine marécageuse du Ghab. Aujourd'hui, les marais ont été asséchés et cette plaine est devenue l'une des plus fertiles du pays. Le fleuve poursuit son cours vers le nord et traverse Antakya, en Turquie, avant de se jeter dans la Méditerranée.

HOMS

Il y a peu de choses à voir à Homs, mais c'est une ville animée. Elle est située à la croisée de plusieurs itinéraires et la plupart des voyageurs la traversent à un moment ou un autre de leur périple. A partir de Homs, les routes partent vers le nord à Hama, vers l'est à Palmyre et l'Euphrate, vers le sud à Damas et vers l'ouest à Tartous et la côte méditerranéenne.

Homs, troisième ville de Syrie, est devenue un centre industriel. C'est là que la moitié du pétrole du pays est raffiné. On y trouve également une usine de superphosphates, une petite raffinerie de sucre et plusieurs usines.

Si son passé est riche, peu de vestiges en témoignent toutefois. Les quelques monuments intéressants ne justifient une halte que pour les voyageurs qui ont du temps devant eux.

Histoire

La ville s'appelait autrefois Emèse et ses habitants s'opposèrent à la conquête romaine.

En 194, l'empereur romain Septime Sévère épousa Julia Domna, issue d'une famille de prêtres d'Emèse. Son successeur, Elagabale, fut proclamé empereur en 218 et imposa à Rome le culte du dieu du Soleil d'Emèse comme religion officielle. Il y fit transporter le principal objet de ce culte, une grande pierre conique noire. En 222, alors qu'il s'était montré jusqu'à présent assez excentrique, il perdit complètement la raison. Il fut assassiné par des gardes prétoriens et la pierre fut aussitôt renvoyée à Emèse.

Cinquante ans plus tard, toujours à Emèse, Aurélien mettait en déroute l'armée de l'ambitieuse Zénobie, reine de Palmyre, et anéantit ainsi son empire naissant.

Renseignements

Office du tourisme. Il s'agit d'un petit stand d'informations installé dans un espace de verdure donnant sur Kouwatli St. N'attendez rien, si ce n'est le plan de la ville dont les noms des rues ne correspondent pas à la réalité. Officiellement, il ouvre de 8h30 à 14h et de 16h à 18h tous les jours, sauf le vendredi.

Argent. A quelques rues au nord de la Kouwatli St, on trouvera au deuxième étage d'un immeuble l'agence principale de la Banque commerciale de Syrie qui change de l'argent liquide et des chèques de voyage, de 8h30 à 12h30 tous les jours, sauf le vendredi. Le dimanche, l'ouverture des caisses se fait à 9h30. Sinon, le bureau de change près des souks accepte également le liquide et les chèques de voyage. Il fonctionne tous les jours de 8h à 20h, normalement sans interruption.

Poste. Le nouveau bureau de poste est situé dans la rue Moukee que distribue le rond-point du beffroi, à l'extrémité ouest de Kouwatli St. Il est ouvert du samedi au jeudi de 8h à 16h30. Aux dires des employés, le bureau des téléphones devrait être installé dans le même bâtiment.

Le code téléphonique de la ville est le 31.

Prorogations de visa. Pour faire renouveler son visa, allez au troisième étage d'un immeuble administratif installé dans une galerie commerçante (signalé Bureau de l'immigration sur le plan) au bout d'une petite ruelle au nord de Kouwatli St. Ce bâtiment héberge également le bureau des passeports et le service de la circulation. Le moins que l'on puisse dire est que l'organisation laisse à désirer.

Au rez-de-chaussée, vous pourrez vous faire prendre en photo et acheter au guichet (sur la gauche) un timbre fiscal pour le formulaire de prorogation du visa. Il est ouvert de 8h30 à 14h du samedi au jeudi.

A voir

Le seul monument qui possède un réel intérêt est la **mosquée Khalid Ibn al-Walid**, sur la route de Hama, à un kilomètre environ du centre-ville. Elle renferme le tombeau de ce général musulman qui introduisit l'islam en Syrie en 636. Elle est devenue pour cette raison un lieu de pèlerinage. La construction de l'édifice actuel, surmonté de neuf coupoles, débuta en 1908 et s'acheva en 1913.

A l'est du centre-ville se dresse **l'église de la Ceinture de la Vierge** ("Kanîsat Um Zumaar" en arabe), de rite orthodoxe syrien. En 1953, le patriarche d'Antioche, Ignatius Aphraim, déclara qu'une ceinture de laine et de soie tissée, découverte six mois plus tôt dans l'église, avait appartenu à la Vierge Marie. Depuis l'ascension de Marie, ce morceau de tissu aurait été conservé intact dans un récipient placé dans l'église érigée à cet emplacement. Vous pouvez demander au gardien à voir la ceinture, mais n'en attendez pas trop : c'est un morceau de tissu assez quelconque.

Pour vous y rendre, suivez vers l'est le prolongement de Kouwatli St, entre les souks. Prenez la deuxième rue à droite après l'archevêché catholique. L'église est tout au bout de la rue.

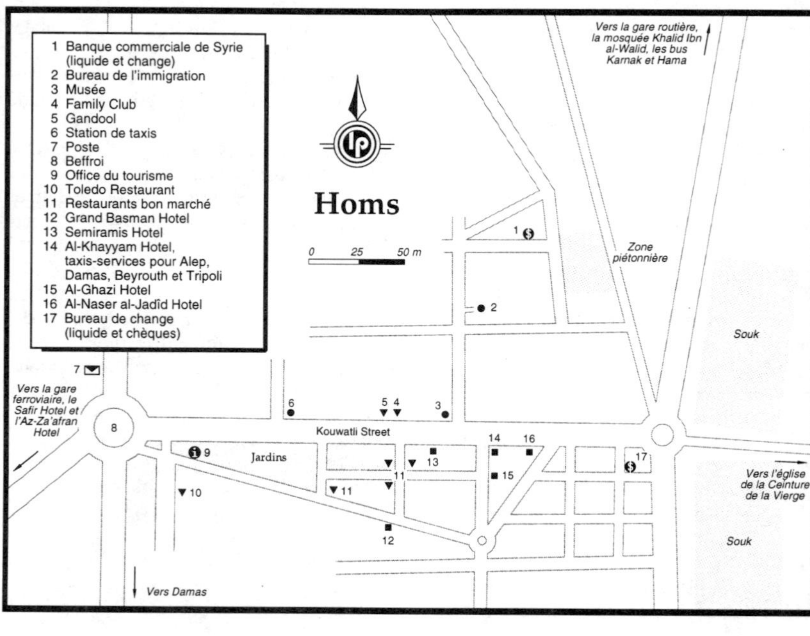

En revenant vers la rue principale, une petite bâtisse ottomane dans une ruelle sur la droite est désignée sous le nom de Beit Zahrani.

Le musée de la ville se trouve dans le bâtiment du département des Antiquités qui donne sur Kouwatli St. S'il renferme de multiples objets et statues trouvés sur les sites environnants, leur présentation et surtout l'absence d'explications ne donnent guère d'attrait pour ne pas dire d'intérêt à la visite. Il est ouvert de 9h à 16h30, excepté le mardi. Le droit d'entrée est de 200 £S.

Le souk est vaste et très animé, mais il est entièrement moderne et ne provoque donc pas de grandes émotions esthétiques.

La citadelle, au sud de la ville, est une zone militaire et, par conséquent, interdite aux touristes. De toute façon, c'est tout au plus un gros monticule.

Où se loger

Les hôtels bon marché sont situés dans Kouwatli St ou à proximité, entre l'office du tourisme et le souk.

Le meilleur est l'*Al-Naser al-Jadîd Hotel* (☎ 227423). Il est tenu par un vieux monsieur très aimable qui parle bien anglais et avec qui vous pourrez discuter dans le grand salon. Son entrée est aménagée dans une petite rue qui donne dans Kouwatli St. Les chambres sont propres. La simple/double coûte 200/300 £S. La douche chaude est en supplément (50 £S).

Juste à côté, dans Kouwatli St, le *Al-Khayyam Hotel.* offre des simples/doubles à 200/325 £S, comme à l'*Al-Ghazi Hotel*, tout proche et tout aussi peu encourageant mais dont le seul point positif est de posséder des vitres aux carreaux de ses fenêtres ! L'eau chaude est en supplément (35 £S).

En face de la mosquée Khalid Ibn al-Walid, l'*Az-Za'afran Hotel* (signalé simplement "Hotel") propose des lits à 200 £S par personne, mais pas d'eau chaude et pas grand-chose de mieux que les autres.

Si vous cherchez un peu plus de confort, le *Grand Basman Hotel* possède des simples/doubles/triples avec s.d.b. et ventilateur à 15/22/25 $US. En cours de rénovation à l'heure où nous mettons sous presse, il devrait revoir ses tarifs à la hausse. L'entrée se trouve dans une petite galerie marchande.

Implanté au dernier étage d'un immeuble de Kouwatli St, le *Semiramis Hotel* est beaucoup trop cher pour la qualité proposée comme souvent dans les hôtels moyens où l'on doit payer en dollars. La simple est à 18 $US, la double à 22 $US.

Le *Safir Hotel* (☎ 412400 ; fax 433420) joue dans la catégorie grand standing avec des simples/doubles à 133/155 $US qui, au regard de la moquette tachée, sont vraiment un luxe dont on peut se passer à ce tarif. Le droit d'accès à la piscine pour les visiteurs est de 300 £S.

Où se restaurer

Le *Toledo Restaurant*, un peu en retrait par rapport aux jardins qui entourent l'office du tourisme, sert différents ragoûts, des soupes et des plats de riz. Un repas copieux coûte moins de 125 £S.

Les autres restaurants bon marché sont groupés dans une rue au sud de Kouwatli St et proposent les éternels kebabs, poulets, felafels, houmous et salades.

Dans Kouwatli St, le *Gandool* est un grand café ombragé où l'on peut prendre un verre et fumer le narghileh. On n'y sert pas de repas. Juste à côté, le *Family Club* est un agréable endroit où vous pourrez vous restaurer simplement pour 150 £S.

Comment s'y rendre

Bus. Homs est au carrefour de nombreuses lignes de transports. Elle est desservie par de multiples compagnies dont la compagnie Karnak et par des minibus.

Bus Karnak. La gare des bus Karnak est à environ 2 km au nord du centre-ville. Deux bus relient tous les jours Damas, le premier à 10h30 et le deuxième à 18h30. Le billet coûte 50 £S. Trois bus se rendent à Alep (avec un arrêt à Hama) à 9h, 15h et 16h (60 £S). Un départ quotidien s'effectue à 9h pour Palmyre (50 £S). Lattaquié n'est desservi que par un seul bus qui part à 10h (50 £S). Pour Tartous, vous devrez vous contenter du bus de 10h30 (30 £S). Par précaution, réservez un jour à l'avance.

Bus/minibus. La gare routière jouxte la gare des bus Karnak et, comme Homs est desservie par de nombreuses lignes, elle est assez animée.

De nombreux minibus et bus effectuent la liaison avec Hama (30 minutes, 20 £S) de 5h à 22h30. Parmi les autres destinations, citons Damas (1 heure 30, 25 £S), Alep (3 heures, 40 £S), Tartous (1 heure 30, 25 £S) et Palmyre (2 heures, 60 £S). Le dernier bus pour Palmyre part à 16h.

Le Krak des Chevaliers (demandez Qala'at al-Hosn) est également très bien relié depuis Homs de 6h30 à 16h (40 minutes, 25 £S). Si vous venez de rater le bus direct pour le Krak, vous pouvez prendre celui (et ils sont nombreux) qui part pour Tartous.

Vous demanderez au chauffeur de vous arrêter à l'embranchement de la route et continuerez en stop.

Train. La gare ferroviaire est à environ 20 minutes de marche du centre. Au beffroi, prenez la rue qui part vers le sud-ouest jusqu'à la grand-route (Tarablos St). Tournez à droite et marchez encore à peu près 1 km jusqu'au grand carrefour avec des feux tricolores. La gare est tout près sur la gauche.

Il existe deux départs par jour vers Damas. Le premier est à 3h40 et le second à 5h10 (47 £S en 1re classe et 32 £S en 2e classe). Pour Alep, le départ est à 12h50 ou à 20h (45 £S en 1re classe et 31 £S en 2e classe). Si vous voulez poursuivre sur Qamishle, prenez le train de 20h.

Taxis-service. Tous les taxis-service stationnent au coin de l'Al-Khayyam Hotel dans Kouwatli St. Ils vont à Damas, Alep, Beyrouth et Tripoli (Liban).

Ils peuvent également vous conduire jusqu'au Krak des Chevaliers et vous ramener à Homs pour 800 £S, un tarif qui comprend les deux heures d'attente accordées pour visiter la forteresse. La négociation est dure, mais peut être arriverez-vous à faire descendre le prix à 500 £S.

HAMA

C'est l'une des plus jolies villes de Syrie, traversée par l'Oronte dont les berges sont bordées d'arbres, de jardins et d'anciennes norias grinçantes. L'atmosphère paisible qui y règne en fait un endroit agréable pour se reposer quelques jours. C'est aussi un excellent point de départ pour aller visiter les ruines d'Apamée et de Qala'at Sheisar. Il est même possible de faire l'aller-retour au Krak des Chevaliers *via* Homs dans la journée.

Les habitants de Hama sont parmi les plus conservateurs du pays et l'on voit très souvent des femmes habillées à la mode, mais avec le visage entièrement voilé de noir. Vous croiserez également de nombreuses femmes en costume local (une longue robe noire mouchetée de jaune et de rouge vif) et au visage tatoué de motifs traditionnels.

Hama est aussi une ville industrielle importante, où sont concentrées les principales usines métallurgiques du pays.

Histoire

Bien que son histoire soit mal connue, Hama a joué un rôle important pendant des siècles. Des fouilles ont révélé qu'elle était habitée dès l'âge de pierre.

Sous les règnes de David et Salomon (entre 1000 et 922 av. J.-C.), le royaume araméen d'Hamath faisait du commerce avec Israël. En 853 av. J.-C., conjointement avec Damas, il se révolta contre les occupants assyriens et vainquit les troupes de Samalnasar.

En 720 av. J.-C., sous Sargon II, les Assyriens se vengèrent et déportèrent tous les habitants de la ville. A l'époque des Séleucides, la ville fut baptisée Epiphania, d'après le nom d'Antiochos IV Epiphane, puis Emath au début de l'ère chrétienne.

Au commencement des croisades, Damas, Alep (à l'époque divisée) et les Francs cherchaient tous à contrôler Hama. Pour finir, le poète arabe Abu al-Fida fut nommé sultan d'Hama, placé sous la tutelle des Mamelouks.

Durant la dynastie des Ayyoubites, elle connut une période très prospère au cours de laquelle furent construites les premières norias qui se multiplièrent du temps des Mamelouks et de la période ottomane.

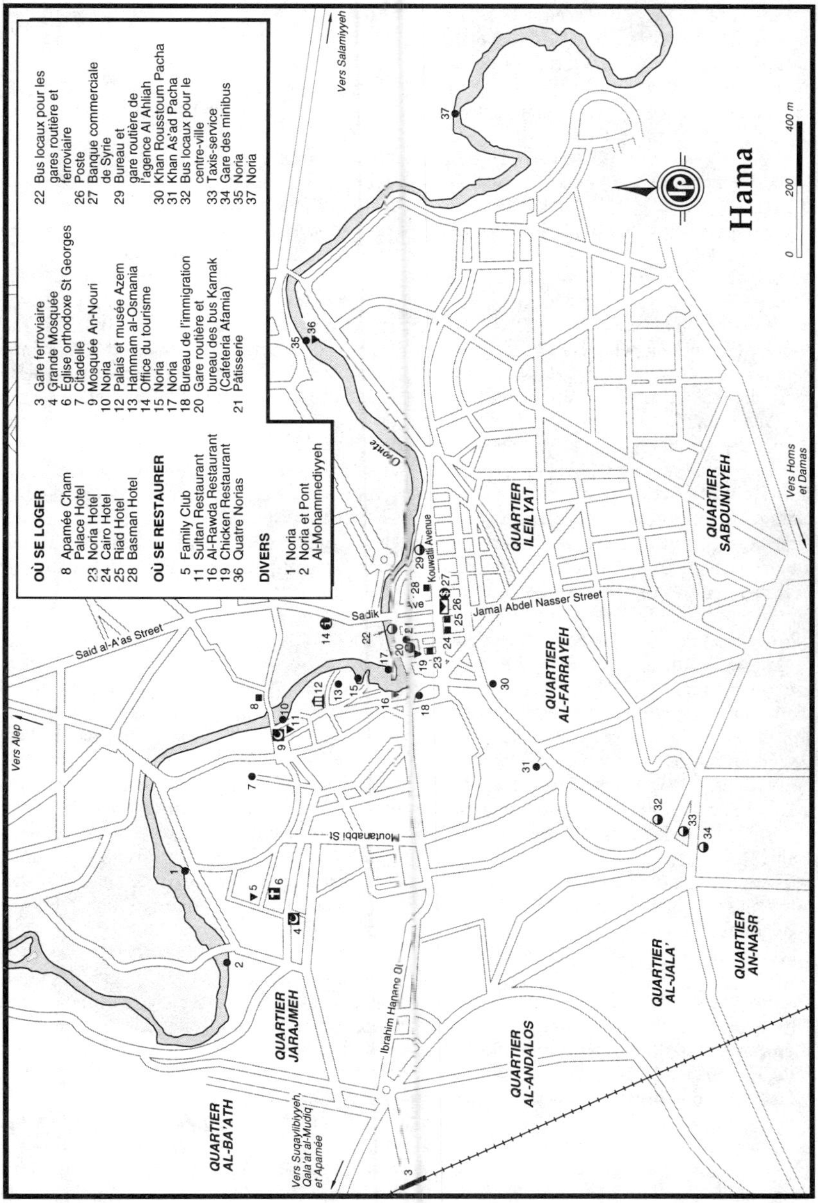
Hama
OÙ SE LOGER
8 Apamée Cham Palace Hotel
23 Noria Hotel
24 Cairo Hotel
25 Riad Hotel
28 Basman Hotel
OÙ SE RESTAURER
5 Family Club
11 Sultan Restaurant
16 Al-Rawda Restaurant
19 Chicken Restaurant
36 Quatre Norias
DIVERS
1 Noria
2 Noria et Pont Al-Mohammediyyeh
3 Gare ferroviaire
4 Grande Mosquée
6 Église orthodoxe St Georges
7 Citadelle
9 Mosquée An-Nouri
10 Noria
12 Palais et musée Azem
13 Hammam al-Osmania
14 Office du tourisme
15 Noria
17 Noria
18 Bureau de l'immigration
20 Gare routière et bureau des bus Karnak (Cafeteria Afamia)
21 Pâtisserie
22 Bus locaux pour les gares routière et ferroviaire
26 Poste
27 Banque commerciale de Syrie
29 Bureau et gare routière de l'agence Al Ahliah
30 Khan Rousstoum Pacha
31 Khan As'ad Pacha
32 Bus locaux pour le centre-ville
33 Taxis-service
34 Gare des minibus
35 Noria
37 Noria
Vers Salamiyyeh
Vers Alep
Vers Homs et Damas
Vers Suqaylibiyyeh, Qala'at al-Mudiq et Apamée
Oronte
Said al-A'as Street
Sadik Ave
Kouwatli Avenue
Jamal Abdel Nasser Street
Moutanabbi St
Ibrahim Hanano St
QUARTIER AL-BA'ATH
QUARTIER JARAJMEH
QUARTIER AL-ANDALOS
QUARTIER AL-JALA'
QUARTIER AN-NASR
QUARTIER AL-FARRAYEH
QUARTIER ILEIL YAT
QUARTIER SABOUNIYYEH
0 200 400 m

SYRIE

Plus récemment, en février 1982, Hama s'est rendue tristement célèbre en révélant la nature répressive du régime d'Assad. Les détails des événements de ce mois de février sanglant sont demeurés flous, mais il semble qu'environ huit mille soldats ont envahi la ville pour écraser une rébellion fomentée par le mouvement des Frères musulmans, alors illégal.

Ceux parmi les habitants de la ville qui acceptent de parler de ces événements évoquent des bombardements aériens, des attaques de chars et des combats sanglants. Au total, on a avancé le chiffre de 25 000 personnes qui auraient péri au cours de ces combats ou à la suite d'atroces exécutions collectives. La ville fut coupée du monde pendant un mois, sans eau ni électricité, et la nourriture devint rare. Un homme nous a dit qu'il était aujourd'hui en vie parce que cette nuit-là, il était resté dormir à son travail. Lorsqu'il rentra chez lui le lendemain, il apprit que son père et tous ses frères avaient été pris dans une rafle et tués durant la nuit.

Il reste aujourd'hui encore des traces des combats, surtout dans la vieille ville, autour du musée et de la mosquée An-Nouri, mais du fait de la construction de nouveaux bâtiments (une grande école notamment), on les distingue difficilement de l'habituel fatras des chantiers. Les autorités se sont dépêchées de recouvrir une zone située de l'autre côté de la rivière : l'Apamée Cham Palace Hotel a été construit, d'après certains témoins, sur les "maisons et les corps de milliers de personnes".

Il semble évident que le gouvernement aimerait faire oublier cet épisode. Il est donc plus prudent pour vous de ne pas aborder le sujet, même si l'on essaie de vous en parler.

Renseignements

Office du tourisme. Il occupe un petit bâtiment aménagé dans les jardins du centre-ville. Hormis l'habituelle carte gratuite qu'ils vous fourniront, les employés se mettront en quatre pour vous renseigner et vous donner des informations qui se révèlent justes et souvent de qualité. Il est ouvert de 8h à 14h, sauf le vendredi.

Argent. Les bureaux de la Banque commerciale de Syrie, dans Kouwatli Avenue, juste à côté de la poste, sont ouverts de 8h30 à 12h30, avec une ouverture des portes le dimanche à 9h30. On peut y changer au premier étage de l'argent liquide et des chèques de voyage en se rappelant que, comme d'habitude en Syrie pour ce type d'opérations, la caisse n'ouvre son guichet que 30 minutes après l'ouverture de la banque et n'assure plus de transactions à partir de 12h.

Poste et télécommunications. Le bureau de poste principal, ouvert de 8h30 à 17h, fait l'angle de Kouwatli Avenue et de l'ancienne route Damas-Alep (Sadik Avenue). La boîte à lettres est une boîte en bois peint en rouge, à gauche en entrant. Le centre téléphonique est juste dans la rue à droite en descendant les marches, sur le même trottoir que la Banque commerciale de Syrie. Il fonctionne de 8h à 12h et de 17h à 19h et vous pouvez y acheter des cartes téléphoniques. Les cabines téléphoniques (quelques-unes sont à carte) se trouvent derrière.

Le code téléphonique de Hama est le 33.

Prorogations de visa. Le bureau de l'immigration est installé au troisième étage d'un bâtiment situé en face du pont, en centre-ville. Cherchez la pancarte indiquant "Passeports" à côté d'une pharmacie qui jouxte un abri pour piétons. Le bureau est ouvert tous les jours, sauf le vendredi, de 8h à 13h. Outre les quatre photos d'identité requises et le paiement des 25 £S de taxes exigé, auquel vous devrez ajouter 4 £S de timbre fiscal, l'employé vous demandera d'aller faire une photocopie de votre passeport, voire du formulaire s'il n'en a pas en nombre suffisant. A la différence de Homs ou de grandes villes comme Damas ou Alep, vous obtiendrez la prorogation le jour même, à moins d'un afflux soudain de touristes.

La citadelle

Pour jouir d'un beau panorama sur la ville, montez jusqu'au parc aménagé au sommet de la citadelle. Hormis quelques fragments méconnaissables, il ne subsiste rien de l'ancienne forteresse car toutes les pierres ont été réutilisées pour d'autres constructions. Des archéologues danois ont beaucoup travaillé sur cette colline et ont établi la preuve d'une occupation continue depuis le néolithique, et en particulier pendant l'âge de fer.

L'endroit a été réaménagé en aire de pique-nique et de jeux. Un café dépannera ceux qui n'ont pas apporté de provisions.

Les norias

Elles constituent la principale attraction de Hama. Ces roues à aubes en bois, qui mesurent jusqu'à ving mètres de diamètre, furent construites voilà des siècles pour l'alimentation de la ville en eau et l'irrigation. Si elles fonctionnent encore, l'eau n'est plus utilisée. On en dénombrait plus de trente au Moyen-Age, mais il n'en reste qu'une douzaine. Les roues et les poulies sont en bois, et leur frottement produit un grincement mélancolique.

Les norias du centre-ville sont au cœur d'un parc agréable. On vient s'y reposer et les enfants vont nager tout près des roues (elles sont même illuminées le soir). Les plus impressionnantes se trouvent à environ un kilomètre en amont du centre, à un endroit appelé "Les Quatre norias de Bichriyat". On y trouve deux paires de norias sur un reversoir qui traverse toute la rivière. Malheureusement, celui-ci recueille aussi tous les détritus et les ordures qui flottent à la surface de l'eau ; cela va des bouteilles en plastique aux cadavres de moutons. En aval, sur la rive gauche, deux restaurants élégants avec terrasse sont installés juste en face des roues.

La plus grande des norias, appelée Al-Mohammediyyeh, est à environ 1 km du centre dans l'autre direction. Elle date du XIVe siècle et approvisionnait autrefois la Grande Mosquée en eau. A cet endroit, un petit pont en pierre enjambe la rivière et mène à un parc sans intérêt.

La Grande Mosquée

La Grande Mosquée, à environ 150 mètres au sud de la noria Al-Mohammediyyeh, est toujours en cours de restauration (elle fut complètement détruite pendant les émeutes de 1982). C'était autrefois le plus grand monument de Hama. Elle fut construite par les Omeyyades sur le modèle de la Grande Mosquée de Damas. Son histoire est d'ailleurs identique : il s'agit d'une ancienne église reconvertie, elle-même bâtie sur l'emplacement d'un temple païen.

Bien que la mosquée n'apparaisse pas sur le plan gratuit de la ville, les employés de l'office du tourime sont moins discrets à son propos qu'ils ne l'étaient il y a quelques années. Ce n'est pas suffisant pour se lancer dans un débat sur les raisons de son délabrement actuel.

Le palais Azem et le musée

Le musée est installé dans le palais Azem, l'ancienne résidence du gouverneur As'ad Pacha al-Azem (1705-1757), qui administra la ville jusqu'en 1742 avant d'administrer Damas (1743-1757). Ce palais vous rappellera le bâtiment tout aussi majestueux du même nom qui se trouve à Damas. Cela n'a rien de surprenant, puisqu'il furent tous deux construits par le même architecte.

Vous découvrirez çà et là dans la cour ombragée des fragments de sculptures anciennes, dont certaines comportent des inscriptions. Lorsque le palais fut agrandi, à la fin du XVIIIe siècle, cette partie devint le Haramlik (harem), réservé aux membres de la famille et aux femmes. L'escalier mène à ce que l'on appelle la salle royale qui hébergeait, pense-t-on, les appartements d'As'ad Pacha. Ils sont en réparation, car ils ont été très endommagés pendant les événements de 1982. En face, dans trois petites pièces, des mannequins de cire rappellent des scènes de la vie quotidienne.

Au rez-de-chaussée, une porte mène à un petit musée qui contient des objets découverts dans la citadelle. Le plus intéressant est une mosaïque du IIIe siècle, découverte près de Hama. Grâce à elle, les historiens ont beaucoup appris sur les instruments de musique de cette époque.

Jadis, on passait du Haramlik au Salamlik par les bains. Le Salamlik était réservé aux hommes et aux invités, mais il n'a pas grand intérêt aujourd'hui. L'étage supérieur est fermé.

Le musée est ouvert de 9h à 18h tous les

jours sauf le mardi, avec une fermeture des portes à 16 h du 1er octobre à la fin avril. L'entrée est payante : 200 £S.

La mosquée An-Nouri

La mosquée An-Nouri, juste au nord du palais, fut érigée au XIIe siècle par le général musulman Nur al-Din. Son minaret est d'origine. L'extérieur présente plus d'intérêt que l'intérieur. Les trois norias à proximité sont désignées sous le nom d'Al-Kilaniyyeh, d'As-Sahuniyyeh et d'Al-Ja'abariyyeh (d'est en ouest).

Le hammam

Le hammam al-Osmania, construit par le même architecte que celui du palais Azem, d'ailleurs à deux pas, est un très bel édifice tant à l'intérieur qu'à l'extérieur. Il est en principe ouvert tous les jours de 8h à 12h et de 19h à 24h pour les hommes. Les femmes, quant à elles, devront se contenter de la tranche horaire 12h-17h.

Les caravansérails

Le seul élément intéressant des deux caravansérails (*khans*) est leur portail en pierres de couleurs alternées. A une époque, le Khan Rousstoum Pacha, construit en 1556, servait d'orphelinat. Il est actuellement en cours de restauration et on ne peut y pénétrer. Le grand portail comporte un "œilleton" qui permettait de ne laisser entrer qu'une seule personne à la fois. Le Khan As'ad Pacha, édifié pour sa part en 1738, est devenu une école technique.

Où se loger

Deux des hôtels dont le rapport qualité-prix est le plus avantageux en Syrie se trouvent à Hama, l'un à côté de l'autre dans Kouwatli Avenue. Doté d'une grande douche collective, le *Cairo Hotel* (☎ 222280 ou 237206 ; fax 511715) est impeccable et Bader, son aimable propriétaire, parle anglais et allemand. Un lit dans une chambre à plusieurs vous coûtera 300 £S et une chambre double 600 £S. Très apprécié, l'hôtel est toujours complet ; aussi, vous faudra-t-il réserver à l'avance, ce qui est souvent le cas en Syrie pour tous les bons hôtels. En contact avec Madame Olga et son fils du Tourist Hotel à Alep (le meilleur hébergement de la ville), Bader, ou Amiass son neveu, pourront vous réserver une chambre par téléphone, ce que nous vous conseillons vivement. De même, si vous le souhaitez, ils peuvent vous organiser, pour 500 £S par personne, une journée de balade qui commence à Qala'at al-Mudiq (Apamée) et finit au Krak des Chevaliers, en passant par la très jolie vallée des Chrétiens.

Le *Riad Hotel* (☎ 517776 ou 239512) fait directement concurrence au Cairo. Une simple/double équipée d'une TV, d'un réfrigérateur et d'une s.d.b. revient à 350/600 £S. Dans les deux établissements, vous serez accueilli avec un thé ou du café (gratuit).

Toujours dans Kouwatli Avenue mais de l'autre côté du beffroi, le *Basman Hotel* (☎ 224838) fut un temps le seul hôtel de la catégorie moyenne. Ses propriétaires semblent le penser encore. Avec une simple/double à 15/25 $US, tarifs auxquels il faut ajouter 315 £S pour le petit déjeuner, on souhaiterait bénéficier de draps assez longs pour couvrir le lit et d'une s.d.b. correcte.

Le *Noria Hotel* (☎ 512414 ; fax 511715) affiche un service sans faute et des chambres agréables avec s.d.b à 18 $US la simple et 28 $US la double. Le dernier-né des hôtels de Hama sait de qui tenir puisque son propriétaire n'est autre que celui du Cairo Hotel.

L'*Apamée Cham Palace Hotel* (☎ 227429 ; fax 431085), de l'autre côté de la rivière au niveau de la mosquée An-Nouri, est le plus luxueux de la ville. La simple/double revient à 114/134 $US. L'accès à la piscine reste payant pour toute personne extérieure (200 £S).

Où se restaurer

Le long de Kouwatli Avenue à l'ouest du Cairo Hotel, vous trouverez les habituelles gargotes qui servent des kebabs et du poulet. On en compte environ une demi-douzaine. Si vous ne trouvez pas ce que vous voulez dans l'une, essayez celle d'à côté. Dans la petite rue qui va de Kouwatli Avenue à l'Oronte, deux restaurants se sont spécialisés dans le poulet. Celui qui est plus près de la rivière est équipé

SYRIE

de ventilateurs et la nourriture est bonne. Pour un demi-poulet accompagné de salade et de houmous, comptez 95 £S.

Si vous voulez dîner dans un joli cadre, l'*Al-Rawda Restaurant*, installé sur les berges de la rivière, offre une vue sur les norias. La nourriture est moyenne, sans prétention comme les prix. Prévoyez environ 140 £S pour un repas de kebab, agrémenté de frites, de salade et de houmous. Parfois, un orchestre se produit avec des danseurs.

Pour un meilleur repas, allez au *Sultan Restaurant*, que l'on atteint par le passage voûté sous la mosquée An-Nouri et dont la spécialité est le *batursh*, sorte de lasagne à 55 £S. La salle au premier étage offre une belle vue sur les rouages d'une noria.

A deux pas de l'église orthodoxe Saint-Georges, le *Family Club* joue la carte du repas traditionnel à base d'*ayran* (petit lait fermenté), de *schenglich* (salade de tomates, d'oignons et de fromage) et de mouton. Le montant de l'addition, qui ne dépasse pas les 90 £S par personne, est reversé à l'orphelinat.

Plus chic et plus agréable encore, le restaurant des *Quatre Norias* est sans nul doute l'endroit où il faut au moins prendre un repas tant la qualité de ses mets (notamment sa viande de mouton) et ses prix (à partir de 200 £S par personne) sont exceptionnels. Les habitants de la région ne s'y trompent pas et aiment venir en famille déjeuner ou dîner sur son immense terrasse longeant l'Oronte.

Si vous voulez simplement déguster un thé ou un café, et peut-être fumer un narghileh et jouer au backgammon, rien ne vaut le café en plein air qui jouxte l'Al-Rawda. Il est situé dans un jardin, à l'ombre des eucalyptus, et donne sur les norias et la rivière. C'est un endroit idéal quand il fait très chaud. De temps à autre, un serveur passe avec une cafetière en argent et de minuscules tasses. Le café est très fort et aromatisé à la cardamome. On le boit en une gorgée. Lorsque vous n'aurez plus soif, prenez votre tasse et agitez-la de droite à gauche.

En matière de pâtisserie, la spécialité de Hama (mais on la trouve aussi ailleurs) est le *halwat al-jibn* qui a l'avantage de ne pas être trop sucré. Souvent saupoudré de pistaches, ce gâteau mou à base de fromage est plongé dans du miel ou du sirop. Vous pourrez en acheter sans problème dans les nombreuses boutiques de Kouwatli Avenue, certaines ne vendant même que cela. Préférez le halwat al-jibn de la pâtisserie installée juste à coté de la Cafeteria Afamia et du bureau de la compagnie Karnak.

Comment s'y rendre

Bus. Si vous voyagez en bus Karnak, la gare est en centre-ville et les bureaux (ouverts de 5h30 à 20h30) installés au rez-de-chaussée de la Cafeteria Afamia.

Il existe des bus pour Damas (5h30, 8h15, 14h30 et 18h30 ; 60 £S), Homs (mêmes horaires que pour Damas, 20 £S) et Alep (10h, 14h et 16h30 ; 45 £S).

Sur le même trottoir, l'agence Koudmouss propose des bus pour Lattaquié (6h30 et 18h, 60 £S) ; Tartous (7h et 13h ; 50 £S) et Alep (7h30 et 16h ; 65 £S).

La meilleure agence de la ville se trouve à deux cents mètres de l'agence Karnak. Les bus de Al Ahliah relie Damas de 3h du matin à 20h45 (90 £S) ; Alep de 7h à 22h (65 £S) ; Homs de 6h à 20h45 (20 £S) ; Raqqa de 7h à 19h (145 £S) ; Tartous de 6h à 16h (60 £S) et Lattaquié à 6h (100 £S).

La gare des minibus est située dans les faubourgs ouest de la ville, à environ 2 km du centre. On peut prendre un bus municipal dans Kouwatli Avenue pour 5 £S. De la gare routière désignée sous le nom de *garagé Garbi*, les minibus réguliers vont notamment à Homs (30 minutes, 20 £S) et à Suqeilibiyyeh (pour Apamée). Le dernier minibus pour Suqeilibiyyeh est à 18h, et à 16h d'octobre à début mai (20 £S).

Train. La nouvelle gare ferroviaire se tient très à l'extérieur de la ville, au sud-ouest. Un bus municipal, depuis Kouwatli Avenue, coûte 5 £S et un taxi 25 £S.

Deux trains relient quotidiennement Damas (4 heures environ ; 57 £S en 1re classe et 40 £S en 2e classe) et deux autres se rendent à Alep (2 heures 30 ; 34 £S en 1re classe et 24 £S en 2e classe), dont l'un va jusqu'à Qamishle.

Taxis-service. La station des taxis-service est à coté de la poste. Les chauffeurs vous proposent un aller-retour Hama/Qala'at al-Mudiq (Apamée) à 1 000 £S, que vous soyez seul ou cinq. La course en ville dans une Chevrolet, une Pontiac ou une Mercedes 180D revient à 25 £S.

Comment circuler

Les bus municipaux sont assez pratiques pour rejoindre la gare routière ou ferroviaire et en revenir, car elles sont toutes deux assez éloignées du centre-ville. Les bus partent à l'angle de Kouwatli Avenue et de Sadik Avenue. Le billet (5 £S) s'achète dans le bus.

Pour aller en ville depuis la gare routière, l'arrêt est à environ 200 mètres au nord. Ce dernier n'est signalé par aucun panneau, mais vous le repérerez grâce au groupe de gens qui attendent au bord de la route.

Mais le plus pratique reste le taxi, vraiment bon marché : 25 £S la course !

QALA'AT AL-MUDIQ

Après Hama, l'Oronte poursuit son cours vers le nord-ouest et vers la grande dépression du Ghab, à quelque 50 km de là. Cette ancienne zone très marécageuse, d'environ 40 km^2 a été asséchée et des fossés d'irrigation ont été creusés grâce à des subventions de la Banque mondiale. Elle est devenue l'une des régions les plus fertiles du pays. On y cultive surtout le blé, l'orge, la betterave à sucre ainsi que différents arbres fruitiers.

On prétend que dans l'Antiquité, le pharaon Thoumotsis III venait ici chasser l'éléphant. Environ mille ans plus tard, Hannibal y apprenait aux Syriens comment utiliser les éléphants pour faire la guerre. Sur la crête orientale de cette vallée gisent les ruines de l'ancienne cité d'Apamée ("Afamia" en arabe), qui s'appelle aujourd'hui Qala'at al-Mudiq.

Fondée au IIe siècle av. J.-C. par Séleucos Ier, qui lui donna le nom de sa femme, la ville devint un important centre commercial et le carrefour des voies vers l'Orient. Elle était reliée par une route à Lattaquié (Laodicée), qui lui servait de port. A son heure de gloire, Apamée était peuplée d'environ 500 000 habitants (dont 120 000 étaient libres). Elle reçut la visite de nombreux dignitaires, parmi lesquels Marc-Antoine, accompagné de Cléopâtre, lorsqu'il rentra de sa campagne contre les Arméniens sur l'Euphrate.

La cité déclina après l'époque romaine, mais reprit de l'importance au moment des

SYRIE

croisades, lorsque le commandant normand Tancrède s'en empara. Son occupation fut brève, car Nur al Din reprit la ville quarante-trois ans plus tard, en 1149.

Les fortifications qui entourent le sommet de la colline et dominent la vallée sont encore debout. Elles furent restaurées après les tremblements de terre de 1157 et 1170.

Le musée

Dans le petit village qui se trouve au pied de la colline, un caravansérail ottoman du XVIIIe siècle a été restauré et transformé en musée. Les sols des salles voûtées qui entourent l'immense cour intérieure ont été recouverts de belles mosaïques découvertes lors des fouilles à Apamée.

Les trois plus impressionnantes, installées dans une salle au sud-ouest du khan, ont été trouvées dans les ruines d'une église, à l'extrémité est de l'artère est-ouest.

Malheureusement, les descriptions sont uniquement en arabe. Quel dommage de passer ainsi au-dessus d'œuvres inestimables sans en savoir plus ! Le musée est ouvert de 9h à 17h tous les jours, sauf le vendredi où la fermeture des portes est à 14h. L'entrée est payante : 100 £S.

Les fortifications

Comme c'est souvent le cas, les fortifications de la colline sont plus impressionnantes de l'extérieur. Elles datent du XIIIe siècle et ont été bâties sur l'acropole de la cité antique. A l'intérieur se trouve le village de Qala'at al-Mudiq où de petits vendeurs essaieront de vous convaincre d'acheter de la verrerie et des pièces de monnaie ramassées dans les ruines. Certains de ces objets sont anciens, mais la plupart sont manifestement fabriqués dans l'atelier du coin. Si vous êtes intéressé, à vous de savoir faire la différence.

Les ruines

Le site principal est à environ 500 mètres à l'est du village. Les colonnes redressées du cardo, long de 2 km, paraissent assez incongrues au milieu des champs de blé. Elles datent du IIe siècle et portent des cannelures verticales ou torsadées. La rue était fermée au nord par la Porte d'Antioche et au sud par la Porte d'Emèse (Homs).

Sur toute la longueur du cardo et du decumanus (qui sert aujourd'hui de route d'accès au site), le sol est jonché de grands blocs de pierres qui faisaient autrefois partie de monuments (temple, théâtre, églises, boutiques...). Nombre d'entre eux sont sculptés ou comportent des inscriptions en grec. Le site couvre une large superficie et, même dans le secteur où les reconstructions ont commencé, les fouilles sont encore loin d'être terminées. Des fragments de verre sont visibles un peu partout et il reste encore certainement de belles pièces à exhumer.

Lorsqu'on approche du site en venant du village, les premières ruines importantes que l'on aperçoit sont celles du **théâtre**, en grande partie détruit par les tremblements de terre et les pillages. Son diamètre est de 135 mètres, ce qui en fait le plus grand de ce genre en Syrie. Au sud du croisement du decumanus et du cardo se dressent sur la droite un grand bâtiment circulaire en ruines (érigé au Ve siècle sous Justinien) et de l'autre côté du cardo, une église.

A l'extrémité du decumanus, se profile parmi les ruines une **villa** romaine à gauche et une **cathédrale** du Ve siècle sur la droite. Sous ses ruines furent découvertes les deux superbes mosaïques qui sont exposées au musée.

De retour au croisement et en regardant vers le nord du cardo, vous apercevrez à droite les restes du **nymphée** de la ville et, un peu plus loin sur la gauche, l'**agora** (marché). Derrière se tenait un **temple** dédié à Zeus.

Si vous n'êtes pas allé voir les marchands d'"antiquités" dans la citadelle, ne vous en faites pas, ils vous rejoindront sur leur moto. Ils sont assez tenaces. Faites comme si vous ne les voyiez pas et priez pour qu'arrive un bus d'excursionnistes vers lequel ils se précipiteront.

L'entrée du site est désormais payante. Elle coûte 200 £S.

Où se loger et se restaurer

Qala'at al-Mudiq ne dispose pas de structure d'hébergement. Hormis le Café Apamée

Cham qui vend boissons et gâteaux secs, il n'existe aucun endroit où se restaurer. En revanche, il est facile de faire le trajet aller-retour depuis Hama dans la journée – c'est un peu plus compliqué le vendredi –, mais il faut se munir de provisions (nourriture et eau), et ne pas oublier un chapeau ou un foulard : la chaleur y est parfois accablante.

Comment s'y rendre

Les minibus (20 £S) et les taxis-service se rendent régulièrement de Hama à Suqeilibiyyeh qui se trouve à 45 km.

Ensuite, des minibus vont jusqu'au village de Qala'at al-Mudiq (5 £S). Le trajet prend au total environ une heure, sauf le vendredi où il faut parfois attendre des heures une correspondance. Il vous faut ensuite marcher jusqu'aux ruines ; comptez dix minutes pour les atteindre.

Ne demandez pas aux habitants où se trouve "Apamée", mais plutôt "Afamia", son nom arabe, en mettant l'accent tonique sur la deuxième syllabe.

QALA'AT SHEISAR

A mi-chemin environ entre Hama et Suqaylibiyyeh, dans la ville chrétienne de Maharde, les ruines de Qala'at Sheisar se dressent sur la droite au-dessus de l'escarpement, tandis qu'à gauche, une petite noria délabrée grince lentement au bord de la rivière. Vous pouvez descendre du bus Hama-Suqaylibiyeh pour jeter un coup d'œil au château, une fortification arabe qui domine la rive droite de l'Oronte.

Ce château servit de base à la résistance contre les croisés, à l'époque où ils occupaient Apamée, et ses occupants repoussèrent toutes les tentatives d'assaut. Seuls la porte nord et le donjon sont encore relativement bien conservés. On pense qu'il s'agit également du site de l'antique cité de Césarée, mais il n'en reste absolument rien.

Alep

Alep (Halab pour les Syriens), peuplée de 2,8 millions d'habitants, est la deuxième ville du pays. Elle se dispute avec Damas le titre de la plus ancienne ville du monde.

Depuis l'époque romaine, c'est un important centre de négoce entre l'Asie et la Méditerranée. La présence assez longue d'une importante communauté de négociants européens explique, en partie, l'atmosphère nonchalante de ses rues bordées d'arbres, de ses parcs et de ses restaurants élégants. Les routes commerciales reliaient Alep à Istanbul, Mosul en Irak, Lattaquié et Damas.

Après la Première Guerre mondiale, la ville fut placée sous mandat français et perdit beaucoup de son importance, car elle ne servait plus de débouché commercial au sud de la Turquie.

Alep comprend une forte population chrétienne, composée principalement d'Arméniens qui fuirent la Turquie. Lorsqu'on se promène dans certains quartiers, on voit autant de pancartes écrites en arménien qu'en arabe.

Depuis l'éclatement de l'ex-Union Soviétique, la ville connaît un afflux massif de Russes, de Caucasiens, de Turkmènes, d'Azéris et d'Ouzbeks dont les deux principales activités sont, semble-t-il, le trafic de marchandises (essentiellement de vêtements) et la prostitution. Ils ont investi nombre d'immeubles et d'hôtels près des souks. Les pancartes écrites en russe se sont multipliées jusqu'à jalonner des rues entières de la ville.

Ses fascinants souks couverts, sa citadelle, son musée et ses caravansérails justifient qu'on y passe plusieurs jours. On trouve également des sites dignes d'intérêt à proximité, comme l'église de Saint-Siméon (Qala'at Semaan) – le plus grand édifice chrétien du Proche-Orient au moment de sa construction au IVe siècle – ou la cité d'Ebla datant du troisième millénaire.

HISTOIRE

On sait, d'après des textes trouvés dans l'ancienne cité de Mari, sur l'Euphrate, qu'Alep était la capitale d'un État puissant dès le XVIIIe siècle av. J.-C. Elle perdit son rôle prééminent à la suite des invasions des Hittites aux XVIIe et XVIe siècles av. J.-C., et il semble qu'ensuite elle tomba dans l'anonymat.

Sous le règne des Séleucides, elle reçut le nom de Beroia, et lorsque Palmyre tomba aux mains des Romains, elle devint la plaque tournante du commerce entre la Méditerranée et l'Asie. Elle fut entièrement détruite par les Perses en 611 et prise par les musulmans en 637. Les Byzantins l'envahirent en 961, puis à nouveau en 968, mais ne purent s'emparer de la citadelle. En 1124, elle fut assiégée par les croisés, menés par Baudoin Ier.

Au Xe siècle, trois terribles tremblements de terre obligèrent Nur al-Din à rebâtir la ville et la forteresse. Après les attaques mongoles de 1260 et 1401, elle fut pratiquement vidée de sa population.

Alep tomba pour finir aux mains des Turcs ottomans en 1517. Elle prospéra considérablement jusqu'à ce qu'un autre tremblement de terre en 1822 ne fasse périr plus de la moitié de ses habitants et détruise de nombreux bâtiments, dont la citadelle.

Pendant les dix ans de domination égyptienne, de 1831 à 1840, la ville retrouva la prospérité. Toutefois, son importance commerciale déclina à la suite de la découverte de la route vers l'Inde *via* Le Cap.

Les marchands européens – principalement français, anglais et vénitiens – vinrent implanter des manufactures à Alep, mais l'arrivée de produits bon marché en provenance d'Europe provoqua la ruine de nombreuses fabriques.

Aujourd'hui, les principales activités économiques sont le tissage de la soie et l'impression du coton. Dans les souks, le fameux savon d'Alep (mélange d'huiles d'olive et de laurier) continue à être fabriqué de manière artisanale. La région produit de la laine, des peaux de bêtes, des fruits secs et des pistaches qui ont fait la réputation de la ville.

Alep
(Halab)
0 250 500 m
OÙ SE LOGER
22 Hôtel Amir Palace
OÙ SE RESTAURER
1 Wanes Restaurant
3 Café
5 Al-Janah Restaurant
6 Restaurants Al-Saasa et Al-Bade
13 Sissi House
15 Restaurant Yasmeen House
34 Café
DIVERS
2 Église Saint-Georges
4 Parc al-Sabil
7 Librairie
8 Église maronite
9 Cathédrale
10 Europcar
11 Poste principale
12 Cathédrale maronite
14 Cathédrale arménienne des Quarante Martyrs
16 Bayt Ghazaleh
17 Musée des Traditions populaires
18 Souk al-Nahasin (cuivre)
19 Porte An-Nasr
20 Porte Al-Hadid
21 Gare routière Hanano
23 Gare routière des bus et minibus municipaux (garagé principal)
24 Gare Pullman
25 Porte (Bab) Antakya
26 Banque commerciale de Syrie
27 Banque commerciale de Syrie
28 Khan al-Saboun
29 Grande Mosquée
30 Khan al-Wazir
31 Bureau de l'immigration
32 Citadelle
33 Hammam Bab al-Ahmar
35 Souk des artisans
36 Palais de justice
37 Hammam Yalbogha al-Nasri
38 Mosquée et école Al-Khosrowiyyeh
39 Mosquée Al-Otrush
40 Porte Qinnisrin
41 Porte Al-Maqam
QUARTIER AL-JADAYDA
Vers l'aéroport, Raqqa, le lac Assad et Bagdad
Vers la gare routière est
Vers Damas via la route principale
To Railway Station
Voir plan du centre d'Alep
Voir le plan des souks d'Alep
Al-Abbassiyeh St
Bab al-Hadid St
Ibn Shaddad St
Mousalam Ibn 'Abdel al-Malek St
Saad al-Ass St
Bab al-Maqam St
Al-Ramadan St
Al-Hamidiah St
An-Nayal St
Bab An-Nasr St
Al-Khandak St
Bab al-Faraj St
Al-Mutanabbi St
Fares al-Khoury St
Ostaki Homsi St
Saad Allah al-Jabri St
Kouwatli St
Baron St
Al-Maari St
Al-Walid St
Al-Jalaa St
Ibrahim Hanano St
Al-Qudsi St
Souq al-Hal St
Bab Antakya St
Osman Pacha St
Sheikh Kamel al-Ghazzi St
17th Nisan St
Al-Bohtori St

SYRIE

ORIENTATION

Le centre-ville et les hôtels bon marché se trouvent à proximité des rues Kouwatli et Baron, de même que de nombreux restaurants, le musée principal et les bureaux de change. La citadelle et les souks sont au sud-est de ce secteur et les quartiers chrétiens, habités en majorité par des Arméniens, au nord-est.

Au nord de la ville, au-delà du quartier résidentiel, qui entoure le parc principal, s'étend la partie la plus pauvre d'Alep. Les faubourgs modernes et le quartier de l'université sont à l'ouest.

RENSEIGNEMENTS

Office du tourisme

L'office du tourisme, installé dans les jardins en face du musée, n'est pour ainsi dire d'aucune utilité. En outre, la moitié du temps, il n'y a personne pour vous renseigner. N'hésitez pas à aller chercher un employé dans les bureaux attenants au guichet. Souvent en grande conversation avec ses collègues, il vous procurera au moins une carte de la ville. L'office est en principe ouvert de 9h à 14h tous les jours sauf le vendredi. Vous y trouverez un plan gratuit et c'est à peu près tout. La police touristique est installée au même endroit.

Argent

Vous aurez peut-être du mal à changer des chèques de voyage. L'agence de la Banque commerciale de Syrie, dans Baron St au nord de Kouwatli St, effectue cette opération. L'entrée se trouve dans une petite rue à droite, juste après avoir dépassé le cinéma Ugarit. Le change, parfois long lorsqu'il s'agit de chèques de voyage, se fait au rez-de-chaussée. La banque ouvre de 8h à 12h tous les jours, sauf le vendredi. On peut également y changer du liquide.

A quelques encablures, toujours dans Baron St, on peut changer du liquide dans une autre agence de la Banque commerciale de Syrie dont l'entrée est à l'arrière d'une arcade. Elle n'accepte que du liquide. Deux autres succursales de la banque sont implantées dans la partie sud du centre-ville.

Poste et télécommunications

La poste principale est un énorme bâtiment situé de l'autre côté de la place par rapport à Kouwatli St. Elle est ouverte tous les jours de 8h à 20h (22h pour le service des téléphones, dont le guichet est à gauche, et 19h pour les fax dont le guichet est le dernier à gauche à rentrant).

Pour l'envoi de fax, il vous en coûtera 100 et 125 £S la minute (minimum 2 minutes) respectivement pour l'Europe et les États-Unis. A l'heure où nous écrivons, il n'est encore pas possible d'envoyer un fax à Damas, ni dans aucune autre ville syrienne. Si vous avez oublié d'acheter des cartes postales ou des enveloppes, un petit groupe de marchands en vendent sur les marches de la poste.

Le bureau des colis est installé dans le deuxième bâtiment à droite en sortant et en longeant la poste.

Le code téléphonique est le 21.

Prorogations de visa

Le bureau de l'immigration est au deuxième étage d'un bâtiment implanté au nord de la citadelle. Vous devrez vous munir de cinq photographies d'identité, passer dans de multiples bureaux et attendre pour obtenir, dans la journée, une prorogation qui peut aller jusqu'à deux mois. Les impatients ou ceux qui sont allergiques à l'administration kafkaïenne déposeront leur demande et reviendront chercher leur passeport le lendemain. Le bureau est ouvert de 8h à 13h30.

Journaux et magazines

Vous dénicherez parfois un numéro des magazines *Times*, *Newsweek*, *L'Express* et des revues équivalentes dans les kiosques des grands hôtels. Vous n'aurez guère plus de chances dans les librairies ou les kiosques à journaux de la ville. On ne trouve même pas le *Syria Times* partout.

A VOIR

Les souks

Les célèbres souks couverts sont l'attraction majeure de la ville. Ils forment un labyrinthe qui s'étend sur deux hectares. Une fois sous le plafond voûté, le visiteur est englouti dans

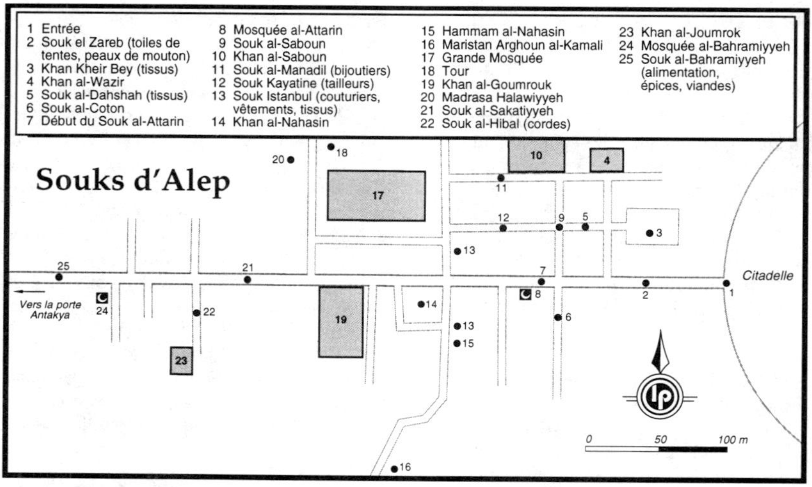

un autre monde, enivré par les odeurs de cardamome et de clou de girofle des étals d'épices, assourdi par les cris des camelots et des marchands de quatre saisons. On passe sous les rangées de carcasses pendues à l'entrée du souk des bouchers et devant une multitude d'échoppes qui vendent tous les produits imaginables, des cordes aux tapis de prière.

La découverte des souks peut prendre toute une journée, surtout si vous acceptez les nombreuses invitations des marchands à venir boire le thé. Il ne s'agit pas d'une obligation ni d'une pression pour que vous achetiez, mais tout simplement d'une expression de l'hospitalité syrienne.

Pendant votre promenade, vous serez peut-être abordé par un jeune Syrien qui vous proposera d'être votre "guide" et de vous conduire à la boutique de son "cousin". Il pourra vous être utile pour trouver ce que vous cherchez, si vous ne voyez pas d'inconvénient à payer un peu plus cher pour sa commission.

Le souk des cuivres est à deux pâtés de maisons au nord de la citadelle, non loin de la porte An-Nasr. L'entrée du tout nouveau souk des artisans est à deux pas de la mosquée et de l'école Al-Khosrowiyyeh. Tous les souks sont fermés le vendredi.

La citadelle

Elle domine la ville, à l'extrémité est des souks. Elle est entourée d'un fossé profond de 20 mètres de profondeur et de 30 mètres de largeur, qui fut creusé au XIIe siècle.

Dès le Xe siècle, un temple se dressait à cet emplacement.

Pour y entrer, vous franchirez le pont du côté sud puis une porte du XIIe siècle qui camoufle une imposante entrée fortifiée. Elle est joliment décorée à l'extérieur. A l'intérieur, elle se compose d'une succession de cinq virages à angles droits, où trois séries de portes blindées en acier constituent une extraordinaire protection contre les éventuels envahisseurs. Certaines de ces portes sont encore en place. L'un des linteaux est sculpté de dragons entremêlés et un autre de deux lions. Cette entrée fut terminée au XVIe siècle, à l'époque des Mamelouks, après qu'Alep fut libérée de la domination mongole.

Juste avant de passer la dernière porte qui permet de pénétrer à l'intérieur de la citadelle, une porte sur la droite mène à la **salle d'armes**. En suivant le chemin sinueux, vous verrez à droite l'entrée de ce qu'on appelle aujourd'hui la **salle byzantine**. Faites ensuite demi-tour et montez l'escalier. Vous pénétrez alors dans le **palais royal**, construit en 1230 par le roi Al-Aziz Mohammed et en grande partie détruit trente ans plus tard par les Mongols. Vous traverserez les anciennes chambres des domestiques et une antichambre avant d'arriver dans la **salle du trône**, au plafond de bois très décoré.

A l'intérieur de la citadelle, deux bâtiments ont survécu aux pillages et au tremblement de terre de 1822. A mi-chemin sur la gauche en montant le chemin principal, se trouve l'entrée de la **mosquée d'Abraham** du XIIe siècle, attribuée à Nur al-Din, mais qui a conservé peu de son charme d'origine.

A l'extrémité du chemin, en face du café, se dresse la **grande mosquée** du XIIIe siècle. Le café est installé dans l'ancienne caserne (*thukna*) d'un commandant ottoman, Ibrahim Pacha.

Depuis l'enceinte, la vue est superbe et donne mieux mesure de l'ampleur de la ville. La citadelle est ouverte de mai à fin septembre, de 9h à 18h, tous les jours sauf le mardi. En dehors de ces mois, elle ferme ses portes à 16h. L'entrée est payante (200 £S).

Les caravansérails

Les caravansérails, ou khans, se trouvent dans les souks. C'est là qu'étaient installés les représentants des établissements de commerce européens, dont les premiers à s'implanter furent les Vénitiens en 1548.

Le **khan al-Wazir** (le khan du Ministre), construit en 1682, possède un portail intéressant et une architecture extrêmement délicate. Il abrite une boutique de souvenirs bon marché et de tapis.

Le **khan al-Saboun** construit entre le XVe et XVIe siècles est l'un des plus beaux exemples d'architecture mamelouke.

Le **khan al-Nahasin** du XVIe siècle abrita au XIXe siècle le consulat de Venise puis le Consulat belge dans les années 30.

Le **khan al-Goumrouk** (le khan des Douanes) est le plus grand khan. Il fut, dès 1574, le quartier général des banques et des négociants français, hollandais et anglais.

Le Maristan Arghoun al-Kamili

Le Maristan Arghoun al-Kamili (connu aussi sous le nom de Bimaristan Arghoun) est l'hôpital psychiatrique le mieux conservé de Syrie et d'Égypte. Transformé en asile par le gouverneur mamelouk, Arghoun al-Kamili, cette belle demeure aux multiples patios est devenu un lieu que l'on visite librement. Le soir venu, il sert de décor pour des divertissements musicaux ou des spectacles de derviches tourneurs. Les fontaines centrales, qui agrémentent chaque cour intérieure, avaient pour objectif d'apaiser les malades.

La Grande Mosquée

La Grande Mosquée (Jami'a Zakariyyeh) se dresse au nord des souks. Elle est en cours de restauration au moment où nous écrivons. Il ne reste plus rien de la mosquée originelle édifiée du temps des Omeyyades, en 715 par le calife al-Walid, et agrandie par ses successeurs. En 1169, Nur al-Din décida sa reconstruction. Aussi, la majeure partie de ce qui subsiste aujourd'hui date de la période mamelouke. Seul le minaret de 45 mètres, érigé entre 1090 et 1092, est d'origine. A l'intérieur, on découvre une belle chaire en bois sculpté (*minbar*) du XVe siècle et, derrière la grille à gauche, ce qui passe pour être la tête de Zacharie, le père de Jean-Baptiste, qui a donné son nom à la mosquée.

C'est l'une des rares mosquées qui accepte les non-musulmans le vendredi et qui les autorise même parfois à prendre part à la grande prière de la mi-journée.

Les musées

Le Musée archéologique. Le principal musée d'Alep, en plein centre-ville, renferme une belle collection de sculptures de Hama et d'objets en provenance de plusieurs sites, tels Tell Brak (le site sur lequel travailla dans les années 30 le professeur Mallowan, l'époux d'Agatha Christie) ; Mari (Tell Hariri) ; Ebla (Tell Mardikh, capitale d'un royaume qui exerçait un important pouvoir politique au nord de la Syrie, en Anatolie et dans une partie de la Mésopotamie durant les années 2400-2250 av. J.-C.) ; et Ugarit (Ras Shamra). Les statues de basalte noir, à l'entrée, proviennent du temple-palais de Tell Halaf (une colonie du IXe siècle av. J.-C., située au nord-est de la Syrie, près de l'actuel Ras al-'Ain). Les collections datées de la période classique sont regroupées à l'étage : terres cuites gréco-romaines, objets de Palmyre et pièces de monnaie byzantines.

Ce beau musée ouvre tous les jours, sauf le mardi, de 9h à 18h (fermeture à 16h de fin septembre à début mai). On vend à l'entrée un guide du musée (200 £S). L'entrée est payante (200 £S).

Ces statues de Tell Halaf se dressent aujourd'hui à l'entrée du Musée archéologique

Le musée des Traditions populaires. Installé dans l'ancienne résidence d'un haut-fonctionnaire ottoman dans l'étroit souk as-Souf (le marché de la laine), ce musée expose les sempiternelles scènes de la vie quotidienne d'autrefois.

Des vitrines présentent vêtements, outils, armes et mobilier d'époque. Cette maison a 250 ans et, de son sommet, on aperçoit la citadelle au sud-est.

L'entrée est payante (200 £S) et le musée est ouvert tous les jours de 8h à 14h, sauf le mardi. Pour y parvenir, prenez à gauche dans Al-Khandak St la ruelle étroite qui bifurque à droite et se transforme en souk. Le musée est sur la gauche, quelques mètres avant que la ruelle ne débouche sur une petite place.

Le quartier chrétien. Autour du musée des Traditions populaires, s'étend le quartier chrétien à majorité arménienne, appelé al-Jadayda dont les rues médiévales constituent un petit labyrinthe où il fait bon se perdre. Il recèle de belles demeures (*beit* ou *bayt*) du XVIIe et du XVIIIe siècles que l'on peut visiter. Plusieurs personnes en possèdent les clefs, notamment le gardien du musée et le propriétaire d'une grande boutique de souvenirs située sur une petite place à environ 200 mètres au nord de l'entrée du souk as-Souf. En allant vers le square al-Jadayd, vous longerez l'une de ces maisons, Beit Ghazaleh, construite au XVIIe siècle et transformée aujourd'hui en une école arménienne.

C'est un quartier fascinant le dimanche, lorsque les cinq communautés chrétiennes se côtoient dans la rue. L'entrée de la cathédrale arménienne des Quarante Martyrs se trouve le long du souk as-Souf.

La cathédrale maronite se dresse un peu plus au nord et, entre les deux, se profilent les églises catholiques romaine, grecque et orthodoxe syrienne.

ACTIVITÉS CULTURELLES ET SPORTIVES

Le hammam

Le hammam *Yalbogha al-Nasri* (☎ 623154) est situé au sud-est du pont qui mène à la citadelle. Construit en 1491, il fut détruit et rebâti plusieurs fois avant la dernière restauration, terminée en 1985. Le corridor par lequel on y accède est une sorte de musée miniature. On notera, en particulier, le cadran solaire sous le dôme qui domine la réception : trois motifs complexes marquent 4h, 8h et 12h.

Pour 400 £S, vous aurez droit à un massage avec sauna et bain, du savon, une serviette et un thé. Les femmes peuvent s'y rendre les lundi, jeudi et samedi de 10h à 18h. Pour les hommes, il est ouvert de 18h à 2h du matin, les lundi, jeudi et samedi, et de 9h à 2h du matin les autres jours.

A une centaine de mètres en remontant la rue qui longe les remparts de la citadelle, le hammam *Bab al-Ahmar* (☎ 622640) n'a certes pas le raffinement du hammam Yalbogha al-Nasri, mais sa douce ambiance conviviale séduit plus que son cadre. Une fois n'est pas coutume, il est ouvert aux femmes tous les jours excepté le vendredi, jour réservé aux hommes. Il fonctionne de 9h à 18h. Comptez 300 £S au total.

A l'intérieur des souks, seuls les hommes sont autorisés à entrer dans le très populaire hammam *al-Nahasin*. Ouvert de 6h à 2h du matin, c'est l'endroit où les Syriens aiment venir discuter et faire la fête lors de soirées privées.

Natation

Ceux qui souhaitent se rafraîchir peuvent se rendre au tout nouveau centre sportif Bassel Assad (☎ 666497), qui jouxte le Pullman Chahba Hotel. L'entrée coûte 100 £S. Le centre est accessible aux femmes, le lundi de 10h à 14h et de 15h à 18h ; et le jeudi de 10h à 14h. Les hommes viendront le mercredi de 10h à 14h et de 15h à 18h ; et le vendredi de 15h à 18h. Les autres jours sont réservés aux familles. Vous pouvez pour le même prix bénéficier du sauna.

Dans un tout autre registre, la piscine du Cham Chahba Hotel joue, comme on peut s'en douter, dans le registre détente et clientèle huppée. Vous devrez débourser 400 £S par personne ou 600 £S si vous êtes en couple, pour y accéder.

Bibliothèque publique

Elle se trouve juste derrière le beffroi. On y organise parfois des expositions d'art et de photographie.

OÙ SE LOGER

Où se loger – petits budgets

Al-Maari St et les rues avoisinantes comptent tout un assortiment d'hôtels bon marché. Envahis par les commerçants et les prostitués venus des ex-républiques d'Union Soviétique, ils sont à déconseiller de manière générale, et surtout aux femmes voyageant seules. L'*Hotel Syria*, près du beffroi, l'*Hotel Asia* et l'*Hotel Yarmouk* (ce dernier partage son entrée avec l'*Hotel Suez Canal*) sont ainsi envahis par des immenses ballots de marchandises qui n'attendent qu'à être écoulés au marché noir. Leurs propriétaires ou leurs employés rechignent à vous donner une chambre et préfèrent souvent vous dire que leur établissement est complet. Des voyageuses nous ont fait part des nombreux désagréments dont elles ont fait l'objet (ricanements, martèlements à leur porte pendant la nuit, regards désagréables...). De fait, ces hôtels, auxquels il faut ajouter le *Al-Zahra*, le *New Arab World* et le *Chark Awssat*, sont devenus des officines où l'on pratique allégrement l'import-export et qui, le nuit venu, se transforment en maisons de passe.

Situé dans Rasheed St, l'*Hotel Eshbilia* (☎ 221830 ou 215344) ne fait pas exception à cette tendance. Toutefois, vous ne risquez pas d'être dérangé, ni harcelé. L'hôtel est convenable. La simple/double coûte 300/600 £S. Les douches chaudes sont en supplément (35 £S).

L'*Alraouda* est le seul hôtel dans al-Maari St qui semble correct à tous les points de vue. Vous débourserez 250/500 £S pour une simple/double.

Le meilleur dans cette catégorie reste le *Tourist Hotel* (☎ 216583) à deux pâtés de maisons derrière le Baron Hotel. L'établissement de Madame Olga – qui parle français – a en effet le charme et l'atmosphère de ces pensions de familles très bien tenues où l'on prend soin des hôtes. A 300 £S la chambre avec s.d.b. pour une seule personne et à 600 £S la double à la propreté irréprochable (Madame Olga y veille), le Tourist Hotel n'a rien à envier aux hôtels de la catégorie intermédiaire dont les prix paraissent prohibitifs au regard des chambres et du service proposé. La réservation quelques jours à l'avance est impérative, surtout si vous demandez la chambre numéro 15 ou 16 : leur grande terrasse dominant les toits d'Alep est un véritable plaisir !

Où se loger – catégorie moyenne

Le *Baron Hotel* (☎ 210880) est un hôtel de caractère. Lorsqu'il fut construit en 1909, l'établissement se trouvait dans les faubourgs de la ville, "dans des jardins où il était considéré comme dangereux de s'aventurer après la tombée du jour". Il fut ouvert par deux frères arméniens qui l'appelèrent le Baron parce que les habitants d'Alep leur donnaient ce titre (certains disent qu'il signifiait en réalité "monsieur" en arménien).

Le Baron devint rapidement l'un des palaces du Proche-Orient. Sa renommée grandit d'autant plus qu'Alep était alors un important centre commercial et une étape pour les voyageurs : c'était en effet le terminus de l'Orient-Express et les personnalités ou voyageurs aisés séjournaient souvent dans cet hôtel.

SYRIE

Lorsque l'on feuillette le vieux livre d'or relié (jalousement conservé dans le coffre-fort), on reconnaît les noms de T.E. Lawrence (Lawrence d'Arabie), d'Agatha Christie, des aviateurs Charles Lindbergh, d'Amy Johnston, de Charles Kingsford-Smith, de Théodore Roosevelt et de Lady Louis Mountbatten. Une copie de la facture de Lawrence d'Arabie trône même dans le salon.

Aujourd'hui, l'établissement est tenu par les petits-fils des premiers propriétaires. Si le bâtiment a encore de beaux restes, le luxe s'est définitivement volatilisé. L'hôtel a en fait très peu changé depuis sa construction : les lits sont vieux et grinçants, les murs auraient besoin d'être repeints, la plomberie est antédiluvienne et la propreté laisse à désirer. Ainsi, les draps mériteraient d'être changés à chaque nouveau client, ce qui ne semble pas être la préoccupation majeure des propriétaires. Malgré tout, ce lieu possède un charme certain et, si vous ne voulez pas y dormir, allez au moins prendre un verre au bar. Si vous avez choisi d'y passer la nuit, la simple/double avec petit déjeuner coûte 25/35 $US. Les personnes qui voyagent en circuit organisé se retrouvent souvent au bar et regrettent presque de ne pas y rester une nuit ou deux.

Le *Ramsis Hotel* (☎ 216700), en face du Baron, est plus moderne et plus propre. Il est devenu le lieu de prédilection des archéologues depuis que le Baron est envahi par les groupes. Une simple/double climatisée avec s.d.b. coûte 30/44 $US.

Sur le même trottoir que le Baron, on trouvera l'*Ambassador Hotel* (☎ 211833), peu soigné ni très agréable, et où rien n'est fait pour vous inciter à rester. Une simple (si vous arrivez à en obtenir une) revient à 25 $US et une double à 30 $US.

Juste à côté du bureau de change, le *Semiramis Hotel* (☎ 219990) est doté de chambres qui n'ont rien à envier à celles des hôtels plus simples. Les prix sont les mêmes qu'à l'Ambassador, mais l'établissement semble s'être reconverti en entrepôt de marchandises et peut afficher complet pendant plusieurs semaines.

Un peu plus chic, le *Tourism Hotel* (☎ 210156 ou 219956) est un trois-étoiles situé à l'angle des rues Kouwatli et Saad Allah al-Jabri. Les chambres simples/doubles très correctes, avec TV, air climatisé et s.d.b. (avec eau chaude), sont à 45/60 $US, petit déjeuner inclus. Les chambres qui donnent sur la grande place sont à éviter absolument si vous ne voulez pas avoir l'impression de dormir au milieu des voitures.

A l'écart des grandes artères et à deux pâtés de maisons derrière le Baron Hotel, le *Somar Hotel* (☎ 212198 ou 245925) n'a peut-être pas l'allure d'un Tourism Hotel ou d'un Ramsis. Il propose néanmoins des chambres calmes et confortables avec une bonne literie et une petite cour intérieure où il fait bon prendre son petit déjeuner. Les prix s'échelonnent de 18 $US pour une personne à 30 $US pour deux.

Où se loger – catégorie supérieure

A proximité des principales gares routières, l'*Amir Palace* (☎ 214800) est un quatre-étoiles standard sans grand cachet. Son seul véritable attrait est sa position centrale, proche des lieux à visiter. Une simple/double/triple s'élève à 90/120/140 $US, plus 10% de taxe.

Ouvert en 1989, le *Pullman al Shahba Hotel* (☎ 667200 ; fax 667213), est le dernier né des grands hôtels. Éloigné du centre, il est situé rue de l'Université. Il offre tout le confort d'un établissement de sa catégorie, bien qu'il ne possède ni l'élégance, ni le raffinement que l'on pourrait attendre de ce type d'hôtel. Les chambres sont à 120/150 US, plus 11% de taxe.

Le plus luxueux, très excentré à l'ouest de la ville, est le *Cham Palace* (☎ 248572 ou 215272). Ce cinq-étoiles possède deux piscines (dont une intérieure), deux courts de tennis, deux courts de squash, une salle de gymnastique, un sauna et un hammam. Comptez 160 $US pour une simple, et 190 $US pour une double. Taxe et petit déjeuner sont en supplément.

OÙ SE RESTAURER

C'est à Alep que vous pourrez faire véritablement de bons repas. La ville a toujours eu

la réputation d'offrir la cuisine la plus raffinée du pays. Une réputation qui n'est pas à remettre en cause si on choisit évidemment la bonne adresse ! Dans le périmètre délimité par les rues Al-Maari, Bab al-Faraj, Kouwatli et Baron, se côtoient des restaurants abordables offrant les spécialités locales. En revanche, les prix varient davantage que le menu ; vérifiez-les autant que possible avant de vous installer.

Situé dans une petite rue donnant sur Baron St, juste derrière le bureau de la Syrian Arab Airlines, l'*Al-Chabab* est un restaurant en plein air doté d'une fontaine.

C'est un endroit où l'on vient dîner uniquement pour l'atmosphère populaire qui y règne, car l'addition à 190 £S par personne environ est vraiment excessive au regard du repas proposé. Le grand café/restaurant de la rue al-Abbarah est dans le même genre, mais il est plus éclairé, plus bruyant et encore plus cher.

Si vous voulez retrouver cette ambiance conviviale avec un repas et des prix corrects, vous pouvez aller manger sur la terrasse de l'*Al-Andalib* à quelques pas du Baron Hotel. Les mauvais jours venus, vous vous installerez dans l'une de ses deux grandes salles. On y cuisine l'un des meilleurs *tochka* (pain avec de la viande et du fromage) de la ville.

L'*Al-Andals*, dans Kouwatli St, est un restaurant convenable situé à l'étage et doté de tables pour deux personnes installées sur des petits balcons. Un plat de poisson accompagné de salade et de houmous et une boisson vous reviendront à près de 175 £S. Le restaurant offre un point de vue intéressant sur la rue.

L'*Al-Kindi Restaurant*, dans Yarmouk St, sert des plats copieux de kebabs avec ses garnitures habituelles pour environ 180 £S. Un grand menu écrit en anglais vous aidera à faire votre choix. La bouteille de bière Al-Chark est à 35 £S.

Un repas au restaurant du *Tourism Hotel* vous coûtera environ 250 £S. Si la nourriture est tout à fait correcte, vous paierez surtout pour le standing de l'hôtel.

Le Chahba Cham Palace offre une formule buffet pantagruélique à 600 £S. La vue panoramique du *Top of the Top* de l'Amir Palace vaut, à elle seule, le déplacement. Si votre budget vous le permet (comptez environ 400 £S par personne), il serait dommage de ne pas vous laisser tenter par sa carte où le poisson tient une place de choix.

C'est dans le riche quartier Azizié que les meilleurs restaurants aux larges terrasses ont élu domicile. Le *Wanes Restaurant* est leur chef de file. A regarder la carte où dominent les spécialités arméniennes, on est tenté d'en faire sa cantine, tant la nourriture (même occidentale) proposée est à chaque fois délicieuse et l'addition toujours douce (en moyenne 220 £S). Un kebab aux aubergines au goût inoubliable vaut 130 £S et un basterna-viande de grison oriental 65 £S. Il constitue par ailleurs un point d'observation très intéressant de la jeunesse dorée d'Alep et de la grande bourgeoisie libanaise de passage.

Dans le quartier Al-Jadayde, deux très belles demeures (*bayt* ou *beit*) de la fin du XVIIe siècle ont été transformées en restaurant. Dans la rue Samira, attenante à la place Al-Jadayde, le *Sissi House* est malheureusement envahi le soir par les groupes. C'est le cas également du *Yasmeen House*, le dernier né des restaurants branchés de la ville. Dans ces deux établissements, la cuisine est bonne, mais les prix sont très variables selon si vous déjeunez (en moyenne 215 £S) ou si vous dînez (de 350 £S à 700 £S). Les spécialités alepiennes, comme les courgettes farcies ou les feuilles de vignes au kebbé, sont tout à fait délicieuses.

DISTRACTIONS

Cafés et bars

Alep offre aussi le charme de ses cafés. Dans celui du grand parc al-Sabil ou dans ceux qui font face à l'entrée de la citadelle, vous pourrez, à l'ombre des arbres, déguster un *shay,* en tout en vous laissant envelopper par les effluves de narghileh. Gourmands et gourmets accompagneront leurs cafés et thés de macarons aux pistaches ou au chocolat de chez *Azrak* (rue Youssef El-Azmi), maison familialecréée en 1945.

Le meilleur pâtissier-chocolatier d'Alep, dont les pâtes d'amande ont fait la réputation, vient d'ailleurs d'ouvrir une boutique en plein Paris.

Au Baron Hotel, c'est la nostalgie d'une époque qui fait encore vivre ce lieu où, à la tombée de la nuit, une population cosmopolite aime venir fréquenter son bar et sa terrasse (ouverte seulement en été). La bière ou une canette de jus de fruit coûte 40 £S.

Dans le quartier arménien comme dans celui de Azizié, n'hésitez pas à entrer dans les cours intérieures où se nichent parfois des cafés. Très conviviaux, ils sont souvent le siège d'associations religieuses ou laïques et vendent d'exquis *sojok* (sandwiches aux deux fines saucisses légèrement épicées).

Cinéma

Les nombreux cinémas (concentrés en particulier dans Baron St) passent des navets tellement censurés qu'il n'est pas possible de suivre l'intrigue. En fait, la plupart des photos vaguement osées qui servent à attirer la clientèle (exclusivement masculine) sont extraites de scènes qui ont été retirées de la copie !

Discothèques

On en trouve plusieurs dans le centre-ville, dans le périmètre des rues Baron, Al-Maari, Bab Al-Faraj et Kouwatli. Nombre de personnes quelque peu éméchés sortent de ces endroits peu engageants qu'il vaut mieux éviter.

COMMENT S'Y RENDRE

Avion

L'aéroport international d'Alep assure plusieurs liaisons avec la Turquie, l'Europe et d'autres villes du Proche-Orient. La compagnie Syrian Arab Airlines n'affrète plus de vols pour Istanbul et le Caire depuis Alep. Tous les vols internationaux de la compagnie partent désormais de Damas. S'agissant des vols intérieurs, un départ pour Qamishle a lieu le lundi à 10h (600 £S). Il existe deux départs quotidiens pour Damas au même tarif.

Si vous voulez réserver une place sur un vol international auprès d'une autre compagnie, les bureaux des principales compagnies sont implantés dans Baron St.

Bus

Bus Karnak. Le bureau se trouve dans Baron St, à l'opposé en diagonale du Baron Hotel. La gare routière est installée derrière, presque en face de l'office du tourisme.

Deux bus vont quotidiennement à Damas (4h et 15h, 102 £S). Pour Hama et Homs, les bus partent tous les jours à 4h, 7h, 10h et 15h. Les billets coûtent respectivement 45 £S et 62 £S. Réservez de préférence votre place au moins un jour à l'avance.

La compagnie n'assure plus de liaisons avec Deir ez-Zur, Qamishle et Raqqa.

Bus de la gare Pullman. La gare est juste derrière l'Amir Palace et en face de la gare routière des bus municipaux. Les différentes compagnies disposent d'un bureau et d'un emplacement réservé. Chaque agence a ses propres destinations. Tous leurs panneaux d'informations comme leurs enseignes sont en arabe. Néanmoins, vous trouverez toujours quelqu'un pour vous aiguiller gentiment vers la compagnie qui dessert la ville de votre choix. Raqqa est ainsi reliée quotidiennement de 7h à 22h par les bus de l'agence Sihara (2 heures, 40 £S). Pour Deir ez-Zur, les départs ont lieu entre 7h30 et 20h (5 heures, 70 £S). La compagnie Yarmouk assure, pour sa part, la liaison Alep-Qamishle, de 8h à 20h (6 heures, 70 £S).

Au-delà de leur spécialisation, toutes les agences de cette gare relient toutes Damas (5 heures, 90 £S) et les départs s'organisent entre 9h30 et 2h30 du matin. On achète son billet avant de monter dans le bus et de préférence un jour à l'avance.

Les bus de la gare Pullman sont plus confortables que les bus et les minibus ordinaires. Certains d'entre eux n'ont rien à envier aux bus Karnak et sont d'un confort relatif, surtout comparé aux bus ultramodernes de la gare Hanano.

Bus de la gare Hanano. La gare Hanano regroupe les meilleures compagnies privées apparues ces deux dernières années sur le marché des transports. Parmi elles, citons Damas Tour, Nahass Tour ou Zeitony. Plus confortables, plus rapides, mieux entretenus, leurs bus affichent également des tarifs plus élevés. Pour rejoindre Deir ez-Zur, il vous en coûtera 135 £S. Comptez 175 £S pour Qamishle.

Chaque jour, de nombreux bus se rendent à Hama (2 heures, 80 £S), à Homs (2 heures 30, 100 £S) et à Damas (4 heures, 150 £S).

Bus/minibus de la gare principale. La gare des bus et minibus municipaux (*garagé principal*) qui se rendent dans le Nord, l'Ouest et le Sud du pays fait face à la gare Pullman. Pour la plupart des destinations, il faut acheter son billet au guichet. En principe, vous avez un siège assuré. On peut aussi monter au dernier moment et prendre son ticket auprès du chauffeur avec le risque de voyager debout, sauf si vous êtes une femme. Les tarifs pratiqués sont les plus bas du marché : un trajet pour Damas coûte 75 £S et dure 6 heures. Pour Lattaquié, comptez 55 £S pour 3 à 4 heures de route. En contrepartie, vous devez accepter de voyager dans des conditions peu confortables et admettre que le temps passé (très long) est autant d'argent économisé.

Pour les localités situées à l'est d'Alep, il est plus simple de prendre un bus au garage Pullman ou Hanano. Si vous cherchez vraiment à faire des économies, il vous faudra aller à la gare routière est. Elle se trouve dans la partie est de la ville, à environ 3 km du centre. Quand on a des bagages, le seul moyen de s'y rendre est le taxi, ce qui réduit à néant les économies escomptées.

Bus pour la Turquie, le Liban et la Jordanie. Les bus pour Istanbul et d'autres villes de Turquie partent d'un endroit juste à côté de la gare des bus Karnak. Le trajet entre Alep et la capitale turque, qui dure 24 heures, revient à 1 100 £S. Renseignez-vous auprès des agences de voyages attenantes. Les départs sont quotidiens.

D'autres bus privés assurent la liaison pour Beyrouth (250 £S) et pour Amman (450 £S). Toutefois, pour ces destinations, nous vous conseillons d'organiser votre voyage depuis Damas.

Train

La gare ferroviaire – belle au demeurant avec ses toits rouges – est située au nord du grand parc public, à environ 15 minutes à pied de la poste. Les deux trains quotidiens pour Damas circulent de nuit, les trains de jour ayant été supprimés : le premier part à 0h39, le second à 2h13 (85 £S en 1re classe ; 57 £S en 2e classe et 325 £S en couchette). Lattaquié est reliée en 3 heures deux fois par jour à 16h20 et 14h40 (67 £S en 1re classe et 55 £S en 2e classe). Le train pour Qamishle, qui part à 22h30, passe par Raqqa (55 £S en 1re classe, 37 £S en 2e classe et 140 £S en couchette) ; Deir ez-Zur (87 £S en 1re classe, 58 £S en 2e classe et 225 £S en couchette) ; Hassake (119 £S en 1re classe, 79 £S en 2e classe et 310 £S en couchette) et Qamishle (132 £S en 1re classe, 88 £S en 2e classe et 350 £S en couchette).

Une fois par semaine, le samedi à 11h05, un train relie Alep à Istanbul. De mai à fin septembre, il existe deux liaisons par semaine : le samedi à 11h et le mardi à 12h. Le trajet est long (36 heures) et coûte 530 £S en 1re classe et 390 £S en 2e classe. Des wagons-couchettes sont installés une fois passée la frontière.

Taxis-service

Une station de taxis-service est implantée dans Al-Maari St et à d'autres endroits de la ville, mais la plus importante est juste derrière la gare routière "garagé Pullman".

Location de voitures

Europcar est la seule compagnie de location de véhicules fiable, les autres n'offrant pas toutes les garanties de confiance souhaitées (assurances, véhicules en bon état...). Le bureau de l'Amir Palace est provisoirement fermé, celui du Pullman al Shahba Hotel a des heures d'ouverture fluctuants. Le plus simple est de se rendre au bureau situé au premier étage d'un immeuble donnant sur Al-Bohtori St, à cent mètres derrière la poste. Il est ouvert en principe de 8h à 14h et de 17h à 18h.

Pour plus de renseignements, consultez le chapitre *Comment circuler* de la Syrie.

COMMENT CIRCULER

Tous les monuments intéressants sont regroupés au même endroit. On peut sans difficulté se déplacer à pied ou utiliser le taxi, le prix d'une course étant vraiment dérisoire.

Bus

Vous utiliserez peu les bus municipaux car ils ne vous seront guère d'une grande utilité : les centres d'intérêts de la ville étant proches les uns des autres. En outre, si vous allez à la gare routière qui se trouve derrière l'Amir Palace, vous aurez beaucoup de mal à obtenir des renseignements cohérents à moins que vous parliez l'arabe. On achète le billet dans le bus. Il coûte 5 £S.

Taxis

Les amoureux des vieilles voitures auront peut-être envie de circuler en taxi, juste pour le plaisir. Il s'agit généralement d'énormes limousines américaines des années 40 et 50, encombrées de lampes et de décorations diverses. Certaines s'illuminent la nuit comme des arbres de Noël. L'assouplissement des lois sur les importations de véhicules conduit au renouvellement progressif du parc des taxis. Une course dans Alep ne doit pas excéder 25 £S.

Environs d'Alep

L'ensemble des ruines et sites historiques situés au nord, à l'ouest et au sud d'Alep, porte le nom de Villes Mortes. En effet, toute cette région est émaillée de vestiges de villes et d'édifices qui datent pour la plupart des débuts de l'ère chrétienne byzantine. Ces villes de toute beauté sont difficiles à atteindre si vous ne disposez pas de véhicule.

Pour les passionnés d'histoire, elles représentent une mine d'informations encore largement inexploitée.

QALA'AT SEMAAN

Il s'agit de la basilique Saint-Siméon, dit saint Siméon le Stylite, qui fut l'un des premiers chrétiens de Syrie, et l'un des plus originaux. Au Ve siècle, ce berger du nord du pays, né à Antioche aux environs de 389-90, eut une révélation au cours d'un rêve et entra dans un monastère. Trouvant que la vie monastique n'était pas assez ascétique, il se retira dans les collines désolées.

En 423, il s'assit au sommet d'une colonne de trois mètres. En fait, il passa le restant de sa vie sur une colonne ; la dernière, sur laquelle il vécut trente ans, mesurait quinze mètres de hauteur. Elle était entourée d'une balustrade au sommet. Siméon avait un collier de fer autour du cou, qui était enchaîné au pilier pour lui éviter de tomber en pleine nuit. Ses compagnons moines lui apportaient de quoi manger par une échelle et, deux fois par semaine, il célébrait la messe du haut de sa colonne.

Les pèlerins commencèrent à venir de très loin (certains de Grande-Bretagne) dans l'espoir d'assister à un miracle. Saint Siméon faisait un sermon quotidien depuis son perchoir et répondait en criant aux questions qu'on lui posait en criant. Toutefois, il refusait de s'adresser aux femmes, et même sa mère n'était pas autorisée à s'approcher de la colonne.

Après sa mort en 459, une gigantesque église fut bâtie autour de la célèbre colonne. Son dessin était unique : elle était composée de quatre basiliques disposées en croix, donnant sur une cour centrale octogonale surmontée d'un dôme, où se dressait la colonne sacrée. Une des basiliques servait au culte et les trois autres à accueillir les nombreux pèlerins. Lorsqu'elle fut achevée, en 591, elle constituait la plus grande église du monde. Un monastère fut construit au pied de la colline pour loger les prêtres, et une ville dotée d'auberges apparut bientôt.

L'église est remarquablement bien conservée : les arcs de la cour octogonale sont encore en place, ainsi que la majeure partie des quatre basiliques. En revanche, la colonne est en mauvais état : ce n'est plus guère qu'un gros rocher posé sur une plate-forme. Après la mort de saint Siméon, quantité de pèlerins en emportèrent de petits fragments chez eux, en sou-

Basilique de Saint-Siméon

venir. Les décorations riches en détails des chapiteaux ont servi de modèles aux églises en cours de construction dans toute la région.

La vue sur les collines dénudées à l'ouest est étonnante. Au pied de la colline, on découvre les ruines du monastère en bas sur la gauche, dans le village de Deir Semaan. Des familles ont élu résidence dans les ruines, mais vous pourrez vous y promener sans difficultés.

Le site est ouvert tous les jours de 9h à 18h de mai à fin septembre. Le reste de l'année, la fermeture des grilles a lieu à 16h. L'entrée est payante (200 £S). A certaines périodes de l'année, beaucoup de Syriens et de Libanais (qui viennent en excursion depuis Tripoli) s'y rendent.

Comment s'y rendre

Des minibus et des bus partent toutes les heures environ de la gare principale d'Alep et ce, dès 6h du matin. Le trajet pour le village de Deir Tazzeh dure une heure et coûte 10 £S. Aux deux tiers environ du trajet, vous remarquerez sur la gauche une basilique Mushabbak du Ve siècle, isolée au milieu d'un champ.

Qala'at Semaan est à 7 km environ de Deir Tazzeh. Dans le village, des minibus font l'aller-retour toute la journée, excepté le vendredi où ils sont rares. Le billet revient à 10 £S. Si vous ne voulez pas attendre, des taxis se proposent de vous emmener au site pour 100 £S.

Le dernier minibus pour Alep part de Deir Tazzeh vers 20h.

QATURA

Les tombeaux romains de Qatura sont situés 5 km avant Deir Semaan, à environ 1 km à l'ouest de la route. Ils sont taillés dans la roche et il est facile d'y grimper. Les inscriptions en grec sont encore très visibles.

Juste en dessous des tombeaux, se trouve un puits naturel où les jeunes filles du village amènent leurs chèvres. Elles prennent l'eau avec des seaux fabriqués à partir de pneus de camions.

'AIN DARA

Mille ans avant le Christ, un temple hittite dédié au dieu des Montagnes et à la déesse Ishtar se dressait sur une acropole, près de la route qui va de Qala'at Semaan à la ville kurde d'Afrîn, vers le nord. Le temple fut détruit au VIIIe siècle av. J.-C., puis reconstruit et enfin recouvert par d'autres constructions.

Des fouilles menées depuis les années 50 ont permis de révéler la topographie du site. D'extraordinaires statues et bas-reliefs en basalte jonchent le sol : la plus impressionnante de ces œuvres est un énorme lion qui a basculé sur le côté.

Sur le chemin qui gravit le versant de la colline, vous serez probablement accueilli par un homme qui fait office de gardien quand les archéologues sont absents : il vous proposera une visite moyennant un pourboire.

Comment s'y rendre

De Deir Semaan ou de la route située en contrebas du site de Qala'at Semaan, vous pouvez continuer en stop en direction d'Afrîn ou prendre un minibus local (5 £S) qui vous laissera à l'embranchement juste avant le village situé à 17 km de Qala'at Semaan. L'autre possibilité consiste à emprunter un bus ou un minibus de la gare principale d'Alep pour Afrîn à 60 km au nord (15 £S), puis de demander à une des camionnettes ou aux minibus (10 £S) qui rejoignent 'Ain Dara, à 10 km, de vous laisser à l'embranchement juste avant le village. L'acropole est visible de la route.

CYRRHUS

La cité provinciale de Cyrrhus (Nabi Houri pour les locaux ce qui signifie "Prophète Cyrrhus"), date du IIIe siècle. Elle est enclavée dans le territoire kurde et domine la frontière turque. Il subsiste peu de choses de cette ville qui occupait pendant l'Antiquité une position stratégique pour les armées de l'Empire romain. Après la localité poussiéreuse d'Azaz (un dépotoir nauséabond et battu par les vents), la route traverse une campagne agréable, où se succèdent champs de blé et oliveraies. Vous franchirez deux **ponts** romains du IIIe siècle au-dessus du Sabun et longerez un **mausolée** romain, surmonté d'une pyramide. Il a été bien conservé parce que les musulmans le considéraient comme un lieu sacré. Ensuite, vous bifurquerez sur la droite en direction des ruines.

Les plus faciles à distinguer sont celles de l'**amphithéâtre**. Il ne reste pas grand-chose des murs de la ville, de la rue à colonnades ni de la basilique au nord de la ville, mais il est assez amusant d'escalader les ruines jusqu'à la citadelle arabe, d'où l'on a une belle vue panoramique. Vous êtes presque assuré d'avoir le site pour vous seul.

Comment s'y rendre

La ville, située à 76 km au nord d'Alep, est difficile d'accès. Vous pouvez aller à la gare routière principale d'Alep et prendre un minibus qui dessert Azaz. Là, il vous faudra marchander avec un taxi le prix de la course jusqu'au site. Ne soyez pas étonné s'il vous demande jusqu'à 800 £S pour la course aller-retour, alors que ces mêmes taxis emmènent des voyageurs jusqu'à la frontière turque pour 100 £S (quel que soit le nombre de clients). Vous pouvez essayer de faire du stop, mais cette route est peu fréquentée.

Une autre solution consiste à aller à la gare routière principale d'Alep et à louer pour la journée (seul ou à plusieurs, selon vos moyens) les services d'un chauffeur de minibus. En partant assez tôt le matin, vous pouvez organiser un circuit allant de Qala'at Semaan à Cyrrhus pour 800 £S maximum.

EBLA

La cité antique d'Ebla (Tell Mardikh) est distante d'une cinquantaine de kilomètres d'Alep, sur l'autoroute qui mène à Hama.

La découverte en 1968, après cinq années de fouilles, de la ville d'Ebla et de sa bibliothèque royale riche de 17 000 tablettes d'argile, gravées dans un dialecte sumérien, a fourni des informations très précieuses sur l'économie, l'organisation de l'administration locale à l'époque du IIIe millénaire av. J.-C.

Le travail des équipes italiennes dirigées pendant de nombreuses années par le professeur Paolo Matthiae a permis notamment de comprendre les relations entre les royaumes et les cités-États de la région. Il a révélé également qu'Ebla était jadis l'une des plus puissantes cités-États de Syrie, comme l'indique en effet la romancière syrienne Myriam Antaki qui, dans son roman *Les caravanes du soleil*, souligne la magnificence de ce grand empire de jadis :

Les caravanes des mondes affluaient vers Ebla. Les richesses de l'Est entassaient le lapis-lazuli couleur bleu nuit et la cornaline aux teintes de feu. Le Nord engendrait tous les métaux des dieux pour colorer d'or et d'argent les palais fabuleux. L'Ouest poussait les forêts de cèdres pour offrir à l'ébénisterie sa matière et son luxe. Le Sud de ses parfums humides cueillaient les coquillages des plages lointaines. Les caravanes d'Ebla partaient et revenaient.

Myriam Antaki
Extrait de "Les caravanes du soleil"
(©Éditions Gallimard)

Entre 2400 et 2500 av. J.-C., Ebla connut une grande période de prospérité et lia d'étroites relations commerciales et diplomatiques avec le royaume de Mari et celui d'Égypte. La conquête de la ville par Sargon d'Akkad, en 2500 av. J.-C. mit fin ces années de gloire. En partie brûlée et saccagée, la ville ne regagna jamais la place de choix qu'elle avait tenu dans la région, ni son prestige. En 1600 av. J.-C., elle fut à nouveau en grande partie détruite par les envahisseurs hittites. Les armées de la première croisade passèrent par là des milliers d'années plus tard, alors qu'elle n'était plus qu'un hameau du nom de Mardic.

La route conduit aujourd'hui à l'ancienne porte nord-ouest. Vous ne serez pas impressionné par la hauteur des monuments. En fait, tout est assez plat. Les ruines les plus intéressantes pour les néophytes sont celles de l'édifice que l'on a appelé le "palais G", à l'est de l'acropole, où l'on peut voir des vestiges d'un escalier royal, de murs et de salles à colonnes.

Le site contient les ruines d'autres palais et temples.

Comment s'y rendre

Prenez n'importe quel bus qui se rend à Ma'aret an-Nu'aman et descendez à la bifurcation. La trajet revient à 17 £S. De là, il faut marcher 40 minutes jusqu'au site, à moins que vous ne trouviez un chauffeur à Ma'aret an-Nu'aman, après avoir visité le musée. Le prix de la course (aller-retour) ne devrait pas dépasser 500 £S.

MA'ARET AN-NU'AMAN

Cette petite ville commerçante n'a rien de particulier. Toutefois, si l'on veut se faire une idée de la façon dont les bâtiments des Villes Mortes étaient décorés, la **collection de mosaïques**, aménagée dans le khan ottoman du XVIe siècle transformé en musée, mérite une visite. Ces mosaïques recouvraient les sols des édifices importants et des maisons privées dans les cités byzantines des Ve et VIe siècles. Celle qui représente Assad n'est pas aussi ancienne, mais elle occupe une place de choix, juste devant l'entrée. Le musée est à environ 50 mètres au nord de la gare routière, à droite d'une grande place. Il est fermé le mardi et ses horaires ne semblent pas très précis. L'entrée est payante (200 £S).

Plus au nord et sur la droite, se dresse la **Grande Mosquée** avec son minaret du XIIe siècle reconstruit après le tremblement de terre de 1170. Depuis la mosquée, dirigez-vous à droite de la place vers le nord sur presque 1 km. Lorsque la rue s'élargit, vous verrez les tristes vestiges d'une **citadelle** médiévale, qui servent aujourd'hui de logements bon marché à quelques familles.

Comment s'y rendre

Toutes les heures approximativement, un minibus part de la gare routière principale d'Alep (1 heure, 17 £S et 13 £S en bus Scania) et passe devant l'embranchement pour Ebla.

AL-BARA (AL-KAFR)

A une vingtaine de kilomètres à l'ouest de Ma'aret an-Nu'aman gisent les ruines de l'une des nombreuses Villes Mortes. A la fin du Ve siècle, elle formait l'un des plus importants centres vinicoles de la région. Parmi les ruines qui couvrent environ 6 km^2, on a retrouvé les vestiges de près de cinq églises. On cultive encore de petites parcelles parmi les monuments antiques : la terre est bonne et les oliviers, la vigne et les abricotiers y poussent bien.

Les édifices les plus étonnants sont deux **tombeaux-pyramides**. Demandez aux passants quel chemin prendre pour accéder aux ruines en basalte gris (on peut les voir depuis la ville). Emportez des provisions car il n'y a pas grand-chose à acheter en ville. Néanmoins, peut-être qu'une âme secourable vous invitera à boire le thé.

Comment s'y rendre

La route depuis Ma'aret an-Nu'aman est mauvaise et vous devrez discuter avec un chauffeur de trezina pour qu'il vous conduise au village moderne. Il est plus simple de prendre un minibus d'Alep à Ariha (prononcez Harira). Le trajet jusqu'à cette ville dure 1 heure et le billet coûte 15 £. A Ariha, vous trouverez des minibus qui vous conduiront en 30 minutes à al-Bara et pour 10 £S seulement. Comme toujours en Syrie, la visite de ce site un vendredi et en transport collectif est déconseillé, car le trafic est extrêmement ralenti, voire inexistant à partir de 14h.

Le désert

La grande route qui relie Damas à Alep marque plus ou moins la frontière entre les terres cultivables à l'ouest et le désert qui s'étend vers l'est jusqu'à l'Euphrate.

En bordure du désert, une large bande de terre reçoit suffisamment de précipitations pour qu'y pousse la végétation nécessaire à l'élevage des chèvres et des moutons. Les habitants de cette région construisent des maisons en forme de ruche pour se protéger de la chaleur accablante. On peut en voir sur la route qui mène de Homs à Palmyre, au sud du lac Assad et autour d'Alep.

Le désert proprement dit, que l'on appelle aussi le désert de Syrie (en arabe "Badiet es Sham"), occupe la région située au sud-est de Palmyre jusqu'à la Jordanie et l'Irak. Ce n'est pas un désert de sable, mais une immense plaine caillouteuse et aride. Les chutes de pluie sont très irrégulières et il se passe parfois deux ou trois ans entre deux averses.

Le désert est parsemé d'oasis – dont la plus importante est celle de Palmyre – qui servaient autrefois d'étapes aux caravanes qui allaient de la Méditerranée en Mésopotamie.

PALMYRE

Palmyre, que les Syriens appellent Tadmor (son nom en langue sémitique ancienne) est le principal site touristique du pays et l'un des plus grands sites historiques du monde. Les ruines de Palmyre sont en effet réellement inoubliables. Ne les manquez pas !

Le nombre de touristes augmente régulièrement et ce lieu est de plus en plus connu. Mais, souvent, vous serez pratiquement seul à visiter les ruines. Un plaisir rare. Hormis quelques habitants du cru – dont certains cherchent à exercer leur maîtrise des langues étrangères ou à échanger un peu d'argent – et l'arrivée par vague de groupes de visiteurs, le site de Palmyre est le plus souvent vide, particulièrement le matin avant 8h30.

L'oasis est véritablement au milieu du désert, à 160 km à l'est de l'Oronte et à 225 km à l'ouest de l'Euphrate. Elle se situe à l'extrémité des monts de l'Anti-Liban, dont le dernier plissement forme un bassin. En bordure de ce bassin jaillit une source appelée Efca ("source" en araméen), légèrement sulfureuse, qui posséderait des vertus médicinales. Malheureusement depuis trois ans, elle s'est tarie.

Les ruines de la cité du IIe siècle couvrent quelques 50 hectares. Elles ont été l'objet de nombreuses fouilles et sont en partie restaurées. Néanmoins, le site est encore loin d'avoir livré tous ses trésors. En 1994, une équipe d'archéologues a découvert des tombeaux romains, au sud-est du temple de Bel. Les ruines sont entourées d'une ville moderne qui s'agrandit rapidement, en particulier vers l'ouest, et qui compte actuellement plus de 40 000 habitants.

A quelques encablures se trouve une base aérienne et le spectacle des avions de combat passant dans un sifflement au-dessus des ruines lors des vols d'entraînement est pour le moins étrange. Heureusement, ils ne volent pas trop bas.

Loin des regards, à l'ouest de la cité antique et de la ville moderne, se cache une prison de haute sécurité dont la réputation est assez sinistre.

Histoire

Tadmor était mentionnée dans des tablettes dès le XIXe siècle av. J.-C. Elle devint une importante étape pour les caravanes qui allaient de la Méditerranée aux pays du Golfe ou qui empruntaient l'ancienne route de la Soie, reliant la Chine et l'Inde à l'Europe. La ville tirait des profits considérables des lourdes taxes qu'elle prélevait sur les caravanes.

Lorsque les Romains repoussèrent les frontières de leur empire vers l'est, au Ier siècle et au début du IIe siècle de notre ère, la cité joua de plus en plus un rôle de tampon entre les Perses et les Romains. Les Romains la baptisèrent Palmyre (la cité des palmiers) mais les habitants de la région continuèrent à l'appeler Tadmor (la cité des dattes). Il semble que, malgré l'influence croissante de Rome, Palmyre sut conserver une grande autonomie et tirer avantage de la défaite infligée à l'empire nabatéen par les Romains.

L'empereur Hadrien vint visiter la ville en 130 et la déclara "ville libre". En 212, sous l'empereur Caracalla, elle devint colonie romaine. Ainsi, ses citoyens jouissaient d'une égalité de droits avec Rome et n'étaient plus dans l'obligation de payer les impôts romains. Au cours de cette période, la grande rue à colonnades fut élargie et des temples furent construits. Les habitants s'enrichirent grâce au commerce avec les caravanes. Certains possédaient même des bateaux qui naviguaient dans le golfe d'Arabie.

En 137, une énorme tablette de pierre (qui se trouve aujourd'hui dans un musée de Saint-Pétersbourg) fut installée, où l'on pouvait lire les "Tarifs de Palmyre". Elle fixait le montant des taxes à payer sur tous les produits qui transitaient par la ville, ainsi que le prix de l'approvisionnement en eau.

La colonie devint rapidement un royaume, dirigé par Odenat, brillant chef militaire qui s'était gagné la gratitude des Romains en délivrant l'empereur Gallien des Perses. En récompense, ce dernier lui donna le titre de

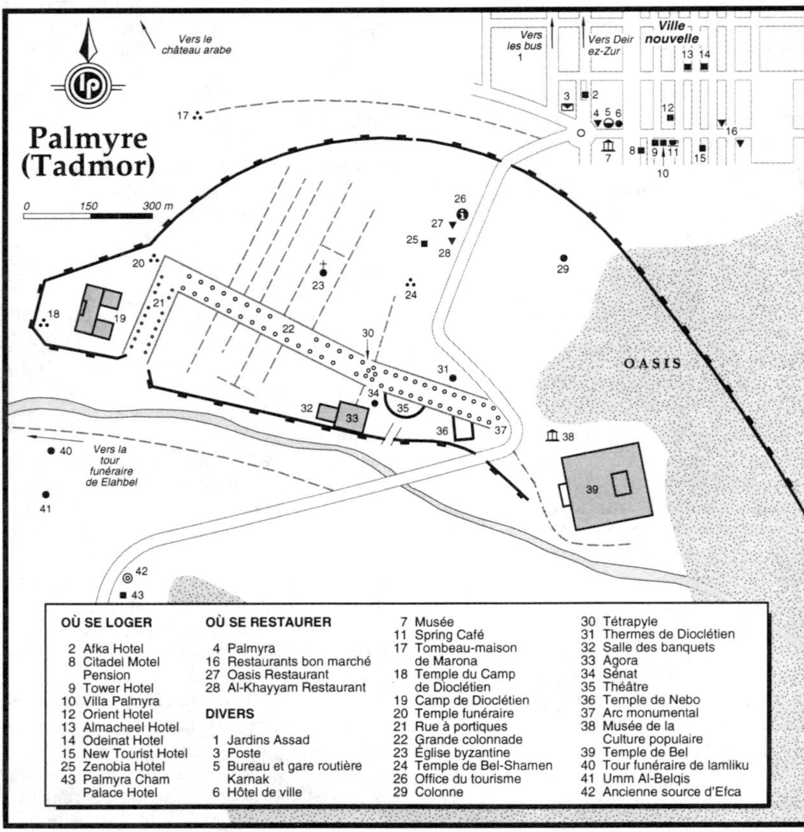

“Correcteur de l’Orient” et plaça sous son commandement toutes les armées romaines présentes en Orient.

Le déclin de Palmyre s’amorça lorsque Odenat fut assassiné en 267 dans des circonstances suspectes. Sa seconde femme, la célèbre Zénobie, mi-grecque, mi-arabe, prit le pouvoir au nom de leur fils encore mineur. Celui-ci revendiqua les titres de son père, mais les autorités romaines ne se montraient pas très pressées de les lui accorder. Si l’on soupçonna Zénobie d’avoir joué un rôle dans le meurtre de son mari, cela ne fut jamais prouvé.

Zénobie, qui se vantait d’être la descendante de Cléopâtre, était une femme d’une ambition et d’une intelligence hors pair. Elle parlait couramment le grec, le latin, l’araméen et l’égyptien. Elle fit de Palmyre un empire indépendant, se battit avec Rome pour obtenir le contrôle de l’Égypte et envoya ses troupes jusqu’en Asie Mineure. Au XVIIIe siècle, le voyageur Edward Gibbon écrivait à son propos dans un livre intitulé *Le déclin et la chute de l’Empire romain* :

Elle égalait en beauté son ancêtre Cléopâtre et la surpassait de loin en chasteté et en valeur. Zénobie était considérée comme la plus jolie et la plus héroïque représentante de son sexe. Elle avait le teint mat, des dents aussi blanches que des perles et ses grands yeux noirs brillaient d’un éclat unique, tempéré par une grande douceur. Sa voix était forte et harmonieuse. Son intelligence, comparable à celle d’un homme, était renforcée et affinée par l’étude.

Cette reine ne manquait pas non plus d’un certain sens de l’humour. Un jour, un marchand qui devait être puni pour avoir vendu ses produits trop chers fut convoqué au théâtre pour se présenter devant la reine et l’assemblée publique. Seul dans l’arène, il tremblait de peur à l’idée qu’une bête sauvage allait se précipiter sur lui. Lorsque l’animal fut lâché, la foule éclata de rire. Le marchand se retourna et se trouva face à face avec… un poulet.

Défiant Rome, Zénobie déclara la totale indépendance de son royaume et fit frapper à Alexandrie des pièces de monnaie à son effigie et à celle de son fils (qui prit le titre d’Auguste). L’empereur Aurélien, jusqu’alors prêt à négocier, ne put accepter une provocation aussi manifeste. En 272, après avoir vaincu les troupes de Zénobie à Antioche et à Emèse (Homs), il assiégea Palmyre. Zénobie resta intraitable jusqu’au bout : refusant d’accepter les généreuses conditions qu’il lui proposait en échange de sa reddition, elle s’enfuit à dos de chameau. Elle traversa les lignes romaines qui avaient encerclé la ville et prit la direction de la Perse, dans l’espoir d’obtenir une aide militaire, mais fut capturée par la cavalerie romaine sur les rives de l’Euphrate. La ville se rendit alors et ne paya qu’une amende en punition de son insurrection.

Ramenée à Rome comme trophée, Zénobie fut exhibée dans les rues, attachée sur un char par des chaînes d’or. Elle finit sa vie à Rome dans la captivité. Certains prétendent qu’elle y vécut dans une villa fournie par l’empereur, d’autres qu’elle préféra se laisser mourir de faim plutôt que de rester prisonnière.

Pièce de monnaie à l’effigie de Zénobie

Quoi qu’il advint d’elle, cet épisode marqua la fin de la prospérité de Palmyre et de cette personnalité hors du commun. L’empereur Aurélien écrivit à son sujet :

Ceux qui disent que je n’ai vaincu qu’une femme ne savent pas quelle femme elle était, à quel point elle se montrait rapide dans ses décisions, persévérante dans ses projets et énergique face à ses soldats.

La ville fut détruite par Aurélien en 273 car, à la suite d’une nouvelle rébellion, les habitants massacrèrent les 600 archers stationnés là. Les troupes d’Aurélien se montrèrent alors particulièrement brutales : les citoyens furent assassinés, la cité pillée et incendiée.

Palmyre ne retrouva jamais sa gloire passée et devint un avant-poste romain. L'empereur Dioclétien la fortifia pour qu'elle fasse partie de la ligne de forteresses qui marquaient la frontière de l'Empire romain. Justinien reconstruisit les défenses de la cité au VIe siècle, mais elle avait alors perdu sa richesse et déclina peu à peu avec la diminution du nombre des caravanes.

Tombée aux mains des musulmans en 634, elle fut complètement ravagée en 1089 par un terrible tremblement de terre. Il semble qu'une colonie juive s'y installa au XIIe siècle, mais à cette époque, la ville était déjà entrée dans la légende.

En 1678, elle fut redécouverte par deux négociants anglais qui vivaient à Alep. L'histoire d'Odenat et de Zénobie fascina l'Europe d'autant plus que personne ne connaissait alors l'existence de cette ville autrefois si importante.

Les fouilles débutèrent en 1924. Auparavant, des villageois vivaient dans la cour du temple de Bel (ou Baal). Ils furent transférés dans la ville nouvelle. Grâce aux travaux de restauration, le nombre des colonnes redressées est passé de cent cinquante dans les années 50 à plus de trois cents aujourd'hui. Ces premières restaurations furent parfois exécutées de façon très grossière, chose que l'on remarquera sur le tétrapyle.

On peut facilement consacrer deux journées à la visite du site, des tours funéraires et du château arabe du XVIIe siècle qui se trouve sur la colline.

SYRIE

Renseignements

Office du tourisme. Il se trouve à mi-chemin entre la ville et le site. Il est ouvert de 8h à 14h et de 17h à 19h. Du 1er octobre au 1er avril, les heures d'ouverture pour l'après-midi passent de 16h à 18h.

Argent. Vous ne trouverez ni banque ni bureau de change à Palmyre. Au Palmyra Cham Palace Hotel, vous pouvez néanmoins changer de l'argent : les chèques de voyage sont acceptés. Il suffit que l'employé qui s'en occupe soit là. Par précaution, mieux vaut apporter tout l'argent dont vous aurez besoin.

Poste. Le personnel travaille sans se presser de 8h à 14h et selon des horaires très souples. En sortant sur la droite, vous trouverez deux cabines téléphoniques (dont une à carte) qui, malheureusement, sont inaccessibles après 14h ainsi que le vendredi et les jours fériés, la grille donnant sur la poste étant fermée à clef en dehors des heures d'ouverture. Le code téléphonique de Palmyre est le 34.

Les ruines

On a souvent tendance à considérer Palmyre comme une simple cité romaine alors qu'il n'en est rien. Sa topographie ne correspond pas à celle des villes romaines classiques, même si l'influence gréco-romaine est manifeste. Malgré la puissance de ses voisins (qu'ils fussent romains, perses ou parthes), Palmyre sut préserver à la fois une culture originale et sa langue, un dialecte araméen.

Le temple de Bel. Il est préférable de commencer la visite par le temple de Bel, à l'est du site. Il se dresse sur une grande esplanade d'environ 200 mètres de côté. A l'origine, celle-ci était ceinte d'un mur haut de 15 mètres, mais seul le pan nord est d'origine (le reste fut rebâti par les Arabes). Le mur ouest, où se trouvent l'entrée et une petite boutique de souvenirs, fut construit à partir de fragments du temple lorsqu'il fut fortifié. A l'intérieur, une double colonnade courait jadis sur trois des côtés ; le quatrième côté (à l'ouest) était bordé d'une seule rangée de colonnes, beaucoup plus élevées que les autres. On en voit quelques-unes à droite et à gauche de l'entrée.

A gauche de l'entrée, à l'intérieur de la cour, un passage mène du mur extérieur au temple et monte en pente douce jusqu'au niveau de l'esplanade. C'est par là que les animaux destinés aux sacrifices pénétraient dans l'enceinte. En face du sanctuaire, vous découvrirez les ruines d'une salle de banquet. A gauche, se dresse le podium de l'autel où avaient lieu les sacrifices, et à droite, les vestiges d'une autre plate-forme, qui servait peut-être à des cérémonies de purification religieuse. Le sanctuaire a ceci d'inhabituel qu'on y entre par l'un des côtés (et non par l'extrémité) et qu'il est décalé par rapport au centre. A l'intérieur, il comporte à chaque extrémité des portiques, dont le plafond est taillé dans un seul bloc de pierre. Le portique nord est très décoré et le plafond comporte une rosace. La coupole centrale est ornée d'un buste de Jupiter et des signes du zodiaque. Les marches qui mènent au portique sud laissent à penser qu'il contenait peut-être une idole que l'on transportait lors des processions.

A l'arrière du sanctuaire, on peut voir empilés d'anciens rails de chemin de fer qui servirent à faire rouler les wagonnets remplis de déblais au cours des premières excavations. L'enceinte du temple est ouverte tous les jours de 8h à 13h et de 16h à 18h, de mai à fin septembre ; et de 8h à 16h d'octobre à fin avril. L'entrée est payante : 200 £S.

Différents ouvrages sur la Syrie et Palmyre, ainsi que des diapositives (ce qui est assez rare) sont disponibles sur le site.

La grande colonnade. Cette rue bordée de colonnes constituait la principale artère de la ville. Elle reliait l'entrée du temple à l'arc monumental, puis se prolongeait sur environ 700 mètres jusqu'au temple funéraire. La partie située entre le temple de Bel et l'arc n'existe plus : aujourd'hui, c'est la route qui relie Palmyre à Damas qui passe à cet endroit. Les camions surchargés roulent à vive allure dans un grondement de tonnerre à quelques mètres de l'arc, et cette circulation n'est certainement pas très bénéfique pour les ruines. En fait, on a plutôt l'impression que la clé de voûte de l'arc va s'écrouler à tout moment.

La rue ne fut jamais pavée afin que les chameaux puissent l'emprunter sans dommage ; en revanche, les portiques qui la bordent l'étaient. Impressionnante par sa taille, la partie qui mène au tétrapyle est la mieux restaurée. Chaque colonne comporte une petite console en saillie, aux deux tiers de sa hauteur environ, où l'on plaçait la statue d'un citoyen riche ou célèbre qui avait participé au financement de la construction de la ville.

L'une d'elles a été replacée sur son piédestal, presque en face du musée de la Culture populaire. La rue témoigne à elle seule du caractère unique de cette cité. Au niveau de l'arc puis à nouveau vers le tétrapyle, elle dévie légèrement, ce qui était inimaginable dans une cité romaine classique.

Le temple de Nebo. Les premières ruines sur la gauche après le passage sous l'arc sont celles d'un petit temple trapézoïdal construit au Ier siècle av. J.-C. en l'honneur du dieu Nebo. Il semble que ce temple connut quelques modifications, car sa construction se poursuivit jusqu'au IIIe siècle de notre ère.

Les thermes de Dioclétien. Les thermes construits par Dioclétien se trouvent juste après sur la droite, mais ils sont très difficiles à distinguer.

Le théâtre. Il est situé du côté sud de la rue, entre deux arches de la colonnade. Sous les consoles de nombreuses colonnes, vous verrez inscrit le nom des personnages représentés par les statues qui s'y dressaient jadis. Il s'agissait, semble-t-il, de personnalités éminentes : empereurs, princes de Palmyre, magistrats et hauts fonctionnaires, prêtres de haut rang et chefs de caravane. Le théâtre a été l'objet d'un important travail de restauration, et quoi qu'on en pense, il paraît en plusieurs endroits un peu trop neuf et clinquant.

La façade du théâtre fut conçue sur le modèle de l'entrée d'un palais, avec une porte royale et des portes plus petites de chaque côté. De l'arrière du théâtre, un chemin bordé de colonnes partait vers le sud, passait devant le sénat et l'agora et menait à l'une des portes du mur construit par Justinien.

L'agora. L'agora était l'équivalent du forum romain. Elle servait aux débats publics et au marché. Quatre portiques entourent une cour de 84 mètres sur 71. Les dédicaces des statues, qui se tenaient autrefois sur les colonnes et les murs, ont fourni d'importants renseignements aux historiens. Le portique nord comportait des statues de fonctionnaires palmyrènes et romains ; le portique est abritait des statues de sénateurs ; le portique ouest, des statues d'officiers militaires et le portique sud, celles de marchands et de chefs de caravane. Il ne reste plus aucune statue, et la plupart des colonnes ne mesurent plus qu'un mètre de haut environ.

Jouxtant l'agora, on peut voir la **salle de banquet** utilisée par les souverains de Palmyre.

Le tétrapyle. Au tiers de la rue, vous gagnerez le tétrapyle (quatre groupes de quatre colonnes) qui a été reconstruit. Une seule des colonnes est en granit d'origine (probablement apporté d'Assouan, en Égypte). Les autres, en béton coloré très laid, sont le résultat d'une reconstruction hâtive et peu consciencieuse.

Chacun des quatre groupes de colonnes supporte une corniche en pierre pesant 150 tonnes. Autrefois, une statue se dressait entre les colonnes sur chacun des quatre piédestaux, et l'une d'entre elles représentait Zénobie. Malheureusement, on n'en a trouvé aucun vestige.

Ce monument marque un carrefour très important de la ville. De là, la rue principale se poursuit vers le nord-ouest, et une autre rue à colonnade mène à l'agora, au sud-ouest.

SYRIE

Le temple funéraire. La rue principale se poursuit sur environ 500 mètres et se termine par l'impressionnant portique reconstruit du temple funéraire, qui date du IIIe siècle. On se trouve là dans l'ancien quartier résidentiel de la ville et l'on peut encore voir des rues qui démarrent de chaque côté.

Le camp de Dioclétien. Il est situé au sud du temple funéraire, le long de la voie à portiques. Cette partie du site est jonchée de pierres écroulées, ce qui permet d'admirer de près la finesse des sculptures.

On pense que Dioclétien fit construire ce camp sur l'emplacement du palais de Zénobie, mais les fouilles n'ont pas encore permis de le prouver. Le camp fut érigé après la destruction de la ville par Aurélien. Il se trouvait près de la Porte de Damas qui donnait sur une voie du IIe siècle reliant Emèse (Homs) à l'Euphrate.

Le temple de Bel-Shamem. Ce petit sanctuaire, consacré au dieu de l'Orage et des Pluies fertilisantes, est tout près de l'Hotel Zenobia. Assez proche de Bel, maître du soleil et de la lune, ce dieu phénicien ne devint vraiment populaire à Palmyre que lorsque l'influence romaine atteignit son apogée. Le temple est fermé en permanence. Les six colonnes du vestibule comportent des piédestaux pour les statues et des inscriptions. Celle de l'extrême gauche contient une inscription en grec et en palmyrénien célébrant le secrétaire de la ville pour sa générosité au cours de la visite du "divin Hadrien" et pour avoir payé la facture de la construction du temple. Ce texte est daté de l'an 131. Une rue secondaire menait au temple depuis le tétrapyle.

Tours funéraires. Elles s'élèvent au sud-ouest du mur de la ville, au pied de la colline d'Umm al-Belqis. Ces tours carrées servaient de tombeaux aux riches familles et contenaient des cercueils placés dans des niches sur cinq niveaux. L'intérieur était souvent décoré de corniches et de frises.

Ces tours, notamment celles de Elahbel et de Iamliku, méritent une visite et la vue depuis leur sommet est superbe en fin d'après-midi. Les plus proches de la ville sont accessibles et l'on peut y pénétrer facilement, mais les plus intéressantes sont fermées. La seule façon de les visiter est de se rendre au musée et de demander au gardien, qui a les clefs, de vous accompagner. En été, les départs se font à 8h30, 10h, 11h30 et 16h30. En dehors de cette saison, seule la visite de 16h30 est avancée à 14h, les autres sont maintenues. Enfin, celle de 11h30 n'a jamais lieu le vendredi et ce, quelque soit la période de l'année. La visite est payante (200 £S). Au préalable, si vous n'êtes pas motorisé, il vous faudra louer les services d'un taxi (200 £S maximum), même si les tours ne sont pas loin à pied. Le gardien ne se déplace qu'en voiture et n'est guère disposé à vous prêter les clefs.

Qala'at Ibn Maan

Au nord des ruines, l'édifice dominant est le château arabe, Qala'at Ibn Maan, construit au XVIIe siècle par Fakhr al-Din le Maanite. On ne peut pas le manquer. Il suffit de grimper sur la colline. Il est entouré d'un fossé qu'enjambe un pont étroit. Le château est ouvert en principe à partir de 15h jusqu'au coucher du soleil. Le gardien vous demandera au moins 100 £S pour le visiter et non les 200 £S qu'il serait, vous dit-il, en droit de demander même si aucun tarif n'est affiché à l'entrée.

Quoi qu'il en soit, la vue sur Palmyre et le désert environnant justifie largement l'escalade de 25 minutes jusqu'au sommet du versant accidenté. Il vaut mieux y aller soit tôt le matin vers 7h, soit en fin d'après midi.

Le musée

Ouvert tous les jours, sauf le mardi de 8h à 13h et de 14 h à 16h, il se tient en bordure de la ville moderne. Du 1er avril au 1er octobre, la fermeture des portes est à 18h. L'entrée est payante (200 £S).

Il contient une belle collection de statues de Palmyre, très souvent en excellent état alors qu'elles sont restées enfouies dans le sable pendant un millénaire. Vous découvrirez aussi deux dépouilles de Palmyrènes qui paraissent bien miteuses. Les descriptions sont en anglais, ce qui est rare dans les musées syriens.

On y trouvera également des explications assez détaillées du palmyrénien. Doté d'un alphabet de 22 lettres, il resta la langue dominante de la région jusqu'à l'avènement de l'islam, où il fut peu à peu supplanté par l'arabe. Le premier étage du musée a été fermé et les objets transférés au musée de la Culture populaire.

Le musée de la Culture populaire

Le bâtiment blanchi à la chaux qui ressemble au fort Beau Geste, juste à côté du temple de Bel, abrite le musée de la Culture populaire. Il recèle les scènes de la vie quotidienne recréées grâce à des mannequins ; l'ensemble est plutôt mieux fait qu'ailleurs. Si vous avez de la chance, le gardien vous jouera un air de *rabada,* l'instrument de musique traditionnel des Bédouins.

Ce musée fournit un grand nombre d'informations intéressantes en français sur l'organisation sociale des Bédouins. Il est ouvert de 8h à 14h30. L'entrée est payante (100 £S).

La source d'Efca

Cette source est visible depuis l'entrée du Palmyra Cham Palace Hotel. Jusqu'en 1993, on pouvait visiter la grotte (qui remonterait à l'époque romaine) et se baigner dans une eau légèrement sulfureuse. Hélas, la source s'est tarie depuis !

Où se loger

L'hôtel le plus économique est le *New Tourist Hotel* (☎ 910033). Une petite chambre simple sans s.d.b. coûte 175 £S et une double 275 £S. Il existe une douche chaude collective et certaines chambres sont équipées d'une s.d.b. (avec eau froide). C'est un endroit très simple mais correct. La mosquée n'est pas loin ; vous aurez donc droit à un appel à la prière matinal. Il est le seul hôtel où l'on peut payer encore sa chambre en livres.

A gauche de la place principale, en allant vers le musée, le *Citadel Motel Pension* (☎ 910537) est certainement celui qui offre des chambres au meilleur rapport qualité/prix en les proposant à 500 £S, que vous soyez deux ou trois et à 300 £S si vous êtes seul. Les cinq chambres de cet hôtel disposent d'une s.d.b. commune.

A proximité de la poste, le propriétaire de l'*Afka Hotel* (☎ 910386), charmant au demeurant, peut vous facturer en livres, même si une simple vous revient normalement à 15 $US et une double à 25 $US. Tout dépend de votre nationalité et de votre comportement. Certains voyageurs nous ont dit avoir payé 350 £S (l'équivalent de 7 $US) pour deux et un Japonais 14 $US ! A défaut d'un prix fixe, les chambres décorées simplement mais avec goût sont propres, calmes et l'ambiance de la grande salle de séjour très familiale.

L'*Orient Hotel*, "ash-Sharq" en arabe (☎ 910131 ; fax. 910700), est propre et calme. La plupart des chambres comportent une douche chaude attenante. Une simple/double coûte 22/30 $US. Là encore, le propriétaire comme les employés sont très disponibles et peuvent vous aider à réserver par exemple votre bus pour Damas ou Deir ez-Zur.

Juste à quelques mètres à droite en remontant la rue, l'*Almacheel Hotel* (☎ 910744) allie le confort et des chambres personnalisées à des prix très honnêtes pour le service donné. Comptez 20/30 $US pour une simple/double.

A proximité, l'*Odeinat Hotel* (☎ 911067) très fréquenté par les employés des compagnies pétrolières, est doté de chambres simples mais propres à 20/30 $US et de deux cuisines où l'on peut cuisiner et prendre ses repas.

Dans la rue principale, on trouvera la *Villa Palmyra* (☎ 910156 ; fax 912 554) dont la décoration branchée aussi bien intérieure qu'extérieure tranche avec l'environnement. Les chambres climatisées sont petites et somme toute très quelconques pour le prix demandé : 60/75 $US.

Sur le même trottoir, le *Tower Hotel* (☎ 210116) semble désormais un peu vieillot et bien terne. Ses ambitions restent bien plus modestes comme ses tarifs, de 15 $US la simple à 25 $US la double.

Depuis fin 1991, le *Zenobia Hotel* (☎ 910107 ; fax 912407), situé près des ruines, a changé de propriétaire. Il appartient désormais à la compagnie de tourisme Orient Tours, basée à Damas (☎ 2229959 ; fax 2233050). Entièrement rénovée, l'ancienne maison de la comtesse d'Andurain construite à l'époque du mandat français est devenue, avec le Baron Hotel à Alep, le deuxième hôtel de charme du pays. Ces travaux ont également fait grimper les prix à 42/51 $US en basse saison et à 55/66 $US pour les mois de mars, avril, mai, août, septembre, octobre et décembre (taxe de 5% et petit déjeuner à 155 £S non inclus). Autre revers de la médaille et du succès : la réservation obligatoire qui, selon la saison, doit être faite un à deux mois à l'avance.

La comtesse d'Andurain

Lorsque la comtesse Marga d'Andurain arrive à Palmyre, elle a plus de trente ans et affiche déjà derrière elle un passé sulfureux marqué par une farouche envie de vivre comme elle l'entend, sans principe, ni morale. Née dans une famille bourgeoise de Bayonne, le 28 mai 1893, Marguerite Clérisse n'a de cesse de bousculer l'ordre établi depuis son plus jeune âge. Pour preuve, son mariage en 1914 avec Pierre d'Andurain de huit ans son aîné, homme séduisant et aussi peu attaché qu'elle aux convenances, fait suite à des années de pensionnat marquées par de multiples fugues. Leur vie mondaine dans la capitale égyptienne, dont elle est vite devenue la coqueluche puis la paria, et le départ précipité de Marga pour Damas au bras d'un bel officier de l'Intelligence Service, Jeffrey Sinclair, rencontré sur le bateau qui l'emporte vers Beyrouth, en sont quelques autres illustrations. L'entrée de la comtesse à Palmyre, alors sous mandat français et ce, au bras de Sinclair, sera l'estocade finale !

De cette réputation d'aventurière, la comtesse d'Andurain n'en a que faire, elle qui se sent dès le premier jour de son arrivée, "l'enfant de cette terre étrange". Se disant la réincarnation de la princesse Zénobie, elle décide peu de temps après son arrivée de prendre en gérance le Zenobia Hotel que la haute société internationale fréquentera assidûment pour son raffinement, son élégance, sa vue sur les ruines… et pour le charme irrésistible de son hôtesse.

Commence alors pour Marga, une vie tout en péripéties : le suicide de Sinclair, la séparation à l'amiable avec son mari et un départ rocambolesque pour la Mecque en tant que compagne légitime d'un pauvre Bédouin en constituent quelques-uns des aspects. Elle veut être la première chrétienne à entrer dans la capitale religieuse de l'islam et elle le sera, non sans causer là encore un véritable scandale. Elle est alors à l'orée d'un autre chapitre de sa vie, tout aussi épique. De l'emprisonnement à Djeddah à son retour à Palmyre, elle se verra condamnée à mort, obligée de vivre ensuite les simulacres d'une pendaison avant de prendre la fuite dans le désert et d'assister à la mort suspecte de son deuxième mari. Ces événements ne sembleront pourtant pas l'affecter lorsqu'elle se réinstalle dans son hôtel de Palmyre où elle reprend à nouveau ses habitudes, reçoit et organise des soirées pour le plus grand bonheur de ses invités. L'épopée syrienne touche pourtant à sa fin. L'assassinat dans des conditions mystérieuses de Pierre d'Andurain avec lequel elle venait juste de se remarier mettra en effet un terme à sa vie en Syrie. En Europe, la Deuxième Guerre mondiale menace au même moment d'éclater. La comtesse d'Andurain quitte Palmyre pour de nouvelles aventures dans le Paris occupé qui seront certainement à l'origine de sa mort à Tanger en novembre 1948. ■

Près de la source d'Efca, à environ 3 km de la ville sur la route de Damas, se tient le *Palmyra Cham Palace Hotel* (☎ 912230 à 240 ; fax 912245) qui propose le confort (et les tarifs) d'un cinq-étoiles qui demanderait à être rafraîchi. Une simple/double coûte 160/190 $US. L'accès à la piscine est plus accessible à 200 £S par personne.

Où se restaurer

Le choix des restaurants à Palmyre s'élargit petit à petit. Près du Zenobia Hotel, sur la route qui mène aux ruines, deux restaurants en plein air jouxtent l'office du tourisme. L'*Oasis Restaurant* et l'*Al-Khayyam Restaurant*, attenants, sont très semblables tant sur le plan des plats proposés – kebabs, poulet, houmous... – que sur celui de l'addition (environ 200 £S par personne) et de la médiocrité de la cuisine au final.

Près de la gare/bureau des bus Karnak et en face du musée, le restaurant *Palmyra* possède un jardin ombragé où il est assez agréable d'y attendre son bus comme d'y prendre un repas. Cependant, une simple tasse de thé (assez grande, il est vrai) coûte la bagatelle de 30 £S.

Vous pourrez commander un "petit déjeuner" dans quatre ou cinq cafés dans la rue qui va du musée au New Tourist Hotel, déguster un café local et regarder les gens passer. On trouvera également quelques restaurants bon marché en se dirigeant vers la place comme celui du *Student Restaurant*. Un demi-poulet avec les garnitures ne devrait pas revenir à plus de 120 £S.

L'*Afka Restaurant*, situé au sous-sol de l'hôtel du même nom, n'offre aucun intérêt particulier tout comme celui de l'Orient Hotel dont le seul atout est la vue depuis la terrasse.

Outre le Palmyra Cham Palace, le *Palmyra Restaurant* de l'hôtel Villa Palmyra est probablement l'endroit chic pour se restaurer. La nourriture est assez quelconque et le repas coûte 400 £S (on s'attendra à ce que vous laissiez un pourboire). Préférez la petite salle ou la terrasse du restaurant *Zenobia*. Malgré un menu à 395 £S, la carte affiche des prix très doux (soupe à 50 £S, mezzé à 30 £S) et concocte une cuisine relativement bonne.

Comment s'y rendre

Bus

Depuis Palmyre, choisissez entre les bus des compagnies Karnak, Damas Tour ou Furat Tour et les minibus.

Bus Karnak. La gare et le bureau des bus Karnak font face au musée. Chaque jour, un bus part à 15h pour Damas et passe par Homs (2 h de route), excepté le vendredi, le dimanche et le mardi où il relie directement la capitale (environ 3 h). Le voyage pour Homs coûte 50 £S et celui pour Damas 90 £S. Réservez votre place au moins un jour à l'avance.

Damas Tour. Le bureau de Damas Tour comme ceux de Srouji Tour et d'Amani est installé dans la salle du *Sahara Restaurant* (☎ 910047), à la sortie de la ville sur la route de Deir er-Zur. La gare est attenante au restaurant. La capitale est reliée tous les jours par de nombreux bus venant de Deir er-Zur, de 10h30 environ jusqu'à 3h30 du matin. Le billet revient à 120 £S. Des bus desservent également Deir er-Zur (80 £S) de 12h30 à 00h30 avant de continuer leur route vers Hassake (160 £S) et Qamishle (225 £S). Pour Deir er-Zur, le trajet dure environ 2 heures. Un minibus assure tous les jours, à 10h et 20h30, la liaison Palmyre-Homs (50 £S). Demandez à votre hôtel de réserver et, le jour de votre départ, d'appeler l'agence qui dépêchera un taxi qui ne devrait pas vous coûter plus de 50 £S.

Furat Tour. Les billets pour Damas s'achètent un jour à l'avance, au Spring Café, juste à côté de l'hôtel Villa Palmyra. Les bus s'arrêtent devant le restaurant. Trois bus se rendent quotidiennement à Damas, selon les horaires suivants : 9h30, 11h30 et 17h. Vous débourserez 100 £S. Les départs quotidiens pour Deir er-Zur sont à 11h45, 15h, 16h et 17h.

Minibus. Des minibus locaux desservent Homs, Damas, Deir er-Zur deux à trois fois par jour pour 35 £S à 50 £S. La gare routière de Tadmor est à 1 km au nord de la poste. Sinon, il est possible de faire signe à un minibus ou à un bus qui passe devant le bureau

Karnak et le musée pour se rendre à Damas, Homs ou Deir ez-Zur.

Taxis-service. Quelques taxis-service et leurs chauffeurs stationnent devant le café près de la mosquée et du New Tourist Hotel. Ils n'ont pas l'air très pressés d'aller où que ce soit et ne proposent donc pas de tarifs très avantageux. Une course en ville ne doit pas dépasser 25 £S et le trajet pour les tours funéraires comme pour Qala'at Ibn Maan ne doit pas coûter plus de 200 £S.

QASR AL-HAYR ASH-SHARQI

Si vous avez un peu d'argent liquide à dépenser et du temps, vous pouvez effectuer une excursion intéressante : à 120 km à l'est de Palmyre, se dresse en plein désert l'un des plus étonnants monuments construits au VIIIe siècle en hommage aux souverains omeyyades. Le Qasr al-Hayr ash-Sharqi est un "château du désert" comme ceux que l'on peut visiter en Jordanie (voir le chapitre sur l'*Est d'Amman*), mais il est beaucoup plus grand.

Ce palais occupait une position stratégique car il dominait les pistes du désert qui menaient en Mésopotamie. Étant donné que le soutien des tribus arabes nomades (dont ils faisaient à l'origine partie) était l'une des grandes forces des Omeyyades, il n'est pas étonnant qu'ils aient marqué leur présence dans ces steppes désertiques.

Les luxuriants jardins du palais, jadis alimentés par une source souterraine distante d'une trentaine de kilomètres, couvraient une superficie d'environ 250 km^2. Construit par Hisham vers 730, le palais survécut longtemps à ses bâtisseurs omeyyades : Haroun er-Rachid, qui fut probablement le plus célèbre des souverains abbassides, en fit l'une de ses résidences. Apparemment, il ne fut définitivement abandonné qu'au XIVe siècle.

Les murs en partie restaurés de l'une des enceintes principales, avec ses puissantes tours de défense, constituent le vestige le plus imposant de cette somptueuse anomalie au milieu du désert. Si les ruines que l'on voit à l'ouest sont peut-être celles d'un khan, celles du sud-est évoquent une mosquée : la colonne comportant un escalier à l'intérieur est un ancien minaret. Au nord des murs principaux, on découvre également les vestiges de thermes. Le long du chemin, au sud, on distingue les ruines de l'ancien mur d'enceinte.

Ce château possède un pendant à l'ouest de Palmyre : Qasr al-Hayr al-Gharbi, mais il reste peu de choses intéressantes sur le site (son imposante façade et de nombreux éléments ont été transférés au Musée national de Damas dont il orne la façade qui donne accès aux salles).

Comment s'y rendre

L'accès ne peut se faire qu'en voiture particulière ou en taxi. Une route goudronnée est en projet et elle rendra le voyage certainement beaucoup plus aisé. En attendant, un véhicule 4x4 est probablement (même s'il n'est pas absolument nécessaire) ce qui convient le mieux pour la dernière partie du trajet (environ 35 km depuis Sukhna qui se trouve non loin de la route qui relie Palmyre à Deir ez-Zur). Un chauffeur du pays ou un guide, au moins à partir de Sukhna, est indispensable. Si, par un hasard improbable, il a plu les jours précédents, mieux vaut renoncer à ce voyage, car se retrouver embourbé dans le désert n'est pas vraiment ce qu'il y a de plus drôle au monde.

Vous pouvez prendre un taxi à Palmyre, mais c'est une destination encore inhabituelle et il faut vous attendre à payer le prix fort : 2 000 £S pour la voiture et le chauffeur. Vous aurez de la chance si vous arrivez à le faire baisser en dessous de 1 500 £S. A plusieurs, ce voyage d'une journée dans le désert syrien peut, en revanche, ne pas vous revenir trop cher. Le Citadel Motel Pension propose une voiture chauffeur pour 2 000 £S avec l'assurance de vous mener à bon port sans trop de détours. Prenez avec vous beaucoup d'eau et quelques denrées alimentaires. A moins de vous retrouver dans l'une des quelques tentes bédouines éparpillées dans le désert (mais aucune n'est très proche du site) pour boire une tasse de thé, vous aurez probablement très soif pendant cette chaude journée, surtout si votre chauffeur ou votre guide se perd dans le labyrinthe des traces laissées par les camionnettes des Bédouins !

L'Euphrate

L'Euphrate ("Al-Furat" en arabe) est long de plus de 2 400 km. Il prend sa source en Turquie, dans les hauts plateaux de l'est de l'Anatolie, traverse en de longs méandres le nord-est de la Syrie et pénètre en Irak avant de former avec le Tigre le delta du Chatt al-Arab et de se jeter dans le golfe Persique. Après les steppes et le désert de l'intérieur du pays, le spectacle de ses eaux vertes et des terres fertiles qui l'entourent est bienvenu.

L'un de ses rares affluents, le Khabour, franchit le nord-est de la Syrie avant de le rejoindre après Deir ez-Zur. Grâce à ces deux cours d'eau, il est possible d'irriguer et de travailler la terre.

La région du Jezira (qui signifie littéralement "île"), comprise entre le Khabour et le Tigre (qui coule le long de la frontière entre la Turquie et l'Irak), constitue aujourd'hui l'une des plus fertiles du pays et compte parmi l'un de ses plus vastes greniers à blé. Selon les habitants, les meilleures terres sont celles qui se trouvent juste au sud de la frontière turque, en grande partie dans le territoire kurde. Le coton, l'orge et le blé sont les trois principales récoltes. Le coton produit dans la région est devenu d'ailleurs ces dernières années une source importante de revenus pour le pays.

Dans cette région, la camionnette à plateau (ou "pick-up"), importée du Japon ou des États-Unis, est un signe extérieur de richesse et on en compte de plus en plus. Les gens vous diront que "l'on n'en voit nulle part ailleurs en Syrie", ce qui est en partie vrai même si elle fait une belle percée sur le littoral méditerranéen.

Depuis une vingtaine d'années, à Qaratchok, dans l'extrême nord-est du pays, on extrayait du pétrole de mauvaise qualité qui devait être mélangé à du pétrole importé pour être raffiné. Avec la découverte, au cours des années 80, d'importants gisements autour de Deir ez-Zur, la situation s'est trouvée com-

Habitations en forme de "ruches" dans un village proche du lac Assad

plètement modifiée. La production dans ce secteur, nulle au début des années 80, atteignait fin 1994 le record de 29 millions de tonnes. Les compagnies nationales et étrangères continuent à prospecter dans cette région et devraient, dans les prochaines années, se lancer dans l'exploitation intensive des réserves de gaz dont la production ne fait que commencer.

LAC ASSAD

Lorsque l'Euphrate pénètre en Syrie à Jarablos (ancienne capitale de l'Empire hittite), il s'agit déjà d'un fleuve important. Un barrage a été construit sur ce site de façon à irriguer les terres et produire de l'électricité.

Les travaux du barrage ont débuté à Tabaqah en 1963 et le réservoir a commencé à se remplir en 1973. Il est plein aujourd'hui et s'étend sur plus de 60 km. Il fait la fierté du pays et l'électricité produite à cet endroit était censée permettre l'autonomie de la Syrie. Pourtant, le débit du fleuve a diminué en raison de la construction en Turquie d'un autre grand barrage. La Syrie et l'Irak s'inquiètent de ce que les Turcs pourraient, à tout moment, faire varier le débit du fleuve pour des motifs politiques. Ils prétendent que cela s'est déjà produit, ce que démentent les Turcs qui attribuent le ralentissement du débit à des causes naturelles.

La diminution du débit du fleuve a provoqué une certaine déception. Toutefois, à la fin des années 80, les coupures régulières d'électricité avaient pratiquement disparu. Elles ont malheureusement réapparu depuis, malgré les investissements consacrés à la réfection du réseau électrique. Pour plus de détails, voir la rubrique *Économie* dans le chapitre *Présentation de la Syrie*.

La ville-dortoir d'Ath-Thaura ("la Révolution") fut construite à Tabaqah pour héberger les ouvriers du barrage et les paysans qui devaient être relogés en raison de l'élévation du niveau de l'eau. En effet, plusieurs villages ont été inondés au cours de la construction du barrage, mais aussi des sites historiques et archéologiques importants. Grâce à l'appui de l'Unesco et d'autres missions étrangères, ces sites ont été répertoriés et, lorsque c'était possible, déplacés plus en hauteur. Le minaret de la mosquée de Maskana (haut de 27 m) et celui d'Abu Harayra (haut de 18 m) ont été démontés et transportés. Ce dernier se trouve aujourd'hui dans le centre d'Ath-Thaura.

QALA'AT NAJM

Qala'at Najm est le château fortifié qui se trouve le plus au nord au bord de l'Euphrate en Syrie. Construit à peu près à l'époque de Saladin, il est en bon état de conservation et a été en partie restauré. De la citadelle, on bénéficie d'une vue plongeante sur le fleuve.

Le gardien s'apercevra rapidement de votre présence. Il vous invitera à boire le thé dans sa maison au pied du château et ne refusera pas un généreux pourboire.

Comment s'y rendre

Prenez un bus pour 'Ain al-Arab à la gare routière principale d'Alep (prononcez "garagé") derrière l'Amir Palace et descendez au village de Haya Kabir : demandez que l'on vous inscrive en arabe sur une feuille de papier le nom du château et celui de Haya Kabir que vous montrerez au personnel de la gare routière qui vous aiguillera très gentiment. Le château est à 15 km de là, et le seul moyen de s'y rendre est le stop.

Il est conseillé de se mettre en route tôt, car cette route qui ne mène à rien est peu fréquentée. Elle traverse des champs de blé qui forment au printemps un beau tapis vert. Le vendredi, il semble qu'aucun bus ne desserve 'Ain al-Arab.

QALA'AT JA'ABAR ET ATH-THAURA

Cette citadelle, bâtie entièrement en briques dans la pure tradition mésopotamienne, impressionnante de loin, l'est moins lorsqu'on est à l'intérieur. Si le rempart et les trois tours reconstruites en partie sur les trente-cinq existantes initialement sont d'un bel effet à l'entrée, l'intérieur - à l'exception du minaret - n'est qu'un champ de briques retournées à leur état d'origine.

Elle est située sur une langue de terre reliée à la rive du lac Assad, à une dizaine de kilomètres au nord d'Ath-Thaura (prononcez

SYRIE

"Saoura"). Avant la construction du barrage, le château se dressait sur un promontoire rocheux. Il fut érigé bien avant l'avènement de l'islam, reconstruit par Nour al-Din et modifié par les Mamelouks. Il constitue une superbe toile de fond pour une journée au bord du lac, et les Syriens y viennent nombreux le vendredi. C'est un endroit idéal pour se baigner et pique-niquer. Le café-restaurant au bas de la citadelle peut constituer une étape pour le déjeuner (environ 120 £S par personne) ou une pause café sous la treille, tout en plongeant son regard dans les eaux bleues du lac.

Il faut traverser Ath-Thaura pour arriver à la citadelle. Si vous avez le temps et selon votre moyen de transport, faites un petit arrêt pour jeter un coup d'œil au barrage (*as-siad*) placé sous très haute surveillance. Il ne se visite pas et ne se photographie surtout pas, mais le panorama, sans être extraordinaire, mérite quelques instants d'attention. La ville en elle-même n'a aucun intérêt et l'on s'y perd assez facilement en cherchant la route de la citadelle ou quelque autre destination.

Comment s'y rendre

Sans voiture, ce n'est pas très facile. Vous devrez passer par Ath-Thaura, en venant de Raqqa ou d'Alep (50 £S). D'Alep, le voyage est long et compliqué (comptez 2 heures pour vous rendre seulement à Ath-Thaura). Raqqa, à une quarantaine de kilomètres, est beaucoup plus proche et de nombreux minibus assurent la liaison entre Raqqa et Ath-Thaura (25 £S) en moins d'une heure. A la sortie de la gare routière d'Ath-Thaura, vous pouvez prendre soit un pick-up (200 £S) pour vous rendre sur le site, soit faire du stop. L'embranchement pour la citadelle est à deux kilomètres environ du barrage, sur la gauche. Il reste ensuite 10 km pour atteindre la citadelle.

Le vendredi est un bon jour pour faire du stop sur le barrage, car beaucoup de visiteurs viennent y passer la journée. Si vous préférez y aller un autre jour pour profiter du calme, préparez-vous à attendre plus longtemps.

Sachez que peu (ou pas) de bus ou de minibus partent d'Ath-Thaura après 16h, surtout entre mi-septembre et fin avril.

RAQQA

Selon la légende, Alexandre le Grand fonda la cité de Raqqa. Mais c'est probablement à son général Séleucos Nikator qu'elle doit ses premières fondations. La ville, connue alors sous le nom de Nicephotium puis de Callinicum, ne devint pourtant une place stratégique importante qu'à l'époque byzantine, nœud charnière entre les empires perse et chrétien.

De 796 à 808, le calife abbasside Haroun er-Rachid fit de Raqqa (qui s'appelait alors Al-Rafiqa) sa capitale. Après l'invasion mongole en 1258, Al-Rafiqa cessa pratiquement d'exister. Ce n'est que depuis la fin de la Seconde Guerre mondiale qu'elle a repris vie et qu'elle est devenue un important centre commercial de la région de l'Euphrate.

Le code téléphonique de la ville est le 22.

A voir

Il ne reste presque rien de la période glorieuse de cette cité, à quelques exceptions près. La **porte de Bagdad**, partiellement restaurée, est à une dizaine de minutes à pied à l'est du beffroi ; elle sert de point de repère quand on arrive en ville. Au nord, on peut admirer l'ancienne enceinte de la cité abbasside, partiellement restaurée, qui par endroits atteint 5 mètres de hauteur et longe le **Qasr al-Banat** ("palais des Filles"), ancienne résidence des Ayyoubites.

Au nord-ouest, à proximité de la rue Saif al-Daula, on trouvera quelques vestiges de l'ancienne **Grande Mosquée** élevée sous le règne du calife abasside al-Mansur en 772 et reconstruite en 1165 par Nour al-Din. Un petit **musée**, à mi-chemin entre la porte de Bagdad et le beffroi, est consacré aux fouilles entreprises depuis le début des années 20, sur les différents *tells* (collines) du nord de l'Euphrate. Recelant d'intéressants objets trouvés lors des fouilles, il est un lieu incontournable pour comprendre et saisir dans sa globalité le riche patrimoine archéologique de la région. Il est ouvert de 8h à 14h tous les jours sauf le mardi. L'entrée est payante (200 £S).

Où se loger

Les quelques hôtels autour du beffroi sont dotés d'un confort plus que sommaire. A l'*Hotel Tourism*, dans la rue est-ouest qui va du beffroi à la porte de Bagdad, le propriétaire demande 350 £S pour une double vraiment peu engageante. L'*Ammar Hotel* (☎ 222612) n'a rien à offrir de plus agréable. La simple/ double coûte 275/ 350 £S.

Le *Karnak Hotel* (☎ 222255) se veut un trois-étoiles dont on recherche désespérément les atouts. Quitte à payer 28 $US la simple et 50 $US la double, on souhaiterait au moins que les draps soient propres !

Comment s'y rendre

Bus Pullman et minibus. De la gare routière, située à environ 300 mètres à l'est du beffroi et à 100 mètres de la place Hafez el-Assad, des bus que l'on appelle encore Pullman et des minibus partent régulièrement à destination d'Ath-Thaura et d'Alep (2 heures environ, 40 £S) et vers l'est, le long de l'Euphrate à destination de Deir ez-Zur (2 heures 30, 60 £S).

Train. La gare ferroviaire est à environ 2 km au nord du beffroi, en empruntant la route où se garent les bus qui portent encore le nom de Pullmann. Deux trains par jour desservent Alep. Le premier arrive de Deir ez-Zur vers 23h45 et relie Alep en 3 heures 30 (55 £S en 1re classe et 37 £S en 2e classe). Le second, également en provenance de Deir ez-Zur, passe vers 5h15.

Le train de 23h45 rallie Damas en 11 heures 15, avec un arrêt à Alep, mais aussi à Hama et à Homs. Le trajet coûte 135 £S en 1re classe et 95 £S en 2e classe.

A 2h du matin, un train venant d'Alep fait un arrêt avant de continuer sur Deir ez-Zur où il arrive à 5h30 (52 £S en 1re classe et 34 £S en 2e classe).

SYRIE

RASAFEH

Cette ville ancienne, ceinte de murailles, semble surgir du désert alors qu'on s'en approche. Elle est encore peu connue du grand public, alors qu'elle compte parmi les sites les plus beaux et les plus impressionnants du pays. Il serait vraiment dommage de ne pas la visiter lors de votre séjour sur les rives de l'Euphrate. Certes, elle est difficilement accessible, mais elle mérite cet effort et il est possible de faire l'excursion dans la journée depuis Raqqa.

Les remparts en gypse forment un quadrilatère de 550 mètres sur 400 et ils sont presque intacts. Après avoir franchi l'imposante porte nord, vous apercevrez à votre gauche les vestiges d'une basilique byzantine dédiée à saint Serge, soldat romain victime des persécutions de l'empereur Dioclétien en 305. La ville, après s'être considérablement agrandie sous le règne de l'empereur byzantin Anastase, dépassa en effet sa vocation première – qui était d'être un centre militaire – pour devenir une ville où les pèlerins affluaient nombreux. Après plusieurs années de troubles, elle fut conquise par le calife omeyyade Hisham qui restaura nombre de ses monuments et qui y fit construire une somptueuse résidence d'été, détruite par les Abbassides sept ans plus tard en 750. A la fin du VIIIe siècle, un terrible tremblement de terre allait plonger la ville dans l'oubli.

Laissée à l'abandon, la ville fait l'objet chaque année, depuis quelques décennies, de fouilles archéologiques. Dans l'axe de la porte nord, non loin du mur du sud, vous verrez les trois gigantesques et impressionnantes citernes construites pour pallier les éventuels sièges de la cité.

Vous ne trouverez aucun endroit où acheter de l'eau ou de la nourriture. Apportez donc avec vous de quoi manger et boire ; les températures sont extrêmement élevées en été. Le propriétaire de la tente installée en face de la porte nord vous proposera très gentiment du thé et attendra un geste de votre part qu'il estimera correct à 50 £S.

Comment s'y rendre

Il faut faire preuve de patience pour aller à Rasafeh, car les transports en commun sont peu fréquents. A Raqqa, prenez un bus pour Ath-Thaura ou Alep et descendez à Al-Mansura (20 minutes, 25 £S). C'est là partie la plus facile. Ensuite, il faut vous poster à l'embranchement (indiqué par un panneau) et attendre, le temps qu'il faut, qu'une camionnette vous emmène aux ruines, situées à 28 km de là, soit gratuitement, soit pour une somme que vous saurez apprécier.

Si vous êtes pressé, vous pouvez demander à l'un des chauffeurs de camionnettes qui circulent dans les environs de vous conduire aux ruines. Le tarif aller-retour est exorbitant : 200 £S en moyenne. Il semble que ce soit le prix à payer pour le soi-disant détour que vous leur faites faire.

HALABIYYEH ET ZALABIYYEH

Halabiyyeh fut fondée par Zénobie, la reine rebelle de Palmyre, juste avant sa chute en 272, et à nouveau fortifiée sous l'empereur Justinien. Ce sont essentiellement ces derniers travaux que l'on peut voir aujourd'hui.

Cette ville forteresse faisait partie de la ligne de défense orientale de l'Empire romain contre les Perses, qui s'en emparèrent pourtant en 610. Les murailles sont en grande partie intactes et il reste des vestiges de la citadelle, des deux basiliques, des bains, du forum et des portes sud et nord. La route actuelle suit le tracé de l'ancienne rue à colonnades.

De l'autre côté de la rivière et plus au sud, se dresse la forteresse beaucoup plus endommagée du fort principal, Zalabiyyeh. En été, il est parfois possible de franchir l'Euphrate entre la ville et le fort. C'est d'ailleurs ce qui justifia la construction de Zalabiyyeh

Comment s'y rendre

Ces deux destinations sont assez difficiles à atteindre. Halabiyyeh est la plus intéressante et la première partie du trajet est assez directe. Prenez à Deir ez-Zur un bus pour Raqqa et descendez à la bifurcation pour Halabiyyeh, quelques kilomètres après Tibni à 46 km de Deir ez-Zur (1 heure, 35 £S). Ensuite, il faut continuer en stop ou, si vous vous en sentez capable, marcher pendant 3 heures pour faire les 20 km restant.

Autre solution : descendre du bus à Tibni et négocier avec un habitant le prix de la course aller-retour qui ne devrait pas dépasser les 500 £S.

S'agissant de Zalabiyyeh, le plus difficile est d'en revenir. Demandez Zalabiyyeh à la gare routière de Deir ez-Zur. Le trajet dure 1 heure 30 jusqu'à l'embranchement et coûte 50 £S. Ensuite, il faut marcher pendant 30 minutes vers l'ouest. Il n'y a pas beaucoup de bus qui desservent la rive droite de l'Euphrate, ce qui rend difficile le voyage de retour. Si vous vous y trouvez l'après-midi, vous n'avez plus qu'à vous asseoir et attendre qu'un camion passe.

La ligne de chemin de fer passe devant Zalabiyyeh et vous pouvez la suivre vers le nord sur 1 ou 2 kilomètres jusqu'à une petite gare. Arrivé là, il vous faudra attendre le train reliant Raqqa à Deir ez-Zur qui arrive à Raqqa vers 2h du matin !

DEIR EZ-ZUR

Cette ville agréable, située sur les rives de l'Euphrate, est un carrefour pour les voyageurs qui visitent le nord-est de la Syrie. De là, on peut aller vers le nord-est à Qamishle et la Turquie, vers le sud-est à Mari, Abu Kamal (ou Albu Kamal) et l'Irak, vers le sud-ouest à Damas *via* Palmyre et vers le nord-ouest à Raqqa et Alep.

Deir ez-Zur (que les Syriens appellent "Deir") semble vouée à un certain développement. La découverte de gisements de pétrole dans les environs a donné un coup de fouet à l'économie. On comptait une vingtaine de champs pétrolifères au début des années 90. Depuis, on en dénombre une quarantaine auquel est venue s'ajouter l'exploitation du gaz.naturel

Il n'y a pas grand chose à voir dans la ville, si ce n'est le musée, mais on peut faire comme tout le monde, flâner dans le souk (petit mais haut en couleurs), puis déambuler le long de la rivière, surtout au coucher du soleil. Une promenade sur le joli pont suspendu, construit par les Français, constitue aujourd'hui la balade privilégiée des piétons et des cyclistes. De l'autre côté de ce pont, une petite aire de jeux a été aménagée où l'on peut éventuellement se baigner.

Renseignements

Office du tourisme. Il est implanté au premier étage d'un immeuble d'une petite rue qui donne dans Khaled Ben Al Walid. Le personnel est serviable et fera tout son possible pour vous trouver un plan de la ville ou une photocopie de ce dernier. Il est ouvert de 9h à 14h tous les jours sauf le vendredi.

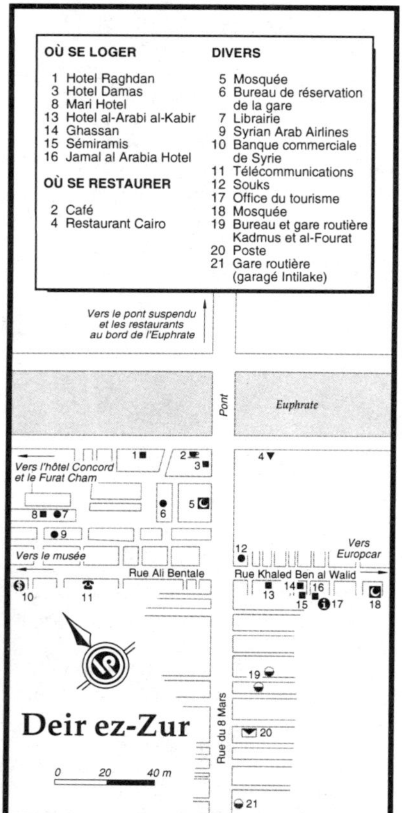

Poste et télécommunications. Aménagée dans un grand bâtiment situé à mi-chemin entre la place et la gare de minibus dans la rue principale du 8 Mars, elle ouvre de 8h à 18h.

Le code téléphonique de la ville est le 51.

Prorogations de visa. Cinq cents mètres après la banque, tournez à gauche au rond-point puis à nouveau à gauche. Le bâtiment de l'immigration et des passeports est juste au coin. Il est ouvert de 8h à 13h30. Les prorogations sont délivrées le jour même Vous devrez faire preuve de beaucoup de patience pour conserver votre sens de l'humour.

Le musée

Installé dans un nouveau bâtiment flambant neuf, le musée se trouve dans le prolongement de la rue Ali Bentale. Au moment où nous écrivons, il finit d'être aménagé pour recevoir ses premiers visiteurs en avril 1996. Son ouverture et la diversité comme la richesse de ses multiples objets exposés marquent la volonté de rendre à la région son patrimoine archéologique. Il devrait exposer également les nouvelles trouvailles. Fermé le mardi, il est ouvert de 9h à 18h de mai à fin septembre et de 9h à 16h le reste de l'année. L'entrée est payante (200 £S).

Librairie. Dans la galerie commerçante du Mari Hotel, dans la petite librairie juste en face de l'entrée de l'hôtel, vous trouverez les magazines Time, Newsweek et l'Express de la semaine passée.

Argent. La Banque commerciale de Syrie est située dans la rue Ali Bentale à environ 15 minutes à pied à l'ouest de la place. Cet établissement ouvre ses portes de 8h30 à 12h30, avec fermeture de la caisse à 12h. La moindre opération prend un temps colossal et les chèques de voyage sont acceptés uniquement lorsque le directeur est présent sur les lieux.

Au Furat Cham (vous trouverez les coordonnées plus loin dans le paragraphe *Où se loger*), on essaiera gentiment de vous dépanner à tout moment et avec une rapidité tout à fait exemplaire.

Où se loger – petits budgets

Le meilleur établissement dans cette catégorie sans être trop difficile est probablement l'*Hotel Damas* (☎ 221481) dont la belle vue sur l'un des bras de l'Euphrate compense la propreté moyenne de l'établissement, semble-t-il, peu préoccupé de donner à ses lits un drap couvrant la largeur du matelas ! La simple/double coûte 325/425 £S.

L'*Hotel Amal*, très proche des souks bruyants sur la place, est un bouge à éviter. A l'est de la place, l'*Hotel al-Arabi al-Kabir* (☎ 222070), propose un matelas et un sommier convenables dans une chambre à quatre lits pour 300 £S. A l'heure où nous mettons sous presse, plusieurs hôtels assez sordides parmi lesquels les hôtels *Ghassan* et *Semiramis*, sont en complète rénovation, ce qui laisse espérer des chambres plus agréables, mais que vous devrez régler peut-être en dollars américains.

Où se loger – catégorie supérieure

A l'angle de la rue en venant de l'Hotel Damas et donnant sur un bras de l'Euphrate, on trouvera l'*Hotel Raghdan* (☎ 222053 ; fax 221160) à l'architecture extérieure des années 30. Il propose des simples/doubles acceptables à 16/26 $US. Les prestations sont très correctes, si vous en avez les moyens, encore s'agit-il d'avoir une chambre. Comme il est le meilleur hôtel dans sa catégorie, il est envahi par les groupes.

A quelques dizaines de mètres derrière l'Hotel Raghdan, le *Mari Hotel* (☎ 222434 ou 221657) demande 35 $US pour une simple et 55 $US pour une double à la s.d.b. quelque peu nauséabonde.

Les plus fortunés iront tenir compagnie aux employés des compagnies pétrolières au *Furat Cham* (☎ 225418), à 5 km en-dehors de la ville le long de la rivière. Les chambres simples/doubles sont à 160/190 $US. Vous pouvez profiter de la piscine pour 200 £S par jour.

D'autres préféreront les couleurs pastel et la décoration recherchée du tout nouvel hôtel *Concord* (☎ 225411 ; fax 224272). Le dernier né des grands hôtels de la ville affiche la simple à 130 $US et la double à 158 $US (plus 10% de taxe) mais peut vous accorder une réduction de 25%.

Où se restaurer

A proximité des hôtels, la rue principale regorge des habituels petits restaurants où l'on sert du poulet rôti, des kebabs, du houmous et des salades.

Toujours dans la rue principale, l'immense *Restaurant Cairo* sert des plats identiques, dans un décor différent. L'arrière-salle est en fait un café, mais on peut très bien y boire et prendre un repas. Un plat de poisson accompagné de frites, de salade et du houmous coûte environ 175 £S et une bouteille de 750 ml de bière Al-Chark 35 £S. L'araq et d'autres alcools sont également en vente.

Près du pont au bord de la rivière, on pourra aller siroter une bière le soir dans l'un des deux restaurants en plein air. La nourriture est sensiblement au même prix qu'au Cairo.

Le restaurant de l'Hotel Raghdan n'a aucune prétention culinaire mais offreune vue panoramique sur la ville et l'Euphrate. Un repas à base de houmous, de riz et de poulet accompagné d'araq ne dépasse pas les 180 £S.

Au *Louisiane Restaurant* du Furat Cham comme au restaurant du Concord Hotel, vous pourrez rompre le temps d'un repas avec la cuisine syrienne en évitant toutefois le steak cordon bleu ou à la sauce béarnaise. Une soupe (délicieuse) et des spaghettis bolognaise arrosés d'une eau minérale reviennent à 200 £S.

Comment s'y rendre

Voie aérienne. L'aéroport est situé à environ 7 km à l'est de la ville. Une fois par semaine, le mercredi à 11h, un avion assure la liaison entre Deir ez-Zur et Damas. Le billet coûte 600 £S.

Un bus dessert l'aéroport depuis le bureau de Syrian Arab Airlines situé à un pâté de maisons en descendant la petite rue perpendiculaire à droite de la banque.

Bus. Deir ez-Zur est desservie par les bus de différentes compagnies et des minibus. Dans le hall de la gare routière principale appelée *garagé Intilak*, située à 200 mètres de la poste, en remontant la rue du 8 Mars, vous devrez faire un grand effort pour rester plus d'un quart d'heure sans que vos oreilles n'explosent. Ce n'est pas un simple hall mais une véritable criée où l'on vous interpelle pour aller à Alep, à Raqqa, à Hassake, à Qamishle, à Palmyre, à Homs, à Hama ou à Damas.

Les bus et minibus pour Homs ou Damas, à 5 heures 30 de route (160 £S) font tous halte à Palmyre (2 heures 15, 75 £S). Pour Alep, comptez 4 heures 30 et 125 £S. Les bus qui se rendent à Alep, s'arrêtent aussi en général à Raqqa (2 heures 30, 60 £S). Aucun bus de cette gare ne va à Qamishle directement et vous devez passer par Hassake (2 heures 30, 75 £S).

A la sortie du hall, toute une rangée de taxis attend les clients. La course en ville coûte 25 £S.

Bus des compagnies al-Fourat et Kadmus. Elles sont considérées comme les deux meilleures compagnies de la ville ; aussi nous vous conseillons de réserver la veille. Si al-Fourat ne dessert pas Raqqa, elle assure trois liaisons par jour avec Damas (7h30, 9h30 et 15h ; 150 £S), avec un arrêt à Palmyre (100 £S). Elle devrait ouvrir une ligne entre Deir ez-Zur et Lattaquié, ainsi qu'entre Deir ez-Zur et Hama, *via* Alep ou Homs. Le jeudi, le dernier bus est à 0h30.

La compagnie Kadmus dessert une fois par jour Hassake (75 £S) puis Qamishle (110 £S). Le départ est à 14h30. Tous les jours à 7h et 15h, un bus se dirige vers Damas (150 £S) avec un arrêt à Palmyre (100 £S).

Le bus de Homs, qui part à 12h30 (120 £S), fait également une halte à Palmyre. Il existe trois départs quotidiens pour Alep (6h30, 9h30 et 14h ; 110 £S) avec un arrêt à Ath-Thaura.

SYRIE

Location de voitures. La société Europcar possède un bureau dans la rue Khaled Ben al Walid. Il est ouvert tous les jours de 9h à 14h et de 15h à 20h, excepté le vendredi et le dimanche après-midi. Pour les tarifs, voir le chapitre *Comment circuler*.

Train. La gare ferroviaire se situe au nord de la ville, de l'autre côté de la rivière, à environ 3 km du centre. Si une demi-heure de marche ne vous fait pas peur, franchissez le petit pont, allez jusqu'au croisement en "T" et tournez à droite. Sinon, prenez le bus jaune qui fait la navette entre le bureau de réservation des trains (près de l'ancien bureau des bus Karnak) et la gare pour 5 £S. Il ne circule que lorsqu'un train doit partir.

Le bureau des réservations est ouvert de 8h à 13h et de 16h à 20h.

Les trains pour Alep partent à 20h45 et à 1h45 du matin (90 £S en 1re classe et 60 £S en 2e classe). Le train de 20h45 pour Alep termine sa course à Damas le lendemain à 8h (153 £S en 1re classe ; 103 £S en 2e classe et 500 £S en couchette). Trois trains desservent Hassake et Qamishle. Le premier part à 3h30 du matin, le second à 5h et le dernier à 12h30. Pour Qamishle, comptez 60 £S en 1re classe et 40 £S en 2e classe. Pour Hassake, le tarif s'élève à 40 £S/ 27 £S. Le trajet en bus est plus intéressant car il longe le Khabour, traversant une région très cultivée et de nombreux petits villages aux maisons de boue séchée.

LE SUD DE DEIR EZ-ZUR

La route au sud-est de Deir ez-Zur longe l'Euphrate jusqu'à la frontière (fermée) avec l'Irak. Elle est jalonnée de sites archéologiques et historiques. Le voyageur impatient qui se déplace en voiture peut tous les visiter dans la journée et être de retour à Deir ez-Zur pour le dîner. En partant très tôt le matin, le trajet est également possible en associant minibus et auto-stop.

Qala'at ar-Rahba

Cette citadelle du XIIIe siècle, qui fut abandonnée après les batailles entre les Mongols et les Mamelouks, est à quelques kilomètres au sud de la ville de Mayadin. On l'aperçoit dans le lointain (à environ 4 km à l'ouest de la route) peu après avoir quitté Mayadin.

Comme c'est souvent le cas, elle est plus impressionnante de l'extérieur que de l'intérieur, mais le panorama sur le désert à l'ouest et l'Euphrate à l'est (plus quelques gisements de pétrole) est à couper le souffle. A la gare routière principale de Deir ez-Zur, connu sous le nom de *garagé Intilak*, prenez un bus ou minibus pour Abu Kamal (10 £S) et demandez au chauffeur de vous arrêter à l'intersection de la route qui mène à la citadelle. Le site est à 5 km environ, chemin que vous devrez parcourir soit en stop, soit plus vraisemblablement à pied.

Tell Ashara

Le village assoupi d'Ashara se trouve à 17 km au sud de Mayadin. Des équipes italiennes fouillent actuellement trois sites datant des débuts de l'ère chrétienne, mais il y a peu de choses intéressantes à cet endroit. L'ancienne mosquée en pisé, avec un frêle minaret à huit étages encore intact, est le principal édifice. La zone de fouilles surplombe l'Euphrate. Là encore, prenez à la gare routière principale de Deir ez-Zur le bus pour Abu Kamal qui passe par Mayadin et demandez au chauffeur de vous arrêter au croisement qui conduit au village.

Doura Europos

Pour le néophyte, la ville forteresse gréco-romaine de Doura Europos est de loin le site le plus intéressant à visiter entre Deir ez-Zur et Abu Kamal. Construite à l'emplacement d'anciennes colonies, la cité d'Europos fut fondée par les Séleucides entre 300 et 280 av. J.-C. Elle a conservé également l'ancien nom syrien de Doura ("mur" ou "fort"), mais les habitants de la région l'appellent aujourd'hui Tell Salihiye.

Les remparts surplombent la rive gauche de l'Euphrate, qui coule 90 mètres plus bas. En 113 av. J.-C., la ville passa sous le contrôle absolu des Parthes. Elle resta en leur possession, mais en subissant de plus en plus l'influence de Palmyre, jusqu'à ce que les Romains l'intègrent dans leur ligne de défense. En raison de la menace grandissante que faisaient peser les Perses sur la puissance de Rome, Doura Europos prit de l'importance. La ville était connue pour son apparente tolérance en matière religieuse, ce que semble confirmer la présence côte à côte d'une église, d'une synagogue (cette dernière a été déplacée au Musée national de Damas) et d'autres temples grecs, romains et mésopotamiens.

Les Sassanides prirent le contrôle de la ville en 256, puis la ville déclina. Il faudra attendre la découverte fortuite d'une expédition britannique en avril 1920 pour que ce site extraordinaire sorte de l'oubli. Une équipe d'archéologues français et syriens continue à travailler sur le site.

Les ruines. Le rempart ouest se dresse au-dessus du désert rocailleux à 2 km à l'est de la route principale et son élément le plus imposant est la **porte de Palmyre**. Juste après l'entrée se trouvaient une église à droite et une synagogue à gauche. La route qui menait à la rivière depuis la porte passait devant des **bains** romains sur la droite, le **temple d'Adonis** sur la gauche, puis le site de l'**agora** grecque.

En face de l'agora réside l'emplacement de trois temples dédiés à Arthémis, Atargatis et aux deux Gad (il ne reste que peu de vestiges). Au nord-est se dressaient autrefois d'autres palais et bâtiments, principalement de l'époque romaine. La citadelle surplombe la rivière.

Comment s'y rendre. Tous les minibus et bus qui circulent entre Abu Kamal et Deir ez-Zur vous déposeront sur la route. Ensuite, vous n'aurez qu'à marcher tout droit ; vous ne pouvez rater le site. Comptez 1 heure 30 de trajet, le temps nécessaire pour parcourir les 93 km qui séparent Deir er-Zur de Doura Europos.

Mari

Les ruines de Mari (Tell Hariri), importante cité mésopotamienne du troisième millénaire av. J.-C., sont à 24 km au sud de Doura Europos et à 12 km au nord d'Abu Kamal. Bien que fascinants par leur ancienneté, ces vestiges de terre séchée ne sont pas aussi évocateurs qu'on pourrait l'espérer.

Le plus célèbre des souverains de Mari dans l'Antiquité fut Zimri-lim, au XVIIIe

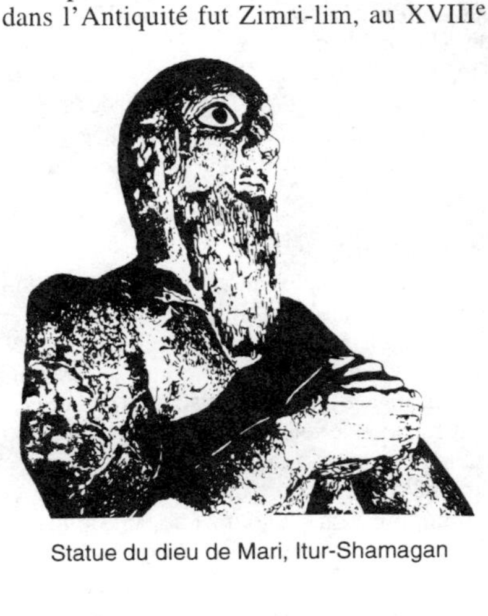

Statue du dieu de Mari, Itur-Shamagan

SYRIE

siècle av. J.-C. Il contrôlait les importantes voies commerciales reliant la Syrie à la Mésopotamie, ce qui fit de sa cité-État la cible de plusieurs attaques. Le palais royal de Zimrilim était gigantesque : il mesurait 200 mètres sur 120 et comportait plus de 300 chambres. C'est aujourd'hui le principal point d'intérêt du site (il a été recouvert d'un toit pour le protéger des intempéries). Il fut détruit en 1761 av. J.-C. par les Babyloniens menés par Hammurabi.

On trouvera un peu partout sur le site d'importants fragments de terre cuite. La plupart des objets intéressants qui furent découverts ici sont exposés dans les musées d'Alep et de Damas mais aussi au Louvre. Les fouilles entreprises en 1933, sous la direction du français André Parrot, ont permis de mettre au jour deux palais (dont celui de Zimri-lim), cinq temples et les restes d'une *ziggourat*, tour pyramidale caractéristique de l'architecture mésopotamienne et habituellement surmontée d'un temple. La découverte du site et de ses archives presque intacts a apporté des informations fondamentales sur la vie, les échanges commerciaux et l'agriculture aux IIIe et IIe millénaires.

Comment s'y rendre. Après avoir visité Doura Europos, vous pouvez rejoindre la route qui va à Abu Kamal et arrêter un bus ou un minibus. Le trajet dure à peine 15 minutes et ne doit pas dépasser 10 £S. Au retour, un bus en provenance d'Abu Kamal vous ramènera à Deir ez-Zur (50 £S). A l'est de la place d'Abu Kamal, des minibus vous déposent à l'embranchement pour Mari (30 minutes, 25 £S).

ABU KAMAL

Abu Kamal (connue aussi sous le nom d'Albu Kamal) est une ville située à 140 km au sud-est de Deir ez-Zur, près de la frontière irakienne. Cette frontière est fermée depuis plusieurs années en raison du soutien de la Syrie à l'Iran lors de son conflit avec l'Irak, puis de sa participation à la coalition anti-irakienne après l'invasion du Koweït en 1990.

Elle n'est qu'à une dizaine de kilomètres de la ville.

Où se loger et se restaurer

Le *Jumhuriyyeh*, situé dans une petite rue à trois pâtés de maisons au sud de la place, est le seul établissement de la ville. Demandez aux habitants de vous l'indiquer. Il est doté de doubles assez peu engageantes à 150 £S. Quelques cafés et gargottes bon marché agrémentent la place.

Comment s'y rendre

Les bus et minibus pour Abu Kamal partent de la gare routière principale de Deir ez-Zur, appelée *garagé Intilak*. Les liaisons entre les deux villes sont régulières. Le trajet dure 2 heures 30 en moyenne et coûte 50 £S.

La gare routière d'Abu Kal est à environ 1 km au nord du centre. Vous pouvez y aller en trezina ("moteur") mais ne payez pas plus de 20 £S. Les bus et minibus longent la rivière jusqu'à Deir ez-Zur (2 heures 30, 50 £S).

Le minibus pour Mari part d'une petite rue à l'est de la place (30 minutes, 25 £S).

Le Nord-Est

La région du nord-est, bordée par la Turquie et l'Irak, ne conprend ni monuments ni sites que vous pourrez visiter, mais cela ne signifie pas qu'elle soit sans attrait. C'est là que vit une partie de la population kurde. Les Kurdes, qui se battent pour obtenir leur reconnaissance et un pays, sont à peu près 1 million à vivre en Syrie sur une population totale de plus de 20 millions environ. Les autres sont disséminés dans le sud-est de la Turquie, le nord de l'Irak et le nord-ouest de l'Iran.

La région comprise entre le Khabour et le Tigre est appelée le Jezira. Cette région agricole est prospère grâce aux multiples sources souterraines et aux programmes d'irrigation entamés après la construction du lac Assad, plus à l'ouest sur l'Euphrate. Aujourd'hui comme par le passé, ses habitants vivent de la culture du blé et du coton. Les champs de pétrole brut du nord-est du pays ont perdu de leur attrait depuis l'ouverture de nouveaux gisements près de Deir ez-Zur.

Les nombreux *tells* (collines artificielles constituées d'accumulation de villes anciennes détruites) qui parsèment la région témoignent d'une implantation datant des IIIe et IIe millénaires av. J.-C. Ils font depuis quelques années l'objet de multiples fouilles. Vous pourrez vous y rendre, tout en respectant le site et le travail des équipes mené généralement d'août à fin octobre, voire également au printemps selon les années. Tell Brak, située à 45 km au nord d'Hassake est certainement le tell le plus connu au titre des découvertes faites par Max Mallowan, le mari d'Agatha Christie. A 35 km au nord ouest de Hassake, Tell Beydar fait l'objet, de son côté, de fouilles franco-syriennes depuis 1992 et a livré notamment de multiples tablettes qui sont exposées au musée de Deir ez-Zur.

HASSAKE

Capitale du *muhafaza* du même nom, Hassake est une ville agréable qui n'a pas grand-chose à offrir au voyageur mais qui peut servir de point de départ pour explorer la région. Si vous avez l'intention d'entrer en Turquie à cet endroit, nous vous conseillons d'aller jusqu'à Qamishle.

En venant de la place et de la rue Hafez el-Assad sur la gauche, la rue Jamal Abdel Nasser, où domine le minaret d'une mosquée, vous mène au beffroi. Dans la rue, la Banque commerciale de Syrie, ouverte tous les jours de 8h30 à 12h30, excepté le vendredi, accepte les chèques de voyage. Le dimanche, elle n'ouvre ses portes qu'à 9h30.

Il n'existe aucun office du tourisme. Le code téléphonique de la ville est le 52.

Où se loger et se restaurer

Près du beffroi, l'*Heliopolis* propose des chambres très simples à 175/275 £S que vous préférerez de loin à celles du *Ramsis hotel*, sinistres et au même prix. A deux pas de l'Heliopolis, l'hôtel *Ugarit* à 200/325 £S est tout aussi glauque. A cinquante mètres, sur le même trottoir que l'Ugarit, le *Cassr al Hamra* (☎ 226307) affiche des prix en dollars (12/18 $US, plus 2 $US pour la douche) pour des chambres qui n'ont rien à envier à celle de l'Heliopolis.

Près du stade, à l'est de la ville, le *Stars hotel* (☎ 313250) est sans contexte le meilleure rapport qualité-prix de la ville avec des chambres calmes, une literie très correcte et un accueil des plus charmants. Une double dans cet hôtel du syndicat des sportifs coûte 22 $US et la simple se négocie. On peut y prendre ses repas. Juste à côté, le *Boustan*, hôtel deux-étoiles, a fermé ses portes et devrait subir un sérieux nettoyage. Dans la même catégorie, il a été remplacé par le *Sanabel* (☎ 224283) dont les prix vont de 12 $US pour une personne à 30 $US pour deux. Évitez à ce tarif les chambres dépourvues de fenêtres.

Au centre, vous trouverez les habituels petits restaurants, tenus pour la plupart par des Irakiens chrétiens venus du camp de réfugiés de Al-Hol, à proximité. Le restaurant *Karnak*, dans la rue Hafez el-Assad, a des allures de guinguette où il fait bon, dès les beaux jours venus, de prendre ses repas dans le jardin attenant à la salle. Le mouton y est particulièrement savoureux et les prix doux (environ 200 £S par personne) pour un repas copieux.

Comment s'y rendre

Bus et minibus. Connue sous le nom de *garagé Shimali*, la gare routière pour les bus à destination de Qamishle, Deir ez-Zur et Ras al-'Ain est à environ 2 km au nord de la ville. Les minibus à destination de Derbassieh vous arrêteront à Tell Beydar si vous le demandez au préalable (20 £S). En taxi, la course revient à 700 £S l'aller-retour.

Pour Tell Brak, prenez les bus qui vont à Qamishle par la vieille route et là encore, demandez au chauffeur de vous déposer à l'embranchement de la route. Au village, tournez à droite et parcourez à pied environ 2 km.

Vous pourrez emprunter une navette qui mène à cette gare routière dans une petite rue à l'est du beffroi (5 £S) ou prendre un taxi. La course revient à 50 £S, quel que soit votre trajet.

Dans la rue Jamal Abdel Nasser, les compagnies al Salam, Zeitoni et Hatab proposent des bus plus confortables. Hatab dessert, par exemple, tous les jours Deir ez-Zur de 6h à 20h30 (2 heures 15, 75 £S) et Damas est relié quotidiennement par deux bus (10h30 et 22h ; 250 £S). Al Salam assure de son côté Alep (150 £S) et Homs (250 £S).

Train. Pour vous rendre à la gare ferroviaire, prenez Fares al-Khouri St sur environ 50 mètres vers le nord puis tournez à gauche. La gare est à l'extrémité de cette rue, à environ 20 minutes à pied. Il est préférable de prendre un taxi.

On compte deux départs quotidiens pour Qamishle, l'un à 5h45, l'autre à 6h45 (30 £S en 1re classe et 24 £S en 2e classe). Le train qui part tous les jours à 18h30 dessert Deir ez-Zur, Raqqa, Alep, Hama, Homs et Damas où il arrive le lendemain à 8h (185 £S en 1re classe, 120 £S en 2e classe et 515 £S en couchette). Alep est desservi par les trains de 23h30 et d'1h15.

Taxi-service. La station est juste au sud du pont, sur le côté gauche.

RAS AL-'AIN

Cette ville située sur la frontière turque (mais on ne peut passer en Turquie ici) et en grande partie peuplée de Kurdes a peu d'attraits en tant que cité, bien qu'elle soit au cœur d'un très beau paysage. Il y a de fortes chances que vous soyez invité à manger et à dormir chez l'habitant. Ne soyez pas surpris si la conversation prend rapidement un tour politique. Les Kurdes n'apprécient pas plus leur sort en Syrie qu'ailleurs, et nous vous conseillons de rester discret dans vos prises de position. En été, la principale attraction est le restaurant qui se trouve dans le parc (près de la route d'Hassake) : des tables sont installées dans l'eau des sources sulfureuses. Ainsi, on peut déjeuner avec de l'eau jusqu'aux mollets !

A 2 km à l'ouest de Ras al-'Ain se trouve Tell Halaf, site d'une ancienne colonie mésopotamienne difficilement déchiffrable pour un néophyte et découvert en 1899 par le baron Max von Oppenheim, ingénieur prussien chargé de surveiller la construction de la ligne Berlin-Bagdad. De gigantesques statues de granit se dressent aujourd'hui à l'entrée du musée d'Alep.

Comment s'y rendre

Minibus. Le minibus depuis Hassake (ville distante de 75 km) met environ 1 heure 30 et le billet coûte 45 £S. Le retour ne pose aucun problème, si vous ne rentrez pas au-delà de 16h. Le vendredi et les jours fériés, il semble qu'aucun minibus ne circule l'après-midi.

QAMISHLE

Qamishle est située juste sur la frontière turque, au nord-est. On peut y rencontrer beaucoup de Kurdes et de Turcs et, dans les hôtels les moins chers, on vous indiquera parfois le prix en lires turques et non en livres syriennes.

Il n'y a rien à voir à Qamishle, mais le mélange de populations et leur convivialité rendent l'endroit agréable. En raison de la proximité de la frontière, attendez-vous à des contrôles de passeport dans les hôtels (même la nuit) et lorsque vous montez dans le bus ou le train.

Le code téléphonique de la ville est le 53.

Où se loger et se restaurer

Le meilleur hôtel de la ville, l'*Hotel Semiramis* (☎ 421185) donne dans la rue principale de la ville au nord de la place Hafez el-Assad. Dans ce deux-étoiles, les étrangers paient 15/22 $US pour une chambre propre avec ventilateur et s.d.b. Les commerçants d'Alep y séjournent souvent.

Au coin de la rue, se tient le très quelconque *Chahba Hotel* qui facture 200 £S la double et 100 £S le lit (les voyageuses doivent prendre une chambre double). Il est possible de dormir sur la terrasse. On lui préférera le *Mamar*, juste en face de la sortie de la galerie commerçante, bien qu'il s'avère plus onéreux. Les simples/doubles sont à 400/300 £S. Celles qui ont un balcon sont assez correctes et bénéficient de l'eau chaude.

L'*Omayad Hotel*, dans une petite rue en face du Semiramis, est à fuir tant les chambres sont sordides. Le prix de 200 £S pour deux comme pour une personne est somme toute très cher payé compte tenu du lit proposé.

Dans la rue Al Wahida (qui coupe au nord la rue principale) se trouve l'*Hadaya Hotel* (☎ 420141) qui ne brille pas pour son accueil, ni pour l'entretien de ses chambres payables en dollars exclusivement. La simple/double est à 15/25 $US.

En face du Chahba, un restaurant agréable vous propose sa terrasse. Un plat de kebabs avec les accompagnements habituels coûte environ 200 £S pour deux personnes.

Comment s'y rendre

Depuis/vers la Turquie. La frontière turque ne se trouve qu'à 1 km du centre-ville, soit à 15 minutes à pied.

Voie aérienne. L'aéroport est à 2 km environ au sud de la ville. Prenez un taxi ou un bus en direction de Hassake. Le bureau de Syrian Arab Airlines est juste à côté de la rue principale, à quatre pâtés de maisons au sud de l'hôtel Semiramis. On compte trois vols par semaine pour Damas, le samedi, mardi et jeudi à 8h (1 150 £S) et un vol hebdomadaire le mardi à 10h pour Alep (450 £S).

Bus/minibus. Karnak ne dessert pas Qamishle mais, à la gare Dijla (le "tigre") située en face du restaurant Gabriel, des compagnies assurent des liaisons toutes les 30 minutes entre Qamishle et Hassake, de 6h à 19h (45 £S). Comptez 1h30 de trajet. Pour Damas, le trajet dure jusqu'à 10 heures et coûte 340 £S. Pour Alep, prévoyez au minimum 5 heures. Le tarif s'élève à 175 £S.

Depuis la gare (*garagé*), Hassake, Alep et Damas sont également desservies, mais à des tarifs plus bas. En contrepartie, les heures de départ sont plus aléatoires comme l'est la mécanique des bus.

Train. La gare de chemin de fer est, comme souvent, éloignée du centre-ville et vous devrez prendre un taxi pour vous y rendre.

En revanche, le bureau des réservations est installé dans le centre-ville, presque en face de l'hôtel Chahba. Il est ouvert de 8h30 à 15h et de 16h30 à 18h. L'employé est serviable ; il pourra vous renseigner, entre autres, sur les horaires des trains.

Trois trains circulent tous les jours vers Damas, après avoir relié Deir ez-Zur, Raqqa, Alep, Homs et Hama. Leur départ respectif est à 18h, 22h et 6h. Le billet pour Alep coûte 200 £S en 1re classe, 150 £S en seconde et 500 £S en couchette. Pour rallier Damas, il vous en coûtera 340 £S/175 £S et 750 £S).Le voyage dure entre 16 et 19 heures.

Chaque jour à 8h, un train assure la liaison entre Qamishle et Dir ez-Zur (45 £S).

'AIN DIWAR

Dans l'extrême nord-est du pays se trouve un impressionnant pont médiéval sur le Tigre. Malheureusement, les relations entre la Turquie et la Syrie ne sont pas très bonnes et il se peut que vous soyez arrêté en chemin par des soldats syriens. Ils vous diront que les soldats turcs qui surveillent la frontière ont tendance à tirer d'abord et à poser les questions ensuite. Comme vous l'aurez deviné, on ne peut traverser la frontière à cet endroit.

Depuis le plateau qui domine le Tigre (vous ne pourrez peut-être pas aller plus loin), vous pourrez admirer la vue au nord-est sur les monts enneigés du sud de la Turquie et à l'est sur le Jebel Zakho en Irak (certains habitants l'appellent le Jebel Barzani, du nom de l'un des chefs de la rébellion kurde). Par temps clair, on aperçoit les montagnes iraniennes entre le Jebel Zakho et les massifs turcs.

Comment s'y rendre

Si vous voulez tenter votre chance, prenez à Qamishle un minibus de la gare routière (*garagé Sinac*) et allez jusqu'à al-Malkyer à 120 km (environ 2 heures, 45 £S).

De là, discutez avec un jeune motocycliste pour qu'il vous emmène ou faites du stop. N'oubliez pas qu'il n'y a pas beaucoup de circulation sur cette dernière portion de route.

Glossaire

On trouvera ci-dessous une liste de mots arabes couramment utilisés en Jordanie et en Syrie, ainsi que quelques références historiques et culturelles. Les termes se rapportant à l'alimentation sont repris dans le chapitre général *Renseignements pratiques* situé en début d'ouvrage.

Abbassides – dynastie qui succéda aux Omeyyades. Installée à Bagdad, elle régna de 750 jusqu'à la prise de sa capitale par les Mongols en 1258. A cette époque, les califes abbassides avaient perdu une grande partie de leur pouvoir. Au cours des trois premiers siècles de leur règne, ils développèrent la culture arabe et islamique. Après la mise à sac de Bagdad, le califat abbasside fut perpétué au Caire jusqu'en 1517, mais il avait perdu tout pouvoir.
Assassins – organisation politico-religieuse créée en 1090 par Hassan as-Sabbah, d'origine iranienne, pour réformer à l'origine le califat chiite d'Égypte et combattre les Seldjoukides, défenseurs de l'orthodoxie sunnite. Dans la forteresse d'Alamout, ses membres sont entraînés et préparés pour mener des opérations commando-suicide sans précédent dans l'histoire et dont se serviront les croisés en Syrie. La manière dont ils mènent ces actions terroristes a fait croire qu'ils prenaient du haschisch avant d'aller mener à bien leur mission, ce qui leur a valu le surnom de *haschaschin*, mot qui sera déformé en *assassin*, devenu un nom commun.
Ayyoubites – dynastie fondée par Saladin en Égypte en 1169. Grâce à Saladin, les musulmans divisés s'unirent pour combattre les croisés, reprirent Jérusalem et la plupart des autres positions croisées.

Bab (abwab) – porte.
Bayt ash-sha'ar – tente en poils de chèvre.
Bayt – maison.
Benzin – essence normale.
Bimaristan – hôpital pyschiatrique. Se dit aussi *maristan.*

Burj – tour.

Calendrier de l'hégire – établi sur la base des mois lunaires, ce calendrier est plus court de 11 jours que le calendrier grégorien.
Calife – "successeur". Les souverains musulmans qui prirent la succession de Mahomet étaient à la fois des chefs religieux et séculiers. C'est sous les premiers Abbassides que leur pouvoir fut le plus grand. Lorsque cette dynastie commença à décliner, d'autres apparurent dans le monde musulman en désintégration, et le califat perdit de son importance. Il resta la plus haute autorité du monde musulman, mais de façon de plus en plus symbolique.
Caravansérail – gîte doté d'une cour intérieure fermée où les caravanes faisaient étape et où se tenaient les marchés.
Charia – loi canonique de l'islam.
Chiites – l'un des deux principaux courants islamiques, ne reconnaissant pas Ali, quatrième calife, cousin et gendre de Mahomet.

Deir – monastère.
Doura – mur.
Douwar – cercle.

Frères musulmans – mouvement politique fondamentaliste.

Garagé – ce mot français désigne en Syrie les stations de taxis-service et les gares routières.

Hajj – pèlerinage à La Mecque. D'où le terme *ḥajji* ou *hadji* pour désigner le pèlerin.
Hammam – bains publics avec sauna et massages.
Hégire (hijra) – migration qui, en 622, conduisit Mahomet et ses fidèles à Médine. L'hégire marque le début du calendrier musulman : l'an I de l'hégire.
Hijab – foulard porté par les femmes.

Imam – chef religieux ayant reçu son instruction coranique dans une madrassa.

Iwan – salle voûtée donnant sur une cour centrale, habituellement dans la madrassa d'une mosquée. S'orne de bassins d'eau et d'une fontaine. Se dit aussi *diwan* ou *liwan*.

Jalabiyyeh – grande robe portée par les hommes.
Jezira – île.
Jebel – colline ou montagne.

Khan – voir *caravansérail.*
Khususi – spécial.

Madafé – grande pièce commune chez les Druzes où l'on discute et où l'on accueille les hôtes.
Madrassa – école religieuse attachée à une mosquée non-congrégationnelle. Se dit aussi médersa.
Mamelouks – "esclaves". Ancienne milice d'esclaves-soldats turcs qui prit le pouvoir en Égypte et y régna (ainsi que sur la Syrie) de 1250 à l'arrivée des Turcs ottomans en 1517. Leur époque fut marquée par des intrigues de succession continuelles et de nombreux assassinats.
Mashad – salle des ablutions.
Mazout – diésel.
Micro – minibus (en Syrie seulement).
Medina – vieille ville.
Midan – place (dans une ville).
Mihrab – niche dans le mur d'une mosquée indiquant la direction de La Mecque.
Minbar – chaire d'une mosquée installée à droite du mihrab.
Muezzin – personne qui, dans une mosquée, appelle les fidèles à la prière cinq fois par jour depuis le minaret.
Muhafaza(t) – gouvernorat(s).
Mukhabarat – police secrète.
Mumtaz – carburant super.

Narguileh – pipe à eau avec laquelle on fume le tabac.
Noria – anciennes roues à larges aubes en bois servant à élever l'eau afin de la déverser dans des canalisations.

Omeyyades – Première grande dynastie de califes arabes musulmans, installés à Damas, qui régna de 661 à 750.

Qa'a – salle de réception.
Qadi – juge.
Qala'at – château ou forteresse.
Qasr – château ou palais ou édifice construit au VIIIe siècle par les souverains omeyyades dans le désert du sud de la Syrie et en Jordanie.

Rababah – instrument de musique traditionnel des Bédouins, qui ne comporte qu'une seule corde.
Ramadan – neuvième mois de l'année musulmane correspondant à la période de jeûne.
Ras – promontoire (ou tête).

Servis – taxi-service.
Sharq al-awsat – Proche-Orient.
Sidd – barrage.
Siq – gorge.
Souk – marché.

Tell – colline artificielle constituée d'accumulation de villes anciennes détruites.
Thukna – garnison.
Trezina – petit véhicule motorisé à trois roues.

Wadi – vallée formée par un cours d'eau, souvent à sec sauf après les fortes chutes de pluie.

Index

ABRÉVIATIONS

Jor – Jordanie Syr – Syrie

CARTES

TEXTE

Les références des cartes sont en **gras**.

REMERCIEMENTS

Merci à tous ceux dont les noms suivent (acceptez nos excuses si votre nom est mal orthographié) pour avoir pris la peine et le temps de nous écrire à propos de leurs expériences en Jordanie et en Syrie.

Franziska et Béatrice Aebi (CH), Michelle Baillet (F), Dharma Bhakti (PB), Helmut Bock (AS), Florence Breskoc (F), Russel Britton (GB), Chris Brown (Aus), Lac Chidung (F), Athina Chroni (Gr), Cécile Cloix (F), Joël Didomizio (F), R. Frank (EU), Nicole Garnier (F), André Gaultier (F), Matthias Göckler (D), Martin Göppert (CH), M. Gregoire (B), D.M Halford (GB), Nick Kenrick (C), Manfred Melchinger (D), Luc Mériaux (F), Andrew Myers (GB), Jean-Yves Natoli (F), Anna Norris (C), Sophie et Pascal du Peloux (F), Ben Pelle (PB), Shelley Preston (Aus), Annette Reeves (Aus), Michael Schmidt (D), Elisabeth Sola (CH), Karin Sowada (Aus), Thomas Straub (Isr), Richard Tanner (Jor), Robert Tewawr Moss (GB), Jennifer Thayer (EU), Oscar Valle (GB), Peter Van Pelt (B), Bill Weir (EU), Paul Werné (F).

AS – Arabie Saoudite, Aus – Australie, B – Belgique, C – Canada, D – Allemagne, CH – Suisse, EU – États-Unis, F – France, GB – Grande-Bretagne, Gr – Grèce, Isr – Israël, Jor – Jordanie, PB – Pays-Bas.

Guides Lonely Planet en français

Les guides de voyage Lonely Planet en français sont distribués en France, en Belgique, au Luxembourg, en Suisse et au Canada. Pour toute information complémentaire, écrivez à : Lonely Planet Publications – 71 *bis*, rue Cardinal-Lemoine, 75005 Paris – France.

Afrique du Sud, Lesotho et Swaziland
Voyagez en Afrique australe et laissez-vous surprendre par la diversité de sa culture et son incroyable beauté. On ne peut choisir de meilleur endroit pour observer la faune africaine.

Australie
Île-continent, l'Australie est une terre d'aventure fascinante grâce à la diversité de ses paysages : la Grande Barrière de Corail, l'Outback, le bush, sans oublier Sydney, la future capitale des jeux Olympiques.

Bali et Lombok
Cet ouvrage entraîne les voyageurs à la découverte de la magie authentique du paradis balinais. Lombok, l'île voisine, est restée à l'écart du changement : il en émane une atmosphère toute particulière.

Brésil
Des folies du carnaval à l'Amazonie qui abrite l'écosystème le plus riche de la terre, le Brésil est la patrie de toutes les démesures. Grâce à ce guide, découvrez au mieux ce pays fascinant.

Cambodge
L'un des derniers pays à avoir ouvert ses frontières aux touristes, le Cambodge permet enfin aux visiteurs d'admirer les superbes vestiges d'Angkor. Une première Lonely Planet.

Canada
Un guide exhaustif pour une destination qui ne peut que combler les amoureux des grands espaces. Le Canada est une mosaïque de cultures : amérindienne, française, écossaise, anglaise…

Caraïbes orientales
Forêts de la pluie, douceur des alizées, eaux turquoises... Des Antilles françaises aux Antilles néerlandaises en passant par les îles britanniques, vous découvrirez toute la saveur des Caraïbes.

Chine
Unanimement cité comme l'ouvrage indispensable pour tout voyageur indépendant se rendant en République Populaire de Chine, ce guide vous aidera à découvrir ce pays aux multiples facettes.

États Baltes et région de Kaliningrad
Partez pour une des dernières grandes aventures européennes, dans les trois États Baltes, réputés pour posséder de véritables personnalités bien distinctes.

Guatemala
Visiter ce pays, c'est se rendre dans l'un des berceaux de la civilisation maya. Ce guide donne toutes les clefs pour réussir ce voyage.

Hongrie
Une nouveauté dans la collection, qui saura vous guider non seulement dans la ville de Budapest tant affectionnée des voyageurs mais aussi à travers ce pays plein de charme, à la culture ouverte à tous.

Inde
Considéré comme LE guide sur l'Inde, cet ouvrage, lauréat d'un prix, offre toutes les informations pour vous aider à faire cette expérience inoubliable.

Indonésie
Pour un séjour dans la jungle, un circuit à Bali ou à Jakarta, une balade aux Célèbes, ou encore une croisière vers les Moluques, ce guide vous fait découvrir les merveilles de cet archipel.

Laos
Le seul guide sur ce pays où l'hospitalité n'est pas qu'une simple légende. Une destination tropicale encore paradisiaque.

Malaisie, Singapour et Brunei
Partir dans cette région revient à ouvrir une première porte sur l'Asie. Cette édition, très complète, est un véritable compagnon de voyage.

La collection Guide de voyage est la traduction de la collection Travel Survival Kit. Lonely Planet France sélectionne uniquement des ouvrages réactualisés ou des nouveautés afin de proposer aux lecteurs les informations les plus récentes sur un pays.

Maroc
Avec la beauté de ses paysages et la richesse de son patrimoine culturel, le Maroc vous offre ses cités impériales, les sommets enneigés du Haut Atlas et l'immensité du désert dans le Sud.

Mexique
Avec 166 cartes détaillées et des milliers de détails pratiques, ce guide vous permettra de consacrer plus de temps à la découverte de la civilisation mexicaine.

Myanmar (Birmanie)
Ce guide donne toutes les clés pour faire un voyage mémorable dans le triangle Yangon-Mandalay-Pagan et explorer des sites bien moins connus comme Bago ou le lac Inle.

Népal
Des informations pratiques sur toutes les régions népalaises accessibles par la route, y compris le Teraï. Ce guide est aussi une bonne introduction au trekking, au rafting et aux randonnées en vélo tout terrain.

Nouvelle-Zélande
Spectacle unique des danses maories ou activités de plein air hors pair, la Nouvelle-Zélande vous étonnera, quels que soient vos centres d'intérêt.

Pologne
Des villes somptueuses, comme Cracovie ou Gdansk, aux lacs paisibles et aux montagnes redoutables, pratiquement inconnus des voyageurs, ce guide est indispensable pour connaître ce pays amical et sûr.

République tchèque et Slovaquie
Ces deux républiques européennes, partageant les mêmes racines slaves, présentent de riches sensibilités culturelles et politiques. Ce guide comblera, notamment, les amateurs de vieilles pierres et les voyageurs désireux de connaître une Slovaquie au tourisme moins développé.

Slovénie
Toutes les informations culturelles pour profiter pleinement de la grande richesse historique et artistique de ce tout jeune pays, situé aux frontières de l'Italie, de l'Autriche, de la Hongrie et de la Croatie.

Sri Lanka
Ce livre vous guidera vers des lieux les plus accessibles de Sri Lanka, là où la population est chaleureuse, la nourriture excellente et les endroits agréables nombreux.

Thaïlande
Ouvrage de référence, ce guide fournit les dernières informations touristiques, des indications sur les randonnées dans le Triangle d'Or et la transcription en alphabet thaï de la toponymie du pays.

Trekking en Himalaya – Népal
Source d'informations et de conseils, cet ouvrage est indispensable pour préparer un trek dans cette région, où les minorités ethniques partagent des traditions culturelles ancestrales.

Vietnam
Une des plus belles régions d'Asie qui change à grande vitesse. Grâce à cet ouvrage, vous pourrez apprécier les contrées les plus reculées du pays mais aussi la culture si particulière du peuple vietnamien.

Yémen
Des informations pratiques, des conseils actualisés et des itinéraires de trekking vous permettront de découvrir les anciennes citadelles, les villages fortifiés et les hauts-plateaux désertiques de ce fabuleux pays. Un voyage hors du temps !

Zimbabwe, Botswana et Namibie
Ce guide exhaustif permet la découverte des célèbres chutes Victoria (Zimbabwe), du désert du Kalahari (Botswana), de tous les parcs nationaux et réserves fauniques de la région ainsi que des magnifiques montagnes du Brandberg (Namibie).

Guides Lonely Planet en anglais

Les guides de voyage Lonely Planet en anglais couvrent l'Asie, l'Australie, le Pacifique, l'Amérique du Sud, l'Afrique, le Moyen-Orient, l'Europe ainsi que certaines régions d'Amérique du Nord. Six collections sont disponibles. Les *travel survival kits* couvrent un pays et s'adressent à tous les budgets ; les *shoestring guides* donnent des informations sur une grande région pour les voyageurs à petit budget. Découvrez aussi les *walking guides*, les *city guides*, les *phrasebooks* et les *travel atlas*.

Australie et Pacifique
Australia
Australian *phrasebook*
Bushwalking in Australia
Islands of Australia's Great Barrier Reef
Outback Australia
Fiji
Fijian *phrasebook*
Melbourne *city guide*
Micronesia
New Caledonia
New South Wales
New Zealand
Tramping in New Zealand
Papua New Guinea
Bushwalking in Papua New Guinea
Papua New Guinea *phrasebook*
Queensland
Rarotonga & the Cook Islands
Samoa
Solomon Islands
Sydney *city guide*
Tahiti & French Polynesia
Tonga
Vanuatu
Victoria
Western Australia

Océan Indien
Madagascar & Comoros
Maldives & the Islands of the East Indian Ocean
Mauritius, Réunion & Seychelles

Sous-continent indien
Bangladesh
Bengali *phrasebook*
India
India & Bangladesh *travel atlas*
Delhi *city guide*
Hindi/Urdu *phrasebook*
Trekking in the Indian Himalaya
Karakoram Highway
Kashmir, Ladakh & Zanskar
Nepal
Trekking in the Nepal Himalaya
Nepali *phrasebook*
Pakistan
Sri Lanka
Sri Lanka *phrasebook*

Asie du Sud-Est
Bali & Lombok
Bangkok *city guide*
Cambodia
Indonesia
Indonesian *phrasebook*
Jakarta *city guide*
Java
Laos
Laos *phrasebook*
Malaysia, Singapore & Brunei
Myanmar (Burma)
Burmese *phrasebook*
Philippines
Pilipino *phrasebook*
Singapore *city guide*
South-East Asia *on a shoestring*
Thailand
Thailand *travel atlas*
Thai *phrasebook*
Thai Hill Tribes *phrasebook*
Vietnam
Vietnamese *phrasebook*
Ho Chi Minh City *city guide*

Asie du Nord-Est
China
Beijing *city guide*
Cantonese *phrasebook*
Mandarin Chinese *phrasebook*
Hong Kong, Macau & Canton
Japan
Japanese *phrasebook*
Korea
Korean *phrasebook*
Mongolia
Mongolian *phrasebook*
North-East Asia *on a shoestring*
Seoul *city guide*
Taiwan
Tibet
Tibetan *phrasebook*
Tokyo *city guide*

Asie Mineure
Turkey
Trekking in Turkey
Turkish *phrasebook*

Commandes par courrier

Les guides de voyage Lonely Planet en anglais sont distribués dans le monde entier. Vous pouvez également les commander par courrier. En Europe, écrivez à Lonely Planet, Barley Mow Centre, 10 Barley Mow Passage, Chiswick, London W4 4PH, G-B. Aux États-Unis ou au Canada, écrivez à Lonely Planet, Embarcadero West, 155 Filbert St, Suite 251, Oakland CA 94607, USA. Pour le reste du monde, écrivez à Lonely Planet, PO Box 617, Hawthorn, Victoria 3122, Australie.

Afrique
Africa *on a shoestring*
Central Africa
East Africa
Trekking in East Africa
Kenya
Swahili *phrasebook*
Morocco
Arabic (Moroccan) *phrasebook*
North Africa
South Africa, Lesotho & Swaziland
West Africa
Zimbabwe, Botswana & Namibia

Moyen-Orient
Arab Gulf States
Egypt & the Sudan
Arabic (Egyptian) *phrasebook*
Iran
Israel
Jordan & Syria
Middle East *on a shoestring*
Yemen

Europe
Baltic States & Kaliningrad
Baltic States*phrasebook*
Britain
Central Europe *on a shoestring*
Central Europe *phrasebook*
Czech & Slovak Republics
Dublin *city guide*
Eastern Europe *on a shoestring*
Eastern Europe *phrasebook*
Finland
France
Greece
Greek*phrasebook*
Hungary
Iceland, Greenland & the Faroe Islands
Ireland
Italy
Mediterranean Europe *on a shoestring*
Mediterranean Europe *phrasebook*
Poland
Prague *city guide*
Scandinavian & Baltic Europe *on a shoestring*
Scandinavian Europe *phrasebook*
Slovenia
Switzerland
Trekking in Greece
Trekking in Spain
USSR
Russian *phrasebook*
Vienna *city guide*
Western Europe *on a shoestring*
Western Europe *phrasebook*

Amérique du Nord
Alaska
Backpacking in Alaska
Canada
Hawaii
Honolulu *city guide*
Pacific Northwest USA
Rocky Mountains States
Southwest USA
USA *phrasebook*

Amérique du Sud
Argentina, Uruguay & Paraguay
Bolivia
Brazil
Brazilian *phrasebook*
Rio de Janeiro *city guide*
Chile & Easter Island
Colombia
Ecuador & the Galapagos Islands
Latin American Spanish *phrasebook*
Peru
Quechua *phrasebook*
South America *on a shoestring*
Trekking in the Patagonian Andes
Venezuela

Amérique centrale et Caraïbes
Baja California
Central America *on a shoestring*
Costa Rica
Eastern Caribbean
Guatemala, Belize & Yucatan : La Ruta Maya
Mexico

Lonely Planet Story

Maureen et Tony Wheeler, au retour du périple qui les avait menés de l'Angleterre à l'Australie par le bateau, le bus, la voiture, le stop et le train, s'entendirent demander mille fois : "Comment avez-vous fait ?".

C'est pour répondre à cette question qu'ils publient en 1973 le premier guide Lonely Planet. Écrit et illustré sur un coin de table, agrafé à la main, *Across Asia on the Cheap* devient vite un best-seller qui ne tarde pas à inspirer un nouvel ouvrage.

En effet, après dix-huit mois passés en Asie du Sud-Est, Tony et Maureen écrivent dans un petit hôtel chinois de Singapour leur deuxième guide, *South-East Asia on a shoestring*.

Très vite rebaptisé la "Bible jaune", il conquiert les routards du monde entier, et s'impose comme LE guide sur la région. Vendu à plus de cinq cent mille exemplaires, il en est à sa septième édition toujours sous sa célèbre couverture jaune, désormais familière.

Lonely Planet compte aujourd'hui plus de 140 titres en anglais à son catalogue. Ces ouvrages ont gardé la même approche aventureuse que leurs prédécesseurs et s'adressent tout particulièrement aux voyageurs épris d'indépendance.

Les guides, à l'origine spécialisés sur l'Asie, couvrent désormais la plupart des régions du monde : Pacifique, Amérique du Sud, Afrique, Moyen-Orient et Europe.

Les ouvrages sur la randonnée et les manuels de conversation (dans des langues inhabituelles comme le Quechua, le Swahili, le Népali ou l'Arabe égyptien) sont de plus en plus nombreux.

Tony et Maureen Wheeler continuent de voyager plusieurs mois par an. Ils écrivent et mettent à jour les ouvrages Lonely Planet et veillent à leur qualité.

Aujourd'hui l'équipe se compose de plus de 50 auteurs et de quelques 110 permanents, principalement des rédacteurs, des cartographes et des graphistes répartis entre les bureaux de Melbourne (en Australie), d'Oakland (en Californie) et de Paris. Le bureau de Londres, qui compte six personnes, se charge de la distribution des guides en Europe et en Afrique. Les voyageurs eux-mêmes apportent une contribution inestimable aux ouvrages grâce aux informations contenues dans les milliers de lettres que nous recevons chaque année.

La grande équipe de Lonely Planet est convaincue que les voyageurs peuvent apporter quelque chose de positif aux pays qu'ils visitent, non seulement en y dépensant de l'argent, mais aussi parce qu'ils en apprécient le patrimoine culturel et naturel.

Par ailleurs, en tant qu'entreprise, Lonely Planet contribue à aider les pays et les régions couverts par les guides. Depuis 1986, une partie des bénéfices est reversée à des organisations non gouvernementales luttant contre la faim en Afrique, à des projets humanitaires en Inde, à des projets agricoles en Amérique centrale, à Greenpeace ainsi qu'à Amnesty International.

La philosophie de base de Lonely Planet est résumée ainsi par Tony Wheeler : "N'attendez pas d'être sûr de la réussite pour partir : Partez !"